D1697676

Friedrich Junge

Der Dorfteich als Lebensgemeinschaft

Friedrich Junge

Der Dorfteich als Lebensgemeinschaft

Verlag H. Lühr & Dircks
St. Peter=Ording

1985

Unveränderter Nachdruck der bebilderten (dritten) Auflage von 1907

Für die fachliche Beratung und Betreuung ist der Verlag den beiden Herausgebern, den Dr. Wolfgang Riedel (Eckernförde) und Dr. Gerhard Trommer (Braunschweig) zu besonderem Dank verpflichtet.

CIP-Kurztitelaufnahme der Deutschen Bibliothek
Junge, Friedrich:
Der Dorfteich als Lebensgemeinschaft
Friedrich Junge. — Unveränd. Nachdr. d. bebilderten Ausg. von 1907 mit e. Vorw. von Willfried Janssen u. Einf. d. Hrsg. Wolfgang Riedel u. Gerhard Trommer. — Sankt Peter-Ording: Lühr und Dircks, 1985. ISBN 3-921416-34-5

Umschlagentwurf- und lithos:
K + S Reprotechnik, 2246 Süderheistedt

©1985 by Verlag H. Lühr&Dircks
        (Inh. Jürgen-Erich Klotz)
        Westmarken 49, 2252 St. Peter-Ording
Gesamtherstellung: Hain-Druck GmbH, Meisenheim/Glan
ISBN 3-921416-34-5

Gesamtinhaltsverzeichnis

Dr. Wolfgang Riedel, Friedrich Junges Dorfteich lebt!	08
Vorwort zu dieser Ausgabe, Prof. Dr. Willfried Janßen	011
Einführung der Herausgeber:	
Dr. Gerhard Trommer, Die Dorfteich-Naturgeschichte	015
Dr. Wolfgang Riedel, Kleingewässer in der heutigen Kulturlandschaft	055

Reprint der bebilderten Ausgabe von 1907

Vorwort zur dritten Auflage	VII
Vorwort zur ersten Auflage................................	XV
Vorwort zur zweiten Auflage...............................	XX
Inhaltsübersicht	XXI
Alphabetisches Verzeichnis der Abbildungen	XXIV
1. Teil, Ziel und Verfahren des naturgeschichtlichen Unterrichts ...	1
2. Teil, Der Dorfteich als Lebensgemeinschaft.................	47
Anhang	269
Alphabetisches Sachverzeichnis	285

Abb. 1: Friedrich Junge im hohen Alter

Friedrich Junges Dorfteich lebt!

Der von Friedrich Junge vor genau 100 Jahren erstmals beschriebene und berühmt gewordene Dorfteich ist kein vergangenes Naturdenkmal! Bei der Beschäftigung mit Junges Werk kam es zu der reizvollen Erkenntnis, daß es seinen alten Dorfteich noch gibt! Durch freundliche Vermittlung von Frau Dr. Hildegard Raabe (Heikendorf) geriet ich an das Heimatbuch des Kreises Plön von 1953, und in der Topographie von Otto Kock über Hohenfelde steht: ,,Dorf Hohenfelde: 10 km nw. v. Lütjenburg, ...Korn-Wassermühle an Köhner Au (früher auch Ölmühle)." —

Im gleichen Buch ist Friedrich Junge auch in den Kreis der ,,berühmten Männer des Kreises Plön" eingereiht und diese Daten verdienen an dieser Stelle Erwähnung: ,,Junge, Friedrich, geboren als Sohn eines Schusters in Pölitz bei Oldesloe, der vor der Geburt des Sohnes starb. Mutter als Waschfrau ihren Lebensunterhalt verdient. Durch Vermittlung von Pastor Bahnsen, der veranlaßte, daß Oldesloer Bürger Geld gaben, wurde ihm der Besuch des Lehrerseminars in Segeberg ermöglicht. Nebenverdienst durch Photographie (schon 1858, 20 Jahre nach Erfindung der Photographie). Vom Nebenverdienst Mikroskop gekauft, wurde dadurch im Nebenberuf Trichinenbeschauer. Lehrer in Plön und Lütjenburg, dann in Kiel. Berühmt geworden durch sein Buch: ,Der Dorfteich als Lebensgemeinschaft', Kiel 1885, wurde grundlegend für die Neugestaltung des Naturgeschichtsunterrichts. Er beschreibt darin die Lebensbedingungen und Lebensgemeinschaften von Pflanze und Tier im Hohenfelder Mühlenteich..."

Beim ersten Studium der 3. Auflage von Junges Dorfteich wollte ich zunächst H. als Heikendorf, gelegen zwischen Kiel und L. (ich vermutete Laboe), deuten. Das nachstehende Bild belegt (eine Winteraufnahme des Jahres 1985), daß es den Dorfteich zwischen Kiel und Lütjenburg in Hohenfelde immer noch gibt. Nachforschungen, ob es biologische und gewässerkundliche Literatur und Daten über ihn gibt, endeten mit einer Fehlanzeige. Daraus ergibt sich aber eine großartige Chance, die im Jubiläumsjahr — 100 Jahre Dorfteich von Friedrich Junge! — nicht ungenutzt verstreichen sollte. Wo gibt es ein vor hundert Jahren so vortrefflich beschriebenes, ökologisch bearbeitetes Gewässer, das in seiner Gesamtheit noch so erhalten, einen aufschlußreichen Vergleich in seinem ökologischen Wandel geradezu herausfordert! Auf das Ergebnis der Arbeit von Biologen und Limnologen darf man sehr gespannt sein. Von hierher bekommt der Dorfteich von Friedrich Junge eine ökologische Qualität, an die die Herausgeber zunächst gar nicht gedacht hatten.

Wolfgang Riedel

Junges Dorfteich heute!

Der Dorfteich früher!

Vorwort

von Willfried Janßen

Einhundert Jahre nach der Erstauflage von Friedrich Junges ,,Dorfteich'' im Jahre 1885 ist mit diesem Nachdruck der bebilderten Ausgabe von 1907 eines der wichtigsten Dokumente aus der Geschichte des Biologieunterrichts zu neuem Leben erweckt. In jedem allgemeinen Lehrbuch zur Didaktik der Biologie wird dieses Werk in besonderer Weise hervorgehoben.

Siedentop (1964) spricht von einem ,,wirklich entscheidenden Anstoß'' und Esser (1969) weiß die ,,großartige Leistung zu würdigen''. Grupe (1971) nennt das Werk eine ,,bis auf den heutigen Tag wirkende Veröffentlichung'' und Killermann (1974) erläutert die ,,neuen Impulse'', die von Junge ausgingen. Mostler, Krumwiede und Meyer (1975) sprechen von einem ,,beispielhaften Buch'', Trommer und Riedel (1981) von einem ,,geschichtlich bemerkenswerten Beispiel für Integration und Inklusion''. Worin liegt das so Außergewöhnliche des ,,Dorfteichs'' von Junge begründet?

In diesem Buch, von dem Junge in seinem Vorwort zur ersten Auflage einleitend meinte, daß es vielleicht einer Entschuldigung bedarf, ,,wenn vorliegendes Werk die Zahl der naturgeschichtlichen Unterrichtsbücher, die ohnehin schon recht groß ist, noch um eines zu vergrößern wagt'', in diesem Buch fügen sich mehrere Aspekte zu einem geschlossenen Bild von großer Wirkung. ,,Der Dorfteich als Lebensgemeinschaft nebst einer Abhandlung über Ziel und Verfahren des naturgeschichtlichen Unterrichts'' ist ein geradezu vorbildlicher Modellfall substantieller Zeitkritik an der Lehrerbildung vor hundert Jahren. Das Werk führt durch die Aufarbeitung grundlegender didaktischer Leitlinien zu dem konstruktiven ,,Versuch einer Anweisung zu einem fruchtbringenden Unterricht in der Naturgeschichte''. Darüberhinaus legt Junge einen bis ins einzelne durchdachten Plan zur Auswahl neuer Inhalte über eine Lebensgemeinschaft vor. Damit ist das Werk historischer Ausgangspunkt für die Didaktik der Ökologie und ein wesentliches Element der Lehrerbildung im Fach Biologie geworden. Es ist gerade heute wieder von großer Aktualität, denkt man an die Renaissance biologischer Freilandarbeit mit Schülern an Tümpeln, Teichen und Weihern.

Nur acht Jahre, nachdem Junges Lehrer Karl-August Möbius bei seinen Studien über die Austern im Jahre 1877 den Begriff der ,,Biozoenose'' für eine gesetzmäßige Vergemeinschaftung der verschiedensten Tierarten unter bestimmten Lebensbedingungen geprägt hatte, versuchte Friedrich Junge, diesen neuen wissenschaftlichen Ansatz am Beispiel der Lebensgemeinschaft des Dorfteiches auf den Naturgeschichtsunterricht zu übertragen und in seinem Buch zu dokumentieren. Abgesehen von dieser ungewöhnlich kurzfristigen und mutigen Übernahme neuer wissenschaftlicher Erkenntnisse in den naturkundlichen Unterricht, brach Junge durch seinen Versuch mit dem über zweihundert Jahre lang vorherrschenden Unterrichtsprinzip der monografisch-beschreibenden Einordnung möglichst zahlreicher Pflanzen- und Tierarten in das von Linné im achtzehnten Jahrhundert entwickelte natürliche System. Junge kritisiert: ,,Das System ist ein Produkt menschlicher Logik, aber nicht Naturkunde. Das System kennt nur Begriffe ..." und Naturkundelehrer, die das System möglichst auszufüllen versuchen, ,,leisten einer oberflächlichen Behandlungsweise Vorschub und befördern Aufgeblasenheit".

Junges entscheidende Reformidee liegt in dem Vorschlag begründet, eine Lebensgemeinschaft am heimatlichen Standort in den Mittelpunkt naturgeschichtlichen Unterrichts zu stellen. Noch heute gültige didaktische Prinzipien wurden dabei von Junge in aller Eindringlichkeit dargelegt und angewendet, so z. B. Eingrenzung des gesamten Vorhabens auf einen vertrauten und überschaubaren Raum, Anschaulichkeit durch originale Begegnung, Durchführung eigener Beobachtungen und Versuche, exemplarische Auswahl und empirische Vertiefung, Übertragbarkeit des Nahen zum Fernen und — wie Junge immer wieder betont — ,,der Rückblick auf das Ganze".

Junge hat sich mit seinem ökologischen Unterrichtskonzept gegen die funktionell-morphologische Betrachtungsweise über Tiere und Pflanzen in den nach wie vor systematisch aufgebauten und weit verbreiteten Lehrbüchern von Otto Schmeil nicht durchsetzen können. Schmeil ging in seiner Kampfschrift ,,Über die Reformbestrebungen auf dem Gebiet des naturgeschichtlichen Unterrichts" (1896) auf Junge ein und wandte sich gegen eine Überbetonung der Lebensgemeinschaft. Schmeil urteilte über Junge, ,,daß ihm in erster Linie das unbestrittene Verdienst zukommt, den Schlendrian öden Beschreibens und Systematisierens zuerst gehörig beleuchtet und den Stein der Reform ins Rollen gebracht zu haben".

Erst nach dem Zweiten Weltkrieg wurde der Biologieunterricht durch neue Erkenntnisse der Evolution, Genetik, Ethologie und anderer Disziplinen der Biologie erweitert. Nun erhielten auch ökologische Inhalte ihren meist festen Platz im Curriculum. Der Lebensraum Teich wurde zu d e m Modellfall für die Behandlung eines Ökosystems im Biologieunterricht. Die Didaktik der Ökologie wurde unverzichtbarer Bestandteil der Lehrerbildung an den Pädagogischen Hochschulen. Junges ,,Dorfteich" wurde zwar wiederentdeckt, wie aber hat sich die Umwelt in einhundert Jahren verändert! Zahllose Kleingewässer mußten der Intensivierung der Landwirtschaft, dem Siedlungs- und Straßenbau sowie der Ausbreitung industrieller Nutzflächen weichen.

Riedel zeigt in der Einführung zu diesem Buch an eindrucksvollen Beispielen auf, in welchem Maße die Verarmung der Naturlandschaft vorangeschritten ist.
   Kann ein inzwischen gesetzlich verordneter Schutz der Gewässer und Feuchtgebiete die zahlreichen vom Aussterben bedrohten Tier- und Pflanzenarten dieser Ökosysteme noch retten? In welchem Dorfteich lebt noch der Pechschwarze Kolbenwasserkäfer, der Grüne Wasserfrosch, die Sumpfprimel und die Zottenblume, die Junge noch als „Glieder der Lebensgemeinschaft" vorstellt? So gesehen ist Junges „Dorfteich" auch eine Mahnung und zugleich ein höchst aktueller Beitrag für die Erziehung zu tieferem Naturverständnis und umweltbewußtem Handeln.
   Die Erde ist nach Junge als ein organisches Ganzes zu berachten. „Erst in der Erarbeitung dieses Ziels" — so schreibt Junge vor einhundert Jahren im Vorwort zur ersten Auflage seines Buches — „erhält der Mensch auch eine Antwort auf die Frage: Wer bin denn ‚Ich' in dieser Mannigfaltigkeit, dem Wechsel der Erscheinungen? — nämlich dahin lautend:
   Du bist ein Glied in dem Ganzen, Du empfängst und giebst, Du bist abhängig und wirkest ein."

Literatur

ESSER, H.: Der Biologieunterricht. Schroedel Verlag Hannover 1969
GRUPE, H.: Biologie-Didaktik. Aulis Verlag Deubner Köln 1971
KILLERMANN, W.: Biologieunterricht heute. Verlag Ludwig Auer Donauwörth 1974
MOSTLER, G., D. Krumwiede und G. Meyer: Methodik und Didaktik des Biologieunterrichts. Quelle&Meyer Heidelberg 1975
RIEDEL, W. u. G. Trommer (Hrsg.): Didaktik der Ökologie. Aulis Verlag Deubner Köln 1981
SIEDENTOP, W.: Methodik und Didaktik des Biologieunterrichts. Quelle&Meyer Heidelberg 1964
SCHMEIL, O: Über die Reformbestrebungen auf dem Gebiet des naturgeschichtlichen Unterrichts. Stuttgart 1896

Die Dorfteich-Naturgeschichte
von Gerhard Trommer

1. Einleitung

Wer war FRIEDRICH JUNGE? — Die biographischen Daten verweisen auf den Lebenslauf eines holsteiner Volksschullehrers:
— 8. 12. 1832 in Pölitz bei Oldesloe geboren. Sein Vater, schon kurz nach seiner Geburt gestorben, war Schuhmacher. Seine Mutter verdiente als Waschfrau den Lebensunterhalt.
— Schulbesuch in Bad Oldesloe. Schon als 17jähriger unterrichtet JUNGE als Präparand der Unterklasse einer zweiklassigen Volksschule. Auf Empfehlung seines Lehrers und Rektors ROHDE wird JUNGE Volksschullehrer.
— Er kann (1851) mit seiner Seminarausbildung in Bad Segeberg jedoch nur deshalb beginnen, weil durch Vermittlung des Pastors BAHNSEN Oldesloer Bürger Geld für die Finanzierung von JUNGEs Ausbildung spendeten.
— 1854 Schuldienst. Lehrer in Lützenburg (3 J), Blankenese (3 J), Plön (4 J) und wieder Lützenburg (10 J), seit 1873 in Kiel.
— 1858 (20 Jahre nach Erfindung der Photographie) Nebenverdienst als Photograph. JUNGE kauft sich vom Nebenverdienst ein Mikroskop und wird im Nebenberuf Trichinenbeschauer.
— 1885 Veröffentlichung des Werkes ,,Der Dorfteich als Lebensgemeinschaft'', nachdem er als Hauslehrer beim Müller SCHLÜNZ an dessen Mühlenteich (,,Dorfteich'') im Dorf Hohenfelde Lebensgemeinschaften studierte. Die Anregung dazu erhielt JUNGE von dem Kieler Professor KARL AUGUST MÖBIUS.
— 1878-1899 Hauptlehrer in Kiel. Leiter der Ersten Mädchen-Bürgerschule.
— 28. 5. 1905 in Kiel gestorben.

Aus der Bibliographie JUNGEs geht hervor, daß er ein vielseitig interessierter, engagierter Lehrer war. JUNGE war Reformdidaktiker für das Fach Naturgeschichte, wirkte jedoch darüberhinaus auch auf Physik- und Handarbeitsunterricht gestaltend ein (OPPERMANN 1906). Er suchte in seiner Heimat Schleswig-Holstein nach geeigneten Unterrichtsbeispielen. Er fand sie nicht nur am Dorfteich, dem ersten Teil seiner insgesamt 3 Bände umfassenden Naturgeschichte, sondern auch am Strand und in der Agrarlandschaft,

---

Im Folgenden angegebene Quellenverweise und Zitate zu Junge beziehen sich auf Seitenzahlen der im folgenden neu abgedruckten 3. Auflage von 1907.

wo er neben sog. ,,Kulturwesen" u. a. auch die Knicks seiner Heimat beschrieben hat (JUNGE 1891).

Das Beispiel des Dorfteiches wurde bekannt. Es ließ sich über die Grenzen Schleswig-Holstein hinaus ,,exportieren" und wurde im deutschsprachigen Raum eines der viel beachteten unterrichtsmethodischen Lehrbücher, dessen Traditionen weit bis ins 20. Jahrhundert hineinreichen.

Es ist kaum noch zu rekonstruieren, was für eine Lehrerpersönlichkeit FRIEDRICH JUNGE war. Wurde er von den Schulkindern, der Schuljugend gemocht? War er streng, gerecht, gütig? — Aus verschiedenen methodischen Ausführungen JUNGEs (JUNGE 1884, 1894) insbesondere über Schulausflüge, geht jedenfalls hervor, daß er auf strenge Unterrichtszucht und Disziplin großen Wert legte (vgl. auch Anmerkung 25 seines Pensenplanes über die Mikroskopie). Geht man aber davon aus, daß zur Zeit JUNGEs 50-60 Kinder in einer Klasse keine Seltenheit waren, so erscheint die aus seinen Werken herauszulesende Strenge verständlich. Im allgemeinen dürfte die von JUNGE verlangte Unterrichtsdisziplin durch das zu unterrichtende sachliche Anliegen und nicht durch anmaßende persönliche Autorität begründet gewesen sein; denn JUNGE wollte seinen Schülerinnen und Schülern bei Naturbeobachtung und Experiment als Helfer begegnen. Er gibt immer wieder Hinweise, die auf pädagogisches Einfühlungsvermögen schließen lassen, so z. B. die Anmerkung über die unvoreingenommene Begriffsbildung bei Kindern (S. 166), auf die JUNGE behutsam Einfluß zu nehmen versuchte. Sein Können, sein Interesse und sein enormer Fleiß, mit dem er sich autodidaktisch bildete und seine Mühen um exemplarische Auswahl der Inhalte und deren anschauliche Vermittlung, gehören zum Besten, was in der unterrichtspädagogischen Literatur anzutreffen ist.

Im Folgenden soll jedoch weniger der Lehrerpersönlichkeit JUNGE nachgespürt werden als vielmehr dem Schicksal seines in die Welt gesetzten Konzeptes, der Reform des naturgeschichtlichen Unterrichts durch den ,,Dorfteich", mit den dazugehörigen Lebensgemeinschaften. Vor dem Hintergrund zeitgemäßer ökologischer Unterrichtung heute, der im Rahmen von Natur- und Umweltschutzerziehung auch die Aufgabe der Gewissenserschließung zuzuordnen ist, muß interessieren, was mit JUNGEs Dorfteich durch vielfältige Interpretation geschah, welche Traditionen dadurch mit beeinflußt wurden und was heute noch beanspruchen kann, für ökologischen Unterricht exemplarisch zu sein.

2. Zum Umfeld der JUNGEschen Reform

Als FRIEDRICH JUNGE in den 80er Jahren des letzten Jahrhunderts den ,,Dorfteich" schrieb, war durch LAMARCK (1744-1824), DARWIN

(1809-1882), die Zellforscher SCHLEIDEN (1804-1881) und SCHWANN (1810-1882) sowie durch die Entwicklung ökologischer Ansätze A. v. HUMBOLDTs (1769-1859), MÖBIUS (1825-1908) u.a. die Kontur interdisziplinärer Biologie in ihren Grundzügen gerade entstanden. Die Auseinandersetzung um die Stellung der Biologie in der menschlichen Gesellschaft war durch DARWINs Theorie von der Abstammung des Menschen (1875) entbrannt. Besonders das Schlagwort vom ,,Kampf ums Dasein" begann schon bald, weltanschaulich, in sozialdarwinistischer Interpretation, die Runde zu machen (vgl. z. B. DODEL 1889).

Es ist daher kein Wunder, daß schulische Naturgeschichte (sie umfaßte Mineralogie, Botanik und Zoologie, aus der sich später nach Ausgliederung der Mineralogie der Biologieunterricht entwickelte, vgl. SCHMEIL 1899), unter den naturwissenschaftlichen Unterrichtsfächern in besondere Spannung zu den Kirchen geriet, zumal das Höhere Schulwesen traditionsgemäß stark durch Altphilologen und Theologen geprägt war und im Volksschulwesen die Zurückdrängung kirchlicher Schulaufsicht noch nicht allzulange zurück lag. Kein Schulfach hat je so im Mittelpunkt des Kulturkampfes gestanden, wie das Schulfach Biologie. 1879 war Biologieunterricht wegen einer Nichtigkeit auf den Oberstufen preußischer Höherer Schulen verboten worden: Der Lippstädter Oberlehrer HERMANN MÜLLER (1879) hatte mit seinen Schülern ein Lesestück über die Entstehung des Lebens besprochen, in dem die Hypothese geäußert wurde, daß am Anfang der Entwicklung der Kohlenstoff gestanden haben muß. Das reichte für eine politische Affäre, die das preußische Abgeordnetenhaus beschäftigte, was schließlich zum Biologieverbot bis zum Jahre 1908 führte (HOLLE 1908).

Die Naturkunde an Volksschulen blieb von so krassen Restriktionen verschont. Naturkunde an Volksschulen gab es als reguläres Unterrichtsfach erst seit 1872: Im Gesetz über die Beaufsichtigung des Unterrichts- und Erziehungswesens in Preußen wurde neben der Regelung staatlicher Schulaufsicht als Lehrgegenstand Naturbeschreibung aufgenommen. Nach den ,,Allgemeinen Bestimmungen" über die Durchführung dieses Gesetzes im gleichen Jahr durfte fortan in den Realienfächern nicht mehr mechanisch auswendiggelernt werden, wie das in der systematischen Naturbeschreibung (LÜBEN 1841) gang und gäbe war. Naturbeschreibung sollte Kinder vielmehr an sorgfältiges Beobachten gewöhnen und zur gemütvollen, d. h. auch gefühlvollen Betrachtung der Natur erziehen.

Dieser Rahmen war auch FRIEDRICH JUNGE vorgegeben. Neben JUNGE gab es eine ganze Anzahl von Volksschullehrern, die, durch die ,,Allgemeinen Bestimmungen" ermutigt, Reformschriften zur Umgestaltung des Naturgeschichtsunterrichts verfaßten. Allen gemeinsam war jedoch, daß sie als Vertreter der „Sinnigen Naturkunde" der Volksschule ihren Unterricht weltanschaulich der christlichen Glaubenslehre anzupassen versuchten, wenn auch in unterschiedlicher Akzentuierung. Damit konnte der Konflikt mit dem im Bildungswesen traditionsgemäß noch sehr starken Kircheneinfluß weitgehend vermieden werden.

Einer der ersten, der noch vor JUNGE einen grundlegenden Neuentwurf zur Ausgestaltung naturgeschichtlichen Unterrichts verfaßte, war der Naumburger Lehrer EDUARD TELLER. In der von ihm verfaßten Naturgeschichte (1875) war er 10 Jahre vor JUNGE schon von zusammenfassenden heimatkundlichen Stoffgebieten, sog. „Naturbildern" ausgegangen. Den Begriff ersetzte JUNGE später durch den an empirischer Wissenschaft orientierten Begriff der Lebensgemeinschaft (MÖBIUS 1877). Das Vielerlei heimatkundlicher Stoffe konzentrierte JUNGE auf den Dorfteich, an dem beispielhaft das Ganze des Naturhaushaltes der Erde erschlossen werden sollte.

Vor JUNGE haben in Preußen z. B. GEORGENS (1873) und KOLB (1880) neue Reformkonzepte für die Einrichtung von Schulgärten an Volksschulen vorgelegt. Die Bedeutung von Schulgärten für die Entwicklung naturkundlichen Arbeitsunterrichts kann gar nicht hoch genug eingeschätzt werden (TROMMER 1984). An der Ersten Mädchen-Bürgerschule in Kiel stand JUNGE jedoch kein Schulgarten am Schulhaus zur Verfügung.

Zeitgleich mit dem „Dorfteich" kam auch die Reformschrift des Jenaer Seminaroberlehrers BEYER heraus, der den Naturgeschichtsunterricht am Kulturstufenschema des Herbartianers ZILLER (vgl. Kap. 3.1.5) orientierte und die menschliche Arbeit (vor allem im Schulgarten) zum Leitbegriff für die inhaltliche und methodische Ausgestaltung der Naturkunde machte. Nur ein Jahr später erschien die ebenfalls weit verbreitete Reformschrift von KIESLING und PFALZ (1886).

Bei der Vielzahl so vieler Neuerscheinungen für den Naturgeschichtsunterricht ist allerdings zu fragen, weshalb ausgerechnet der Dorfteich-Naturgeschichte herausgehobene Beachtung zuteil wurde.

3. Das Besondere am Konzept der Dorfteich-Naturgeschichte

Eigentlich ist die Wahl eines Dorfteiches als Unterrichtsthema, noch dazu in Schleswig-Holstein, das in seinen Landschaften an Kleingewässern relativ reich ist, nichts besonderes.

Aber die Behandlung eines Dorfteiches unter dem relativ neuen wissenschaftlichen Begriff der Biocoenosis oder Lebensgemeinde (MÖBIUS 1877) — und zwar in der Volksschule —, das war schon sehr ungewöhnlich! Es gab daher heftige Diskussionen unter den Methodikern, wie die Volksschullehrer, insbesondere Seminarlehrer, sich damals auch nannten. Besonders unter letzteren fand JUNGE nicht viele Freunde. Zu den wenigen, die für JUNGE eintraten, gehörte der Eisenacher Lehrer SCHELLER, weshalb die JUNGEsche Reform bald auch als JUNGE-SCHELLERsche Reform bekannt wurde.

3.1. Die 5 Leitlinien der Dorfteich-Naturgeschichte

In JUNGEs Naturgeschichte sind mindestens 5 Leitlinien zu entdecken, nach denen er sein Konzept aufbaute. Für alle diese Leitlinien gibt es eine fachliche Autorität, an der sich JUNGE orientierte. Dennoch sind diese Leitlinien nicht isoliert zu sehen. Als pragmatischer Volksschullehrer hat er darauf geachtet, für seinen Berufsstand und seine Schüler eine optimale Synthese zu bilden.

Leitbegriff	fachliche Autorität, Quellen
1. Das Naturganze	ALEXANDER v. HUMBOLDT (1769-1859) „Kosmos" (1845)
2. Die Biocoenosis (= Lebensgemeinschaft)	KARL AUGUST MÖBIUS (1825-1908) „Die Auster und die Austernwirtschaft" (1877)
3. Die Gesetze	LUDWIG KARL SCHMARDA (1819-1908) „Die geographische Verbreitung der Tiere" (1853) „Zoologie" (1877)
4. Die Volksbildung	EMIL ADOLF ROSSMÄSSLER (1806-1867) „Das Wasser" (1858) „Der naturgeschichtliche Unterricht" (1860) „Volksbildung" (1865)
5. Der erziehende Unterricht	TUISKON ZILLER (1817-1882) „Einleitung in die allgemeine Pädagogik" (1856)

Anzumerken ist noch, daß JUNGE zu den im weitesten Sinn „ökologischen" Quellen (vgl. 1-4) auch noch anmerkt, zu ENGLER Kontakt gehabt zu haben. ADOLF ENGLER (1844-1930) hattte an der Entwicklung des natürlichen Pflanzensystems und an der Pflanzengeographie einschließlich Pflanzenverbreitung und -differenzierung in geologischen Zeiträumen großen Anteil (SUKOPP/SCHNEIDER 1980).

Die ersten 3 Leitlinien müssen in folgendem Zusammenhang gesehen werden:

Erstens stehen sie mit Ideen in Verbindung, die aus romantischer Naturforschung stammen. Eines der ordnenden Prinzipien romantischer Naturphilosophie wurde in der These von der Einheit der Natur sichtbar (vgl. v. ENGELHARDT 1978, QUERNER 1978), die zwischen Mensch und Natur, erkennendem Subjekt und Erkenntnisobjekt, Geist und Materie zu vermitteln und das spaltende mechanistische Weltbild des 18. Jahrhunderts zu überwinden suchte.

Zweitens führte auch empirische Naturforschung des 19. Jahrhunderts zu einem mindestens alle lebenden Phänomene umfassenden Begriff, den der Biologie. Strukturell von der Zellenlehre, funktional von der Physiologie, räumlich von der geographischen Verbreitung der Lebewesen und zeitlich von der Evolution her zeichnete sich ein einheitlich biologisches Verständnis des Lebens in ersten Umrissen ab und korrespondierte mit dem von Romantikern im Zusammenhang mit der Einheit der Natur formulierten Gedanken der Einheit des Lebens.

Das Naturganze der Romantik und das ökologisch inklusive Konzept der Biozönose liegen — wenn auch erkenntnistheoretisch höchst unterschiedlich entwickelt — im gleichen Trend.

3.1.1. Das Naturganze

Natura (weiblich) heißt so viel wie die Geborene. Es ist der Inbegriff der Eigenschaften des Gegebenen, der sichtbaren Schöpfung und damit auch der Eigenschaften lebender Wesen. ROUSSEAU (1712-1778) unterschied zwischen Mensch, Natur und Dingen (1762), obgleich doch — was auch ROUSSEAU kaum bestreiten würde — Natur auch im Menschen und in den Dingen ist. Bei ROUSSEAU war Natur vor allem das unverdorben und ursprünglich Gegebene.

JUNGE stellte dem „Dorfteich" das Motto A. v. HUMBOLDTs voran, daß die Natur in jedem Winkel der Erde ein Abglanz des Ganzen ist. Auch der Mensch sollte dabei als Glied des Naturganzen aufgefaßt werden

JUNGE S. VI). In der Vorrede und dem erstem Band zu A. v. HUMBOLDTs „Kosmos" spricht HUMBOLDT z. B. von seinem inneren (subjektiven) Anliegen, die „körperlichen Dinge in ihrem allgemeinen Zusammenhange, die Natur als ein durch innere Kräfte belebtes Ganze aufzufassen" (1845, Bd I, VI). Es geht ihm darum, in einem allgemeinen „Naturgemälde" die „innere Verkettung des Allgemeinen mit dem Besonderen" aufzuzeigen (BD. I, XII).

Entsprechend benutzten viele der Naturgeschichtsmethodiker Naturbilder wie „Das Feld vor der Getreideernte", „die Wiese vor dem Heuen" zur Stoffgruppengliederung (z. B. TELLER 1875).

Zur ganzheitlichen Auffassung der Natur fühlte sich A. v. HUMBOLDT einerseits durch Naturgenuß gedrängt, denn „es ist ein gewagtes Unternehmen den Zauber der Sinnenwelt einer Zergliederung seiner Elemente zu unterwerfen." Andrerseits verpflichtete „die Tätigkeit der combinirenden Vernunft, daß ein gemeinsames, gesetzliches und darum ewiges Band die ganze lebendige Natur umschlinge" (v. HUMBOLDT 1845, Bd. I, 9). Durch die „denkende Betrachtung der durch Empirie gegebenen Erscheinungen" fügte A. v. HUMBOLDT das Naturganze (v. HUMBOLDT 1845, Bd. I, 31) in idealer Weise zusammen. Das Naturganze war bei A. v. HUMBOLDT eine gedachte, empirisch bestätigte und poetisch erspürte Einheit der umgebenden natürlichen Vielfalt. Dieser Einheit haftete nicht nur Spekulatives und Ästhetisches an, sondern dort hinein ließen sich auch empirische Befunde einordnen. Dadurch sollte es den Menschen möglich werden, sich denkend und fühlend mit der Natur als umgebender Mannigfaltigkeit zu vereinigen, sich als teilnehmendes Glied der Schöpfung zu bescheiden und für das Ganze verantwortlich zu fühlen. Hieraus resultierte nicht mehr der Sinn einer von Gott aufgegebenen Herrschaft über die Natur, die zur freien, selbstherrlichen Ausbeutung der Natur drängte, als vielmehr der Sinn einer abhängigen Gebundenheit, die Natur als „unser aller Menschenheimat" (ROSSMÄSSLER 1860) verstand, achtete und schonte. A. v. CHAMISSO gebrauchte hierfür den Begriff „Mitwelt", ein Begriff der auf der 12. Jahrestagung der Gesellschaft für Ökologie von REPP wieder aufgegriffen und wie folgt umschrieben wurde: „In erster Linie sind dies unsere Mitgeschöpfe, die Tiere, aber es gehören natürlich auch die Pflanzen dazu, die ja erst die Existenz von Menschen und Tier dank ihrer Fähigkeit zur Photosynthese ermöglichen" (REPP 1984, 11). Auch der schon am Anfang des 19. Jahrhundert gebräuchliche Ausdruck von der Haushaltung der Natur (BLASCHE 1815, v. CHAMISSO 1827), ein ökonomischer Ausdruck, wurde nun weniger im Sinn einer Bewirtschaftung der Natur gebraucht als vielmehr im Sinn einer sich selbst helfenden (BECHSTEIN 1801) und ausgleichenden Natur. Als sog. „Lehre vom Haushalt der Natur" diente dieser Ausdruck der wohl bekanntesten Definition für Ökologie (oikos gr. = Haus; logos gr. = Lehre) bis in unsere Tage.

Unter dem Eindruck HUMBOLDTscher Naturauffassung und der von den Allgemeinen Bestimmungen (1872) geforderten sinnigen Naturkunde entstand das Richtziel der Dorfteich-Naturgeschichte: „Es ist ein klares, gemütvolles Verständnis des einheitlichen Lebens in der Natur anzustreben" (JUNGE, S. 8 f).

In diesem Sinn war der Dorfteich ein Beispiel, dem Erschließungswert zukam: vom Dorfteich zum Erdganzen und vom Dorfteich zum Menschen als Glied des Ganzen. Dem entsprach auch die Erziehung zum naturschonenden Verhalten, wenn JUNGE Vogelnester unter den Schutz seiner Schule stellte (S. 139) oder die Wechselwirkung zwischen Nähr- und Raubtieren zum Anlaß nahm, um vor eigenmächtigem, vorschnellen Eingreifen in den Naturhaushalt zu warnen (S. 144 ff).

Im Gegensatz zur poetisch sinnigen Naturauffassung standen bei JUNGE noch die alten Werkzeugbegriffe, hinter denen das mechanistische Weltbild sichtbar wird, wie „Sinneswerkzeuge", „Bewegungswerkzeuge", „Werkzeuge zur Ernährung" u. a. Verschiedentlich wurden sie aber schon durch den Organbegriff („Sinnesorgan", „Ernährungsorgan") abgelöst.

3.1.2. Die Biocoenosis

Biocoenosis (bios gr. = Leben, koinos gr. = gemeinsam) wird in der ökologischen Literatur oft mit dem Begriff „Lebensgemeinschaft" synonym gebraucht. Nach MÖBIUS (1877, 76, 77) ist Biocoenosis eine „Gemeinde" von Lebewesen, die an bestimmten Orten alle Bedingungen für ihre Entstehung und Erhaltung vorfindet, wobei jede Art mit der größtmöglichen Individuenzahl vertreten ist, wie sie sich gemäß den vorzufindenden Bedingungen ausbilden konnte.

Die Übertragung des Biocoenosis-Begriffes in den Naturgeschichtsunterricht ist eng mit JUNGEs autodidaktischen Studien verbunden. Sie führten ihn zu Vorlesungen an das von MÖBIUS geleitete Zoologische Institut der Universität Kiel. Autodidaktisches Lernen der Lehrer wurde schon von den Philanthropen gefordert (SALZMANN 1806). Seit der Mitte des 19. Jahrhunderts nahmen autodidaktische Anstrengungen in der sich zu allgemeiner Volksbildung berufen fühlenden Volksschullehrerschaft zu. Hierfür ist auch JUNGEs Lehrer MÖBIUS ein Beispiel. MÖBIUS hatte mit 19 Jahren die Lehramtsprüfung für die Volksschule abgelegt und unterrichtete 5 Jahre lang an der JACOBSON-Schule in Seesen. Als Externer machte er seine Abiturprüfung in Berlin und studierte u. a. bei JOHANNES MÜLLER (1801-1858) in Berlin Zoologie, um danach am berühmten Hamburger JOHANNEUM erst Hilfslehrer und später ordentlicher Lehrer an der dortigen Realschule zu werden. An der Spitze des Hamburger Naturwissenschaftlichen Vereins, als Verwalter der naturwissenschaftlichen Sammlung des JOHANNEUMs und als Gründungsmitglied für den Zoologischen Garten Hamburg erwarb er sich große Verdienste, bis er 1868 einem Ruf an die Kieler Universität folgte. Dort entstand seine bekannte Untersuchung über die Austernbänke im Nordfriesischen Wattenmeer, bei der er den Begriff der ,,Biocoenosis" (= Lebensgemeinde) prägte. MÖBIUS war seiner Herkunft nach an der Didaktik außerordentlich interessiert. Er gestaltete anschauliche, lebensnahe zoologische Sammlungen, richtete Schau-Aquarien ein und hielt an seinem Institut Vorträge für Volksschullehrer, woraus hervorgeht, daß er Wissenschaft auch für das Laienpublikum verständlich machen wollte.

Über JUNGE hat MÖBIUS auf die Umgestaltung des naturgeschichtlichen Unterrichts Einfluß genommen — nicht dogmatisch, denn JUNGE hat, mit Billigung seines akademischen Lehrers, sein Konzept bis hin zur Auslegung des Lebensgemeinschaftsbegriffs für die Erneuerung des Naturgeschichtsunterrichts an Volksschulen selbst gestaltet. Schon in der 2. Auflage war JUNGE selbstbewußt genug, seine Naturgeschichte auch dem Unterricht an Höheren Schulen zu empfehlen. Auch das ,,Gesetz der Erhaltungsmäßigkeit" ist nach Art und Inhalt wahrscheinlich ebenfalls von Erkenntnissen bestimmt, die MÖBIUS durch Untersuchungen an Austernbänken formulierte. In diesem Zusammenhang versuchte JUNGE bereits schon durch quantitative Betrachtung seinen Schülern regulierende Gleichgewichtsbeziehungen zwischen Pflanzen- und Fleischfressern verständlich zu machen, lange bevor 1925/26 LOTKA und VOLTERRA die mathematischen Gleichungen und Proportionalitätsgesetze der sog. ,,Räuber-Beute-Beziehung" formulierten. Diese auf MÖBIUSschen Erkenntnissen gewonnenen Einsichten (JUNGE, S. 144) wurden z. B. etwa 90 Jahre später in der curricular entwickelten IPN-Unterrichtseinheit ,,Das Biologische Gleichgewicht" als fundamentale Grundlage zum Verständnis der Dynamik in Ökosystemen begründet und durch SCHAEFER mathematisch in halbquantitativen Pfeildiagramm-Beziehungen formalisiert (EULEFELD/SCHAEFER 1974). Auch vor diesem Hintergrund war JUNGEs ,,Dorfteich" eine didaktische Pionierleistung.

Es gibt jedoch noch eine andere Tradition des Begriffes Lebensgemeinschaft, die es zu erörtern gilt: der Vergleich von Lebens- und Volksgemeinschaft im Biologieunterricht der NS-Zeit, u. a. bei BROHMER (1933), KELLER (1938) und GRAF (1939). Auch BROHMER hat den Lebensgemeinschaftsbegriff zum Ausgangspunkt für die unterrichtliche Behandlung genommen und sich von JUNGE dadurch abzugrenzen versucht, daß er JUNGE ,,individualistisches Denken" bei biozönotischen Betrachtungen vorwarf (BROHMER 1933, 35), obgleich auch in der Dorfteich-Naturgeschichte Übertragungen des Lebensgemeinschaftsbegriffes auf Familie und Staat anzutreffen sind, wenn auch nicht im folgenden Sinne: Das Schicksal des Einzelnen war nach BROHMER gegenüber der Gesamtheit der Lebensgemeinschaft unwichtig. Bei BROHMER wurden Lebens- und Volksgemeinschaft analog gesetzt, um zweckdienlich ideologischer Fassung des NS-Biologieunterrichts zuzuarbeiten: ,,Letzten Endes will auch die Biozönotik sich an Gefühl und Willen des Schülers wenden: er soll sich als Glied der Lebensgemeinschaft Volk fühlen und die ihm zukommende arbeitsteilige Aufgabe zum Wohle des Ganzen ausführen" (BROHMER 1933, 50). BROHMER wollte das Gefühl für das ,,Volksgemeinschaftsleben" rational unterbauen. Ziel war es, durch die Einsicht, daß auch der Mensch als Glied der Lebensgemeinschaft und des Naturganzen aufzufassen ist, zur Opferbereitschaft für das überindividuelle Volksganze zu erziehen, bis hin zur Selbstaufopferung: ,,Es kommt hier — auf den deutschen Menschen angewandt — die Erkenntnis zum Ausdruck, die man in die Worte gefaßt hat: Es ist nicht nötig, daß wir leben, wohl aber daß Deutschland lebt!" (BROHMER 1933, 55). Belegt ist das auch durch das Schlagwort ,,Du bist nichts, Dein Volk ist alles".

Ehrfurcht vor dem Lebendigen gab es auch bei BROHMER — nur nicht mehr auf das Individuum bezogen; und wenn JUNGE unermüdlich einer erklärenden Naturforschung zuarbeitete, in der Naturliebe als Liebe zur Sache und Achtung vor der Schöpfung einen schlichten Platz einnahm, so wurde bei BROHMER von vornherein einer Naturauffassung das Wort geredet, die nicht alles erklären sollte, damit pathetische Volksgesinnung möglich werden konnte, ,,die im Leben etwas Heiliges sieht und Ehrfurcht vor den Wundern des Lebens besitzt" (BROHMER 1933, 56).

Es liegt auf der Hand, daß alles, was der NS-Ideologie hier nützlich sein konnte, vereinnahmt wurde. BROHMER hat z. B. AUGUST THIENEMANN (1882-1960), dessen Seentypenlehre den Übergang von der Hydrobiologie, der Lehre vom Leben im Wasser, zur Limnologie (limne gr. = See; Lehre von den Gewässern) ermöglichte, eine der ökologischen Pionierwissenschaften, für die vom Biologieunterricht zu leistende ,,völkische Erziehung" benutzt, indem er gezielt den von THIENEMANN (1928) geprägten Satz, daß die Lebensgemeinschaft mehr als die Summe ihrer Glieder ist, mehrfach für den ideologischen Zweck überindividueller Erziehung zur Volksgemeinschaft verwendete.

Der ideologischen Vermischung von Ökologie mit der NS-Ideologie hat u. a. auch der Rostocker Biologe FRIEDRICHS (1937) zugearbeitet.

Letzterer sah in der Ökologie eine auf das Ganze gerichtete Weltanschauung, die in der Verbindung mit der Volkskunde eine wahre Wissenschaft von „Blut und Boden" sein sollte (FRIEDRICHS 1937, 79). Der von FRIEDRICHS gebrauchte Begriff „Holocoen" für die Einheit von Lebensraum und Lebensgemeinschaft konnte sich „im Gegensatz zum Ökosystem"-Begriff (TANSLEY 1935) nicht durchsetzen.

3.1.3. Die „Gesetze"

Nach einer Untersuchung von BEILER (1982) wurde JUNGE von MÖBIUS auf SCHMARDAs Gesetze hingewiesen, und JUNGE lieh sich von MÖBIUS auch die Zoologie SCHMARDAs aus. Die von JUNGE im Anschluß an SCHMARDA zugrundegelegten 8 „Gesetze" sind bis heute umstritten. Es sind keine naturwissenschaftlichen Gesetze, eher Resümees aus verallgemeinerter Erfahrung. Deswegen wurde JUNGE schon von einer Reihe von Zeitgenossen u. a. BAADE und vor allem SCHMEIL (1894) kritisiert. Andrerseits sind pädagogische Gründe, insbesondere aus lerntheoretischer Sicht, für das einzeln und beispielhaft Besprochene eine allgemeine Fassung zu finden, damit das Wirkgefüge des Ganzen faßbar wird, verständlich (vgl. WAGENSCHEIN 1968). Solche Gedanken sind auch schon unter dem Einfluß herbartianischer Pädagogik gefördert worden (vgl. Kap. 3.1.5.). Es gab und gibt eine Reihe von Didaktikern, die hervorgehoben haben, daß die sog. „Gesetze" dazu dienen sollten, ein kategoriales, fundamentales Verständnis für das Leben aufzubauen (MATZDORF 1910, SMALIAN 1927, KLAFKI 1964, BEILER 1982). Als biologische Grundsachverhalte (BEILER 1982) oder Kriterien bzw. „Eigenschaften des Lebendigen (v. DENFFER 1978) lebt das Bemühen fort, das Leben, vgl. zum Unbelebten, prinzipiell abzugrenzen.

Es bleibt jedoch die Frage, ob hier mit dem Begriff „Gesetz", in der Bedeutung unumstößlicher Tatsachen nicht zu weit gegangen wurde. JUNGEs wissenschaftliche Kritik reichte offenbar nicht aus, treffendere Bezeichnungen zu verwenden, die das, was allenfalls Regelhaftigkeiten sind, auch begrifflich so fassen. Die Fassung und Analogisierung sog. biologischer „Gesetze" unterlag über dem Schulunterricht hinaus auch fachwissenschaftlicher Traditionsbildung (vgl. z. B. HERTWIG 1922). Vor dem Hintergrund ihrer reformerischen Bedeutung für die Entwicklung des Schulfaches Biologie ist außerdem anzumerken, daß in der biologistischen „Lebensgemeinschaftskunde" der Nationalsozialisten in schlimmer ideologischer Analogiebildung verschiedentlich gerade auf den verfälschenden Begriff „Gesetz" zurückgegriffen wurde. Von GRAF schlagwortartig formulierte, spekulative Unabänderlichkeiten, in die sich Schüler schicken sollten, schließen hier an, wie „Das Gesetz von Blut und Boden" oder „Das Gesetz der Heimat" (1939). Dahinter verbargen sich nur ideologische Schlagworte.

Diese Traditionsbildung ist jedoch für die Dorfteich-Naturgeschichte allein ebensowenig charakteristisch wie die ideologisch gewollte Analogsetzung des Begriffes Lebensgemeinschaft zur Volksgemeinschaft. Die nationalsozialistische Ideologie war ein Syndrom, in die Vieles eingegangen ist, nicht zuletzt der Sozialdarwinismus und Mendelismus und die Ausstrahlung der Zellenlehre in Analogie zum Staat als Organismus (HERTWIG 1922).

3.1.4. Die Volksbildung

Hier werden zunächst ein paar Ausschnitte aus der Rede des Abgeordneten ADOLPH DIESTERWEG vor dem preußischen Landtag am 21. 5. 1860 vorgestellt, die zugleich etwas Licht auf die Verhältnisse der Lehrerausbildung werfen, wie sie auch JUNGE zuteil wurde (ROSIN 1902): „Die jungen Leute, die mit dem 17., 18. Jahre ins Seminar eintreten sollen, müssen neben äußerst dürftigen Kenntnissen 50 Kirchenlieder auswendig können; das ist ein wesentliches Stück, und sind sie eingetreten ins Seminar, dann geht das Auswendiglernen, das Behandeln des Memorierstoffes von neuem los. Der Unterricht in den Seminarien ist nicht nach den Bedürfnissen der Zeit gesteigert, sondern eingeschränkt und geschwächt worden. Wenn ich das Wort „wissenschaftlich" gebrauche, so werden Sie nicht denken, daß ich meine: eine wissenschaftliche Systematik, sondern ich meine gründlichen Unterricht, der an einem Seminar, einer Volkslehrer-Bildungs-Anstalt nicht fehlen darf. ...Die Hauptaufgabe des Seminars ist die, in den Leuten auf die Grundlage wissenschaftlicher Kenntnisse in breitem Umfange den Trieb zum unablässigen Fortschreiten zu legen, diesen Trieb in sie einzupflanzen. Ich denke das ist etwas anderes, als die jungen Leute fertig zu machen an fertigem Stoff. Nehmen Sie an, daß diese fertigen Leute, die sich doch stets in engem Kreise bewegen, in dem sie täglich dasselbe treiben, nach 10, 20 Jahren wieder aufgesucht werden, und dieselben sind nicht von wissenschaftlichem Trieb fortgeführt worden, — was wird man finden, was wird aus ihnen geworden sein? Ohne Zweifel wieder solche Vogelscheuchen, die man ehemals auf die Bretter brachte, die die Welt bedeuten und dort lächerlich machte. Dem beugt man aber nur vor durch wissenschaftliche Bildung."

Auch wenn DIESTERWEG, um zu beeindrucken, hier übertrieben hätte: die Seminarausbildung von JUNGE und seinem akademischen Lehrer MÖBIUS muß dürftig gewesen sein. Sie kann also keineswegs als Grundstock zur Dorfteich-Naturgeschichte angesehen werden.

Als Verfechter demokratischer Selbstbestimmung, der wissenschaftlicher Volksbildung zuarbeiten wollte, war vor JUNGE für den naturwissenschaftlichen Unterricht vor allem der Forstprofessor ROSSMÄSSLER hervorgetreten. ROSSMÄSSLER, Mitglied des Frankfurter Parlamentes 1848 und des Rumpfparlamentes in Stuttgart (1849) und seitdem aus dem Staatsdienst entlassen, hatte sich auf der Wiesbadener Versammlung deutscher Naturforscher und Ärzte 1859, im Todesjahr A. v. HUMBOLDTs für die Gründung vom HUMBOLDT-Vereinen eingesetzt und die von ihm seit 1857 herausgegebene Zeitschrift ,,Aus der Heimath" — ein sog. ,,naturwissenschaftliches Volksblatt" — als amtliches Organ des Deutschen Humboldt-Vereins deklariert. Die HUMBOLDT-Vereine sollten neben den Versammlungen deutscher Naturforscher und Ärzte, gewissermaßen als volksbildende Variante durch Vorträge und die Einrichtung naturwissenschaftlicher Sammlungen für die Beschäftigung mit Naturwissenschaften werben (ROSSMÄSSLER 1865). Insbesondere Volksschullehrer aber auch Frauen wollte ROSSMÄSSLER mit diesen insgesamt nicht sehr erfolgreichen Vereinen erreichen.

Mit seinen Reformvorschlägen für den naturgeschichtlichen Unterricht war ROSSMÄSSLER Vorbild für JUNGE. Auch JUNGE hat sein Interesse an der wissenschaftlichen Bildung schwerpunktmäßig auf naturkundliches Forschen in der heimatlichen Landschaft und wissenschaftliche Weiterbildung der Lehrer gelegt. Die Verbesserung des Naturgeschichtsunterrichts folgte daraus. Wie ROSSMÄSSLER ging es JUNGE dabei um die Verbesserung der Volksbildung (JUNGE, S. 26 ff), und er wollte seinen Kollegen (Lehrerinnen dürften damals noch die Ausnahme gewesen sein) helfen, die Qualität naturkundlichen Unterrichts zu verbessern. An zahlreichen Stellen der Dorfteich-Naturgeschichte ermuntert JUNGE die Lehrer zum Beobachten. Sie sollten naturkundliche Beobachtungen sammeln, Vereine zur Pflege naturkundlichen Unterrichts gründen und Sektionen für Naturkunde in den seit 1848 sich ausbreitenden Lehrervereinen einrichten (PRETZEL 1921). JUNGE berichtet im 2. Teil seiner Naturgeschichte (JUNGE 1891) darüber, daß er an verschiedene Schulen in Deutschland etwa zwölf Postkarten versandte, um zu erfahren, was für Kulturpflanzen und was für Unkräuter in deren Gegend wachsen, worauf er ,,nur" drei Antworten bekam (es ist fraglich, ob er heute mehr bekäme). ROSSMÄSSLER und JUNGE lieferten die Denkanstöße für LUTZ in Stuttgart, der 1887 den Deutschen Lehrerverein für Naturkunde aufbaute. Als Vereinsorgan wurde die Zeitschrift ,,Aus der Heimat" neu gegründet (BASS 1927).

Welche Defizite (und auch mangelnde Gelegenheiten) es zur Zeit JUNGEs an Naturbeobachtungen in Großstadtschulen gegeben haben mußte, JUNGE unterrichtete an einer Stadtschule, geht aus Befragungen von PILZ (1882, zitiert bei BERGEMANN 1885) hervor. Danach hatten weniger als 50% von 1000 Berliner Schulkindern eine Wiese, ein Ährenfeld, eine Schafherde oder eine Wald gesehen, nur 167 Kinder kannten den Lerchengesang.

JUNGE selbst hat an vielen Stellen Einblick in eine auf Beobachtung und Experiment gründende Naturkunde gegeben, die er gewissenhaft vorbereitete. Z. B. setzte JUNGE seine Schüler schon ans Mikroskop (S. 39, 223 f). Er beschäftigte sich anschaulich mit der Bedeutung der Kohlensäure im Wasser für die Ernährung der Pflanzen (S. 232-237), wie er sich darüberhinaus auch mit dem Nachweis von Kohlendioxid und an anderer Stelle auch in der Klassenzimmerluft am Beispiel eines „Luftprüfers", auseinandersetzte (JUNGE 1886). Die Sauerstoffproduktion der Pflanzen im Licht konnte JUNGE im heute schon klassischen Blasenversuch mit angeschnittenen Sprossen der Wasserpest nachweisen (S. 235 f). In der Dorfteich-Naturgeschichte haben also auch schon einfache physiologische Versuche Platz gegriffen. JUNGE bestimmte durch Hochrechnung eines ausgezählten Quantums die ungeheure Eierproduktion eines Dorsches, um daran auf die Sicherung der Art einzugehen (S. 159), außerdem hat er Anleitung dazu gegeben, wie durch geschickte Präparation der Schließmuskel einer Teichmuschel deutlich sichtbar gemacht werden kann (S. 115 f). Zur Wasserprobennahme aus tieferen Wasserschichten entwickelte er eine Kippvorrichtung für eine an einer Stange befestigte Probenflasche, die ähnlich wie das Prinzip der MEYERschen Schöpfflasche funktionierte. Und schließlich hat er wertvolle Anregungen zum Bau und zur Einrichtung eines Aquariums und Terrariums gegeben (S. 275 ff).

Diese Beispiele zeigen einen für Naturkunde begeisterten Lehrer, der sich jedoch darüberhinaus auch von seinen Erziehungsabsichten her ideenreich und anregend mitzuteilen weiß.

3.1.5. Der erziehende Unterricht

In der 2. Hälfte des 19. Jahrhunderts begann die pädagogische Richtung der HERBARTianer einen starken Einfluß auf den Volksschulunterricht auszuüben. Der HERBARTianer ZILLER, der vielfach von JUNGE zitiert wurde, verkürzte das pädagogische Lehrgebäude HERBARTs auf folgende drei Prinzipien:
1. das **Kulturstufenprinzip,** nach der die Entwicklung der Kulturgeschichte in

der kindlichen Entwicklung wiederholt werden sollte (vgl. hierzu auch BEYER 1885);

2. das **Konzentrationsprinzip**, nach dem sich einerseits alle Fächer durch Intellektbildung auf das zentrale Bildungsziel der religiös sittlichen Gesinnungsbildung hin konzentrieren und sich andrerseits Fächergruppen zu einer Art Gesamtunterricht zusammenschließen sollten;

3. das **Formalstufenprinzip**, das nach einem Stufenschema die Unterrichtsgegenstände altersstufengemäß konkretisieren sollte. Die zu durchlaufenden Stufen waren bei ZILLER: **Klarheit — Assoziation — System — Methode.**

JUNGE war zwar kein starrer Formalstufendogmatiker aber die Zielstellung der Dorfteich-Naturgeschichte verweist auf HERBARTianischen Einfluß. Das Ziel könnte frei nach JUNGE auch so lauten: Es ist ein klares **(Klarheit)**, auf **Assoziationen** aufgebautes Verständnis der Lebensgemeinschaft **(System)** des Dorfteiches zu vermitteln, was schließlich ermöglicht, sich das Naturganze der Erde zu erschließen **(Methode)**.

Bei den Konzentrationsbestrebungen für den naturwissenschaftlichen Unterricht war JUNGE nicht allein. Es gab zahlreiche Ansätze. Im niederen Schulwesen war Konzentration leichter durchzuführen als im höheren, wo bis heute noch Lehrer nach getrennten Studiengängen in Botanik und Zoologie ausgebildet werden, was sich zuweilen immer noch in der Unterrichtsstruktur der Gymnasien bemerkbar macht. JUNGE leistete insofern einen wichtigen Beitrag, als er in seiner Naturgeschichte die Trennung von Zoologie, Botanik und Mineralogie unter Bezug auf Begriffe wie Lebensgemeinschaft, Einheit der Natur sowie durch die SCHMARDAschen Gesetze zu überwinden suchte. Er gilt deshalb neben HERMANN MÜLLER und KARL KRAEPELIN als Begründer biologisch-ökologischen Schulunterrichts.

Dem Ziel sittlich religiöser Bildung wollte JUNGE wie folgt zuarbeiten (S. 13 f, 19 f):

Das Kind sollte sein Leben im Naturleben wie in einem Spiegel wiederfinden und durch Einsicht in die SCHMARDAschen Gesetze zur Achtung und Schonung des Naturlebens gemahnt werden.

Staatlichen Naturschutz gab es zur Zeit JUNGEs noch nicht. Sein Vorläufer, die sog. ,,Heimatschutzbewegung'' begann erst, sich mit der Kritik an der Veränderung der Heimat durch das sich immer rascher ausbreitende Industriezeitalter zu formieren:

Mit naturschonender Erziehung setzte JUNGE — wahrscheinlich ohne es zu wissen — Traditionen fort, die 70 Jahre vor dem Erscheinen des ,,Dorfteiches'' schon BLASCHE in der ,,Naturbildung'' formulierte. Damals gab es schon, wie später bei JUNGE, für diesen Erziehungsgedanken fünf Gründe:

— Einerseits den Aspekt des pflegenden und hegenden Tierschutzes, der der Verrohung der Schüler entgegenwirken sollte.
— Dann waren es vor allem bei BLASCHE ästhetische Gründe, die darauf gerichtet waren, ein schönes und harmonisches Bild von Natur zu entwickeln, was in der ,,sinnigen" (bei JUNGE gleichgesetzt mit ,,poetischen") Naturkunde des heimatlichen Dorfteiches eine Nebenrolle spielte.
— Außerdem aber gab es schon bei BLASCHE den Schutzgedanken der Gattungserhaltung (= Arterhaltung), der bei JUNGE im SCHMARDAschen Gesetz der ,,Erhaltungsmäßigkeit" wiederkehrte, ein zentrales Anliegen der Dorfteich-Naturgeschichte, das zum schonenden Umgang mit Natur mahnte.
— Der vierte Grund lag im Nützlichkeitsdenken begründet. Durch Schonung von Nützlingen (vgl. auch BECHSTEIN 1801) sollte zum Vorteil von Land- und Forstwirtschaft Schaden abgewendet werden und
— der fünfte Grund resultierte schließlich aus folgendem:
Junge hoffte, wofür sich lange vor ihm auch schon BLASCHE einsetzte, daß die Erkenntnis der Einheitlichkeit und relativen Vollkommenheit des Naturlebens insofern zwischen naturwissenschaftlicher Erkenntnis und religiöser Erziehung eine Brücke bilden konnte, als durch Staunen zu Ehrfurcht vor göttlicher Schöpfung erzogen wurde.

JUNGE beabsichtigte außerdem, durch seinen Unterricht dem Kulturstufenprinzip ZILLERs zu folgen, lieferte jedoch kein durchgängiges Schema wie BEYER (1885).

Stattdessen brachte er die Stellung des Menschen zur Natur bei möglichst vielen Gelegenheiten zur Sprache, was zwangsläufig auch zur Analogiebildung führte (vgl. Kap. 3.1.2.), etwa, daß er bei der Anatomie von Tieren auf die des Menschen verwies oder die Erwartung äußerte, daß die tierische Fortpflanzung natürlicher, altersstufengemäßer Weise von den Schülern aufgenommen werden sollte. Eine für die 2. Hälfte des 19. Jhdts. sicher schon fortschrittliche Einstellung, die, wenn auch noch unausgesprochen, sachlichem Verständnis der Geschlechtlichkeit des Menschen dienen sollte.

JUNGE bekannte sich außerdem vor aller pädagogischen Theorie zur Erkenntnisbildung aus empirischer Erprobung des Unterrichts. Er hat sich auch hier mehrfach auf ZILLER berufen. Er forderte wiederholt zum Lernen aus praktischer Unterrichtserfahrung auf. Z. B. berichtet er von dem tiefen Eindruck auf seine Schülerinnen durch den Versuch, daß eine Ratte durch das aus dem Kohlenplätteisen entweichende Kohlenstoffmonoxid in wenigen Minuten getötet werden konnte. Wenn auch aus Tierschutzgründen solche makabren Versuche im Schulunterricht abzulehnen sind (vgl. auch Kap. 4.1.1.

über Schädlingsbekämpfung), so darf für die damalige Zeit, schon aus Gründen der Gesundheitsvorsorge nicht vergessen werden, wie wichtig in diesem Fall für das Leben der Schülerinnen als künftige „Hausmütter" diese dramatische Demonstration gewesen sein dürfte.

Vielfach ist JUNGE auch auf Begriffsbildungsvorgänge bei den Schülern eingegangen. Er hat sich dabei mit der Einführung wissenschaftlicher Terminologie auffällig zurückgehalten. Offensichtlich war es ihm viel wichtiger, daß sich das Kind durch Naturbeobachtung erst einmal selbst einen Begriff bildete, als daß es leere Worthülsen lernte (z. B. S. 31 f, 166). Der assoziativ erworbene Begriff wurde dann behutsam erweitert. Vor diesem Hintergrund ist JUNGEs heftige, sehr umfangreiche und einführende Kritik an den systematisch geordneten Naturbeschreibungen von AUGUST LÜBEN (1804-1873) in der Einleitung zur Dorfteich-Naturgeschichte zu verstehen.

3.2. Zur zeitgenössischen Kritik an der Dorfteich-Naturgeschichte

Nachstehende Kritik muß als typisch für den Widerstand vieler Volksschullehrer gegen die Dorfteich-Naturgeschichte angesehen werden. Sie verhinderte letztlich, daß JUNGE sich mit seinem Konzept in breiter Front durchsetzen konnte. Als Beispiel hierfür wurde der Vortrag „Zur Reform des Naturgeschichtsunterrichts in der Volksschule" ausgewählt, den der königliche Seminarlehrer FRIEDRICH BAADE aus dem Brandenburgischen Neu-Ruppien am 5. Oktober 1886 vor der Versammlung des Lehrerverbandes der Provinz Brandenburg verhandelte. Er wird im Folgenden auszugsweise zitiert, weil er besonders anschaulich die Bedenken vieler Lehrer gegen das Konzept JUNGEs darstellt (BAADE 1887, 17-21): „Wenn ich ihn (gemeint ist JUNGE) recht verstehe, so sollen die Kinder möglichst alle an dem gewählten Orte vorkommenden Pflanzen und Tiere kennenlernen, aus diesen soll eine kleine Zahl eingehend besprochen werden, und zum Schluß soll dann gezeigt werden, daß und wie die Tiere und Pflanzen den dort gegebenen Lebensbedingungen angepaßt sind... Nachdem diese Kenntnisse durch die Beobachtung heimischer Landschaften erworben sind, werden sie für das Verständnis des Lebens fremder Gegenden verwendet und endlich für das Verständnis des Erdenlebens überhaupt. Ich gestehe, daß der Gedanke für mich viel Bestechendes hat. Da das Tier- und Pflanzenleben zunächst in einem leicht übersehbaren Gebiet beobachtet werden soll, so läßt sich die Grundforderung: unterrichte anschaulich! verwirklichen... Und doch habe ich mich nach vieler Überlegung nicht entschließen können, dem Gedanken in meinem Unterricht die Bedeutung beizulegen, die JUNGE ihm gibt... Kinder sind Kinder und was Erwachsene interessiert, ist nicht immer auch für Kinder interessant. Wie laufen sie zusammen, wenn ein Tanzbär oder Kamel durch die Stadt geführt wird! Das Getier im Grase, unter Moos und im Wasser läßt sie sehr kalt... Kolbenwasserkäfer aber, Taumelkäfer, Rückenschwimmer, Wasserskorpion, Hülsenwürmer, Armpolyp, Wassersalamander, ja sogar den Stichling, den Herr JUNGE so liebt, — sie würden sie alle mit Freuden dran geben, wenn ihr Herr Lehrer von Fuchs und Wolf mit ihnen sprechen wollte, von denen sie in Fabel und Märchen so oft hörten...

Ich wollte einmal einen Lehrplan aufgrund der Idee von den Lebensgemeinschaften für unsere vierklassige Seminar-Übungsschule zu Neu-Ruppin entwerfen. Bei dieser Arbeit wurde ich recht inne, welche Schwierigkeiten sich bei der Wahl der Örtlichkeiten in den Weg stellen... Zwar haben wir unsern prächtigen Ruppiner See; aber der ist für die 8-11jährigen Kinder unserer 3. und 2. Klasse nicht überschaubar, und ich kann auch keine andere Stelle an demselben ausfindig machen, an der ich eine Schulklasse ans Seeufer könnte führen lassen, als das Bollwerk, die Anlegestelle der Dampfer und die Badeanstalt — alles wenig geeignete Orte... Es liegt mir fern, über JUNGEs mit Wärme und großer Sachkenntnis, wie pädagogischem Geschick geschriebenes Buch zu spotten, aber bemerklich muß ich doch machen, daß die Zusammenlegung der in der Schule notwendig zu besprechenden Tiere und Pflanzen zu Lebensgemeinschaften sehr leicht zur Künstelei führt. Die Ente ist unsern Kindern und unserm Landmanne nicht ein Glied des Dorfteiches als Lebensgemeinschaft, sondern ein Haustier, das gezüchtet wird, damit es Eier, Fleisch und Federn gibt. Wie manche Ente mag verspeist werden, die kein anderes Wasser gesehen hat, als ein ziemlich kleines Bassin im Geflügelhof".

Drei Kritikpunkte sind von BAADE angesprochen worden:
1. Relativ kleine Wassertiere, würden Kinder, die dem Spektakel von Tanzbären zulaufen und die an den in Fabeln angesprochenen Tieren wie Wolf und Fuchs interessiert sind, kalt lassen.
2. Die Örtlichkeit des Dorfteiches ließe sich nicht übertragen.
3. Gängige Unterrichtsinhalte, wie etwa ,,Die Ente" wäre Kindern und Eltern als Haustier, nicht als Glied einer Lebensgemeinschaft, bekannt.

BAADEs Argumente sollen im folgenden nicht nur aus seiner Zeit heraus sondern auch aus der Perspektive von wünschenswertem Biologieunterricht heute nachstehend erörtert werden:

Zu 1) Aus vielfältiger Erfahrung müssen wir annehmen, daß sich Kinder sehr wohl für relativ kleine Wassertiere interessieren lassen. Aquarien und Tümpel gehören nicht umsonst zu beliebten Hobby-Bereichen von Kindern und Jugendlichen — Bereichen, die schon von ROSSMÄSSLER 1856 mit seiner in der ,,Gartenlaube" veröffentlichten Schrift ,,Der See im Glase" erschlossen wurden. Dem trägt JUNGE auch Rechnung, wenn er im Anhang an den „Dorfteich" Anleitungen zum Bau und zur Einrichtung von Aquarien gibt. Außerdem — gehört es nicht auch zur Aufgabe der Schule, Kindern unerschlossene Bereiche zu öffnen, sind nicht gerade Kinder und Jugendliche für Neues auch empfänglich? Ist die Sensation Tanzbär wirklich ein geeigneter Indikator für kindliches Interesse? — Was aber die Fabeltiere Wolf und Fuchs anbelangt, so bemerkt JUNGE (S. 155), daß die Natur mehr liefert als Fabeln nämlich Beispiele, die umso eindringlicher für sich sprechen, als sie den Zusammenhang von Ursache und Wirkung hervorkehren. Im 2. Band seiner Naturgeschichte führt er aus (1891, VI): „Freilich kann ein Lehrer sich seine Aufgabe auch leichter machen, und wer danach Bedürfnis fühlt, dem wäre zu raten, daß er seinen Schülern einen Leitfaden mit Abbildungen in die Hand gibt — wir kennen dergleichen ja mehrere! Ob ein solcher Naturunterricht ohne Natur Interesse und Verständnis für die lebendig waltende Natur erwecken und fördern kann, ist mir allerdings mehr als zweifelhaft... ich suche den Lehrern ihre Aufgabe möglichst schwer zu machen? Nein, lebensvoller gestaltet sich der Unterricht, befriedigender werden die Resultate, wenn das Objekt in Natur vorgeführt und darnach eine skizzierte Zeichnung an der Tafel und später in großen Zügen auf einem Bogen Papier entworfen wird".

Zu 2) hat BAADE sich denn wirklich um Übertragung bemüht, wenn er z. B. ablehnt, sich mit kleinen Wassertieren zu beschäftigen? Hat er überhaupt das Beispielhafte erfaßt?

Es kam ja JUNGE gar nicht darauf an, daß ein Lehrer am Ruppiner See oder an einem Graben alle die typischen Pflanzen vorfindet, die er für seinen Dorfteich beschreibt. Zwar ist nicht von der Hand zu weisen, daß ein großer See weniger überschaubar ist als ein Dorfteich, und es ist an späterer Stelle noch darauf einzugehen, ob ein so komplexes Gefüge wie eine Lebensgemeinschaft überhaupt vor Ort allein durch naturkundliche Untersuchungen erfaßt werden kann. Allerdings zeigte es sich hier wohl, daß JUNGE nicht nur einfach zu übernehmende Rezepte lieferte, sondern vor allem Transferleistung forderte.

Daß Unterricht zu 3) sich nicht mit überkommenen Vorstellungen zufrieden geben kann, sondern — wie am Beispiel der Ente zu entwickeln wäre — Neues einführt, oder zu enge Vorstellungen erweitert, gehört doch wohl zu seinen Aufgaben. Aus heutiger Sicht würde es schon aufgrund des gestiegenen Umweltbewußtseins zu begrüßen sein, daß JUNGE sich bemühte, über Haus und Hof sowie landschaftliche „Naturbilder" hinauszudenken und generell übertragbare Begriffe, die auf das Verständnis der Eigenart von Natur gerichtet sind, einzuführen. Der Schuldirektor SEYFERT (1899, 19) hat JUNGE in diesem Zusammenhang vorgeworfen, den wissenschaftlichen Begriff „Lebensgemeinschaft" für die Schule in verkürzter oder erweiterter Form zu verwenden. Das sei unzulässig. SEYFERT schlug stattdessen den Begriff Lebensgebiet vor, der allein dazu dienen sollte, Stoffgruppen (heute würden wir vielleicht sagen ,,Unterrichtseinheiten") zusammenzufassen: ,,wissenschaftlich betrachtet hat das natürlich keine Berechtigung, wohl aber pädagogisch angesehen.". Hierbei ist zu berücksichtigen, daß JUNGE den Begriff Lebensgemeinschaft auch aus pädagogischen Gründen, von MÖBIUS abgrenzte. Er gab der Schule eine wissenschaftsorientierte Fassung des Begriffes an die Hand, die er außerdem, wie aus dem Vorwort zum ,,Dorfteich" hervorgeht, MÖBIUS zur Durchsicht vorlegte. Damit konnte JUNGE kaum redlicher vorgehen. Dennoch setzte er sich nicht durch. Die 1901 erlassenen Richtlinien zur Neuordnung des Seminarschulwesens in Preußen machten formale Unterrichtsstoff-Gruppenbildung verbindlich. Unterrichtsstoffe sollten danach in ,,Naturbildern" konzentriert zusammengefaßt werden, wobei landschaftliche Gruppenbildung empfohlen wurde. Immerhin war auch der Dorfteich eine Stoffgruppe und als solche für den Unterricht an Volksschulen geeignet.

4. Dorfteich-Naturgeschichte und Ökologieunterricht

Die ,,Reform" OTTO SCHMEILs (1905) lief JUNGE den Rang ab. Die SCHMEILschen Leitfäden wurden auflagenstarke Bestseller. Sie stellten wieder das alte, klassische Lehrgefüge her: Strikt getrennt nach Botanik und Zoologie wurde wieder der systematischen Ordnung hoher Stellenwert eingeräumt und in monographischen Abhandlungen Bau und Leben unter Abwägung von Natur und Schaden für den Menschen in den Mittelpunkt des Unterrichts gestellt. Es nimmt Wunder, daß die SCHMEILsche Biologie in die Literatur als ,,Reform" eingehen konnte, hatte doch bereits BECHSTEIN am Ende des 18. Jahrhunderts die Empfehlungen für einen ähnlichen Lehrweg gegeben (1801) und LÜBEN (1841) die Tradition systematisch orientierter Schulbiologie erfolgreich fortgeführt. Das, was SCHMEIL in seinen Leitfäden, die bis nach 1970 aufgelegt wurden, als Neuerung durchsetzen konnte, was aber vor dem Hintergrund der Bedeutung ökologischer Unterrichtung als Nachteil anzusehen ist, war die Abkehr von dem Reich des Anorganischen (der Mineralogie) und die Zuwendung allein zu den getrennt behandelten biologischen Disziplinen Pflanzenkunde, Tierkunde und Menschenkunde. Dazu kam als Neuheit ein Eingehen auf die DARWINsche Abstammungslehre. SCHMEIL ist damit als Verweser der sich im 2. Drittel ganzheitlich und ökologisch ausgerichtenden Naturgeschichte anzusehen. Der neue Begriff ,,Biologieunterricht" setzte sich nach der Jahrhundertwende durch.

Für diesen Biologieunterricht entwickelte KARL KRAEPELIN (1848-1915), Vorsitzender der Unterrichtskommission der Gesellschaft Deutscher Naturforscher und Ärzte nach den Meraner Vorschlägen (1905) eine ökologische Lehrstruktur (KRAEPELIN 1907, 1-137), die sich u. a. an der Pflanzengeographie SCHIMPERs (1803-1867) orientierte. Das war jedoch ein für die höhere Schule gedachtes, relativ streng geordnetes Lehrsystem, das die ganzheitliche Beispielhaftigkeit im Rahmen der vertrauten Heimatumgebung zugunsten einer Abhandlung aufeinander bezogener ökologischer Faktoren aufgab.

Einer der Reformpädagogen, die im Anschluß an JUNGEs Konzept in den 20er Jahren Erwähnung bedürfen, war HEINRICH GRUPE. GRUPE hat mit seiner ,,Bauern-'' und ,,Großstadt-Naturgeschichte'' die Tradition heimatbezogener, ökologisch orientierter Naturkunde fortgesetzt. Auch GRUPE war ähnlich wie JUNGE Autodidakt. GRUPEs pädagogische Orientierung entstammt der Arbeitsschulbewegung, weshalb er sein Reformkonzept, das wie bei JUNGE vor allem praktisch methodischer Art war, auch als ,,Tätige Naturkunde'' bezeichnete. Dort wurde der schon umweltkritische Naturschutzerziehung begonnen, nachdem in den 20er Jahren der Staat Naturschutzerziehung in der Schule verfügte.

4.1. Dorfteich-Idylle

JUNGEs Dorfteichgewässer war eine noch weitgehend ungestörte heile Naturidylle, obgleich zur Zeit JUNGEs durch Gewässerverschmutzung und mangelhafte Trinkwasseraufbereitung furchtbare Typhus- und Cholera-Epidemien in den Großstädten auftraten, deren abwasserhygienisches und mikrobielles Ursachengefüge schon in den 80er Jahren weitgehend erklärt vorlag (Kap. 4.1.2). WILHELM RAABE thematisierte z. B. 1884, ein Jahr vor dem Erscheinen von JUNGEs ,,Dorfteich'', das Problem der Gewässerverschmutzung. In der Novelle ,,Pfisters Mühle'' zerbrach RAABE dabei die heile, schöne Welt eines Mühlengastwirts, dessen Existenz durch stinkende Abwässer einer Zuckerfabrik, letztlich ruiniert wurde. AUGUST THIENEMANN, einer der führenden limnologisch arbeitenden Ökologen unseres Jahrhunderts hat den Hintergrund dieser Novelle untersucht (1925) und dabei festgestellt, daß RAABE seine Novelle an einem authentischen Fall seiner braunschweigischen Heimat orientierte.

In jener durch rasche industrielle Entwicklung geprägten Zeit, zwischen 1882 und 1932, sank der Anteil der in Land- und Forstwirtschaft Tätigen von 40% auf 20% der Gesamtbevölkerung (OLSCHOWY 1981). Die heimatliche

Umwelt, deren Änderung ja Menschen betraf (vgl. SCHWABE 1981), wurde nun unter dem Schlagwort „Heimatschutz" (RUDORFF 1910) Vorläufer des Naturschutzes, kritischer betrachtet.

In der Dorfteich-Naturgeschichte, die hier noch ganz am Anfang der Entwicklung stand, kann der Leser nur eine knappe Bemerkung zur Gewässerverschmutzung finden: Am Schluß, auf den letzten Seiten seines Buches (S. 267) erörterte JUNGE „Wohl" und „Wehe" des Dorfteiches und ging mit einer Fußnote auf schädliche Zuflüsse durch Fabrikabwässer ein, weil nämlich „vor ein paar Jahren" in der Trave „sehr viele, große und kleine Fische" gestorben waren, nachdem in Bad Segeberg aus einem Salzwerk Salz in den Fluß eingeleitet worden war.

Über JUNGEs Beschreibung von nicht mehr häufig anzutreffenden Pflanzen wie Wasserfeder und Fieberklee oder über JUNGEs Beobachtung aufsehenerregender Libellenschwärme ist zu entnehmen, daß es in der Landschaft um den Dorfteich herum noch eine recht reichhaltige Natur gegeben haben mußte.

Sofern in Dörfern heute überhaupt noch Dorfteiche anzutreffen sind, lohnt es sich, näher hinzuschauen. Einer der beiden im folgenden abgebildeten Dorfteiche (S. 037) steht für viele der wenig ursprünglich gebliebenen, „sanierten" dörflichen Kleingewässer, mit betonierten Abflüssen und ausgeräumten Ufern. An manchen solcher Teiche untermauern vielleicht auch Blumenkübel und Sitzbänke auf gepflegten Rasenrabatten das Motto „Unser Dorf soll schöner werden". Die bei JUNGE noch beschriebene Artenvielfalt fehlt in der Regel. Auch gibt es in den Dörfern von heute selten noch Schulen, in denen am Dorfteich unterrichtet werden könnte. Dorfkinder fahren in der Regel mit Schulbussen, bei denen die Transportkapazität nicht nach der Zahl der Kinder sondern nach der Achslast berechnet wird, in große, oft allzu große, ortsferne Schulzentren.

Das Weltbild einer vormals heilen Naturidylle ist gestört. Es hat nicht nur Kratzer abbekommen sondern zunehmend setzt sich, durch ökologische Forschung fundiert, die Erkenntnis durch, daß das „Naturganze" — oder naturwissenschaftlich eindeutiger die „Biosphäre" — heute vielfach aus gestörten Gefügen besteht, aus jungen unreifen, relativ labilen Sukzessionsstadien, die Mühe haben, die Geschwindigkeit und Größe von Landschaftseingriffen nachwachsend auszugleichen (vgl. hierzu auch RIEDEL über den Landschaftswandel in Schleswig 1978). Es ist daher zu fragen, was sich seit der Dorfteich-Naturgeschichte an der Ansicht der Natur änderte.

Abb. 2: Frisch sanierter Dorfteich in Rotenkamp/Königslutter östlich von Braunschweig. Die Ufer wurden ,,bereinigt''. Es fehlt die typische Ufervegetation.

Abb. 3: Sanierter Dorfteich in Boimstorf/Königslutter östlich von Braunschweig. An den Ufern stehen Trauerweiden. Ein Röhrichtgürtel aus Rohrkolben ist inzwischen nachgewachsen.

4.1.1. Zur Ansicht der Natur im Biologienterricht nach der Dorfteich-Naturgeschichte im 20. Jahrhundert

Die Vorstellung von der Natur änderte sich im Übergang vom 19. und 20. Jahrhundert mit der Verallgemeinerung des Schlagwortes vom ,,Kampf uns Dasein'' grundlegend. Das Schlagwort war aus isolierter, einseitiger Betrachtung der DARWINschen Selektionstheorie hervorgegangen. Ende des 19. Jahrhunderts wurde es längst auf das Zusammenleben von Menschen untereinander und von Menschen zur übrigen Natur analog gebraucht (z. B. DODEL 1889, AMMON 1892, ZIEGLER 1893, PLOETZ 1895).

Anfang des 20. Jahrhunderts erreichte dieser ,,Kampf'' auch den Schulunterricht. Die heile, auf Einheit und Schonung ausgerichtete Weltsicht zerbrach. Besonders deutlich wurde das am Beispiel des Kampfes gegen Schädlinge. Hatte JUNGE noch vor eigenmächtigem Eingriff in eine sich selbst ausgleichende Natur gewarnt, so wurde nun unbedingte Durchsetzung des Menschen gegen alles Feindliche beschworen. Es hatte den Anschein, daß die Darwinisten ständig fürchteten, ausmerzender Auslese zum Opfer zu fallen.

Auch hierzu soll eine zitierte Textstelle die Erörterung einleiten. Sie stammt von KARL ECKSTEIN, Professor an der preußischen Forstakademie Eberswalde, die in den 70er Jahren des 19. Jahrhunderts gegründet wurde. Zwei Jahre nach der Gründung der Biologischen Reichsanstalt für Land- und Forstwirtschaft in Berlin veröffentlichte ECKSTEIN die Schrift ,,Der Kampf zwischen Mensch und Tier'' (1907). Darin heißt es u. a., ,,daß der Mensch Freude am Kämpfen hat, und daß errungene Siege die Freude am Kampf noch steigert... Wie in jedem Krieg, so ist auch in dem zwischen Mensch und Tier geführten Kampfe die Kenntnis von dem jeweiligen Tun und Treiben des Feindes von größter Wichtigkeit... Die Kenntnis der Lebensweise ermöglicht aber erst die rationelle Bekämpfung des Feindes... Dabei tritt recht deutlich der praktische Wert der Naturforschung zutage. Wie wurde doch noch vor 50 Jahren der naturwissenschaftliche Unterricht in unseren Schulen stiefmütterlich behandelt (S. 100-101)... Hat... die Wissenschaft die Grundlage geschaffen, der Staat in weiser Fürsorge seine Hilfe im Kampfe gegen die Schädlinge nicht versagt, so hat auch die Technik gleichen Schritt gehalten. Sie hat durch Konstruktion von Maschinen — Spritzen vielfacher Art, Raupenleimringmaschinen, Fallen — sowie durch Herstellung brauchbarer Chemikalien — Gifte in feste oder flüssiger Form — Tüchtiges geleistet, und jeder Tag bringt neue Errungenschaften auf diesem Gebiete. Den Kampf gegen die Schädlinge muß aber der einzelne Besitzer selbst führen. Seiner Einsicht ist es anheimgegeben, von den großen Errungenschaften der Neuzeit rechtzeitig richtigen Gebrauch zu machen. Und da, wo der Angrif ein allgemeiner ist, wo Schädlinge in großer Menge auf weiten Flächen auftreten, wie Maikäfer, Engerlinge, müßten sich die Einzelnen zum Kampf gegen den gemeinsamen Feind vereinen. Leider ist es noch ein frommer Wunsch und Zukunftsmusik, daß alle Grundbesitzer einer Gemeinde oder eines Kreises zu gemeinsamer Arbeit, etwa zu gleichzeitigem Sammeln von Maikäfern durch Polizeiverordnung gezwungen würden! (S. 104-105)... Wenn wir so den Kampf zwischen Mensch und Tier betrachten, in seinen einzelnen Stadien beurteilen, den Wankelmut der Siegesgöttin auch hier finden, welche sich bald dem einen, bald dem anderen der beiden Gegner und ihrer Heerscharen zuneigt, so erkennen wir, daß dieser Krieg der Kampf ums Dasein ist, der sich stets in der ganzen Natur abspielt, der unausgesetzt geführt wird, nicht nur zwischen Mensch und Tier, sondern zwischen allen Lebewesen... In diesem Kampf ums Dasein muß auch der Mensch seinen Mann stellen, er muß sich verteidigen gegen die Angriffe von Pflanzen, von Tieren und von seinesgleichen. Und gerade der Kampf der letzteren ist am erbittertsten, denn der Mensch führt ihn Individuum gegen Individuum, Volksklasse gegen Volksklasse, Stamm gegen Stamm, Rasse gegen Rasse" (S. 129-130).

Das war keine Idylle mehr, keine heile Ansicht der Natur, keine harmonische Einheit des Naturganzen sondern die Betrachtung einer hoffnungslos zerstrittenen, in sich verfeindeten Natur, in der Kampf mit List und Tücke herrschte, wo jedes Lebewesen bevorzugt daran gemessen wurde, wie und wie effizient es Krieg fuhrte. Zum Kampf gegen Schädlinge wurde am Anfang des 20. Jahrhunderts auch gegen die mikrobiellen Lebewesen, gegen Bakterien, Protozoen und Pilze aufgerufen, soweit sie auf Nützlingen des Menschen oder dem Menschen selbst parasitieren. Aber damit nicht genug, bereits während des ersten Weltkrieges gab es auch im Biologieunterricht Anstrengungen, den Kampf gegen den Menschenfeind durch fachspezifische Übungen und Überlegungen nach Möglichkeit siegreich zu wenden. Einem Lehrer kam dabei sogar der Gedanke, dem Feind durch Cholerabakterien das Trinkwasser zu verseuchen, nachdem man selbst doch — wie die Trinkwasserhygiene zeigte — die Reinhaltung des Wassers gut im Griff hatte (FISCHER 1915).

Nach dem ersten Weltkrieg, in den Hungerjahren, gab es große Anstrengungen, die Nahrungsmittelknappheit zu überwinden. Dazu gehörte auch die von SENNER erneuerte hauswirtschaftliche Naturkunde, in der schließlich Schüler auch in den Umgang mit arsenhaltigen Spritzmitteln eingeführt werden sollten. Die schon am Ende des ersten Weltkrieges erhobene Forderung nach schulischer Volksaufklärung über Schädlingsbekämpfung zeigte Wirkung (FRIKKINGER 1918). Dabei wurde nicht gerade zimperlich vorgegangen: ein Schul-Demonstrationsversuch sollte durchgeführt werden, in dem eine Maus mit Schwefelkohlenstoffdämpfen zum schnellen Tod zu bringen war (SENNER/BROHMER 1924). Auch JUNGE hatte eine Ratte sterben lassen, um seine Schülerinnen vor der Gefahr der Kohlenstoffmonoxidvergiftung bei der Verwendung von Holzkohlenglut-Bügeleisen zu warnen. Nur war jetzt das Motiv rein auf den Nachweis der Effizienz eines Vertilgungsmittel abgestellt. Es ist anzunehmen, daß später unter Gleichschaltung des Schulgartenunterrichts in der ,,Erzeugungsschlacht auf der heimischen Scholle" die kämpferische Auseinandersetzung mit Schädlingen ihren Höhepunkt erst noch erreichte, nachdem forciert Schulgärten an Schulen eingeführt wurden und Schädlingsbekämpfung ein wichtiges Unterrichtsthema war. Unter den Nationalsozialisten kam es außerdem zu der schlimmen Analogiebildung tierischer Schädling/menschlicher Schmarotzer durch ,,Eugenik" und ,,Rassenhygiene" (vgl. z. B. GRAF 1939), die schließlich zu analogen Vernichtungspraktiken durch Spritzen und Vergasung führte. Auch wenn das Töten von Menschen nie ausdrücklich in Schulbüchern genannt wurde, so gab es doch stillschweigende Schlußfolgerungen, denen man sich nicht entziehen konnte (vgl. auch ZMARZLIK 1973 und BUSCHE/MARQUARDT/MAURER 1978).

Muß sich die Dorfteich-Naturgeschichte JUNGEs nicht den Vorwurf gefallen lassen, sie habe mit ihren Gesetzen wie auch durch die Einführung des Begriffes Lebensgemeinschaft und einer verschwommenen unklaren Ausrichtung auf ein einheitliches Naturganzes die Einrichtung ideologischer Lebenskunde überhaupt erst ermöglicht? —

Zwar ist die historische Erforschung der Quellen nationalsozialistischer Ideologie, insbesondere aus der Sicht von Naturforschung und Naturphilosophie noch nicht abgeschlossen. Aber von der Ansicht einer durch und durch auf Schonung angelegten, menschenfreundlichen, ausgeglichen balancierenden Naturbetrachtung zum Dogma permanent ausmerzenden Kampfes in der Natur und der menschlichen Gesellschaft ist es eher ein Sprung, als ein Kontinuum, so daß dieser pauschale Vorwurf zurückgewiesen werden muß.

Nach dem 2. Weltkrieg konnte eine Erneuerung des Biologieunterrichts kaum gelingen, der Schock dessen, was die biologistische Weltsicht angerichtet hatte, wirkte tief und schaffte darüberhinaus Tabus. Zumeist wurde versucht, an die Reformpädagogik der 20er Jahre anzuknüpfen.

Mit der Neuordnung des Schulwesens Ende der 60er Jahre (Deutscher Bildungsrat 1973) wurde wissenschaftsorientiertes Lernen zur Grundlage des allgemeinbildenden Schulwesens bestimmt. Es entstand der mediengestützte Labor-Biologieunterricht, in dem Grundlagen der Physiologie und Molekularbiologie die Tradition des Biologieunterrichts im Freien weitgehend unterbrach. Das Fernsehen beeinflußte zunehmend das Bild der Biologie bei Schülern mit. Nach einer Befragung der Universität Frankfurt gaben 70% der Studierenden im Fach Biologie an, primär durch das Fernsehen und nicht durch die Schule zum Biologiestudium motiviert worden zu sein (vgl. Ökologische Außenstelle 1981, HALBACH/MASCHWITZ 1975). Arterkenntnis und Kenntnis der heimatlichen Landschaft wurden vernachlässigt. MOLLENHAUER (1984) schreibt über den neuen Biologieunterricht: ,,Nicht Anschauung, nicht Erlebnis, nicht vertraute Umgebung liefern den Ansatzpunkt beim Lehren. Man strebt nach Allgemeingültigkeit, nimmt dem konkreten Demonstrieren den Eigenwert, indem man es ausschließlich exemplarisch betrachtet, also stellvertretend für, anstelle von, beispielsweise. Es wird damit beliebig, austauschbar, im Grunde entbehrlich und verzichtbar... Die Biologie ist ort- und artenlos, sie beschränkt sich darauf, Leben in chemisch-physikalischer Ausdrucksweise verständlich zu machen, übersetzt also das an Organismen Wahrnehmbare in eine Darstellungsweise, die für ganz andere Anlässe und Fragestellungen entwickelt worden ist und nunmehr die gesamte Naturwissenschaft majorisiert hat'' (S. 100). Die Dorfteich-Naturgeschichte steht an der Schnittstelle der Entwicklung zu der von MOLLENHAUER beklagten Biologie: Sie schlägt mit der Exemplarizität des letztlich anonym bleibenden Dorfteiches, mit der schon erkennbaren Gewichtung physiologischer Experimente, wie auch mit der Betonung allgemeiner ,,Gesetze'' den Weg von der histographisch aufnehmenden Naturgeschichte zur Allgemeinen Biologie ein, ohne dabei jedoch dem von MOLLENHAUER kritisierten, Natur verkürzenden Reduktionismus zu unterliegen. Nur, — hat letztlich nicht genau diese sich auf das chemisch-physikalische Messen konzentrierende Naturwissenschaft mit ihrer immer exakteren, heute schon billionstel Teile Gift (ppt-ppq) erfassenden Analytik (Laserfluoreszensspektroskopie) jene Umweltkrisendiskussion erst ermöglicht, die letztlich auch naturbewahrendem Interesse zuarbeitet? —

In diesem Zusammenhang muß interessieren, daß die internationale Umweltkrisendiskussion mit der Kritik RACHEL CARSONs (1962) in den USA an Nebenwirkungen der Schädlingsbekämpfung durch Pestizide einsetzt, genau an jener Stelle also, wo am Anfang des 20. Jahrhunderts die kämpferisch-radikale Daseinsbehauptung gegen die parasitische Unnatur begann (vgl. Kap. 4.1.).

Mit dem weiteren Verlauf dieser Umweltkrisendiskussion gab es in den Schulen der Bundesrepublik Deutschland verschiedene Bestrebungen, sich an der Lösung von Problemen der Umweltbelastung zu beteiligen. Es startete die noch andauernde Welle der Umweltschutzerziehung. Sie verdrängte bzw. vereinnahmte die aus dem 19. Jahrhundert überkommene Naturschutzerziehung (TROMMER 83/84). Nicht Ehrfurcht vor der Schöpfung sondern umweltkritisches, politisches Mitdenken und Mithandeln bestimmte (und bestimmt noch) eine nur noch in annotierten Bibliographien erfaßbare Vielfalt von Unterrichtskonzepten (MAASSEN 1979, EULEFELD/BOLSCHO/SEYBOLD 1979). Ein Schwerpunkt darin war und ist das Thema Gewässerbelastung. Inzwischen entstehen vermehrt solche, die zur Biotopanlage und -pflege auf dem Schulgrundstück, im Freilandlabor, im Schulgarten auffordern (WINKEL 1979). Darunter nimmt das Gewässer, der See, der Schulteich, Schulweiher oder auch nur der Schultümpel eine neue, charakteristische und wichtige Stellung in der Schulbiologie ein (u. a. ZIMMERLI 1980, HEDEWIG 1982, PROBST o. J.). Der See (o. ä.) ist seit JUNGE, zusammen mit dem Wald, das schulische Ökosystem. Darüberhinaus entdeckten auch die privaten Naturschutzverbände über nationale und internationale Feuchtgebietskampagnen bevorzugt die Anlage und Pflege von Naß- und Feuchtbiotopen für die Jugendarbeit. Kehrt damit eine Art JUNGEscher Dorfteich-Naturgeschichte zurück?

Wohl kaum. Nach Richtlinienvorgaben dient das Gewässer in der Schule vielmehr durch seine relativ gute Abgrenzbarkeit als Modell für die allgemeine Beschreibung von Bau und Funktion von Ökosystemen. Auch das wissenschaftliche Konzept der Ökosystemforschung hat sich ausgehend von der biologischen Gewässerforschung her entwickelt.

4.1.2. Das Ökosystem See

Bevorzugtes Studienobjekt der biozönotischen Forschung wurde der Süßwassersee. Schon 1887 hatte der Amerikaner FORBES den See als „Mikrokosmos" bezeichnet und als komplexes ökologisches Muster beschrieben, ohne daß es den Ökosystem-Begriff schon gab. Der in der Regel relativ kleine Maßstab von Süßwasserseen, innerhalb dessen das Leben studiert werden konnte, erleichterte das ganzheitliche Verständnis.

Im Jahre 1886 hatte der Schweizer FOREL festgelegt, nach welchen Gesichtspunkten ein See untersucht werden sollte. Er studierte danach den Genfer See. In einer langjährigen Studie erfaßte FOREL geographische, hydrographische, geologische, klimatologische u. a. Daten, führte chemische Untersuchungen durch, beschrieb die im und am See vorkommenden Organismen und fügte außerdem noch einen Überblick über die Schiffahrtsverhältnisse und die Fischerei an. Das war schon systematische Gewässerforschung (SCHUA u. SCHUA 1981).

Die Gewässerforschung wurde außerdem noch unter der Zielstellung der Gewässerhygiene vorangetrieben.

FERDINAND COHN (1828-1898) führte während der großen Cholera-Epidemie in Breslau 1852 erstmals vergleichende mikroskopische Wasseranalysen zur Beurteilung der Trinkwasserbeschaffenheit durch. Dabei beurteilte er die Wasserqualität biologisch, d. h. nach bestimmten Organismen. Um die Jahrhundertwende wurde die Bioindikation für die hygiensche Gewässerbeurteilung von KOLKWITZ und MARSSON systematisch aufgebaut. Es entstand das Saprobie-Indikationssystem (sapros gr. = verfault) für die Wassergüte-Bestimmung, das im Prinzip bis heute zur Klassifikation der Gewässergüte herangezogen wird. Das Saprobiesystem stellt ein charakteristisches, nach Arten- und Individuenzahl typisches Muster von Zeigerorganismen für Wasserqualität dar. Für die Wasserhygiene wirkte vor allem auch der Münchener Hygieniker MAX PETTENKOFER (1818-1901). Er veröffentlichte 1891 eine Schrift über das System der Selbstreinigungskraft der Flüsse, in der er die aufeinander abgestimmte Bedeutung des Stoffwechsels nicht nur von Mikroben sondern auch von höheren Pflanzen und Tieren für den Abbau der organischen Schmutzfracht in fließenden Gewässern erkannte (SCHUA und SCHUA 1981).

Die ganzheitliche ökologische Gewässererkundung wurde jedoch von AUGUST THIENEMANN (1882-1960) fortgeführt. THIENEMANN knüpfte dabei an den von MÖBIUS geprägten Biozönose-Begriff an. Die Lebensgemeinschaft, angepaßt an einen spezifischen Lebensraum, stand bei THIENEMANN im Mittelpunkt. Nach seinen Studien der Eifelmaare 1915 entwickelte er das System der Seentypen, wobei er Übereinstimmungen zwischen der Beschaffenheit, insbesondere vom Nährstoff- bzw. Humusgehalt der Seenböden und der in den Seen lebenden Biozönose feststellte. Ähnlich arbeitete sich die Vegetationskunde bei terrestrischen Ökosystemen zusammen mit der Bodenkunde zur Charakterisierung von Pflanzengesellschaften vor.

Mit der Seentypenlehre, welche die Betrachtung des Sees als Ganzes voraussetzte, vollzog THIENEMANN den Übergang von der Hydrobiologie (der Lehre vom Leben im Wasser) zur Limnologie (der Lehre von den Gewässern). Die Limnologie entwickelte sich zur führenden ökologischen Disziplin (MOLLENHAUER 1984).

In den 20er Jahren gab es eine Fülle von empirischen Ergebnissen, die ökologischer Theoriebildung zuarbeiteten. Von THIENEMANN stammte z. B. die Formulierung der bis heute anerkannten biozönotischen Systemeigenschaften, daß die Artenzahl einer Lebensgemeinschaft umso größer ist, je verschiedener die Lebensbedingungen eines Biotops beschaffen sind, und daß die Lebensgemeinschaft umso artenärmer, aber von der Individuenzahl her reicher ist, je extremer die Lebensbedingungen eines Biotops ausfallen.

Auch die grundlegende Kompartimentierung der Biozönose in Produzenten (grüne Pflanzen bzw. photoautotrophe Organismen), Konsumenten (Tiere bzw. heterotrophe Organismen) und Destruenten (Mikroben bzw. saprophage, -vore Organismen) wurde von THIENEMANN eingeleitet.

Die Systemeigenschaft des „biozönotische Gleichgewichts" hatte sich empirisch bereits aus den Fragestellungen von MÖBIUS' Untersuchungen ergeben. Es wurde von den Mathematikern LOTKA (1922) und VOLTERRA (1931) auf das Räuber-Beute-Modell reduziert und in Differentialgleichungen als dynamisches, periodisch sich wiederholendes Gleichgewicht beschrieben. In den 20er Jahren wurde außerdem von der Zoologie aus das Konzept der ökologischen Nische von dem Amerikaner ELTON entwickelt und von GAUSE durch Experimente mit Pantoffeltierchen 1934, die ökologisch ähnliche Ansprüche stellten, das Konkurrenz-Ausschluß-Prinzip formuliert. Mit der Räuber-Beute-Beziehung und dem Konkurrenz-Ausschluß-Prinzip verstärkte der DARWINismus seinen Einfluß auf die ökologische Theoriebildung (GÄRTNER 1981).

4.1.3. Ökosystemforschung und Umweltkrise

Ende der 20er Jahre war im wesentlichen durch die Limnologie ein holistisches ökologisches Verständnis entwickelt worden, in dem das integrierende Zusammenwirken von Biotop und Biozönose, wie etwa bei THIENEMANNs Seentypenlehre, interdisziplinäres Denken erforderte. Es war ein neues synthetisches Konzept von Lebensraum und Lebensgemeinschaft entstanden, für das der englische Ökologe TANSLEY 1935 den Begriff „Ökosystem" prägte.

Die Ökosystemforschung erlangte seit den 40er Jahren vor allem in den USA einen gewaltigen Aufschwung. Obgleich nun auch neben den aquatischen Ökosystemen die terrestrische Ökosystemforschung vorankam, blieben limnische Ökosysteme bevorzugte Forschungsmodelle. So hat z. B. H. T. ODUM, ausgehend von Energieflußmessungen über Nahrungsketten, die zuerst von LINDEMAN 1942 durchgeführt wurden, den ersten vollständigen Energiefluß durch das subtropische Quellsee-Ökosystem Silver Springs in Florida mengenmäßig bilanziert (1957) und dabei nachweisen können, daß sich die von der Sonne einstrahlende Energie im gesamten System von Nahrungsstufe zu Nahrungsstufe bis über 90% abnehmend verteilt und dabei als Wärmeenergie für das ökologische System verloren geht.

Neben empirischer Ökosystemforschung setzte vor allem durch die Systemtheorie (BERTALANFFY), Kybernetik (= Steuerungstechnik, kybernan gr. = lenken, kontrollieren) (WIENER) und die theoretische Physik (STAUDINGER) in der Beschreibung von lebenden Systemen seit Mitte unseres Jahrhunderts ein Wandel ein, der immer mehr von der linearen Ursache-Wirkungs-Beziehung des mechanischen Weltbildes wegführte (UNGERER 1966). Im Gegensatz zur direkten Hebelsteuerung bei der alten mechanischen

Maschine scheint das Leben eines Organismus durch zyklische Muster von Informationen, in denen vermaschte Rückkopplungsschleifen regelmäßig vorkommen, gesteuert zu werden. Die Vorstellung kybernetischer Steuerung in lebenden Systemen macht das dynamische, in ständiger Fluktuation befindliche Gleichgewicht, das für diese Systeme charakteristisch ist, periodisch veränderlich. Eine andere Fähigkeit lebender Systeme ist ihre Struktur zu bewahren, zu entwickeln, selbst zu erneuern. Nach darwinistischer Auffassung konnte das nur durch den Verdrängungswettbewerb des „Kampfes ums Dasein" geschehen, in dem durch Mutation und Rekombination die auszulesenden Varianten bereitgestellt wurden. Die empirische Ökosystemforschung lieferte jedoch zahlreiche Beispiele dafür, daß die meisten Beziehungen der Organismen kooperativer, symbiontischer Art und auf Koexistenz der Arten im Ökosystemgefüge gerichtet sind. Die Ökologie hat mit Modellen koevolutiver Entwicklung die Interpretation von Evolutionsstrategien bereichert.

Daneben erzeugte die internationale Umweltkrisendiskussion große Aufmerksamkeit für anthropogene Wirkungen in Ökosystemen. Von der Ökosystemforschung her, die das Wechselwirkungsgefüge von Biotop und Biozönose einschließt, mußte der Mensch mit seinen kulturanthropologischen, technischen Umweltänderungen, wo immer vorhanden, berücksichtigt werden (vgl. HABER 1982). Das hatte Auswirkungen auf die ökologische Forschung. Z. B. entwickelte JALAS 1955, durch SUKOPP 1969 ergänzt, im Hinblick auf die menschenbedingte Veränderung der Vegetation im Ökosystem ein Hemerobiesystem. Unter Hemerobie wird Kultureinfluß bzw. Naturferne verstanden. Hemerobie wurde durch integrierte Angaben aus Standortuntersuchungen und Analyse verschiedener Lebensgemeinschaften beschreibbar gemacht (SUKOPP 1976).

HEINZ ELLENBERG berücksichtigte in seiner fünfstufigen, hierarchischen Klassifikation der Ökosysteme (1973) 4 Richtungen, in die sich der menschliche Einfluß auf die natürlichen Ökosysteme und damit letztlich auf die Biosphäre direkt oder indirekt auswirkt:
— durch Änderungen im Artengefüge, entweder durch Behinderung, Unterdrückung, Vernichtung oder durch Einführung fremder Arten. (Hierzu muß auch die züchterische Veränderung von Lebewesen gerechnet werden)
— durch Entnahme vor organischem und anorganischem Material;
— durch Zufuhr von organischem und anorganischem Material (Hierzu muß auch die Zufuhr von Energie gerechnet werden, die der Mensch aus der Verbrennung fossiler oder der Zerstrahlung radioaktiver Brennstoffe freisetzt);
— durch Vergiftung, d. h. durch Zufuhr solcher Stoffe, die akut oder langfristig Organismen oder Organismengruppen schädigen.

Mit zunehmender Umwelt- und Versorgungsproblematik für die ständig wachsende Weltbevölkerung stellt sich die Frage nach der Belastbarkeit der Biospähre durch den Menschen als drängend zu lösendes ökologisches Problem. Unter dieser Perspektive geht es auch beim Naturschutz letztlich um menschliche Ziele und Werte (vgl. hierzu BERCK 1975, ERZ 1978, TROMMER 1983/84, was selten zugegeben wird.

5. Anmerkungen zur Didaktik über den Dorfteich hinaus

Die Zivilisationslandschaft ist arm an ursprünglich gebliebenen, „naturnahen" Ökosystemen. Landschaftseingriffe sorgen für ständig neue, junge, unreife ökologische Gefüge. An aquatischen Ökosystemen treten z. B. Baggerseen vermehrt in der Landschaft auf (Abb. 4). Pflanzen und Tiere an Baggerseen, an Mülldeponien, an Dammböschungen, um nur Einiges aufzuzählen, sind für unsere Umwelt durchaus typisch, so wie es der Dorfteich in Norddeutschland einmal war. Mit der Neueinrichtung von Biotopen auf dem Schulgelände, im Freilandlabor oder im Rahmen übergeordneter Naturschutzaktivitäten setzt sich der Trend des aktiven Naturschutzes, des Biotopmanagements fort. Die Maßnahmen zielen auf ein Stück „unberührte" oder gepflegte Natur, die im bescheidenen Rahmen eingerichtet, restauriert, instandgesetzt und letztlich konserviert werden soll: eine Natur-Insel, vielleicht ein Tümpel.

Abb. 4: Frisch gebaggerte Amphibien-Laichtümpel östlich des Dorfes Flechtorf am Autobahn-Baggersee A 39, Schuntertal.

Was kann das für Schüler bedeuten? — Hierzu sollen zunächst zwei typische Passagen aus dem Tagebuch einer Jugendgruppenarbeit, die sich mit frisch eingerichteten Laichtümpeln für Amphibien beschäftigte, angeführt werden (SCHULZE 1983). Die Jugendgruppenarbeit ging projektartig von selbstgesteckten Zielen der Jugendlichen aus:

1. „Nach ihrer Rückkehr berichteten sie (die Kinder) mir ganz begeistert von ihren Erlebnissen. Jürgen hüpfte vor Freude darüber, daß sie einen Laubfrosch gesehen und er ihn sogar in die Hand nehmen durfte, immer wieder in die Luft. Die Tatsache, daß sie außerdem noch ein Kiebitznest mit vier Eiern und ein Goldammernest mit vier Jungen gesehen hatten, verblaßte hinter der Freude über den Laubfrosch" (34/35).

2. „Ich fuhr mit Britta, Steffi, Christiane, Jörn und Jürgen an die Teiche. Die drei Mädchen waren am... nicht dabei, so daß sie sich sehr auf die Vogelnester freuten und ganz stark hofften, auch einen Laubfrosch zu sehen. Auf der Hinfahrt herrschte eine ganz ausgelassene und erwartungsvolle Stimmung. Als die Jungen uns das Kiebitznest zeigen wollten, es aber nicht fanden, wurde die Stimmung schon etwas gedämpfter; die Tatsache, daß die Goldammern bereits ausgeflogen waren, hatten wir zwar alle eingeplant, trotzdem waren die Kinder darüber so enttäuscht, daß sie anschließend nur noch lustlos durch das Gelände streiften. Wir hatten uns zwar vorgenommen, wieder Pflanzen zu bestimmen, haben dieses Vorhaben aber aufgegeben, weil die Kinder doch nun wenigstens einen Frosch sehen wollten, aber auch dies mißglückte. Steffi steckte den Jungen zu allem Überfluß auch noch Grassamen in die Hemden, worüber die beiden wegen ihrer allgemeinen miesen Stimmung noch zusätzlich wütend wurden" (51).

Das sind Beispiele dafür, wie Naturerlebnisse auf etwa 12-13jährige Schüler wirken. Sie können Freude und Hochstimmung vermitteln und Mißmut und Enttäuschung, wenn sie da, wo sie erwartet werden, ausbleiben. Naturerlebnisse, verbunden mit Überraschungen und kleinen Abenteuern, sind nach wie vor starker Antrieb zur Beschäftigung mit Natur. Umgekehrt ist jedoch auch davon auszugehen, daß dort, wo trotz hoher Erwartung sich keine oder nur mäßig motivierende Naturerlebnisse einstellen, Langeweile erzeugt wird.

Naturerleben läßt sich jedoch gestalten!

Oft genügt es mit geschlossenen Augen einmal eine Struktur zu ertasten oder Spurenlegen und -lesen durch aktives Tun selbst auszuprobieren oder durch ein Spielerlebnis mit Naturobjekten die Aufmerksamkeit auf Naturobjekte zu lenken. Dabei ist das Erlebnis in der altersgleichen Gruppe häufig für die Gruppenstruktur wichtig (PROBST 1982, TROMMER et al. 1984). Dazu gehört auch das Tätigsein, die Aktion: Schon das Anlegen eines Tümpels, das Befestigen eines Ufers, das Pflanzen von Gebüschen kann zu nachhaltigem Natur- und Gruppenerleben führen, was nicht zuletzt die starke Resonanz der Waldjugendeinsätze zeigt (OTTO 1983). Aber auch längerdauernde Beschäftigung mit einem Stück Natur führt u. U. zur emotionalen Betroffenheit, wie aus folgenden Äußerungen zweier Studenten über „ihren Platz" nach einer Semester-Übung an einem Autobahn-Baggersee herauszulesen ist: 1. „Wenn ich jetzt wieder zum See käme, würde ich wohl zuerst wieder zu ‚meiner Stelle' gehen, da solch eine Stelle einen gewissen ‚Erinnerungswert' besitzt. Es hat mich gewundert, daß ich innerhalb kürzester Zeit eine Beziehung zu einem Stück Erde aufbauen konnte". 2. „Jedesmal wenn wir zum See kamen wurde mir die Stelle vertrauter. Allerdings hätte ich nicht erwartet, daß die Pflanzen in den paar Wochen so enorm wachsen würden. Der See wirkte durch die sich stark entwickelnde Ufervegetation plötzlich ganz anders auf mich. Zu Beginn kam mir der See eher leblos vor, und ein paar Wochen später hatte sich das vollkommen geändert... Ich stand nicht nur daneben und beobachtete, sondern ich war mittendrin" (TROMMER et al. 82/83, 51, 52).

Mit Naturerlebnis allein ist es jedoch nicht getan, die Schüler sollen (wie in der Dorfteich-Naturgeschichte) Natur kennen und verstehen lernen. Läßt sich Naturkenntnis vielfach draußen vor Ort an Strukturen (in geringerem Maße auch an Funktionen) erwerben, so sind dem Naturverstehen vor Ort Grenzen gesetzt. Der Wert konkreter, anschaulicher Naturbegegnung für den Aufbau eines geschichtliche Entwicklung einbeziehenden Naturverstehens wird nicht bezweifelt. Aber ökologische Zusammenhänge wie Stoffkreislauf, dynamische Regulationswirkung, Populationsdynamik, Akkumulation von Schadstoffen können in der Regel phänomenologisch, draußen in der Natur, kaum mehr wahrgenommen werden. Fakten müssen nach gesicherten Befunden, die von der Schule nicht mehr überprüft werden können, modellhaft erarbeitet werden: Das Ökosystem ist mehr ein durch inklusives Denken (SCHAEFER 1978, WINDE 1981) zu erschließender Begriff, weniger ein Erlebnisraum. Aber gerade deshalb, und weil Menschen empfindsame, erlebnisfähige Wesen sind, mit einer hochentwickelten sinnlichen Sensibilität, bedarf es außerdem der weniger definitorisch als ästhetisch faßbaren Dimension von Natur, die als räumlich zeitliches, geschichtlich gewordenes, vielfältiges Ereignis nicht auszuschöpfende Möglichkeiten z. B. des Begreifens, Ertastens, „Eräugens" (MOLLENHAUER 1982), bietet und dadurch nicht nur bilden und Kreativität anregen, sondern auch in therapeutischem Sinne heilend wirken kann.

Über das Naturerleben, Naturkennen und ökologische Verstehen wird schließlich einfühlsames, einsichtiges und verantwortlich teilhabendes Handeln des Schülers erhofft (vgl. hierzu auch JANSSEN 1984).

Was ist hierzu noch zu üben? —

Handeln ist nicht nur ,,Tümpel buddeln"! Zum Handeln braucht es Betroffenheit, Mut aber auch Einblick in Planungs- und Entscheidungsabläufe, in bestehende Regularien wie Verordnungen und Gesetze, die über Rechte und Pflichten Aufschluß geben, wenn nicht erwartungsfroher Tatendrang allzuschnell verpuffen soll. Auf dem Schulgelände im Umgang mit Schulleitung, Elternrat und Hausverwaltung können Schüler zwar Erfahrungen über die Verwirklichung konsensfähiger kleiner Naturschutzplanungen sammeln. Reichhaltiger werden sie allerdings außerhalb der Schule bedient, vielleicht an einem Baggersee, wo über Flurbereinigungs- und Naturschutzbehörden, Interessenverbände und Gemeindeverwaltung ein Handlungsversuch in die umweltpolitische Dimension von Gesetz und Ordnung im Umgang mit Natur führt (BLUME 1981, TROMMER 1984 c). —

Naturschutzerziehung im dialektischen Spannungsfeld der Wert- und Interessenauseinandersetzung in der Demokratie? — Ja, auch.

Aber so weit reichte die Dorfteich-Naturgeschichte (und reicht wohl auch die normale ,,Biostunde") nicht.

Literatur

AMMON, O.: Die natürliche Auslese beim Menschen. Jena 1893
BAADE, F.: Zur Reform des Naturgeschichtsunterrichts in der Volksschule. Spandau 1887
BASS, J.: 40 Jahre Deutscher Lehrerverein für Naturkunde. Aus der Heimat 40 (1927) 229-234
BEILER, A.: Friedrich Junge: Seine ,,Gesetze", sein ,,Dorfteich" und die moderne Unterrichtsplanung. NiU-Biologie, 30 (1982) 321-323
BECHSTEIN, J. M.: Gemeinnützige Naturgeschichte Deutschlands nach allen drey Reichen. Leipzig 1801 (3)
BERGEMANN, G.: Was hat die Schule zu thun, damit die sittliche Aufgabe des naturgeschichtlichen Unterrichts erfüllt werde? Zeitschr. f. d. math. und naturw. Unterricht, 16 (1885) 536-544
BERCK, K.-H.: Was ist Naturschutz? Luscinia, 42 (1975) 175-182
BEYER, O. W.: Die Naturwissenschaften in der Erziehungsschule. Jena 1885
BLASCHE, B. H.: Naturbildung. Leipzig 1815
BLUME, B.: Projektorientierter Unterricht im Leistungskurs Ökologie, dargestellt am Beispiel einer Landschaftsplanung am Ökosystem Einfelder See. In: RIEDEL/TROMMER (Hrsg.): Didaktik der Ökologie. Aulis: Köln 1981, 151-166
BROHMER, P.: Biologieunterricht und völkische Erziehung. Frankfurt/M. 1933
BUSCHE/MARQUARDT/MAURER (Hrsg.): Natur in der Schule. Reinbek 1978
CARSON, R.: Der stumme Frühling. Biederstein: München 1964. (Erstaufl. 1962)
v. CHAMISSO (unter SCHNEEBELI-GRAF)

DARWIN, C.: Die Abstammung des Menschen und die geschlechtliche Zuchtwahl (Übersetzung CARUS, J. V.) Stuttgart 1877
v. DENFFER, D. et al.: Lehrbuch der Botanik. Jena 1978
DIESTERWEG (unter ROSIN)
DODEL, A.: Moses oder Darwin? Stuttgart 1904 (8)
Deutscher Bildungsrat: Strukturplan für das Bildungswesen. Stuttgart 1973 (4)
ECKSTEIN, K.: Der Kampf zwischen Mensch und Tier. Leipzig 1907
ELLENBERG, H.: Versuch einer Klassifikation der Ökosysteme nach funktionalen Gesichtspunkten. **In:** ELLENBERG, H. (Hrsg.): Ökosystemforschung. Springer: Berlin, Heidelberg, New York 1973, 235-263
v. ENGELHARDT, D.: Zu einer Sozialgeschichte der romantischen Naturforschung. Sudhoffs Archiv, 65 (1981) 209-225
ERZ, W.: Naturschutz — Grundlagen, Probleme und Praxis. **In:** BUCHWALD/ENGELHARDT (Hrsg.): Handbuch f. Planung, Gestaltung und Schutz der Umwelt. Bd. 3 (1980) 560-637
EULEFELD, G. und G. SCHAEFER: Biologisches Gleichgewicht. Aulis: Köln 1974
FISCHER, H.: Der Krieg und die Bakteriologie. Monatshefte, 8 (1915) 34-42
FRICKINGER, H. W.: Organisation der Schädlingsbekämpfung. Monatshefte 11 (1918) 189-196
FRIEDERICHS, K.: Ökologie als Wissenschaft von der Natur oder biologische Raumforschung. Leipzig 1937
GÄRTNER, E.: Die Evolutionstheorie und die Entwicklung der Ökologie. In: Materialistische Wissenschaftsgeschichte, Argument: Berlin 1981, 154-169
GEORGENS, J. D.: Der Volksschulgarten und das Volksschulhaus. Berlin 1873
GRAF, J.: Biologie für Oberschulen und Gymnasien. 4 Bd. Lehmanns: München, Berlin 1939-1942
HABER, W.: Naturschutzprobleme als Herausforderung an die Forschung. Natur und Landschaft 57 (1982) 3-8
HALBACH, U. und U. MASCHWITZ: Die Presse als Spiegel öffentlichen Interesses an der Biologie. Naturw. Rdsch. Beil. H. 5 (1975)
HEGEWIG, R.: Das Freilandlabor Dönche. **In:** Naturschutzring Nordhessen (Hrsg.): Die Dönche, eine Naturlandschaft in der Stadt Kassel. 1982, 77-106
HERTWIG, O.: Der Staat als Organismus. Jena 1922
HOLLE: Einführung biologischen Unterrichts in den oberen Klassen d. höheren Lehranstalten. Zentralblatt f. d. gesamte Unterrichtsverwaltung Preußens, Erlaß v. 19.3.1908
v. HUMBOLDT, A.: Kosmos Bd. I, II. Stuttgart u. Tübigen 1845
JANSSEN, W.: Naturschutzerziehung im Naturkundemuseum. **In:** BERCK/WEISS (Hrsg.): Naturschutz heute. Naturschutzzentrum Hessen. Wetzlar 1984, 179-193
JUNGE, F.: Der Dorfteich als Lebensgemeinschaft. Kiel 1885
JUNGE, F.: Der Luftprüfer. Dt. Blätter f. d. erzieh. Unterricht. 13 (1886) 269-271
JUNGE, F.: Die Kulturwesen der deutschen Heimat. Kiel 1891
JUNGE, F.: Die Urwesen. Kiel 1905
KELLER, H.: So lebt die Waldgemeinschaft. Leipzig 1938
KIESSLING, F. und E. PFALZ: Wie muß der Naturgeschichtsunterricht sich gestalten, wenn er der Ausbildung des sittlichen Charakters dienen soll? Braunschweig 1888.

KLAFKI, W.: Das Problem des Elementaren und die Theorie der kategorialen Bildung. Weinheim 1964
KOLB, M.: Der Schulgarten, dessen Nutzung und Einrichtung. Stuttgart 1880
KRAEPELIN, K.: Leitfaden für den biologischen Unterricht in den oberen Klassen der höheren Schulen. Leipzig und Berlin 1907
LENZ, F.: Lebensraum und Lebensgemeinschaft Frankfurt/M. und Berlin 1931
LÜBEN, A.: Leitfaden zu einem methodischen Unterricht in der Naturgeschichte. Berlin 1841 (3)
MATZDORF, C.: Zur Erinnerung an Karl Möbius. Monatshefte 3 (1910) 433-447
MÖBIUS, K. A.: Die Auster und die Austernwirtschaft. Berlin 1877
MOLLENHAUER, D.: Gegen eine ereignislose Biologie. Scheidewege, 12 (1982) 99-111
MOLLENHAUER, D.: Gewässertypologien und A. Thienemanns Beitrag zur heutigen Limnologie. Natur und Museum. Bd. 114 (1984) 192-198
MÜLLER, H.: Die Hypothese in der Schule und der naturgeschichtliche Unterricht an der Realschule zu Lippstadt. Bonn 1879
NORDENSKJÖLD, E.: Geschichte der Biologie. Jena 1926
ODUM, H. T.: Trophic Structure and Productivity of Silver Springs Florida. Ecol. Monogr. Vol. 27 (1957) 55-112
Ökologische Außenstelle der Universität Frankfurt/M. (Hrsg.): Biologie im Fernsehen. Schlüchtern 1981
OLSCHOWY, G.: Zur Einführung in die Thematik „Mensch und Umwelt". Funkkolleg Mensch und Umwelt. Tübingen 1981
OPPERMANN, E.: Friedrich Junge. Natur u. Schule, 5 (1906) 329-339
OTTO, A.-R.: Begegnung mit dem Wald. Praxis Geographie H. 3 (1983) 43-47
PLOETZ, A.: Die Tüchtigkeit unserer Rasse und der Schutz der Schwachen. Berlin 1895
PRETZEL, T. L. A: Geschichte des Deutschen Lehrervereins. Leipzig 1921
PROBST, W. et al.: Ein Freilandlabor für Flensburg. Päd. Hochschule Flensburg, Vervielf. Manuskript o. J.
PROBST, W.: Schule in der Natur? In: HEEG, O. (Hrsg.): Verhandlungen Gesellschaft für Ökologie, Bd. XII, Bern 1982, Goltze: Göttingen 1984, 511-518.
QUERNER, H.: Ordnungsprinzipien und Ordnungsmethoden in der Naturgeschichte der Romantik. In: BRINKMANN (Hrsg.): Romantik in Deutschland. Stuttgart 1978
RAABE, W.: Pfisters Mühle. Berlin 1903 (3)
REICHART, G., REICHARDT, N. und G. TROMMER: Die Geschichte des Unterrichtsfaches Biologie. In: MANZMANN (Hrsg.): Die Geschichte der Unterrichtsfächer, Bd. III, 25-53. München 1984
REISE, C.: Hundert Jahre Biozönose. Naturw. Rdsch. 33 (1980) 328-334
REPP, G.: Umwelt — Mitwelt. Ein Denkmodell für Ökologen. Verh. d. GfÖ (Bern 1982) Band XII (1984) 11
RIEDEL, W.: Landschaftswandel und gegenwärtige Umweltbeeinflussung im nördlichen Landesteil Schleswig-Holstein. Schleswig 1978
ROSIN, H.: Diesterwegs Parlamentarische Tätigkeit und sein Einfluß auf die Schulgesetzgebung. Berlin 1902

ROSSMÄSSLER, E. A.: Die deutsche Nationalversammlung in Stuttgart. Hechingen 1849

ROSSMÄSSLER, E. A.: Der See im Glase. Gartenlaube Nr. 19 (1856) 252-256

ROSSMÄSSLER, E. A.: Das Wasser. Leipzig 1858

ROSSMÄSSLER, E. A.: Volksbildung. Leipzig 1865

ROOSMÄSSLER, E. A.: Der naturgeschichtliche Unterricht. Leipzig 1860

RUDORFF, E.: Über das Verhältnis des modernen Lebens zur Natur. Heimatschutz, 6 (1910) 7 ff

SALZMANN, C. G.: Ameisenbüchlein. Bad Heibrunn 1960 (1806)

SCHAEFER, G.: Inklusives Denken — Leitlinie für den Unterricht. **In:** TROMMER/WENK (Hrsg.): Leben in Ökosystemen. Aulis: Köln 1978

SCHMARDA, K.: Zoologie. Wien 1877

SCHMEIL, O.: Reformbestrebungen des naturgeschichtlichen Unterrichts. Leipzig 1905 (6)

SCHNEEBELI-GRAF, R. (Hrsg.): ADELBERT v. CHAMISSO... und lassen gelten, was ich beobachtet habe. Reimer: Berlin 1983

SCHULZE, B.: Entwickeln und erproben Sie einen praktischen Ansatz zur Naturschutzerziehung im Gelände. Hausarbeit zur Lehramtsprüfung f. Grund- und Hauptschulen. TU Braunschweig, Institut f. Biologie u. Chemie u. d. Didaktik, 1983

SCHUA, L. und R. SCHUA: Wasser — Lebenselement und Umwelt. Alber: Freiburg 1981

SCHEELE, I.: Industrialisierung und Austernzucht im 19. Jahrhundert. Sudhoffs Archiv, Bd. 64 (1980) 330-350

SCHWABE, G. H.: Der Beitrag der (Ideen-) Geschichte zum Umweltproblem. In: LEHMANN (Hrsg.): Hochschulcurriculum Umwelt. Köln 1981, 313-351

SENNER, A. und P. BROHMER: Heimat-Natur. Frankfurt/M. 1924

SEYFERT, R.: Der gesamte Lehrstoff des naturkundlichen Unterrichts Leipzig 1899 (3)

SMALIAN, K.: Methodik des biologischen Unterrichts. Berlin 1927

SUKOPP, H.: Dynamik und Konztanz in der Flora der Bundesrepublik Deutschland. **In:** SUKOPP, TRAUTMANN (Hrsg.): Veränderungen der Flora und Fauna in der Bundesrepublik Deutschland. Bonn-Bad Godesberg 1976

SUKOPP, H. und SCHNEIDER, C.: Zur Geschichte der ökologischen Wissenschaften in Berlin. **In:** BORNKAMM (Hrsg.).: Verh. d. GfÖ, Bd. IX (1981) 11-19

TANSLEY, A. G.: The Use and Abuse of Vegetational Concepts and Terms. Ecology Vol. 16 (1935) 284-307

TELLER, E.: Wegweiser durch die drei Reiche der Natur für Lehrende und Lernende. Leipzig 1877 (2)

THIENEMANN, A.: Lebensraum und Lebensgemeinschaft. Aus der Heimat, 41 (1928) 33-51

TROMMER, G.: Zur historischen Entwicklung des Themas „Naturschutz" im Biologieunterricht. Teil I, MNU, 36 (1983) 468-474. Teil II, MNU, 37 (1984) 16-22

TROMMER, G. et al.: Das Projekt Schuntersee. Arbeitsbericht II. TU Braunschweig. Inst. f. Biologie u. Chemie u. d. Didaktik. 1983

TROMMER, G.: Zur historischen Entwicklung von Schulgärten in Deutschland. Die Heimat, 88 (1984a) 185-200

TROMMER, G.: Die Aspekte ,,Schädling'' und ,,Schädlingsbekämpfung'' in der Tradition des Schulfaches Biologie. Vortrag, Jahresversammlung der Ges. f. Ökologie (GfÖ) 23. 9.-28. 9. 1984 (b) Stuttgart, im Druck

TROMMER, G.: Strategien zum Natur- und Umweltschutz mit dem Schwerpunkt ,,Wasser'' unter dem Gesichtspunkt ganzheitlicher Natur-, Heimat- und Landeskunde. Die Heimat, 91 (1984c) 344-358

UNGERER, E.: Die Wissenschaft vom Leben. Alber: Freiburg, München 1966

WAGENSCHEIN, M.: Verstehen lehren. Beltz: Weinheim u. Basel 1977 (6)

WINDE, P.: Menschliches Bewußtsein und Erziehungswissenschaft. PdN-Biologie, 30 (1981) 257-267

WINKEL, G.: Der Schulgarten im Schulgelände, UB, 3 (1979) 5-9

ZIEGLER, H. E.: Die Naturwissenschaft und die Sozialdemokratische Theorie. Stuttgart 1893

ZILLER, T.: Einleitung in die Allgemeine Pädagogik. Leipzig 1856

ZIMMERLI, E.: Freilandlabor Natur. Schulreservat, Schulweiher, Naturlehrpfad. WWF: Zürich 1980 (3)

ZMARZLIK, H.-G.: Der Sozialdarwinismus in Deutschland — Ein Beispiel für den gesellschaftlichen Mißbrauch naturwissenschaftlicher Erkenntnisse. **In:** ALTNER (Hrsg.): Kreatur Mensch. München 1973, 289-311

Wolfgang Riedel

Kleingewässer in der heutigen Kulturlandschaft
— Das Schicksal der Dorfteiche des Friedrich Junge —

1. Bedeutung, Geographie und Vielfalt der „Kleinen Binnengewässer"

Der Terminus „Kleingewässer" wird verstanden als Sammelbegriff für Tümpel, Teiche und Weiher. Nach gängigen wissenschaftlichen Definitionen sind als Tümpel nur diejenigen Gewässer zu bezeichnen, die alljährlich über eine längere Zeit austrocknen. Weiher hingegen sind seichte Gewässer, die aber ständig Wasser führen und Teiche sind künstlich angelegte, ablaßbare flache Gewässer.

So ist durchaus unterschiedlichen Ursprungs, was sich im Gelände optisch gleichermaßen dartut und ökologisch in der Regel zu begrüßen ist: Nur zu einem Teil sind Kleingewässer natürlichen Ursprungs, besonders typisch sind sie in Jungmoränenlandschaften in der Form der sog. „Sölle". Das sind durch den Eisrückzug entstandene Toteissenken kleinen Ausmaßes, in denen sich dann später das Wasser sammelte. Diese geologisch bedingten Kleingewässerformationen fehlen in Gebieten geringerer Reliefenergie wie in den Altmoränenbereichen als auch in den Weiten der Sanderlandschaft weitgehend. Aber auch hier finden sich Kleingewässer, die auf den ersten Blick den genannten „Söllen" zum Verwechseln ähnlich sehen. Es handelt sich dann in der Regel um heute wassergefüllte Senken ehemaliger Mergelkuhlen, die vor 100-200 Jahren angelegt worden sind. Geschiebemergel, der 20-30% Kalk enthalten kann, wurde damals zur Bodenverbesserung dringend benötigt. Nutzungsbedingte Kleingewässerformen finden sich allenthalben in den Naturräumen des Landes, so gerade auch in den Grünlandmarschen als künstlich angelegte Viehtränken. Nach Nutzungsaufgabe bzw. Nutzungswandel ist die frühere Bedeutung vielfach nicht mehr zu erkennen, gleichermaßen zeichnet diese unterschiedlich entstandenen Kleingewässer ihre ökologische Bedeutung aus. Ob natürlich entstanden oder künstlich angelegt, sind sie heute wichtige Bestandteile unserer Landschaft geworden und haben eine große Bedeutung für den Naturhaushalt. Derartige Gemeinsamkeiten traut man hier einem natürlichen Weiher und dort einem aufgelassenen Feuerlöschteich kaum zu.

Die Bedeutung dieser „Kleinen Binnengewässer" ruht vor allem auf ihrem Artenreichtum; naturnahe, ungestörte Kleingewässer gehören zu den artenreichsten Lebensräumen unserer Landschaft und sind unverwechselbar, sie sind in ihrem ökologischen Wert nicht einfach mit Fließgewässern oder

Binnenseen zu vergleichen oder gar von diesen zu ersetzen. Von hierher drängt sich das Problem des Schutzes dieser Kleingewässer schnell auf. Denn die Zahl der Kleingewässer hat in den letzten Jahren dramatisch abgenommen. In ihrer spezifischen Lebewelt unterscheiden sie sich ja grundsätzlich von den anderen genannten Hauptgewässertypen, da in ihnen besondere Lebensbedingungen herrschen — und zwar oft stark unterschiedlich von Kleingewässer zu Kleingewässer. Mit der Zerstörung dieser Lebensräume wird auch deren Pflanzen- und Tierwelt ausgerottet. Dabei ist vielfach überhaupt nicht bekannt, welche Arten in den verschiedenartigen Typen von Kleingewässern leben, es gibt hierüber kaum neuere Untersuchungen — im Gegensatz zu den zumindest hinlänglich untersuchten Binnenseen und Fließgewässern muß die Ökologie der Kleingewässer letztlich noch geschrieben werden. Gerade auf diesem Hintergrund wird deutlich, welche wegweisende Bedeutung dem Werk von Friedrich Junge zukommt... Außer Amphibien (Frösche, Kröten, Molche) sind auch viele Insektenarten auf diesen Biotop angewiesen. Ufer und Verlandungszonen der Kleingewässer sind lebensreiche und feindifferenzierte Übergangssäume. Auf engem Raum ändern sich hier die Bedingungen rasch, z. B. durch die abnehmende und schwankende Wassertiefe. Es entstehen so zahlreiche Kleinstlebensräume, an die jeweils unterschiedliche Pflanzen- und Tierarten angepaßt sind.

Sind Kleingewässer unbestritten wichtige ,,ökologische Zellen" in unserer Kulturlandschaft, so soll neben der ökologischen Bedeutung auch nicht ihr ästhetischer Wert unterschätzt werden. Mit ihren Schilf- und Röhrichtbeständen, Weiden- und Erlengruppen bereichern und beleben sie unser Landschaftsbild. Ihre reiche Tier- und Pflanzenwelt gibt Gelegenheit zu interessanten Naturbeobachtungen — und dieses inmitten der Kulturlandschaft. Diese Eigenschaft kommt sowohl dem Teich mitten im Dorf als auch dem versteckt liegenden Kleingewässer mitten in der Feldmark zu. Die in den letzten Jahrzehnten zum Teil völlig verwandelte, veränderte, grundwassermäßig abgesenkte Landschaft bedarf mehr und mehr der Kleingewässer: Nachdem zum größten Teil die feuchten Niederungen, Sümpfe, Brüche und Moore entwässert und nutzungsmäßig intensiviert worden sind, somit viele Laich- und Lebensräume vernichtet worden sind, stellen die Kleingewässer in manchen Räumen vielfach die einzigen Rückzugsgebiete und Lebensräume bestimmter Tier- und Pflanzengruppen dar. Sie haben somit vielfach eine ganz neue Qualität in ihrem Kurswert in der Landschaft erhalten, der ihre frühere Bedeutung weit übersteigen kann. Von wenig Kenntnis von Landschaftszusammenhängen und Landschaftsgeschichte zeugt der leider immer noch zu hörende Ausspruch: ,,Die Kuhlen sind von Menschenhand angelegt worden, von daher ist es durchaus legitim, sie auch wieder zuzuschütten". Zwar läßt dieses bereits das Gesetz nicht zu — was nicht bedeutet, daß auch heute noch Kleingewässer weiterhin schwinden und verschwinden. Die neue Qualität der Kleingewässer in der Kulturlandschaft von heute muß gesehen werden, ,,noch nie waren sie so nötig wie heute...!''

In einer verdienstvollen Zusammenstellung hat G. H. SCHWABE (1982) ein Verzeichnis des ,,Wasservorkommen im Lebensraume'' erstellt, das in diesem Zusammenhang, wenn auch eingeengt auf unser Thema, von großem Nutzen ist. Aus diesem Verzeichnis, das SCHWABE zum Gedenken an August THIENEMANN verfaßt hat, werden nachfolgend die Begriffe aufgeführt, die Verwandtschaft zu unserem Thema haben. Von insgesamt 315 Begriffen handelt es sich dabei immerhin um 49 nomenklatorische Bezeichnungen, die erhellen, wie lebensreich, von der Entstehung her unterschiedlich und z. T. kulturhistorisch abhängig diese Wasservorkommen sind:

Almtümpel, m: Blutsee.
Altwasser, n.: Altarm, Altbach, toter Fließarm, nicht oder kaum durchströmt.
Bacht, m: Pfütze.
Bachteich, m: Bacherweiterung mit verringerter Strömung.
Bassin, n: Weiher, kleiner See (Beek, f: Bach).
Beek, n: Weiher, kleiner See (Beek f: Bach).
Binnengewässer, n: Sammelbezeichnung für Gewässer des Landes zum Unterschiede vom Meer.
Blänke, f: steilwandiges rundliches Wasserloch im Moor, Moorauge, gelegentlich auch Kolk.
Blutsee, m: Weiher und besonders Almtümpel mit roter Vegetationsfarbe.
Brink, m: feuchter Fleck auf Wiesen.
Feding, m: Sammelbrunnen, zisternenartig.
Flark, n: muldenförmiges ziemlich flaches Moorgewässer.
Galle, f: Zu nasser (oder auch zu trockner) Fleck im Acker; Naßgalle, Guhre; G. bedeutet eigentlich Geschwulst; Naßgallen erscheinen infolge örtlich stärkeren Pflanzenwuchses wie Geschwülste in der Landschaft.
Golk, m: s. Kolk.
Gumpe, f: stehendes Gewässer, kleiner See, Pfuhl.
Hälter, m: Wasserbecken zur Aufbewahrung lebender Fische.
Himmelsteich, m: stehendes Gewässer ohne oberirdischen Zu- und Abfluß.
Klärteich, m: Becken, in welchem Zufluß zu Teichwirtschaften geklärt wird.
Kleingewässer, n: meistens temporäre Wasseransammlungen und Rinnsale, Tümpel usw.
Kolk, m: Wasserloch, tiefe Auswaschung in einer Fließsohle, einschließlich Gletscher; Zeitwort: kolken, auskolken; auch Moorauge und Blänke werden gelegentlich als Kolk bezeichnet.

Lache, f: 1. Pfütze, Tümpel, stehendes, meist schmutziges Wasser; 2. Wehrkanal, Oberwasser, Werkkanal, künstliche Ableitung von einem Fließ.
Lagg, n: Hochmoor umsäumendes Fließ.
Lakune, f: Wassergrube, kleiner See.
Lume, Lusche, f: Pfütze.
Moorauge, n: Blänke.
Naßgalle, f: wasserarme Sickerquelle ohne geschlossenen Abfluß, vgl. Galle.
Pfuhl, m: Lache, sumpfiger See, große Pfütze.
Pfütze, f: Lache, Bacht, Lume, Luse, Sudel, Pudel u. a.; flaches Kleingewässer, gewöhnlich verschmutzt und temporär.
Pudel, m: Jauche oder Pfütze, stehendes Gewässer.
Pump, m: Tümpel, (Heidegebiet).
Restgewässer, n: nach unvollständigem Austrocknen oder Versiegen verbleibende Teile eines Gewässers.
Schlenke, f: seichte, flachuferige wassererfüllte Vertiefung, besonders im Moor.
Schluten, m: Altwasser (alem.).
Schwemme, f: Pferdebad, meist für diesen Zweck ausgeschachteter Bachteich.
See, m: umfangreiches stehendes Binnengewässer.
Senkwasser, n: Haus- und Stallabwasser, Senkgrube entspricht Klärbecken.
Sig, n: s. Soll.
Soll, Söll, n: Wanne (Tümpel) unterschiedlicher Genese, meist in alten Moränen und annähernd kreisförmig.
Stau, m: künstlich aufgestautes Gewässer.
Suhle, f: schlammreiches Waldgewässer, Schwemme des Wildes.
Sumpf, m: Fenn, Filz, Loh, Luch, Peel, Pell; wassererfülltes schlammiges Erdreich.
Teich, m: künstliches, entleerbares und flaches Wasserbecken, besonders Fischteich.
Torfstich, m: durch Torfstechen entstandener künstlicher Tümpel.
Tosbecken, n: Kolk, Gewässerteile unmittelbar unterhalb von Wehren und Wasserfällen.
Tümpel, m: stehendes Kleingewässer, Wasserloch, Kolk.
Wed, Weed, Weet, f: ummauerte Pferdeschwemme.
Weiher, m: flaches stehendes Gewässer.
Wehle, f: 1. Küstenbucht; 2. Kolk.
Woog, m: Teich, tiefere Stelle zwischen Stollen in einem Fließ.

Diese Zusammenstellung berücksichtigt nur Wasservorkommen im deutschsprachigen Raum, der Sprachschatz für unterschiedlich entstandene kleine Gewässer in anderen Landschaften und Klimaten ist bemerkenswert.

2. Regionale Fallstudien zum Wandel der Kleingewässer in der Heimat Friedrich Junges

Das vom Minister für Ernährung, Landwirtschaft und Forsten des Landes Schleswig-Holstein herausgegebene Handbuch für Naturschutz in Schleswig-Holstein spricht von der Zahl von etwa 33.000 Kleingewässern, die auf den topographischen Karten mit Stand von 1973 noch eingetragen sind. Repräsentative Untersuchungen des Landesamtes für Naturschutz und Landschaftspflege räumen ein, daß bereits 1976 rund 34% davon nicht mehr vorhanden gewesen sein dürften. Durch die Biotopkartierung des Landesamtes und die Arbeiten verschiedener Autoren liegen vereinzelt Hinweise dafür vor, daß ein Schwund in dieser Dimension — der noch nichts über Qualitätsverluste bei vorhandenen Kleingewässern aussagt — oder in noch weitergehendem Maße landesweit die Regel ist. In der Folge werden derartige regionale Fallstudien aus Schleswig-Holstein vorgestellt, wobei wir die erste mit dem Beispiel Heikendorf (Kreis Plön), am Stadtrand von Kiel gelegen, E.-W. RAABE (1979) verdankten. Die darauffolgenden Darstellungen der Kleingewässersituation ländlicher bzw. städtischer Gemeinden beruhen auf jahrelangen intensiven Landschaftserhebungen, hochschulischen Geländepraktika, Umweltgutachten für Kommunen und Untersuchungen zum Landschaftswandel, die der Autor zusammen mit seinen Mitarbeitern bevorzugt im Landesteil Schleswig — in unterschiedlichen naturlandschaftlichen Räumen — durchgeführt hat und weiter durchführt. Vergleichende Daten zum Wandel und Zustand von Kleingewässern in ausgewählten Bereichen innerhalb und außerhalb von Schleswig-Holstein beenden dieses zentrale Kapitel dieses Beitrages, sie versuchen das Schicksal der „Dorfteiche" von Friedrich Junge heute aufzuzeigen.

2.1. Vom Wandel der Kleingewässer in Heikendorf/Kreis Plön

In mehreren Fallstudien hat sich E. W. RAABE mit dem Landschaftswandel in Schleswig-Holstein befaßt, neben Heiden, Wäldern, Kalkquellmooren und anderen Lebensräumen wählte er hier Kleingewässer als Parameter der Veränderung unseres Lebensraumes. Die sprachliche Eingängigkeit und die didaktische Geschicktheit von RAABE lassen es angeraten sein, ihn im Nachfolgenden, wenn auch auszugsweise, sprechen zu lassen:
„... Das Verhältnis des Menschen zum Wasser ist in unserer Zeit ein anderes, ein verantwortungsloses geworden. Es spiegelt sich darin eine allgemeine Zeiterscheinung wider. Hier geht es nicht um das Wasser als eine physikalisch-chemische Komponente unserer Welt, sondern um das Wasser

als Lebensgrundlage. Mit dieser Lebensgrundlage für uns Menschen und für alle anderen mit uns gleichberechtigten Lebewesen gehen wir aber verantwortungslos um. Ohne Bedenken verbannen wir es unter die Erde und in Kanäle und reichern es mit unseren Abfallprodukten zu lebensfeindlichen Biotopen an. Der in den letzten Jahrzehnten eingetretene Wandel wird besonders deutlich am Beispiel der Kleingewässer.

Stellvertretend für den größten Teil unseres Landes soll das im Raume der Gemeinde Heikendorf vorgestellt werden. Nach verschiedenen Karten-Unterlagen hat es hier nach 1880 knapp 300 Kleingewässer gegeben. Das waren kleine Teiche, offene Quell-Tümpel, frühere Mergelkuhlen usw., die in der Regel ganzjährig Wasser führten. Soweit diese Kleingewässer in der freien Landschaft lagen, führten sie meistens sauberes Wasser, solange das Müllproblem nicht vorhanden war, die landwirtschaftliche Düngung sich auf geringere Intensität beschränkte und vor allem Sprühmittel zur Vernichtung von Würmern, Insekten, Pilzen, Unkräutern oder gar zur totalen Vernichtung der Pflanzendecke noch unbekannt waren. Lediglich das Weidevieh sorgte für vorübergehende Eutrophierung. Damit waren diese Gewässer weithin ungestörte Biotope mit einem reichhaltigen Pflanzen- und Tierleben. Und selbst die innerhalb der Siedlungen gelegenen Kleingewässer mit ihrem Besatz an Enten und Gänsen und in ihrer Funktion als Waschgelegenheit für landwirtschaftliche Maschinen waren alles andere als tote Gewässer. Sicherlich waren sie deutlich eutrophiert und gelegentlich auch verschmutzt.

Andererseits aber stellten sie noch so reichhaltige Biotope dar, daß sie als Musterbeispiel biologischer Bezogenheiten Bestandteil des allgemeinen Schulunterrichts waren (Junges Dorfteich). Von solchen größtenteils biologisch intakten Kleingewässer gab es innerhalb der Gemeinde Heikendorf also etwa 300. Im Jahre 1976 haben wir (der Autor mit den beiden jungen Mitarbeitern Achim Wolf und Edeltraud Tafel) alle diese Kleingewässer einzeln aufgesucht, katalogisiert, beschrieben und bewertet. Damit erhielten wir folgendes Ergebnis: Von den ehemals 291 Kleingewässern waren in der Zwischenzeit 119 (schwarze Kreise) völlig verschwunden (s. Abb. 1). Dazu haben hauptsächlich vier Vorgänge beigetragen:
1. sind sie im Zuge von Bebauungs-Maßnahmen aufgefüllt worden
2. wurden sie auf landwirtschaftlichen Ackerflächen ausgefüllt und zugeschoben
3. dienten sie als Müll-Abladeplatz und wurden nach Auffüllung eingeebnet
4. war durch wasserwirtschaftliche Maßnahmen wie Grundwasserabsenkung, Begradigung usw. den Tümpeln das Wasser entzogen worden, so daß sie trocken fielen.

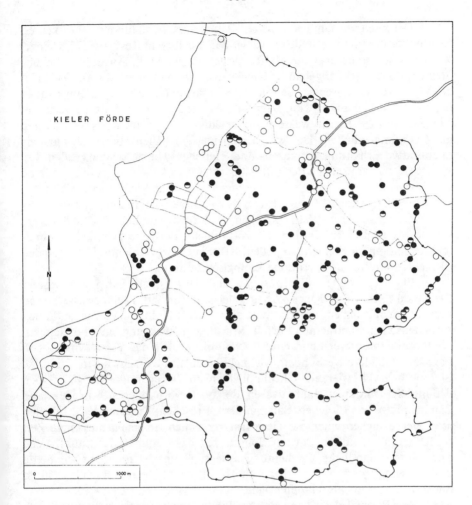

Abb. 1: Verteilung und Zustand der Kleingewässer im Bereich der Gemeinde Heikendorf.

Der noch vorhandene Rest an Kleingewässern stellte nun aber keineswegs unberührte und gesunde Gewässer dar. Bei diesem Rest von 172 Kleingewässern war bereits über die Hälfte aufgefüllt mit Müll, Aushüben, Schutt, Steinen, Buschwerk, abgebauten Knicks usw., insgesamt gilt das für 94 Kleingewässer (schwarz/weiße Kreise). Alle derartig reduzierten Kleingewässer hatten ihren ehemaligen Charakter als Tier- und Pflanzen-Biotope verloren. Von den einst 291 Kleingewässern hatten lediglich 78 (weiße Kreise) etwa ihren alten Umfang erhalten. Das war in den meisten Fällen aber auch nur eine quantitative Erhaltung. Pflanzen- und Tierleben war zu einem großen Teil erloschen, sei es durch die Beeinflussung mit Chemikalien, sei es durch Einlaß von Abwässern. Als biologisch einigermaßen gesunde Kleingewässer konnten von den 291 nur noch 13 eingestuft werden. Diese noch intakten Kleingewässer liegen vor allem in Wald-Parzellen, teils auch innerhalb der Siedlungen, wo sie als gepflegter Gartenteich vorbildliche Beispiele gelungener Landschaftsplanung im Kleinen darstellen, wenn auch oft mit landschaftsfremden Elementen angereichert, so doch biologisch intakt.

Flurbereinigung, Gewinnsucht und Unverstand haben in unserer Gemeinde mithin fast ganze Arbeit geleistet. Von 291 Kleingewässern sind noch 13 nachgeblieben, die wir heute als in ihrem biologischen Zustand noch zufriedenstellend betrachten dürfen. Mit diesem Rückgang einst bezeichnender Biotope in unserer Landschaft ist nun nicht allein das Verschwinden von Landschaftsbildern verbunden, vielmehr auch das Verschwinden der diese Biotope charakterisierenden Komponenten an Tieren und Pflanzen. Noch Anfang der fünfziger Jahre waren die noch vorhandenen Kleingewässer Tummelplätze von Molchen, Salamandern, Fröschen, Ringelnattern, Libellen usw. Heute suchen wir diese Tiere fast vergeblich. In jenen nur kurze Zeit zurückliegenden Jahren war zur Sommerzeit das Gequake der Laubfrösche eine selbstverständliche Erscheinung unserer Heimat. Und wenn wir heute unsere Schuljugend fragen, den Laubfrosch kennt sie nur noch aus ihren Büchern, allenfalls als Märchenfigur.

Am Beispiel der Kleingewässer kommt symptomatisch die ungeheure Verarmung und Nivellierung unserer Umwelt zum Ausdruck. Früher war der Mensch in einer mannigfaltigen Umgebung eine noch etwa harmonisch eingebettete Erscheinung. Um die Mitte des vergangenen Jahrhunderts hatte die Gemeinde etwa 985 Einwohner, davon etwa 290 schulpflichtige Kinder. Wenn wir damals die Einwohner auf die vorhandenen Kleingewässer verteilt hätten, wären also auf jedes Kleingewässer etwas über drei Menschen gekommen. Und diese drei hätten an jedem Gewässer ausreichend Platz gehabt, seine Vielfalt und sein Geschehen, ohne störend einzugreifen, zu erleben.

Wenn wir heute wieder die Einwohner unserer Gemeinde auf die noch vorhandenen Kleingewässer verteilen würden, dann kämen auf jeden verbliebenen Tümpel etwa 100 Besucher, die dann in den meisten Fällen jedoch vor einem fast toten Gewässer stünden. Wenn unsere Einwohner jedoch gleichzeitig noch ein lebendes Kleingewässer erleben wollten, dann müßten sich jeweils etwa 600 Menschen um einen Tümpel drängeln, wobei natürlich ein störungsfreies Erleben des Biotopes kaum vorstellbar ist."

Das angezogene Beispiel Heikendorf in der Darstellung von E. W. RAABE steht stellvertretend für einen früher rein ländlichen Raum, der inzwischen unter den Urbanisierungsdruck der benachbarten Großstadt Kiel geraten ist. Das Beispiel darf als typisch bezeichnet werden, in seinen eigenwilligen, wenn auch treffenden Zahlenspielen ist es nachgewiesenermaßen pädagogisch erfolgreich verwendbar. Daneben spricht für sich, daß auch RAABE als Leitbild den Dorfteich von Junge nicht unerwähnt läßt.

2.2. Die systematische Aufnahme der Kleingewässersituation innerhalb landschaftsökologischer planungsorientierter Untersuchungen — dargestellt am Beispiel ländlicher Gemeinden (Husby und Grundhof/Kreis Schleswig-Flensburg)

Die in der Folge dokumentierten Kleingewässersituationen sind sog. Gemeindeumwelterhebungen zu verdanken. Über Gemeindeumwelterhebungen kann an dieser Stelle nur kurz berichtet werden. Sie verdienen jedoch eine Erwähnung, da ihnen treffliche Daten im Hinblick auf Kleingewässer verdankt werden. Gemeindeumwelterhebungen sind Planungsunterlagen für Gemeinden, um sich auf freiwilliger Basis ein verläßliches Bild von der noch vorhandenen naturräumlichen Ausstattung und der Umweltproblematik in der eigenen Gemeinde zu verschaffen. Gemeindeumwelterhebungen stellen in der Regel auf der Basis von Gemeinderatsbeschlüssen Aufträge an Fachleute dar, die möglichst mit der Hilfe der Bürger das große Defizit landschaftsbezogener Daten abbauen helfen sollen. Die Planungspraxis unserer Städte und Gemeinden hat in der Vergangenheit gezeigt, daß trotz hohen Aufwandes an Planungskosten und Investitionen der ökologischen Beurteilung des jeweiligen Standortes in einer zukunftsorientierten Sicht zu wenig Beachtung geschenkt worden ist. Das Instrument der Gemeindeumwelterhebung baut auf bewährten Vorbildern der Landschaftsplanung, der Geographie und der Ökologie auf.

Zielrichtung einer Gemeindeumwelterhebung ist die Erfassung des naturräumlichen Potentials und von Schadensstrukturen a u f G e m e i n d e b a s i s . Das mag manchen, der gern in landschaftlichen bzw. Biotopgrenzen denkt, zunächst befremden. Dieser zunächst scheinbare Nachteil ist jedoch ein großer Vorteil dieser Erhebungen: Bürgernähe, gemeindechronikalischer Ansatz und ein verständliches naturwissenschaftliches Vorgehen haben bislang zu entscheidenden Durchbrüchen auf der kommunalen Stufe der Umweltpolitik in zahlreichen Gemeinden des Kreises Schleswig-Flensburg, aber auch in den Kreisen Rendsburg-Eckernförde und Dithmarschen geführt. Mit den Gemeindeumwelterhebungen ist es gelungen, bei den Bewohnern sowohl im ländlichen Raum wie auch inzwischen vermehrt im städtischen Raum emotionale Betroffenheit für die Probleme i h r e r Umwelt und Handlungsbereitschaft zu erzeugen. Die wichtigsten Kriterien einer Gemeindeumwelterhebung sind:

- Flächendeckende Kartierung des gesamten Gemeindegebietes im Gelände (also nicht nur im Ortskern, sondern auch in der Gemarkung)
- Es werden analog zur Biotopkartierung der Landesregierung besonders wertvolle Biotope aufgenommen, darüber hinausgehend aber auch noch wesentlich weitere wichtige Kleinstrukturen (z. B. Kleingewässer, Knicknetz)
- Besonderer Wert wird auf die Nutzungsverteilung der vorhandenen Kulturflächen und ihren landschaftlichen Wandel gelegt (unter Benutzung aller chronikalischen und kartenmäßigen Unterlagen)
- Die Umwelt der Gemeinde wird weitgehend photographisch dokumentiert
- Die Ergebnisse werden in einer übersichtlichen Anordnung, dem sog. ,,Katasterteil'' zusammengestellt und durch entsprechendes Kartenmaterial veranschaulicht
- Zum besseren Verständnis werden die Karten in Textform möglichst leicht lesbar interpretiert, ohne daß jedoch versimpelt oder beschönigt wird
- Methodisch gesehen sorgt das Baukastenprinzip der Erhebung dafür, daß auf bewährter Grundlage in jeder Gemeinde neue Schwerpunkte, entsprechend zur jeweiligen Fragestellung, gewählt werden können

Fallstudie Husby

Kommen wir zunächst zur Gemeinde Husby, etwa 10 km östlich von Flensburg auf besten Böden der Landschaft Angeln gelegen, seit alters her eine agrarische Intensivlandschaft, die zunehmend weitere Bedeutung für zahlreiche Neubürger gewonnen hat. Neben der Wohnfunktion für über 1000

Einwohner werden aber über 80% der Gemeindefläche noch weiterhin von einer intensiven Landwirtschaft geprägt. Wälder, Moore, Heiden und Fließgewässer sind Seltenheiten oder überhaupt nicht vorhanden. Von daher kommt den bislang vielfach verkannten Kleingewässern eine besondere Bedeutung zu. Obwohl sie auch in der Gemeinde Husby als frühere Mergel- oder Tränkekuhlen Schöpfungen des Menschen sind, haben sie in der heutigen Zeit eine völlig neue Qualität erhalten und sind alles andere als überflüssig! Zur Zeit ihrer Anlage war die gesamte Landschaft vor den entscheidenden Landeskulturprogrammen feuchter und reicher an natürlichen Auen, kleinen Seen, feuchten Wiesen und Mooren. Nach weitestgehender Veränderung der Landschaft stellen die Kleingewässer vielfach noch die einzigen Ökosysteme im feuchten Bereich dar, ihr Schwund wäre verhängnisvoll. Durch die infolge der Gemeindeumwelterhebung für die Gemeinde Husby gewonnenen Daten läßt sich für diese typische Angeliter Gemeinde ein differenzierteres Bild der Kleingewässersituation ableiten. Im Rahmen einer Examensarbeit an der Pädagogischen Hochschule Flensburg (Chr. NISSEN 1981) und der Gemeindeumwelterhebung (Chr. NISSEN und W. RIEDEL 1981) konnte mittels eines Bewertungsrahmens die Kleingewässersituation der Gemeinde flächendeckend aufgenommen werden. Dieser pragmatische und auch für den nicht fachwissenschaftlichen Naturfreund handhabbare Bewertungsrahmen, der sich ansatzweise an H.-J. RASSOW (1979) anlehnt, differenziert zwischen gewissen Formen der Nutzung, der Vegetation, der Lage, der Schadensstrukturen und berücksichtigt Besonderheiten. Mit Sicherheit kann auch er nicht alle qualitativen Kriterien erfüllen, die man sich wünscht. Eine weitere Differenzierung, z. B. auch eine detaillierte zoologische oder chemische Untersuchung hätte an diesem Beispiel die vorhandenen Arbeitskapazitäten weit überstiegen und so zu zeitlich und kostenmäßig unzumutbaren Konsequenzen geführt. Zwar liegt in der Gewichtung und Auswahl der Bewertungskriterien immer ein subjektiver Zug, nicht aber in der praktischen Erhebung und Verarbeitung des Materials: Alle Kleingewässer werden in der Bearbeitung gleich behandelt, nach gleichen Kriterien. Das Gesamtresultat bleibt überprüfbar, innerhalb des untersuchten Gemeindegebietes bleiben die Kleingewässer vergleichbar.

Der erwähnte Bewertungsrahmen, der nur als vorläufiger Versuch verstanden wird und sich zur Zeit in Weiterentwicklung befindet, hatte am Beispiel der Gemeinde Husby folgendes Aussehen. Punkteverteilungen wurden gewählt wie folgt:

— Nutzung:		keine	+3
		mit	0
— Vegetation:		keine	0
		gering vorhanden	+1
		vorhanden	+2
		reich vorhanden	+3
— Lage:		in infrastruktureller Fläche	+1
		im Feld	+2
		am Knick- oder Waldrand	+3
— Besonderheit:			+2
— Schäden:		Viehtritt	-1
		organische Abfälle	-2
		anorganische Abfälle	-3
		Gefahr der Zuschüttung	-2
		zugeschüttet	-3
		Tendenz zur Verlandung	-1
		ohne Wasser	-3

„Keine Vegetation" wurde mit 0 Punkten bewertet. Dieses Kleingewässer bietet nicht den gewünschten Schutz für Pflanzen und Tiere und ist meist starker Nutzung und Eutrophierungseinflüssen ausgesetzt.

Wenn die Vegetation nur „gering vorhanden" ist, wird ein Pluspunkt vergeben, auch wenn hier ein noch nicht zufriedenstellender Zustand herrscht.

Wird die Vegetation als „vorhanden" beurteilt, können zwei Pluspunkte vergeben werden.

Für den Bestand von „reich vorhandener Vegetation" werden drei Pluspunkte vergeben. Dieses Kleingewässer bietet den typischen Lebensraum von Vielfalt und relativer Stabilität, den ein solcher Tümpel in unserer Landschaft darstellen sollte. Auch die Lage eines Kleingewässers spielt eine Rolle bei der Bewertung. Die Möglichkeit, daß ein Kleingewässer als Brut- oder Laichplatz und als Tränke für das Wild angenommen wird, ist wohl nur gewährleistet, wenn es relativ abseits von menschlichen Siedlungen liegt. Ein Kleingewässer am Hof oder in einer Siedlung ist auf keinen Fall wertlos, kann aber seinen ökologischen Sinn nicht so erfüllen wie in abseitig gelegener Lage.

Aus diesem Grund wird für die Lage in infrastruktureller Fläche nur ein Pluspunkt vergeben. Die beste Bewertung mit plus drei Punkten erhält ein Kleingewässer für seine Lage am Knick- oder Waldrand. Hier ist eine Wechselbeziehung zwischen den Lebensräumen Gewässer-Knick, Gewässer-Wald vorhanden.

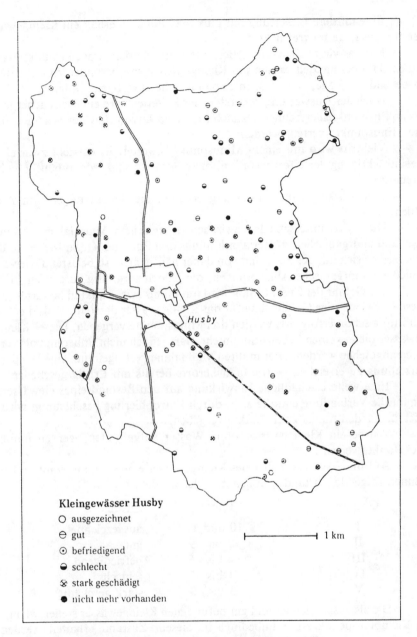

Abb. 2: Kleingewässersituation der Gemeinde Husby 1981

Eine mittlere Bewertung mit plus zwei Punkten erhält ein Kleingewässer für die Lage im freien Feld.

Für das vierte Kriterium ,,Besonderheit" werden zwei Pluspunkte vergeben. Hierbei handelt es sich um Kleingewässer von besonderer Größe und in besonderer Lage, wie z. B. in ökologisch hochwertigem Ödland.

Nach der Auswertung der ersten vier Kriterien wird ein Zwischenergebnis an Pluspunkten errechnet. Danach folgt eine Auswertung der Schäden, für die Minuspunkte verteilt werden:

Viehtritt wird mit einem Minuspunkt bewertet. Es entsteht zwar eine Beeinträchtigung der Ufervegetation, diese Schäden sind jedoch häufig nicht irreparabel.

Eine stärkere Minusbewertung erhalten die Ablagerungen von Abfällen:

Hier wird unterschieden zwischen organischem Material mit minus zwei und anorganischem Material mit minus drei Punkten. Organische Abfälle zersetzen sich mit der Zeit, sind von daher häufig nicht so belastend wie verschiedene anorganische Ablagerungen, die jedoch sorgfältig zu prüfen sind.

Die Gefahr der Zuschüttung wird mit minus zwei Punkten bewertet, da diese eine eindeutige Gefährdung für das Kleingewässer darstellt. Falls die Zuschüttung schon erfolgt ist, werden drei Minuspunkte vergeben. Dieses Kleingewässer bietet keinen Lebensraum mehr, darf jedoch nicht unbedingt als verloren angesehen werden. Hier müßten Maßnahmen erfolgen, um eine Wiederherstellung zu erreichen — wie mancherorts bereits mit Erfolg geschehen.

Eine weitere schädliche Einwirkung auf den Bestand eines Gewässers nimmt die Verlandung ein, die z. B. durch Eutrophierung beschleunigt wird. Hierfür werden minus zwei Punkte vergeben.

Wurde ein Kleingewässer ohne Wasser aufgefunden, werden minus drei Punkte verteilt.

Auf diese Weise erhält jedes Kleingewässer eine Endpunktzahl und es können folgende Zustandsgruppen gebildet werden:

Gruppe	Punkte	Zustand
I	10 und 11	ausgezeichnet
II	7 bis 9	gut
III	4 bis 6	befriedigend
IV	1 bis 3	schlecht
V	-3 bis 0	stark geschädigt

Die als ausgezeichnet und gut befundenen Kleingewässer stellen wichtige Kleinbiotope dar, die unbedingt in diesem Zustand erhalten werden müssen.

Die mit befriedigend bewerteten Kleingewässer könnten in einigen Punkten verbessert werden, so z. B. durch Anpflanzungen von Randgehölzen einer Schutzzone, damit sich Ufervegetation bilden kann.

Die im Bestand als schlecht bewerteten Kleingewässer müssen teilweise gereinigt werden. Ebenso wichtig ist es, eine möglicherweise drohende Zuschüttung zu verhindern.

Die Kleingewässer, die in ihrem Bestand als stark geschädigt beurteilt worden sind, dürfen nicht als für die Natur verloren bewertet werden. Hier müssen in kürzester Zeit umfangreiche Reinigungs- und Verbesserungsarbeiten vorgenommen werden, damit wieder ein attraktiver Lebensraum für Pflanzen und Tiere entsteht.

Das im nachfolgenden dargestellte Untersuchungsergebnis spricht für sich. Die Gemeinde ist jetzt in der Lage, endlich zu therapeutischen Maßnahmen zu kommen und hier sind ihrer Phantasie, ihrem Engagement und ihrer Mittelfreudigkeit keine Grenzen gesetzt. Die hier vorgestellte Karte (Abb. 2) des Kleingewässerzustandes 1981 in der Gemeinde Husby zeigt folgende Ergebnisse:

— Insgesamt konnten 115 Kleingewässer aufgenommen werden. 30 Kleingewässer mußten als nicht mehr vorhanden registriert werden, obwohl die neueste topographische Karte sie noch ausweist. Das sind immerhin 20,96% der insgesamt 145 aufgezeigten Teiche.

— Nur 3 Gewässer (2,08%) konnten als sehr gut und 24 (16,67%) als gut beurteilt werden. Diese Kleingewässer zeigen sich in wertvollem Zustand mit artenreichen Randgehölzen und Verlandungsgesellschaften. 34 Kleingewässer (23,6%) konnten als befriedigend bezeichnet werden, müßten aber in einigen Fällen eine Verbesserung erfahren.

— Die restlichen 54 Kleingewässer konnten keine gute Beurteilung mehr erhalten. 35 Teiche (24,31%) wurden als schlecht und 19 Teiche (13,10%) als stark geschädigt beurteilt.

— Durch das Vorhandensein von 115 Kleingewässern konnte errechnet werden, daß ein Gewässer auf 16,715 ha entfällt. Dieses stellt noch einen recht guten Wert dar. So forderte H.-J. RASSOW 1979 für befriedigende Agrarstrukturen: „Die Teichdichte sollte je Feldlage nicht weniger als 1 Teich je 25 ha betragen".

— Wenn jedoch nur die als befriedigend bis ausgezeichneten

Gewässer berücksichtigt werden, ergibt sich der Wert von einem Kleingewässer auf 30,85 ha. Es ist von daher eine wichtige Aufgabe der Gemeinde, die schlechten und stark geschädigten Gewässer in eine neue bzw. in ihre gute alte Qualität zu führen.

Abb. 3: Reizvolles Kleinod der Husbyer Landschaft — eines von vielen gefährdeten Kleingewässern (Foto: W. Riedel)

Fallstudie Grundhof

Die Umwelterhebung der Gemeinde Grundhof (RIEDEL und Mitarbeiter 1984) ist neueren Datums und methodisch in mancherlei Hinsicht bereits verfeinert. Die Konsequenz aus dieser Umwelterhebung für die Gemeinde Grundhof besteht vor allem auch in einem weitergehenden Schutz der vorhandenen, vielfach veränderten und gefährdeten Kleingewässer. Die Zahl der in den Gemarkungen Grundhofs vorhandenen Kleingewässern ist mit 106 erstaunlich hoch. Zwar ist damit noch nichts über den ökologischen Wert ausgesagt, grundsätzlich gilt jedoch, daß ein Kleingewässerbestand dieser Größenordnung positiv zu bemerken ist, wobei im Schnitt auf etwa 9,76 ha landwirtschaftliche Nutzfläche bzw. auf etwa 10,90 ha Gemeindefläche insgesamt ein Teich kommt, somit ein über dem Landesdurchschnitt liegender Wert nachgewiesen werden konnte. Aus dem Nachstehenden wird jedoch deutlich werden, daß Quantität und Qualität nicht unbedingt immer deckungsgleich sein müssen.

Kleingewässer, also Tümpel und Teiche, sind in der Flächennutzungsbilanz der Gemeinde Grundhof insgesamt nur mit 3,46 ha oder 0,3 % vorhanden und nehmen somit einen vergleichsweise bescheidenen Wert ein, ihre Anzahl mit 106 Exemplaren gibt ihnen jedoch einen bedeutenden Vernetzungseffekt, der noch höher wäre, wenn die Qualität verbessert werden könnte. Ein Blick auf die regionale Verteilung zeigt jedoch, daß diese sehr ungleichmäßig in den verschiedenen Gemarkungen der Gemeinde Grundhof (Grundhof, Bönstrup, Lutzhöft) ist. Besonders der Raum um Bönstrup ist vergleichsweise ein Eldorado für Kleingewässer. Wenn man einmal absieht von einer Reihe von Kleingewässern an der äußersten Peripherie von Lutzhöft und vom Dorfteich, dann ist ein weiter Bereich intensiver Landbewirtschaftung um Lutzhöft und um das Gut Mariengaard nahezu kleingewässerfrei.

Für die Beurteilung der Kleingewässer (und Feuchtgebiete) im Bereich der Gemeinde Grundhof waren die Bearbeiter um weitergehende Kriterien bemüht und favorisierten hier die Amphibien als Bioindikator. Die entsprechenden Untersuchungen im Rahmen der Gemeindeumwelterhebung Grundhof werden Th. JARSTORFF verdankt, aus dessen Teilkapitel nachstehend auszugsweise aussagekräftige Passagen wiedergegeben werden.

Amphibien (= Lurche = Frösche + Kröten + Unken + Molche) sind relativ leicht zu erfassen, leisten einen nennenswerten Beitrag in der ,,Schädlingsbekämpfung", dienen vielen anderen gefährdeten Arten (z. B. Storch, Graureiher, Fischotter, Ringelnatter) als Nahrung, teilen mit zahlreichen anderen z. T. schwer erfassbaren Lebewesen denselben Lebensraum und sind hervorragende Indikatoren für die Be- bzw. Überlastung der Landschaft. Sie benötigen neben sauberen Laichgewässern auch intakte oder naturnahe Sommerlebensräume (Wiesen, Brachland, Weiden, Wälder, Moore). Schon aus diesen wenigen Punkten ergibt sich, daß dem Schutz von Kleingewässern und den Sommerlebensräumen der Amphibien eine besondere Bedeutung zukommt. Entsprechende Maßnahmen (z. B. Anlage neuer Gewässer, Reinigung, Schutzstreifen) kommen neben Amphibien auch weiteren z. T. seltenen Arten zugute. Die Neuanlage von Kleingewässern ist aber erst nach Jahren und sorgfältigster Planung und Durchführung ein Ersatz für den Verlust eines Feuchtgebietes.

Im Rahmen der Gemeindeumwelterhebung Grundhof ging es darum, neben der Erfassung der Bestände der Amphibien auch die Situation der Sommerlebensräume und Feuchtgebiete zu beurteilen und die Bedeutung der Kleingewässer für andere Arten zu analysieren. Problembereiche, Lösungs- und Schutzmöglichkeiten wurden aufgezeigt. Die Untersuchungen sollen die Gemeinde in die Lage versetzen, Fehlplanungen zu vermeiden, Mißstände zu beseitigen, Schutzmaßnahmen einzuleiten und die Erhaltung u. a. der Amphibien sicherzustellen. Ein solcher Bericht liefert vergleichbares Material für spätere Erhebungen und steht modellhaft für andere Gemeinden.

Ein kurzer Exkurs möge uns die landesweite Situation vor Augen führen: Trotz gesetzlichen Schutzes in den letzten Jahren ging die Zahl der Feuchtgebiete landesweit durchschnittlich um 40% zurück. Wiewohl die Bedeutung von Naturschutz und Landschaftspflege in den letzten Jahren tatsächlich erkannt wurde, zeigen Untersuchungen einen dramatischen Bestandesrückgang bei den Amphibienarten (z. B. beim Laubfrosch vermutlich auf 1/1000stel des ursprünglichen Bestandes in nur 20 Jahren). Der Rückgang von Tieren, die einen ähnlichen Lebensraum beanspruchen bzw. von Lurchen leben, ist genau so alarmierend. Der Rückgang ist in flurbereinigten und/oder sehr intensiv landwirtschaftlich genutzten Flächen besonders hoch. Diese katastrophale Entwicklung hat inzwischen zu konkreten Artenschutzprogrammen für Amphibien geführt. Bis jetzt konnten damit aber nur sehr lokale Erfolge erzielt werden.

Die teilweise recht hohe Zahl von Kleingewässern auf der Topographischen Karte von 1973 bei gleichzeitig intensiver Landwirtschaft auf besten Böden ließen eine nur mäßige Arten- und Individuendichte erwarten. Diese mäßige Erwartung wurde durch die Untersuchungen jedoch noch nicht einmal annähernd erfüllt. Probekontrollen in den Nachbargemeinden ergaben ein nur teilweise besseres Bild. Diese etwas positivere Situation ist jedoch weniger das Ergebnis von politischem Bewußtsein für die Notwendigkeit des Naturschutzes, sondern vielmehr Resultat von natürlichen, z. T. unabänderlichern Gegebenheiten (z. B. große Seen).

Das Gemeindegebiet wurde nach Kleingewässern, Sommerlebensräumen und Feuchtgebieten aufgesucht. Alle Beobachtungen wurden auf Kartierbögen dokumentiert. Die Amphibien wurden zu den Laichzeiten am Gewässer gesucht, bestimmt und gezählt. Während der Dämmerung wurde auf Froschkonzerte und Wanderungen (bei Regenwetter) geachtet. Gefährdungen, Nutzung, Vermüllung und Laich wurden vor Ort untersucht und vermerkt. Die Ergebnisse lassen sich wie folgt beschreiben: Insgesamt waren 92 Feuchtgebiete in der Top. Karte 1973 eingezeichnet. 10 Jahre später sind 37,5% dieser Lebensräume völlig verschwunden. Weitere 23% sind bis auf Reste zerstört. Gleichzeitig wurden 32 Kleingewässer und Weiher gefunden, die nicht in der alten Karte eingezeichnet waren! Dafür liegen folgende Gründe vor: Viele Tümpel sind sehr klein und wurden nicht in die Karte übernommen. Kleingewässer wurden neu angelegt.

Das Ergebnis ist selbst bei wohlwollender Anerkennung der Neuanlagen erschreckend, liegt aber durchaus im landesweiten Trend. Wesentlich schlechter als in anderen Gemeinden präsentiert sich hier der Zustand der

Gewässer aus der Sicht des Natur- und Amphibienschutzes (wobei sich bei einigen Neuanlagen die Situation allerdings noch etwas verbessern kann):

    1   Gewässer ist (mit Abstrichen) als *sehr gut* zu bezeichnen
  20% sind als *gut* zu bezeichnen, z. Z. kaum gefährdet, jedoch verbesserbar
  10% waren als *gut oder sehr gut* zu bezeichnen, jedoch bereits geschädigt
  47% sind als *befriedigend oder als gute* Gewässer, die durch Nutzung stark beeinträchtigt sind oder *mäßige,* z. Z. kaum verbesserbare Gewässer zu bezeichnen
  23% sind als *unbefriedigende bis mangelhafte* Gewässer zu bezeichnen.

Die momentane Bedrohung der Feuchtgebiete verteilt sich wie folgt, wobei längerfristige Gefährdungen durch Überdüngung, Absenkungen des Grundwasserspiegels, Pestizideinsatz nur bei nachweisbar akuter Bedrohung berücksichtigt werden konnten:

a)	Nutzung (s. auch im folgenden)	40%
b)	Vermüllung	29%
c)	Folgen „ordnungsgemäßer Landwirtschaft"	18%
d)	Entwässerung	6%
e)	andere Folgen	7%

Aufgrund der durchgeführten Bestandsaufnahme läßt sich folgende Liste für die Amphibien in der Gemeinde Grundhof erstellen (nach Vorbild der „Roten Listen" in Schleswig-Holstein und der Bundesrepublik):

Vom Aussterben bedroht oder bereits ausgestorben (A.1.2. oder A.1.1.):
      Laubfrosch (Hyla arborea) und Kammolch (Triturus cristatus)
Stark gefährdete Arten (A.2.):
      Moorfrosch (Rana arvalis), Wasserfrosch (Rana esculenta) und Erdkröte (bufo bufo)
Gefährdet (A.3.):
      Teichmolch (Triturus cristatus)

      Z. Z. noch nicht akut gefährdet erscheint lediglich der Grasfrosch (Rana temporaria). Ob weitere Arten früher in der Gemeinde vorkamen — heute jedoch ausgerottet sind —, läßt sich nicht mehr feststellen. Zumindest für die Knoblauchkröte

(Peobates fuscus) erscheint diese Vermutung wahrscheinlich. Nur noch an 27% der Kleingewässer (!) wurden laichende Amphibien angetroffen. Kein einziges Vorkommen beherbergte mehr als 60 Individuen (ad).

Die Bedrohungsfaktoren, aber auch Möglichkeiten der Verbesserung der Situation werden nachfolgend systematisch aufgeführt:

A *Straßenverkehr- und Bau, Gewerbe- und Wohnflächen*
Anders als z. B. in einer ebenfalls vor einigen Jahren intensiv untersuchten Gemeinde, in Glücksburg (dort wurden in einer einzigen Nacht an drei Straßen 450 überfahrene Frösche und Kröten gefunden) konnten Hinweise auf Gefährdung von Amphibien durch Straßenbau oder Verkehr nicht gefunden werden. Dieses ist jedoch kein Grund zur Freude (!) — es unterstreicht vielmehr, daß kaum noch Amphibien da sind, die wandern könnten. Eine weitere Zerschneidung des Gemeinderaumes durch Straßen ist kaum noch zu wünschen.

B *Vermüllung*
Neben der Gefahr, daß durch Müll Kleingewässer völlig verschwinden, besteht das Risiko der Vergiftung durch Ammonium, Ammoniak oder Schwefelwasserstoff (bei organischer Verschmutzung wie z. B. Heu, Gülle, Knickabfällen) und außerdem die zusätzliche Gefährdung des Trinkwasses bei Verschmutzung durch (Schwer-) Metalle, Öle oder Pflanzenschutzmittelrückstände (in Kanistern an mehreren Gewässern gefunden). Der Müll ist nach Möglichkeit schnellstens zu entfernen, die Verantwortlichen zu informieren.

C *Nutzung*
— Fischzucht/Aussetzung von Fischen
In der Regel werden ökologisch besonders wertvolle Gewässer zu diesem Zweck genutzt. Bei intensiver Fischzucht bzw. Angelbetrieb werden die Teiche, Weiher oder Seen in ihrer ökologischen Ausgleichsfunktion und als Lebensraum nahezu **wertlos**. Die negative Auswirkung dieser Nutzungsarten wird häufig unterschätzt. Die Möglichkeit, wenigstens Teilbereiche der Fischgewässer naturnah zu belassen oder wieder herzustellen und die Kleingewässer aus der Nutzung zu nehmen, ist zu prüfen. Das Aussetzen nicht-heimischer Fischarten ist verboten! Wenn ein Fisch in ein Gewässer „gehört", ist er von Natur aus sowieso meist darin enthalten.

— Nutzung als Viehtränke
Bei starkem Viehauftrieb — und der ist z. Z. auf jeder Weide gegeben

— wird die Ufervegetation durch Vertritt oder Verbiß zerstört, das Wasser (mit Bodengrund) aufgewühlt und durch Exkremente stark verschmutzt. Alle Feuchtgebiete sollten daher eingezäunt werden und höchstens von einer Seite für das Vieh begehbar sein.

— Enten/Gänsemast oder Zucht
Wie bei der Nutzung als Viehtränke sind die Kleingewässer dieser Belastung auf Dauer nicht gewachsen. Die notwendige Fütterung hat eine Überdüngung des Wassers zur Folge. Die beim Abbau der Exkremente (oder davon lebender Organismen) entstehenden Verbindungen lassen ein Überleben der meisten Fischarten, Larven und Insekten und Kaulquappen von Amphibien nicht zu. Im Gegensatz zur vorherigen Nutzung kann die einzige Konsequenz nur lauten: Einstellung dieser Beeinträchtigungen.

D *Dünger/Pestizideinsatz*
Wie bei den vorangegangenen Punkten führt die Einbringung von Düngestoffen zu einer übermäßigen Belastung des Gewässers. In der Folge haben sich z. T. sogar Faulschlammschichten gebildet. Beim Düngen sollten daher die Vegetationsperioden abgewartet und ein Mindestabstand zum Uferbereich eingehalten werden. Die neuerdings zu beobachtende ,,Unsitte'', Drainagerohre in Weihern enden zu lassen, sollte wieder abgestellt werden. Die schädliche Wirkung von zumindest einigen Pestiziden auf Amphibien und deren Kaulquappen ist sicher. Schutzstreifen entlang naturnaher Lebensräume sollten daher eingehalten werden (z. B. Wegränder, Knicks, Kleingewässer, Auen, Waldränder).

E *Entwässerung*
Besonders extensiv genutztes Feuchtgrünland sowie nasse Senken sind durch Entwässerungsmaßnahmen bedroht. Diese Gebiete sind jedoch häufig die letzten Rückzugsgebiete für viele seltene und gefährdete Tier- und Pflanzenarten.

Weil der Aufwand häufig den zu erwartenden Nutzen deutlich übersteigt, sollten derartige Eingriffe möglichst unterbleiben.

Da Amphibien neben intakten Laichgewässern auch einen erreichbaren Sommerlebensraum benötigen, erscheint eine Beurteilung angebracht. Nahezu alle Waldbestände (besser: größere Feldgehölze) bieten einen teilweise sehr guten Sommerlebensraum. Sie sind jedoch z. T. von den Laichgewässern isoliert bzw. zu klein, um u. a. Amphibienpopulationen dauerhaft zu erhalten. Die Waldtümpel präsentieren sich in einigen Fällen als Mülldeponien. Da die Waldtümpel periodisch trockenfallen und stark beschattet sind, stellen sie nur bedingt Laichgewässer für Amphibien dar. Für unzählige Wirbellose, die wie derum vielen anderen Tieren als Nahrung dienen, sind sie jedoch unersetzbar. Der geringe Anteil an Wiesen und Weiden im Gemeindegebiet sollte unbedingt erhalten — an einigen Stellen sogar gesteigert werden. Sie stellen nicht nur einen geeigneten Sommerlebensraum dar, sondern werden auch von Amphibien als Wanderweg genutzt (die wesentlich intensiver genutzten Ackerflächen können von Fröschen und Kröten in der Regel nicht mehr lebend überquert werden). Ohne eine Erhaltung und Steigerung der Qualität der Sommerlebensräume ist eine Verbesserung der Amphibien-Bestandssituation in nennenswertem Umfang bei Beibehaltung der derzeitigen Anbaumethoden nicht möglich.

In einem Zeitraum von 10 Jahren sind 37,5% der Kleingewässer vernichtet worden. Der Verlust liegt im landesweiten Schnitt und wird durch 32 Neuanlagen gemildert. Nur 21% der Gewässer befanden sich in einem zufriedenstellenden Zustand. Nur noch an 27% der Gewässer wurden laichende Amphibien angetroffen. Ohne umfangreiche Schutzmaßnahmen ist der Fortbestand von Amphibien in der Gemeinde Grundhof äußerst unwahrscheinlich.

Abb. 4: Kleingewässer- und Amphibienkartierung
(Foto: Th. Jarstorff)

2.3. Kleingewässer in städtischer Umwelt

Auszüge aus der Umwelterhebung der Stadt Schleswig

Auch wenn im städtischen Bereich eine Reihe von Feuchtflächen und Kleingewässern schon seit langem in der Stadtlandschaft unter verschiedenen Nutzungsansprüchen bzw. Beeinträchtigungen stehen, oft gar nicht als Feuchtflächen oder wertvolle Biotope empfunden wurden, gelten für sie gleichermaßen die Kriterien der Naturschutzgesetzgebung, ihre ökologische Bedeutung ist besonders hoch einzuschätzen. Im Jahr 1983 war in einer breit angelegten Stadtumwelterhebung das umfangreiche biotische Inventar nebst Nutzungen und Beeinträchtigungen der Stadt Schleswig erhoben und dargestellt worden. In der Kategorie ,,größere Gewässer und Schlei'' wurden der anteilige Schleswiger Schleibereich (427,77 ha), der Burgsee (19,26 ha), der Brautsee (7,44 ha) und eine Noorwasserfläche mit 2,29 ha dargestellt.

Zur Kategorie ,,Seen und Teiche'' (stehende Gewässer mit einer Größe bis zu 1 ha) zählten Polierteich, Herkulesteich, Krebsteich, Himmelsauge, Eisteich, Mühlenteich, Blauer Teich und größere Fischteiche. Die Übergänge vom ,,kleinen See'' zum ,,Tümpel, Weiher, Kleingewässer, Teich'' sind dabei am Beispiel der Stadtlandschaft von Schleswig recht fließend. Beeindruckend ist dennoch ihre Anzahl im Stadtgebiet, sie beträgt 76, davon 66 im randstädtischen und 10 im innerörtlichen Bereich der Stadt Schleswig. Die Gesamtfläche aller Kleingewässer kann nur annähernd geschätzt werden, sie beträgt etwa 1,5 bis 2,0 ha. Da sie periodisch austrocknen, variieren die jeweiligen Areale stark und sind kartographisch — wenn sie überhaupt in der amtlichen Karte verzeichnet waren — oftmals nur noch als Punkt und damit nicht mehr flächengetreu darstellbar. Auch im Stadtgebiet von Schleswig sind die Kleingewässer nur zum Teil natürlichen Ursprungs, was im Gelände oft schwer zu erkennen ist. Das Stadtgebiet von Schleswig lag noch im Bereich der jüngsten Vereisung (Weichseleiszeit oder Würm). Von daher sind eine Reihe von Kleingewässern als sog. ,,Sölle'', d. h. als durch den Eisrückzug entstandene Toteissenken aufzufassen.

Da heute die Zahl der Kleingewässer und Feuchtbiotope generell rückläufig ist, muß der noch vorhandene Bestand unbedingt erhalten und gepflegt werden. Das wird auch am Zustand der Schleswiger Kleingewässer deutlich, hier gibt es viele positive, aber auch viele negative Beispiele. Die natürlichen Bildungen, Mergelkuhlen und Tränkekuhlen wie andere Kleingewässerformen werden heute durch verschiedenste Einflüsse stark beeinträchtigt, verschmutzt, verfüllt oder sogar völlig beseitigt. Deshalb müssen sie gepflegt und vor Eingriffen bewahrt werden. Häufig genügt das Umzäunen, um dem Weidevieh den direkten Zugang zu verwehren. Gleichzeitig sollte beim Düngen des Weidelandes ein ausreichender Abstand vom Kleingewässer eingehalten werden, was wiederum die Duldung eines angemessenen Uferrandes erfordert. Wenn sich das Ausmaß der Vermüllung angesichts heute geordneter Verhältnisse der Müllbeseitigung im Schleswiger Stadtbereich vergleichsweise gering ausmacht, so ist die Situation der Kleingewässer, die sozusagen „Sedimentationsfallen" für den Müll darstellen, recht desolat. Findet sich in einer Reihe von ihnen nur punktuell Unrat und Müll, sind andere hingegen fast vollständig mit Knickresten verfüllt oder weitergehender zerstört.

Abschließend soll die gekürzte Beschreibung zweier typischer Kleingewässer der Stadt Schleswig — wobei bewußt ein Positiv- wie ein Negativbeispiel gewählt wird — die Spannweite des Erhaltungszustandes der Kleingewässer aufzeigen:

Planquadrat 13 der Umwelterhebung Schleswig: Punkt 122

Innerhalb einer Feuchtwiese (Beschreibungspunkt 108) liegen zwei offene Kleingewässer dicht beieinander, unmittelbar benachbart ist eine weitgehend verlandete Feuchtstelle, die mit Binsen bewachsen ist. Die Größe der beiden Kleingewässer beträgt 5 × 5 bzw. 8 × 10 m. Die umgebende Feuchtwiese ist zur Zeit ungenutzt, brach. Eine Kurzbeschreibung der Vegetation ergibt:

— Röhricht: einige Flatterbinsen (Juncus effusus), Breitblättriger Rohrkolben (Typha latifolia), Sumpfschachtelhalm (Equisetum palustre), Gemeiner Froschlöffel (Alisam plantago-aquatica);

Abb. 5: Kleingewässer in einer Feuchtwiese in der Stadt Schleswig, (Foto: R. Polensky)

- Schwimmblattpflanzen: Schwimmendes Laichkraut (Potamogeton natans), Wasserlinse (Lemna minor);
- Unterwasserpflanzen: Wasserpest (Elodea canadensis).

In den äußeren verlandeten Randzonen kommen verschiedene Hahnenfußgewächse vor.

Die Kleingewässergruppe befindet sich im östlichen Bereich der Feuchtwiese und zugleich in unmittelbarer Nähe eines Laubwaldgebietes (Punkt 81) und eines Wiesenbaches. Der ökologische Wert ist dadurch gesteigert und es entsteht eine bemerkenswerte Vernetzungssituation, die vor allem deswegen als optimal anzusehen ist, da randliche Störungen dieser Kleingewässer ausgeschlossen sind.

Planquadrat 25 der Umwelterhebung von Schleswig: Punkt 10

Die beiden Teiche, die hier beschrieben werden, befinden sich innerhalb von Grünland und haben die Größe von 30 m² bzw. 50 m². Sie werden als Viehtränke genutzt.

Eine kurze Beschreibung der Vegetation ergibt:
- Ufervegetation: Weidengebüsch (z. T. Restknick), Weißdorn, Pappel, Brennessel (Urtica dioica).
- Röhricht: Flatterbinse (Juncus effusus), Breitblättriger Rohrkolben (Typha latifolia), Grüne Teichsimse (Schoenoplectus lacustris), Ästiger Igelkolben (Sparganium erectum).
- Schwimmblattpflanzen: Schwimmendes Laichkraut (Potamogeton natans).

Die beiden innerhalb einer Senke liegenden Teiche befinden sich in einem sehr schlechten Gesamtzustand. Die flachen bis steilen Uferböschungsabschnitte sind durch Viehvertritt stark beschädigt; das Wasser ist trübe, die Umzäunung defekt. Eine weitere Beeinträchtigung stellt die starke Vermüllung der Gewässer mit Bauschutt, Brettern, Reifen, Sperrmüll, Hausmüll usw. dar.

Ursprünglich führte ein Knick bis an die Senke heran (Weißdorngebüsch am Ufer ‚markiert' den Ansatzpunkt). Der ausgeräumte Knick sollte wiederhergestellt, die Vermüllung beseitigt werden, damit eine Verbindungsfunktion zwischen Wald und den Teichen erreicht werden kann.

Es entstünde ein schiefes Bild, wenn solche Negativbeschreibungen — oben am Beispiel von Grundhof, hier am Beispiel von Schleswig — kommentarlos stehenblieben. Schon heute, nur einige Monate bzw. ein Jahr nach Fertigstellung der erwähnten Umwelterhebungen kann gesagt werden, daß sich die Situation zahlreicher geschädigter und nahezu zerstörter Kleingewässer

Abb. 6: Beispiel eines vermüllten Kleingewässers auf Grünland im Stadtgebiet von Schleswig, (Foto: K.-H. Morgen)

biotope wieder verbessert hat. So schwierig wie fast unmöglich die Gesamttherapie einer Landschaft erscheinen mag, so aussichtslos die Renaturierung zerstörter großer Wasserkörper bzw. Moore in kurzer Zeit erscheinen mag, so erfolgreich kann man wiederum auf der anderen Seite in vergleichsweise kürzester Frist bei Kleingewässern arbeiten: Durch gezielte kommunale Ausräumaktionen und Säuberungsmaßnahmen sind bei zahlreichen Kleingewässern wieder initiale Situationen entstanden, die neue Entwicklungen eingeleitet haben, eine neue Vielfalt ermöglichen und die Gesamtlandschaft um Ausgleichsflächen und Lebensräume bereichern. Für den Naturfreund der Stadt sind diese Kleinodien neben den bekannten und attraktiven Wallfahrtsorten des Naturschutzes eine große Bereicherung.

2.4. Vergleichende Daten zum Wandel und Zustand von Kleingewässern in ausgewählten Bereichen innerhalb und a u ß e r h a l b von Schleswig-Holstein

Im Vorkapitel schimmerte am Beispiel der Erhebung der Kleingewässer der Wert von Umwelterhebungen durch, der vor allem darin beruht, den Gemeinden für eine Fülle von Geländepunkten, im letzten über die Gesamtfläche, Informationen zur Umweltqualität an die Hand zu geben und Entscheidungshilfen zu deren Verbesserung anzubieten. Die folgerichtige Konsequenz aus einer solchen jahrelangen landschaftsbezogenen Umweltforschung im Landesteil Schleswig war für den Verfasser und die im Landesteil Schleswig forschungspolitisch Verantwortlichen die Konzeption eines Umweltatlas (gemeinsames Projekt des Institutes für Regionale Forschung und Information im Deutschen Grenzverein e. V. und der Zentralstelle für Landeskunde des Schleswig-Holsteinischen Heimatbundes e. V.). Nach intensiven Gesprächen und Beratungen mit Wissenschaftlern und Behörden wird deutlich, daß dieser Umweltatlas für den Landesteil Schleswig sowohl eine modellhafte Landeskunde darstellen wird als auch das Pilotprojekt eines planungs- und umweltorientierten Regionalatlas. In einem Netzwerk von Übersichts- und Detailkarten, textlichen Erläuterungen, Bildern und Graphiken sollen Naturpotential, Nutzungen, Infrastruktur und Landschaftsbelastungen als auch Planungsmöglichkeiten dargestellt werden. Im Rahmen der vielfältigen Vorarbeiten und Erhebungen, die dennoch mit vergleichsweise bescheidenem Mittelansatz, geringer hauptamtlicher, bedeutender nebenamtlicher und erstaunlicher ehrenamtlicher Mitarbeit durchgeführt worden sind, spielte eine besondere Rolle eine landschaftsökologische Querschnittskartierung in einem West-Ost-Transekt von Meßtischblättern (s. Abb. 7). Dabei repräsentiert

— Blatt 1319 Bredstedt: Alte und Neue Marsch sowie Hohe Geest und Sandergeest
— Blatt 1320 Drelsdorf: Hohe Geest, Sandergeest und Moorgeest
— Blatt 1321 Jörl: mit Blatt Drelsdorf vergleichbare Naturräume, aber mit einem höheren Anteil von Sandergeest
— Blatt 1322 Eggebek: klassische Bereiche des Sanders, die Tallandschaft der Treene und die Übergänge vom Sander zu Endmoränenlagen der jüngsten Vereisung
— Blatt 1323 Satrup: klassische Bereiche des zentralen Angelns, d.h. des fruchtbaren östlichen Hügellandes der jüngsten Vereisung
— Blatt 1324 Süderbrarup: Blatt Satrup entsprechende Räume. z.T. durch glaziale Rinnensysteme (Tunneltäler) deutlich gegliedert
— Blatt 1325 Kappeln: Moränenbereiche des östlichen Hügellandes, mariner Bereich der Schlei, Küstenformen der Ostsee.

Unser Augenmerk kann und soll hier nur auf der Verteilung der Kleingewässer liegen, diese ist in den entsprechenden topographischen Karten schwankend, die Schutzsituation stark nutzungsabhängig.

Zum einen interessiert die absolute Zahl der Kleingewässer in den jeweiligen Meßtischblättern. Auf deren beträchtlichem Areal befinden sich:

Blatt Bredstedt	137 Kleingewässer
Blatt Drelsdorf	144 Kleingewässer
Blatt Jörl	92 Kleingewässer
Blatt Eggebek	84 Kleingewässer
Blatt Satrup	185 Kleingewässer
Blatt Süderbrarup	286 Kleingewässer
Blatt Kappeln	253 Kleingewässer

Das erhellt die Tatsache, daß Kleingewässer besonders reich natürlicherweise im östlichen Hügelland vorkommen, d. h. hier vielfach vom Glazial hinterlassene Sölle darstellen. Trotzdem finden sich westlich der jüngsten Vereisungsgrenze auch in Geestbereichen Kleingewässer, die als Mergel- bzw. Tränkekuhlen anzusehen sind, im Rückschluß sind wohl auch zahlreiche Kleingewässer in den Blättern Satrup, Süderbrarup und Kappeln als anthropogen angelegt zu vermuten. Die weite Spanne zwischen der Minimalausstattung in Eggebek und dem Maximum in Süderbrarup auf gleicher Fläche zeigt beim ersten Beispiel doch ein ökologisches Defizit auf und legt nahe, in Geestbereichen die Kleingewässersituation zu verbessern. Eine Reihe von Kleingewässern im Blatt Bredstedt erklärt sich aus Tränkekuhlen in der Marsch. Eine rein quantitative Betrachtung ist jedoch nicht ganz ungefährlich, denn es ist für die Erhaltung und Beeinflussung/Gefährdung eines Kleingewässers nicht unerheblich, ob es inmitten von intensiv genutzten Ackerflächen oder im weiten Grünlandareal liegt. Von hierher ergeben sich fundamentale Unterschiede, die sowohl naturräumlich als auch agrarstrukturell bedingt sind. In der Folge werden nur die Kleingewässer im Bereich landwirtschaftlicher Flächen betrachtet. Dabei kommt es zu bemerkenswerten Zahlenbeispielen:

	Kleingewässer in Ackerflächen	Kleingewässer in Grünlandflächen
Blatt Bredstedt:	20	65
Blatt Drelsdorf:	10	103
Blatt Jörl	5	58
Blatt Eggebek:	4	49
Blatt Satrup:	50	68
Blatt Süderbrarup:	141	69
Blatt Kappeln:	115	66

Zum einen wird deutlich, daß der überwiegende Teil der Kleingewässer an die regionale Agrarstruktur gebunden ist. Wenn unbestritten ist, daß öko-

logische Güte und Vernetzungsstruktur in der Regel im Grünland eher gegeben ist — was nicht bedeutet, daß sie nicht auf Ackerflächen notwendig wäre!
—, dann wird deutlich, daß hier bei geringerer Grundzahl die ökologischen Randbedingungen für Kleingewässer in den Geestbereichen günstiger liegen.

Dieses konnten nur kurze Ausschnitte aus einem von den Grunddaten weitaus umfangreicheren und auch weitaus interpretationsfähigeren Zahlenmaterial sein (z. B. Zustand der Kleingewässer, Nutzung der Kleingewässer, Bewuchs der Kleingewässer, Vermüllung). Die hier gemachten Grundaussagen belegen vielleicht aber doch schon, welches Informationsdefizit wir im Hinblick auf Naturpotential und Biotopvielfalt in unserer Landschaft allgemein haben und insbesondere im Hinblick auf Kleingewässer.

Ein abschließendes Beispiel soll den Blick in Landschaften außerhalb Schleswig-Holsteins lenken und ermuntern, auch in anderen Regionen nach Kleingewässern zu forschen und um ihre Erhaltung bemüht zu sein. A. RINGLER (1976) hat in einer immer noch bemerkenswerten Untersuchung eine Verlustbilanz nasser Kleinstbiotope in Moränengebieten in der Bundesrepublik Deutschland aufgestellt, die Erhebungen von Söllen zeigen im Grundmoränengebiet der Ostseegemeinden Scharbeutz und Heiligenhafen eindringliche Verlustbilanzen (danach sind in der Gemeinde Scharbeutz bereits 72 %, in der Gemeinde Heiligenhafen 65 % der nassen Kleinbiotope bzw. Toteistümpel aufgefüllt, eingeebnet oder entwässert). Besondere Beachtung verdient als von Schleswig-Holstein aus gesehen „auswärtiges Beispiel" die Bilanz des Verlustes von Toteisbiotopen im würmzcitlichcn Stirnmoränenbereich des Inngletschers (für die Gemeinden Attel, Eding, Wasserburg, Babensham, Soyen, Eiselfing und Kling mit einer Gesamtfläche von ca. 150 km²).

RINGLER bemerkt dazu: „Auf ca. 150 km² der Wasserburger Stirnmoränenzone sind also 86 (54%) von früher 159 Toteiskesseln völlig verschwunden oder trockengelegt. Dabei ist anzunehmen, daß 1856 bereits ganz verlandete Kesselsümpfe und -moore nicht ins Katasterblatt eingetragen wurden.

Fast alle noch erhaltenen Toteissümpfe und -moore außerhalb der Wälder sind im Katasterblatt als Weiher oder Tümpel kartiert. Da auch die meisten Toteisweiher in Wäldern bereits verlandet sind — nur 6 offene Weiher waren noch aufzufinden — dürfte neben der Eutrophierung durch die Landwirtschaft in den letzten Jahrzehnten auch eine allgemeine Grundwasserabsenkung die Verlandung beschleunigt haben.

Werden die Auffüllungen im gegenwärtigen Umfang weitergeführt, so ist innerhalb von wenigen Jahren oder Jahrzehnten mit einer totalen Vernichtung aller von Kulturland umgebenen Kleinsümpfe im oberbayerischen Endmoränenbereich zu rechnen."

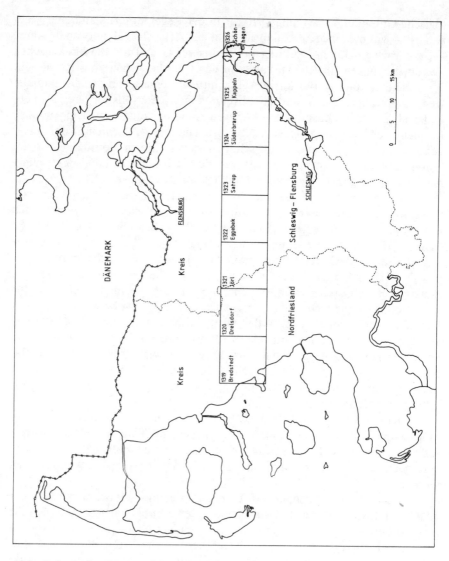

Abb. 7: Lage des West-Ost-Transektes

Und abschließend bemerkt A. RINGLER: „In weiten Teilen unserer Moränengebiete sind die nassen Kleinstbiotope die einzigen ‚Stützpunkte' für viele natürlich vorkommende Arten. Die Zerstreutheit, Kleinheit und Verstecktheit vieler Toteissümpfe, -moore und Hangquellfluren, aber auch ihre enge Verzahnung mit intensiven landwirtschaftlichen Nutzflächen dürften dazu beigetragen haben, daß ihre ökologische Bedeutung bisher nicht entsprechend gewürdigt wurde und kaum Schutzmaßnahmen eingeleitet wurden. Selbst den Naturschutzbehörden blieb ihre schleichende aber rasche Dezimierung weitgehend unbekannt.

Die Verlustbilanzen erweisen einen Substanzverlust, wie er in keinem anderen Biotoptyp dieser Gebiete zu beobachten war.

Eine exakte Inventarisierung aller Kleinbiotope ist die wichtigste Voraussetzung für Schutz- und Kontrollmaßnahmen."

Neuere Kartierungen von RINGLER, im letzten Jahr im Rahmen der Jahrestagung der Gesellschaft für Ökologie vorgetragen und im Druck, belegen keinen rapiden Wandel zum Guten.

3. Die Aufnahme als Voraussetzung für Maßnahmen — Verlust, Erhaltung und Vermehrung von Kleingewässern

In den vorangegangenen Abschnitten war belegbar geschildert worden, daß und in welcher Weise Kleingewässer gefährdet sind. Abhilfe ist dringend notwendig, denn durch den Verlust dieser Lebensräume gehen — und dieser Aspekt wird vielfach übersehen — nicht nur wichtige Refugien für Arten überhaupt verloren, sondern auch die Nachbartümpel werden in Mitleidenschaft gezogen. Viele Pflanzen- und Tierarten brauchen den ständigen Austausch mit gleichen Arten anderer Standorte, sie sind darauf angewiesen, daß in der Nähe noch weitere Kleingewässer bestehen. Kleingewässer sind empfindlich gegen Störungen aus der Umgebung, sie können sich nur regenerieren, wenn aus Nachbarbiotopen Arten nachrücken können. Benachbarte Kleingewässer stabilisieren sich also gegenseitig und ihre Bedeutung für eine Landschaft ist erheblich abhängig von ihrer Verbreitungsdichte. Das Heil liegt also in der Tat nur zum Teil in der Anlage neuer Kleingewässer, sondern ist zunächst einmal zu suchen in der Erhaltung bereits bestehender. Die wichtigsten Regeln für deren Erhaltung sind wie folgt kurz zusammengefaßt (E. FISCHER 1985):

— Vermüllte Gewässer lassen sich häufig durch Räumungsaktionen wieder herstellen.

— Die biologische Vielfalt kann durch Anpflanzungen

standortgerechter Bäume und Sträucher erhöht werden. Sie geben vielen Tierarten Deckung, Brut- und Setzmöglichkeiten. Bäume und Sträucher sollten aber keinesfalls die Wasserfläche beschatten.

— Düngemittel und Pestizide gefährden stark das biologische Gleichgewicht eines Gewässers. Ein nicht bewirtschafteter Puffergürtel um das Gewässer vermindert den Eintrag dieser Mittel.

— Viele Fischarten fressen Amphibienlaich und Insektenlarven. Durch Fischfütterungen und Kalken des Gewässers wird das biologische Gleichgewicht gestört. Intensive Fischzucht ist also mit den Zielen des Naturschutzes nicht vereinbar.

— Weidevieh sollte, wenn überhaupt, nur auf einem begrenzten Uferabschnitt Zutritt haben, damit sich die Ufervegetation ungestört entwickeln kann.

— Die Vernetzung von Weihern mit anderen Lebensräumen ist bewußt zu fördern.

Eine Schwierigkeit bei der Erhaltung der Kleingewässer ist bislang ihre rechtlich vergleichsweise schwache Position gewesen. Es wäre sehr zu wünschen, daß ihnen eines Tages die gleiche rechtliche Absicherung zukommt, wie sie andere Biotope (z. B. die Wallhecken oder Knicks) erfahren. Dennoch lassen sich auch mit gesetzlichen Handhaben Kleingewässer schützen, zum einen ist laut entsprechendem Paragraphen des Landschaftspflegegesetzes das Aufschütten und Auffüllen von Bodenvertiefungen genehmigungspflichtig (durch die Untere Landschaftspflegebehörde), wenn ,,Teiche, Tümpel oder Weiher'' auf der Fläche vorhanden sind.

Durch verschiedene Eingriffe in Kleingewässer werden vielfach auch andere Gesetze tangiert, erwähnt sei z. B. das Abfallbeseitigungsgesetz (Vermüllen von Kleingewässer) und das Landeswassergesetz (bei Verfüllen oder völliger Absenkung).

Resigniert und zum Teil agressiv hat unsere Bevölkerung erleben müssen, wie sich der früher reicher ausgestattete Lebens- und Heimatraum verändert hat, z. T. ausgeräumt wurde, verarmte. Kontrapunktisch dazu stehen Bewegungen, die im eigenen überschaubaren Bereich, vor der Haustür, im eigenen Hausgarten — und auch im Schulgelände — Ausgleich suchen. Zwar kann die Zahl neuangelegter Gartenteiche den Verlust von biologisch wertvollen Kleingewässern in der freien- und Siedlungslandschaft nur zum Teil ausgleichen, dennoch ist die Zahl der Neuanlagen erheblich, ihr ökologischer Nutzen positiv und ihre motivierende Wirkung im Hinblick auf eine Natur-

und Umwelterziehung von Bürgern von unschätzbarem Wert. Mehrere Broschüren und Faltblätter informieren als Handlungsanleitungen über die Anlage solcher Teiche, über die optimale Größe, die Landschaftsgestaltung, das Problem der Abdeckung, über die Behandlung des Wassers, die geeignete Bepflanzung und die Förderung der Tierwelt. Beispielhaft sei hier genannt der entsprechende Abschnitt in H. KLEMP „Mehr Natur in Dorf und Stadt", das Buch zur gleichnamigen Kampagne des Bundes für Umwelt und Naturschutz Deutschland (BUND). Jüngst erschienen ist in „Wir und die Vögel", der Zeitschrift des Deutschen Bundes für Vogelschutz, in Heft 6/1984 ein informativer Beitrag „Lebensraum aus zweiter Hand: Der Folienteich — Schutzprojekt für jedermann". Neben den altehrwürdigen Kleingewässern als natürlicher Bestandteil unserer Kulturlandschaft, neben den neugegründeten Ersatzbiotopen aus „zweiter Hand" sollten aber auch die „modernen" Feuerlösch- oder Zierteiche, einbetoniert und vielfach mit steilen Ufern versehen, nicht ganz vergessen werden. Auch auf sie sind manche Aspekte naturnaher Gestaltung übertragbar, auch sie brauchen als wertvolle Lebensräume nicht auszufallen. Die Möglichkeiten einer naturnahen Betreuung solcher unterschätzten Lebensräume nennt H. KLEMP in seiner erwähnten Broschüre auf S. 99 ff.:

— „Selbst Feuerlöschteiche können so angelegt werden, daß sie neben einer befestigten Zufahrt für Fahrzeuge in Verbindung mit einer tieferen Stelle zum Abpumpen von Wasser, überwiegend flach gestaltet werden, mit buchtenreichen Ufern und Sumpfzonen.
— Die Flachwasserzonen sollten sonnig gelegen sein, um eine hier optimale, hohe Vegetationsdichte und intensive, schnelle Entwicklung von Kleinlebewesen zu fördern.
— Als Amphibien-Laichplatz gedachte Teiche sollen nicht mit Fischen besetzt werden, die ja großenteils den Laich der Frösche und Kröten fressen.
— Im Uferbereich verbessern einzelne standortgerechte Strauchgruppen den Lebensraum.
— Lehmige Uferstellen bieten Schwalben Niststoffe. Hier muß die Vegetation in einigen Metern Umkreis niedrig sein, um anpirschenden Katzen keine Deckung zu geben.
— Nährstoffeintrag ist zu verhindern. Also keine Entenhaltung, keine Einleitung von Wasser aus landwirtschaftlich intensiv genutzten Flächen.
— Bei Neuanlage von Teichen in grundwassernahen Bereichen vorher vergewissern, ob nicht seltene Feuchtwiesen- und Sumpfpflanzen durch die Bauarbeiten vernichten würden.
— Manchmal bietet es sich an, neuzuschaffende Teiche durch Einstau eines

Fließgewässers anzulegen. Bevor dies geschieht, sollte ein Gewässerkundler befragt werden, ob dies ratsam und zulässig ist. Ein noch intakter, kalter Bach würde durch ein solches Vorgehen mit Sicherheit als Lebensraum auf ihn spezialisierter Arten zerstört, und in diesem Fall würde die Anlage des Teiches mehr schaden als nützen.

— Es ist ziemlich sinnlos, Amphibiengewässer in intensiv landwirtschaftlich genutzten Flächen oder dicht an stark befahrenen Straßen anzulegen. Günstiger sind größere, naturnah gestaltete Grünanlagen, möglichst mit durch Hecken und Bäumen strukturiertem Grünland und extensiv genutzten Obstwiesen.

— Bester Zeitpunkt zur Neuanlage, aber auch Pflege (z. B. Ausbaggerung von Faulschlamm) ist der frühe Herbst. Ausbaggerungen nicht auf einmal vornehmen, auch wenn dies billiger ist, sondern jeweils nur Teil-Entschlammung in jährlichen Abständen, es sei denn, ein Gewässer ist praktisch tot.

Abb. 8: Neuangelegtes Kleingewässer im Schulgelände (Norderstedt), (Foto: W. Riedel)

Einer Renaissance des Gedankengutes von Friedrich Junge entspricht die zunehmende Anlage von Feuchtbiotopen und Kleingewässern auf schulischem Gelände. In den fünfziger-, ja noch in den sechziger Jahren waren erfreuliche naturerzieherische Schwerpunkte mit Anleitungen zu Schülertätigkeit in der Schulwaldarbeit gegeben. Die Renaissance in diesem Bereich ist nur als sehr verhalten zu bezeichnen, mancherorts feiert sie fröhliche Urständ, anderenorts sind die früheren Schulwälder — auch nach Auflösung von Schulen — beklagenswerte Waldruinen. Erfreulicherweise hat sich die Palette naturkundlicher Unterrichtung am Projekt stark erweitert, Schülertätigkeit in Moor und Heide, an der Wallhecke und am Kleingewässer ist im Kommen, wie es auch eine zunehmende Literatur belegt. Steht hier mehr die naturkundliche Unterrichtung im Vordergrund, werden anderswo die Schwerpunkte mehr landschaftspflegerische Gestaltung gelegt: Glücklich läuft es dann, wenn sich beide Ausrichtungen verzahnen. Neben Biologen erobern auch zunehmend Geographen dieses Terrain. Die doch nicht ganz unerheblichen Sachmittel bei der Anlage von Kleingewässern im Schulgelände finden zunehmend erfreuliche finanzielle Förderung von Behördenseite, von Kommunen, Schulträgern und Eltern. Anregungen für den unterrichtlichen Einsatz des Lebensraumes Kleingewässer ergeben sich auch aus dem Literaturverzeichnis.

Der Dorfteich als Lebensgemeinschaft mag vielfach tot sein — aber: Es lebe das Kleingewässer! Dieser Aufsatz möchte sich als Beitrag in diese Richtung hin verstanden wissen.

4. Literaturverzeichnis

BLUME, B. (1979): Landschaftsplanung eines aquatischen Ökosystems. In: Unterricht Biologie Nr. 34, S. 36-44, 3. Jhg., 1979.
BREHM, K. (1981): Schüler als Landschaftspfleger. Praktische Vorschläge, dargestellt am Bundesland Schleswig-Holstein. In: geographie heute, Heft 5, S. 32-35, Juli 1981.
DOMBROWSKY, S. u. SCHRÖDER, W. (1979): Wassergütebestimmungen in Schulteich und freiem Gewässer. In: Unterricht Biologie Nr. 36/37, S. 54-65, 3. Jhg., 1979.
EWALD, K. C. (1978): Der Landschaftswandel. Zur Veränderung schweizerischer Kulturlandschaften im zwanzigsten Jahrhundert. Sonderdruck aus: Tätigkeitsbericht der Naturforschenden Gesellschaft Baselland, Bd. 30, Liestal 1978, S. 55-308.
FISCHER, E. (1985): Fließ- und Kleingewässer — Bedeutend im ländlichen Raum! In: Unser Dorf — Handbuch für Dorferhaltung, Dorferneuerung und Dorfentwicklung in Schleswig-Holstein. Husum, 1985 (im Druck).
HEYDEMANN, B. u. MÜLLER-KARCH, J. (1980): Biologischer Atlas Schleswig-Holstein. Lebensgemeinschaften des Landes. Neumünster, 1980.
HOFMANN, W. (1985): Gewässer (Seen, Fließgewässer und Kleingewässer). In: Umweltarbeit in Schleswig-Holstein. Eine Grundinformation und Anleitung zu praktischem Tun. Hrsg. von W. Riedel u. U. Heintze. Neumünster, 1985 (im Druck).
KLEMP, H. (1983): Mehr Natur in Dorf und Stadt. Das Dorf zur Kampagne. Hrsg. Bund für Umwelt und Naturschutz Deutschland (BUND). 5. überarb. und erweiterte Auflage 1983.

KLOEHN, E. u. ZACHARIAS, F. (1983): Einrichtung von Biotopen auf dem Schulgelände. IPTS und IPN. Kiel, 1983.
MINISTER für Ernährung, Landwirtschaft und Forsten des Landes Schleswig-Holstein (1982): Handbuch für Naturschutz in Schleswig-Holstein. Schriftenreihe der Landesregierung Schleswig-Holstein, Heft 11, 1982.
NISSEN, Chr. u. RIEDEL, W. (1981): Gemeindeumwelterhebung von Husby. 1981 (unveröffentlicht).
RAABE, E.-W. (1979): Über die Entwicklung der Kleingewässer, dargestellt am Beispiel der Gemeinde Heikendorf. Beiträge zum Landschaftswandel in Schleswig-Holstein III. In: Die Heimat, Nr. 4, 86. Jhg., S. 53-56, Neumünster, 1979.
RASSOW, H.-J. (1979): Jahr der Kleingewässer. Wir brauchen eine einfache Teichbewertungsmethode. In: Die Heimat, Heft 12, S. 325-328, 1979.
RIEDEL, W. (1978): Landschaftswandel und gegenwärtige Umweltbeeinflussung im nördlichen Landesteil Schleswig. Schleswig 1978.
RIEDEL, W. u. BÜGGELN, B. u. UMLAND, K.-H. (1981): Mehr als nur Umweltsheriffs. Schüler kartieren ihre Umwelt und leisten einen Beitrag zu Naturschutz und Landschaftspflege. In: geographie heute, Heft 5, 1981, S. 13-17.
RIEDEL, W. u. TROMMER, G. (1981): Didaktik der Ökologie. Hrsg. von der Gesellschaft für Ökologie. Köln 1981.
RIEDEL, W. (1982): Landschaftswandel ohne Ende. Husum 1982.
RIEDEL, W. (1983): Beiträge zu einer modernen Landschaftsforschung in Angeln. In: Jahrbuch des Heimatvereins der Landschaft Angeln 1983, S. 191-213.
RIEDEL, W. u. Mitarbeiter (1984): Umwelterhebung der Gemeinde Grundhof. 1984 (unveröffentlicht).
RIEDEL, W. POLENSKY, R. u. PACKSCHIES, M. (1984): Umwelterhebung der Stadt Schleswig. 1984 (unveröffentlicht).
RINGLER, A. (1976): Verlustbilanz nasser Kleinstbiotope in Moränengebieten der Bundesrepublik Deutschland. In: Natur und Landschaft, 51. Jhg., S. 205-209, 1976.
RINGLER, A. (1985): Biotop-Verlustbilanzen in verschiedenen Agrarlandschaften Bayerns und ihre Folgen für den Artenschwund. 1985 (im Druck).
STEIGNER, W. (1979): Schüler erforschen einen Baggersee. In: Unterricht Biologie, 3. Jhg., 1979, S. 29-35.
SCHMIDT, E. (1978): Ökosystem See. Heidelberg, 3. Auflage 1978.
SCHWABE, G. H. (1982): Wasservorkommen im Lebensraume. In: Die Heimat, Nr. 9, 89. Jhg., S. 289-295, 1982.
TROMMER, G. u. WENK, K. (1978): Leben in Ökosystemen. Leitthemen, Beiträge zur Didaktik der Naturwissenschaften 1/78. Braunschweig 1978.
WILDERMUTH, H. (1980): Natur als Aufgabe. Leitfaden für die Naturschutzpraktik in der Gemeinde.

Naturgeschichte.

> Motto: Der Reichtum der Naturwissenschaft besteht nicht mehr in der Fülle sondern in der Verkettung der Tatsachen.
> Humboldt.

I.
Der Dorfteich als Lebensgemeinschaft

nebst einer Abhandlung

über

Ziel und Verfahren des naturgeschichtlichen Unterrichts

von

Friedrich Junge,

weiland Rektor in Kiel.

Dritte verbesserte und vermehrte Auflage (11.—16. Tausend) mit einem Titelbild, einem Porträt und 91 Abbildungen im Text.

Kiel und Leipzig,
Verlag von Lipsius & Tischer
1907.

Der Dorfteich als Lebensgemeinschaft

nebst einer Abhandlung

über

Ziel und Verfahren des naturgeschichtlichen Unterrichts

von

Friedrich Junge,
weiland Rektor in Kiel.

Motto: Die Natur ist in jedem Winkel der
Erde ein Abglanz des Ganzen.
Humboldt.

Dritte verbesserte und vermehrte Auflage (11.—16. Tausend), mit einem Titelbild, einem Porträt und 91 Abbildungen im Text.

Herausgegeben von **Adolf** und **Otto Junge.**

Kiel und Leipzig,
Verlag von Lipsius & Tischer
1907.

Alle Rechte vorbehalten.

Vorwort zur dritten Auflage.

Die Freude, das Erscheinen der 3. Auflage des „Dorfteichs" zu erleben, war seinem Verfasser nicht mehr vergönnt. Er starb am 28. Mai 1905. Seit der Herausgabe des zweiten Teils seiner Naturgeschichte, der „Pflanzen der Heimat", beschränkte sich seine literarische Tätigkeit auf wenige kleine Aufsätze für Zeitschriften und die Erläuterung und Verteidigung der Gesetze durch die „Nachschrift zu den Gesetzen" in seinen „Beiträgen zur Methodik des naturkundlichen Unterrichts"*); das letzte Jahr seines Lebens galt dem Streben, die neuen überaus wichtigen Forschungen über das Leben der Zelle, durch welche die Kluft zwischen Tier- und Pflanzenreich überbrückt worden ist, auf irgendeine Weise der Schule zugänglich zu machen. Er fand, daß das am besten durch eine eingehendere Behandlung der Urwesen geschehen könnte und legte seine Vorschläge dazu in einem kleinen Werkchen nieder**), welches den 3. Teil der Naturgeschichte bildet. Dort findet derjenige, welcher sich für die Persönlichkeit des Verfassers interessiert, auch eine wenige Seiten umfassende Charakteristik desselben.

Die Arbeit an der Vollendung des Teiles II, 2 der Naturgeschichte, der Tierkunde, hat viele Jahre hindurch fast geruht, nachdem der Verfasser an der Art der auf seine Anregung hin entstandenen Lehrbücher von Twiehausen, Kießling und Pfalz, Partheil und Probst, Schmeil u. s. w. und deren Erfolg sah, wie wenig der Sinn für den Grundgedanken seiner Reformbestrebungen entwickelt war. Für die Sache, die er vertrat, ist dies stolze Zurückziehen auf sich selbst von großem Schaden gewesen; denn dadurch ist es Lehrbüchern möglich geworden, sich einzubürgern, die vorgeblich die geforderter. Reformen vertraten, aber in denen entweder die Idee der Lebensgemeinschaft einseitig übertrieben ist, oder von den Reformgedanken allein der der biologischen Einzelbetrachtung durchgeführt ist. Schwer wird es werden, das Verlorene wieder einzuholen, wir geben es nicht auf. Durch die neue Auflage des Dorfteichs wurde jetzt unsere Zeit in Anspruch genommen, doch hoffen wir, im Laufe des nächsten Jahres Teil II, 2 der Jungeschen Naturgeschichte herausgeben zu können.

Den Schwer- und Angelpunkt der Reform („Dorfteich" S. 10) bildet die Forderung, daß die Schule, wie es in der Physik, Chemie, Erdkunde und Mathematik schon längst als selbstverständlich gilt, auch im biologischen Unterricht die Gesetzmäßigkeit in den Mittelpunkt stellen müsse; denn die Gesetze allein stellen einen gesetzmäßigen Zusammenhang her zwischen dem Leben und den Formen, in denen es auftritt; ohne sie von einem kausalen Zusammenhang zwischen Leben und Form zu reden, wie Schmeil es in seinen Lehrbüchern tut, bedeutet eine Kausalitätserschleichung; denn der Kausalität kann nur genügt werden durch Zurückgehen auf allgemeine Wahrheiten, also Gesetze. Ohne die Gesetze ist eine biologische Behandlungsweise unmöglich.***) Wenn man die Literatur überblickt, welche

---

*) 4. Auflage, Beyer & Mann, Langensalza 1904.
**) Naturgeschichte III. Die Urwesen. Eine Einführung in das Leben auf kleinstem Raum. Mit 28 Abbildungen und einem Porträt. Kiel. Lipsius und Tischer 1905.
***) Einen schlagenden Beweis hierfür bietet Schmeil: In den „Reformbestrebungen" zeigt er, daß das Gesetz: „Einrichtung, Aufenthalt und Lebensweise passen zu einander" falsch sei, — in seiner „Zoologie" macht er es zur Grundlage seiner meisten Dispositionen!

VIII

diese Frage betrifft, zeigt sich, daß Schmeil es ist, der das traurige Verdienst hat, hier Unklarheit und Verwirrung verbreitet zu haben, indem er mit logisch ganz unzureichenden Gründen die Gültigkeit der Gesetze bestreitet. Da er auch die übrigen im Kampf gegen den „Dorfteich" geltend gemachten, zerstreut ausgesprochenen Gedanken gesammelt und in einer kleinen billigen Broschüre weit verbreitet hat, kann ich mich auf eine Auseinandersetzung mit diesen seinen „Reformbestrebungen im naturgeschichtlichen Unterricht"*) beschränken.

Von den Gesetzen, die im „Dorfteich" zur Berücksichtigung im Unterricht vorgeschlagen worden sind, sieht er nur zwei als zu Recht bestehend an; seine Einwendungen gegen die übrigen beruhen aber auf so durchsichtigen logischen Fehlern, daß es sich kaum verlohnte, darauf einzugehen, wenn nicht die Verbreitung und Hochschätzung des Buches in Lehrerkreisen zeigte, daß ein großer Teil der deutschen Lehrer seine Denkfehler mitmacht. Weil es dadurch viel Schaden angerichtet hat, ist es nötig, die „wissenschaftliche Beleuchtung, in die Schmeil die Gesetze gerückt hat"**) noch um einige Grade intensiver zu machen.

Was würde der Leser zu folgendem Schluß sagen:
1. Ein Naturgesetz darf keine Ausnahme erleiden.
2. Nach dem Gesetz von der Schwere fallen alle nicht unterstützten Körper zu Boden.
3. Eine singende Lerche oder ein Luftballon schweben aber lange Zeit, ohne zu fallen.
4. Folglich bedarf das „Gesetz" der Schwere „„des Zusatzes „in der Regel" oder „zumeist". Ist es unter Berücksichtigung dieser Einschränkung aber noch ein wirkliches — Naturgesetz?""

Oder
1. Ein Naturgesetz darf keine Ausnahme erleiden.
2. Nach dem Beharrungsgesetz muß ein Körper die Richtung und das Maß der Bewegung beibehalten, die er einmal hat.
3. Nun behält aber im Umkreis der Erde niemals ein Körper (z. B. eine Kanonenkugel) das Maß und die Richtung seiner Bewegung bei.
4. Folglich ist das sogenannte Beharrungsgesetz nicht einmal eine Regel, da es nur Ausnahmen erleidet.

Solche Schlüsse sind albern, nicht wahr? Nur ein Ungebildeter könnte sie im Ernst machen. Wir alle dagegen wissen, daß jene „Ausnahmen" nur gleichzeitige Wirkungen anderer ebenso allgemeingültiger Gesetze sind, daß der Körper der Lerche und des Luftballon deswegen nicht fallen, weil der Einfluß anderer Gesetze den der Schwerkraft überwiegt und verdeckt; wir alle wissen, daß die fliegende Kanonenkugel außer dem Gesetz der Beharrung gleichzeitig dem der Reibung und der Schwere folgen muß.

Man urteile selbst, ob Prof. Dr. Schmeils Schlüsse auf naturgeschichtlichem Gebiet auf höherem Niveau stehen. Er schließt folgendermaßen:
1. (wie oben:) „Ein Naturgesetz darf keine Ausnahme erleiden." (Ref. S. 57.)
2. Nach dem Gesetz I im „Dorfteich" (S. 10) sollen Aufenthalt, Lebensweise und Einrichtung der Lebewesen einander entsprechen. (Ref. S. 57.)
3. Nun entspricht aber beim Walfisch, dem Pampasspecht und manchen anderen Tieren die Einrichtung der Lebensweise oder dem Aufenthalt nicht vollständig. Dem Aufenthalt des Walfisches entspräche die Kiemenatmung mehr als seine Lungenatmung. Der Specht, als Baumtier gebaut, lebt in baumloser Steppe. (Ref. S. 58.)
4. (wörtlich wie oben:) „Darum bedarf das Gesetz (der Erhaltungsmäßigkeit) des Zusatzes „in der Regel" oder „zumeist". — Ist es unter Berücksichtigung dieser Einschränkung aber noch ein wirkliches — Naturgesetz?" (Ref. S. 59.)

Man sieht: Wie in den von uns oben angeführten Beispielen der Physik der Auftrieb des Luftballons als Beleg gegen das Gesetz der Schwere oder (Beispiel 2)

---
*) Die Zitate im Folgenden sind aus der 6. Auflage genommen und mit „Ref." bezeichnet.
**) Nach Schmeils Organ „Natur und Schule" 1906 S. 336.

die Anziehung der Erde und die Reibung als Beweis gegen das Trägheitsgesetz dienen sollten, so will hier Schmeil aus einer Wirkung des Vererbungsgesetzes eine Ausnahme vom Gesetz der Erhaltungsmäßigkeit machen! — Denn dem Gesetz der Vererbung gemäß erbte der Wal seine Lunge von seinen auf dem Lande lebenden Vorfahren, der Specht von den seinen die Baumtiergestalt. Wie im physikalischen Geschehen jede Bewegung sich gegen die Reibung durchsetzen muß und durch sie gehemmt wird, so kann im lebendigen Naturgeschehen sich die Anpassung an neue Verhältnisse nur im ewigen Kampf gegen die ver= erbten Anlagen durchsetzen, wird durch sie eingeengt, und kann daher überall nur „bis zu einem gewissen Grade" sichtbar werden. Mit Recht ist daher der spezielleren Fassung jenes 1. Gesetzes, dem Gesetz der Anbequemung, Gesetz III, „Dorfteich" S. 10, der Zusatz „bis zu einem gewissen Grade" beigefügt. — Natürlich folgert Schmeil, dem die geschilderten grundlegenden Zusammenhänge verborgen zu sein scheinen, daraus wieder, daß es „sich schon durch diesen Zusatz als eine bloße Regel" charakterisiere; „denn ein wirkliches Naturgesetz muß eben ohne jede Einschränkung Gültig= keit haben". (Ref S. 57.) Ei freilich! uneingeschränkte Gültigkeit muß es haben! — Aber uneingeschränkt in Erscheinung treten könnte es nur, wenn es das einzige wäre und nicht noch viele Nebenbuhler hätte, die gleich ihm im unsichtbaren Reich der Dinge an sich gleichsam ewig auf der Lauer liegen und gleich ihm jede Gelegen= heit ergreifen, sich in der Welt der Erscheinungen zu verkörpern. (Vgl. auch „Dorf= teich" S. 145, Anm.)

Wenn Schmeil ferner daraus, daß manche Schmarotzer nach einer vorläufigen vollkommenen Ausbildung wieder eine Rückbildung erfahren, schließt (Reformbestr. S. 59), daß das Gesetz der Entwicklung (5. Gesetz, „Dorfteich" S. 12) falsch sei, übersieht er, daß diese Schmarotzer außer dem Gesetz der Entwicklung und dem der Vererbung, nach denen sie zunächst die vollkommene Gestalt ihrer Vorfahren erhalten, auch dem der Anpassung (Gesetz 3) — an ihre schmarotzende Lebensweise — unterliegen, infolgedessen sie wieder auf eine einfachere Stufe zurücksinken. Er ist vollständig der von Roux, dem bekannten Biologen, in seinen „Vorträgen und Aufsätzen über Entwicklungsmechanik der Organismen" mehrfach gerügten Kurzsichtigkeit verfallen, „die Gesetzmäßigkeit gewisser Wirkungsweisen aus dem bloßen Grunde zu bestreiten, weil sie für gewöhnlich nicht allein vorkommen, sondern durch andere gleichzeitige verwickelt erscheinen."

Von dem Gesetz der Sparsamkeit (8. Gesetz, „Dorfteich" S. 13) wird „Dorfteich" S. 245 gesagt: „Dem oberflächlichen Blick könnte es scheinen, als ob die Natur verschwenderisch mit Erzeugung des Blütenstaubes vorgegangen wäre, und doch wird dadurch ein ferner liegendes höheres Ziel erreicht." Im Besitz des hier charakteri= sierten oberflächlichen Blicks ist auch Schmeil, wenn er auf Grund derselben Tatsache (der Blütenstaubmengen) zu dem Urteil kommt, daß man „in der Tat ebensogut von einem Gesetz der notwendigen Verschwendung reden könnte." (Ref. S. 60.) Also nicht die Zweck= oder Unzweckmäßigkeit einer Ausgabe ist für Schmeil das bestimmende Merkmal der Sparsamkeit oder Verschwendung, sondern die Größe der Ausgabe an sich: jede große Ausgabe ist „Verschwendung", mag sie auch noch so notwendig sein! — Uns deucht, wer so spricht, der kennt noch nicht einmal unsere deutschen Worte und Begriffe.

Zu jenem Urteil kommt Schmeil durch folgende bezeichnende Schlüsse:
1. (wie oben:) Ein Naturgesetz darf keine Ausnahme erleiden.
2. Das Sparsamkeitsgesetz verlangt Sparsamkeit im Raum und in der Zahl.
3. Nun werden aber von den Bandwürmern unzählige Eier, von den Windblütlern ungeheure Mengen Blütenstaub erzeugt, von dem kaum das millionte Korn seine Bestimmung erreicht.
4. Von einem biologischen Gesetze der Sparsamkeit kann man also unmöglich reden. (Ref. S. 61.)

Er fügt selbst hinzu: „wohl sei die Erzeugung jener Eier und Staubmengen erhaltungsgemäß." Der Gedanke, daß hier das Gesetz der Erhaltungsmäßigkeit das der Sparsamkeit verdeckt, lag also sehr nahe — für Schmeil aber offenbar noch nicht nahe genug. Auch in diesem Falle kommt sein leichtfertiger*) Trugschluß dadurch zu stande, daß er die Wirkung des einen Gesetzes als die Ausnahme eines andern hinstellt, er vertritt noch die naive Meinung, daß die Naturgesetze im Leben sauber getrennt, jedes für sich wirken müßten, wie an den kunstreichen Apparaten auf dem Tisch des physikalischen Lehrzimmers, während schon Galiläi wußte, daß

> die Naturgesetze bei jedem Naturgeschehen nebeneinander, ohne Rücksicht aufeinander wirken und zwar soviele gleichzeitig, als gleichzeitig die Bedingungen ihres Wirkens finden. Dabei verstärken und schwächen, durchkreuzen und verdecken sich ihre Wirkungsweisen auf alle möglichen Arten.

Wie Schmeil, Landsberg folgend (Reformbestr. 61) aus dieser richtigen Erkenntnis des Verfassers des „Dorfteichs" einen Vorwurf gegen seine Ehrlichkeit zu konstruieren versucht, darüber möge man die Anmerkung „Dorfteich" S. 145 nachlesen.

Das Gesetz II (Dorfteich S. 10) „Jedes Wesen ist ein Glied des Ganzen" hält Schmeil (Ref. S. 62) für eine „allerdings durch unzählig viele Tatsachen gestützte" Hypothese, also für eine — freilich wissenschaftlich begründete — Vermutung. In Wirklichkeit ist es das einfachste von allen, eine Art Grundgesetz, den Grundsätzen der Mathematik vergleichbar: denn da kein Wesen denkbar ist, das, losgelöst von dem Ganzen der Natur für sich allein bestehe, unbeeinflußt von der übrigen Natur und ohne Wirkung auf sie, ist jedes ein Glied des Ganzen. — Uns scheint, nicht viele Dinge gibt es, die so einfach und einleuchtend sind wie dies. Schmeil aber vermutet offenbar, daß noch irgendwo Wesen existieren könnten, die, was Nahrung, Aufenthalt, vererbte Eigenschaften betrifft, außerhalb des Ganzen der Natur ständen um deren Möglichkeit willen man das Gesetz bis zum Ende aller Forschung als Hypothese hinstellen müßte. In Schmeils Sinn wäre auch die allgemeine Wahrheit, daß alle Menschen sterben müssen, nur eine „allerdings durch unzählig viele Tatsachen gestützte" Hypothese (Ref. S. 62), die der Lehrer, da noch nicht alle Menschen tot sind und vielleicht noch einer unsterblich sein könnte, dem Kinde nicht als allgemeingültig hinstellen dürfte.

Es wird schwer, angesichts solcher Beweisführung an Schmeils „guten Glauben", bei seiner Polemik zu glauben.**) Dennoch wird auch diese Behauptung von seinen Anhängern gläubig nachgesprochen (vergl. „Natur und Schule" 1906, S. 336)!

Das Gesetz der Gestaltenbildung, 6. Gesetz „Dorfteich" S. 12, ist trotz Schmeils Angriff auf seine Form unverändert geblieben, weil es in dieser allgemeinsten Form sowohl das Vererbungsgesetz der Lebewesen als auch das der Formen-(Krystall-)bildung der unorganischen Welt in sich begreift. Schmeil schließt aus der Fassung des Gesetzes, daß der Verfasser des Dorfteichs mit seiner Anschauung von der Entwicklung der Organismen 100 Jahre im Rückstande sei und sie sich ähnlich mechanisch denke wie der Philosoph Wolff (Reformbestr. S. 61, Anm. 4). Im Gegenteil! Seine

---

*) Leichtfertig — leider; denn die ausreichende Fähigkeit, logisch richtig zu denken — hätte er wohl, wie sein anerkannt gutes Werk über die Coppepoden beweist.

**) Es war die Zeit (1896), als das Erscheinen der Jungeschen Zoologie zu erwarten war und Schmeil seine eigene Zoologie, die 1898 erschien, vorbereiten mußte. Wer sich übrigens nicht nur für die Sache, sondern auch für Persönlichkeiten interessiert, möge in den „Ref." auf S. 25 nachlesen, wie Schmeil ringt und sich windet, um dem Verfasser des Dorfteichs die Ehre wieder zu entreißen, daß die auf die Lübensche folgende Methode nach ihm benannt worden ist:

Erstes Viertel der Seite: Junge ist der Erste gewesen, der eine vertiefende, die kausalen Verhältnisse berücksichtigende Betrachtungsweise mit Erfolg verfochten hat.

Zweites Viertel (1. Widerspruch): Es ist eine „vollkommene Verkennung der Tatsachen", diese neue Methode als die „Jungesche" zu bezeichnen. (Nach wem soll sie denn mit mehr Recht genannt werden, als nach „dem ersten, der sie mit Erfolg verfochten hat?!")

Drittes Viertel (2. Widerspruch): „Es ist nebensächlich, daß die Vorschläge, die Junge gemacht hat, nur zum Teil Produkte seines eigenen Nachdenkens darstellen." (Wessen Nachdenken dann wohl der „Dorfteich" entsprungen ist als dem seines Verfassers? Von wem soll der erste, der etwas Neues bringt, abgeschrieben haben?)

Viertes Viertel (3. Widerspruch): Junge hat „neue und gangbare Wege" zu einer tieferen Bildung in einem wichtigen Unterrichtsfach gewiesen. (Warum soll denn die neue Methode nicht nach dem genannt werden, der die neuen und gangbaren Wege gewiesen hat!)

Infolge dieses — vorsichtigen Abwägens ist Schmeil in mehreren Nekrologen über Junge das Lob der Objektivität als Kritiker gespendet worden. — Wer nach diesem Ruhme strebt, braucht also nur im zweiten Satz das Gegenteil von dem zu sagen, was der erste enthält.

Ideen waren vor 20 Jahren der allgemeinen Entwicklung so weit voraus, daß sich schon damals in dieser, beide Reiche umfassenden Form des Gesetzes der Gestaltenbildung die Ahnung von der tiefinnerlichen Verwandtschaft der organischen Welt mit der unorganischen spiegelt, eine Ahnung, die, je weiter die Wissenschaft fortschreitet, desto mehr an Wahrscheinlichkeit gewinnt.*)

Zu Schmeils Angriff auf das Gesetz der Arbeitsteilung vergleiche man „Dorfteich" S. 148, Anm. 4.

Was endlich den Vorwurf Schmeils anbetrifft, daß unser Vater mit dem „von Möbius festgelegten Begriff der Lebensgemeinschaft willkürlich operiert habe" (Reformbestr. S. 50), so ist das eine direkte Entstellung. Einen Begriff hat Möbius für die Wissenschaft festgelegt („Dorfteich" S. 33), einen anderen („Dorfteich" S. 34) genau und scharf abgegrenzt für die Schule der Verfasser dieses Buches; der erstere betont die Zahl der Individuen, der zweite nicht; doch ist im „Dorfteich" an verschiedenen Stellen, z. B. S. 104 Anm. 5, S. 115 und 146 für den Lehrer auf die Bedeutung der Zahl ausdrücklich hingewiesen. Übrigens ist Schmeils ganze Untersuchung über diesen Begriff („Ref." S. 45—55) erledigt, nachdem Professor Möbius, die Autorität auf diesem Gebiete, der selbst Lehrer gewesen ist, sich in Schmeils eigenem Organ (Natur und Schule 1904 S. 289 ff.) vollständig auf unsere Seite gestellt hat mit den Worten: „Alle lebenden Pflanzen und Tiere, die das Kind sieht, gehören natürlichen, aber durch den Menschen veränderten, künstlichen Lebensgemeinschaften an. Blumentöpfe, Blumenbeete, Alleebäume, Schwalben und Sperlinge in den Straßen der Dörfer und Städte, Gärten, Wiesen, Felder und Wälder bieten reichliche Gelegenheit dar, **Schüler aller Altersstufen** zu belehren, daß alle lebenden Wesen bedingte und unbedingte Glieder von Lebensgemeinschaften sind. Das Kind fühlt sich selbst als Glied einer Lebensgemeinschaft mit seinen Eltern, Geschwistern und Gespielen, mit dem Hausgesinde und den Haustieren. Durch Beschreibungen von Lebensgemeinschaften wird es also an Verhältnisse erinnert, die es selbst erlebt hat, und wendet daher ihnen gerne seine Aufmerksamkeit zu."

Nachdem Schmeil die Gesetze abgelehnt hat, sucht er, selbst die Lücke fühlend, die jetzt in der von ihm selbst geforderten kausalen Behandlungsweise klafft, dafür Ersatz, — aber was für einen Ersatz!: Seine „allgemeinen biologischen Sätze", denen das Prädikat „allgemein" gar nicht zukommt, weil sie, wie er selbst hervorhebt (Reformbestr. S. 70), im Unterschied von den Gesetzen gar nicht mit dem Anspruch allgemeiner Gültigkeit auftreten, sind einfache, aus einer Anzahl von Betrachtungen gewonnene Erfahrungsurteile. Sie wollen daher nur für die untersuchte Anzahl von Fällen gelten, für andere nicht. Damit ist ihr ganzer armseliger Inhalt erschöpft. Wo dagegen ein Gesetz, das allgemein gültig sein will, scheinbar nicht gilt, beruhigt sich der Geist nicht bei dem bloßen Konstatieren der Tatsache, sondern vor ihm erhebt sich sofort die Frage: welche anderen Gesetze sind daran schuld, daß jenes nicht sichtbar wird? und so treiben die Gesetze immer zu neuen Fragen, neuen Erkenntnissen. Sie sind Gedanken zeugend, — die „biologischen Sätze" unfruchtbare Wiederholungsprodukte. Jene führen das Kind zum Denken-können und zum Wissen, ja zum Vorherwissen, diese nur zu starrem und daher unbrauchbarem Wissen (vergl. Dorfteich S. 27).

Ernster als die gegen die Gültigkeit der Gesetze gerichteten Angriffe Schmeils und seiner Trabanten scheint ihre Ablehnung aus pädagogischen Gründen von Fricke, Baade und anderen. Karl Fricke („Der biologische Unterricht an den höheren Lehranstalten") hat aus dem „Dorfteich" herausgelesen, daß die Gesetze „einfach zur Anwendung kommen" sollten, und Baade, daß der Schwerpunkt des Unterrichts in der Betrachtung des Ganzen, statt in der der Einzelwesen liegen soll. Schon der Ausdruck „instinktive" Anwendung („Dorfteich" S. 27) sollte Herrn Fricke die Augen geöffnet haben, viel mehr aber noch das praktische Beispiel für die Anwendung der Methode, der „Dorfteich" selbst. Aber diesen haben beide Herren offenbar gar nicht

---

*) Vergl. den Vortrag von Prof. Lehmann-Karlsruhe über „Flüssige und scheinbar lebende Krystalle" auf der Versammlung der Naturforscher und Ärzte zu Stuttgart 1906.

angesehen, sonst würde Fricke da die „einfache Anwendung" der Gesetze kennen gelernt und Baade gefunden haben, daß 22 Tiere und 19 Pflanzen in Einzelbehandlungen der Betrachtung des Ganzen vorausgehen. So wird in ein Buch das Gegenteil von dem hineinkritisiert, was darin steht! Solche Kritiken bilden dann wieder die Vorlagen für die Nekrologschreiber.*) Bestehender ist das Bedenken, daß, da Gesetze durch Abstraktion aus der Erfahrung gewonnen würden, dazu aber die Erfahrung des Kindes in der Schule viel zu beschränkt sei, das Kind nur durch voreilige Verallgemeinerung zu den Gesetzen geführt werden könne, „ein Fehler", der sich auch beim Verfasser des „Dorfteichs" selbst in einer Neigung zu spekulativem Dogmatismus öfter zeige. (Baade.)

Gewiß, wenn die Gesetze auf induktivem Wege gewonnen werden sollten, müßte die Schule auf sie verzichten, aber dann möge sie auf alle verzichten, die den Kindern nicht mathematisch bewiesen werden können, dann verzichte sie auch auf die physikalischen und chemischen Gesetze! — Daran denkt aber niemand! Warum sollen denn die biologischen Gesetze nicht dasselbe Recht haben? — Nur weil sie neu sind? — Nur weil sie als etwas Neues der alten deutschen Schwerfälligkeit unbequem sind?

Überdies beruht jener Einwand auf ganz falschen Vorstellungen über den Weg der Wissenschaft. Die Geschichte der Naturwissenschaften zeigt, daß in den seltensten Fällen auf induktivem Wege Gesetze gefunden und Fortschritte gemacht wurden: Die lahme Induktion hinkte meistens weit hinter der schöpferischen Spekulation her. Ehe überhaupt die Anordnung der Versuchsreihen zur Auffindung eines Gesetzes gemacht oder der mathematische Ansatz aufgestellt werden konnte, mußte schon die spekulative Idee des Gesetzes klar vor dem Geiste des Entdeckers stehen, damit er imstande war, die unwesentlichen Faktoren aus den Versuchen oder der Rechnung auszuscheiden.

Schon seit Jahren beherrscht die Chemiker das Gefühl, es müsse nächstens die große Entdeckung eines chemischen Gesetzes kommen, wodurch die ungeheuer angeschwollenen Kohlenstoffverbindungen mit ihren oft monströsen zeilenlangen Namen einfach geordnet werden könnten; jahraus, jahrein werden in allen Universitäten der Welt von Hunderten junger Doktoranden der Chemie Versuchsreihen auf Versuchsreihen angestellt, die darauf abzielen, — das statistische Material ist ungeheuer angeschwollen, aber das Gesetz ist nicht gefunden: es fehlt die spekulative Idee von dem Gesetz, die erst ermöglicht, die passenden Versuche in eine Reihe zu bringen.

Die der Wissenschaft gemäße, die dem Menschen wie dem Kinde natürliche Methode ist nicht diejenige, bei der man nach 101 Versuchen, von denen der letzte dasselbe Gesicht hat wie der erste, zu einem unsicheren unbefriedigenden Resultat gelangt, — ist nicht die stumpfsinnige Induktion, sondern die spekulative genetische Methode, bei der das Gesetz erfunden, nicht gefunden wird. Die Neigung des Menschen zur vorschnellen Verallgemeinerung ist nur die Schattenseite des höchsten geistigen Triebes, des Strebens nach der Erkenntnis allgemeiner Wahrheiten. Und diese allgemeinen Wahrheiten sollten wir dem Kinde vorenthalten, diesen Trieb im Kinde sollten wir hungern, sollten wir verhungern lassen? — Nein, und abermals nein!

An zwei physikalischen Versuchen, die bei ihrer Anordnung etwas Gemeinsames (S) haben, fällt im Resultat ein Übereinstimmendes (P) auf. Sofort erhebt sich das spekulative Problem: Gilt das übereinstimmende P vielleicht für alle Versuche, die S gemeinsam haben? — Gibt es vielleicht ein allgemeines Gesetz S-P? — jetzt erst kann die Induktion beginnen und — falls S-P ein Gesetz war, — mit immer gleichem Resultat fortgesetzt werden bis zum Überdruß.

Oder an einer Konstruktionsaufgabe, bei der in einem Viereck durch Verbindung der Mittelpunkte der Seiten ein anderes gezeichnet ist, fällt auf, daß das neue Viereck einem Parallelogramm ähnlich sieht. Die Neigung der Kinder zu „voreiliger Verallgemeinerung" führt sie sofort zu der Frage: „Ist das immer so"? — Hier tritt schon bei der ersten Beobachtung das Gesetz als Problem auf.

Im Sinne dieser Beispiele ist es zu verstehen, wenn im „Dorfteich" (S. 27) von einer Anwendung der Gesetze gesprochen wird:

---

*) Vgl. z. B. „Aus der Heimat", Organ des deutschen Lehrervereins für Naturkunde 1905, Nr. 4. S. 87.

XIII

Im Aquarium werde z. B. ein Gelbrand gehalten. Ein Kind bringt zufällig einen Gartenlaufkäfer mit zur Schule. Nun werden beide in einen trocknen Glashafen gesetzt, herumgezeigt, als zusammengehörig (als Käfer) erkannt und in ihren Bewegungen verglichen. Dann wird der Laufkäfer für einen Augenblick mit dem Gelbrand ins Wasser geworfen und ihre Bewegung wieder verglichen. Dann fällt einem zehnjährigen Kinde, auch wenn es sonst noch keinen biologischen Unterricht gehabt hat, sofort auf, daß die Hinter= und Mittelbeine des Gelbrandes zum Wasser passen aber nicht fürs Trockne, die des Laufkäfers umgekehrt fürs Land, nicht fürs Wasser. Hieraus entspringt infolge der angeborenen Tendenz zur Verallgemeinerung sofort die Frage: Sollte bei anderen Tieren auch der Körperbau zum Aufenthalt und zur Lebensweise passen?*) Das heißt aber nichts anderes, als daß nach dieser doppelten Beobachtung bei jedem folgenden Tier das erste Gesetz: Aufenthalt, Einrichtung und Lebensweise passen zueinander, erörtert werden, d. h. als Problem herangezogen werden kann, als Frage (Dorfteich S. 23g), ob bei dem neuen Tiere Entsprechendes beobachtet werden kann. Damit ist für das Gesetz ein genetisch=induktives Verfahren eingeleitet: aus der ursprünglichen Frage wird, weil sie in jedem Einzelfalle bejaht wird, im Laufe der Jahre für das Kind von selbst ein durchstehendes Gesetz.

So läßt sich mit allen Gesetzen spielend leicht verfahren. Wenn dabei eine pädagogische Schwierigkeit auftritt, liegt sie nicht auf Seiten der Kinder, deren Natur diese Methode entspricht, sondern bei der heute noch tätigen Lehrergeneration, die sich in die neuen Anschauungen erst in gefestigtem Alter hätte hineinarbeiten müssen, wo ja leider die Elastizität des Geistes oft schon schwindet, weil die erworbenen Vorstellungsmassen zu fest geworden sind, um dem Geist die Aufnahme neuer zu gestatten. Daher hat das Ohr der Mehrheit dieser Generation noch der Reaktionär, der die Reform des naturkundlichen Unterrichts wieder rückgängig zu machen sucht, Schmeil, der Verflacher und Verwässerer der Ideen, um derentwillen der „Dorfteich" bei seinem Erscheinen als „eine Erlösung empfunden" wurde.**) Der folgenden Generation, der die eine der Forderungen, die im „Dorfteich" aufgestellt worden ist, die biologische Behandlungsweise, in Fleisch und Blut übergegangen sein wird, wird denn das Auge wieder frei werden für tiefere Gedanken und erhabenere Gesichtspunkte. Dann muß auch das Verständnis für die Notwendigkeit der Gesetze allgemein aufdämmern, und so wird wohl der alte Dr. Paul Buttel, früher Oberlehrer am Seminar zu Segeberg, Recht behalten mit dem Wort, das er mit meinem Vater sagte, nachdem er den „Dorfteich" gelesen hatte: „Sie sind 50 Jahre zu früh gekommen".

Dem Verfasser des „Dorfteichs" war es bitter, als er nach und nach zu der Erkenntnis kam, daß er in der Hauptsache noch nicht verstanden wurde, dem „Dorfteich" an sich aber kann es ganz recht sein; denn wenn die richtigen Gedanken, die er enthält, vollkommen aufgenommen wären, so hätte er seine Mission erfüllt und würde der Geschichte angehören. Solange aber die Gesetzmäßigkeit des organischen Lebens in der Schule noch keine Stelle erhält, hat er ein Recht, immer wieder im Felde zu erscheinen und mit dem jugendlichen Feuer, das ihn durchloht, die Gesetze des organischen Lebens hinauszurufen in die Welt, — solange braucht er sich noch nicht in die Rumpelkammer der Geschichte der Pädagogik werfen zu lassen.

Wir könnten uns in diesem Punkte täuschen, wenn wir allein ständen; aber tiefer grabende Geister denken wie wir: Von Buttel ist schon gesprochen worden, und noch 1904 sagte Prof. Detmar=Jena auf der Versammlung der Naturforscher und Ärzte in Breslau vom „Dorfteich":

> „Die Bedeutung dieses merkwürdigen Buches wird noch heute nicht immer richtig gewürdigt".

---

*) Für Herrn Baade, Wickenhoefer und Leute verwandten Geistes, welche dem Verfasser des „Dorfteichs" andichten, er lasse Volksschüler den Ausdruck: „Gesetz der organischen Harmonie" und ähnliche „Phrasen" gebrauchen und die dann voll Eifer die Wand einrennen, die sie selbst gebaut haben, sei bemerkt, daß wir obige Frage ebensowenig in kindliche Form gebracht haben, wie der Verfasser des „Dorfteichs" die Gesetze und ihre Benennung, weil der „Dorfteich" nicht für kindliche Leser geschrieben ist.

**) Sagt doch z. B. in Schmeils Organ „Natur und Schule 1906 S. 330" Schulrat Oppermann: „Die Entwicklung der Methodik der letzten 70 Jahre wird bezeichnet durch die Namen Lüben, Junge, „Schmeil"! — Dabei ist in Schmeils neuestem Werk, dem naturgeschichtlichen Teil des Realienbuchs von Franke und Schmeil, die biologische Betrachtungsweise, das Einzige von der Reform, was Schmeil — nicht geschaffen, sondern nur angenommen hat, schon wieder stark zusammengeschrumpft zu gunsten der Systematik.

Die Herausgeber der neuen Auflage haben das Buch möglichst unverändert gelassen. Die hervorstechendste Änderung sind die Abbildungen. Sie sollen natürlich nicht die Anschauung der Objekte selbst ersetzen, sondern nur als Aushülfe in der Not dienen, weil man jene nicht in jedem Augenblick zur Verfügung hat, in dem man nach dem Buche greift. Da es uns auf ihre Güte, nicht auf Originalität ankam, sind keine neuen Bilder gezeichnet worden, wo anerkannt gute vorhanden waren.

Den Klagen über sprachliche Unbeholfenheit des Stils, die von einigen Seiten kamen, haben wir nachgegeben, wo die Länge der Perioden das Verständnis unnütz erschwerte und durch eine Änderung das Charakteristische der Schreibweise des Verfassers nicht beeinträchtigt wurde. Mehr als geschehen, können wir nicht tun: Der Verfasser übersah große Zusammenhänge mit einem Blick, aber weil es etwas Neues war, was er zu sagen hatte, rang er mit dem Wort. Das nachzuempfinden, darin liegt für den, der ein feines Stilgefühl hat, ein großer Reiz, den durch Abschleifung der Sätze zu zerstören wir uns wohl gehütet haben; denn der „Dorfteich" ist nicht für die Masse derer, die an bloßer Unterhaltung, sondern nur für die geschrieben, die an geistiger Arbeit Freude haben. Die aber werden auch den Stil zu schätzen wissen und ihn nicht als „sprachliche Unbeholfenheit" empfinden.

Auch inhaltlich ist das Buch völlig dasselbe geblieben, nur sind einige falsche Auffassungen verschiedener Kritiker in Anmerkungen richtig gestellt und neue Resultate der wissenschaftlichen Forschung eingefügt worden; ferner haben wir das Sachverzeichnis vervollständigt und eine Übersicht über die Abbildungen beigegeben.

Zu freundlichem Rat und zur Beantwortung von Fragen waren Herr Prof. Brandt und Herr Dr. Popofsky sowie Herr Prof. Benecke immer bereit. Dafür sei ihnen hier unser Dank gesagt, ebenso Herrn Rektor Struve-Elmshorn, der uns durch Übernahme einer Korrektur einen Teil der Arbeit abnahm.

Kiel, den 1. Oktober 1906.

Die Herausgeber:

Adolf Junge,
Volksschullehrer in Kiel.

Otto Junge,
Oberlehrer in Elmshorn.

Vorwort zur ersten Auflage.

Es bedarf vielleicht einer Entschuldigung, wenn vorliegendes Werk die Zahl der naturgeschichtlichen Unterrichtsbücher, die ohnehin schon recht groß ist, noch um eins zu vergrößern wagt. Die Entschuldigung kann allein gefunden werden in des Verfassers Überzeugung von der Unzulänglichkeit und relativen Unfruchtbarkeit der für den naturgeschichtlichen Unterricht bisher maßgebenden Prinzipien und in seinem Streben, Besseres anzubahnen — was die Meinung, als ob absolut Vollkommenes geliefert werde, ausschließt.

Daß der bisherige Unterricht in der Naturgeschichte nicht das leistet, was er leisten sollte, beweist die Zahl derjenigen, welche von den erlangten Resultaten nicht vollständig befriedigt werden. Ich sehe hier ab von jenen, die etwa prinzipielle Gegner jeglichen naturkundlichen Unterrichts sein könnten, weil sie glauben, Naturerkenntnis überhaupt führe von Gott ab. Ebensowenig könnte ein Urteil in Betracht kommen, das sich stützt auf die erlangten — oder nicht erlangten — Resultate solcher „Pädagogen", die in treuer Pflichtmäßigkeit das auf den Lehrerbildungsanstalten Gehörte phonographenartig wiedergeben, dergestalt zwar, daß, wie jener Apparat schnarrend, sie das Aufgenommene in etwas subjektiv gefärbt wieder von sich geben, ohne daß sie sich selbständig Rechenschaft über das Wozu? und das Wie? ablegen. Es bleiben immerhin genug übrig, die trotz allen Fleißes und aller Hingabe an den Unterricht hinreichend Grund haben oder geben, die erzielten Resultate als unzulänglich zu bezeichnen. Denn nur zu häufig sind diese derart, daß man im Religionsunterricht am liebsten an den Wahrheiten, welche die Naturforschung zutage fördert, wie an einem verschleierten Bilde von Sais vorübergeht: eine Brücke zwischen naturwissenschaftlicher und religiöser Überzeugung ermöglicht der herkömmliche Unterricht nicht — es wird der Keim des Zwiespalts in das Bewußtsein des Kindes gesät und nur zu leicht erwächst derselbe zu einer gähnenden Kluft in dem denkenden Menschen, weil die Schule ihn trotz massenhaft verarbeiteten Materials als Fremdling in den Anschauungen der Naturwissenschaft des 19. Jahrhunderts entlassen hat. Und ferner können gar manche sich der Wahrheit nicht verschließen, daß die erzielten Resultate nach ihrem Gesamtwert nicht im Verhältnis stehen zu den aufgewandten Opfern an Zeit, Mühe, Präparation und Kosten, und sie weisen aus diesem Grunde dem naturgeschichtlichen Unterricht vielleicht die allerniedrigste Stufe in der Wertfolge der Unterrichtsfächer an.

Kann denn die Natur, dieses Gotteswort, ihrem Wesen nach irreleitend sein und ist anzunehmen, daß die Forschung absolut falsche Resultate zutage fördert? Sollte der Unterricht an der Natur, die doch in den Völkern das religiöse Interesse weckte, indem ihre Erscheinungen das Gefühl der Abhängigkeit erzeugten — sollte der naturgeschichtliche Unterricht nicht imstande sein, wissenschaftlich gefundene Wahrheiten so zu fassen und zu bearbeiten, daß sie sich leicht mit religiösen Wahrheiten verschmelzen lassen? Oder ist die Natur, die Lehrmeisterin der ganzen Menschheit, so arm, daß sie den Kindern des Menschengeschlechts im 19. Jahrhundert nichts weiter zu bieten vermag, als Stoff zu einseitigen geistigen Exerzitien, der nach seiner ephemeren Dienstleistung in den Papierkorb geworfen wird? — Die verschiedenen Wahrheiten, aus welcher Quelle sie auch stammen, sind doch ihrem Urquell nach einheitlich und müssen von dem einheitlichen Bewußtsein assimiliert werden können. Das wird aber geschehen müssen, wenn der Unterricht das Kind allseitig erfaßt, so daß er dem innersten Bedürfnis des Kindes — des Menschen — entgegenkommt.

Mit „einer solchen Überzeugung müssen wir uns an unsern Unterricht begeben — eine solche Überzeugung durchdringt auch die vorliegende Arbeit. Indessen ist immerhin festzuhalten, daß der naturkundliche Unterricht seinen eigentümlichen Charakter wahren muß, und wohl niemand wird mir den Vorwurf machen können, daß ich diesem Grundsatz in meiner Arbeit untreu geworden bin. Aber die Endresultate müssen im Gesinnungsunterricht verwertet werden können. Eine solche Konzentration — nicht aber ein Ankleben des naturwissenschaftlichen Stoffes an den Unterrichtsstoff für Gesinnungsunterricht — ist nach meiner Überzeugung allein fruchtbringend. Wie sie perfekt zu machen sei — das auszuführen geht über den Rahmen der vorliegenden, ihrem Wesen nach naturgeschichtlichen Arbeit hinaus, das muß überhaupt jeder einzelnen Persönlichkeit anheimgegeben werden. Eine andere Frage aber ist die: Wie sind die aus Naturbetrachtungen sich ergebenden Wahrheiten zu formulieren — denn nur um die Form kann es sich handeln — und welche Wahrheiten sind zu erarbeiten, damit dem einheitlichen Bewußtsein in seinen verschiedenen Interessen genügt werde? Wie ist der Stoff zu behandeln, damit der reiche Schatz von Bildungsmaterial, der für die Menschheit seit ihrer Entstehung in der Natur vorhanden ist, auch für die junge Generation nutzbar werde?

Um Gott in der Natur zu schauen, müssen wir mehr sehen, als „seines Kleides Saum, der ihn vor uns verhüllet", denn „die Naturwissenschaft von der Oberfläche geschöpft, führt von Gott ab". Wir müssen uns los machen von dem bloß beschreibenden und deshalb oberflächliche Kenntnis vermittelnden Verfahren im Unterricht, müssen den Unterricht vielmehr **seinem Inhalt nach vertiefen**, derartig, daß das Kind aus der Schule in das Leben hinaus eine dem heutigen Standpunkt der Naturwissenschaft, die ja der ganzen Zeit ihren Stempel aufdrückt, entsprechende Weltanschauung oder mindestens die Grundlage zu einer solchen mitnimmt, welche seine allgemein=religiöse Überzeugung durchdringt, oder umgekehrt.

In vorstehenden Auslassungen wiederspiegeln sich teilweise Vorgänge eines innern Kampfes, dem unter derartigen Umständen keiner entgehen kann, der nach Klarheit und Wahrheit strebt. Schließlich gelangte ich dahin, das von Humboldt der Wissenschaft gesteckte und ihr heutiges Streben bestimmende, von Roßmäßler der Schule für ihren Unterricht empfohlene Ziel zu akzeptieren: Die Erde ist als ein organisches Ganzes zu betrachten. In der Erarbeitung dieses Ziels müssen wohl alle Geisteskräfte in Anspruch genommen und geübt werden, und die verschiedenartigsten Interessen werden geweckt und befriedigt. So z. B. erhält der Mensch auch eine Antwort auf die Frage: Wer bin „Ich" in dieser Mannigfaltigkeit, diesem Wechsel von Erscheinungen? — nämlich dahin lautend: Du bist ein Glied in dem Ganzen,*) du empfängst und gibst, du bist abhängig und wirkst ein.

Wie aber ist dieses Ziel zu erreichen? Da galt es vor allem Vertiefung des eigenen Wissens, es galt tieferes Studium des Lebens in der Natur an der Hand von Fachschriften. Von letztern nenne ich als solche, die mir entschieden zur Klarheit verhalfen, Humboldts Schriften, Karl Müller: „Der Pflanzenstaat" (Leipzig, Förstner'sche Buchhandlung), derselbe, „Wanderungen durch die grüne Natur", Schmarda, „Zoologie" (Wien), Claus, „Grundzüge der Zoologie" (Marburg), Brehms Tierleben. Roßmäßlers Schriften, Ratzeburg, auch Forsters Reisen nicht zu vergessen.**) Ins=

---

*) Dies ist die einzig richtige Antwort, wenn man die Wissenschaft nicht fälschen will. Sucht man den Menschen als Herrn der Erde hinzustellen, so ist eine solche Tendenz auch angesichts der Erfahrung offenbar vollkommen einseitig, denn niemand kann leugnen, daß der Mensch als Erdbewohner abhängig sei. Oder will man Stoizismus predigen? Das Kind erhält bei derartiger Tendenz eine durchaus falsche Vorstellung von der Bedeutung seines Ich, und unlösbare Rätsel führt die Beobachtung und eigne Erfahrung ihm vor. Wo bleibt da die Einheit der Bildung? wo ein irgendwie sittlich bildender Einfluß des Unterrichts? denn den Bestrebungen eines Herrn wird nur durch das Maß seiner Macht Schranken gesetzt. Erkennt sich aber als Glied einer Gemeinschaft, so ergeben sich aus dieser Erkenntnis unmittelbar seine Rechte, aber auch Pflichten gegen die übrigen Glieder — hier also auch gegen die Mitmenschen. Wenn man nun gewagt hat, unserm (dem von Scheller=Eisenach in „Theorie und Praxis der Volksschule, 4. Schuljahr" — und mir) angenommenen Ziel seine Berechtigung für die Volksschule zu bestreiten, so zeugt ein solches Urteil wahrlich für wenig Ernst, sich den tiefen Inhalt dieses Ziels klar zu machen, und für ebenso schwer zu begreifende Unkenntnis des Weges, auf welchem ich dieses Ziel zu erreichen strebe. Vergl. den S. 36 folgenden, in den „Deutschen Blättern" zuerst mit einleitenden Bemerkungen veröffentlichten Pensenplan!

**) Während des Drucks dieses Werkes lernte ich Hansen, „die Ernährung der Pflanzen", ein Band des „Wissen der Gegenwart" kennen. Leider konnte ich diese populäre Schrift, die

besondere habe ich an dieser Stelle auch die Vorlesungen von Professor Karl Möbius in Kiel zu erwähnen.

Durch solche Studien und durch Beobachtung des Kindes und des Volkes bei seiner Naturbetrachtung wurde mir erst klar, daß die Art und Weise, wie ein gewöhnlicher denkender Mensch die Natur betrachtet, viele Ähnlichkeit mit den Betrachtungen der Wissenschaft hat: beide stehen auf dem Boden der Empirik; beide setzen Gesetzmäßigkeit voraus und suchen dieselbe im einzelnen Falle zu erkennen. Also Erkenntnis der Gesetzmäßigkeit auf Grund der Anschauung muß ein Ziel des naturkundlichen Unterrichts sein — wie es für den Physikunterricht ja auch längst anerkannt ist und jetzt im geographischen Unterricht mehr und mehr zur Geltung kommt. — Dann wird die naturgemäße Entwicklung des Kindes, so wie dieselbe im Elternhause begonnen hat, nicht unterbrochen; dann wird es mit den Prinzipien der heutigen Naturforschung bekannt; dann wird es, eine Knospe des Volks, bei seiner späteren Entwicklung ein Verständnis für Licht und Wärme der Wissenschaft haben, wenigstens nicht Schaden leiden; dann fühlt der Mensch sich als Glied des Ganzen. Dann gibt es auf dem Gebiet der Natur so wenig wie für die religiöse Anschauung einen Zufall, sondern das religiöse Gemüt sieht in dem zweckmäßigen Walten auch des Naturgesetzes das Geschehen des göttlichen Willens; dann lernt das Kind auch unter dem Einfluß des naturgeschichtlichen Unterrichts sich freiwillig dem Gesetze beugen.

Allein, wie soll das in so mannigfaltigen Erscheinungen so verschiedenartig hervortretende Naturgesetz dem kindlichen Geiste nahegebracht werden? Ein bloßes Betonen der Gesetzmäßigkeit im allgemeinen kann nicht zum Ziele führen, da das Kind nicht zur selbständigen Betrachtung und Erkenntnis des Gesetzes in einer gegebenen Einzelerscheinung befähigt wird. Es mußte das Gesetz gewissermaßen in einzelne Paragraphen von einfacher Fassung und ergründbarem Inhalt zerlegt werden. Zu dieser Arbeit leistete das Werk von Schmarda treffliche Dienste.

Aber nun blieb noch eine fernere Schwierigkeit zu heben. Welche Auswahl ist aus dem ungeheuren Reichtum an Material zu treffen? Denn mit der Vertiefung des Unterrichts in der Behandlung des Stoffes muß eine **Beschränkung im Umfange** des letzern parallel gehen. Man könnte vielleicht nach Maßgabe der Gesetze und der Klarheit ihres Hervortretens eine Auswahl treffen; aber eine solche würde immerhin zu regellos ausfallen und für solche Schulen, wo der Unterricht auf verschiedenen Stufen auch in verschiedener Hand liegt, insbesondere nicht anwendbar sein.

Da lernte ich von Herrn Professor Möbius den von ihm aufgestellten Begriff der Lebensgemeinschaft kennen. Eine solche Lebensgemeinschaft, die größte, ist ja auch die Erde, und die Erkenntnis derselben als solche ist der wesentliche Inhalt des oben hingestellten Spezialziels für den naturkundlichen Unterricht, wenn auch immerhin ein Unterschied zwischen Organismus und Lebensgemeinschaft bestehen bleibt.

Nun konnte das Kind auf Grund eigener Anschauung erkennen, nicht bloß wie die Wesen gleichen Gesetzen unterworfen und gleichen Einflüssen ausgesetzt sind, sondern auch, wie sie sich innerhalb eines gewissen, übersehbaren Raumes gegenseitig bedingen. Nun konnte jeder kleine Winkel als eine Welt für sich betrachtet, und später von solchen Spiegelbildern des Ganzen aus ein Blick auf die Erde als größte Lebensgemeinschaft geworfen werden. Je größer die Zahl und die Mannigfaltigkeit dieser Spiegelbilder aus der engern Heimat ist, desto heller wird das Licht auf die Gesamtheit, die Erde fallen.

Der Leser erkennt aus Vorstehendem, daß ich für meine Anschauungen nicht den Ruhm in Anspruch nehmen kann, sie seien auf spekulativ-wissenschaftlich-pädagogischem Grunde erwachsen. Den sachlichen Inhalt gibt die Fachwissenschaft her, das methodische Kleid ist ein Produkt der Beobachtung von der Art und Weise, wie

---

besonders auch die neuern Entdeckungen von Sachs in Würzburg berücksichtigt, für die vorliegende Arbeit nicht mehr benutzen. Ich darf sie aber allen Kollegen bestens empfehlen, da auch sie auf dem Boden der Anschauung fußt. Preis geb. 1 Mk.

das Volk denkt und denkend betrachtet. Ich habe obiges ausdrücklich vorausschicken wollen, damit jeder von vorne herein durch die Entstehungsgeschichte zugleich und vielleicht am besten in das Wesen der, diesem Werke zugrunde liegenden Prinzipien eingeführt werde. Ob und wie weit man denselben zustimmen wird, muß die Erfahrung lehren.

Nun zu dem Buche selbst. Dasselbe enthält einen theoretisch-praktischen Teil und den „Dorfteich". Der erstere zerfällt in eine Kritik des bisherigen naturgeschichtlichen Unterrichts, in welcher ich indes einiger neuerer Versuche, die darin gipfeln, Rokokowesen in moderne Form zu kleiden, nicht gedacht habe — und in eine, wie ich hoffe, praktische Anweisung zu einem fruchtbringenden Unterricht. Auf theoretische Erörterungen gehe ich nicht weitläufig ein; wer mit den Prinzipien einverstanden ist, wird sich auf Grund gegebener Andeutung die Sache nach seiner Weise begründen.

Klarheit der Anweisung war mir die Hauptsache. Möchte sie genügend sein!

Der „Dorfteich" soll nun in erster Linie ein Beispiel sein, wie eine **Lebensgemeinschaft** in ihren einzelnen Gliedern und deren Gesamtheit zu behandeln ist. Die Behandlung wird nicht den Anspruch machen können, daß sie in allen Einzelheiten mustergültig sei. Die Urteile verschiedener Persönlichkeiten fallen ja verschieden, wie denn auch die verschiedenen Örtlichkeiten in Betracht kommen. Darnach wird dem einen dies zu eingehend, jenes zu summarisch behandelt sein. Allein der „Dorfteich" soll ja nur im allgemeinen zeigen, wie die Lebensgemeinschaft zu behandeln ist, wie die Tatsachen zu verknüpfen sind; aber er soll beileibe nicht ein Buch sein, aus welchem man unterrichten könne — der Lehrer muß **aus der Natur** unterrichten.

Daß ich aber gerade einen Dorfteich zum Objekt gewählt habe, hat seine besonderen Gründe. Wäre es überhaupt möglich, für die untere Stufe aller deutschen Schulen eine Lebensgemeinschaft zu bearbeiten, so würde ich meine Kraft an einem solchen Werke versucht haben. Allein jede Ortsschule muß eine ihr räumlich nahe liegende, zugängliche Lebensgemeinschaft betrachten, und die wird, wenn sie einer andern auch ähnlich ist, doch ihre Eigentümlichkeiten haben, die zu berücksichtigen wären. So wählte ich den Dorfteich, ein in Norddeutschland ziemlich bekanntes Objekt, für das man aber auch dort, wo er in dieser Form nicht vorkommt, leicht ein ähnliches, eine Pfütze, einen Graben, Bach oder Fluß substituieren kann. Mit Rücksicht auf diese Möglichkeit sind denn auch die einzelnen Wesen für die Betrachtung ausgewählt. Der Stichling z. B. in irgend einer Form wird sich wohl in allen derartigen Gewässern finden, die Karausche seltener, den Hecht zu beobachten wird sich verhältnismäßig nicht viel Gelegenheit finden; Weiden sind wohl allgemein, aber die Wasserpest, wenn ich auch voraussetze, daß der Lehrer sie kennt, ist wohl noch nicht so weit gedrungen, daß jedes Kind sie beobachten kann — so gern ich sie auch in den Kreis der genauern Beobachtung gezogen hätte, konnte sie doch nur im „Rückblick" ihrer Bedeutung wegen erwähnt werden. Kurz es sind Wesen zur Betrachtung herangezogen, die möglichst allgemeine Verbreitung haben. — Wenn nämlich der „Dorfteich" auch absolut nicht ein Buch sein soll, aus dem man unterrichten kann, so sollte er doch für möglichst weite Kreise Fingerzeige geben, wie das im ersten Teil abstrakt Dargestellte sich in der Praxis gestalten würde, aber in einer Praxis, die nicht auf dem Papier oder in der Phantasie bleibt, sondern tatsächlich geübt wird. Zu dem Zweck sind teils in Anmerkungen, teils im Text **Anweisungen zu Beobachtungen und Versuchen** gegeben. Die Überzeugung von der Notwendigkeit solcher Anweisung und der Möglichkeit, sie für einen „Dorfteich" allgemeiner als z. B. für einen „Wald" geben zu können, ließ die Wage zugunsten des „Dorfteichs" sinken. Denn **eigene Beobachtungen des Seins und Lebens der Wesen als Grundlagen** sind für die Erreichung unseres Ziels unbedingt erforderlich. Und das Beobachten und Experimentieren muß auch gelernt werden. Man muß wissen, welche Fragen, (Bewegung, Ernährung 2c.) man an die Wesen zu stellen hat und wie etwa man sie zu einer Antwort bewegen kann. Der „Dorfteich" enthält größtenteils eigene Beobachtungen und meistens Originalversuche. Sie werden hoffentlich so klar beschrieben sein, daß auch Ungeübte nicht auf Schwierigkeiten stoßen. Wenn sie teilweise im Text nur angedeutet sind, so findet dieser Umstand seine Erklärung in dem Streben, das Buch lesbar zu machen — es soll ja vor allem ein Beispiel liefern. — Der Dorfteich ermöglicht aber noch aus einem andern Grunde, als dem seiner Verbreitung in irgend einer Form, die Veranschaulichung: wir können ihn im Kleinen nachbilden und alle Kinder und zu jeder Zeit das Tun und Treiben seiner Bewohner, ihre Abhängigkeit und Dienstleistung beobachten lassen. Ein Wasserbehälter irgendwelcher Gestalt mit seinen pflanzlichen und tierischen Bewohnern gibt, wie keine andere nachgebildete Lebensgemeinschaft, Gelegenheit, eine solche zu studieren und in kleinen und großen Kindern Interesse für Beobachtungen der Lebensbedingungen der Lebewesen zu wecken; denn die Tiere, deren jedes einzelne gekannt wird, werden Haustiere, die schon für Elementarklassen Stoff zu Unterredungen bieten können. — Endlich vielleicht könnte der „Dorfteich" als solcher einen speziellen Wert für die ein- oder zweiklassige Schule auf dem Lande haben, für eine Schule, die nicht viel Zeit auf naturgeschichtlichen Unterricht verwenden darf, deren Schülern aber das Denken nicht unbequem ist. Wenn sie im Anschluß an die Anschauungen vom Dorfteich und die erarbeiteten Wahrheiten den Blick, nach Maßgabe der Umstände erweitert, auf die nähere Umgebung bis auf den Menschen (Anthropologie und Gesundheitslehre) und auf die Erde, wenn auf letztere auch nur Streiflichter fallen, richten, so dürfte allen billigen Ansprüchen genügt werden; aber das wird auch geschehen können. — Aus den angegebenen verschiedenen Rücksichtnahmen werden sich verschiedene Unebenheiten in der Bearbeitung des „Dorfteichs" erklären, beispielsweise auch die Anforderungen, die an das Denkvermögen der Kinder gestellt werden. — Was die Form betrifft, so ist zu bemerken, daß man vergeblich nach einer stereotypen Anordnung suchen wird; es ist eine solche gewählt, die sich (wahrscheinlich) aus der Beobachtung ergibt. In Gestalt einer Untersuchung oder einer Unterhaltung von den Kindern dürfte die Darstellung lebendiger erscheinen. Sollte ein zweiter Teil, Bearbeitung des zweiten Kursus (s. Pensenplan S. 36) folgen, so würde derselbe, da die Weise der Entwicklung im „Dorfteich" gekennzeichnet ist, sich auf Angabe des Stoffes in ähnlicher, d. h. nach gleichen Grundsätzen festgesetzter Reihenfolge beschränken.

Das vorliegende Werk aber, das nicht für eine bestimmte Bildungsstufe mit gewisser naturgeschichtlicher Vorbildung geschrieben werden konnte, das verschiedenartige Zwecke neben dem einen Hauptzweck, einen Weg und im einzelnen selbst verschiedene Wege zu zeigen, im Auge behalten mußte, das aber auf seiner Bahn noch keine Vorgänger hatte, welche durch die Kritik berichtigt worden wären — wird und muß wohl an manchen in Subjektivität begründeten Fehlern leiden. Ich bitte die Kollegen, so wie um strenge Kritik, so auch um freundliche Berücksichtigung dieser Schwierigkeiten. Und sollte ein freundlicher fachwissenschaftlicher Förderer dieses Werkes einen Blick in dasselbe werfen, so werden sich dem Auge des Zoologen, des Botanikers, des Pädagogen vielleicht noch andre Schwächen bemerkbar machen. Doch werden sie, gerade in dem Umstande, daß ich für Lehrer und die Schule geschrieben haben, für diese oder jene Freiheit im Ausdruck eine Entschuldigung finden: wissen sie doch ferner, mit welchen Schwierigkeiten ein Laie zu kämpfen hat und wie ich angesichts derselben mich an die Abfassung eines derartigen Werkes nicht herangewagt hätte, wäre ihre freundliche Aufmunterung nicht gewesen.

So gehe denn hinaus in die Welt, du, mein Geisteskind, das unter Leid und Freud, unter Täuschungen und Hoffnungen in vielen Jahren so weit herangezogen ist! Mögest du freundliche Aufnahme finden! Den Herren Professor Karl Möbius in Kiel, Engler und Benno Erdmann, jetzt in Breslau, aber statte ich meinen tiefgefühltesten Dank ab für die Freundlichkeit, mit welcher sie stets die Fragen eines Laien beantworteten und selbst auf Einwendungen eingingen.

Kiel, den 6. Juli 1885.

Der Verfasser.

Vorwort zur zweiten Auflage.

Der „Dorfteich" in seiner ersten Auflage von mehr als 5000 Exemplaren ist jetzt verbreitet, „soweit die deutsche Zunge klingt," innerhalb der Marken des deutschen Reiches in Nord und Süd, Ost und West, in protestantischen und katholischen Ländern; aber auch über Deutschlands Grenzen hinaus in Österreich, Ungarn, der Schweiz, in Holland, und selbst jenseits des Meeres, in Amerika und Japan, hat er sich Freunde erworben. Das Buch enthält dem ganzen Wesen nach eine Anweisung für den Lehrer in Theorie und Beispielen, erhebt also keinen Anspruch, ein „praktisches Handbuch" für den Unterricht zu sein, aus welchem jeder Lehrer seinen Unterrichtsstoff schöpfen könnte, wenn auch in verschiedenen Schulen Einzelnes verwertet werden kann. Wenn aber ein Buch solchen Charakters einen derartigen Erfolg aufzuweisen hat, so hat dieser Umstand den Verfasser nur um so mehr in seinem Wunsche und seiner Absicht befestigen können, auf der betretenen Bahn fortzuschreiten und aus demselben Geiste heraus die Fortsetzung: „Kulturwesen der deutschen Heimat nebst ihren Freunden und Feinden, eine Lebensgemeinschaft um den Menschen" zu bearbeiten. Einzelne krittelnde Stimmen in der pädagogischen Presse konnten ihn nicht beirren, wie sie auch den Erfolg nicht zu beeinträchtigen vermochten; denn sie verhallten offenbar wirkungslos in den Ohren der urteilsfähigen, nicht voreingenommenen Lehrer, umso leichter, da das Werk durchweg anerkennend beurteilt und von einer Anzahl Provinzialregierungen und anderen Schulbehörden empfohlen ist. Man wird es daher begreiflich finden, daß ich solche Äußerungen in der Presse, deren zweifelhafter Untergrund nur zu klar aus nackten Behauptungen oder barer Unkenntnis und Oberflächlichkeit hervorleuchtet, in späterer Zeit durchaus unberücksichtigt gelassen habe; hatte ich doch Wichtigeres zu tun!

Daß ich übrigens nicht taub bin gegen begründete Ausstellungen und Ratschläge, beweist der Umstand, daß in dieser zweiten Auflage die Inhaltsübersicht im einzelnen vervollständigt ist, auch die lateinischen Namen beigefügt sind und endlich am Schluß ein eingehendes Sachverzeichnis beigegeben ist. Der Text konnte nur hier und da unbedeutende Erweiterungen oder Berichtigungen erfahren.

Noch eins muß zum Schluß klargelegt werden. Es ist darauf hingewiesen, daß der Titel „Naturgeschichte in der Volksschule" irreführend sei, sofern der Unkundige darnach schließen könnte, das Buch sei nur in der Volksschule brauchbar, während es doch ebensowohl höhern Schulen zu empfehlen sei. Verleger und Verfasser haben sich dementsprechend geeinigt, den Titel in der Weise umzugestalten, daß derselbe nicht mehr „Naturgeschichte in der Volksschule", sondern „Naturgeschichte" lautet.

Kiel, Ende Oktober 1890.

Der Verfasser.

Inhaltsübersicht.

1. Teil.
Ziel und Verfahren des naturgeschichtlichen Unterrichts.

	Seite
Kritik des Lübenschen Verfahrens	3
Versuch einer Anweisung zu einem fruchtbringenden Unterricht	8
Das Ziel	8
Gesetze	10
1. Gesetz der Erhaltungsmäßigkeit	10
2. „ „ organischen Harmonie	10
3. „ „ Anbequemung	10
4. „ „ Arbeitsteilung	11
5. „ „ Entwicklung	12
6. „ „ Gestaltenbildung	12
7. Zusammenhangsgesetz	12
8. Gesetz der Sparsamkeit	13
Verfahren	15
1. Entwirf dir einen Plan	15
2. Genaue Beobachtungen als Grundlage der Unterredung	16
3. Unterredungen über Einzelwesen an sich	19
4. Das Einzelwesen als Glied eines höheren Ganzen	24
5. Anwendung der Gesetze	26
6. Stellung des Menschen in der Natur	28
7. Übersicht von Gruppen	31
8. Die Lebensgemeinschaft	32
9. Vergleichen der einheimischen mit fremden Wesen	35
10. Das Erdenleben als ein einheitliches	36
Entwurf eines Pensenplans	36

2. Teil.
Der Dorfteich als Lebensgemeinschaft.

Zur Orientierung für den Leser	47
Ein Jahresbild vom Leben des Dorfteichs	49
Seine Glieder	
1. Tiere.	
1. Die Ente (Anas boschas)	50
2. Der Gelbrand (Dyticus marginalis)	62
3. Der pechschwarze Kolbenwasserkäfer (Hydrophilus piceus)	71
4. Der Taumelkäfer (Gyrinus mergus)	73
5. Die Schwalbe (Cecropis rustica)	75

		Seite
6. Der Storch		87
7. Der grüne Wasserfrosch (Rana esculenta)		88
8. Der Wassersalamander (Triton cristatus)		96
9. Der Stichling (Gasterosteus pungitius)		100
10. Die Karausche (Carassius vulgaris)		109
11. Die Wasserschnecke (Limnaeus stagnalis)		111
12. Die Teichmuschel (Anodonta cygnea)		115
13. Die Stechmücke (Culex annulatus)		118
14. Der Rückenschwimmer (Notonecta glauca)		121
15. Der Wasserskorpion (Nepa cinerea)		123
16. Wasserläufer (Hydrometra)		124
17. Wasserjungfern (Libellula depressa)		125
18. Hülsenwürmer (Phryganea)		131
19. Die Eintagsfliege (Ephemera vulgata)		133
20. Der medizinische Blutegel (Hirudo medicinalis)		135
21. Die Bachstelze (Motacilla alba)		138
22. Der braune Armpolyp (Hydra fusca)		140

Rückblick auf das Tierleben 143
  1. Aufenthalt 143
  2. Nahrung 143
  3. Sinneswerkzeuge 147
  4. Bewegungswerkzeuge 148
  5. Ernährungswerkzeuge 152
  6. Atmung 154
  7. Entwicklung 157
    a. des Tierlebens als Ganzes 157
    b. des einzelnen Tieres 158
  8. Das Tier als Glied des Ganzen 161
    a. seine Abhängigkeit 161
    b. Dienstleistung 164
    c. Systematik (die Stellung des Tieres in der Stufenleiter der Tierwelt) 165

2. Die Pflanzen.

1. Die Weide (Salix)		172
2. Die Eller, Erle (Alnus glutinosa)		178
3. Die Sumpfprimel (Hottonia palustris)		182
4. Der Wasser-Hahnenfuß (Ranunculus aquat.) oder das Froschkraut (Batrach. apuat.)		183
5. Das gemeine Schilfrohr (Phragmites comm.)		184
6. Das Vergißmeinnicht (Myosotis pal.)		190
7. Schmalblättrige Berle (Berula ang.) od. Wasserwerk (Sium ang.)		191
8. Der Schachtelhalm (Equisetum limosum)		193
9. Der ortwechselnde Knöterich (Polygonum amphibium)		196
10. Der Froschlöffel oder Wasserwegerich (Alisma plantago)		199
11. Die Igelkolbe (Sparganium ramosum)		202
12. Die Seerose (Nymphaea alba)		205
13. Die Schwertlilie (Iris pseudacorus)		211
14. Der Wasserschierling (Cicuta virosa)		214
15. Die Zottenblume (Menyanthes trifol.)		217
16. Das zottige Weidenröschen (Epilobium hirsutum oder grandifl.)		219
17. Das Laichkraut (Potamogeton gramineus)		221
18. Wasserfäden, Algen		223
19. Die Wasserlinse (Lemna polyrhiza)		226

Rückblick auf das Pflanzenleben 237
  1. Aufenthalt 237
  2. Nahrung 238

		Seite
3. Ernährungsorgane und Ernährung		239
a. Wurzeln		239
b. Blätter		241
4. Entwickelung		243
5. Die Pflanze als Glied in dem Ganzen		246
a. ihre Abhängigkeit		246
b. Dienstleistung		250
c. ihre Stellung in der Stufenleiter der Geschöpfe (Systematik)		250
3. Das Nichtorganisierte.		256
1. Das Wasser		260
2. Der Grund des Teiches		260
a. die Bewegung desselben		263
b. die Gliederung (Teile)		263
1. Sand		263
2. Lehm		264
3. Schlamm		265
c. Ursprung (Entwickelung) der Teile (der Glieder)		266
Rückblick auf das Nichtorganisierte		266
Schluß (allgemeiner Rückblick auf das Ganze)		

Anhang.

I.

1. Das Vergißmeinnicht . . . 269
2. Die Trauerweide . . . 270
3. Die Schwalben . . . 271

II.

1. Tulpe . . . 272
2. Die Roßkastanie . . . 273
3. Unterrichtsobjekte für einen Vorkursus . . . 274
4. Unterrichtsobjekte für den ersten Unterricht in Naturgeschichte — für eine Flußstadt 274

III.

Das Aquarium.
1. Anfertigung eines Aquariums . . . 275
2. Besetzung und Instandhaltung des Aquariums . . . 280
3. Fang der Tiere . . . 283

Eine Anweisung zur Herstellung einfacher Präparate und Apparate zu Versuchen pp. finden sich an folgenden Stellen, und zwar:

Präparat vom Vogelkörper (Lufthöhlen)		52 u. 74
" von Käfern		64, 66 u. 74
" " Larven		67, 129
Erfrischung des Wassers für Wassertiere		103
Präparat vom Fisch (Herz, Kiemen — Nerven)		105
" von einer Schnecke		112
" vom Rückenschwimmer		122
Nachweis von der Richtung der Saftbewegung in den Pflanzen		177
Erlangung der Wasserpflanzen aus der Tiefe (und Ferne)		211
Nachweis der nähern Bestandteile des Pflanzenkörpers		230
Zerlegung der Kohlensäure in den Pflanzen (Kohlensäure und Sauerstoff)		232 ff.
Einwirkung der Schwerkraft auf die Wurzel		248

Im übrigen s. „Sachverzeichnis"!

Alphabetisches Verzeichnis der Abbildungen.

Diese sind teils Originalabbildungen, teils entnommen aus: Brehms-Tierleben, Claus-Zoologie, Graber-Mit-Zoologie, Hertwig-Zoologie, Kükenthal-Zoolog. Praktikum, Kirchner und Blochmann: Die mikroskopische Pflanzenwelt des Süßwassers, Lampert: Leben der Binnengewässer, Leunis-Zoologie, Leunis-Synopsis, Strasburger-Botanik, Wossidlo-Botanik.

Tiere.

	Seite
Bachstelze (Motacilla)	138
Blutegel (Hirudo)	
Kopf und Kieferplatte	136
Inneres	136
Kokon	137
Eintagsfliege (Ephemera)	134
Larve	134
Ente (Anas)	
Fuß	54
Schnabel	61
Oberschnabel	56
Unterschnabel und Zunge	57
Frosch (Rana)	88
Entwicklungsformen	93 u. 94
Zunge	91
Gans	
Schnabel	61
Oberschnabel	57
Gelbrand (Dyticus)	
und Larve	62
Flügel	64
Saugnapf vom Vorderfuß	63
Schwimmbeine	63
Hülsenwurm (Phryganea)	
in der Hülse	132
außer der Hülse	132
Hüpferling (Cyclops)	109
Köcherfliege	133
Kolbenwasserkäfer (Hydrophilus)	
— und -Larve	72
— spinnend	72
Mücke (Culex)	
— Entwicklung	120
— Stechapparat	118
Polyp (Hydra)	141
Nesselkapsel und -zelle desselben	142
Rückenschwimmer (Notonecta)	122
Salamander (Triton)	97
Schnecke (Limnaeus)	111
Zungenplatte	113
Oberkiefer	113
Schwalbe (Cecropis)	76
Stichling (Gasterosteus)	101
Taumelkäfer (Gyrinus)	73
Teichmuschel (Anodonta)	116
— Präparat	117
— Larve	117

	Seite
Wasser-	
— floh (Daphnia)	106
— jungfer (Libellula)	126
Ei, Larve, Maske derselben	128
— läufer (Hydrometra)	124
— motte	133
— skorpion (Nepa)	124
Ei desselben	124

Pflanzen.

	Seite
Berle (Berula)	192
Erle (Alnus)	179
Igelkolbe (Sparganium)	203
— Wurzelstock	204
Knöterich (Polygonum)	
Wasserform	197
Landform	198
Laichkraut (Potamogeton)	222
Ried (Phragmites)	
— vor der Blüte	185
— Samen streuend	187
— Wurzelstock	189
Schachtelhalm (Equisetum)	193
— blühend	194
Sporen u. Sporentaschen	195
Schwertlilie (Iris)	212
Blütenteile	211
Seerose (Nymphaea)	206
Wurzelstock	209
Stäbchenpflanzen	224 u. 225
Vergißmeinnicht (Myosotis)	190
Wasser-	
— faden	223
— feder (Hottonia)	182
— hahnenfuß (Ranunculus)	184
— schierling (Cicuta)	215
— wegerich (Alisma)	
— Blätter	200
— Blüten	201
— Wurzelstock	202
Weide (Salix)	
— Blüte, männlich	172 u. 173
— Blüte, weiblich	174 u. 175
Weidenröschen (Epilobium)	220
— Samen	221
Zottenblume (Menyanthes)	218

1. Teil.
Ziel und Verfahren des naturgeschichtlichen Unterrichts.

Die Natur im weitesten Sinn, soll sagen, die ganze Körperwelt mit den ihr innewohnenden und sich äußernden Kräften, ist die erste Lehrmeisterin des Menschen. Auge und Ohr des kleinen Kindes werden durch wiederholte Eindrücke von außen geübt, die Sinne durch Wahrnehmungen aus der Natur gebildet. Schon mit dem ersten Spiel wird der Grund zur praktischen Erkenntnis der Naturgesetze gelegt; nach und nach lernt das Kind, daß es, wenn es einen Kegel aufstellen will, denselben nicht auf die Spitze, sondern auf die Grundfläche, und später, daß es ihn auf eine wagerechte Unterlage stellen muß. So spielt das Kind in der Natur und mit der Natur, bis die Schule ihm auch andere Aufgaben und andere Beschäftigung zuweist. Wird der Übergang gehörig vermittelt? — In der schulfreien Zeit wird es wieder zum Spiel hingezogen, zum Spiel mit seinesgleichen — denn es ist nun ja in die „Gesellschaft" eingeführt — und zum Spiel mit seinen Spielsachen. Und welche Sachen zieht das unverdorbene Kind denn vor? Stets solche, die ihm Gelegenheit zum Vornehmen von Veränderungen, zu reinster Selbsttätigkeit, zur Übung seiner Körper- und Geisteskräfte geben. So lernt das Kind mit zunehmendem Alter immer mehr Einzeldinge unterscheiden, gleichartige zu gruppieren, und immer mannigfaltiger wird die Form, in welcher ihm das Grundgesetz der Natur, die Beziehung zwischen Ursache und Wirkung, entgegentritt. — Und welche Wonne ist es für den gesunden Jungen, wenn er durch Wald und Feld und Berg und Tal und Moor und Wiesen schweifen, das Reh belauschen, den Hasen erschrecken, Vogelnester suchen und die Vögel beobachten darf! „Vater, drei Nester habe ich gefunden; der alte Vogel saß auf dem einen, und ich konnte ganz dicht hinangehen, er flog doch nicht fort. So und so sah er aus, was für einer mag das gewesen sein? Und an dem Baume lief ein Vogel hinauf, er flog nicht; wie kann er sich da halten?" Welcher Jubel, wenn er gar eine aus dem Nest gefallene Eule als die „seinige" groß füttern darf! „Wie sie mich anguckt! Sie gebraucht ihren Fuß als Hand" u. s. w. Und wie emsig ist das Mädchen beschäftigt, wenn es sich eine Halskette aus „Kettenblumen" (Löwenzahn, Leontodon), dem kleinen Bruder ein Bandelier aus den Ranken der Zaunrübe, um den Hut einen Kranz aus Efeuranken macht, wenn es der Mutter einen Strauß windet und sich eine Pflanze der Marienblume (Bellis) mitbringt, um sie im Blumentopf zu pflegen (denn die Blätter und Blumen allein wachsen nicht!). Niemand wird leugnen, daß auch diese Beschäftigungen der Kinder geistbildend sind. Aber das ursächliche Verhältnis ist hier mehr zusammengesetzt. — Sollte die ganze Menschheit einen anderen Entwickelungsgang als das Kind durchgemacht haben? — Doch die Schule und das Leben machen weitergehende Ansprüche. Immer knapper wird die Zeit zur freien Beschäftigung mit der Natur bemessen. Und doch ist ihr Bildungsmaterial noch lange nicht erschöpft; denn es ist mit der lebenden Natur kaum Bekanntschaft angeknüpft. Aber da hilft die Schule dann aus; sie erteilt naturgeschichtlichen Unterricht, mit dessen Hilfe das Kind die von Vorvätern gefundenen Wahrheiten sich zum Eigentum erarbeitet. Aber aus der Natur? Sie hilft aus? Es gibt höhere Schulen, wo der botanische Unterricht mit der begrifflichen Bestimmung der verschiedenen Blattformen beginnt und über eine Beschreibung einzelner Pflanzen zwecks systematischer Klassifikation nicht hinauskommt. Wenn mir auch nicht eine Volksschule bekannt ist, wo in so klassischer Weise gegen die Pädagogik gesündigt wird, so steht doch auch hier zur Frage, ob denn die Schule den von der Natur oder dem Kinde begonnenen (Selbst=) Unterricht in demselben Geiste mit den ihr zur Verfügung stehenden Mitteln fortführt. Kann die Schule den Forderungen der Pädagogik noch mehr gerecht werden, kann sie den reichen Bildungsstoff, den die Naturgeschichte bietet, nicht noch mehr ausbeuten? Einen Beitrag zur Beantwortung dieser Frage zu liefern ist der Zweck dieser Arbeit.

Seit Lüben beginnen wir unsern Unterricht nicht mehr mit der Demonstration von (abstrahierten) Formen, sondern — Pestalozzi folgend — mit der Beschreibung von konkreten Dingen, durch deren Vergleichung die Form abstrahiert wird. So arbeitet der Lehrer in der Schule. Zu anderer Zeit sehen wir ihn, von Forschungseifer getrieben — ähnlich dem, der einen Livingstone und Stanley in die brennenden Wüsten Afrikas, einen Roß, Franklin, Nordenskjöld zwischen die Eisberge des Polarmeeres treibt — Wald und Wiese, Feld und Sumpf, Moor und Heide abstreifen, um Entdeckungen zu machen und neuen, materiellen Stoff zur Benutzung in seiner Schule zu suchen. Also: Der Lehrer arbeitet eifrig; er bringt den Unterricht in pädagogisch als richtig anerkannter Form an die Schüler; das Unterrichtsmaterial ist so einfach und doch wieder so tiefgründig, daß schon Adam seine Studien an demselben machen konnte und doch der Mensch des 19. Jahrhunderts n. Chr. mit seiner Kenntnis noch an der Oberfläche haftet, daß daraus ein Kind im zartesten Alter die Milch seiner Bildung saugen und ein Humboldt seine Manneskost beziehen kann. Worin kann es denn nun seinen Grund haben, daß der naturgeschichtliche Unterricht von manchen Seiten mit Mißtrauen und Geringschätzung angesehen wird? Beneke z. B. zählt ihn zu den geringwertigsten Unterrichtsdisziplinen. Die Form des Unterrichts kann ein so abfälliges Urteil nicht begründen; es muß, wenn überhaupt begründet, in dem, was der Lehrer an die Kinder bringt, seinen Grund haben. Da gilt es für jeden Lehrer der Naturgeschichte eine ernste Selbstprüfung, ob der Naturforscher oder Naturfreund nicht mit dem Pädagogen davongerannt ist. Es fragt sich, ob das, was uns Lehrer interessiert, auch für die Schüler, die nicht einen dem unsrigen gleichen Bildungsgang durchgemacht haben, gleiche Bedeutung hat; ob wir, trotz Lübens Vorgang oder

Vorstoß, in unserm Unterricht nicht heute noch von fachwissenschaftlichen Formen, die allerdings notwendige Bedingung für **unsere** Bildung sind, beeinflußt werden, und ob wir unter diesem Einfluß den erforderlichen Unterschied zwischen wissenschaftlicher und Volks-Naturgeschichte machen; kurz: ob wir nicht die Form der Wissenschaft in die Schule zu bringen uns bemühen und unter diesem Streben den Inhalt ungenügend berücksichtigen.

Meine Erfahrung hat in mir die Überzeugung gereift:

I.
Der systematische Unterricht in der Schule erreicht den Zweck, den der naturgeschichtliche Unterricht erreichen sollte, jedenfalls nicht vollständig.

In den meisten Schulen wird wohl nach Lübens Leitfäden und Anweisungen oder nach ähnlichen Büchern unterrichtet, und gegen sie muß ich, trotz aller Anerkennung, die ich Lüben zolle, mich zunächst aussprechen. Ich erkenne nicht bloß Lübens Streben an — ja ich bedaure, daß seine Methode noch nicht in alle oben gedachten höheren Bildungsanstalten gedrungen ist. Ich bin ferner auch heute noch mit Lübens Grundsätzen für die Erteilung des naturgeschichtlichen Unterrichts einverstanden, halte auch dafür, daß dieser Unterricht „einer besonders dazu gefärbten christlichen Brille nicht bedarf", daß „Wahrheit der oberste Grundsatz" sein müsse, daß der Unterricht „auf Anschauung zu gründen" und „Kenntnis der Heimat in den Vordergrund zu stellen" sei u. s. w. Ebenfalls bin ich mit den von Lüben angegebenen Zielen im ganzen einverstanden. Als solche nennt er u. a. Erkenntnis der Einheit der Natur — Erkenntnis des Lebens — Erkenntnis der Mannigfaltigkeit innerhalb der Einheit — Kenntnis der Stoffe und Kräfte, welche dieses mannigfaltige Leben hervorrufen. Allein mit der Art und Weise, wie er sein Ziel zu erreichen sucht, kann ich mich durchaus nicht einverstanden erklären. Aus seinen direkten Aussprüchen sowohl (im pädagogischen Jahresbericht), wie aus der Anlage seiner Leitfäden und aus seiner „Anweisung zu einem methodischen Unterricht in der Pflanzenkunde" ergibt sich, daß er die systematische Kenntnis als erstes und letztes Ziel erstrebt.

I. Mit Rücksicht auf das Wesen der Schule kann die Kenntnis des Systems das Ziel des naturgeschichtlichen Unterrichts nicht sein.

Die Schule ist eine Anstalt für allgemeine, aber nicht für wissenschaftliche Bildung. Dagegen

1. das System ist ein wissenschaftlicher Apparat, der für die Schule nicht Selbstzweck sein kann.

Die Wissenschaft kann des Systems nicht entraten. Es ist erforderlich, damit die Wissenschaftsmänner sich untereinander verständigen können; sie müssen bei den Tausenden von Dingen, die in Betracht kommen, wissen, gewissermaßen in welcher Schublade 2c. ihrer Vorstellungsreihe sie das Ding suchen oder unterbringen, welche Vorstellung sie mit diesem oder jenem Ausdruck (z. B. herzförmig, nierenförmig 2c.) verbinden sollen. Ferner muß für die Wissenschaft Morphologie, Anatomie, Physiologie 2c. getrennt werden, weil sonst die Ansprüche, die an den Einzelnen zu stellen sind, seine Leistungsfähigkeit weit übersteigen. Auch für uns Lehrer ist Systemkunde durchaus nötig, wenn wir selbständig einen Naturgegenstand bestimmen wollen, wie es denn überhaupt wünschenswert ist, daß wir möglichst tief in die Wissenschaft eingeführt, nicht abgerichtet, werden.

Die Schule aber hat mit der Wissenschaft als solcher nichts zu schaffen. Nur die Resultate der Wissenschaft, populär erläutert und begründet, gehören in die Schule — für das Volk.*) Der Lehrer ist zu dieser Übermittelung berufen, und er wird seiner Aufgabe um so besser genügen können, je mehr er neben pädagogischer Bildung auch in die Wissenschaft selbst eingedrungen ist, so daß er den zu verarbeitenden Stoff vollständig beherrscht. Dem Lehrer aber, der den Geist der heutigen Naturwissenschaft nicht erfaßt hat, möchte ich nicht einmal ein Urteil über naturwissenschaftliche Methode zumuten; er redet von ihr nur zu leicht, wie der Blinde von dem Unterricht in der Farblehre. Darum: für den Lehrer System und Wissenschaft — für den Schüler Hausmannskost!

2. Das System ist ein Produkt menschlicher Logik, aber nicht Naturkunde. Das System kennt nur Begriffe, wie Familien, Arten 2c., die Natur aber hat nur Einzelwesen, und wir gewinnen erst durch Abstraktion eine Vorstellung von einem „Hund". — Zwar geht das Streben der modernen Systeme dahin, die natürliche Verwandtschaft der Lebewesen zum Ausdruck zu bringen, und so wird bei Übersichten und Vergleichen in höheren Klassen die Frage nach der Verwandtschaft der ähnlichen Organismen ungesucht zu den allgemeinen Zügen des — noch im Entstehen begriffenen, auf den Ergebnissen der Entwicklungslehre aufgebauten — Systems führen. Aber um das System zu einem Ziel des Schulunterrichts zu machen, dazu fehlt die notwendige Unterlage: Das ganze wissenschaftliche Tatsachenmaterial, dessen Aneignung durch Anschauung dem Kinde in der Schule unmöglich, und dessen Übertragung durch bloße Mitteilung für das Kind inhaltsleer und daher unfruchtbar und verwerflich ist.

II. In Verfolg dieses einen Ziels verlieren Lüben und seine Nachfolger andere von Lüben als berechtigt anerkannte Zwecke aus dem Auge.

1. Das Bewußtsein von der Einheit der Natur kann dem Kinde nicht kommen,

---

*) Wenn „Kritiker" trotz vorstehender Äußerung behauptet haben, ich wolle die Wissenschaft in die Schule bringen, so nehme ich — zu ihrer Ehre — an, daß sie mein Buch nicht gelesen haben; oder aber, sie müssen des selbsttätigen Beobachtens so ungewohnt sein, daß sie, die ihre Gelehrsamkeit aus Büchern schöpfen, einfache, jedem Kinde mögliche Beobachtungen als bare Wissenschaft betrachten. Nicht anders kann meine Antwort an diejenigen lauten, die da behaupten, bei der Unterrichtsweise, die ich vertrete, lernten die Kinder nicht beobachten. Vgl. Verhandlungen auf dem 8. Deutschen Lehrertage in Berlin!

a) weil, wenn das System vollständig ausgefüllt werden soll, die Masse des herbeigezogenen Stoffes den Kindern eine Übersicht nicht gestattet, und wenn nur ein Teil ausgefüllt werden soll, die für die Erkenntnis der Einheit eben notwendigen Mittelglieder fehlen.

Wie wenig ein vollständiges System in der Schule am Platze ist, abgesehen von der Möglichkeit, die Vollständigkeit zu erreichen, möge jeder an sich selbst und seinen Bekannten ermessen. Es möchten nicht viele unter uns Kollegen sein, die eine Übersicht auch nur über ein natürliches Pflanzensystem hätten — und Botanik liegt den meisten doch am nächsten — eine Übersicht derart, daß ihnen die charakteristischen Merkmale der Abteilungen, Unterabteilungen und Gruppen überhaupt gegenwärtig sind. Sind aber Lücken in unserem Bewußtsein vorhanden, so fehlt eben die Einheit.

Erkenntnis der Einheit in der Mannigfaltigkeit der Erscheinungen, die auch Lüben verlangt, kann ferner nicht erreicht werden

b) weil Lüben und seine Nachfolger zugunsten einer logischen Einheit das Natürlich-zusammengehörige auseinanderreißen. In der Betrachtung wird das Wesen aus seiner Umgebung, von der es beeinflußt wird und die es selbst beeinflußt, das Organ von seiner Tätigkeit, das Glied vom Ganzen abgelöst. Lübens durchstehende Disposition für Tierkunde ist folgende: Beschreibung des Tieres — Aufenthalt — Nahrung — Fortpflanzung — Eigenheit und Sitte — Nutzen.

2. Erkenntnis des Lebens ist bei systematischer Zergliederung nicht möglich.

Wenn man Lübens oder ähnliche Leitfäden und selbst Handbücher durchsieht, so ist es nicht anders, als wenn man sich in einem zoologischen Museum voll ausgestopfter Tiere umsieht oder in einem Herbarium blättert. Dem Kinde wird erst die tote trockene Form, und im letzten Kursus mit Physiologie 2c. gewissermaßen das Innere — nur ja nicht Leben gegeben. Wo das Seziermesser der Logik das Leben vertrieben hat, da kann durch künstliches Zusammenflicken ein Leben nicht wieder erzeugt werden. Erkenntnis des Lebens eines Dinges ist doch wesentlich ein Verstehen desselben nach innerer Ursache und daraus folgender Äußerung, die ja beide in unmittelbarster Beziehung zueinander stehen. Darum keine Trennung beider, keine Trennung von Ursache und Wirkung!

3. Ein Fortstudium in der Natur, das auch Lüben fordert, ist bei systematischem Schulunterricht nicht möglich,

a) weil die Schüler die etwa erlangte Übersicht bald verlieren und ihnen die zur Ergänzung nötigen Hilfsmittel fehlen. Wenn schon uns Lehrern, deren Beruf es fordert, sich mit der Natur zu beschäftigen, denen Lupe und Buch zur Verfügung stehen — wenn schon uns im Laufe der Jahre manches vom System verlorengeht — können wir denn erwarten, daß unsre Schüler und Schülerinnen das System treuer bewahren, sie, deren Beruf sie auf den Schusterbock oder an den Feuerherd fesselt und ihnen vielleicht nur jeden zweiten oder dritten Sonntagnachmittag freie Gedankenbewegung gestattet, und denen Bücher und andere Hilfsmittel nicht zur Verfügung stehen?

b) wenn der Schüler nicht mehr das ganze System hat, so kann er auch gar kein Interesse haben, ein einzelnes Wesen nach seiner Stellung im

System bezeichnen zu können. Oder sollte jener Schusterjunge an seinem Sonntagnachmittag sich damit beschäftigen, die Fühler und Tarsenglieder eines zufällig gefundenen Käfers zu zählen, wenn er nicht einmal Aussicht hat, seinen Namen zu erfahren? Sollten Köchin und Stubenmädchen sich streiten, ob die Erbsen Hülsen oder Schoten tragen — sich den Unterschied zwischen dem Blütenstand des Flieders (Sambucus) und der gelben Wurzel (Daucus) klarmachen?

III. Lüben und seine Schüler verfallen in allgemein zu verurteilende pädagogische Fehler.

1. Sie verfahren einseitig.

a) Einseitig wird die intellektuelle Kraft in Anspruch genommen. Wie kann bei diesem systematischen Zergliedern ein Eindruck von der Schönheit des Ganzen, wie kann Achtung vor dem Leben eines Wesens erzeugt werden — vor einem Leben, das nicht verstanden wird? Und wiederum einseitig übt Lüben Anschauen und Vergleichen. Wann wird das Kind einmal zu Schlußfolgerungen, speziell zu Schlüssen der Induktion und Analogie, die in der Naturforschung eine so große Rolle spielen, veranlaßt? Wann, ihren Wert zu prüfen?

b) Einseitig wird verfahren, indem die Dinge nur nach ihrer Bedeutung für das körperliche Wohlergehen der Menschen angesehen werden, wodurch einer materialistischen Lebensanschauung Vorschub geleistet wird.

Zur Beschreibung der Gräser verwendet Lüben 5 Seiten (Pflanzenkunde S. 366 ff.) — natürlich, das System soll vollständig sein. Er hat aber nicht ein einziges Wort für die Bedeutung der Gräser als Schmuck unserer heimatlichen Fluren, über ihre volkswirtschaftliche Bedeutung für Handel, Schiffahrt, Eisenbahnen, über ihre kulturgeschichtliche Bedeutung durch Herausbildung der Menschheit aus dem Jäger- und Nomadenleben zur Gesittung. Wohl aber sagt er: „Sie bilden unstreitig die nützlichste Familie, da sie den Menschen und den meisten Haustieren die Hauptnahrung bieten." Also die Gräser geben zu essen — das ist neben ihrer systematischen Bedeutung ihr einziger Wert. So gewiß die Frage: Ist das zu essen? berechtigt ist für den Menschen ebensowohl, wie für das Tier — so gewiß hat die Schule doch auch die Aufgabe, vor allem durch Pflanzung und Pflege idealer Interessen die Menschen höher und höher über das Tier zu fördern.

2. Das Streben, ein System möglichst auszufüllen, bringt Lüben und seine Schüler in eine andre Gefahr, wenn nicht zu einem andern Fehler: Sie leisten einer oberflächlichen Behandlungsweise Vorschub und befördern Aufgeblasenheit. Wenn nur auf die botanischen Merkmale Gewicht gelegt wird und es darauf ankommt, möglichst viele Pflanzen von diesem Gesichtspunkt aus vorzuführen, so werden andere Dinge nur zu leicht übersehen oder es bleibt für sie keine Zeit. Wohl können unsere Kinder dann eine Menge Namen und Gattungs- und Artscharaktere in ihrem Gedächtnis (für eine Zeitlang) aufspeichern, und der Lehrer kann gelegentlich bei den Eltern ein freudiges Staunen über die

Gelehrsamkeit ihrer Kinder hervorrufen. Und doch ist ihr ganzes Wissen nur —
ein Herbarium; wie bald ist es vergilbt! Und doch ist und bleibt das Leben
in der Natur ihnen ein unverständliches Rätsel, zu dessen Lösung sie in sich
weniger Anhaltspunkte finden als einer, dessen Auge für das Naturwalten nicht
durch eine solche Schule geschwächt ist, dessen natürlicher Sinn für Beobachtung
des Lebens nicht durch Dünkel getrübt ist. — Wie ein solches Wissen von
vielen Namen aufblähen kann, davon wird jeder überzeugt, wenn er ge=
legentlich beobachtet, wie ein Vielwisser auf andere, welche diese oder jene Blume
nicht benennen können, als Unwissende herabblickt, während er selbst bezüglich
der Naturkunde, hier sogar bezüglich der Kenntnis auch nur des Keimens
oder der Keimblätter, überhaupt des Lebens einzelner Pflanzen, als Unwissender
vor einem gewöhnlichen Arbeiter gelten muß.

    3. **Lübens Methode ist nicht naturgemäß,**

    a) in Rücksicht auf das Wesen der Natur. Die Natur selbst macht doch
nicht einen Unterschied zwischen den Organen und deren Tätigkeiten, zwischen
dem Sein und dem Leben eines Dinges (s. II, 1, b); da das Pferd einen Schweif
hat, so gebraucht es denselben zur Abwehr der Fliegen (um nicht zu sagen, es
hat ihn dazu erhalten).

    b) sie ist nicht naturgemäß mit Rücksicht auf das Kind. Das Kind
hat, wenn es in die Schule kommt, sich selbsttätig eine Menge von Anschauungen
und Gruppenbegriffen (z. B. Vogel, Baum) bereits angeeignet, indem es selbst
oder die Mutter 2c. Antwort gegeben hat auf die Fragen: Wer ist das? Was
macht es? Womit vollbringt es dies? Wozu ist das da? Dieser Schatz von
Wissen wird von Lüben ignoriert, und dieser Entwicklungsgang des Kindes, durch
die Selbstbildung desselben und die instinktive Methode einer Mutter als natür=
licher Entwicklungsgang gekennzeichnet, wird von Lüben nicht beachtet, sondern gewalt=
sam unterbrochen; er zwängt die freie Betrachtungsweise des Kindes in spanische
Stiefel ein (wovon das Hinüberleiten von einem neugierigen, gedankenlosen Be=
gaffen zu einem geregelten, sinnigen Betrachten immerhin sehr weit verschieden
ist). Trotzdem, daß das Kind einen „Vogel" kennt, muß es ihn doch noch erst
kennen lernen. Wodurch? Durch Vergleichen und Unterscheiden, was es selbst
längst getan hat. Ja, würde ihm damit das eigentümliche Wesen des Vogels
klar! Aber die ganze Errungenschaft nach einer so umfangreichen Tätigkeit be=
steht höchstens in der Hinzufügung von ein paar äußern Merkmalen. — Und
wie macht sich eine derartige systematische Betrachtung in Wirklichkeit? Die
naturgemäße kindliche Betrachtungsweise legt bei jeder Gelegenheit Bresche in die
systematische, oder — die Kinder schlafen. Ein Beispiel. Gesetzt, ich habe Ge=
legenheit, den Kindern einen Pfau zu zeigen. Soeben habe ich mich in die
Lübensche Beschreibung vertieft — wir fassen die für die hühnerartigen Vögel
charakteristischen Merkmale ins Auge — da entfaltet das unvernünftige Tier,
das von Wissenschaft nichts weiß, seinen Schweif, und — auch die Kinder
wissen nichts mehr von Systematik, sehen nicht Schnabel noch Füße, sondern be=
wundern den Schweif. Was nun? Soll ich die Kinder schelten, die ihrer Natur
folgen, oder den Lehrer, der sie wegen Unaufmerksamkeit schilt? — Dergleichen
Zwischenfällen sind wir aber immer ausgesetzt, wenn wir wirklich die lebensvolle

Natur und nicht eine Welt voll toter Formen betrachten wollen.*) Es kommt mir fast wie eine Mißhandlung der Kindesnatur vor, wenn ich das Kind zwinge, das, woran sein Interesse sich in besonderm Grade knüpft, außer acht zu lassen und auf die ihm zunächst noch gleichgültigen systematischen Merkmale zu achten. Laßt es doch erst so viel Stoff in sich aufnehmen, bis es selbst das Bedürfnis fühlt, Ordnung in seine Vorstellungen zu bringen und bis es unsere Klassifikation versteht. Es klassifiziert von Anfang an, z. B. sehr bald die Blumen in weiße und andere. Aber für wissenschaftliche Klassifikation muß erst ein Verständnis erworben werden, ehe wir dieselbe üben dürfen.

II.

Versuch einer Anweisung zu einem fruchtbringenden Unterricht in der Naturgeschichte.

Der Reichtum der Naturwissenschaft besteht nicht mehr in der Fülle, sondern in der Verkettung der Tatsachen.
Humboldt.

Die vorhergegangenen Erwägungen bestätigen, was meine Erfahrung mich gelehrt hat, nämlich daß nach Lübenscher Weise ein fruchtbringender Unterricht nicht erzielt wird, weil sein Weg nicht seinem Ziele entspricht. Anschließend an das Wort, das Humboldt schon vor länger als einem halben Jahrhundert sprach und dessen Anwendung er in seinem Kosmos zeigte, werde ich den Versuch wagen, einen andern Weg anzugeben, der sich in meiner Praxis seit Jahren als zielentsprechend bewährt hat, insofern er sich als geeignet erwies, dem Kinde doch ein Körnlein von dem Reichtum der Naturwissenschaft zu übermitteln, nicht durch Sammlung von möglichst vielen oberflächlich erfaßten Tatsachen, sondern durch Verkettung von wenigen tiefer erfaßten — denn wenig nur, sehr wenig im Vergleich zu der ganzen Fülle, kann die Schule überhaupt bieten. Zunächst jedoch muß ich mich über das Ziel etwas näher aussprechen, um meine Operationsbasis klarzulegen. —

Das Ziel des naturgeschichtlichen Unterrichts

fasse ich, etwas anders als Lüben formulierend:

Es ist ein klares, gemütvolles Verständnis des einheitlichen

---

*) So schwer dieser Vorwurf gegen die Lübensche Methode auch wiegt, so erkenne ich gerade an dieser Stelle Lübens Verdienst noch einmal an, sofern er für unmittelbare Anschauung eintrat. Das war ein großer Schritt, der geeignet war, mehr Leben in den Unterricht zu bringen und den wissenschaftlichen Gang aus der Schule zu verdrängen. Aber seine Schüler sollten auf dieser Bahn weitergehen, sich nicht mit der Betrachtung ausgestopfter Tiere, die nur für den geschulten Beobachter in ausgiebiger Weise Wert haben, begnügen, sondern dem Winke der Natur, den die Kinderseele gibt, folgen!

Lebens in der Natur anzustreben.*) Unterziehen wir zunächst den Inhalt der Forderung einer kurzen Erwägung. Verständnis des Lebens wird gefordert. Was Leben ist, läßt sich nicht definieren, am allerwenigsten vor Kindern. Es kennzeichnet sich durch Bewegung, durch innere allein oder zugleich auch äußere, mit welcher ein steter Wechsel verbunden ist. Diese Bewegungen aber haben durch innern Impuls ein gemeinsames Ziel, nämlich die Erhaltung bezw. Vervollkommnung des Ganzen. Wollen wir demnach Leben zeigen, so müssen die Schüler Bewegungen und Veränderungen, die auf Erhaltung und Vervollkommnung des Ganzen abzielen, erkennen, kurz, die Nachweisung der Erhaltungsmäßigkeit und der Entwickelung in der Erscheinung muß die Grundtendenz des naturgeschichtlichen Unterrichts sein. Erhaltungsmäßig ferner kann eine Erscheinung für sich allein nie genannt werden, z. B. kann man nicht sagen: der Fuß (einer Ente) ist erhaltungsmäßig; ich muß mir denselben vielmehr in Tätigkeit denken und deren Bedeutung für das Ganze erfassen. So darf also die Betrachtung des Organs nicht von der Betrachtung seiner Funktion getrennt, sondern das Organ muß in Tätigkeit und im Dienste des Ganzen gedacht werden. Dadurch erhält der Schüler die Vorstellung eines lebenden Organismus.

Das Leben ist einheitlich. Hier ist nach meiner Überzeugung ein andrer Punkt, wo Lüben auf Abwege gekommen ist. Er sucht die Einheit in der Form der Körper. Bei der unendlichen Mannigfaltigkeit in der Gestaltung aber mußte er eben eine übermäßig große Zahl von Gegenständen in den Kreis der Besprechung ziehen, um so einen Übergang der Formen ineinander oder ihre Verwandtschaft zeigen zu können; da ferner Morphologie und Embryologie in der Schule kaum berührt werden können, während diese Zweige der Naturkunde für Erkenntnis der einheitlichen Form doch so außerordentlich wichtig sind, muß sein Streben scheitern.

Ich suche die Einheit in dem Leben selbst. Nicht nur bildet jeder Organismus für sich eine Einheit, insofern alle Organe in ihrem Zusammenhange nach einem und demselben Prinzip (Entwicklung und Erhaltung) tätig sind, bezw. mit einem Teil die Gesamtheit leidet; die Einheit in der Natur ergibt sich vor allem aus der Wahrnehmung, daß in den innern Ursachen der Lebensäußerungen verschiedener Individuen sich eine Übereinstimmung erkennen läßt, oder einfacher, daß die Lebensäußerungen der verschiedenen Naturdinge bei aller Mannigfaltigkeit doch nach gewissen, in der Natur gegebenen Normen geschehen. Das sind die Gesetze des organischen Lebens. Gleiche oder wenigstens ähnliche Gesetze liegen

---

*) Es entspricht Humboldts Forderung und ist wesentlich dasselbe, welches Scheller im 4. Schuljahr („Theorie und Praxis des Volksschulunterrichts von Rein, Pickel und Scheller." Dresden bei Bleyl und Kämmerer) aufgestellt hat. Man vergleiche deshalb zu Folgendem das 4., 5. und 6. Schuljahr, sowie die übrigen einschläglichen Arbeiten Schellers in den „deutschen Blättern" von Mann, Langensalza 1881 Nr. 14 — 19 und in den „Pädagogischen Studien" von Rein (bei Bleyl und Kämmerer)!

dem Zusammenleben mehrerer Wesen zugrunde, wenn diese eine Gesamtheit bilden, deren einzelne Glieder sich in ihrer Existenz gegenseitig bedingen. Sie bilden alsdann eine Lebensgemeinschaft, die als Ganzes einem Organismus parallel zu stellen ist und in welcher die einzelnen Glieder den Gliedern eines Organismus entsprechen. **Die Beachtung der Gesetze** bei der Betrachtung der **Individuen** und ähnliche Behandlung von **Lebensgemeinschaften** bildet den **Schwer- und Angelpunkt** meines naturgeschichtlichen Unterrichts. Denn sind erst eine Anzahl Individuen und ferner mehr oder weniger Lebensgemeinschaften als von innewohnenden Gesetzen regiert erkannt, so kann ich durch Induktion auch die ganze Erde „als ein durch innere Kräfte bewegtes und belebtes Ganzes erfassen", (Humboldt: Kosmos), und doch werden die Schüler nicht durch eine große Masse Stoff erdrückt.

Gesetze, die meines Erachtens bei dem naturgeschichtlichen Unterricht in der Volksschule in Betracht kommen können, habe ich in den „Deutschen Blättern" 1883 Nr. 6 und 7 („D. Bl." von Mann, Langensalza, Beyer u. Söhne) veröffentlicht. Die Wichtigkeit, die ich ihnen für den Unterricht beimesse, veranlaßt mich, sie in der Hauptsache hier wiederzugeben.

1. Das Gesetz der Erhaltungsmäßigkeit: Aufenthalt, Lebensweise und Einrichtung entsprechen einander. Man kann ja auch sagen: Was das Tier (die Pflanze) hat, gebraucht es zu seinem Leben an diesem Aufenthalt, und umgekehrt: für sein Leben an diesem Orte gebraucht es bestimmte Organe. Das Gesetz an sich ist selbstverständlich, wie das von Ursache und Wirkung. Und doch erweitert seine bewußte Anwendung den Blick außerordentlich. Beispiele s. „Dorfteich." Dieses Gesetz muß in jeder Schule jeder Einzelbetrachtung zugrunde liegen. Wer nicht vollständig von dem Wert der Gesetze überzeugt ist, möge doch einmal in Lübenscher Weise die Fledermaus beschreiben und ferner nach Maßgabe dieses Gesetzes (ähnlich wie in den „Deutschen Blättern" 1883 Nr. 16) sie betrachten. Nach der einen Weise erscheint sie als Karikatur, nach der andern als normales Wesen, das durchaus nichts Lächerliches an sich hat.

2. Das Gesetz der organischen Harmonie. „Jedes Wesen ist ein Glied des Ganzen" lasse ich kurz, wenn auch nicht logisch erschöpfend formulieren. Es ist das Gesetz der Erhaltungsmäßigkeit angewandt auf eine Lebensgemeinschaft. S. „Dorfteich: Rückblick", wo es allerdings nicht ausgesprochen ist. Abhängigkeit und Dienstleistung treten in den Vordergrund.

3. Das Gesetz der Anbequemung (der Akkommodation), Anpassung: Lebensweise und Einrichtung passen sich (bis zu einem gewissen Grade) einem veränderten Aufenthalte (veränderten Verhältnissen) an, und umgekehrt. Dieses Gesetz ist eine speziellere Form des 1. allgemeinen. Indessen gibt es dem Lehrer einen gewichtigen Anhaltspunkt für seine Betrachtungen, wenn er ein Wesen bei Vergleichung mit dessengleichen abgeändert findet: er muß die Ursache des Unterschiedes in veränderten Verhältnissen suchen; oder wenn er unter tatsächlich verschiedenen Wesen im Äußeren Übereinstimmung findet (z. B. Farbe der Grashüpfer und des Laubfrosches): er muß auf Einfluß ähnlicher

Verhältnisse — aber welche? — schließen. Für den Lehrer, damit ihm im Einzelfall die Anwendung leichter werde, möge hier der Inhalt des Gesetzes auseinander gelegt werden.

a) Die Lebensweise bedingt die Einrichtung: das sich mästende Schwein hat schwächere Bedeckung.

b) Die Lebensweise bedingt den Aufenthaltsort: im Winter sucht der Hase die Gärten mit Kohl.

c) Die Einrichtung bedingt die Lebensweise: der junge Vogel hat Flügel; er fliegt.

d) Die Einrichtung bedingt den Aufenthalt: die junge Ente ist zum Schwimmen eingerichtet; sie sucht das Wasser.

e) Der Aufenthalt bedingt die Lebensweise: Die Schwalbe hat sich den Menschen und ihren Wohnungen anbequemt; sie muß jetzt anderes, als früher, gewohnt sein.

f) Der Aufenthalt bedingt die Einrichtung: Fische können auf dunklem Grunde innerhalb weniger Minuten eine dunkle Farbe annehmen.

Dieses Gesetz offenbart sich überhaupt im Pflanzen- und Tier- wie im Menschenleben unter mannigfaltigen Verhältnissen. Man denke an die Kulturwesen und — an die Bildung des Menschen durch Erziehung. — Und wenn wir uns weiter erinnern, daß jeder Organismus durch innere Gesetze regiert wird, daß mithin äußere Einflüsse wohl modifizierend, aber nicht vollständig umgestaltend eingreifen können, so folgt, daß die Akkomodation ihre Grenzen haben muß, über welche hinaus der Tod des Organismus erfolgt. So eröffnet dieses Gesetz in Verbindung mit den vorhergehenden eine weit in die Geschichte des Natur- und Völkerlebens hineinreichende Perspektive. Welches sind die Ursachen des Unterganges der Urwelten? der Urvölker? der roten Rasse in Amerika u. s. w. Warum geht eine bestimmte Pflanze meiner Heimat nach und nach aus? Warum verkümmert eine andere? — Dieses Gesetz ist ja dasjenige, das Darwin für seine Hypothese in ausgiebigster Weise benutzt hat. Da die Darwinsche Hypothese vielfach ins Volk hineingetragen wird, so liegt auch in diesem Umstande ein gewichtiger Grund, in der Schule der Erziehung dieses Gesetz zu berücksichtigen. Die Schule muß die Tatsache als solche anerkennen, kann aber sehr leicht nachweisen, wo die Spekulation beginnt, oder eigentlich, wie die Meinung einen scheinbar tatsächlichen Grund schafft. Bedingt die Lebensweise die Einrichtung oder letztere die erstere — in allen Fällen? Hat die Natur Wesen mit bestimmter Einrichtung geschaffen, die sich dann ihren Aufenthalt suchten und ihr Leben gestalteten — oder aber hat sie die Wesen an einen bestimmten Aufenthalt gesetzt, wo dieselben selbst eine diesem entsprechende Einrichtung sich gaben? Die Schule bleibt füglich bei der Tatsache stehen, daß eine Veränderung der Verhältnisse auch eine Veränderung der Lebensweise — oder den Tod — bedingt, oder umgekehrt.

4. **Das Gesetz der Arbeitsteilung — der Differenzierung der Organe.** Beides sind verschiedene Ausdrücke für wesentlich dieselbe Sache. Beisp. s. „Rückblick". Der Blutegel muß sich gegen Verfolgung sichern — er muß etwaige Feinde wahrnehmen — und muß auch Nahrung wittern können (Ges. 1). In beiden Fällen dient die Haut als Organ. Die Ente kann etwaige Feinde

schon aus der Ferne durch Gehör und Gesicht wahrnehmen und außerdem ihre Nahrung (sehen und) mit dem Schnabel tasten. Dieselben Tätigkeiten, die dort ein Organ verrichten mußte, werden hier unter mehrere geteilt, werden demnach auch vollkommener ausgeführt (vgl. einen einzelnen Handwerker und eine Fabrik mit vielen Arbeitern, deren jeder tagaus, tagein dieselbe Arbeit verrichtet). Je mehr die Gesamtarbeit auf einzelne Organe verteilt ist, desto vollkommener wird sie ausgeführt. Das ist das Gesetz der Arbeitsteilung. Nun kann man auch umgekehrt schließen: Je mehr verschiedene Organe für die Gesamtarbeit vorhanden sind, desto vollkommener kann jedes seinen Dienst für die Gesamtheit verrichten; in diesem Fall schließe ich von der Differenzierung der Organe auf die Vollkommenheit des Ganzen.

5. Das Gesetz der Entwicklung: Jeder Organismus entwickelt sich, und zwar aus dem Einfachen heraus zur Stufe der (immerhin relativen) Vollendung. Das ist, wie schon oben angegeben, ein Kennzeichen des Lebens, im einzelnen Organismus sowohl, wie in der Lebensgemeinschaft.

6. Das Gestaltungsgesetz oder das Gesetz der Gestaltenbildung: Die vorhandenen Teile üben auf die hinzukommenden einen Einfluß aus — derart, daß ein Körper von bestimmter Form entsteht. Dieses Gesetz ist in vorliegender Form wohl recht schwierig zu verstehen, trotzdem ich es, wie ich meine, in denkbar einfachster Weise formuliert habe.*) Der Lehrer aber muß sich jedenfalls desselben bewußt sein, denn es gilt in der unorganischen wie in der organischen Natur. Wirf ein Salzkrümchen in eine Kochsalzlösung, ein Alaunstückchen in eine (ebenfalls konzentrierte) Alaunlösung — oder vermische beide; warum setzen sich um das Kochsalz die Teile dergestalt an, daß sie einen Würfel, um den Alaun, daß sie ein Oktaeder bilden? Warum gruppieren sich die Teile in der Keimzelle der Birnblüte so, daß der Keim zu einem Birnbaum und nicht etwa zu einer Roggenpflanze gebildet wird? Warum entsteht aus dem Ei des Frosches nicht ein Salamander (s. Dorfteich!)? Ich bezeichne eine einzelne Erscheinung, die auf dieses Gesetz hinweist, vorläufig als in der „Eigenart" des Wesens begründet, bis die Schüler mehrere derartige Anschauungen gesammelt haben, die, aneinander gereiht, das Gesetz durchblicken lassen.

7. Das Zusammenhangs- oder Konnexionsgesetz: Die einzelnen Organe sind von der Gesamtheit und voneinander abhängig. Raubtierklauen bedingen Raubtierzähne; stark entwickelte Knochenfortsätze lassen auf starke Muskeln schließen (s. Dorfteich!); unter der Krankheit des einen Gliedes leiden alle Glieder; Abhängigkeit der Dorfteichbewohner voneinander.

---

*) Die Schwierigkeit der Formulierung ließ mich längere Zeit daran denken, dieses Gesetz vom Unterricht auszuschließen. Allein die Wichtigkeit desselben gab den Ausschlag. In konkreter Form kann es den Kindern jedenfalls nahe gebracht werden.

8. Das Gesetz der Sparsamkeit — Sparsamkeit im Raum und in der Zahl. Faltung der Blätter in der Knospe, der Flügel in der Insektenpuppe; je sorgfältiger die Brutpflege, desto geringer die Zahl von Eiern. *)

Die Gesetze treten in der organischen Natur nicht in so einfacher Gestalt auf wie in der unorganischen. Ein Organismus ist einer zusammengesetzten Maschine vergleichbar, in welcher aber jedes Glied mehr oder weniger Selbständigkeit hat: es kommen verschiedene Gesetze zu gleicher Zeit zur Anwendung, wodurch die Erkenntnis der Wirkung des einzelnen in dem Gesamtprodukt erschwert wird. Die Erhaltung der Art nach Gesetz 2 erfordert eine Anzahl Samen; dieselben dienen aber auch Tieren zur Nahrung, also muß die Anzahl noch größer sein — was andrerseits dem Sparsamkeitsgesetz widerspricht. Da fragt es sich, welches Prinzip vorwalten soll. (S. Dorfteich: Nahrung der Tiere!) Bald tritt das eine, bald das andere Gesetz mehr hervor. Der Lehrer muß seinen Stoff daher mit weiser Überlegung auswählen. — —

Das einheitliche Leben in der Natur soll nun den Kindern zum Verständnis gebracht werden; sie sollen es also nicht bloß sehen, obgleich die Anschauung natürlich voraufgehen muß, sondern auch verstehen in dem Sinne, wie ich das Tun eines mir nahe stehenden Menschen verstehe. Letzteres will ja sagen: Ich kann mir sein Tun aus Vorgängen in seinem Innern erklären, weil ich sein Denken, Fühlen, seine Bestrebungen kenne, während andre ihm Fernerstehende sein Tun sich nicht erklären können. Zu einem in ähnlichem Sinne gedachten Verständnis des Tuns der Natur, der Tatsachen in derselben, soll der Unterricht den Schüler befähigen, daß also der Schüler nicht bloß sagen kann: So ist es — dabei bleibt die Natur ihm ein unlösbares Rätsel — sondern daß er auch weiß, warum es so ist, daß er sich die Erscheinung aus in der Natur liegenden Ursachen erklären kann. Erreiche ich das, so habe ich zugleich jener unhaltbaren kindischen Naturauffassung den Boden entzogen, nach welcher alles direkt für den Menschen geschaffen sein soll, und die Frage: Wozu nützt mir das? wird nicht gestellt werden, um mit ihrer Beantwortung zu entscheiden, ob ein Wesen Berechtigung zu existieren hat oder nicht. Die Berechtigung eines Naturdinges zum Dasein liegt einmal in ihm selbst und kann ferner nur mit Berücksichtigung der Lebensgemeinschaft, der es angehörte,

---

*) Kann eine Vielheit von Naturgesetzen den Eindruck einer Einheit in der Natur erzeugen? Theoretisch ist die Frage berechtigt. Andrerseits: Verträgt sich auf sittlichem Gebiet die Vielheit von (zehn) Geboten mit der Vorstellung von der Einheit Gottes? Diese Vielheit enthält des persönlichen Gottes einheitlichen Willen in so vielen Formen, als sich Gruppen von ähnlichen Fällen ergeben; Jesus lehrt sie auf ein Grundgesetz zurückführen. — Das Grundgesetz der Natur spricht sich aus in dem Streben nach Erhaltung des Ganzen und findet seinen — freilich nicht erschöpfenden — Ausdruck im 1. oder 2. Gesetz. Alle übrigen Gesetze hängen inhaltlich mit diesen zusammen, sind — wenn man will — innerhalb des Rahmens dieser beiden nur Regeln für Vorkommnisse unter sich gleicher oder ähnlicher Art, deren Zahl sich noch vermehren ließe. — Sie sind aber von praktischem Wert für die Beobachtung der Natur. Eine Parallele liegt nahe.

erkannt werden, wie die Bedeutung eines Organs nur mit Berücksichtigung des Organismus. Wie ich die Menschen fast immer ungerecht beurteile, wenn ich engherzigerweise mich selbst als Norm nehme, so wird die Natur nie verstanden, wenn der Mensch sie von seinem egoistischen Standpunkt aus beurteilt. Will ich den Menschen verstehen, so muß ich nach psychologischen Gesetzen verfahren; will ich die Natur verstehen, so muß ich sie nach den **ihr inne** wohnenden Naturgesetzen beurteilen. Dann finde ich nirgends Willkür und Unordnung, Mordlust und Grausamkeit u. dgl.: ich finde überall die innere Notwendigkeit, es muß so sein. (Vgl. Dorfteich: Nahrung der Tiere u. a.!).

Je mehr das Kind von dieser Notwendigkeit überzeugt werden kann, desto **klarer** ist das Verständnis. Es soll aber auch gemütvoll sein. Das ist nun wieder ein solches Wort, das leichter verstanden, als definiert wird. Im Umgang mit Menschen wird man einen solchen gemütvoll nennen, der dem andern nachdenken, mit ihm leiden und sich freuen und seine Entschlüsse begreifen kann, kurz, der die Verhältnisse des andern innig auf sich anwendet. In diesem letzten allgemeinern Sinne ist das Wort hier zu verstehen. Der Schüler soll ein derartiges Verständnis für die Natur erlangen, daß er Beziehungen auf sich selbst macht. Der Umgang des kleinen Kindes mit der Natur, das mit Naturdingen wie mit seinesgleichen redet rc., wird zu der Stufe veredelt, daß der Mensch sich als Glied der Natur fühlt. Auch dies geschieht im Bewußtsein der allgemein geltenden Gesetze. So wenig wir aber einen Schwätzer als gemütvollen Menschen bezeichnen, so wenig wird das Verständnis durch Salbadereien verinnerlicht.

Bemerken muß ich noch ausdrücklich, um Mißverständnissen vorzubeugen, daß mit dem „klaren, gemütvollen Verständnis" nicht ein absolutes Begreifen gemeint ist, was der freundliche Leser auch wohl kaum wird herausgelesen haben. Schon das kleine, unverdorbene Kind bringt ein Verständnis für die Natur mit in die Schule, während andrerseits der gewiegte Naturforscher vor dem Begreifenwollen des innersten Wesens die Segel streicht.

Unser Ziel wird von einer Seite als außerhalb des Zwecks der Erziehungsschule liegend hingestellt, sofern es ein „nahezu fachwissenschaftliches" sei. Durch ein Wort lasse ich mich nicht beirren — ich halte an diesem Ziele fest. Wenn der Erziehungszweck — oder die Teilzwecke der Erziehung —: Anregung und Ausbildung wo möglich aller Geistesfähigkeiten des Kindes, durch die rationelle Erstrebung des Ziels gefördert wird, mehr gefördert wird, als durch irgend eine andere Methode, so mag man das Ziel meinetwegen rein fachwissenschaftlich nennen: man darf ein pädagogisch richtiges Ziel doch nicht verwerfen deshalb, weil es gerade mit einem fachwissenschaftlichen zusammenfällt. Ich warte aber des Nachweises, daß ein anderes, bestimmt formuliertes Ziel „mit Gebrauchsanweisung" den Erziehungszweck mehr fördere. Übrigens gehen diejenigen, welche das Ziel als ein fachwissenschaftliches verwerfen — vielleicht infolge von Vorstellungen, die aus dem hergebrachten naturkundlichen Unterricht resultieren — entschieden von falschen Voraussetzungen aus, wie sich aus der folgenden Anweisung und dem praktischen Beispiel „Dorfteich" ergeben wird. Schon das Vorstehende wird keinen Zweifel lassen: wer das Ziel erreichen oder nur sich demselben nähern will, als wollte er es voll erreichen, der muß alle Geistestätigkeiten des

Schülers in Anspruch nehmen; in wie vielfach modifizierter Weise ihm das gelingt, hängt von der Kunst des Lehrers ab. Und wenn ich ferner behaupte: Unser Ziel hat keinen andern Inhalt, als den, daß wir die als dunkles Gefühl im Bewußtsein des Volkes, des Kindes, ruhende Ahnung zu klarerkannter, kraftweckender Überzeugung' entwickeln wollen — wer will mir beweisen, daß das nicht der Inhalt des Ziels sei? Wer will dann ferner den Wert für die Erziehungsschulen leugnen?

Wir kommen zu der Frage:
Wie ist dieses Ziel zu erreichen?
Im allgemeinen werden wir es auf folgendem Wege erreichen:
1. durch Betrachtung der Einzeldinge und Erkenntnis der in ihnen waltenden Gesetze, denn Organisation und Leben ist an einem Einzelwesen übersichtlicher, als an einer Gruppe.
2. Wiedererkennung des Gefundenen in kleinen, dem Blick des Kindes zugänglichen Lebensgemeinschaften.
3. Anwendung der Gesetze auf unbekannte Wesen und Lebensgemeinschaften.
4. Anwendung und Wiederfinden in dem Gesamtleben der Erde. —

Im besondern werden folgende Regeln zu beachten sein. Zunächst was Vorbereitungen für den Unterricht betrifft.
1. Entwirf dir einen Plan für die Betrachtung einer Lebensgemeinschaft. Derselbe muß in seinen allgemeinen Zügen schon im Vorjahre entstehen; die Gründe werden sich aus dem folgenden ergeben. — Der Lehrer wählt eine übersichtliche, den Kindern zugängliche Lebensgemeinschaft. Er besucht dieselbe (im Vorjahre) ein paarmal mit den Schülern. Da werden Blumen gepflückt und benannt, Tiere beobachtet und benannt; vielleicht wird auch gespielt, wobei häufig gelegentlich Beobachtungen gemacht werden; genug der Lehrer sorgt dafür, daß die Schüler einen Totaleindruck von der Lebensgemeinschaft und ihren Gliedern erhalten. Derselbe gelangt in einfachen Worten zum Ausdruck (Vgl. „ein Jahresbild des Teichlebens"). Nun hat der Lehrer aus den Gliedern dieser Lebensgemeinschaft eine Auswahl für eine nähere Betrachtung zu treffen. Für dieselbe kommt in Betracht:

a) das größere Interesse für dieses oder jenes Wesen, wie er es an seinen Schülern beobachtet hat;

b) das voraussichtliche Interesse, das seine Schüler bei näherer Bekanntschaft mit einem bisher von ihnen wenig beachteten Wesen für dasselbe gewinnen werden;

c) der Wert einer eingehenden Betrachtung dieses bestimmten Objekts für das Ziel dieses Kursus. Da hängt die Auswahl noch wiederum davon ab, ob ich das aus irgend einer Ursache Interessante veranschaulichen kann und ob die Verhältnisse einfach genug sind, daß meine Schüler sie fassen können.

Die letzte Forderung scheint eine tiefere Spezialkenntnis vorauszusetzen, allerdings, eine solche aber, die nicht das Studium dickleibiger Monographien, sondern nur so viel Fähigkeit verlangt, daß der Lehrer selbst beobachten, so viel allgemeine Kenntnis, daß er die Tatsachen verknüpfen und deuten und so viel

Interesse, daß ihn die größere Mühe nicht lähmen kann. Außerdem machen die Schüler manche Bemerkungen, die für ihren Gesichtspunkt dem Lehrer Andeutung geben.

Was die Reihenfolge oder Anordnung betrifft, so ist man hinsichtlich der Beobachtungen naturgemäß meist an die Jahreszeit gebunden; die Unterredungen sind nicht direkt von der Jahreszeit abhängig. Im ganzen wird man wohl den Sommer für Betrachtung der Pflanzen, den Winter für Tiere und Unorganisiertes wählen; doch ist das durchaus nicht geboten. Man soll sich nur nicht durch das Auge bestechen lassen, das durch den Glanz des Höhepunktes, den das Pflanzenleben im Sommer erreicht, geblendet wird, und man darf nicht meinen, daß die Pflanze allein in ihrer Blütenperiode betrachtet werden müsse. Das Tierleben, das ebenfalls im Sommer seinen Höhepunkt erreicht, wird von Lehrern oft mehr übersehen, wenigstens nicht so genau beachtet, weil es inniger ist — „wilde" Jungen sehen häufig mehr! Am richtigsten halte ich es auch hier, nach den Umständen zu disponieren. Für die Betrachtung des Dorfteichs z. B. würde es gar nicht unzweckmäßig sein, wenn man Ostern etwa mit Unterredungen über das Wasser beginnt, soweit gemachte Beobachtungen 2c. es gestatten, und später im Winter bei dem mineralogischen Teil dasjenige nachholt, wofür früher die Basis der Unterredung fehlte. Während dieser Unterredungen wird durch Beobachtungen Stoff zu andern gesammelt, beispielsweise zur Betrachtung der Weide, der Eller, der alsdann (— Spirituspräparate! —) verarbeitet wird. So gehen Beobachtungen neben den Unterredungen fort.

Es wird vielleicht Bedenken erregen, ein Wesen in zwei zeitlich entfernten Unterredungen (etwa entsprechend zwei verschiedenen Lebensperioden des Wesens) zu behandeln. Nach meiner Erfahrung schadet das nichts. Die Kontinuität unserer Vorstellung von der Roßkastanie (Vgl. „Deutsche Blätter" Nr. 19, 24, 45 und 46!) leidet doch auch nicht, wenn der Vorfrühling sie uns mit ihren Knospen, der Frühling mit ihrem Blätter= und Blütenschmuck, der Herbst mit ihrem absterbenden Laube und ihren Früchten zeigt, während wir inzwischen auch die Obstbäume in ihrem Blütenschmuck gesehen und uns an ihren Früchten gelabt haben. — Doch absolut notwendig sind derartige Gliederungen nicht.

2. **Eine genaue Beobachtung bilde die Grundlage der Unterredung.** Der erste Unterricht ist nur nach der lebenden Natur zu erteilen. Diese Forderung ist unerläßlich für einen lebenweckenden Unterricht. Soll aber das Kind zu Beobachtungen angehalten werden, so muß der Lehrer wissen, was es beobachten soll — er muß selbst beobachten. Von den perennierenden Pflanzen merke er sich genau ihren Standort, damit er im Herbst ihr Absterben, im Frühjahr ihr Wiedererwachen beobachten kann. Eine oder mehrere bestimmte läßt er völlig unberührt, während er mit andern Versuche anstellt, d. i. auf grund der ihm bekannten Lebensbedingungen der Pflanzen Fragen an sie stellt, wie sie sich unter andern Verhältnissen gestalten. Er pflanzt z. B. Wurzelausläufer oder junge Pflanzen des Wasser-Knöterichs in einen Blumentopf, dessen Abzugsöffnung unten mit einem Korken verstopft ist, gebraucht aber denselben Boden, in dem die Pflanze sonst wächst. Anfangs bleibt der Topf im Wasser, bis die Pflanze zu wachsen beginnt; dann wird er nach und nach höher gestellt oder gehängt, bis er schließlich auf dem Trocknen ist; darnach wird der Kork

unten herausgenommen, der Topf im Garten eingegraben und die Pflanze wie jede andre behandelt. Zu diesem Versuche komme ich, weil der Knöterich sich nach dem Standort verändern soll, also infolge von Angaben aus Büchern. Andere können in andern Boden gepflanzt werden, während alle übrigen Bedingungen dieselben bleiben. Der Wurzelstock wird untersucht und seine Bildung mit etwaigem Gruppenwachstum oder sporadischem Vorkommen in Verbindung gebracht. Brut- und Blütenknospen werden während ihrer Entwickelung beobachtet; dann und wann wird eine Pflanze mit Rücksicht auf Bedeckung, Teile und Weiterentwickelung untersucht. Jeder Teil der Pflanze wird zu verschiedenen Zeiten nach äußerer und innerer Beschaffenheit mittelst Nadel, Messer und Lupe — denn die Lupe macht oft aufmerksam auf etwas, das wir mit bloßen Augen wohl sehen können, aber übersehen — einer Untersuchung unterworfen. Man vergleiche u. a. „Wasserwegerich" im „Dorfteich". Der Lehrer also holt sich aus Büchern etwa seine Direktive, wird aber seine Beobachtungen selbständig anstellen müssen; dazu zwingt ihn schon die Rücksicht auf seine verfügbaren Hilfsmittel. Die Resultate seiner Untersuchungen werden nun an einer intakt gebliebenen normalen Pflanze geprüft, insofern, ob an ihr äußerlich was zu finden ist, das dem Innern entspricht — wie sich die einzelnen Teile entfalten ꝛc. Behufs solcher Untersuchungen und Vergleichungen macht der Lehrer öfter, vielleicht alle Woche einmal, die Runde, und da ist die Mühe bei der geringen Anzahl Pflanzen, die zu beobachten sind, wirklich nicht groß — wenn es nach dieser Darstellung auch anders scheinen möchte — denn sehr vieles läßt sich im Spazierengehen und beim Ausruhen abmachen, und die Mühe erscheint bei zunehmendem Interesse immer geringer. Wer aber diese Mühe scheut, wird nicht eine Lebensgemeinschaft, wie den Dorfteich, behandeln können; denn Bücher lassen uns da vollständig im Stich, und selbst wenn wir Gelegenheit haben, Monographien nachzuschlagen, so müssen wir uns erst durch einen Schwall wissenschaftlicher Erörterungen hindurcharbeiten, bis wir ein Körnchen für uns finden. Und wieviel Lehrern stehen derartige Bücher zur Verfügung? Für unsern Unterricht in der Pflanzenkunde gibt es wohl wenige oder keine, wenn man nicht Roßmäßlers Schriften als solche bezeichnen will — für die Tierkunde ist u. a. Brehms Tierleben zu gebrauchen, aber das Werk ist für den Einzelnen zu teuer — und für Behandlung von Lebensgemeinschaften gibt es bis heute wohl nicht ein einziges Werk. Und ferner, wie fällt ein Unterricht, der sich auf fremde Beobachtungen stützt, weg, gegen solchen, der eigene lebendige Beobachtungen unter den Füßen hat! Darum, frisch ans Werk, ihr Kollegen! Selbst ihr, die ihr „nicht viel Naturgeschichte auf dem Seminar gelernt" habt, die das „unnütze Heusammeln" anwiderte, oder — vielleicht gerade ihr — könnt doch beobachten, könnt doch denkend die „Tatsachen verknüpfen", könnt beim Landmann, beim Fischer, beim Jäger ꝛc. für manche Sachen Licht erhalten.*)

---

*6) Ein weiteres Mittel ist die Gründung von Vereinen zur Pflege des naturkundlichen Unterrichts und Bildung von „Sektionen für Naturkunde" in den Lehrervereinen. Da können Beobachtungen und Versuche gegenseitig mitgeteilt, berichtigt, ergänzt und erörtert werden. Zweifelhafte Sachen gelangen auf irgend einem Wege an eine zugängliche kompetente Persönlichkeit zur Entscheidung.

Der Lehrer halte ferner auch die Kinder zu genauen Beobachtungen an. Er führe sie nach der Lebensgemeinschaft hin und mache sie nötigenfalls aufmerksam oder stelle mit ihnen gemeinsam Versuche an, z. B. wie weit man dem Frosch, dem Fisch ꝛc. sich nähern kann, bis er entflieht, wann und wo er wieder zum Vorschein kommt, ob er auf ein plötzliches Geräusch erschrickt, ob er merkt, wenn an entfernter Stelle ins Wasser geschlagen wird ꝛc. Auch stelle er ihnen bestimmte Aufgaben. So werden Pflanzen in ihrer Entwickelung an ihrem Standort, Tiere an ihrem gewöhnlichen Aufenthaltsorte beobachtet. Außerdem versetzt man sie, die Pflanzen, wo Schulgärten sind, in einen solchen, sonst auch in Töpfe und Kästchen, die Tiere in einzelne Behälter oder besondere Aquarien od. dergl. Einzelnes, z. B. Zweige mit Knospen oder sich entfaltenden Blättern oder Blüten, bringt der Lehrer mit in die Schule; auch die Kinder bringen natürlich mit, was ihnen bemerkenswert erscheint. Doch darf der Gang des Unterrichts natürlich nicht davon abhängen, ob die Schüler etwas mitbringen und was etwa. Jedenfalls wird die Gesamtheit, die Lebensgemeinschaft, einige Male im Jahr besucht, damit jedes einzelne Kind sich durch den Augenschein von den vorgekommenen Veränderungen überzeuge. Alle Beobachtungen, auch die an der Gesamtheit, werden kurz notiert mit Angabe des Datums, z. B. am 16. Juli: Weiße Seerosen blühen, gelbe noch einzeln, einige haben große Früchte, halb unter Wasser, Lythrum und großer Hahnenfuß (R. lingula) blühen, das große Weidenröschen beginnt zu blühen — Aeschna grandis kriecht aus (wie?), blaue Schlankjungfern fliegen ꝛc. Wovon ein Exemplar auf irgend eine Weise aufbewahrt werden kann, das wird gesammelt. Neue Beobachtungen werden mit frühern zusammengestellt und die Gleichheit oder Verschiedenheit konstatiert. Die Beobachtungen werden in kurzen Sätzen klar ausgesprochen. Immer aber werden Beobachtung und Schlußfolgerung, also das, was das Kind gesehen hat und was es sich denkt, scharf auseinandergehalten. Nur auf solche Weise wird der Beobachtung — und auch dem Unterricht — der objektive Charakter gewahrt, wird zugleich für die Allgemeinbildung des Kindes viel gewonnen; denn diese Scheidung von Sehen und Meinen wendet es dann, wenn es strenge dazu angehalten wird, auch auf andern Gebieten an. Und das ist doch so notwendig! Forsche man nur, woher so manche Mißverständnisse, so manche Entstellungen von Tatsachen im Leben vorkommen! Der Grund ist meist weniger Übelwollen, als die Unfähigkeit, in einer Darstellung die eigene Meinung von dem tatsächlich Beobachteten zu trennen. Vgl. zu dieser Sache „Schwalbe: Das Ergreifen der Beute". Der Lehrer kann in dieser Hinsicht gar nicht strenge genug sein.

Die Frage, ob für die Beobachtungen oder deren Fixierung besondere Stunden angesetzt werden sollen, muß nach Umständen entschieden werden. Kann man das möglich machen, so ist es ja vorteilhaft. Ist es aber nicht möglich, so werden vor dem Eintritt in die Unterredung etwaige neue Beobachtungen fixiert; es wird also die einzelne Stunde geteilt, je nach Vorkommen und Bedeutung der Beobachtungen. Ich darf sagen, daß diese Art der Behandlung mich bisher vollständig befriedigt hat. Will man übrigens die Forderung von gesonderten Stunden für Beobachtungen und Versuche festhalten, so muß man mit teilweise viel mehr zwingendem Grunde auch besondere Räume für

Beobachtungen und Experimente verlangen. Es wird aber noch gute Wege haben, bis solche Wünsche allenthalben realisiert sind. Hier gilt es zunächst unter Berücksichtigung vorhandener Umstände praktisch vorgehen zu können.

Daß die Kinder nicht bloß die Organe, sondern auch deren Tätigkeit betrachten sollen, sei zum Schluß noch ausdrücklich erwähnt. Die Bewegungen der tierischen Organismen können sie gelegentlich oder, wenn der Lehrer in irgend einer Weise auf das Tier einwirkt, direkt beobachten. Die Funktionen der Pflanzenorgane können nur erschlossen werden, nachdem ein Versuch ein positives oder negatives Resultat gegeben hat.

Was nun die Unterredungen, die nach solchen Vorbereitungen mit den Kindern abgehalten werden sollen, betrifft, so ist folgendes zu merken, zunächst für

3. Unterredungen über Einzelwesen als solche.

a) Betrachte jedes Wesen als einen in sich vollkommenen Organismus. Da das Wesen existiert, so muß es die Bedingungen seiner Existenz in sich selbst tragen (die Mittel zur Erhaltung außer sich finden). Es muß mithin die Organe für seine Lebenserhaltung besitzen — aber auch dieselben gebrauchen können. Ersteres schtießen wir, wenn wir von der Anschauung einer Lebenstätigkeit, letzteres, wenn wir von der Anschauung eines Organs ausgehen. Beides ist tunlich. Wir werden also — zunächst der Lehrer für sich und dann in Gemeinschaft mit den Schülern — fragen müssen: Welchem Lebenszwecke dient das und das Organ? Denn überflüssig, d. h. unbrauchbar für das Wesen wird es nicht sein können; und ferner: wodurch bewirkt das Wesen dies oder jenes? Welches Organ dient dieser Lebensbetätigung? Wenn so das einzelne Lebwesen alles hat, was zu seiner speziellen Existenz erforderlich ist, und alles gebrauchen kann, was es besitzt, so ist es relativ vollkommen; absolute Vollkommenheit ist für den Menschen überhaupt ein unfaßbarer Begriff. Diese Übereinstimmung der eigenartigen Einrichtung eines Lebwesens mit entsprechenden Lebensäußerungen desselben läßt jedes Wesen als eine Einheit in sich erkennen. Die Überzeugung ferner, daß jedes Wesen ein vollkommener Organismus — in seiner Art, — ebenso vollkommen wie „du" — gibt den sichersten Grundstein zur Achtung und Schonung des Naturlebens und zur Liebe der Natur ab, der selbst für das spätere Leben nachhaltige Bedeutung hat und viel mehr wert ist als die „preisgekrönten goldenen Hausregeln zum Schutze der Tiere, die jeder gute Mensch vor Augen und im Herzen haben soll" (!). Außerdem läßt diese Überzeugung sich unmittelbar als religiöses Moment dem Bewußtsein einverleiben, wenn im Religionsunterricht jedes Wesen der weiten Natur als der Ausdruck eines Gedankens, als ein Wort Gottes aufgefaßt wird.*) Wie kraftlos erscheint neben diesem Unterricht,

---

*7) Wenn aus meinen veröffentlichten Arbeiten herausgelesen ist, daß mein naturgeschichtlicher Unterricht zu Materialismus oder Pantheismus führe, so hat das für mich durchaus nichts Überraschendes; solche Urteile zeugen vielmehr für eine Art Verständnis, freilich eines einseitigen; denn gedachte Kritiker ahnen in dem Ganzen ein ideelles Streben, ein ideelles Ziel. Sie vergessen aber, daß die Arbeiten, nach welchen sie sich ein Urteil bilden,

durch den der Schüler sich die Überzeugung von der Vollkommenheit auch des Wurms erarbeitet, ein solcher, der allein systematische Einzelbeschreibungen oder Vergleichungen von Gruppenwesen „nach den wesentlichen Merkmalen" vornimmt! — Endlich kommen wir mit unserem Unterricht, der zum Nachweis der relativen Vollkommenheit die Erörterung der ursächlichen Verhältnisse verlangt, einem im innersten Wesen des menschlichen Geistes begründeten Interesse entgegen, dessen Befriedigung durch den Unterricht sich durch die äußerst rege Teilnahme der Schüler an demselben zu erkennen gibt. Fragen: „Wozu braucht das Tier dieses?" und: „Wie oder womit tut es das?" hört man oft genug aus dem Munde kleiner Kinder, wie aus dem einfacher Erwachsenen und liest man in den Bestrebungen der heutigen Naturforschung. Wenn man nun, wohl vom wissenschaftlich-pädagogischen Standpunkt aus, behauptet hat, daß auch betreffs naturkundlichen Unterrichts in 11—12 jährigen Kindern „das empirische Interesse über das spekulative noch vorwalte", so widerstreitet diese (theoretische?) Behauptung ganz entschieden der Erfahrung und Beobachtung. Wer Gelegenheit gehabt hat — und wer sie nicht gehabt hat, kann in seiner eigenen Schule leicht Erfahrung machen — bei Proben von „beschreibendem" und „vergleichendem" Unterricht und auch bei solchen mit „spekulativen" Verfahren Kinder, selbst von noch nicht 11 Jahren, zu beobachten, wird mit seinem Urteil unzweifelhaft mir beistimmen, wenn in allen Fällen „richtig" verfahren ist.

Die Unterredung geht von dem Teil aus, der in den Schülern das meiste Interesse erregt hat, die botanische Unterredung also häufig von der Blüte, oft aber auch von andern Teilen, wie Frucht oder Stamm ꝛc. In der Zoologie wird man, da ja das ganze Tier mit allen Organen zugleich der Anschauung zugänglich ist, meist mit „Aufenthalt und Bewegungen" beginnen, da gewöhnlich durch letztere die Aufmerksamkeit auf das Tier gelenkt wird; doch kann solches ja auch durch auffallende Farben, Organe oder Körperformen geschehen, z. B. beim Schmetterling, dem Hirschkäfer, dem Elefanten ꝛc. Solchergestalt nimmt die Unterredung freilich nicht einen sehr systematischen, aber umsomehr

---

allein den naturgeschichtlichen Unterricht im Auge haben, der als solcher mit dem Religionsunterricht nichts zu tun hat. Und da allerdings **können** die Resultate zur Begründung einer materialistischen, pantheistischen, darwinistischen — und wer weiß, was mehr —, aber auch einer deistischen Weltanschauung gebraucht werden. Das hängt vollständig von dem Lehrer ab. Wer aber behauptet, mein Unterricht **müsse** auf religiöse Irrwege führen, der — steht gar nicht in der Sache; ein solcher kann aber aus einer Sache eben alles machen.

Mir ist übrigens nur ein Kritiker letzterer Art bekannt geworden, der — aus einem nicht aufgeschnittenen Buchhändlerexemplar — so viel Materialismus und Unchristlichkeit herausgelesen hatte, daß er sich veranlaßt fand, zu versichern, er würde in seinem Kreise gegen die Sache wirken. Nun ist der Dorfteich in mehr als 12000 Exemplaren verbreitet, in den verschiedensten deutschen und nichtdeutschen, protestantischen und katholischen Ländern, ist von verschiedenen Provinzialregierungen empfohlen. Die Antireligiosität muß also doch wohl nur gefunden werden von dem, der danach sucht.

naturgemäßen Gang; nach und nach wird das Interesse auf das ganze Wesen erweitert.

b) **Setze das Organ mit seiner Tätigkeit und umgekehrt die Tätigkeit mit dem Organ in Beziehung und lasse die Bedeutung für den ganzen Organismus nachweisen.** Eigentümlichkeiten oder Abänderungen des Organs bedingen wieder einen eigentümlichen Gebrauch desselben, folglich auch einen eigentümlichen Wert für das ganze Lebwesen; z. B. die verschiedenen Füße der Vögel. So wird die Einrichtung und entsprechende Lebensäußerung eines Lebwesens als in völliger Übereinstimmung mit der Natur des ganzen Wesens überhaupt erkannt. Niemals begnüge man sich mit der einfachen Konstatierung der Tatsache: „so ist es", sondern stets suche man die Fragen: „woher, wodurch und wozu? womit? auf welche Weise? 2c." mit Rücksicht auf das Wesen des Naturdinges oder auf die Einflüsse seiner Umgebung (s. Punkt 4) zu beantworten. Dieses Verfahren ist freilich ungleich schwieriger, als wenn man, nach einem Leitfaden präpariert, sagt: das Tier hat die Hauptteile und die Nebenteile, und das ist so und so 2c.; aber es ist auch ungleich lohnender, und wer sich der Sache hingibt, wird sich auch leicht hineinarbeiten. Wohl werden in der ersten Zeit Fehler vorkommen, und wohl immer wird dies oder jenes noch übrig bleiben, das nicht in ursächlichen Zusammenhang gebracht werden kann; indessen vieles läßt sich möglich machen, denn ernste Übung stärkt die Kraft des Lehrers, wie der Schüler.

c) **Das Vorstehende findet in der Behandlung des Unorganischen nur sehr beschränkte Anwendung.** Hiervon sei deshalb speziell die Rede.*) Mein Unterricht gliedert sich nicht in Zoologie, Botanik und Mineralogie, sondern in die Lehre von organisierten und nichtorganisierten Körpern. Unter letzteren müssen Luft und Wasser neben den Mineralien sehr berücksichtigt werden. Wohl finden sich in jedem Buche für Physikunterricht stehende Kapitel für beide Körper und mit Recht; denn ihre physikalischen Eigenschaften, ihre Bewegungen 2c. an sich gehören in den Physikunterricht; allein **ihre Bedeutung für das Naturleben muß im Zusammenhang mit diesem in der Naturgeschichte erläutert werden.** Diese Notwendigkeit halte der Lehrer sich immer vor Augen; dann wird er nach und nach immer mehr verwendbare Tatsachen entdecken. Wo im Physikunterricht findet beispielsweise die Unterredung über Verbreitung der Samen durch Wind und Wasser einen Platz? über den Einfluß letzterer auf die Gestaltung der Erdoberfläche? über ihre Bedeutung für das Keimen der Samen? Man denke nur an die schwarze Staub- oder Schlammdecke, welche den Rest des wegschmelzenden Schnees bedeckt, an das fliegende Laub im Herbst, das warm und feucht einbettet! Man denke ferner, wie herrschende Winde aus

---

*8) Der vorwaltende Zweck dieses Teils geht ja dahin, eine klare, praktische, wirklich verwendbare Anweisung zu geben. Man wird es daher verzeihlich finden, wenn die Disposition dieser Abhandlung nicht den strengen Regeln der Logik genügt, wie ja auch in der Sache, in der Anordnung des Stoffs für den Unterricht, das logische Prinzip bei weitem nicht so in den Vordergrund tritt, wie in der Lübenschen Behandlung.

bestimmter Richtung das Klima und das organische Leben gestalten! — Ferner bedenke der Lehrer, daß doch auch die nichtorganisierten Körper ihre Naturgeschichte haben. Luft, Erde, Wasser nehmen teil am Jahres=, mehrfach auch erkennbar am Tagesleben der Natur. Gibt es von ihnen auch nicht viele Teile zu beschreiben, so sind sie doch Veränderungen unterworfen, die teils von organisierten Wesen, teils von physikalischen und chemischen Kräften herrühren. So leisten sie Dienste und sind abhängig wie die organisierten Körper, erleiden auch, wie die lebenden Wesen, Veränderungen. Ihre Betrachtung hilft mithin die Vorstellung von dem einheitlichen Walten in der Natur vervollständigen (Rückblicke! S. auch „8. Lebensgemeinschaft"!). — Wer nun schließlich daran denkt, den Schülern auch nur einen ahnenden Blick in die Geschichte der Erde zu ermöglichen, der muß ihr Verständnis für dieselbe auf grund der Anschauung von der Bedeutung des Nichtorganisierten in der Heimat vorbereitet haben. Eine mehr wissenschaftliche Behandlung des Stoffes, also Systematisierung, wird auch in der Mineralogie nicht mehr und nicht weniger Bedeutung haben, als entsprechende Behandlung der Tiere und Pflanzen.

d) Wie eingehend ein Wesen zu behandeln sei, diese Frage muß mit Berücksichtigung verschiedener Umstände entschieden werden. Das eine Wesen erregt weitergehenderes und tieferes Interesse, als ein anderes, durch seine Stellung zum Menschen oder durch seine Bedeutung in der Gesamtheit, ferner durch Auffälliges in seiner Lebensweise ꝛc. Es kann aber natürlich zu einer eingehenden Erörterung einer Sache den Schülern die nötige Reife fehlen, in welchem Fall diese Sache bei einer anderen Gelegenheit (einer andern Pflanze ꝛc.) später besprochen wird. Kann ich beispielsweise das Fliegen der Vögel bei Betrachtung des einen Vogels noch nicht erörtern, so geschieht es später bei einem andern; kann ich das Hören bei der Betrachtung der Ente noch nicht erklären, so kann ich's beim Frosch oder Krebs desto leichter, weil das Organ einfacher ist, und von dieser Grundlage aus lenke ich dann die Aufmerksamkeit auf die Gehörwerkzeuge anderer Tiere; die Zersetzung der Kohlensäure durch Pflanzen demonstriere ich an den niederen Pflanzen und nicht gleich im Anfang, weil die Auffassung der chemischen Vorgänge den Kindern schwer fällt. Das Maß, wie tief eine Unterredung dringen soll, wird also auch unbedingt durch die Fassungskraft der Schüler bestimmt. Es ist nicht notwendig, daß alles, was sie fassen können, vorkommt, wohl aber, daß das, was vorkommt, für sie faßbar ist. In dieser Hinsicht spielt die Möglichkeit der Veranschaulichung eine bedeutende Rolle. Bei nicht besonders entwickelten Schülern gibt sie eine strikt inne zu haltende Grenze, bei andern kann es genügen, wenn die Anschauung die Basis zu einer weitergehenden Demonstration gibt (vgl. Schachtelhalmsporen im „Dorfteich"). Doch kann andererseits nicht alles, was zu veranschaulichen möglich ist, in der Unterredung Raum finden. Die Betrachtung des Innern eines Tieres z. B. ist nicht prinzipiell aus=, sondern eingeschlossen. Doch kommt hier außer der Frage nach der Möglichkeit der Veranschaulichung und der Verwendbarkeit des Angeschauten noch die ästhetische Seite der Sache zur Erwägung (s. unten 6 Seite 29!). So können Gründe obwalten, daß von einem Wesen nur der Name und ein paar Kennzeichen genannt werden und daß es trotzdem im Rückblick wegen seines Lebens oder seiner Bedeutung für das Ganze seinen Platz findet;*) denn das scheinbar Nebensächliche findet oft im Lichte andrer Tatsachen seine Bedeutung.**)

e) Was noch ferner den Inhalt der Unterredungen betrifft, so halte ich dafür, daß an Betrachtung der Einzelwesen die Erörterung allgemeiner Wahrheiten angeschlossen werden, daß z. B. bei Betrachtung des Schierlings vom Vorkommen der Gifte überhaupt die Rede sein kann (s. „Dorfteich"!), wie denn jede Betrachtung den Eindruck von dem typischen Charakter des Individuums erzeugen muß, sofern ihr nämlich das Bewußtsein von der Gesetzmäßigkeit und Einheit des Ganzen zugrunde liegt. Gift ist eben Gift, und was ich in dieser Hinsicht von dem Schierling sage, gilt in gleicher Weise — allerdings mit Berücksichtigung veränderter Verhältnisse — von der Rebendolde, dem Bittersüß, dem Bilsenkraut ꝛc.

f) Am Schluß der Einzelbetrachtung werden (wenigstens anfangs) Hauptresultate herausgestellt, an deren Stelle später, wenn mehr Wesen betrachtet sind, kurze Vergleichungen — aber immer Organ und Tätigkeit in Beziehung zueinander — (s. „Ente und Gelbrand"!) oder Rückblicke auf mehrere Wesen treten. Bei derartigen Zusammenfassungen leisten Spiritusexemplare und Präparate, Skizzen, die das früher Gesehene veranschaulichen, und, wenn man solche hat, gute Abbildungen Dienste, um die gehabten Vorstellungen aufzufrischen.

g) Bei nachfolgenden Einzelbetrachtungen werden die Schlüsse der Analogie in ausgiebigster Weise angewandt. Dort war es so, wie wird es demnach hier sein? Die Ente sucht sich vor Feinden zu retten, dem Frosch wird

---

*9) Auf die eigentlichen systematischen Merkmale ist erst im spätern Unterricht, wenn die Schüler deren Wert erkannt haben, besondere Rücksicht zu nehmen, und will man dann die schon betrachteten Naturdinge in das System einreihen, so ist das Versäumte von diesem neuen Gesichtspunkte aus in interessanter Weise leicht nachzuholen (vgl. „Dorfteich", Rückblick = Tiere 8 c und Anmerkung 14, ferner: S. 4 „Das System" und Entw.-Pensenplan Anmerkung 39.)

10) Werden mit den vorstehenden Forderungen die Einzelheiten im „Dorfteich" verglichen, so wird man vielleicht dies zu eingehend, jenes zu summarisch behandelt finden. Ich gebe zu, daß dergleichen Ausstellungen je nach dem Standpunkt des Beurteilers, auch nach seiner Heimat, mit Recht gemacht werden können. Dagegen sei aber auch hier ausdrücklich hervorgehoben, daß der „Dorfteich" nur ein relativ abgeschlossenes Ganzes ist, daß er dem Lehrer Fingerzeige zu eigenen Beobachtungen und auf grund deren Stoff zu Unterredungen geben soll, daß aber keineswegs der Lehrer aus dem „Dorfteich" unterrichten soll in dem Sinne, als ob derselbe für alle Verhältnisse paßte. Er liefert Beispiele, wie — ich Einzelwesen betrachte und auf grund dieser Betrachtungen und infolge von Verknüpfung der Tatsachen zu Endresultaten gelange; — **was jeder Einzelne davon benutzen kann, um zu gleichen oder ähnlichen Endresultaten zu gelangen, muß er selbst bestimmen.

Diese Erklärung ist auch in der 1. Aufl. enthalten, und doch hat man behauptet, ich verlange, daß alles, was und wie es im „Dorfteich" vorkommt, gegeben werden solle!

dasselbe Streben innewohnen, wie auch dir. Sie fliegt auf das Wasser, der Frosch? springt in das Wasser und du? flüchtest in das Haus. Die Ente kann fliegen, der Frosch springen, du kannst laufen. (Vgl. auch „Storch" im „Dorfteich"!). Die Resultate dieser Schlüsse werden natürlich durch Hinweis auf Beobachtungen bestätigt, bezw. berichtigt und ergänzt! die Ursachen von Fehlschlüssen werden aufgesucht. — In umgekehrter Reihenfolge kann von der Tätigkeit oder dem Organ des einen Wesens auf ein anderes kurz hingewiesen werden: „Wie war's noch bei dem und dem?" oder „wo war's ähnlich? Worin besteht der Unterschied? Worin ist derselbe begründet?" Es können zu Vergleichungen auch solche Wesen herangezogen werden, die im Unterricht noch nicht behandelt sind, wenn das Kind sie nur genügend kennt, also auch besonders der Mensch. Doch natürlich werden behandelte Wesen vorzüglich berücksichtigt. Durch diese fortlaufenden Wiederholungen und Vergleichungen wird nicht allein der Stoff sicherer und vielseitiger eingeprägt, sondern der Schüler wird auch gewöhnt, von einem Wesen Beziehungen auf das andere zu machen, und zwar nicht allein von der Körperform, sondern auch und vorzugsweise von der Lebensform des einen auf das andere. Wird dieses letztere besonders ins Auge gefaßt, so kann man von dem höchstorganisierten Wesen einen vergleichenden Blick auf das einfachstorganisierte und umgekehrt werfen, und das Kind lernt nach und nach von jedem Lebwesen Beziehungen auf sich selbst und sein eigenes Leben machen. Beispiele von derartigen Beziehungen wird man genug im „Dorfteich" finden. Sie mögen dem einen oder andern zu drastisch ausgeführt erscheinen — ich muß gestehen, daß derartige Beziehungen in meiner Praxis noch weit häufiger vorkommen; aber ich habe alsdann meine eigenen Schüler (Schülerinnen) vor mir, soll sagen, es kommt die Persönlichkeit des Lehrers im Verhältnis zu seinen Schülern und der übrige Unterricht in Betracht. Wem indessen eine derartige Behandlung bis jetzt noch fremd ist, der möge in dieser Hinsicht behutsam vorgehen, damit solche Beziehungen nicht den Schein der Absurdität auf sich ziehen. Im „Dorfteich" wollte ich teilweise derbe auftragen. Der Lehrer in seiner Schule aber sei sich vor allen Dingen der (gleichartigen) Gesetzmäßigkeit in dem Bezogenen bewußt, z. B. bei Nebeneinanderstellung des Fliegens und Schwimmens, der Flügel und Flossen — der Knospe und Puppe. Es wird klar sein, daß durch eine derartige Behandlung die Erkenntnis der Gesetze vorbereitet wird.

4. **Jedes Einzelwesen wird zugleich als Glied eines höhern Ganzen betrachtet.** Der Organismus lebt allerdings für sich, d. i. die einzelnen Organe arbeiten für seine Erhaltung. Aber er kann weder für sich allein bestehen, noch kann seine Umgebung sich seinem Einfluß ganz und gar entziehen. Er ist also zunächst von seiner Umgebung abhängig. Um sein Leben zum richtigen Verständnis zu bringen, ist es mithin erforderlich, seine Abhängigkeit von äußern Bedingungen ins Auge zu fassen, wie man auch nur unter solcher Berücksichtigung ein Menschenleben verstehen kann. Jedes Wesen ist ein Glied der Gesamtheit, wie der Fuß ein Glied des Organismus, und insofern von ihr abhängig. Daß der Mensch leben will, ist dem Kinde selbstverständlich; daß er aber mit tausend Fäden an die Gesellschaft gebunden ist, kommt ihm nicht so leicht zum Bewußtsein. In ähnlichen Verhältnissen befindet sich jedes Lebwesen.

Wenn die beziehende Betrachtung auch Wiederholungen mit sich bringt, so sind dieselben doch Zusammenfassungen von einem neuen Gesichtspunkte aus. — Genau genommen sind alle Naturwesen abhängig von chemisch-physikalischen Einflüssen. Für eigene Instruierung des Lehrers indessen ebensowohl, wie für einen praktischen Unterricht wird es zu empfehlen sein, chemische, physikalische und organische Einflüsse zu unterscheiden — je nach den augenscheinlichen*) Faktoren. Der Lehrer also macht sich klar: Welche Stoffe bedingen durch ihre chemische Einwirkung die Lebensgestaltung — wie wirken Licht, Wärme, Schwerkraft, Elektrizität, Elastizität u. a. physikalische Kräfte ein — von welchen organisierten Wesen, wie und in welchem Grade hängt dieses Naturding ab? Für seine Schule wählt er aus.

Wie jedes Wesen von seiner Umgebung abhängig ist, so übt es auch auf dieselbe einen größern oder geringern Einfluß aus, sei derselbe aktiver oder passiver Art. Der Hecht z. B. vermindert die Zahl der jungen Karpfen, welche den alten die Nahrung schmälern; die jungen Fische gegenteils dienen ihm wieder zur Nahrung und Mästung. Jedes Wesen leistet in der Gesamtheit, wie jedes Organ dem Organismus, seine Dienste, wenn wir Menschen von unserm speziellen Standpunkt aus seine Einwirkung auch nicht immer als „Dienst", sondern (oft kurzsichtig) bisweilen als „Schaden" bezeichnen. Wie wir das Organ erst dann verstehen, wenn wir es im Zusammenhang mit dem ganzen Organismus und dessen Leben betrachten, so können wir ein Einzelwesen auch erst dann recht würdigen, wenn wir eine Erkenntnis von seiner möglichen oder tätlichen Einwirkung auf andre Wesen oder die Gesamtheit erlangt haben. Hiernach ist klar, daß ein Unterricht, der nur von „Nutzen und Schaden" zu reden weiß, eine einseitige und engherzige Tendenz befolgt, sofern er nur direkte Beziehung zum Menschen kennt. Natürlich sollen diese in der Unterredung berücksichtigt werden; allein, was unserm Volke besonders not tut, ist nicht sowohl die Kenntnis der direkt nützlichen und schädlichen Einflüsse — die lehrt meist schon das tägliche Leben — sondern vielmehr die Kenntnis der indirekten Beziehungen. Infolge Nichtbeachtung letzterer sind die größten Fehler in der Volkswirtschaft begangen. Beispiele liefern die rücksichtslose Entwaldung, Raubbau der Landwirtschaft, Raubfischerei u. a. m.

Verflicht man in derartige Unterredungen über Abhängigkeit und Einfluß Bemerkungen allgemeiner Bedeutung, so hat man den Vorteil, daß man solche allgemeinere Wahrheiten in den begrenzten Rahmen einer einzelnen Anschauung bringt, wodurch sie für das Kind, das mehr an Einzelheiten haftet, packender werden, als wenn man sie abstrakt vorführt. Die Unterredung kann freilich den Eindruck machen, als ob von der Sache abgeschweift würde; doch wird das Bedenken nicht so schwer wiegen, da den Kindern ein derartiges Bewußtsein nicht kommt.

So werden nun mit jeder folgenden Einzelbetrachtung durch Erkenntnis der Abhängigkeit und Dienstleistung der einzelnen Wesen in der Vorstellung der Kinder immer mehr Verbindungsfäden von Wesen zu Wesen geknüpft. Die Kinder kommen zur Vorstellung von einer Lebensgemeinschaft und erkennen das einzelne Wesen als ein notwendiges Glied in dem Ganzen, welche

---

*) Vgl. Gesetz der Sparsamkeit, Abs. 2: „Der Lehrer usw. mit weiser Überlegung auswählen." (Anmerkung 5a.)

Erkenntnis der sonst engherzigen Frage: Wozu nützt das? einen viel weiteren Gesichtskreis eröffnet und **auch auf das Handeln des Menschen, der Natur gegenüber, ihren Einfluß ausübt.** Andernteils **bewahrt diese Erkenntnis vor Zimperlichkeit**, wenn ein Naturding irgend einem berechtigten Interesse geopfert wird.

5. Die Gesetze. Diese müssen für Naturbetrachtung dem Lehrer so sicher im Bewußtsein sitzen, wie etwa fürs Dividieren das Einmaleins, damit er das betreffende Gesetz in jedem gegebenen Fall erkennt und demgemäß seine Unterredung einrichten kann. **Man gewöhne sich, nie eine Erscheinung als selbstverständlich aufzufassen**, sondern halte sich klar, daß jede Erscheinung ihre Ursache hat. Man suche sich also immer das Warum? zu beantworten, suche aber natürlich nach Ursachen, die in der Natur selbst liegen (keine Teleologie!), die also entweder in dem Organismus selbst oder in der Lebensgemeinschaft, der er angehört, gegeben sind. Nötigenfalls versuche man anfangs, in mechanischer Weise ein Gesetz anzulegen. Bei einem Organ denke man zunächst an die Tätigkeit desselben und die Notwendigkeit für den Organismus, sofern er an diesem bestimmten Orte lebt, sich bewegt, ernährt 2c. und an die Art und Weise, wie er sich bewegt, nährt 2c. Beobachte umgekehrt auch das Leben des Organismus und frage dich, mit welcher Art der Organisation dies zusammenhängt. Bei Abweichungen von sonst normaler Bildung oder gewöhnlicher Lebensbetätigung wird die Ursache im Einfluß der besondern Umgebung zu suchen sein. Ferner muß man sich Rechenschaft geben über Anschauungen, die uns schon so sehr zu Fleisch und Blut geworden sind, daß wir geneigt sind, die Frage: Warum? mit Staunen zu hören. Warum stellen wir jedes Tier höher als die Pflanze? Die Antwort: Es ist höher organisiert, es kann sich bewegen usw., ist eigentlich keine Antwort; denn man fragt doch wieder: Warum ist das denn höher? Der wandernde Handwerksbursch ist doch nicht mehr als der seßhafte Meister, wenn dieser scherzhafte Vergleich gestattet ist. (S. Dorfteich: Rückblick!) Kurz, **wir Lehrer selbst müssen aus dem Zeitalter der beschreibenden Naturwissenschaft, das seine Befriedigung „in der Fülle der Tatsachen" fand, heraustreten und aufgeweckte Kinder werden**, die, wie diese mit ihren Fragen der Mutter den Kopf warm machen können, ebensoviele Warum? und Wodurch? und Wozu? an Mutter Natur richten und die in dem Bewußtsein von der Gesetzmäßigkeit in den Erscheinungen der Natur nicht eher Ruhe haben, bis sie eine genügende Antwort gefunden. (Vgl. einen Mathematikfreund vor einer Aufgabe!) Wohl wird anfangs die Antwort oft ausbleiben oder auch kann sie falsch fallen — doch Übung stählt die Kraft.

Das Bewußtsein von der Gesetzmäßigkeit in der Natur erlangt schließlich für die Naturbetrachtung eine zwingende Kraft, derart, daß man auf seine Fragen Antwort haben muß. Für den Unterricht geben die Gesetze dem Lehrer Gesichtspunkte an die Hand, die ihn bei seiner Präparation leiten, und dem **Schüler** müssen sie so nahe gebracht werden, daß sie ihm eine Direktive für künftige Naturbeobachtungen geben. Damit soll aber durchaus nicht gesagt sein, daß jedes Gesetz von den Schülern jeder Schule formuliert und „auswendig gelernt" werden solle — nein, es soll vielmehr „inwendig gelernt" werden, derart, daß das Gesetz, wenn sie es auch nicht in Worte kleiden können — obige Formulierung der Gesetze wird auch wohl kaum wissenschaftlichen Ansprüchen genügen — dennoch ihnen Tendenz für Naturbetrachtung sei und für künftig bleibe. Das Resultat wird aber zu erwarten sein, wenn jede in der Schule angestellte Naturbetrachtung an der Hand der Gesetze durchgeführt wird, wenn in jeder Unterredung das Gesetz möglichst greifbar durchleuchtet. Für die Klarheit des Verständnisses ist es dann allerdings erwünscht, daß die Gesetze in bestimmte Ausdrucksformen gebracht werden. Doch Wehe über den, der in der eingeprägten Formel sein Ziel in dieser Hinsicht erreicht zu haben glaubt; er fällt — ich spreche es auch hier aus, weil nicht genug vor diesem Fehler zu warnen ist — aus einem Formalismus in den andern. (Vgl. „Dorfteich", Rückblick == Tiere, Anmerkung 6!). Die Hauptsache wird immer die selbständige — auch wenn nur „instinktive" — Anwendung der Gesetze bleiben.

Wie das nun zu erreichen ist? Vor allen Dingen, wie schon gesagt, durch konsequente Behandlung des Gegenstandes im Hinblick auf das Gesetz. Ferner durch Zusammenstellung „paralleler Reihen", wie ich es genannt habe. Beispiel: der Kopf des Stichlings ist spitz — der des Vogels ist spitz (warum passend?); der Stichling ist mit Haut und Schildern bedeckt, der Vogel mit Federn (wie aber, wenn's umgekehrt wäre?); der Stichling hat Flossen, der Vogel hat Flügel; jener schlägt gegen das Wasser, dieser gegen die Luft; jener hat einen Flossenschwanz, dieser einen Federschwanz; — jener hat Kiemen, dieser hat Lungen u. s. w. So wird die Beziehung beispielsweise zwischen Organ und Aufenthalt dem Kinde nahe gebracht. Und wenn man dergleichen Zusammenstellungen öfter vornimmt, so lernt das Kind von selbst derartige Beziehungen machen, lernt das Walten des Gesetzes kennen, ohne daß das Gesetz formuliert wurde. Damit aber haben wir für das „Fortstudium" recht viel erreicht; denn die Art und Weise, wie das Kind die Natur betrachten lernt, haftet, wenn auch das Was in vielen Fällen verloren geht. Unser Unterricht an verhältnismäßig außerordentlich wenigen Objekten wird demnach nicht eben ein ausgebreitetes Wissen — das von Motten und Rost gefressen wird — sondern vielmehr in dieser Hinsicht ein Können erzielen, das später in den Einzelnen durch Anregungen aus eigenster Familie — ihrer eignen Kinder — neu gekräftigt wird und somit zur Hebung der geistigen Kraft unsers Volkes wesentlich beiträgt.*)

---

*11) Ich, für meine Person, lege auf diese Frucht des Unterrichts ganz außerordentlichen Wert und habe für diese Überzeugung Beobachtungs- und Erfahrungsresultate, die in einer bald 40jährigen praktischen Wirksamkeit ihre Wurzeln haben. Mütter können in sinnvoller Weise die Fragen ihrer Kleinen beantworten (Vgl. Ziller, Grundlegung 2. Aufl. S. 136!), wenn sie sich auch des wissenschaftlichen Namens des Naturdinges nicht mehr erinnern, und Dienstmädchen können die ihnen anvertrauten Kinder in vernünftiger Weise durch Anhalten zu Beobachtungen und durch entsprechende kleine Unterredungen „unterhalten". Ob ein Unterricht, welcher derartige Früchte erzielt, in die Erziehungsschule gehört? Ob ein systematischer Unterricht irgend welcher Art derartige Früchte erzielen kann?

Ob man überhaupt Gesetze in der Schule will formulieren lassen, muß von dem ganzen Stand der Schule abhängen. Läßt man physikalische Gesetze aussprechen (z. B. Hebelgesetze), so wird es auch keine Schwierigkeiten haben, naturgeschichtliche Gesetze herauszustellen, nur wird man sie in eine passende Form bringen müssen und die leichteren voranstellen. Das Gesetz der Arbeitsteilung würde ich z. B. in meiner Schule, wo es nur darauf ankommt, daß wir uns untereinander verständigen, vielleicht folgendermaßen fassen: „Je mehr Organe, desto besser die Arbeit" (welcher Fassung allerdings das Sprichwort: „Viele Köche verderben den Brei" gegenüber stehen würde — wenn man beide Ausdrücke ohne weiteres einander gegenüberstellt). Wie sonst nicht auf den wissenschaftlichen Namen eines Naturdinges, so wird hier nicht auf die wissenschaftliche Fassung des Gesetzes viel ankommen, wenn die Sache nur richtig gedacht ist.

Hat man reifere Schüler, die im Denken geübt sind, so wird man das Gesetz der Erhaltungsmäßigkeit ohne sonderliche Mühe schon nach ein paar Einzelbetrachtungen herausstellen können (s. „Gelbrand"!), und man hat alsdann den Vorteil, daß bei neuen Betrachtungen die Kinder bewußter Weise mit diesem Gesetz operieren können. Doch noch einmal: Kein Verbalismus! Am wichtigsten ist das eben genannte Gesetz und neben demselben das Gesetz der Gestaltenbildung, wie das der organischen Harmonie; am leichtesten herauszustellen ist das der Entwickelung und der organischen Harmonie. Doch mögen die Schwierigkeiten teils subjektiver Natur sein. — Jedenfalls findet der Lehrer, in dessen Bewußtsein bei Betrachtung der Tatsachen das Gesetz eine Rolle spielt, vielfach Gelegenheit, die Schüler zu folgerichtigem Denken, zur Erfassung des kausalen Zusammenhangs der Erscheinungen zu veranlassen, mag er das Gesetz bestimmt formuliert haben oder es bei seiner Unterredung nur als Tendenz zugrunde legen. Eine derartige Geistesbildung ist bei dem beschreibenden naturkundlichen Unterricht nicht möglich. — Vor einem Fehler, in den Neulinge leicht verfallen, will ich noch warnen, nämlich dem, in den parallelen Reihen Wesen, die in Lebensweise und Körperform zu sehr voneinander abweichen, nebeneinander zu stellen, insbesondere, wenn man reifere Kinder vor sich hat, denen eine solche Zusammenstellung gar nicht in den Sinn kommen kann, z. B. von Hirsch und Maulwurf: „Wenn der Hirsch in der Erde wühlen sollte ꝛc." Wenn der Gedanke an sich auch ganz richtig ist — nämlich das Geweih würde ihm hinderlich sein — so ist doch wiederum die Vorstellung von einem in der Erde wühlenden Hirsche den Kindern zu abenteuerlich, lächerlich.

6. **Die Stellung des Menschen in der Natur wird bei möglichst vielen Gelegenheiten erläutert.** Mit dieser Forderung scheine ich mich der Herbart=Zillerschen Schule heutigen Tages zu nähern, welche verlangt, daß man „bei dem naturwissenschaftlichen Bildungsunterricht von den menschlichen Zwecken" oder „von der Beziehung des Objekts zum Menschen" ausgehe. (Vgl. auch oben 4!). Und in der Tat gehen wir nicht sehr weit auseinander, wenn man die „menschlichen Zwecke" nicht einseitig als technologische Bedeutung der Naturdinge faßt. Ich denke bei obiger Forderung an Vergleichungen mit dem Körperbau des Menschen, mit seinem Körper= und Seelenleben, an Beziehungen zu seinem Gemütsleben und an landwirtschaftliche, volkswirt=

schaftliche 2c. Bedeutung der Naturdinge. Von Vergleichungen mit dem Körperbau des Menschen finden sich im „Dorfteich" nicht viele Beweise, weil solche Vergleichungen sich mehr auf innere Organisation beziehen müssen und diese im Dorfteich wenig berührt werden konnte. *) Das Innere eines sonst lebenden Wesens anzuschauen stößt bei dem, der es nicht gewohnt ist, zunächst auf Widerwillen, weil der Gedanke an den Akt des Tötens damit sich aufdrängt. Am besten erreicht man seinen Zweck, indem zunächst geschlachtete Haustiere betrachtet und die Lage der entsprechenden Organe beim Menschen angegeben werden. „Wir haben auch ein Herz. Wo schlägt das deinige?" Dann führt man einzelne Teile, z. B. ein Spirituspräparat eines Herzens vom Kalb, oder einzelne Glieder vor, später das Innere eines Fisches, eines Vogels, eines kleinen Säugetiers (schon präpariert!), immer mit Hinweis auf entsprechende Organe und deren Tätigkeit im menschlichen Körper. So kann selbst die einfache Landschule Anthropologie und, natürlich im engsten Anschluß an sie, Gesundheitslehre treiben, ohne daß sie besondere Stunden für diese so wichtigen Fächer ansetzt. Doch dies ist nicht der Hauptvorteil. Dieser besteht vielmehr überhaupt in dem engen Anschluß der Anthropologie an die Zoologie. Nicht bloß lernt der Mensch sich als Glied in der Geschöpfkette der Erde erkennen und in dem Tiere ein ähnliches Leben, wie in sich selbst, respektieren: der Lehrer läuft auch nicht so leicht Gefahr, widerliche Nebengedanken in dem Schüler zu erwecken, als wenn er den Menschen für sich behandelt, und vor allem, der praktische Erfolg ist viel sicherer. Ich kann z. B. nach obigen und ähnlichen Vorbereitungen selbst Mädchen ein Menschenskelett zeigen und ihnen praktisch wichtige Belehrungen etwa über die Nachteile des Schnürens, des Krummsitzens 2c. erteilen, ohne daß es irgendwie Anstoß erregt. Und im Anschluß an den zoologischen Unterricht stehen mir für Anthropologie Hilfsmittel der Veranschaulichung zugebote, die ich sonst entbehren muß. In Ermangelung eines Menschenskeletts kann ich dasselbe an einem Tierskelett demonstrieren, den Brustkasten zusammendrücken 2c. Und wenn die Kinder sehen, wie Fische in abgestandenem Wasser matt werden oder gar sterben, weil ihnen frische Luft fehlt, so predigt diese mit Verständnis aufgefaßte Anschauung viel eindringlicher als alle sonstigen theoretischen Beweisführungen; **) denn hier wird die Wahrheit in einer einzelnen Tatsache unmittelbar erfaßt und auf den Menschen übertragen. Abgelöst von Zoologie führt der Unterricht in Gesundheitslehre leicht zu übertriebener Ängstlichkeit und weiter gehend zu Quacksalberei, oder aber er läßt auch ganz gleichgültig. Darum muß, auch wenn vielleicht später ein besonderer Kursus in Menschenlehre gegeben wird, derselbe auf Zoologieunterricht basiert werden.

Bezüglich des Körperbaues kann man in der Pflanzenlehre keine Beziehungen auf den Menschen machen, wohl aber betreffs des Lebens; denn

---

*12) Vgl. indes S. 53 Ente, Anm. 2!

**13) Daß eine Ratte durch den aus einem Kohlen=Plätteisen aufsteigenden Kohlendunst (Kohlenoxyd) in ein paar Minuten getötet wurde, hat auf die damaligen Schülerinnen einen bis jetzt unauslöschlichen Eindruck gemacht, der zur Beobachtung von Vorsichtsmaßregeln bei der Arbeit mit gedachtem Instrument sie in dringendster Weise veranlaßt.

denselben Gesetzen, nach welchen das Leben jedes organischen Wesens sich betätigt, ist auch der Mensch unterworfen, und selbst sein Geistesleben regelt sich nach ähnlichen Prinzipien, da Körper und Geist demselben Urquell entstammen und die Gesetze also nur nach Maßgabe der verschiedenen Gebiete in verschiedener Form zum Ausdruck kommen.*) In dieser Hinsicht bietet ein naturgeschichtlicher Unterricht, der im klaren Bewußtsein des Waltens der Gesetze erteilt wird, einen unversiegbaren Quell für Beziehungen auf das Menschenleben, soweit der Lehrer zugleich Psychologe ist.**) Aber auch hier sei darauf hingewiesen, daß notwendig das Gesetz der gemeinsame Faktor sein muß, damit man nicht in Absurditäten verfalle.

Nun kann das Gesetz dem warmen Naturfreunde in ihm unbewußter Weise hervortreten, so daß er die Beziehungen zum Menschenleben fühlt, aber sie nicht auf ihren Ursprung zurückführen kann. So entsteht die sinnige oder die poetische Naturauffassung, die wir naturgemäß bei den alten Völkern und im heutigen „Volk" viel mehr ausgebildet finden, als bei naturforschenden Gelehrten und der Neuzeit überhaupt. Sie ist berechtigt, weil sie die allgemeine Gültigkeit der Gesetze zur (unbewußten) Basis hat. Oder sollte es

*) S. die Gleichnisse.

**14) Hierzu ist es nicht absolut notwendig, daß der Lehrer in wissenschaftlicher Psychologie bewandert sei, fast so wenig, als gefordert werden darf, er sei ein wissenschaftlich gebildeter Naturforscher. Wer die Gesetze des organischen Lebens in der vorkommenden Erscheinung erkennt, wird sie, wie auf andre Erscheinungen im Naturleben, auch auf die des Geisteslebens anwenden können. Was ist Psychologie anders, als Naturgeschichte des Geistes? Jede Psychologie, die den Boden der Tatsachen unter den Füßen verliert, die auf Grund philosophischer Axiome aufgebaut wird, ohne Fühlung mit dem Leben zu haben, gleicht der Naturphilosophie, die, auf dem Grunde vorgefaßter Meinungen aufgebaut, die Realität exakter Forschungen ignoriert; gleicht einer nur auf scharfsinniger Philosophie begründeten Dogmatik, welche über die geschichtlichen Tatsachen hinweg zu ihrer Tagesordnung übergeht. Alle vergessen, daß doch die Empirie ihnen die erste Grundlage und die ersten Mittel zum Aufbau ihres Gebäudes gegeben hat und ihnen noch immer Lot- und Setzwage zur notwendigen Prüfung ihrer Arbeit geben muß. „Man kann auch sehr schätzenswerte psychologische Betrachtungen über den Unterricht anstellen und dennoch in einer ganz falschen Richtung des Unterrichts und namentlich völlig in dem Schlendrian der herrschenden Unterrichtsweise sich fortbewegen, weil die Psychologie zur Erklärung des Falschen, wie des Richtigen dient." Ziller. Grundlegung: Vorwort.

Andrerseits ist vollständig klar, daß ein empirischer Pädagoge, der planlos experimentieren wollte, einer Schnecke — der Vergleich wird in diesem Werkchen wohl gestattet sein — gleicht, die, unbewußt der Richtung ihres Weges, ihre Fühler tastend ausstreckt, bis — sie „anläuft".

Dies mein pädagogisches Glaubensbekenntnis. Dies zur Aufmunterung, aber auch zur Vorsicht für Kollegen — die es nicht übel nehmen.

zufällig sein, daß das Veilchen ein Bild der Bescheidenheit, die Eiche ein Bild der Kraft und des Selbstbewußtseins ist? Wenn nur die Dichter das herausgetiftelt haben — wie kann eine derartige Anschauung dann im Volke so tiefe Wurzeln schlagen? Es müssen tiefere Beziehungen zwischen Pflanzenwelt und Menschen bestehen, tiefere als eine Vergleichung der äußeren Gestalt erkennen läßt, und die Dichter sind nur die Dolmetscher der stummen Sprache, die Propheten der Natur. Ich lege auf die poetische Seite der Naturdinge, besonders in **Mädchenschulen**, großen Wert und unterlasse nicht, so viel an mir ist, dem poetischen Sinn des Volkes durch kleine Vergleiche oder Erzählungen und Darstellungen gerecht zu werden.*)

Was **technologische ꝛc. Bedeutung** der Naturwesen betrifft, so darf man in dieser Hinsicht nicht bei dem nächsten stehen bleiben, sondern muß die weitern Fäden suchen. Spreche ich beispielsweise vom Weizen, so haftet das Interesse allerdings zunächst an dieser Kornfrucht; aber doch erstreckt es sich weiter auf den Boden, ohne dessen speziell geeignete Beschaffenheit ein Weizenbau nicht möglich ist, ferner auf die Verkehrswege, durch welche der Weizen seinen Wert erhält; denn das Brot, das der Landmann für sich und die Seinigen aus dem Mehl bäckt, kommt für ihn am wenigsten in Betracht. Der Mensch hängt von viel mehr Dingen ab, als von solchen, die er unmittelbar ißt und trinkt und womit er sich kleidet ꝛc. Siehe auch „Dorfteich": Schluß!

7. Am Schluß des Kursus oder Abschnittes werden **Übersichten von Gruppen nach verschiedenen Einteilungsgründen** gegeben, z. B. mit Rücksicht auf die Entwickelung der Sinnesorgane, die Gestaltung der Bewegungswerkzeuge ꝛc. Dadurch werden ähnliche Lebenserscheinungen in eine Gruppe zusammengefaßt, und das Gesetz wird den Kindern nahe gelegt (s. S. 27: „parallele Reihen"!). Zugleich wird in solcher Weise der Grund zum **Aufbau eines Systems** gelegt. Man kann solche Übersichten, bezw. Vergleichungen, natürlich auch schon früher anstellen, doch nur, wenn die Schüler bei dem „wesentlichen" Merkmal sich auch bewußt sind, inwiefern dasselbe für den Organismus ein wesentliches ist (vgl. „Gelbrand"!); denn ohne eine solche Erkenntnis verlieren die Kinder das Wesen, soll sagen das Verständnis, eines „wesentlichen" Merkmals. — Übrigens ist meiner Überzeugung nach — der „Gelbrand" soll ja nur ein Beispiel sein — die frühzeitige Unterscheidung nach systematischen Merkmalen gar nicht erforderlich. Das kleine Kind, das schon seine Naturbeobachtungen gemacht hat, kommt mit seinem eigenen Begriffe von Vogel („Sommervogel") und Wurm oder Fisch in die Schule; da brauchen wir Lehrer, ja dürfen wir nicht sobald eine systematisch richtige Bezeich-

---

*15) Während meiner Praxis ist eine Anzahl solcher Erzählungen, oft auf Anregung seitens der Kinder, entstanden, von denen ich im Anhang zum Dorfteich ein paar folgen lasse, so wie sie zu demselben passen. Sie sollen nur als Beispiele aus meiner Praxis, aber durchaus nicht als mustergültig angesehen werden; denn wie wenig Anspruch auf Meisterschaft in der Form ich machen kann, wird jeder Leser selbst wissen, ohne daß ich ihn dessen erst versichere.

nung von dem Kinde verlangen,*) wenn es nur seine Naturbetrachtungen in richtiger Weise anstellt; wir dürfen unter dieser Bedingung den Ausdruck „Insekt" hinnehmen, wenn auch alles kleine Getier darunter verstanden wird, bis sich Gelegenheit bietet, den Begriff, aber mit vollem Inhalt, nicht allein nach äußern Merkmalen, herauszustellen (s. Anmerkung 14 in „Rückblick", Tiere!). Sprechen wir doch mit dem kleineren Kinde von dem „Feuer in der Luft" und warten ruhig die Zeit ab, wo wir es über „Elektrizität" belehren können. Und sind wir dann etwa am Ende?? — Wie viel ist gewonnen, wenn das Kind den Begriff „Insekt" gefaßt hat? Den vollen Inhalt würde nur der begreifen, der Organisation und Leben aller Individuen der Erde begreift. — Wann man also der systematischen Einteilung näher treten soll, läßt sich nach meinem Dafürhalten nicht allgemein bestimmen: Das Bedürfnis nach Ordnung in den Einzelvorstellungen und die Fähigkeit zum Verständnis von der Bedeutung der systematischen Merkmale muß hier entscheiden. — Wie man eine systematische Einteilung durch Reihenbildung erzeugt, glaube ich, geht aus dem Beispiel im „Dorfteich" hervor.

8. Die Lebensgemeinschaft. Professor Möbius in Kiel, jetzt Berlin, hat den Begriff der Biocœnose oder „Lebensgemeinde" zuerst aufgestellt. Er führt in seinem Werke über die Auster**) als Beispiel einer Biocœnose an: Eine Austernbank bringt eine gewisse Menge Austern hervor. Wird sie vernünftig, wirtschaftlich richtig befischt, so werden die leergewordenen Plätze durch einen verhältnismäßigen Teil der Austernbrut wieder bevölkert (die übrige Brut geht verloren, wenn sie nicht anderweitig einen ihrer Entwickelung günstigen Ansiedelungsort findet). Wird die Bank aber unverhältnismäßig stark befischt, so siedeln sich statt der Austern Miesmuscheln oder andere Muscheltiere an, die unter denselben Lebensbedingungen existieren. Die Bank bringt unter den vorhandenen Bedingungen die größte Summe lebender Individuen verschiedener Arten hervor. — Ferner: In einen Karpfenteich des Gutes D. wurden 30 000 junge Karpfen gesetzt. Später fischte man die entsprechende Anzahl heraus und hatte ein Gesamtgewicht von 40 000 Pfd. Ein andermal brachte man in denselben Teich eine größere Anzahl; man fischte natürlich auch eine größere Anzahl wieder heraus, erhielt aber nicht ein größeres Gesamtgewicht, sondern nur, wie das erstemal 40 000 Pfd. — die einzelnen Karpfen waren kleiner geblieben. Die Lebensbedingungen, die der Teich den Karpfen bietet, waren schon bei der ersten

---

*16) „Man darf nicht fordern, daß die psychischen Begriffe, von denen der pädagogische Unterricht ausgehen muß, und die das dem Zögling wirklich Bekannte in sich begreifen, sofort mit den logischen Begriffen der Wissenschaft vertauscht würden, denen nur in streng rationeller Weise zuzustreben ist." Ziller, Grundlegung, 2. Aufl., S. 307. — Vgl. zu dieser Forderung die Bildung des Systems im Dorfteich: „Rückblick" 8 c.

**) „Die Auster und die Austernwirtschaft" von Prof. K. Möbius — Berlin (4 Mk.) — ein zu wissenschaftlichen und wirtschaftlichen Zwecken geschriebenes, aber durchweg populär gehaltenes Werk, das für den Naturfreund viele weitreichende Gesichtspunkte enthält und aus diesem Grunde auch Lehrern sehr zu empfehlen ist.

Besetzung vollständig zur Geltung gelangt, gestatteten also trotz größerer Anzahl der Karpfen nicht die Erzeugung eines größern Quantums Karpfenfleisch, gestatteten keine Steigerung. — Ich will ein anderes Beispiel einer Lebensgemeinde hinzusetzen. Ein durch allerlei Unkraut stark verunreinigter Acker trägt eine gewisse Menge Korn. Beides lebt auf demselben Acker, von derselben Luft, unter gleichem Einfluß von Wärme ꝛc. Wird der Acker gereinigt, so wächst auch an Stelle des Unkrautes Korn; es wird dieselbe Menge organischen Stoffs — aber in anderer Form — erzeugt. Natürlich kann aber der Kornertrag nicht ins Unendliche gesteigert werden. Die Leistungen der chemisch-physikalischen Lebensbedingungen erreichen ein Maximum und können nicht weiter gesteigert werden. —

Prof. Möbius erklärt („Auster" S. 76) die Biocoenose als eine Gemeinschaft von lebenden Wesen, als eine „**den durchschnittlichen äußern Lebensverhältnissen entsprechende Auswahl und Zahl von Arten und Individuen, welche sich gegenseitig bedingen und durch Fortpflanzung in einem abgemessenen Gebiet dauernd erhalten**".

Wollen wir, in Gedanken an unser Endziel, unsere Schüler befähigen, daß sie ein Verständnis für das Leben auf der Erde als eines einheitlichen und doch gegliederten erlangen können, so muß das Wesen einer Biocoenose ihnen geläufig werden; denn für ein solches Verständnis kommt ja auch die Produktionsfähigkeit der Erde betreffs organischen Stoffes und der Kampf ums Dasein in Betracht, vor allem aber die Wechselwirkung der einzelnen Glieder aufeinander. Z. B. das Gedeihen der Pflanzenwelt beschränkt nicht etwa das Gedeihen des Tierlebens, sondern fördert es und umgekehrt. Es ist darum für einen gedeihlichen Unterricht absolut notwendig, daß zunächst wir uns das **Wesen einer derartigen Lebensgemeinschaft klar machen.** Zu dem Zweck mögen noch an einigen menschlichen Gemeinschaften die ins Auge zu fassenden Momente hervorgehoben werden. Man wird beispielsweise von Ehegatten sagen können, sie bilden eine Gemeinschaft. Bei dieser Gemeinschaft denkt man nicht etwa an einen gegenseitigen Kampf ums Dasein, sondern vielmehr daran, wie ein Teil den andern fördert und beide vereint die Erhaltung und Hebung ihres **Hauswesens, eines Ganzen, anstreben.** — Die Stadt ferner kann als eine Lebensgemeinschaft angesehen werden. Wohl tritt hier schon Kampf ums Dasein, Konkurrenz, auf, soweit zwei Glieder von absolut gleichen Lebensbedingungen abhängen. Allein im ganzen tritt das Wesen der Gemeinschaft wieder hervor. Jedes einzelne Glied sorgt allerdings für sich; je mehr es aber sein Ziel erreicht, desto mehr wird auch der Wohlstand und die Blüte der Stadt als Ganzes und in ihren einzelnen Gliedern gefördert; und andererseits, wenn ein einzelnes Glied direkt für das Ganze, die Stadt, sorgt, so kommt solches auch ihm selbst wieder zugute. — Als drittes Beispiel einer Gemeinschaft nenne ich den Staat. Diese Gemeinschaft hat eine noch größere Zahl von Gliedern, und die Fäden, durch welche die Einzelnen zusammenhängen, sind noch viel mehr verzweigt und nicht so leicht erkennbar. Trotzdem gilt auch hier: Geben und Nehmen, **Dienstleistung und Abhängigkeit des Einzelnen.** Nehmen wir zu diesen Momenten aus den angeführten menschlichen Lebensgemeinschaften noch das Moment der **Freiwilligkeit im Zusammenfinden** und das der **Gesetzmäßigkeit im**

Zusammenleben, so können wir die gewonnenen Merkmale direkt auf jede Lebensgemeinschaft der Natur übertragen. Nur eins erübrigt noch. In der Zusammensetzung der menschlichen Gemeinschaft spielt die Absichtlichkeit mit Rücksicht auf die Bedürfnisse des einzelnen Gliedes eine Rolle, in der Natur-Lebensgemeinschaft das gesetzmäßige Bedürfnis nach Licht, Wärme, Luft 2c., kurz der Einfluß chemischer und physikalischer Kräfte, bezw. Stoffe. — Wir werden demnach auch erklären können:

Eine Lebensgemeinschaft ist eine Gesamtheit von Wesen, die gemäß dem innern Gesetze der Erhaltungsmäßigkeit zusammenleben, weil sie unter denselben chemisch-physikalischen Einflüssen existieren und außerdem vielfach voneinander, jedenfalls von dem Ganzen, abhängig sind, resp. aufeinander und das Ganze wirken.

Ein Garten mit seinen von Menschen gesäten oder gepflanzten Blumen ist also wohl eine Lebensgemeinschaft, nur nicht eine natürliche, ebensowenig, wie ein Gefängnis mit seinen Insassen; eine Schar von Hühnern, Enten, Spatzen, die sämtlich auf den Lockruf zum Futter herbeieilen, ebensowenig, wie ein Jahrmarkt mit vielen Budenbesitzern — es sei denn, daß man bei Betrachtung des Gartens Freunde des Kulturbodens, Besucher, Einmieter, besonders berücksichtigt. Es ist aber klar, daß die Behandlung einer solchen Lebensgemeinschaft schwieriger wird, weil die Hand des Menschen eingreift, die Verhältnisse komplizierter macht; und doch sind solche Gemeinschaften fürs Menschenleben die wichtigsten. — Aus obigen Beispielen entnehmen wir für unsere Praxis folgenden Fingerzeig: Je einfacher (armgliedriger) eine Gemeinschaft ist, desto klarer wird gegenseitige Abhängigkeit und Beeinflussung zu erkennen sein, desto weniger aber eine besondere Form des Gesetzes, weil jedes Glied dasselbe (Ges. der Erhaltungsmäßigkeit) in sich selbst trägt; je komplizierter eine Gemeinschaft ist, desto mehr tritt die Bedeutung des einzelnen Gliedes (bezw. Individuums) zurück, desto mehr tritt die Gesetzmäßigkeit in verschiedenen Formen hervor und die Bedeutung des Individuums wird erst erkannt, wenn dasselbe als notwendiger Bestandteil einer ganzen Gruppe angesehen wird. (Vgl. ein Blatt in der Krone eines Baumes!) Wir werden demnach zunächst an möglichst einfachen Lebensgemeinschaften die Wechselbeziehungen der Einzelglieder erkennen lassen und ebenfalls ihre Beziehungen zum Ganzen ins Auge fassen, um eine auf eigene Anschauung gegründete Vorstellung von einer Lebensgemeinschaft zu erzeugen; später werden wir auch kompliziertere Lebensgemeinschaften behandeln und durch Vergleichung Gesetze zur Erkenntnis bringen können — wie wir's ja auch bei der Betrachtung von Einzelwesen machen. Einfache Lebensgemeinschaften sind z. B. dieser Teich, dieses Moor, dieser Wald mit seinen Schattenpflanzen 2c., überhaupt seinen Ansiedlern, Bewohnern, Freunden, Besuchern — wenn man absieht von dem Umstande, daß die Bäume ursprünglich gepflanzt sind.

Für die Behandlung einer Lebensgemeinschaft wird der Lehrer jetzt selbstverständlich folgendes zu beachten haben (vgl. auch oben: Vorbereitungen S. 15 u. 25):

1) Nachdem eine zweckentsprechende Wahl und Auswahl getroffen ist, betrachte jedes Wesen auch nur nach seiner Wechselbeziehung zu andern in derselben

Gemeinschaft, in seiner Beziehung zum Ganzen, nach seiner Abhängigkeit von Wärme, Licht, Luft, Wasser 2c., überhaupt im klaren Bewußtsein der Merkmale einer Lebensgemeinschaft.

2) Mache am Schluß des Kursus eine zweckentsprechende Zusammenstellung der Einzelwesen, eine Zusammenstellung, aus welcher die **gleichmäßige Abhängigkeit** 2c. hervorleuchtet. So gewinnt der Schüler eine Anschauungsvorstellung von der Einheitlichkeit einer Lebensgemeinschaft, weil Gesetzmäßigkeit hervorleuchtet.

3) Betrachte die **ganze Lebensgemeinschaft** als Glied eines höhern Ganzen, speziell in ihrer Beziehung zum Menschen. Der Teich liefert vielleicht unserm Vieh Trinkwasser, uns Fische, gegen Feuersgefahr Löschstoff — der Wald? — Der Teich, der Wald 2c. ist für eine gewisse höhere Gemeinschaft bedingungsweise notwendig*).

4) Auf höherer Stufe werden die Glieder und die Lebensbedingungen einer Gemeinschaft mit denen einer andern verglichen, z. B. Teich und Wald.

Durch die Behandlung von Lebensgemeinschaften ist es ermöglicht, den **Stoff im Einzelnen zu beschränken und sich doch zu vertiefen.** — Wir geben ferner unter allen Umständen ein Ganzes, mag uns, wie in einklassigen Schulen, wenig Zeit, oder, wie in mehrklassigen Schulen, mehr Zeit zur Verfügung stehen, und die Schüler erhalten immerhin ein Stück Natur — **wirkliche Naturerkenntnis aus der Natur**, aber nicht ein Stück menschlicher Weisheit. Ferner ermöglicht die Betrachtung einer jeden folgenden Lebensgemeinschaft mehr und mehr das Verständnis des Lebens auf der Erde als einer Gemeinschaft; wir nähern uns dem Endziel, je nach Gunst der Umstände weniger oder mehr. Denn jede Lebensgemeinschaft, „**die Natur in jedem Winkel der Erde, ist ein Abglanz des Ganzen**", sagt Humboldt.

9. **Durch Einzelwesen und Lebensgemeinschaften der Heimat werden ähnliche Erscheinungen der Fremde veranschaulicht.** Zunächst gilt es die Veranschaulichung der Gestalt. Da hänge ich dem hochgewachsenen Kohlstrunk in Gedanken die Blätter des Rainfarns (Tanacetum vulg.) oder das Engelsüß (Polypodium vulg.) an, und er wächst, am Hause oder der Kirche gemessen, zu einer Palme empor; die Katze im Grase vergrößert sich zum lauernden Tiger; unsere Hopfen= und Geisblattranken werden zu Lianen, das dichte Gebüsch wird Urwald, der Teich ein Meer und ich? — ich werde klein. — Gute Abbildungen kommen dann zu Hilfe und an der Hand der Gesetze wird, indem man von der Organisation auf das Leben schließt, letzteres im Einzelnen und Ganzen betrachtet, und erforderliche Ergänzungen werden durch Mitteilungen gemacht.**)

---

*17) Man geht also von den Beziehungen zum Menschen aus (vgl. oben Vorbereitungen S. 25!) und kehrt am Schluß zu ihnen zurück (s. „Dorfteich"). Im Anfang kann das Interesse nur allgemeiner, oberflächlicher Art sein; am Schluß muß es sich vertieft haben und sich auch auf die einzelnen Glieder als Faktoren in dem Ganzen erstrecken, an welches Verhältnis im Anfang nicht zu denken ist. Darum muß dieses den Schluß bilden.

**18) Vgl. „Beuteltiere" in „Beiträge zur Methodik des naturkdl. Unterrichts". Langensalza, Beyer und Mann.

10. Unter Heranziehung der Ergebnisse des Unterrichts in allen Zweigen der Naturkunde wird das Erdleben als einheitlich veranschaulicht. Auf welchem ferneren Wege dieses Ziel zu erreichen und wie anderweitigen Ansprüchen an den Unterricht dabei zu genügen sei, wird man aus einem „Entwurf eines Pensenplanes für den Unterricht in der Naturgeschichte für die erste Mädchen-Bürgerschule in Kiel"*) ersehen können.

*) Mit Bemerkungen und erläuternden Anmerkungen enthalten in den „Deutschen Blättern" 1883 Nr. 32—34.

Entwurf eines Pensenplanes für den Unterricht in Naturgeschichte
für die erste Mädchen-Bürgerschule in Kiel.

Vorbemerkung 1.

Die eingeklammerten arabischen Ziffern weisen auf die laufende Nummer der Pensen, die eingeklammerten römischen auf die oben S. 10 ff. erörterten Gesetze hin. Die durch den Druck ausgezeichneten Pensen sind eingehender zu behandeln.

Vorbemerkung 2.

Manche der unten folgenden erläuternden Anmerkungen wird inhaltlich etwas bringen, was schon im Zusammenhange des Ganzen oben vorgekommen ist. Doch scheint es nicht geraten, aus diesem Grunde die betreffende Anmerkung hier zu streichen, da sie eine Einzelheit im Zusammenhange des ganzen Plans erläutern, bezw. ihr Vorkommen motivieren soll.

Erster Kursus. — 4. Schuljahr.
A. Kleiner Kiel, Hafen, Strand.[1]
1. Bewegung (Sinken, Steigen, Wellen, Brandung) und Wirkung des Wassers (Veränderungen durch Schlämmen).[2]
2. Sand, Lehm, Gerölle.
3. Blasentang, Meerlattich,[3] Seegras, (53), (Abscheidung von Lebensluft), Flohkrebs usw.
4. Strandpflanzen (Salzkraut, dickblättrige Miere, Meersenf).
5. Meerstrandsaster.[4]
6. Qualle.[5]
7. Seestern.
8. Flohkrebs, Muschel, Schnecke (zur Beobachtung).
9. Taschenkrebs.
10. Dorsch (Gräten, Rückgrat, Rippen usw.[6]
11. Hering (Stichling).
12. Butt.
13. Aal.
14. Schwan.
15. Gans und Ente (Fleisch, Knochen).
16. Möve.[7]

---

[1]) Der „kleine Kiel" ist ein Seewasserbassin innerhalb der Stadt, das mit dem Hafen durch eine schmale Wasserstraße verbunden ist. Auf demselben werden verschiedene Wasservögel gehalten. — Wasser und Strand liefern den ersten Stoff, weil ein Aquarium irgend einer Art die fortgesetzte Beobachtung von verschiedenen pflanzlichen und tierischen Bewohnern des Wassers gestattet.

[2]) Schlämmen — wo Straßensiele in den kleinen Kiel münden. — Gerölle: durch Wellenbewegung abgerundete Steine.

[3]) Es soll nur die Bildung von Luftblasen auf und zwischen Algen beobachtet und die Kinder sollen mit den Tieren an und zwischen „dem Kraut" bekannt gemacht werden, sofern Fragen, als: Wie heißen sie? Was machen sie da? Was für ein Organ ist dieses? usw. Interesse der Kinder verraten. (Vgl. 8.)

[4]) Massenhafte Ansiedelung auf einer durch Ausbaggerung des „kleinen Kiels" entstandenen Aufschüttung — Verkrüppeln und Verschwinden auf dem älteren (ausgewaschenen) Boden. Entsprechende Versuche im Zimmer (NB. Schulgärten fehlen) — Vergleichung von 4 und 5 nach dem Habitus.

[5]) Die Quallen erscheinen so massenhaft im Hafen, daß schon um deswillen der Unterricht sie nicht übersehen darf. Dann aber auch ist das Tier so einfach konstruiert, dabei durchscheinend und alle Teile sind von genügender Größe, daß man kaum ein besseres Objekt für elementaren Unterricht in der Tierkunde finden kann. Auch die Seesterne sind fast allen Kindern oberflächlich bekannt, da sie mit Fischen und Muscheln häufig gefangen werden.

[6]) Als neu auftretend sollen hier im Gegensatz zu den vorhergehenden Tieren die Gräten (Knochen) hervorgehoben werden. Wozu dienen sie? Die Qualle (6) sinkt in der Hand zusammen und läßt sich in verschiedene Gestalt zwängen. Bei 15 Vergleich mit 10, auch Unterschied in der Farbe des „Fleisches".

[7]) Durch eingehende Behandlung des Schwans soll der Vogeltypus hervortreten, während 14—16 zusammen den Typus des Schwimmvogels, aber in verschiedenen Formen ergeben. Man wird also

B. Moor.[8]
17. Moorboden und Moorwasser, Torf (Herstellung und Verwendung — Verschiedenheit).
18. Rundblättrige Glockenblume. Ran. flam.
19. Wasserschlauch.
20. Heidecker (Studentenröschen) (53c), Wintergrün, Sonnentau.
21. Torfmoos, Moosbeere (vgl. 3. 53).
22. Glockenheide (Sumpfheide), Renntierflechte.
23. Kreuzotter.[9]
24. Frosch (in allen Entwicklungsstufen).
25. Wasserkäfer und Larve (55 d u. a).

C. Feld.
26. Feigwurz.
27. Gamander Ehrenpreis (Sternmiere).
28. Ackersenf (4).
29. Weißer und roter Bienensaug (Ackererde).[10]
30. Zaunwicke.
31. Mohnblume (53).
32. Lichtnelke.
33. Storchschnabel.
34. Spindelbaum (Raupen).
35. Zaunrübe.
36. Klette.
37. Brombeere.
38. Schwarzdrossel (Star).
39. Vogelnest (Knick).[11]

40. Lerche (Singvögel).[12]
41. Maulwurf.
42. Maikäfer und Engerling.
43. Regenwurm.
44. Schmetterling, Raupe und Raupennest (s. etwa 39).

D. Wald.
45. Osterblume (53 c). Lerchensporn.
46. Waldmeister (Veilchen).
47. Waldbäume (im Frühling und Herbst). (123).[13]
48. Eichhörnchen.
49. Krähen (60 c u. e, 54 d).

E. Allgemeines.
50. Die Kastanie in allen Entwicklungsstufen.
51. Sand, Lehm, Moor, Ackererde (2, 17, 29).
52. Strand-, Moor-, Feld-, Wald und Wasserpflanzen.[14]
53. Gruppierung:[15]
 a) Nichtblühende und blühende Pflanzen,
 b) einfachere (aus den wenigsten Teilen bestehende) und zusammengesetztere Pflanzen,

---

hier, wie überall, bei Betrachtung des Neuen das Alte im Auge behalten müssen.

[8]) Die vorhergehenden Pensen sind ebensowenig, wie die nachfolgenden der Zeit nach geordnet, sondern vielmehr sind die Wesen zwecks größerer Übersichtlichkeit nach dem Gesichtspunkt des Zusammenlebens aneinandergereiht. Die Reihenfolge der Unterredungen über die einzelnen Glieder der verschiedenen Lebensgemeinschaften wird sich nach der Zeitfolge des Auftretens der Lebewesen bestimmen. Für die Auffassung ihres Zusammenlebens müssen Beobachtungen teils an Herrichtungen im Zimmer (Blumentöpfe, Kasten, Glashafen, Teller), teils auf Spaziergängen sorgen.

[9]) Neben der Kreuzotter kann sehr wohl zur größeren Klarheit die Ringelnatter nach Farbe und Gebiß besprochen (gezeigt!) werden, natürlich auch das Verfahren bei Unglücksfällen.

[10]) Der Bienensaug gedeiht nur auf Kulturboden. Wird die Ackererde etwa ausgeglüht, um ihre Bestandteile zu zeigen, so wird natürlich auf 17 und 2 Rücksicht genommen (s. Anm. 7).

[11]) „Knicke" sind mit Hasel, Weißdorn, Schneeball, wilden Rosen und anderen Büschen bewachsene, 3—5 oder auch 6 Fuß hohe Erdwälle, welche die Felder („Koppeln") unserer engern Heimat einfriedigen und also auch die Wege begrenzen. Sie bieten vielen Sängern Aufenthalt, Zufluchtsstätte und Brutplätze, während die Wälle von den unter

26—37 genannten und anderen Blumen und saftigem Grün in reichem Farben- und Formenwechsel geschmückt werden. Die genannten Pflanzen sollen zu eingehender botanischer Betrachtung dienen, während andere Blumen und Büsche nach ihrem Habitus charakterisiert werden (s. 63), so weit das Interesse des Kindes solches verlangt.

[12]) Singvögel nur als solche im allgemeinen — dann vielleicht einige äußere Kennzeichen, Schutz 2c.

[13]) Sollen hier noch nicht systematisch beschrieben, sondern nur als Einzelglieder des Waldes unterschieden werden.

[14]) Natürlich sollen sie nicht bloß aufgezählt, sondern ihr häufiges Vorkommen mit Bodenbeschaffenheit, Licht und Schatten 2c. in Beziehung gesetzt werden. Einschlägige Versuche (in Blumentöpfen) sind schon früher angestellt, z. B. bei 21 etwa Torfmoos in Moorerde und in Strandsand.

[15]) Auch diese Gruppierungen werden schon in den vorhergehenden Betrachtungen vorbereitet — das ist gar nicht genug zu betonen, damit einem mechanischen „Einprägen" vorgebeugt werde. Ich kann beispielsweise den Blasentang oder das Moos nicht vorführen, ohne daß die Kinder nach Blüten suchen. Hier, wie im folgenden, soll der Rückblick die schon aufgefaßten Ähnlichkeiten (und Verschiedenheiten) nach verschiedenen Gesichtspunkten zusammenfassen. Der Lehrer, der nach diesem Plan zu unterrichten hat, wird sich mithin vor allen Dingen klar machen müssen, was in den Übersichten 52—62 gefordert wird, damit er dem hier zugrunde liegenden Gesichtspunkt schon von Anfang an Rechnung tragen kann.

c) wesentliche und unwesentliche Teile der Pflanze, insbesondere der Blüte (20, 31, 45 S. 31, 7). Rückblick = Tiere, Anmerkung 14.
54. Vergleichung von 14—16, 38, 40 u. 49.
   a) Nach der Bedeckung (Arten und Einrichtung der Federn),
   b) nach den Hauptteilen,
   c) nach der Bewegung und den Bewegungsorganen.
   d) nach Nahrung und Aufenthalt.
55. Gruppierung:
   a) Reine Wassertiere (6—13, 25),
   b) reine Landtiere (41—43),
   c) Lufttiere (38, 40, 42, 44, 48, 49),
   d) Luft-Wassertiere (14—16, 25),
   e) Land-Wassertiere (24).
56. Vergleichung der Vögel mit den Fischen (Ges. I).
   a) Nach der Bedeckung,
   b) nach der Körperform und dem sonstigen Bau,
   c) nach der Bewegung und den Bewegungsorganen (mit dem Aufenthalt in Beziehung gesetzt!).
57. Landtiere wie 56.
58. Gruppierung nach verschiedenen Gesichtspunkten:
   a) Knochentiere und knochenlose Tiere;
   b) nach den Bewegungswerkzeugen (welche Tiere haben keine? — haben gleichartige? — haben mehrere Arten? welche bewegen sich am gewandtesten? Ges. IV). Zweck der Bewegungen;
   c) nach den Atmungswerkzeugen (wo liegen dieselben? — was atmen sie?);
   d) nach den besonderen Schutzmitteln wie b).
59. Welche Tiere sind äußerlich am einfachsten? Welches sind die notwendigsten Organe? (Kopftiere und kopflose Tiere — wo ist der Mund? 6, 7.) Vergleichung der einfachsten Tiere mit den einfachsten Pflanzen nach dem Aufenthalt.
60. Welche Pflanzen und Tiere finden sich (dauernd oder als Besucher)
   a) auf dem Moor?
   b) im Hafen?
   c) am Hafen?   } Warum? [16])
   d) auf dem Felde?
   e) im Walde?

61. Bedeutung der Wesen auf dem Moor, im Wasser, im Walde, auf dem Felde füreinander (Ges. II.)
   a) der Pflanzen,
   b) der Pflanzen und Tiere,
   c) der Tiere.
62. Bedeutung des Hafens, des Moores, des Feldes und des Waldes für den Menschen.
63. Für gelegentliche Besprechungen werden einige Stunden in dem ganzen Plan reserviert.[17])

Zweiter Kursus. — 5. Schuljahr.

64. Wiederholung (52. Beisp. zum Ges. I) vgl. 4.
65. Sand, Lehm, Moor, Ackererde (51), Granit und seine Bestandteile.
66. Vorbereitungen und an Beobachtungen geknüpfte Unterredungen.
   a) Roggen-, Weizen-, Gerste, Hafer und Buchweizenkörner; Verwendung zu Nahrungsmitteln, Keimversuche unter verschiedenen Umständen. (Staubtrockene und feuchte Erde, oben auf und tief, im Licht und in der Dunkelheit, in der Wärme und in der Kühle.) Geschmack des gekeimten Korns und andere Veränderungen.
   b) Die Kastanie, weiße und große Bohne (Keimling in verschiedener Lage gepflanzt).[18])
   c) Gelbe Wurzel gesät (Dauer des Keimens) und gepflanzt (zwei-

---

[16]) Hier wird das erste Gesetz (Erhaltungsmäßigkeit) formuliert werden können. Als Tendenz hat es schon allen Betrachtungen zugrunde liegen müssen, ähnlich wie das vierte Gesetz bei 58 b, das zweite bei 61.

[17]) Damit, wenn die Kinder mir einmal etwas Beachtenswertes mitbringen, ich mit meiner Zeit nicht zu kurz komme. Auch besondere Beobachtungen auf Spaziergängen können zu unvorhergesehenen Erörterungen führen.
Der Plan für den 1. Kursus enthält im Text manche methodische Andeutungen, die, streng genommen, in einen solchen Plan nicht hineingehören. Sie werden in den folgenden Kursen spärlicher, wie denn auch die Anmerkungen einen mehr sachlichen Inhalt haben werden. Ich gehe dabei von dem Gedanken aus, daß der Lehrer, wenn er erst diesen 1. Kursus gründlich durchgearbeitet und mit diesem sein Ziel vollständig erreicht hat, später ohne weitere Andeutungen das Richtige treffen wird, besonders wenn er auch das Endziel im Auge behält. — Im 2. Kursus werden die Kulturwesen betrachtet, wobei neben dem Gesetze von der Erhaltungsmäßigkeit das der Akkommodation maßgebender Gesichtspunkt ist.

[18]) Die Kastanie muß schon im Herbst gepflanzt oder während des Winters in feuchtem Sande am kühlen Orte aufbewahrt werden. — Bei der Kastanie ist die Keimlingswurzel ja sehr groß.

jährige Pflanzen) Kartoffelknolle mit Keim.
d) Zwiebel im Papiernetz.[19])
e) Calla äthiopica [20])
67. Weidenkätzchen - Weidenflöte (Saftbewegung — wo?) ev. Weidenbohrer.
68. Haselblüte (Blütenstaub), Aufbrechen der Knospen.[21])
69. Ackersenf — Kohlarten (Raps). Kohlraupe, Eier zur Entwicklung (28). [22])
70. Wickenarten, Platterbse, Erbse, Bohnenarten, Klee (Bienen), Goldregen (30).[23])
71. Kleeseide, Flachsseide (52, 66, 85).[24])
72. Gelbe Wurzel (66 c) wild und kultiviert, Runkelrübe und Rotebeete.
73. Hundspetersilie, Gartenpetersilie (gefl. Schierling), Sellerieknollen.
74. Porree und Zwiebeln (66 d).
75. Schlehe, Kirsche, Pflaume (Dorn).
76. Weißdorn, Apfel- und Birnbaum (Apfelstecher).
77. Feldrose, Gartenrose (Stachel) (75), Rosengallen, Blattläuse, Marienkäfer,

gefüllte Blumen (80), Okulieren (50, 68).
78. Nachtschatten (66 c), Bittersüß, Kartoffelarten (Krankheiten. 71, 85, 105). [25])
79. Hopfen (Bier, 66a) Hefe (88, 114).
80. Riesenschwingel (oder anderes Gras).
81. Unsere Kornarten und Mais (Brot, Mutterkorn, 78), Blütenstaub (67, 68), taube Ähren, Befruchtung im allgemeinen.
81 a. Unsere Felder (Maus, Hase, Fuchs, Grashüpfer, Engerling, Kornblume, Distel, Kornrade, Gauchheil, Lichtnelke, Storchschnabel u. a. 85). [26])

[24]) Die Flachsseide bedarf der Blätter nicht — ist der bei Kiel am häufigsten vorkommende Schmarotzer.

[25]) Es ist zu beachten, daß für die Schule ein Mikroskop zur Verfügung steht. Über den Gebrauch hier kurz folgendes: Man kann es sehr wohl während des unmittelbaren Unterrichts gebrauchen, nur müssen die Kinder auch hier Ordnung üben und sehen lernen. Am besten beginnt man mit dem Zeigen mikroskopischer Präparate etwa in der Schreib- oder einer ähnlichen Stunde, wo man durch den Unterricht nicht so sehr gebunden ist, damit man Anweisung erteilen und nachsehen kann. Die Kinder treten an einem Ende des Schultisches heraus; wer zuerst ausgetreten, sieht zuerst und begibt sich natürlich auch zuerst wieder an den Platz. So wickelt sich bald alles ohne Störung ab. Später kann man das Mikroskop auch während des naturgeschichtlichen Unterrichts gebrauchen, wenn man nur darauf achtet, daß diejenigen, welche beim Mikroskop stehen, (noch nicht sehen) öfter gefragt werden. (Das ist nun nicht Theorie, sondern eine Praxis, die in der Schule herrschen muß. Wer gegen sie verstößt, wird ausgeschlossen.) „Aber da sehen die Kinder eines möglich, nur nicht das, was sie sehen sollen", ist mir entgegengehalten. Das richtige mikroskopische Sehen ist ebensowohl eine Sache der Übung, wie das richtige natürliche Sehen. Man fange mit einfachen Präparaten, etwa als Zellen aus dem Mark, Haaren u. dgl. an. Eine Hand auf den Tisch, mit der andern das Auge geschlossen! Das ist Regel! Auch Luftblasen 2c. müssen die Kinder sehen lernen. Dann müssen sie so genau sehen, daß sie eine Skizze entwerfen können. Von schwierigeren Sachen wird eine Umrißzeichnung an der Tafel entworfen, um die Gegend markieren zu können, die in Augenschein zu nehmen ist. — Darum also sofort das Mikroskop in die Schule gebracht, wo irgend möglich ist, eins zu beschaffen! Was für neue Anschauungen und auf ihnen begründete Ideen gewinnen die Kinder — wertvoll in vielfacher Hinsicht! Eine neue Welt wird ihnen erschlossen. — Übrigens kann man in neuerer Zeit Mikroskope bekommen, die wie Fernrohre gehalten werden, zum Preise von 30—40 Mk. und dem Schulzweck in ganz vorzüglicher Weise genügen. S. Katalog der Mikroskope von Seibert und Krafft in Wetzlar, Nr. 9 Demonstrationsmikroskop 3 Vergrößerungen (40, 80, 120 mal für Schulzwecke völlig ausreichend 36 Mk.

[19]) Die Blätter bilden sich aus den Reservestoffen in den Schuppen der Zwiebel.

[20]) Calla, Agapanthus u. a. Topfgewächse, scheiden, wenn fleißig begossen, Wasser aus, das in Gestalt von Tropfen an den Spitzen der Blätter zu beobachten ist: Wurzeldruck. An dem feuchten Beschlag an den Fensterscheiben, wenn die Kallablätter das Glas berühren, läßt sich die Ausdünstung von Wasser durch die Blätter nachweisen. Die Nachweisung von Kohlensäure muß dem späteren Unterricht, wenn mehr chemische Versuche angestellt sind, vorbehalten bleiben.

[21]) Von der Befruchtung hier nur, daß der Blütenstaub in den Griffel „hineinwachsen" muß; wenn nicht, so gibt es taube Nüsse. Ähnlich 81. Vergleich natürlich mit 67 (Bienen, Wind).

[22]) Es werden hier und künftig, um jedes Kind mit einem Exemplar versehen zu können, Verwandte der Kulturgewächse betrachtet, daneben aber in andern Händen so viele Exemplare der Kulurpflanzen, als zu beschaffen sind. Es wird dann durch fortgesetzte Kontrolle zugleich festgestellt, worin Übereinstimmung, worin Unterschied besteht. — Die Entwicklung des Schmetterlings — ich habe in diesem Jahre die Seidenraupe — soll beobachtet werden. In einem andern Kasten oder Glashafen füttert man auch Raupen, die man eben als Raupen im Freien vom Kohl abgelesen hat, damit Aussicht sei, auch solche, die von Schlupfwespen angestochen sind, zu erhalten. Zu beobachten ist ferner das Spinnen der Raupen am Glase zu der Zeit, da sie sich verpuppen wollen. Womit? Wie? Wohin wollen sie? Warum? Häufchen von Schlupfwespenpuppen an geschützten Stellen! Ges. II.

[23]) „Ausarten" der Erbsen und Bohnen, wenn verschiedene Sorten nebeneinander blühten, auffällig durch die verschiedene Form der Erbsenhülsen, ferner durch das Erscheinen von Ranken an sonst rankenlosen, hier allgemeine Krup-Bohnen genannten Bohnen. Vgl. 68 und 81.

[26]) Neben auffallenden Eigentümlichkeiten in

82. Wiese und Wiesenblumen, gefüllte Marienblume (vgl. Sonnenblume und Aster — 77 und 89), Wasserranunkel und Wasserfeder (Hottonia.) [27])
83. Die Büsche unserer Knicke, Wert der Knicke, das Geisblatt, Bienen, Saftbewegung (vgl. auch 67), die Schützlinge des Knicks (38—40), (Blumen, Singvögel, Vogelnest, Brüten). [28])
84. Einige der wichtigsten Früchte. [29])
85. Zusammenstellung der Pflanzen nach ihren Lebensbedürfnissen (Moor- und Strandpflanzen u. s. w., 52, Schmarotzer, 71, 78), Kulturpflanzen. Freunde des Kulturbodens: Kreuzkraut, Wegerich u. s. w.; Pflanzenfreundschaften (20, 21, 81a), ein-, zwei- und mehrjährige Pflanzen (66), Frühlings- und Herbstpflanzen. [30])
86. Welche Pflanzen werden vom Menschen gepflegt? Was benutzt er? Welche Veränderungen gehen mit ihnen vor? Wodurch? (5, 51, 52, 70, 72, 73, vgl. Anm. 27), Nutz- und Zierpflanzen. (Ges. III. [31])
87. Systematische Übersicht (s. Anhang S. 44).
88. Bedingungen des Pflanzenlebens (52, 85). Wozu dienen Wurzel (66), Stengel (67), Blatt (71), Blütenhüllen (31) Stempel, Staubbeutel, (68, 81)? Lebenstätigkeit im allgemeinen im Anschluß an vorgekommene Einzelheiten (79 2c.).
89. Blattartige Organe (77), Übergänge (Gartenmohn, Päonie oder Bauerrose, Seerose), Entwicklung der Pflanze vom Keim an (53 b). Ges. V. [32])

90. Ein Säugetierskelett im Anschluß an eins der zu behandelnden Tiere (beispielsweise Hase oder Kaninchen: 98).
91. Das Schwein (Inneres soweit der Beobachtung zugänglich und Tätigkeit der Organe im allgemeinen). (15). [33])
92. Finnen und Bandwürmer.
93. Trichinen.
94. Verwandte des Schweines.
95. Katze, Hund und Verwandte derselben.
96. Kuh, (Schaf, Ziege) und Verwandte.
97. Pferd und Verwandte.
98. Kaninchen (Maus, Ratte, Hase usw.).
99. Fledermaus.
100. Maulwurf (Igel, Spitzmaus).
101. Ein Vogelskelett im Anschluß an einen der zu behandelnden Vögel (90). [34])
102. Henne, Taube (Flug), Habicht und Verwandte (14 - 16, 38 u. 40).
103. Storch (s. Anm. 15).
104. Schwalbe (Sperling, Kanarienvogel) und Verwandte (38—40). Milben, Krätzmilbe.
105. Fliege (Schimmel), (78). S. Anm. 22. Spinne. [35])

Lebensweise und Einrichtung wird das Zusammenleben beachtet.

[27]) Umgestaltung der Blätter von Ran. aquatil. und Polygonum amphibium auf dem Trocknen. S. Dorfteich. Ges. d. Akkomm.

[28]) Geisblatt: die Blüten sind „Saugblumen" für die Kinder, weil die Bienen den Honig nicht erreichen können. — Ein von einer Geisblattranke eingeschnürter Haselstrauch zeigt Verdickungen oberhalb der Windung — der Nahrungssaft in der Pflanze kommt von oben her — die Blätter sind die Köche für Zubereitung des Saftes (67).

[29]) Von den Erbsen genießen wir meistens nur die Samenkörner, von Erdbeeren den Fruchtboden, so auch von Hagebutten 2c.

[30]) Siehe Anm. 15.

[31]) Hier wird das Gesetz der Akkomodation herausgestellt werden können.

[32]) Andeutung von der Ähnlichkeit der Entwicklung einer einzelnen Pflanze und der Entwicklung in einer Reihe von Pflanzen.

[33]) Mit der Betrachtung des Schweines wird begonnen aus — ästhetischen Rücksichten. Es ist neben dem eigentlichen Ziel dieses Kursus eine Vorbereitung auf Anthropologie ins Auge zu fassen, also auch Rücksicht auf innere Organe zu nehmen. Da ist denn wohl das Schwein dasjenige höhere Tier, dessen innere Organisation dem Kinde am meisten zur Beobachtung dargeboten und das in seziertem Zustande von ihm ohne unangenehme Nebenwirkungen der Betrachtung unterzogen wird. Da man, wie beim Skelett (90), nebenbei ungeniert eine Parallele zum Körperbau des Menschen ziehen. Wir haben es nötig! Wo ist es? So gewöhnt das Kind sich nach und nach, auch an die innere Organisation des Menschen zu denken; Zimperlichkeit, die in oberflächlichem Wissen ihren Grund hat, schwindet und ein ernstes, gewissermaßen wissenschaftliches Streben nach Erkenntnis greift Platz. Da kann man, nach genügender Vorbereitung an tierischen Präparaten, selbst mit Mädchen ein Menschenskelett betrachten (wie ich es regelmäßig tue), auch das für sie so wichtige Kapitel der Kranken- und Kinderpflege behandeln, ohne daß irgend etwas anstößig erscheint. Dann ist „den Reinen alles rein". — Wenn von den folgenden Tieren eins oder das andere gebracht wird, so versäume ich nicht, von dem Innern etwas (oder das ganze — je nach Vorbereitung) zu zeigen. — Hier werden übrigens die Haustiere betrachtet und von ihnen wird ein Blick auf Verwandte geworfen, weil die Beobachtung der Haustiere möglich ist. Hier also umgekehrt, wie bei den Kulturpflanzen.

[34]) Die Skelette (90 und 101) sollen natürlich verglichen, auch muß an 10 erinnert werden.

[35]) Krankheiten durch Pilze. Andere Beispiele (kurz)!

106. Bienen, Ameisen (Arbeitsteilung).
107. Kohlweißling und andere Schmetterlinge (69).
108. Totengräber (Milben), 42, (104), andere Käfer.
109. Regenwürmer (43), (Tausendfuß).
110. Systematische Übersicht (s. Anhang S. 44).
111. Bedingungen des Tierlebens.
112. Welche Tiere werden hier und anderswo vom Menschen gepflegt (86)? Welche mieten sich selbst bei Menschen, bei Tieren, bei Pflanzen ein? Warum? Bedeutung der Kulturpflanzen und -Tiere für den Menschen (Kleidung 2c.). Ges. III. Ferner ähnliche Zusammenstellungen wie 54—59.
113. Verschiedenartige Entwicklung der Tiere. Ges. V.
114. Abhängigkeit der Pflanzen vom Boden u. s. w., der Tiere von den Pflanzen und Tieren, des Menschen von beiden und umgekehrt. Einwirkung der ersteren auf letzteren. Ges. II. (Vgl. 60—62.)

Dritter Kursus. — 6. Schuljahr.

115. Das Winterleben der Pflanze (Zellen, Stärkemehl). 66 (a—d.)
116. Hauptbestandteil des Pflanzenkörpers (Asche, Wasser, Kohle).
117. Bereitung des Bodens (64 u. 66).
118. Topfkultur (77, 52, 85, 88).
119. Erwachen der Pflanzen (68), Saftbewegung (67, 83). Aufbrechen der Knospen (115, 66 d.).
120. Blüte, Befruchtung (Orchis), Frucht. [36])
121. Vollständige Entwicklungsgeschichte der Pflanze (66, 89), Ziel ihres Lebens. Ges. V. II. I.
122. Vermehrung und Ausbreitung der Pflanzen (Wodurch?) in Anschluß an einzelne Beobachtungen (118 u. a. — 5, 36, 81 u. a.)
123. Tanne (VI), Buche, Eiche (47).
124. Flechten und Moos (Zellen mit Blattgrün: Lebermoos) (3, 53), Torf, Braunkohle.
125. Farne und Schachtelhalme: Gefäße, Steinkohle.

126. Pilze (Larven) (78, 79, 105).
127. Efeu (unechte Schmarotzer) (71).
128. Systematische Übersicht. (s. Anhang S. 44).
129. Pflanzengemeinschaften mit ihren Bewohnern.
  a) Strand,
  b) Moore und Heiden,
  c) Wiesen,
  d) Sümpfe und Wasserfluren,
  [e) angebaute Strecken,
  f) Wälder.]
130. Bedeutung der Pflanzen für die Menschen unter besonderer Berücksichtigung auch der ausländischen Kulturpflanzen. Giftpflanzen.
131. Infusorien (Mund).
132. Quallen und Polypen (Verdauung und Gefäße — wenn auch nicht eigentliche)
133. Seestern (Seeigel, Nerven).
134. Muschel, Wasserschnecke (Entwicklung aus dem Ei, Atmen).
135. Krebs (Sinneswerkzeuge).
136. Fisch (Herz, Knochen).
137. Das Innere eines Säugetiers. [37])

Anmerkung. Bei jedem Fortschritte vergleichende Rückbeziehung. Stete Berücksichtigung der Tätigkeit des angedeuteten Organs.

138. Anthropologie verbunden mit Gesundheitslehre.
  a) Skelett (90, 101),
  b) Muskeln,
  c) Verdauung,
  d) Gefäßsystem,
  e) Atmungssystem,
  f) Nerven,
  g) Sinne,

---

[36]) An der Orchis kann selbst der minder geübte Mikroskopiker in einem dünnen Längsschnitt durch den Fruchtknoten die Pollenschläuche zeigen; auch geschichtlich ist sie insofern interessant, als an Orchideen der eigentliche Vorgang bei der Befruchtung entdeckt wurde.

[37]) Nr. 131—137 sollen als spezielle Vorbereitung auf die Lehre vom Menschen dienen. Die Organe und ihre Funktionen werden hier in den einfachsten Formen erschaut und erfaßt und, wie bei Gelegenheit schon früher, so wird speziell hier jedesmal ein vergleichender Blick auf den Menschen geworfen. Die nötigen einfachen Präparate kann man selbst machen. 137 soll die Lage und den Zusammenhang der Organe zeigen, etwa (wie ich es kann) an einem Wiesel oder einem Kaninchen oder dergleichen. Wo liegen sie bei dir? Einzelpräparate von höheren Tieren, z. B. von einem Kalb das Herz, das die Klappen zeigt, eine geöffnete Trommelhöhle 2c. unterstützen später den Unterricht in Pens. 138. Unter keinen Umständen darf Beschreibung der Organe und Funktion derselben getrennt vorgetragen werden; ähnlich wird Gesundheitslehre organisch mit beiden verbunden. (Vgl. Anm. 33.) (Dorfteich, Rückblick = Tiere, Anm. 14.)

b) Zusammenhang.
(Zusammenwirkung, Abhängigkeit der Organe voneinander.)
139. Systematische Übersicht mit Ergänzungen (Blattläuse und Verwandte, Wasserjungfer mit Larve, Frosch, Eule, Specht, Walfisch und Seehund, Affe).
140. Reihen nach Maßgabe der allmähl. Vervollkommnung (s. auch 143).
a) der Bewegungsorgane,
b) der Ernährungsorgane.
c) der Sinnesorgane.
141. Bildung des Kristalls aus verschiedenen Lösungen, etwa aus der Bunsenschen Lösung (für Tauchelemente) oder aus Kochsalz und Alaun (vgl. Kandiszucker). Entwicklung der Pflanze und des Tieres Ges. VI.
142. Zahl der vorhandenen Einzelwesen unter Tieren und Pflanzen im Vergleich zu mehr oder minder ausgeprägter Brutpflege. Abhängigkeit der Wesen voneinander. Ges. VIII u. II. [38])

Vierter Kursus. — 7. Schuljahr. [39])

143. Tier und Pflanze in den einfachsten Formen verglichen nach Bau, Aufenthalt, Ernährung, Vermehrung u. s. w. — Organische und unorganische Körper (140). Auseinandergehen der beiden Reihen von organischen Körpern. Ges. VI.
144. Algen, Flechten, Pilze (Bau, Aufenthalt, Bedeutung).
145. Moose, Schachtelhalme, Farne, Entstehung des Moores, der Braunkohle, und der Steinkohle. (Bedeutung der Kohle und des Eisens). (124 und 125.)
146. Gräser (Bedeutung derselben).

147. Liliengewächse.
148. Orchideen.
149. Palmen.
150. Nadelhölzer.
151. Kätzchenblüter.
152. Wolfsmilchgewächse (Milchsaftgewächse).
153. Lorbeergewächse.
154. Kartoffelgewächse.
155. Korbblüter.
156. Schirmblüter.
157. Rosenblüter.
158. Erbsenblüter.
159. Kreuzblüter.
160. Hahnenfußartige Gewächse.
161. Lippenblüter (Rachenblüter).
162. Nesselgewächse (Gespinstpflanzen).
Anmerkung: Rücksicht auf ausländische und vorweltliche Verwandte — bei einzelnen geographische Verbreitung.
163. Rückblick: Allmähliche Vermehrung und Differenzierung der Organe.
164. Rückblick: Nachweis der vorgekommenen Gesetze.
165. Wiederholung von 143.
166. Schwämme, Infusorien, Polypen, Korallen (Bau, Aufenthalt, Bedeutung).
167. Quallen.
168. Stachelhäuter.
169. Rückblick
170. Weichtiere.
171. Würmer.
172. Krebse.
173. Spinnen.
174. Insekten.
175. Rückblick.
176. Fische.
177. Lurche.
178. Kriechtiere.
179. Vögel.
180. Säugetiere.
181. Rückblick.
182. Der Mensch im Gegensatz zum Tier.
183. Rückblick wie 163 und 164.

Fünfter Kursus. — 8. Schuljahr.
Anthropologie und Gesundheitslehre [40])
I. Das Knochensystem und seine Bedeutung.

---

[38]) Farnkräuter, Quallen erzeugen eine zahllose Menge von Keimen. Wo bleiben die Millionen? Höhere Pflanzen und Tiere im Verhältnis sehr wenig und doch sterben die Arten nicht aus — die Brut wird sorgfältiger gepflegt. (Wie?)

[39]) Der 4. Kursus dient wesentlich der systematischen Zusammenfassung. Die Wesen werden in aufsteigender (entwickelnder) Reihenfolge vorgeführt. Vergleichende Beziehungen zum Menschen sorgen dafür, daß Anthropologie ec. nicht zu kurz kommt. — Die Reihenfolge wird eine andere sein können, je nachdem man glaubt, die allmähliche Vervollkommnung in dieser oder jener Folge besser zur Anschauung bringen zu können. Professor Engler (jetzt in Breslau) ordnete obige Gruppen folgendermaßen: 150, 146, 147, 149, 148, 151, 162, 153, 160, 159, 156, 157, 158, 154, 161, 155.

[40]) Während in 3. Kursus die Lehre von den Organen und ihren Funktionen vorherrschte, hat hier die Gesundheitslehre das Übergewicht. Doch muß dieselbe auf Einrichtung und Tätigkeit der Organe bezogen werden und vergleichende Rückblicke auf das Tierleben dürfen nicht fehlen. Ge-

II. Die das Skelett bekleidenden Weichteile, ihre Bedeutung und Pflege (Muskeln, Haut, Haare und Nägel).
III. Das Nervensystem, seine Tätigkeit und Pflege (Gehirn, Rückenmark, Nerven, die Sinne und ihre Organe).
IV. Der Stoffwechsel, seine Organe und deren Pflege.
   a] Das Blut (Herz und Adern).
   b] Die Umwandlung der Nahrung in Blut (Nahrungs- und Genußmittel, Gift).
   c] Die Reinigung des Blutes (Atmungs- u. Ausscheidungsorgane).
V. Rückblick und Zusammenfassung.
   Anmerkung: An geeigneter Stelle werden Belehrungen gegeben über die erste Hilfe bei Unglücksfällen.

Die Erde als Lebensgemeinschaft.

1. Ihre Glieder.
A. Übersichten über dieselben:
  a) Wasser- und Luftmeer (1).
  b) Grund (2, 51, 65).
  c) Organisierte Körper (141, 143, 144).
B. Abhängigkeit derselben voneinander und vom Ganzen.
  a) Voneinander (142).
    1. Das Unorganische: Einwirkung von Luft und Wasser (Schwemmen, Gletscher, Wanderung des Unorganischen) (2).
    2. Die Pflanzen (85, 88).
      aa) Boden (4, 20, 22, 71, 114, 117, 118).
      bb) Wasser (66).
      cc) Luft (68, 81), Kohlensäure (124, 125, 134, 138 e).
      dd) Geselligkeit der Pflanzen (61, 81a, 83, 85).
      ee) Verbreitung durch Tiere (36), Menschen (81), Wasser (149), Luft (36), Bestäubung.
    3. Die Tiere.
      aa) Nahrung (60, 61, 69, 70, 76 u. f. w.).
      bb) Wasser.
      cc) Luft (24, 25, 114, 134).
      dd) Mineralische Stoffe (90, 101).
      ee) Schutz (61, 83, 129).
      ff) Verbreitung durch Pflanzen (78, 118), Tiere (92, 93), Menschen (94 u. f.).
    4. Die Menschen.
      aa) Boden, Luft, Wasser.
      bb) Pflanzen und Tiere (Beschäftigung u. f. w.). Rückblick (B. a.)
  b. Vom Ganzen.
Treibende Kräfte: Schwerkraft, Licht, Wärme, Elektrizität.
  1) Einwirkung der Schwerkraft.
    aa) auf Boden, Luft, Wasser;
    bb) auf Pflanzen und Tiere (66).
  2) Einwirkung des Lichtes.
    aa) auf die Pflanzen (88), Keimen (66), Wachstum (118, 124), Blühen, Tag- und Nachtleben (32, 70).
    bb) auf die Tiere (111), Färbung (Fische), Wachen und Schlaf, Höhlenbewohner (100), Nachttiere (99, 139).
    cc) auf den Menschen: Farbe, Wachen und Schlaf, geistiges und körperliches Wohlbefinden (f. Anthropologie).
  3. Einwirkung der Wärme
    aa) auf die nicht organisierte Natur (f. Physik): Luft und Meeresströmungen (Gewitter), Kreislauf des Wassers, Aggregatzustände, Löslichkeit (117, 118), Verwitterung und Neubildung (2, 51, 65);
    bb) auf die Pflanzen: Keimen (66), Wachstum (68), Verkümmerung, Winter- und Sommerleben (50, 85, 115), Chemischer Gehalt (Zucker (75, 76, Weintrauben, Pflanzengeographisches) (130, 149);

---

sundheitslehre, für sich allein vorgetragen, kann nicht dauernden Wert für die Zöglinge haben. Wenn man schon in den untern Klassen Gesundheitslehre mit Erfolg glaubt treiben zu können (D. Bl. 1882, Nr 47), wo nämlich, wie ich annehme, die nötige Kunde der anatomischen und physiologischen Verhältnisse noch fehlt, so kommt mir das vor, als wenn man Moralunterricht mit Erfolg treiben wollte, auch wenn die nötige geschichtliche Grundlage fehlt; der Autorität fügt das Kind sich, aber klare Erkenntnis, die den Kindeswillen bestimmend beeinflußt, fehlt ihm. Letztere wird erreicht, wenn Naturgeschichte und Anthropologie (mit Gesundheitslehre) einer vergleichenden Behandlung unterzogen werden. Wie — das hängt von der Meisterschaft des Lehrers ab. Vgl. auch Anm. 33. Ebenfalls den Vortrag von Dr. Scholz auf der allgemeinen deutschen Lehrerversammlung in Bremen.

cc) auf die Tiere (111): Bedeckung, Fettgehalt (Wale
und Robben 139), Winter-
und Sommerschlaf, (178,
B a 3), Wanderungen [103,
104), Entwicklung (Brüten
2c. 69), Seelenleben (Singvögel 83);
dd) auf den Menschen: Win-
ter- und Sommerleben (f.
Anthropologie), geogra-
phische Verbreitung (Ur-
sachen — f. Geographie),
körperliches und geistiges
Gedeihen. Rückblick (B. b).

II. **Die Erde als Ganzes.**
A. Ihre Entwicklung: Bildungsge-
schichte. Ergänzung der Mineralogie.
a) Massige Gesteine (Granit, Lava).
b) Geschichtete Gesteine (Sandstein,
Tonschiefer, Kalk, Salz).
c) Mineralien organischen Ursprungs
(Moor, Kohle, Ackererde, Korallen,
Bernstein).
B. Ihre Stellung im Sonnensystem.
Schluß.

Anhang.

Die vorkommenden systematischen
Übersichten können sich etwa folgendermaßen gestalten. (Dorfteich, Rückblick = Tiere Anmerkung 14.)

Zu 87:
A. Blütenlose Pflanzen.
B. Blühende Pflanzen.
1. Spitzkeimer.
a) Gräser.
b) Zwiebelgewächse.

2. Blattkeimer: Lippen-, Erbsen-,
Kreuz-, Schirm-, Korb-, Rosenblüter, Hahnenfußartige Gewächse.

Zu 128:
A. Blütenlose: Algen, Pilze, Moose,
Flechten, Farne (Schachtelhalme).
B. Blühende:
I. Nacktsamige: Nadelhölzer.
II. Bedecktsamige:
1. Spitzkeimer.
a) Gräser.
b) Zwiebelgewächse.
2. Blattkeimer (wie 87 B. 2).

Zu 110:
A. Wirbellose Tiere.
B. Wirbeltiere.
1. Fische.
2. Lurche und Kriechtiere.
3. Vögel.
4. Säugetiere.

Zu 139:
A. Wirbellose Tiere.
1. Urtiere.
2. Polypenartige Tiere.
3. Würmer.
4. Weichtiere (Muschel, Schnecke).
5. Gliedertiere (Krebse, Spinnen,
Insekten).
B Wirbeltiere.
1. Fische.
2 Lurche.
3. Kriechtiere.
4. Vögel (Schwimmvögel, Watvögel,
Hühner, Tauben, Singvögel,
Raubvögel).
5. Säugetiere (Wale und Flossen-
füßer, Zweihufer, Einhufer, Viel-
hufer, Nager, Raubtiere, Flatter-
tiere, Affen).

Da der Plan speziell für die Verhältnisse der Stadt Kiel entworfen ist, so ist er in dieser Gestalt natürlich nicht allenthalben verwendbar, sondern kann nur als Beispiel dienen, jedenfalls, soweit es den ersten Kursus betrifft. Es werden also teilweise andere Lebensgemeinschaften und auch andere Einzelwesen substituiert werden müssen. Indessen schon vom zweiten Kursus an, in welchem die Pfleglinge und Freunde der Kultur behandelt werden, wird die Auswahl, wenn man anders überhaupt sie für zutreffend hält, mehr allgemein beibehalten, jedoch selbstredend ergänzt, oder, was viel öfter vorkommen wird, reduziert werden können, ohne daß dadurch die Endresultate große Veränderungen erleiden. Auch läßt sich durch Zusammenziehungen die Zahl der Kurse vermindern. Stets wird man das Endziel — nie freilich im strengen Sinne — erreichen.

Überhaupt, wenn es mir gelungen ist, in obigem die Grundzüge des Unterrichts klar zu legen und eine praktische Anweisung zur Behandlung von

Einzelwesen und Lebensgemeinschaften zu geben, so wird der für naturgeschichtlichen Unterricht sich interessierende Lehrer weiterkommen können. Indes gerade die Behandlung der ersten Lebensgemeinschaft ist am schwierigsten, weil es dem Lehrer hier absolut unmöglich ist, nach einem Buche zu unterrichten, er vielmehr, ganz allein auf sich selbst angewiesen, die für seine Klasse speziell maßgebenden Verhältnisse zu erwägen hat; und doch muß das Endziel des Kursus derartig erreicht werden, daß es eine sichere Grundlage für den Weiterbau abgeben kann.

Nach Kenntnisnahme von obigen Erörterungen und der Ausführung im „Dorfteich", der ja als Beispiel von der Behandlung einer Lebensgemeinschaft gelten soll, werden hoffentlich manche, die sich bisher nach der Fassung des „Ziels" und nach dem „Pensenplan" nicht eine klare Vorstellung von der Unterrichtsweise machen konnten, sich mit derselben befreunden können. Wer die Unzulänglichkeit der Resultate des bisherigen Unterrichts aus eigener Beobachtung kennt und bis jetzt nichts Besseres weiß, wird einen praktischen Versuch nicht zu scheuen haben. Dann werden auch theoretische Bedenken ihre Erledigung finden. Scheint doch auch Ziller („Allgemeine Pädagogik" 2. Aufl. S. 200) eine derartige Unterrichtsweise zu fordern, wenn er sagt: „So werden die einzelnen Gegenstände und Erscheinungen im lebendigen Zusammenhang des ganzen Naturlebens und in ihrer Wechselbeziehung mit dem Menschen betrachtet, statt daß man die fachwissenschaftliche Reihe beobachtet." Oder, wenn er sagt (Grundlegung, 2. Aufl. S. 454): „Es kann auch das Streben nach der Erkenntnis und Zusammenordnung des Tatsächlichen sich hier ebenso, wie in der Geschichte, mit dem Streben nach der Einsicht in seinen kausalen Zusammenhang von Anfang an so viel als möglich verbinden. Namentlich können dann die Produkte der drei Naturreiche stets in ihrer gegenseitigen Bedingtheit, in ihrer gesetzmäßigen Abhängigkeit von den Naturkräften, in ihrem Zusammenhang mit der Umgebung, in ihren Beziehungen zum Menschen und Kulturleben dargestellt werden. Die wissenschaftlichen Trennungen der Physiologie und Entwickelungsgeschichte von der Morphologie, der Mineralogie von der Geognosie u. s. w. können somit bei dem pädagogischen Unterricht der natürlichen Verkettung des Zusammengehörigen weichen." — Insbesondere entspricht doch auch die spekulative Weise Zillers Forderung (a. a. O. 297).

Überhaupt, was sich für die herkömmliche Unterrichtsweise anführen läßt — mit Ausnahme der Vielwisserei, wenn das ein Vorzug wäre, läßt sich ebensowohl für die hier erörterte Weise behaupten. Freilich ist es „selbst in einem kleineren Kreise auf eine extensive Vollständigkeit des Stoffes und Erschöpfen des Wissens nicht abgesehen", aber es wird doch so viel Vollständigkeit geboten, daß „das Eindringen und Sichvertiefen in die naturwissenschaftlichen Stoffe" nicht gehindert ist (Ziller, S. 321). Diese Vertiefung ist ja ein unleugbarer Vorzug gegenüber der systematischen Vielkenntnis. Ich komme ferner dem Interesse des Kindes entgegen und führe seine natürliche Entwickelung fort, unterbreche sie aber nicht durch gewaltsam hineingetragene, dem Kinde neue und fernliegende Gesichtspunkte der Betrachtung. Weil dieses Interesse aber naturgemäß ist, so hat das daraufhin weitergeführte auch Aussicht auf Dauer, umsomehr, da das Kind zu selbständigem Fortstudium befähigt ist; denn „es weiß, wie das Einzelne der Erkenntnis verbunden wird und feinere Beziehungen dabei hervortreten können" (Grundlegung S. 333). Solche Beziehungen finden dann auch auf den Menschen statt; denn das Kind hat gelernt, an Hand der Gesetze das Menschenleben in dem Naturleben als in einem Spiegel wieder= zufinden, und in dieser Erkenntnis ist die eindringlichste Mahnung zur Achtung und Schonung des Naturlebens gegeben, sowie die Erkenntnis der Einheitlichkeit und (relativen) Vollkommenheit eine Brücke bildet zwischen naturwissenschaftlicher Erkenntnis und (allgemein=)religiöser Überzeugung. Noch ein wichtiger Vorzug ist der, daß ich durch meinen Unterricht das Kind nach und nach auf die Kulturstufe der Gegenwart erhebe, soweit es Naturwissenschaft betrifft, und daß ich Aussicht habe, in ihm einen sichern Standpunkt zur richtigen Beur= teilung der heutigen naturwissenschaftlichen Volksliteratur zu legen. „Es gibt wohl keine Wochenschrift (habe ich in den „Pädag. Studien" 1884, I gesagt), die nicht zu gegebener Zeit ihre populär=naturwissenschaftlichen Artikel bringt. Manche Aufsätze tragen die Frivolität ihrer Verfasser in cynischer Weise zur Schau, und — sie scheinen naturwissenschaftliche Wahrheiten zu bringen. Andre sind vom materialistischen Standpunkt oder von dem der Darwinschen Hypothese aus geschrieben — Standpunkte, die für den wissenschaftlichen Forscher wohlberechtigt sind, in dem Volke aber, das Resultate verlangt, nur verwirrend wirken können. Daß dies letztere geschehe, ist um so eher zu befürchten, als die betreffenden Zeitschriften selbstverständlich nur Bruchstücke aus dem wissenschaftlichen Zusammenhange heraus bringen können. Wie steht es unter diesen Umständen mit Leuten, die in der Schule nur Naturbeschreibung, aber keine deduktive Methode kennen lernten? Entweder sie legen dergleichen Aufsätze als für sie verständnislos beiseite — und das wäre noch das beste — oder in dem nach Wahrheit und Klarheit dürstenden Gemüte setzt sich der Zweifel fest, der, weil jede Grundlage zu einer Verständigung fehlt, schwer und nur durch harte Kämpfe zu beseitigen ist." So kann die Frucht aller Arbeit, die wir auf Charakter= und sittlich=religiöse Ausbildung verwenden, in Frage gestellt werden. Unsere Schüler aber lernen aus ihrer eigenen Praxis, daß der Wert der Induktions= und Analogieschlüsse ein relativer ist (denn oft genug werden sie bei unvollständiger Induktion falsch schließen), und daß Erkenntnis, die aus solchen resultiert, über die anderweitig gegründete Überzeugung keine zwingende Macht ausüben kann.

Nach allem glaube ich die Überzeugung hegen zu dürfen, daß die hier erörterte Unterrichtsweise — und wo hier etwas unklar geblieben ist, sehe man in den „Dorfteich" hinein — in ihren Grundzügen den Forderungen der neuern Pädagogik entspricht, und daß die Herren wissenschaftlichen Pädagogen sie im ganzen in Herbart=Zillerschem Geiste finden können, wenn es nicht ein Hindernis ist, daß sie auf empirischen Wege entstand. Auch unser Ziel, mag es, abstrakt hingestellt, gerne philosophisch aussehen — klingen die abstrakten Gesetze nicht auch sehr philosophisch? — wird, wenn man den „Schluß" des „Dorfteichs" ansieht, wie dieser, Raum finden in dem Rahmen der Herbartschen Pädagogik, wenn nur mit einem durch keine Vorurteile beeinflußten Ernste und mit Fach= kenntnis die Sache erwogen wird.

2. Teil.
Der Dorfteich als Lebensgemeinschaft.

Motto: Die Natur ist in jedem Winkel der Erde ein Abglanz des Ganzen.

Humboldt.

Zur Orientierung für den Lehrer.

Unser Dorfteich liegt an dem östlichen Ende des Dorfes H. an der rechten Seite der in westöstlicher Richtung von K. nach L. führenden Landstraße. Diese ist von dem Dorfe nach dem Teiche hin ein wenig abschüssig und auf dieser Strecke mit Kopfsteinen, die aus erratischen Blöcken, meist Granit, gehauen sind, gepflastert. Beiderseits befindet sich je eine Rinne, deren rechte in den Teich mündet. Der Teich, etwa 1 1/2 ha groß, hat ungefähr Dreiecksform. Wir stehen an der westlichen Ecke der Basis derselben, dort, wo der Teich und die Landstraße einander dergestalt berühren, daß die Seite der letztern sich nach und nach in den Grund des Teiches verliert. Diese Stelle wird als Viehtränke benutzt. Weiter hin nach Osten senkt sich die Straße noch mehr, so daß zur Abdämmung des Teiches ein eigener Damm erforderlich ist. Derselbe ist, von der westlichen Spitze des Teiches, unserm Standort, aus gerechnet, zunächst durch die am Grunde liegenden Steine gegen das Abspülen durch die Wellen geschützt; so wie der Teich aber tiefer wird, sind ähnliche größere Steine zu einer senkrechten Mauer gegen die Wasserseite aufgeschichtet. Außerdem erhält der Damm durch eine Reihe von Kopfweiden Festigkeit. Von dem Damm aus ragt ein Waschsteg, ein breites, etwa 2 m langes Brett, das beim Wasserschöpfen und Wäschespülen benutzt wird, in den Teich hinein, und noch weiter östlich am Ende ist der Damm durchbrochen, so daß er dem Wasser einen Abfluß gestattet, wenn die Schleusen der über diesen Abfluß führenden Brücke geöffnet sind. Hier nämlich treibt das Wasser eine oberschlächtige Mühle. — Das östliche Ufer ist jetzt, Ende Juli, reichlich 1/2 m höher als der Teichspiegel. Denn in dieser Jahreszeit ist der Teich nie sehr voll, und der Müller hat heute fleißig gemahlen. An dieser östlichen Seite liegt des Müllers Garten; er hat denselben gegen den Zahn der Wellen durch Anpflanzung von Weiden- und Ellerngebüsch zu schützen gesucht, doch ist das Ufer an mehreren Stellen von den Wellen unterwühlt und die Wurzeln sind bloß gelegt. Jener alte Weidenbaum hat sogar an Halt soviel verloren, daß er sich schräge über die Wasserfläche hinneigt. Seine sich nahe über die Wasseroberfläche hinerstreckenden Zweige gewähren dem Schwalbenpaar des Müllers mit den fünf Jungen für die Nacht einen sichern Aufenthalt.

Während das östliche Ufer sonach mehr steil ist, dacht sich die westliche Seite von einem höher gelegenen eingefriedigten Felde (Koppel) in eine Wiese und schließlich den Teichgrund nach und nach ab. Die uns am nächsten liegende Einfriedigung zwischen Feld und Landstraße (ein $1^1/_2$ m hoher, mit Gesträuch dicht bepflanzter Erdwall) findet durch eine Lattenbarriere im Wasser noch ihre Fortsetzung. Die Notwendigkeit dieser Vorsichtsmaßregel leuchtet uns sofort ein; denn die Kühe, die sonst auf jenem Felde weiden, stehen, behaglich wiederkäuend und sich mit dem Schwanze der Fliegen erwehrend, bis über die „Knie" im Wasser und kühlen sich, kaum daß der Lockruf des nahenden Milchmädchens, das sie von der Last der Milch befreien will, sie rührt; wie leicht aber könnten sie ohne jene Barriere auch den Weg auf die Landstraße und in das gegenüberliegende Kornfeld finden!

Die Oberfläche des Teiches ist größtenteils von den großen rundlichen Blättern der Seerosen und den länglichen des Laichkrautes bedeckt. Besonders nach links — Osten — hinüber, schaukeln sich die weißen Seerosen auf den leichten Wellen; doch auch mehr in unsrer Nähe finden einzelne Aufnahme in dem Gebiete der gelben Teichrosen, deren nur noch wenige blühen, da die meisten schon in den halb unter Wasser getauchten bauchig-flaschenförmigen Kapseln ihre Samen reifen. Nur eine Strecke vor uns, wo die Tränke ist, und ein schlangenförmig gewundener Streifen Wassers, der von der Mühle an durch den ganzen Teich, selbst durch den Riedwuchs hindurch, bis an seine südliche Spitze sich verfolgen läßt, ist frei von „Kraut"; dieser Streifen bezeichnet den Lauf des Baches (der „Au"), der, ehe Menschenhände den Damm aufwarfen, ungehindert das Tal durchrieselte und noch jetzt, wo er den Teich zu bilden gezwungen ist, auf dem notgedrungen okkupierten Terrain der Vegetation Freiheit gestattet, dagegen von seinem ursprünglich eigenen, 2—3 m tiefen kiesigen Grunde keine Pflanze aufkommen läßt. Aus jener alten Zeit kann auch die Insel dort mit ihrer trauernden Weide, links von dem Stromlauf, erzählen. Jetzt freilich findet das Schwanenpaar des Müllers dort sein Domizil. Sie ist von den Resten eines länglich-viereckigen Gebäudefundaments, die jetzt unter der Wasseroberfläche liegen, umgeben, und um dieselben herum, dort, wo man die stachelzähnigen Blätter der Wasserkrebsschere (Stratiotes aloides) sieht und unser längstes Ruder nicht den Grund des Morastes erreicht, wird der Burggraben gewesen sein.

Doch fassen wir nach dieser allgemeinen Rundschau die Einzelheiten ins Auge! Neben uns, rechts, da, wo die Straßenrinne ihre Schätze dem Teiche zuführt und eine Sandbank gebildet hat, noch vor der Lattenbarriere, hat die Berle mit ihren schön gefiederten Blättern sich angesiedelt, und was der einzelnen Blume in ihrer Erscheinung an Intensität abgeht, ersetzt die Pflanze durch die Zahl der Blumen in einer Dolde. Ihr nahe stehen die Wasserviolen (Butomus) und der Schachtelhalm, der auf der andern Seite der Barriere neben dem fruchtbildenden Igelkolbe und dem, seine braunen Blütenrispen entwickelnden Ried sich breit macht. Doch weiterhin (am westlichen Ufer) erhält zunächst die Igelkolbe das Übergewicht, wenn sie auch zwischen sich das Weidenröschen, den gelben Weiderich, den großen Hahnenfuß und die Wasserviole duldet; jedoch gestattet sie letztern immer nur den Standort mehr nach dem Lande hin. Ganz am Rande des Teiches, von dort an, wo der 2 m hohe Eschenstumpf sich über das Wasser neigt und auch von dieser Seite Weidengebüsch den Teich einrahmt, wächst unter dem Schutze dieser Baumbüsche das gegen 2 m hohe Süßgras und zwischen den Büschen der rankende bittersüße Nachtschatten. In dem Teiche findet sich dort eine von Pflanzen entblößte Stelle; nur die Stoppeln ragen noch über den Wasserspiegel hervor: der schmalblättrige Rohrkolben ist gemäht und steht nun, in Bündel gebunden, am Lande zum Trocknen; ein Teil des Mühlendaches soll neu gedeckt werden. Hinter jenen Stoppeln erkennen wir die Schwertlilie an ihren schwertförmigen Blättern — sie ist verblüht und reift ihren Samen, während näher nach dem Lande hin das großblumige Weidenröschen seine Blumenpracht zu entwickeln beginnt und der Froschlöffel blüht. Zwischen ihnen ist die Teichoberfläche grün von Wasserlinsen und Froschbißblättern, und Enten gründeln und schnabulieren zwischen diesem Kraut herum. Hinter den Schwertlilien beginnt wieder das Gebiet des Rohrkolbens, das sich nach und nach in das des Rieds verliert, welches den ganzen obern (südlichen) Teil des Teiches, mit Ausnahme des Aneinlaufes, ausfüllt. Im Hintergrunde ragen ein paar Eichen über das Ried empor.

Der Dorfteich.
I. Ein Jahresbild seines Lebens.*)

Der Teich liegt an der Straße und wird von Wiesen (Gärten, Feldern) eingefaßt. Wenn im Frühling die Pferde auf den Feldern gepflügt und geeggt haben und von der Arbeit nach Hause kommen, werden sie in den Teich geritten, daß sie sich erfrischen können. Die Enten kommen mit ihrem „Wat wat" angewatschelt, und nachdem sie ein paar Tropfen Wasser in den Schnabel genommen haben, schwimmen sie behaglich auf dem Teiche umher. Auch ihre Schwestern, die Gänse, besuchen ihn. An milden Abenden gurren und quaken die Frösche, und an vor Luftzug geschützten Orten spielen die Mücken. An seichten Stellen finden wir in gallertartigen Klumpen Froscheier (Laich), und hier strebt auch vom Grunde des Teiches herauf an die Oberfläche das erste Grün in Gestalt grasartiger und anderer Blätter. Sind die Schwalben zurückgekehrt, so statten auch sie dem Teiche einen Besuch ab, und andere Vögel suchen sich Brutstellen in dem Gebüsche, das ihn umrahmt.

Nach und nach, sowie Luft und Wasser wärmer werden, verändert sich auch das Aussehen des Teiches. Er wird an seiner Oberfläche grün von kleinen Pflänzchen; andere Pflanzen — wie die Schwertlilie, der Knöterich, die Seerose — schmücken ihn mit ihren Blüten. Am Ufer ist das Schilf emporgewachsen, die Weiden und andre Büsche und Bäume, die den Teich einrahmen, haben sich

---

*) Wie es im Vorjahre beobachtet sein wird. Wo einzelne Tiere oder Pflanzen benannt sind, kommen die Namen natürlich vor. Welche Tiere hier in Betracht kommen, s. Register!

belaubt. Wo vorhin der Froschlaich schwamm, tummelt sich in buntem Gewimmel eine zahllose Menge von Kaulquappen. Fische lassen sich wohl kaum erblicken, wenn sie nicht dicht unter der Oberfläche sich im warmen Strahl sonnen; aber Blutegel schlängeln durch das Wasser und andere Tiere schwimmen und hüpfen in demselben herum, während wieder andere, die „Schlittschuhläufer", auf der Oberfläche ihr Wesen treiben; in der Luft aber schwirren die Wasserjungfern in gewandtem Fluge dahin. — Das Wasser im Teich ist etwas vermindert, wie wir es an den Pflanzen erkennen, die sonst im Wasser lebten, jetzt aber auf dem Trockenen wachsen. Der Müller kann nur einige Stunden des Tages mahlen. Da zieht ein Gewitter herauf; in Rinnen und Wagenspuren strömt das Wasser dem Teiche zu und füllt ihn wieder. Anfänglich sieht es zwar, besonders am Ufer, etwas gelblich trübe aus, aber nach und nach klärt es sich. Jetzt klappert die Mühle lustig Tag und Nacht.

So kommt allgemach der Herbst heran. Die Sonne steigt am Mittage nicht mehr so hoch und scheint nicht mehr so warm; die Tage werden kürzer und kühler, die Nächte länger und kalt. Schon längst ist das Quaken der Frösche verstummt, die Schwalben sind verschwunden, die Blumen sind größtenteils ver=blüht, die Blätter der Bäume beginnen sich gelb zu färben: ein regnerischer kalter Nordost macht sie völlig todesreif — bald bedecken sie an Stelle der ver=schwundenen Wasserlinsen die Oberfläche des Teiches.

Zuletzt tritt der Winter seine Herrschaft an. Er belegt den Teich mit einer Eisdecke, welche selbst die grünen Kräuter in sich einschließt. Wenn somit das Sommerleben erlischt, so erscheint statt dessen bald ein anderes Treiben auf dem Teiche. Ist die Schule geschlossen, so wird bald die glatte Eisfläche von glitschenden und schlittschuhlaufenden Kindern belebt; in der von Eis befreiten Tränke vergnügen sich die Enten, ohne daß sie über kalte Füße und erfrorne Ohren klagen. Und unter der Eisdecke? Sollte dort alles Leben erstorben sein? — So geht es fort, bis der freundliche Frühling wieder ins Land zieht und Pflanzen, Tiere und den ganzen Teich zu neuem Leben weckt. Wir wollen dasselbe jetzt im einzelnen etwas genauer belauschen in der sichern Erwartung, daß jede treue Beobachtung eine Fülle von neuer Erkenntnis und freudiger Be=wunderung zur Folge haben wird.

II. Die Glieder.

1. Tiere.

1. Die Ente (Anas boschas).

1. **Aufenthalt und Körperform nebst Bedeutung.** Am meisten hält die Ente sich auf dem Wasser auf, selbst im Winter sehen wir sie auf dem Teiche schwimmen. Was würden wir dazu sagen, wenn wir zwischen den Eis=stücken im Wasser mit bloßen Füßen herumwaten sollten? Gewiß, wir würden uns erkälten; aber die Füße der Ente sind auch anders eingerichtet als unsere (sie enthalten nicht so viel Blut, mithin wird nicht ein so großer Teil

der Blutmasse abgekühlt). Außerdem hat die Ente ein recht warmes Kleid. Woraus besteht es? Wo die Enten sich viel aufhalten, an sonnigen Plätzen, an Abhängen des Teichufers, finden wir verschiedene Federn, einige sind kleiner, andere größer. Alle bestehen aus einem Stiel, oder dem Kiel, von welchem nach beiden Seiten die Fäden der Fahne abstehen. Der Stiel ist am Ende, wo er in der Haut festsaß, hohl; die Fahne ist aber bei verschiedenen Federn verschieden. Bei einigen, jedenfalls allen großen, kleben alle Fäden oder Strahlen bis auf die untersten aneinander; bei den kleinsten haften sie gar nicht aneinander. Eine genauere Untersuchung lehrt, daß jeder Strahl eine obere und eine untere Reihe Nebenstrahlen hat. Das Zusammenhaften der Hauptstrahlen hat seine Ursache in feinen Häkchen der oberen Nebenstrahlen, mit denen diese über die unteren Nebenstrahlen des vorhergehenden Hauptstrahls hinübergreifen. (Man halte eine unverletzte Flügelfeder gegen das Licht oder einen schwarzen Hintergrund und ziehe sehr langsam die Strahlen auseinander!) Warum kleben die Strahlen, einmal getrennt, nicht wieder aneinander? — Welche Federn sind weicher anzufühlen? Welche mögen mehr Wärme geben? Welche nehmen wir gerne für unsere Betten? Worin besteht der Unterschied zwischen Federn (im engern Sinne) und Dunen? Untersuchen wir nun, wo am Körper der Ente (oder eines andern Vogels) die Federn und Dunen sitzen! Von den Dunen ist garnichts zu sehen — das Kleid ist blank und glatt. Das kommt daher, weil die Dunen von den Federn bedeckt werden. Die Dunen sitzen dicht am Körper. Warum ist das gut für die Ente? Ja, auch der untere Teil der Federfahne ist dunenartig! Die Ente hat also ein Unterkleid (woraus bestehend?) und ein Oberkleid. **Da kann die Kälte ihr so leicht nicht schaden.** Dazu kommt weiter in Betracht, daß die Enten unter der Haut eine Schicht Fett haben, wie jeder weiß, der einmal eine Ente gegessen hat. Diese Fettschicht aber hält auch die Kälte ab. (— Welche Menschen frieren leichter, die magern oder die fetten? —) Welche (dreifache) Einrichtung macht also die Ente gegen die Kälte unempfindlich? Aber auch die Nässe (das Wasser) könnte schädlich einwirken. Du kannst dich auch bei gar nicht großer Kälte, aber in nasser Kleidung, erkälten, und die Ente ist doch meistens auf dem Wasser! Gegen die Winterkälte ist sie durch ihre Einrichtung geschützt, so wird auch wohl Einrichtung gegen Einwirkung der Nässe sich an ihr finden lassen, denn tatsächlich sehen wir ja, daß sie kaum naß wird. Taucht sie einmal unter, so rollen beim Auftauchen die Wassertropfen an ihr herunter, als wenn es Erbsen wären. Zunächst werden wir uns die Lage der Federn näher ansehen müssen. Da die Dunen zur Warmhaltung dienen müssen, dürfen sie nicht naß werden; die andern Federn bedecken sie, weshalb dieselben auch **Deckfedern** heißen. **Diese liegen aber wie Dachziegel übereinander,** nicht, etwa wie Fliesen, nebeneinander. Wenn nun Wasser auch oben auf die Federn kommt, so kann es beim Abfließen doch nicht zwischen die Federn gelangen, sondern tropft von einer Feder auf die andere, und da der Kiel der Federn steif ist, so liegen diese fest aneinander (was das Warmhalten auch begünstigt). Beachtet die Richtung, in welcher die Enten auf dem Teich während eines starken Windes schwimmen und daneben die Richtung des Windes! Warum schwimmen sie gegen den Wind? Welchen Vorteil haben sie bei solchem Schwimmen, wenn es etwa zugleich regnet? Aber die dachziegelartige Lage der

Federn erklärt es noch nicht, daß das Wasser in Tropfen abfließt, ohne die Federn zu befeuchten. (Wenn es regnet, werden doch auch die Dachziegel naß, wenn auch die Bewohner unter ihnen trocken bleiben; so könnte ja auch die Bewohnerin unter den Deckfedern trocken bleiben, aber die Federn selbst müßten doch naß werden!) Das muß an den Federn liegen. Tauchen wir eine kürzlich von einer Ente verlorne Feder in Wasser, so wird sie nicht naß (an der Oberseite) — hat sie eine besondere Färbung, so finden wir sie dann auch besonders glänzend. Woher? Sie ist fettig. Alle Deckfedern der Ente sind eingefettet. Kommt das Fett denn allenthalben aus dem Körper? Dann müßten die dem Körper zunächst anliegenden Dunen besonders fettig sein — sie aber gerade werden, wenn wir sie in Wasser tauchen, naß. Also müssen die Deckfedern ihr Fett anderswo her haben. Beachten wir die Enten, wenn sie am sonnigen Ufer des Teiches sitzen oder auch bei ruhigem Wetter auf dem Teiche schwimmen. Entweder sie schlafen, indem sie den Kopf unter die Flügel gesteckt haben, oder auch sie nesteln an ihrem Federkleid und zwar derart, daß sie bald den Schnabel nach dem Schwanz bewegen, bald mit demselben die Federn, wie es scheint, zurecht legen. Auf der Schwanzwurzel nämlich haben sie ein warzenförmiges Organ*), welches flüssiges Fett absondert. Mit diesem Fett bestreichen sie mittelst ihres Schnabels die Federn (wie der oder die mittelst der Hand Haaröl ins Haar bringt — Ähnlichkeiten!). Die eingefetteten Federn aber behalten kein Wasser. So also kann die Ente trotz Aufenthalt auf dem Wasser selbst bei Regen von oben her am Körper nicht naß werden. Welche zwei Ursachen wirken? (Vergl. die Knospe der Roßkastanie!)

Aber daß die Ente selbst ruhend auf dem Wasser schwimmen kann, ist doch auffällig. Wenn ein Hund, ein Pferd ꝛc. in tieferes Wasser gehen, so sinken sie bis zum Halse unter und dann müssen sie die Beine rühren, wenn sie nicht ganz untergehen wollen. Die Ente braucht keinen Fuß zu rühren, und sie sinkt doch nicht unter, ja sie schwimmt sogar ganz auf der Oberfläche wie ein Kork. Ein Kork? Woher schwimmt der denn so hoch? Untersuchen wir den Enten- oder überhaupt einen Vogelkörper, so finden wir auch in ihm Lufträume.**)

---

*1) Plattdeutsch eine „Pike" — ich würde hier einen möglichst bezeich=
nenden provinziellen Ausdruck wählen.

**2) Bei sich darbietender Gelegenheit wird eine Krähe, Taube, ein Sperling, ein Star, kurz ein Vogel, womöglich ein größerer, zergliedert. Verschieden=
heit der Federn, der Deck=, Schwanz=, Schwungfedern und Dunen. — Be=
schaffenheit der Flügel: Ausstrecken und Zusammenfalten, wie liegen die Federn? (Ein Flügel wird abgeschnitten und auf einem Brette ausgespannt, getrocknet!) An der Brust wird mittelst eines (scharfen) Messers die Haut von vorne nach hinten durchgeschnitten, dann zurückgezogen und zurückgeklappt — am Kamm des Brustbeins ein Schnitt durch die Brustmuskeln gemacht, um deren Masse zu zeigen, — mittelst einer starken Schere das Brustbein an derselben Stelle durchschnitten, oder, wenn nicht tunlich, seitwärts der Rippen vom Brustbein abgetrennt und in dieser Weise die Brusthöhle vorsichtig geöffnet. Dann liegen quer verschiedene dünne Häute, zwischen welchen sich Luft befindet. In dem Oberarmknochen befindet sich in der Nähe des Schultergelenks eine Öffnung

Diese Lufträume, die wir in dem Rumpf und den Knochen des Vogels finden, suchen wir in dem Schwein, der Kuh (vergl. „Mark"=Knochen), überhaupt in allen Säugetieren vergeblich. So kann es uns schon aus diesem Grunde nicht wundern, wenn die Ente auf, der Hund aber in dem Wasser schwimmt. Es kommt noch weiter hinzu, daß die Federkiele der Ente ebenfalls Luft enthalten, und daß ferner die festanschließenden, eingefetteten Federn in ihren Zwischenräumen die Luft festhalten, während sie dem Wasser das Eindringen wehren. — Die Körperform der Ente ist, wenn wir uns den Hals wegdenken, eirund, jedoch nicht ganz, denn der Körper erscheint von links nach rechts mehr breit als er von oben nach unten dick ist; in letzterer Richtung ist er also etwas zusammen= gedrückt. Daher ruht er stetiger auf dem Wasser, als wenn er drehrund wäre.

2. Bewegungen. Auf dem Wasser schwimmt sie. Sie bewegt die Füße in ähnlicher Weise, als wenn sie auf dem Lande geht, nämlich abwechselnd. Bei dieser Bewegung schlägt sie mit ihren breiten Füßen gegen das Wasser. Warum sind gerade breite Füße ihr dienlich? Wie würde es gehen, wenn die Haut zwischen den Zehen fehlte? So bewegen sich die Füße nach hinten, aber

---

(auch sonst zu zeigen, etwa an dem gereinigten Oberarmknochen von einer Gans oder Ente, wozu ferner ein der Länge nach mit einer Laubsäge durch= sägter und ein der Quere nach durchbrochener oder durchsägter gleicher Knochen kommen könnte). Diese Öffnung wird etwa durch ein Zündhölzchenstück mar= kiert; sie, und also die Höhlung in den Knochen, steht mit den gefundenen Lufthöhlen in der Brust in Verbindung. Wo ist das Herz? der Magen? (Was enthält derselbe?) der Schlund? die Luftröhre? (die Bronchien?) Die Lungen liegen ganz am Rücken zwischen die Rippen gepreßt, sodaß sie häufig (in Schleswig=Holstein) für geronnenes Blut angesehen werden. — Genug, wo man Gelegenheit hat, verschafft man den Schülern eine Anschauung von der Lagerung der inneren Teile — eines Vogels sowohl, wie eines Säuge= tiers — und nimmt sogleich in Rücksicht auf den Unterricht in der Lehre vom Menschen Beziehung auf letztern: Wo liegt es bei dir? — Aber beleidigen derartige Vorführungen nicht das ästhetische Gefühl, speziell der Mädchen? Antwort: Würden sie gleich im Anfang bei ungeschulten Kindern vorkommen, so würden sie allerdings gegen den pädagogischen Takt verstoßen, denn das Interesse des Kindes ist noch nicht geweckt; später aber schlägt dieses alle Bedenklichkeiten nieder. Wie sollte sonst auch ein Mediziner — dem man doch menschliche Natur nicht absprechen darf — dazu kommen können, Präparate von menschlichen Körpern zu machen? Und Mädchen erst recht kann man darauf hinweisen, daß sie später Hasen, Vögel, Fische rc. in der Küche ausnehmen und bereiten müssen, und daß dieses Geschäft nicht so appe= titlich ist wie das Aufschneiden eines Vogels. Für den Unterricht in der Anthropologie aber hat eine derartige Behandlung einen gar nicht genug zu schätzenden Wert. Die Schüler und Schülerinnen werden gewohnt, das Tier als in vieler Beziehung menschenähnlich anzusehen — Tierschutz, um nur eins anzuführen — und sie werden gewohnt, sich die innern Teile des Menschen (im Gedanken an das Tier) ohne Grufeln vorzustellen, und lernen ihre Lage und ihre Tätigkeit verstehen.

der Körper wird zugleich (wie ein Boot durch Ruder) vorwärts getrieben. Wie aber, wenn die Füße nun wieder vorwärts gebracht werden — muß der Körper alsdann nicht wieder rückwärts fahren? Beachten wir die Vorwärtsbewegung der Füße genauer, so erkennen wir, daß die Zehen sich dabei krümmen, genau so, wie wir es sehen, wenn sie die Füße beim Gehen auf dem Lande aufhebt. Dieses Krümmen der Zehen geschieht aber in anderer Weise, als wenn du etwa deine Finger biegst; die Zehen der Enten krümmen sich von selbst, wie ein paar frisch abgeschnittene Entenfüße es zeigen.*) Dabei nähern die Zehen sich auch einander, sodaß die Haut zwischen ihnen vollständig faltig wird. (Fig. 1.) Sobald die Zehen aber Widerstand (Wasser oder Erdboden) treffen, breitet die Haut sich wieder aus. Die Ente hat also in der Tat nur nötig, die Beine vorwärts und rückwärts zu bewegen — die erforderliche Bewegung der Zehen mit der Haut zwischen ihnen erfolgt von selbst.**)

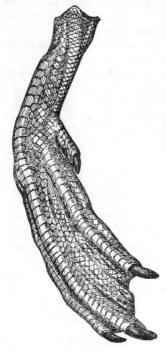

Fig. 1.

Die Beine sind kurz (— nur der eigentliche Fuß ist sichtbar —), dabei verhältnismäßig dick. Fasse ein Lineal lang an und schlage mit der Breitseite durch das Wasser! Wiederhole den Versuch, indem du es kürzer (näher über dem Wasser) anfaßest! Im letztern Fall wird's dir leichter, es durch das Wasser zu führen. Welcher Fall entspricht der Einrichtung

---

*³) Diese werden natürlich, sobald sie zur Verfügung stehen, kurz besprochen. Dann läßt man den einen Fuß in seiner natürlichen Lage, den andern mit auf einem Brettchen aufgespannter Schwimmhaut in der Luft oder in Spiritus trocknen — zur spätern Benutzung.

**⁴) Kommt es zur Sprache, daß die Füße einwärts gestellt sind, so kann man die Bedeutung dieser Stellung etwa in folgender Weise klar legen: Beim Rudern schlagen die Füße nach auswärts; der rechte Fuß treibt den Körper vorwärts und etwas links; der linke Fuß vorwärts und rechts, der Körper folgt also der mittlern Linie, d. i. er bewegt sich gerade aus. Man gebe einem auf dem Tische liegenden Buche an den beiden hintern Ecken abwechselnd einen Stoß in diagonaler Richtung — und andernteils an denselben Ecken ebenso einen Stoß senkrecht auf die hintere Schnittfläche! Im letztern Fall schiebt das Buch sich bald mehr nach rechts, bald nach links. Welcher Versuch veranschaulicht die Schwimmbewegung der Ente? Wie würde ihre Vorwärtsbewegung sein, wenn sie beim Schwimmen die Füße genau nach hinten bewegte? — In ähnlicher Weise kann man den Kindern nahe bringen, welche Bedeutung die Stellung der Beine weit nach hinten am Körper hat.

des Entenkörpers? Was wird also durch die Kürze der Beine erreicht? Die Enten brauchen ohnehin schon Kraft genug zum Schwimmen, besonders wenn sie auf fließendem Wasser gegen den Strom schwimmen. Die Bewegung der Beine wird hervorgebracht durch die Muskeln, die, wenn wir sie essen, Fleisch genannt werden. Farbe, Zusammenziehung (gezeigt etwa an dem Daumenmuskel der Hand), Sehnen. Wo finden wir die Muskeln für die Füße? „Fleisch an den Keulen."

Die Beine stehen weit am **hintern** Ende des Körpers, weiter zurück als z. B. bei der Henne, der Krähe, der Möwe 2c. Diese Stellung ist ebenfalls für das ruhige Schwimmen vorteilhaft, wie eine vergleichende Beobachtung einer schwimmenden Ente und einer schwimmenden Möwe lehrt. (S. Anm. 4.)

Auf dem Lande geht die Ente, aber ihr Gang ist schwerfällig: sie watschelt. Das darf uns gar nicht wundern, so wenig, als daß der Hund, der sich auf dem Lande so geschickt bewegt, im Vergleich zu der Ente ein schlechter Schwimmer ist. **Die Einrichtung der Ente paßt eben zum Leben auf dem Wasser.** Denke an die Bedeckung, die Einrichtung der Zehen mit der Schwimmhaut zwischen ihnen, die Stellung und Länge der Füße! Woher entsteht nun der watschelnde Gang? Sieh einen Storch an, wenn der auf der Wiese dahinschreitet, oder den Hahn, wenn er auf dem Hofe umherstolziert! Ihre Beine sind länger und biegsamer, weil wir an ihnen ein Gelenk mehr sehen können (haben die Enten denn nur einen Knochen im Bein? Wer hat eine Ente verzehren helfen? Vorzeigen der Knochen und Skizze an der Tafel!). Versuche du einmal, mit steifen Beinen zu gehen! Neben der Kürze und Gelenklosigkeit der Füße kommt auch noch ihre Stellung in Betracht.*)

So ist also eben das, wodurch die Ente zum Leben auf dem Wasser geschickt ist, ihr hinderlich für ebenso vollkommene Bewegungen auf dem Lande. Derartiges finden wir indes häufig in der Natur und — auch im Menschenleben.

---

*5) Dies läßt sich dem Verständnis in einfachster Weise nahe bringen, indem man ein Buch von Oktavformat einmal in der Mitte und einmal am Ende der Längsseiten mit Daumen und Zeigefinger beider Hände anfaßt, während man mit dem steifgehaltenen Mittelfinger die Bewegung des Gehens nachahmt. — Kann man dergleichen Erscheinungen auf formulierte physikalische Gesetze zurückführen, so ist natürlich garnichts einzuwenden. In den meisten Schulen und vielen Fällen wird eine derartige Begründung zu schwierig sein. Soll man deshalb die Sache vollständig ignorieren oder einfach nur die Tatsache erkennen lassen? Ich kann doch in obiger Weise das Kind von der Notwendigkeit, daß der Gang der Ente watschelnd sein **müsse**, überzeugen, und dadurch habe ich für eine gesunde Naturanschauung recht viel gewonnen; denn nun kann die Ente auf dem Lande dem Kinde nicht mehr lächerlich erscheinen. In gar manchen Fällen können wir statt einer auf formulierte Gesetze basierten Erklärung in der Schule nur Parallelstellungen ähnlicher Erscheinungen geben, und wenn die Kinder auch nur an solches Parallelstellen (was immerhin eine Stufe zur Erkenntnis des Gesetzes ist) gewöhnt werden, so ist ferner für eine denkende Naturbetrachtung viel gewonnen.

Ein tüchtiger Gelehrter z. B., ein Arzt, Prediger und dergl. ist auf anderm Gebiet, etwa als Schuster oder Schneider, unvollkommen; als Gelehrter kann er schwimmen, als Schuster würde er nur humpeln. Was heißt das? Ist das ein Fehler? Würde er aber zugleich Handwerker sein wollen, so macht er sich einfach lächerlich. Die Ente muß aber zuweilen auf dem Lande gehen (wann z. B.?), und wenn sie dann auch nur watschelt, so denken wir daran, daß diese Bewegung für sie nur Notbehelf ist.

Wird die Ente einmal, etwa von einem Hunde, in Furcht gesetzt, so läuft sie anfangs, indem sie ihre Flügel zu Hilfe nimmt, mit Geschrei davon; wird sie weiter verfolgt, so fliegt sie fort aufs — Wasser. Hier fühlt sie sich in Sicherheit, wie das Kind im Hause. Auch ihr Flug ist nicht sehr gewandt, schwerfälliger als der des Storchs, der Möwe u. a. Sie muß so oft mit den Flügeln schlagen. Woher? Was übt sie am meisten? Die wilden Enten, die mehr fliegen, fliegen auch gewandter. Ferner sind unsre Hausenten für einen schlanken Flug meistens zu fett — woher?

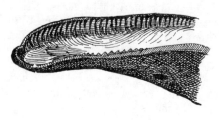

Fig. 2.

Oberschnabel der Ente.

3. Ihre Nahrung (und Aufenthalt). Was aber treibt die Ente auf dem Teiche? Einesteils, haben wir gesehen, sucht sie dort Sicherheit gegen Verfolgung, denn besondere Waffen zur Verteidigung hat sie nicht. Womit verteidigt sich die Katze? Die Ente hat keine Krallen. Wozu braucht die Katze ihre Krallen auch? Die Ente kann demnach mit ihren Füßen auch keine Tiere ergreifen. Doch wird sie auf dem Teiche ihre Nahrung finden, denn sie „schnabbelt" ja gewöhnlich an den Wasserpflanzen herum. Teils verzehrt sie die Wasserlinse, die danach ja auch den Namen „Entenflott" führt, teils die Schneckeneier, Schnecken und andere Tiere an dem Laichkraut und den Seerosenblättern, auch wohl Fischbrut und junge Fische, wenn sie letztere mit ihrem Schnabel erreichen kann. Auch sehen wir sie öfter „auf dem Kopfe stehen" oder gründeln und das kann sie sehr lange aushalten. Wie ist das möglich, da sie unter Wasser doch nicht atmen kann? Denkt an die Lufträume im Innern! Wenn sie dann nach einiger Zeit den Kopf wieder emporzieht, so ist ersichtlich, daß sie sich wieder Nahrung gesucht hat; denn sie hält etwas im Schnabel, während das Wasser zu beiden Seiten herausfließt. Sie hat sich am Grunde („gründeln") wohl ebenfalls Schnecken, Hülsenwürmer, Larven der Wasserjungfern u. dergl. gesucht. Die Nahrung verschluckt sie, das Wasser läßt sie abfließen. Was sollte sie auch mit so viel Wasser. Sie nimmt, wie wir öfter beobachten können, zur Zeit nur ein paar Tropfen, die sie, indem sie Hals und Schnabel emporreckt, hinunterfließen läßt. Wir können einen ganzen Mund voll Wasser halten. Wie machen wir es? Warum kann die Ente es nicht? Sehen wir diesen Entenschnabel (Spirituspräparat) an! Es sind keine Lippen vorhanden. Dagegen finden wir im Innern querlaufende Rillen. Diese gestatten das Festhalten der Nahrung und zugleich den Abfluß des Wassers (vergl. auch Zunge). — Aber wie

kann sie ihre Nahrung unter Wasser finden, da es an der Stelle, wo sie gründelt, sehr bald trübe wird, da also an ein Sehen nicht gedacht werden kann und ein Riechen, d. i. Einsaugen von Luft in die Naslöcher, auch nicht möglich ist? Vergleichen wir den Schnabel mit dem einer Henne (einer Krähe oder eines andern Vogels — wie die Umstände es gestatten), so finden wir erstens, daß er nicht spitz, sondern breit ist, und ferner, daß der Schnabel der Henne hornartig (mit hornartiger Masse überzogen) erscheint, der Entenschnabel dagegen einen häutigen, mit vielen Nerven durchzogenen Überzug hat.*) Bei uns Menschen sind die Fingerspitzen sehr nervenreich. (Wozu gebrauchen die Blinden sie?) Im Dunkeln, wenn wir etwas suchen, tasten wir mit ihnen und wir können dann sehr wohl ein Stück Brot von einem Stück Holz unterscheiden.

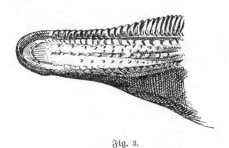

Fig. 3.

Oberschnabel der Gans.

(Es kann ja ein Versuch von einem Kinde mit geschlossenen Augen angestellt werden — wenn nötig). So kann der Blinde mit seinen Fingerspitzen viel mehr unterscheiden — oder „sehen", wie er sagt — selbst erhabene Buchstaben mit ihnen lesen. Woher kann der es, du aber nicht? Die Ente gebraucht ihren Schnabel nun auch zu solchem Tasten häufig, übt sich von Jugend auf — ja sie muß ihn in vielen Fällen dazu gebrauchen, wie ebenfalls der Blinde seine Fingerspitzen gebrauchen muß. Was folgt für den Grad der Fertigkeit im Tasten? — Nun können wir uns auch erklären, warum die Enten bisweilen in den Straßenrinnen und Gossen entlang watscheln und Kopf und Schnabel in steter Bewegung halten. Auch dort findet ihr Schnabel noch manches: Fleisch, Kartoffeln, auch Korn und andre Dinge, die sonst, wenn die

Fig. 4.

Zunge und Unterschnabel der Ente.

Enten sie nicht aufsuchten, vielleicht verloren gingen. Sieht es auch nicht hübsch aus, wenn die Ente sich so im Schmutz bewegt, so erinnern wir uns, daß sie eben eine Ente und nicht ein Mensch ist und daß die Natur sie für einen solchen Dienst eingerichtet hat — die Natur, die als eine sparsame Hausmutter handelt, welche nichts umkommen läßt. — Die Vorliebe der Enten für Schnecken macht sie uns nützlich im Garten: sie suchen die den Gartengewächsen schädlichen

---

*6) Auf dem Rücken des Schnabels ist ein Schnitt bis hinunter zur Spitze geführt; auf der halben Länge desselben ist durch einen Querschnitt etwa die rechte Seite der Haut in eine obere und eine untere Hälfte geteilt und letztere zurückgezogen.

grauen Gartenschnecken, während sie andrerseits freilich auch wieder schaden können, indem sie junge Sämereien mit ihren breiten Patschfüßen niedertreten und Erbsen stehlen.

Blicken wir nun einmal zurück, so müssen wir anerkennen: Wie die Füße der Ente in jeder Hinsicht zu ihrem Aufenthalt und ihren Bewegungen auf dem Wasser stimmen, so paßt der Schnabel in außerordentlicher Weise zu der Art und Weise ihrer Ernährung aus dem Wasser. **Die Einrichtung ihrer Beine und ihres Schnabels paßt also zu ihrer Lebensweise auf dem Wasser.** Inwieweit paßt auch ihr Kleid zu ihrem Wasserleben?

4. **Ihre Häuslichkeit (Fortpflanzung)***). Hat die Ente denn eine Häuslichkeit? Gewiß, und das ist nicht bloß ihr Stall etwa, der ihr zum Nachtquartier dient, sondern vielmehr ein Nest, das sie zur Ausbrütung der Jungen bereitet. Das Nest wird aus Stroh, Schilf u. dgl. zusammengetragen; sehr kunstvoll, wie das der Singvögel, ist es nicht eben, aber es leistet doch seine Dienste; denn die Ente legt ihre Eier hinein und setzt sich dann auf dieselben, bebrütet sie. Da sitzt sie dann stundenlang unverdrossen und geht nur so lange davon, als nötig ist, um sich Futter zu suchen. Fühlen wir die Eier dann einmal an, so merken wir, daß sie warm sind (ebenso wie die Eier der brütenden Hühner). Nach etwa 3 Wochen können wir auch wohl ein Klopfen im Ei fühlen, und dann durchbricht das junge Entlein bald die Eierschale und schlüpft heraus. Wird eine Ente pflichtvergessen (d. h.?), so fühlen sich die Eier kalt an und es kommen auch keine Jungen zum Vorschein. Die Körperwärme der Alten muß dem Ei mitgeteilt werden, damit sich in ihm ein Junges bilde. Wie aber kann in dem Ei ein lebendiges Wesen entstehen? Das ist eine Frage, die ich nicht und die auch der gelehrte Naturforscher nicht genügend beantworten kann. Es kann nur beschrieben werden, wie es ist, kann aber nicht beantwortet werden, warum es sich so gestaltet. Dergleichen Erfahrungen, die

---

*7) „Fortpflanzung" könnte etwas Anstößiges haben, wenn man ohne Vorbereitung den Ausdruck von höher-organisierten Tieren gebraucht. Steigt man von unten auf, sind also etwa die Pflanzen behandelt, nimmt man dann ein niederes Tier, etwa die Teichmuschel oder die Schnecke in Behandlung, stellt die Samen der Pflanzen und Eier der Tiere nach ihrer Bedeutung für die Erhaltung der Art in Parallele, so wird später gegen den Ausdruck „Fortpflanzung" nichts einzuwenden sein. Es muß nämlich erst das gleichartige Wesen verschiedener Vorgänge zur Anschauung gebracht werden. (Vgl. unten „Stichling"!) So peinlich vorsichtig man aber im Anfang in dem Gebrauch gewisser aus der Wissenschaft überkommener Bezeichnungen sein muß, so ungeniert darf, ja muß man die gewöhnlichen Ausdrücke später gebrauchen. Dasselbe gilt dem Wesen nach für die Anwendung und teilweise für die Herstellung von Präparaten: Die Kinder müssen **herangebildet werden**, daß eine, vielleicht im Hause anerzogene Zimperlichkeit und Sentimentalität durch heischendes Interesse zurückgedrängt wird.

uns zum Bewußtsein bringen, daß wir noch lange nicht alles erforscht haben, können wir bei genügender Kenntnis und ruhigem Nachdenken öfter machen. Wir finden es beispielsweise ganz natürlich, daß aus den Samen, dem Kastaniensamen oder dem Weizenkorn, sich Pflanzen entwickeln — warum? Weil wir es so gewohnt sind. Aber wie aus dem mehlreichen Samen eine Pflanze sich bilden kann, d. h. warum die Teile sich so zusammenlagern müssen, daß ein Keim und später eine Pflanze daraus entsteht, wissen wir nicht. Ähnliches müssen wir bei Beobachtung der Entwicklung des Jungen im Ei bekennen. Das Ei der Ente besteht aus einer harten (kalk= oder kreideartigen) Schale mit Inhalt. Der Inhalt ist Eiweiß und Eigelb oder Eidotter. An der Grenze zwischen beiden finden wir in dem sogenannten Keim (gezeigt!) die erste Anlage des jungen Entleins (oder Küchleins). In dieser Gestalt kann es längere Zeit (wie der Keim im Samenkorn) aufbewahrt werden: ein Leben entwickelt sich nicht darin. Wenn es aber einer gleichmäßigen Wärme genügende Zeit ausgesetzt wird (wodurch geschieht das? Wie lange? Wodurch könnte es auch geschehen? Brutöfen!) so beginnt im Innern das Leben. Eigelb und Eiweiß verschwinden mehr und mehr und das aus dem Keim entwickelte Küchlein wird immer größer. (Vergleich, so weit möglich, mit der Entwicklung der Pflanze aus dem Samenkorn. Nährstoffe und einwirkende Faktoren.) Ist der Inhalt des Eis verbraucht (wozu?), so durch= bricht das junge Tier sein Gefängnis und folgt alsbald seiner Mutter. Woraus besteht das Kleid der jungen Ente? Schutz unter den Flügeln der Mutter. All= mähliche Vervollständigung des Kleides.

Bemerkenswert ist noch, daß Enteneier auch von Hühnern bebrütet werden können; dann kommt aus dem Ei — nicht ein Küchlein, sondern ein Entlein. Und doch finden wir zwischen Hühner= und Enteneiern nicht einen besondern Unterschied, nur daß das eine vielleicht nicht so viel Fett enthält als das andere. Aber nicht Fett allein unterscheidet die Ente von der Henne. Warum erzeugt die Brutwärme der Henne in dem Ei nicht ein Hühnerjunges? Kennst du die Geschichte von dem „häßlichen jungen Entlein"? Wir sagen, in dem Ei muß eine Anlage zu einer Ente sein, das heißt eigentlich, wir wissen's nicht. So hat der eine Knabe „Anlage" zum Schreiben, der andere Anlage für fremde Sprachen — was heißt das? Aber worin ist es begründet? Wir wissen's nicht. — Noch mehr von der Ente. Eine Anzahl Eier von einer wilden Ente war von einer Hausente bebrütet worden. Die kleinen Enten waren aber so scheu, daß sie bei der geringsten Annäherung eines Menschen sich verkrochen! bald waren sie sämt= lich verschwunden. Woher diese Scheu, da sonst die jungen Enten doch nicht so furchtsam sind? „Das liegt einmal in ihrer Natur" sagen wir, „da sie ja aus den Eiern der Wildente ausgebrütet sind." Und wie diese ihre Abstammung von wilden Enten nicht verleugnen können, so können die Enten überhaupt ihre Abstammung nicht verleugnen. Sind Enten von einer Henne ausgebrütet, so gehen sie ganz wohlgemut auf den Teich; mag die Henne noch so besorgt ihr „Gluck, gluck" rufen und bis an den Bauch ins Wasser gehen — sie kümmern sich nicht darum, sie fühlen sich wohl auf dem Wasser, obgleich sie den Teich zum erstenmal sehen, während die alte Henne ihn kennt, aber sich demselben nicht anvertraut. Das Warum? für diese Erscheinungen können wir nicht klar machen; aber wir ahnen ein (allgemeines) Gesetz, das in dem Sprichwort seinen

Ausdruck findet: „Art läßt nicht von Art".*) Dieses Sprichwort ist aus dem Menschenleben hergenommen, aber es findet, wie hier, so im Naturleben überhaupt, seine volle Bestätigung: aus einem Kastaniensamen entsteht nie ein Apfelbaum, aus einem Weizenkorn wächst nie eine Roggenpflanze (wenn auch alle äußern Bedingungen dieselben sind) und — aus einem Entenei wird nie ein Huhn ausgebrütet.

Und doch stammen unsere zahmen Enten von den wilden ab. Hat hier denn das Sprichwort: „Art läßt nicht von Art" keine Bedeutung? Denken wir uns einmal, jene Schar von jungen Wildenten wäre in einem Raum eingeschlossen gehalten. Zu bestimmter Zeit, wenn der Hunger sich bei ihnen einstellt, gehst du hin und fütterst sie. Bald werden sie, wenn du dich blicken läßt, von dir Futter erwarten. So gewöhnen sie sich an deinen Anblick — an den Anblick eines Menschen. Sie werden groß — sie scheuen den Anblick des Menschen nicht so sehr wie ihre wilden Schwestern. Nun bekommen sie wieder Junge. Die werden schon „von Natur" nicht mehr so scheu sein, wie sie selbst in ihrer Jugend waren. Dieselben sehen ferner, daß die Mutter sich nicht vor dir fürchtet, daß sie vielmehr auf dich zueilt, um Futter zu empfangen — sie folgen. So verliert sich die Menschenscheu von einer Zucht zur andern mehr und mehr; aus den wilden Enten werden nach und nach zahme. — Werden sie nun vom Menschen mit besserer Nahrung gepflegt, als wie die freie Natur solche bietet, so ist begreiflich, daß sie kräftiger und fetter werden — denn sie fressen ja stark —. Und wenn so im Innern des Körpers eine Umgestaltung vor sich geht, so können wir auch denken, daß sich im Äußern nach und nach eine Veränderung bemerkbar machen wird; wir werden verstehen, daß auch z. B. die Federn eine andere Farbe annehmen können. Welche Farbe haben unsere zahmen Enten gewöhnlich? Welche die wilden? — Wie viel sie sich aber durch die Pflege des Menschen auch verändern mögen — sie bleiben nach ihrer Lebensweise und ihrem Wesen Enten, ganz und gar.

Rückblick.

1. Körperform und Bedeckung passen zu dem Leben auf dem Wasser.

2. Die Füße sind geeignet zum Schwimmen, passen also auch zum Leben auf dem Wasser.

3. Die Einrichtung des Schnabels ermöglicht ein Finden der Nahrung im Wasser — der Schnabel paßt also auch zu ihrem Wasserleben.

4. Selbst die jungen Enten zeigen Neigung zum Wasserleben.

Also ist die Ente ein rechter Wasservogel. Denken wir uns einmal, die Ente hätte ein Kleid aus Wolle, wie das Schaf — was wäre die Folge, wenn sie einmal untertauchte? Oder sie hätte die Füße einer Henne? Oder den Schnabel einer Taube?

Ihre Einrichtung (Organisation) paßt zu ihrem Wasserleben.

---

*) Gesetz der Gestaltenbildung oder Gestaltungsgesetz, VI (s. Gesetze).

5. **Die Ente als Glied eines Ganzen.**

a) Ihre Verwandtschaft. Hier habe ich einen Fuß, der Ähnlichkeit mit dem einer Ente hat. Worin besteht dieselbe? Die Haut zwischen den Zehen kann dem Vogel beim Gehen nur hinderlich sein. Wo wird sie ihm zu statten kommen? Also er schwimmt auch. Es ist der Fuß von einer Gans. Welche Ähnlichkeit zwischen Ente und Gans finden wir ferner? Lebt die Gans ebenso wie die Ente? Gänse werden auf den Feldern gehütet. Ihre Nahrung ist nicht dieselbe. Hier ist der Schnabel. (Auch Fig. 2 und 3.) Welcher Unterschied vom Entenschnabel fällt auf? Wie paßt diese Abweichung zu ihrer abweichenden Nahrung? Also auch hier paßt die Einrichtung zu ihrer Lebensweise.

Fig. 5.
Entenschnabel.

Wiederholung: Zunächst ihre Nahrung ist eine andere — was folgt? Oder umgekehrt: der Schnabel ist anders — was folgt? Sie hat Schwimmfüße — was folgt? Oder: sie liebt auch das Wasser, besucht deshalb den Teich; was folgt für ihre Einrichtung? Sie ist auch ein Schwimmvogel, deshalb ist sie eine Verwandte von der Ente.

Wie die zahmen Enten von den wilden Enten, so stammen die zahmen Gänse von den wilden Gänsen, der Graugans, ab. Die Graugänse*) baden sich sehr gern. Sie wälzen sich (im Wasser) auf dem Rücken, legen sich auf die Seite, tauchen leicht unter, strecken Kopf und Hals ins Wasser und kommen mit gesträubten Halsfedern wieder hervor (warum?), lassen das aufgefangene Wasser längs dem Rücken zwischen den

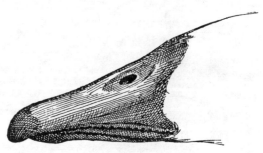

Fig. 6.
Gänseschnabel.

Flügeln ablaufen — ja sie sinken zu Zeiten tiefer ins Wasser hinein, können sich also „schwerer" machen. Natürlich können sie nicht an Pfunden zunehmen; sie müssen vielmehr kleiner werden. Wie sie es machen, tiefer ins Wasser zu sinken, werden wir uns denken können, wenn wir uns erinnern, woher sie so hoch im Wasser schwimmen: sie werden die Lufthöhlen zusammenpressen müssen, wodurch ihr Inneres mehr Ähnlichkeit mit dem des Hundes 2c. erhält. Ob die

---

*) Wie weit das Folgende auch von der Hausgans gilt, muß die Beobachtung entscheiden. Zunächst hat es Bezug auf ihre Stammeltern.

Sache sich tatsächlich so erklärt, ist mir unbekannt. (Vgl. Leunis Synopsis § 144.)

b) **Ihre Abhängigkeit.** Wilde Enten und Gänse ziehen im Winter durch unsre Heimat, im Anfang desselben von Norden nach Süden, am Ende von Süden nach Norden. Sie sind nach Aufenthalt und Nahrung Wasservögel — warum verlassen sie im Beginn des Winters ihre nördliche Heimat? Festfrieren auf dem Eis. (Krickentenfang auf Sylt und Föhr.) „Der wilde Jäger". Sie fliegen gewöhnlich in solcher Anordnung, daß ihre ganze Menge die Schenkel eines Winkels von zirka 50° bildet: die Rundschau ist jedem einzelnen Vogel gestattet (Brehm). Die zahmen Enten brauchen nicht zu ziehen, denn sie erhalten das Nötige vom Menschen.

c) **Ihr Dienst.** Wie die Enten eine Menge Schnecken, Fische u. a. in Gestalt von Tieren oder Eiern verzehren, so dienen sie selbst (und ihre Verwandten) wiederum andern Wesen zur Nahrung. Raubvögel und vierfüßige Tiere (welche? — „Fuchs, du hast die Gans" 2c.) stellen ihnen nach, besonders aber benutzt sie der Mensch. Er pflegt die Enten (und Gänse), um ihre Federn zu verschiedenen Zwecken (welchen?), ihr Fleisch und ihre Eier zu benutzen. Was sie für sich oder ihre Nachkommen erzeugt, das verwertet er für sich. Er macht es also, wie die Ente es gemacht hat.

2. Der Gelbrand (Dyticus marginalis).

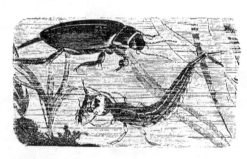

Fig. 7.
Aus Brehms Tierleben.

1. **Aufenthalt, Körperform und Bedeckung.** Der Gelbrand ist ein schwarzer, am Rande gelbgesäumter Käfer von etwa 3½ cm Länge und beinahe 2 cm Breite. Der Körper ist allseitig von einer harten Haut umgeben, ist dem Umriß nach ziemlich eirund, aber von oben nach unten flachgedrückt. Er ist ein Wasserkäfer; denn wir finden ihn im Teich, in Viehtränken auf den Feldern, in Gräben und selbst (bisweilen) in Wasserpfützen auf den Wegen.

2. **Bewegungen und Bewegungsorgane.** Er schwimmt im Wasser. Inwiefern paßt seine Körperform zu dieser Bewegung? Sechs Beine hat er, das hintere Paar ist das längste, das vordere das kürzeste. Welches Beinpaar gebraucht er besonders zum Schwimmen? Welcher Unterschied ist bemerkbar in der Bewegung, wenn wir an die Bewegung der Entenfüße im Wasser denken? Aber die Ente hat eine Haut zwischen den Zehen, wodurch die Fläche vergrößert wird; der Gelbrand? — hat Haare am hintern und mittlern Fußpaar, die

ähnlich den Fiederchen einer Federfahne, nach zwei Seiten abstehen. Wie aber kann er damit vorwärtsschwimmen — wird er nicht ebensoviel (durch die Vorwärtsbewegung der Füße) zurückkommen? Die Zehen der Ente krümmten sich und die Schwimmhaut faltete sich bei der Vorwärtsbewegung der Füße zusammen. Ähnliches muß doch auch bei seinem Schwimmen geschehen. Zu Zeiten liegt er ruhig im Wasser. Dann sehen wir, daß die Haare der Beine nicht einander gerade entgegengesetzte Richtung haben, sondern sie zeigen rückwärts, derart, daß die beiden Reihen einer Rinne gleichen, deren Kiel (der eigentliche Fuß) nach vorne liegt. (Fig. 8. Skizze an der Tafel!) Welche Richtung werden die Haare annehmen, wenn er den Fuß nach vorwärts bewegt? Welche bei der Rückwärtsbewegung? So geschieht bei diesem Käfer also etwas Ähnliches wie bei den Enten, wenn sie schwimmen. Zusammenstellung! — Nehmen wir ihn aus dem Wasser heraus, so beobachten wir, daß er auf dem Trockenen noch recht gut vorwärtskriecht. Dabei gebraucht er besonders die beiden vorderen Fußpaare, während das letzte Fußpaar, wie es scheint, nur nachschleppt. Allein,

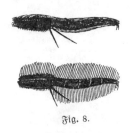

Fig. 8.

genauere Beobachtung läßt erkennen, daß nur die letzten Glieder desselben nachschleppen, während der Käfer die oberen Glieder auch zum Fortkriechen benutzt. Dabei kommen ihm die Stacheln an denselben zu statten (Fig. 8 und 7.); denn wenn er auf einer rauhen Fläche ist, schiebt er mit ihnen nach. Die Haare aber liegen ganz glatt am Fuß, daß man sie kaum bemerkt. Warum ist das bemerkenswert? Lassen wir ihn auf einer weißen Fläche (Papier) laufen, so sind an jedem Fuß 2 Krallen erkennbar, an den Vorderfüßen größere als an den Hinterfüßen. Es scheint, als ob er auch diese krümmen kann. Mit ihnen kann er sich offenbar auch im Wasser an die verschiedenen Gegenstände ankrallen. Bemerkenswert ist noch die Form des vorderen Fußpaares: es verbreitert sich (beim Männchen*) zu einem kreisförmigen Ballen mit vielen Napfscheiben und zwei Schalen, deren eine größer, deren andere kleiner ist. Mittels dieser Vorrichtung kann der Käfer sich auch an glatteren, aber schrägen Flächen aufwärtsbewegen. — Bisweilen finden wir ihn an der Oberfläche des Wassers, den Kopf schräg nach unten gerichtet, das Schwanzende nach oben. Wir

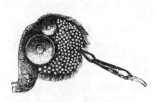

Fig. 9.
Saugnäpfe am Vorderfuß des
Männchens.
Aus Lampert.
Leben der Binnengewässer.
Originalzeichnung von
Dr. Vosseler.

sehen ein paar (1½ cm) lange Fäden seitwärts vom Kopfe abstehen — es sind Fühler —, auch wohl ein paar kurze Fäden vom Munde abwärts gerichtet, die Taster (Fig. 7 und 10). Am Grunde der beiden Fühler sitzen zwei hervorstehende schwarze Augen. — Zu andrer Zeit sehen wir ihn unruhig am Grunde

---

*1) Viele Weibchen sind auf den Flügeldecken gestreift (Fig. 10) — das Männchen hat diese Saugballen. Beides zusammen erleichtert das Festhalten während der Begattung.

des Gefäßes herumwühlen. Weshalb wohl? (Denkt daran, daß die Ente gründelt!) — Wie aber kann der Käfer in Regenpfützen der Wege gelangen? Neulich fanden wir sogar einen auf dem Spielplatz der Schule? Er könnte dahin kriechen — das wäre aber oft eine beschwerliche Reise! Er wird auch fliegen können. Halten wir ihn in einem Glashafen, in welchen wir etwa einen Stein, oder eine Blume oder dgl. gelegt oder gestellt haben, so werden wir ihn schwerlich am nächsten Morgen noch im Glashafen finden; er ist fortgeflogen: an den glatten Glaswänden kann er nicht emporkriechen. Überzeugen wir uns, daß er fliegen kann, indem wir diese (toten) Käfer genauer betrachten!*)

Wir erkennen an unserm Exemplar, daß der Käfer 4 Flügel hat. Unterschied derselben! Woher kommt es, daß wir an dem lebenden Käfer die Unterflügel nicht sehen, da sie doch länger und breiter sind als die Oberflügel? Seht den zusammengefalteten und an der Spitze einwärts geklappten andern Flügel! Zum Fliegen spannt er sie aus. Wer hat das schon bei einem andern Käfer (Maikäfer) gesehen? Wie machte der es? (Das Nähere f. 4. Atmung.) Die dünnen Flügel erhalten durch braune Adern die nötige Steifheit. Welche Flügel werden nun wohl am besten zum Fliegen geeignet sein? Warum heißen die obern „Flügeldecken"? Werden die Flügel nun nicht naß, wenn er im Wasser ist? Die Flügeldecken schließen, wie wir an dem lebenden Exemplar (etwa in einer flachen Schüssel mit wenig Wasser) sehen, sehr genau an, sodaß dort, wo sie sich auf dem Rücken berühren, scheinbar nur eine Linie ist. Da wird also kein Wasser hindurchdringen können. Außerdem ist der Oberkörper unter den Flügeln, besonders in der Nähe ihrer Anheftungsstelle, mit Haaren besetzt, zwischen denen die Luft sich hält (vgl. Federn der Ente!), und wenn er nun geflogen hat, so nimmt er Luft mit unter Wasser, wie wir an dem schwimmenden Käfer denn auch öfter eine Luftblase am Hinterkörper unter

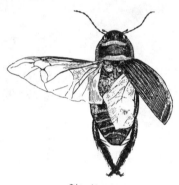

Fig. 10.

---

*2) Der Käfer ist in kochendem Wasser getötet; dann sind sogleich die Flügeldecken aufgerichtet und ebenfalls ein (Unter=)Flügel ausgespannt. So ist er getrocknet (in Spiritus oder durch künstliche Wärme). Am besten benutzt man dazu ein Brettchen aus weichem Holz (eine Korkplatte oder dgl.), in welches eine Vertiefung, entsprechend der Breite und Dicke des Körpers, eingelassen ist. Es werden die Flügeldecken aufgespannt und an ihrer Befestigungsstelle eine Stecknadel durch den Käferkörper in die Unterlage getrieben. Damit die Flügeldecken nicht wieder zurückklappen, werden sie je durch eine Nadel gehalten. So auch der Flügel. — Es wird sich wesentlich gleich bleiben, ob man D. margin. oder D. dimidiatus vor sich hat. Bei ersterem ist auch das Halsschild gelb gesäumt, bei letzterem nicht. Für systematische Unterscheidung f. Leunis Synopsis, oder Fricken, Naturgeschichte der in Deutschland einheimischen Käfer.

den Flügeldecken bemerken können. — Wir bemerken nun ferner noch, daß der Körper aus drei Hauptteilen besteht, aus dem Kopf, dem Bruststück und dem Nachleibe.*) Am Kopfe stehen seitwärts eine Paar große, schwarze Augen neben den Fühlern. An dem Bruststück sind oben die Flügel befestigt, unten die Beine. Scheinbar sitzen letztere am Nachleib; allein es ist bald zu erkennen, daß von dem Bruststück eine Leiste bis unter den Nachleib hinreicht, welche die Beine trägt. Der Nachleib besteht aus Ringen. Alle Teile sind hart anzufühlen, sind hornartig.

3. **Nahrung und Ernährungsorgane.** Wir werfen unserm Käfer einige Brotkrumen in sein klares Wassergefäß. Er arbeitet am Grunde umher, wühlt alles auf, verzehrt aber nichts, auch nichts von dem Kraut (Wasserfäden, Wasserlinsen 2c.) in dem Wasser. Werfen wir ein Körnchen frisches Fisch- oder Rindfleisch hinein — sogleich hat er es gefaßt. Er genießt Fleischnahrung, nährt sich von Wasserjungfernlarven und andern kleinen Wassertieren, von toten Fischen (Versuch!), selbst lebende Fische geht er an, und in Fischteichen ist er deshalb nicht gern gesehen. Füttern wir ihn noch einmal, um zu beobachten, wie er seine Nahrung entdeckt! Er liegt ruhig an der Oberfläche. Ich bringe auf einer Messerspitze etwas geschabtes Fleisch nahe vor seinen Kopf; seine großen Augen bemerken es garnicht. Berühre ich mit dem Fleisch ganz leise seine langen fadenartigen Fühler — sogleich ergreift er es. Die Fühler leisten ihm offenbar denselben Dienst, den andern Tieren ihre Nase leistet. Vgl. die Weise, wie die Ente sich Nahrung sucht! — Wie macht er es, wenn er seine Nahrung verzehrt? (Zu beachten, wenn man ihn im Glase oder in einem flachen Teller füttert!) Er ergreift das Fleisch, den Wurm (s. „Igelkolbe") mit den Vorderbeinen, indem er durch Anklappen des letzten (Klauen-)Gliedes mit den Krallen gegen die Fußscheibe den Bissen einklemmt (s. Fig. 9). Der Wurm (die Larve) war in der Mitte gepackt und nach ein paar Sekunden verschlungen. Beim Fressen sind zwei scharfe, gebogene Organe, die sich seitwärts zusammenbewegen, zu beachten. (Die Kiefer der Ente (Ober- und Unterschnabel) bewegen sich in der Richtung von hinten nach vorne, oder von oben nach unten, zusammen.) Außerdem sind auch die Taster in fortwährender Bewegung. Wozu mag er diese gebrauchen? Unterschied von den Fühlern. — Wie mag der Käfer sich wohl an Fischen halten können? Weshalb sucht er überhaupt das Wasser auf?

4. **Atmung.** Es ist gewiß schon die Frage nach der Weise des Atmens aufgetaucht. So wie die Ente kann der Käfer nicht atmen; denn wenn er an der Oberfläche ruht, so ist der Kopf stets unter Wasser; die Ente muß aber, wenn sie gründelt, nach einiger Zeit frische Luft schöpfen. Der Gelbrand dagegen bringt das Ende des Nachleibs an die Oberfläche. Wir haben bemerkt, daß er die Flügeldecken alsdann etwas lüftet; er kann eine silberglänzende Luftblase mit unter Wasser nehmen, läßt auch wohl eine solche fahren. In welcher Einrichtung ist es begründet, daß er die Luft festhalten kann? Auch nicht immer sehen wir die Öffnung unter den Spitzen der Flügeldecken; er kann dieselbe schließen. Wenn er dann Luft unter den Flügeldecken festhalten kann, so werden wir unter ihnen

---

*3) Einige von den folgenden Einzelheiten werden schon früher bemerkt sein. Sie werden hier nur zusammengestellt, weil sie an einem toten Exemplar mit mehr Muße betrachtet werden können.

auch wohl die Atmungsöffnung oder Luftröhre suchen müssen. Hier ist ein Gelbrand, von dem alle Flügel weggenommen sind. Die Oberseite des Nachleibes, die unter den Flügeln sich befindet, ist weicher als die Unterseite. An den Rändern, wo beide sich vereinigen, ist oberseits in jedem Ringe eine strichförmige Öffnung zu erkennen.*) Durch diese Öffnungen atmet der Gelbrand (Figur 10). Von ihnen gehen Röhren aus, die sich durch den ganzen Körper verzweigen und feiner als ein Spinnenfaden werden. So wird allen innern Teilen des Körpers Luft zugeführt. Vergleich mit der Ente: Welche Luftbehälter hat die Ente? Wo hat der Gelbrand seine Luftbehälter? Wozu hat die Ente — wozu der Gelbrand Luftbehälter nötig? Warum tauchen sie? — Nun erkennen wir auch klarer, warum der Gelbrand nicht aus dem Wasser, sondern nur von einem Gegenstande außerhalb desselben auffliegen kann: Würde er im Wasser die Flügeldecken heben, so würde er ertrinken — was heißt das? Noch eins ist bemerkenswert: Auch in die Flügel reichen Luftröhrchen (Tracheen) hinein und zwar sind dies die braunen sogenannten Adern. Womit sollten diese Adern nun wohl gefüllt sein? Damit hängt das Ausbreiten der Flügel zusammen. Vergegenwärtigen wir uns, wie der Maikäfer nach und nach die untern Flügel unter den Flügeldecken hervorschiebt — stoßweise! Er pumpt Luft hinein und wenn die Luftröhren straff mit Luft gefüllt sind, müssen die Flügel ausgebreitet sein. So auch macht es der Gelbrand; aber weil er in der Dunkelheit fliegt, können wir es nicht beobachten.

5. Seine Fortpflanzung. Die Tiere in diesem Glase würdet ihr gewiß nicht für die Jungen des Gelbrandes halten**). Und doch sind sie es. Sie haben freilich gar keine Ähnlichkeit mit dem Käfer. (Fig. 7.) Wir nennen ein solches Tier, weil erst ein Käfer daraus werden soll, eine Larve; die Kohlraupe ist eine Larve des Kohlschmetterlings, der Engerling eine Larve des Maikäfers. Die Larve des Gelbrandes hat einen langgestreckten, hinten zugespitzten

*4) Getrocknete Exemplare verlieren bekanntlich leicht wesentliche Teile durch Berührung. Es ist deshab zweckmäßig, wenn man zur Veranschaulichung des Vorstehenden ein besonderes Präparat hat, an welchem eben nur die Stigmata erkannt werden sollen. Die abgeschnittenen Flügel kann man, den einen gefaltet, den andern ausgebreitet, auf Kartonpapier aufkleben. Am besten zeigt man natürlich an frischem Exemplar, und der ungeübte Lehrer tut wohl, die Lupe zu Hilfe zu nehmen, um sich selbst zu orientieren. Dann kann er etwa einen Umriß des Käfers an der Tafel zeichnen mit ein paar Ringen und nach dieser Skizze die Grenze angeben, wo gesucht werden soll. „Findet ihr in dieser Gegend etwas besonderes?" Nach Umständen kann er auch die Tracheen als silberglänzende Fäden zeigen, wenn er mit einer feinen Schere (etwa einer Stickschere) die Rückendecke von hinten her durchschneidet (— nur ganz eben unter der Chitinhülle einschneiden! —) und dieselbe nach vorn überklappt.

**5) Man erhält sie häufig ungesucht, wenn man in stehenden Gewässern fischt. Bei ruhigem Wetter im Sonnenschein sieht man sie zahlreich an der Oberfläche. Von den Larven des pechschwarzen Wasserkäfers (Hydrophilus piceus Fig. 11) unterscheiden sie sich äußerlich leicht durch ihre federartigen Anhänge am Schwanzende des Körpers.

Körper mit großem Kopf. Flügel hat sie nicht; aber ihr Körper besteht auch aus Ringen. Sie hält sich sehr häufig an der Oberfläche des Wassers auf; indem sie ein paar federartige Anhängsel wie einen geteilten Schwanz oben hält, hängt sie gewissermaßen, den Kopf abwärts gerichtet und rückwärts gekrümmt, an der Oberfläche des Wassers. Sie hat sechs Beine, mit denen sie im Wasser kriechen und rudern kann; schneller kommt sie vorwärts durch schlängelnde Bewegung. In ihrer hängenden Stellung lauert sie auf Beute. Nähert sich ihr ein Tier, so ergreift sie es plötzlich mit zwei sichelförmig gebogenen Haken, die am Kopfe sitzen, mit den Kiefern. Eine solche Larve fiel einen großen Salamander an, daß er (unter Wasser) laut aufquiekste, ja ergriff selbst einen ins Wasser gehaltenen Finger derart, daß sie sich einige Zentimeter aus dem Wasser herausziehen ließ.*)

Wir können aus diesen Beispielen schließen, daß die Larven des Gelbrandes in Fischteichen großen Schaden, besonders unter den kleinen Fischen, anrichten können, und wir dürfen den Enten und einigen Fischen (Barsch u. a.) danken, wenn sie sich wiederum diese räuberischen Larven zur Nahrung suchen.

Die Larve geht nie aus dem Wasser heraus. Welche Ähnlichkeit hat ihre Ruhestellung im Wasser mit der des Käfers? Der Käfer atmet durch mehrere Löcher am Rande des Körpers, die Larve durch zwei**) Öffnungen am Ende des Körpers.***) Von hier aus durchziehen Luftröhren den ganzen Körper — sie reichen selbst (wie ihr seht — an dem Präparat) bis in den Kopf hinein. So geschieht das Atmen also in ähnlicher Weise wie vom Käfer, aber es ist doch wieder etwas anders — inwieweit? Nun, die Larve führt ja auch eine andere Lebensweise als der Käfer — was heißt das hier? — dann wird auch ihre Einrichtung eine andere sein müssen.

Wir werden nun noch zwei Fragen zu beantworten haben, nämlich wie entstehen die Larven und wie verändern sie sich; denn daß aus ihnen die Käfer entstehen, ist schon bemerkt. Der Käfer legt****) im März oder April eine Anzahl gelblicher, ovaler Eier von reichlich 1 mm Länge an Wasserpflanzen. Mit einer aus dem letzten Körpersegment heraustretenden Legscheide (ähnlich Fig. 12) schneidet er

---

*6) Die Kiefer sind (unter der Lupe bei durchfallendem Licht jedenfalls sichtbar) hohl und ihr Kanal führt jederseits zu einer dunkler gefärbten Röhre. Beide Röhren vereinigen sich noch im Kopfe zu einem einzigen Nahrungskanal. Die Larve saugt die Tiere aus, wie man beobachten kann, wenn man sie mit Froschlarven zusammenbringt. Man sieht dann so recht die Tätigkeit der Kiefer. — Am Grunde der Kiefer entspringen 2 Fühler und jederseits sind auch Augen wahrzunehmen.

**) Oder eine?

***7) Eine Larve werde vom Schwanzende nach dem Kopfe zu der Länge nach aufgeschnitten (NB. nicht zu tief! Spitze Schere!). Die Ränder werden seitwärts zurückgeklappt und nötigenfalls mit Nadeln auf Kork oder allenfalls Holz festgesteckt. Dann wird der Körper vorsichtig von den Eingeweiden gereinigt bis auf zwei schwarze verzweigte Streifen oder Röhren; es sind die Tracheen. Am besten gelingt das Reinigen, indem man das festgesteckte Präparat unter Wasser hält.

****) Nach Brehm und Lampert.

den Pflanzenstengel an und versenkt ein Ei in die Wunde. Nach etwa drei Wochen kriecht die Larve daraus hervor. Vergleich mit der Ente: Beide legen Eier, aber die Enten ins Nest, der Gelbrand ins Wasser; die Ente brütet die Eier aus, der Gelbrand kann nicht brüten — warum nicht? Was wird aber doch zur Entwickelung der Jungen im Ei erforderlich sein? Woher muß diese Wärme dann wohl kommen? In welcher Tiefe des Wassers werden die Eier wohl gelegt? Beachtet ferner: **Die jungen Enten haben mit den Alten Ähnlichkeit, die dem Ei entschlüpften Käfer (Larven) nicht.** So gefräßig die Larve ist, so schnell wächst sie auch. Dann wird ihr das harte Kleid, das nicht mitwächst, zu eng, sie kriecht aus demselben heraus, hat aber unter dem alten schon ein neues, das vorläufig weit genug ist. So häutet die Larve sich mehrmals. Schließlich verkriecht sie sich in der feuchten Ufererde. Nun bildet sich unter der alten Haut eine neue, die aber ein Wesen einhüllt, an dem weder Kopf noch Beine zu unterscheiden sind. Das ist nun eine „Puppe". Die Puppe liegt etwa drei Wochen ganz still, nimmt keine Nahrung zu sich — sie hat ja auch keinen Mund. Während dieser Zeit bildet sich aus ihr (etwa wie vorhin im Ei die Larve) der Käfer; die Puppenhülle zerreißt und der Käfer kommt zum Vorschein. Weshalb mag die Puppe sich nicht im freien Wasser ausbilden? Woher erhält sie den Stoff zur Ausbildung des Käfers? (Denkt an Vorrat — Stärkemehl — in den Pflanzen! So kann ich euch in der Larve eine Fettmasse zeigen, die als Vorrat für die Ausbildung des Käfers gesammelt ist.) Die Puppe bedarf also nicht neuer Nahrung, so wenig als die Knospe zur Ausbildung der eingeschlossenen Blatt- und Blütenkeime, oder als das Samenkorn zur ersten Entwicklung des Keimlings, als das Ei zur Entwicklung des Entleins. Es ist aber in jedem Fall ein gewisser Grad von Wärme erforderlich. — Was folgt für die Entwicklung solcher Käfer, wenn die Larve erst in der kälteren Jahreszeit beginnt sich zu verpuppen? Mehrere Puppen überwintern — aber auch Käfer können überwintern. So wurde mir in dem (milden) Winter (Januar) 1884 ein Gelbrand (Dyt. dim.) gebracht, der unter dem Eis geschwommen hatte, und ein anderer (Dyt. marg.) wurde (Anfang Februar) auf dem Spielplatz der Schule gefunden, hatte also geflogen. Sie sollen selbst ohne Schaden im Eise einfrieren können (Winterschlaf). So ist jedenfalls dafür gesorgt, daß die Art „Gelbrand" von einem Jahre zum andern nicht ausstirbt — wodurch? — Er kommt übrigens in Grönland sowohl wie bei uns und in Nordafrika vor.

6. **Der Gelbrand als Glied des Ganzen.**

a) **Seine Abhängigkeit.** Er verläßt seinen Aufenthalt besonders aus zweierlei Ursachen: wenn das Wasser knapp wird und wenn ihm Nahrung fehlt. Also vom Dasein des Wassers und gewisser Tiere hängt er ab. Für sich selbst und seine Brut bedarf er der Pflanzen zum Schutz. Er selbst verbirgt sich gerne unter und zwischen ihnen, und wenn er sie (in einem Gefäße) nicht findet, so nimmt er mit einem ausgehöhlten Kork vorlieb, wenn man ihm einen solchen bietet. Die Entwickelung seiner Brut hängt von der Wärme ab; ein Übermaß tötet sie und auch ihn (kochendes Wasser!); ein gewisses Maß (etwa $20-25^\circ$ C.) begünstigt die Entwickelung.

b) **Sein Dienst.** Von einem eigentlichen Dienst können wir, wenn wir an uns selbst denken, kaum reden; da sagen wir eher, er schadet uns, sofern er, und besonders seine Larve, den Fischen im Teich, die wir für uns haben wollen, nachstellt. Deshalb töten wir lieber ihn selbst (wie?), nachdem wir ihn nach totem Fleisch hingelockt und ihn mit Kätschern gefangen haben. Indessen sorgt er doch auch mit dafür, daß Frösche und anderes Getier im Wasser nicht überhand nehmen, und er selbst, sowie seine Eier und Larven dienen Enten und Fischen als Nahrung.

c) Seine Verwandtschaft. Er hat eine größere Zahl von Verwandten, das sind die Wasserkäfer, die ihm in Gestalt (woher? — gleicher Aufenthalt!) und auch meist in Lebensweise ähnlich sind. Einige sind kleiner, sodaß man sie für junge Gelbrande halten könnte; das wäre aber ein Irrtum; denn wenn der Käfer seiner Puppenhülle entschlüpft ist, wächst er nicht mehr. Von seinen Verwandten betrachten wir den Kolbenwasserkäfer und den Taumelkäfer etwas näher (s. später!).

Rückblick.

1. Der Gelbrand lebt meist im Wasser.
2. Er findet seine Nahrung im Wasser. Wie erreicht und ergreift er dieselbe?
3. Seine Füße sind zum Schwimmen (im Wasser) geeignet — andere zum Ergreifen oder Festhalten der Beute. Welche Werkzeuge oder Organe dienen zur Witterung (d. h.?) der Beute?
4. Seine Brut wird im Wasser abgesetzt, im Wasser ausgebrütet und entwickelt sich im Wasser.

Also: Alles erinnert an das Wasserleben, weist auf dasselbe hin.

Oder.

1. Wenn wir an seinen Aufenthalt im Wasser denken, so hängt damit zusammen: er findet im Wasser seine Nahrung; er kann sich im Wasser bewegen; er findet im Wasser den geeigneten Ort zur Entwicklung seiner Brut; (er hat auch im Wasser Luft).
2. Denken wir, daß der Gelbrand im Wasser seine Nahrung sucht, so hängt damit zusammen: er hält sich gerne im Wasser auf (s. 1), er kann sich im Wasser geschickt bewegen; seine Atmungsvorrichtung paßt für das Wasserleben; (seine Brut ist dem Wasser anvertraut).
3. Der Gelbrand hat doppelt behaarte Hinterbeine, die ihm beim Laufen oder Kriechen nur hinderlich sein können — halb schleppen sie nach. Damit hängt zusammen: die breiten Füße sind aber geschickt zum Schwimmen (Ente) im Wasser; er sucht das Wasser, wo er sich gewandter bewegen kann; er kann im Wasser besser als auf dem Lande seine Nahrung finden (und auch für seine Nachkommenschaft sorgen); er muß im Wasser Luft haben.

Mache ähnliche Beziehungen zwischen Aufenthalt, Nahrung, Bewegung und Einrichtung (und Entwickelung) der Ente!*)

---

*8) Natürlich soweit tunlich. Man kann, wenn überhaupt möglich, auch sehr zweckmäßig die Ernährungsorgane (Kauwerkzeuge) hier hineinziehen. Zweck eines derartigen Rückblicks ist einmal, die Hauptwahrheiten zu fixieren, und dann, dieselben in **Zusammenhang** zu bringen, damit die klare Erkenntnis des walten-

Vergleich zwischen Gelbrand und Ente.

1. **Aufenthalt.** Beide sind in und auf dem Teich zu finden. Beide verlassen ihn zu Zeiten.

2. **Bedeckung** ist bei beiden verschieden; aber das Wasser haftet an beiden nicht, sie werden im Wasser nicht naß.

3. **Bewegungen.** Beide können laufen (kriechen, gehen), schwimmen und fliegen. Dazu gebrauchen sie ihre Beine und ihre Flügel. Die Füße passen aber besser zum Schwimmen als zum Gehen (die Ente watschelt — die Füße an den Hinterbeinen des Gelbrands schleppen beim Gehen nach).

4. **Ihre Sinneswerkzeuge.** Wozu gebrauchen sie dieselben? Welcher Sinn ist bei der Ente mehr als beim Gelbrand ausgebildet? Welche Sinneswerkzeuge hat die Ente mehr als der Gelbrand? Welche der letztere mehr als die Ente? Worin sind sie gleich?

5. **Ernährung.** Beide finden ihre Nahrung im Wasser, wenn sie auch verschieden ist.

6. **Fortpflanzung.** Beide legen Eier, aus welchen sich Junge entwickeln. Die Jungen der Ente werden durch die Wärme der letzteren, die des Gelbrands durch die Wärme des Wassers (von der Sonne) ausgebrütet. Aus den Enteneiern entstehen junge Enten, d. h. Tiere, die den alten ähnlich sind und schließlich gleich werden; aus den Eiern des Gelbrands entstehen zunächst andere Tiere, aber aus diesen doch wieder solche, die den alten nicht bloß ähnlich, sondern gleich sind. Der Gelbrand als Käfer wächst nicht mehr; die junge Ente wächst, bis sie ausgewachsen ist.*)

Vergleichende Beziehungen der Lebensäußerungen zueinander.

Die Ente schwimmt von einem Orte zum andern, um sich Nahrung zu suchen; sie gründelt, geht auch ans Land zu demselben Zweck. Auch der Gelbrand schwimmt, wühlt den Grund auf, um sich Nahrung zu suchen (friert den Wildenten ihr Teich zu, so suchen sie einen andern mit offenem Wasser — durch ihr Fliegen; trocknet dem Gelbrand seine Pfütze aus, so? —). Beide gebrauchen ihre Bewegungswerkzeuge, um sich Nahrung zu suchen; wären Füße und Flügel gelähmt, so müßten sie wahrscheinlich verhungern, sterben. Durch die Nahrung erhalten sie sich. Der Erhaltung müssen auch die

---

den Gesetzes vorbereitet werde. Also Aufenthalt, Nahrung, Mundteile, Bewegungsorgane ꝛc. stehen in Beziehung. Ob ein solcher Rückblick schon hier am Orte ist, muß nach Umständen bemessen werden; vielleicht kann derselbe erst nach Betrachtung von mehr Tieren angestellt werden. Dasselbe gilt von den folgenden Vergleichungen, die eben auch Beispiele für ähnliche Fälle geben sollen. Der Lehrer muß sich und seine Schüler kennen.

*) Das Atmen werde ich erst dann in die Vergleichung hineinziehen, wenn etwa ein Fisch behandelt ist. Dann aber muß natürlich auch die verschiedene Art der Atmung von Vögeln und Insekten nachgeholt werden. An dieser Stelle hat die Erörterung mehr systematischen Wert, da die Ähnlichkeiten aufgesucht werden. Man kann nur sagen: Beide müssen atmen.

Bewegungswerkzeuge dienen. Werden sie verfolgt, so laufen, schwimmen, fliegen sie davon, um sich an einen Zufluchtsort zu bringen. Die Bewegungswerkzeuge dienen wiederum dazu, das Leben zu retten, zu erhalten. — Die Bewegung von einem Orte zum andern würde ihnen nichts nützen, wenn sie etwa Steine statt Tiere verzehrten, wenn sie ihre Nahrung nicht erkennen könnten. Sie können ihre Nahrung finden (die Ente wodurch? der Gelbrand?), dazu gebrauchen sie ihre Sinneswerkzeuge. Auch ihre Feinde gewahren sie mittels derselben. Also auch die Sinneswerkzeuge dienen der Erhaltung. **Bewegungswerkzeuge und Sinneswerkzeuge dienen der Erhaltung.** Nennt mehr erhaltungsmäßige Einrichtungen! (Denkt an die Bedeckung, das Atmen, die innere Einrichtung!) — Aber beide legen Eier, aus welchen Junge entstehen. Ist das auch erhaltungsmäßig? Nun dieser eine Gelbrand, den wir hier haben, würde auch ohne Eierlegen sich erhalten können, und so jeder einzelne Käfer und jede einzelne Ente. Was aber würde die Folge sein, wenn keine Ente, kein Gelbrand Eier legen könnte? Schließlich würde jedes einzelne der genannten Tiere sterben und — es würde später keine Ente, keinen Gelbrand mehr geben. **Durch das Eierlegen wird die Tierart erhalten.** Die Einrichtung der Ente und des Gelbrandes ist also in doppelter Hinsicht erhaltungsmäßig: einmal, insofern das **einzelne Wesen** und dann ferner, insofern die **ganze Tierart erhalten wird.**

Systematik.

1. Hauptkörperteile der Ente — des Gelbrandes.
2. Bedeckung.
3. Zahl der Bewegungswerkzeuge. Einrichtung und Gliederung derselben.
4. Ernährungs- (Mund-) Werkzeuge. Bewegung derselben.
5. Atmungswerkzeuge.
6. Innere Einrichtung (Vgl. 2).
7. Fortpflanzung.

Die Ente ist ja auch ein Vogel, der Gelbrand ein Käfer.

Woher kommt es, daß bei aller Verschiedenheit doch wieder Ähnlichkeiten im Bau vorkommen? Sie führen eine **ähnliche Lebensweise** und halten sich an **demselben Orte** auf. Was müssen sie mit den Füßen können? usw. **Einrichtung, Aufenthalt, Lebensweise passen zueinander.**

---

3. Der pechschwarze Kolbenwasserkäfer (Hydrophilus piceus).

Dem Gelbrand in mancher Beziehung ähnlich ist der Kolbenwasserkäfer (Kolben- — er hat kolbenartig verdickte Fühler, Fig. 11). Auch er lebt im Wasser. Inwieweit ist die Form ähnlich? Unterschied in der Farbe! Bedeckung! Wie müssen die Beine eingerichtet sein, da er im Wasser lebt? Er rudert aber nicht nach Art des Gelbrandes: er schlägt nicht mit beiden Füßen zugleich gegen das Wasser, sondern abwechselnd, es ist die Bewegung des Gehens. Sein Schwimmen ist darum unsicher, wackelnd. Auch er kann fliegen. Wovon ist er im Wasser an der

Unterseite silberglänzend? Wie atmet er? (Kopf Oberfläche! vgl. Gelbrand.) Sucht die Atmungsöffnungen! Welche Sinneswerkzeuge sind zu finden? Auch er legt Eier wie der Gelbrand, doch verfertigt der Kolbenwasserkäfer ein schützendes Gespinst, das frei oder unter einem Blatt befestigt auf dem Wasser schwimmt (vgl. Spinne). Warzen des Hinterleibes sondern ein Sekret ab, das zu weißen Fäden erstarrt. (Fig. 12*.) Die Entwicklung ist ähnlich (Eier — Larve — Puppe — Käfer.); die Larve ähnelt der des Gelbrandes, doch fehlen ihr die großen Anhängsel am Schwanz und auch die sichelförmigen Kiefer. Auch sie raubt, doch saugt sie die Beute nicht aus, sondern zermalmt sie mit den Zähnen der Innenseite der Oberkiefer und saugt den Brei mit der Mundöffnung auf. (Vgl. Engerling.) Und der Käfer selbst — nährt sich von Pflanzenteilen.** Wir können ihn mit Brot füttern, und wenn wir für reichliche Nahrung sorgen, fällt es ihm garnicht ein, seinen Wasserbehälter zu verlassen. (Auch Menschen wandern ja nicht leicht aus, wenn sie in der Heimat ihr „tägliches

Fig. 11.
Pechschwarzer Kolbenwasserkäfer und Larve.
Aus Brehms Tierleben (etwas verkleinert).

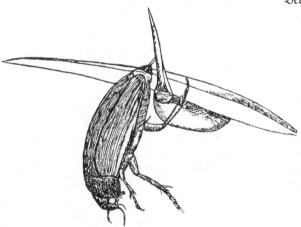

Fig. 12.
Spinnender weiblicher Kolbenwasserkäfer
(nach Miger).

*1) Über die Bedeutung der Spitze des Kokons gehen die Meinungen noch auseinander.
**2) Wenigstens habe ich einen Hydrophilus pic. monatelang neben Fischen im Aquarium gehalten, mit Brot gefüttert, und kein Fisch hatte von ihm

Brot" haben.) — Warum ist der Kolbenwasserläfer auch ein Käfer? So ist er dem Gelbrand in Einrichtung und Lebensweise (auch in Vorliebe für einen ähnlichen Aufenthalt) ähnlich, doch nicht gleich. Wie ein tüchtiger Tischler nicht alle Stühle, die aus seiner Werkstatt hervorgehen, vollständig gleich macht — und doch sind's Stühle; die zusammengehörigen aber passen wieder genau zueinander — so sind auch nicht alle Wasserkäfer, die aus der Werkstatt der Natur hervorgingen, gleich — nur doch sind's Wasserkäfer; die zu derselben Art gehören, aber passen genau zueinander. Der geschickte Tischler ist reich an verschiedenen Formen — auch die Natur. —

Wir betrachten noch

4. den Taumelkäfer (Gyrinus mergus).

Wir finden ihn während des Sommers häufig auf der Oberfläche des Teiches, wenn das Wasser ruhig ist. „Wer den stahlblau glänzenden, ja öfter leuchtenden Tierchen auf dem Spiegel eines stehenden Gewässers schon einmal einige Minuten widmete, möchte fast auf den Gedanken kommen, daß es kein lustigeres, glücklicheres Geschöpf geben könnte. Jetzt gruppiert sich die kleine Gesellschaft auf einem Punkte, jeder fährt hin und her, der eine beschreibt einen größern Kreis, der zweite folgt, ein dritter vollendet den Bogen in entgegengesetzter Richtung, ein vierter zeichnet andere Kurven oder Spiralen, und so kommen sie im wechselnden Spiele einander näher oder ferner." (Brehm, Schödler.) Schlage aber einmal mit einem Stabe zwischen sie, so stieben sie ebenso plötzlich auseinander oder verschwinden gar in die Tiefe. Auch wenn wir das Gefäß, in welchem wir den Taumelkäfer halten, stark schütteln, taucht er unter und nimmt unter dem hintern Ende der Flügeldecken eine silberglänzende Perle von Luft mit sich. Versuchen wir, mit der Hand einen zu ergreifen, so sind wir dazu wohl kaum imstande, so schnell bewegt er sich. (Fig. 13.) Womit? Warum kann er schneller schwimmen, als der Gelbrand? Er schwimmt auf der Oberfläche, hat also nicht so viel Widerstand (des Wassers) zu überwinden, und — seht dieses tote Exemplar! — hat vier Schwimmbeine, die förmlich flossenartig sind. Des Nachts verläßt auch der Taumelkäfer oft seinen Aufenthalt und sucht sich fliegend einen anderen. Zu dem Zweck kriecht er selbst an steilen Glaswänden empor; er wird sich mit den flossenartigen Beinen halten. Dann sucht er das Licht, wie die Motten.

Fig. 13.
G. mergus.
Die beiden letzten Beinpaare flossenförmig.
Aus Brehms Tierleben.

Wenn wir fragen, warum die Taumelkäfer so herumjagen, so werden wir schon annehmen dürfen, daß sie es nicht bloß des

---

zu leiden. (Vgl. Leunis Synopsis.) Auch Schneckenkot und Schleim der Schneckeneier verzehrt er. Mit der Umwandlung des Tieres geht hier eine Veränderung der Lebensweise Hand in Hand. [Nach Lampert sind Hydrophiliden Pflanzenfresser, die allerdings tote und selbst lebensschwache Tiere nicht verschmähen.]

Spiels halber tun, sondern um sich Nahrung zu suchen. Während bei dem Kolben=
wasserkäfer und Gelbrand das hintere Beinpaar das längste war, ist es hier das
vordere. Diese Einrichtung wird mit seiner Lebensweise zusammenhängen. Der Gelb=
rand gebrauchte die Vorderbeine zum Anklammern, aber auch, um seine Beute fest=
zuhalten, die Vorderbeine des Taumelkäfers sind verhältnismäßig viel länger und
beweglicher — er gebraucht sie, um seine Beute zu ergreifen; gewissermaßen wie
Arme. Die Fühler, welche bei dem Gelbrand sehr lang waren, sind hier sehr kurz.
Durch sie wird er seine Beute nicht erst wahrnehmen können. Welcher Sinn wird
bei ihm mehr ausgebildet sein? (Denke an den Fütterungsversuch beim Gelbrand!)

Die Augen sind durch einen Querstreifen in eine obere und eine untere
Partie geteilt. Welch zweifacher Aufgabe können sie gleichzeitig dienen?

Worin gleicht der Taumelkäfer nach Leben und Einrichtung dem Gelbrand
und Kolbenwasserkäfer? Welche (systematischen) Merkmale haben sie gemeinsam?*)

---

*1) Im Laufe des Jahres präpariere der Lehrer mehrere Käfer, um,
nachdem die Kinder an einen derartigen Unterricht mehr gewöhnt sind, auch
von dem Innern etwas zeigen zu können. Er schneide etwa vom Gelbrand,
dem Kolbenwasserkäfer und dem Maikäfer zunächst die Flügel weg und entferne
dann mittels einer spitzen Schere die Rückendecken unter den Flügeln. (S. „Gelb=
rand" Anm. 2 u. 4.) Es kann der Verdauungskanal herausgenommen und gezeigt
werden, wie derselbe bei Pflanzenfressern länger ist als bei Tierfressern (An=
wendung: Rückschluß: Ist derselbe länger, so —). Es können die innern Vor=
sprünge des Hautskeletts, an welchen Muskeln befestigt sind, gezeigt werden,
vielleicht kann auch der Geübtere, wenn er die Eingeweide vorsichtig mit einer
Pinzette (— das Objekt unter Wasser! —) entfernt, an der Bauchseite den
Nervenstrang mit Knoten zeigen. Auch der Käfer hat Muskeln, „Fleisch",
aber sie sind weiß — warum muß auch er welche haben? Wo finden sie ihren
festen Stützpunkt? Was hat der Vogel statt des letzteren? Warum muß das
Bruststück in sich fester sein als der Nachleib? Warum darf der Nachleib oben
weicher bedeckt sein als unten? — Folgt ein zweiter Kursus Naturgeschichte,
so kann die Beantwortung solcher und ähnlicher Fragen besser dem spätern
Unterricht überlassen bleiben. — besser aber nur dann, wenn die Kinder
mehr gewöhnt wurden, das Innere eines Tieres zu sehen und sich vorzustellen.
Indes fassen können sie die Sache jedenfalls auch auf der untern Stufe und
— man gewinnt durch diese Anschauungen Material für weitergehende Er=
wägungen und Erörterungen. — Jedes Präparat wird — natürlich bis man
ein besseres hat — mit abgebrochenen Nadeln od. dgl., auf ein Brettchen
geheftet, in Spiritus aufbewahrt, der, wenn er trübe wird, erneuert werden
muß. — In ähnlicher Weise werden gelegentlich von kleinen Vögeln, von
einem Maulwurf, (dem aber die Haut abgezogen ist), von einem Fische Präparate
gemacht, an welchen teils die inneren Organe in ihrer natürlichen Lage (Herz,
Lunge, Magen), teils starke Muskelpartien (beim Vogel z. B. indem die eine
Seite der Muskelpartie am Brustbein weggeschnitten ist) u. dgl. gezeigt werden
können. Frösche beispielsweise werden in verschiedenen Stadien der Entwicklung
gesammelt und in Spiritus getan. Einzelne Knochen, die man zufällig findet,
wie ein Brustbein vom Vogel, Fuß= und Flügelknochen, Köpfe, Schnäbel

5. Die Schwalbe (Rauchschwalbe Cecropis rustica)*)

1. **Aufenthalt und Bewegungen.** a) **Beobachtungen.** Über dem Teiche finden wir gar häufig die Schwalbe in raschem Fluge dahineilen. Dicht über der Oberfläche kreuz und quer, hin und her führt ihr Flug sie, bald längere Strecken gerade aus, bald in plötzlichen Wendungen rechts oder links, oft so nahe über dem Wasser, daß sie die Oberfläche berührt — sie badet sich, wie die Sperlinge am Strande, sie fliegend, diese stehend. Sie gehört aber offenbar nicht zu den ständigen Bewohnern des Teiches, sondern ist nur ein Besucher desselben. Was kann sie dazu veranlassen? Auch in den Straßen und Feldwegen sehen wir sie hin und her segeln und oft so nahe an uns vorbei, daß wir sie

---

(Köpfe natürlich in Spiritus) 2c. werden aufbewahrt. So unbedeutend dergleichen oft auf den ersten Blick erscheint, so gewinnt der Unterricht doch an Wert, wenn man in demselben auch nur von Anschauungen, die solche Mittel ermöglichen, ausgehen kann. — Kleinere Gegenstände läßt man zirkulieren, wobei jedoch immer nur ein Schüler zurzeit sieht, während alle übrigen dem Unterricht folgen müssen. Man kann auch, wenn überhaupt Ordnung in der Klasse herrscht, gerne zwischen die Kinder gehen und zeigen; doch muß man sich unbedingt gut präpariert haben, damit man während des Zeigens an Einzelne die ganze Klasse unterrichten kann. Alles muß geübt werden vom Lehrer und von den Kindern; die Kinder müssen wissen, daß sie trotz allem vor dem Auge des Lehrers nicht sicher sind.

*¹) Es sei ausdrücklich erwähnt, daß das Folgende ziemlich auf alle einheimischen Schwalben mit Ausnahme der Turmschwalbe paßt. In Schleswig-Holstein kommen vor die Rauchschwalbe (Cecropis rustica), die Hausschwalbe (Chelidon urbica), die Sandschwalbe (Cotyle riparia) und die Turmschwalbe (Cypselus apus). Sie unterscheiden sich allerdings durch ihre Größe (resp. $16\frac{1}{2}$, 13, 11 bis höchstens 12 und $15\frac{1}{2}$ bis $16\frac{1}{2}$ cm Länge), durch ihre Farbe (die erstere ist an Kehle und Stirn braun, am Bauche weiß, die andern haben diese braunen Abzeichen nicht) und besonders durch die Anlage ihrer Nester (die Rauchschwalbe hat ihr Nest am obern Rande ringsumher offen, sodaß sie allenthalben aus dem Neste heraussehen kann; die Hausschwalbe baut das ganze Nest zu, sodaß nur ein Flugloch offen bleibt; die Sandschwalbe baut in den Wänden von Sandgruben und abschüssigen Flußufern und die Turmschwalbe in den Spalten von hohen Gebäuden). Obgleich also hiernach und teilweise auch in den übrigen Lebensäußerungen der verschiedenen Schwalbenarten ein Unterschied zutage tritt, so hat diese Verschiedenheit doch in der Betrachtung des Volkes kaum Bedeutung. Die Schwalbe ist eben eine Schwalbe. Und für die in Betracht kommende Unterrichtsstufe möchte es vollständig genügend sein, die Schwalbe als solche, wie sie in der Anschauung des Volkes sich repräsentiert, zu behandeln, also natürlich dort, wo die Verschiedenheiten der Arten sich besonders bemerkbar machen, in entsprechendem Maße auf diesen Umstand Rücksicht zu nehmen. — Der geschriebene Buchstabe kann nur einen Fingerzeig, die Natur selbst muß die Belehrung geben.

mit der Hand fast greifen könnten. Jedoch, machen wir, sobald eine herannaht, eine plötzliche Wendung, so weicht sie seitwärts oder nach oben aus — sie beachtet uns also sehr wohl. Wenn wir ruhig unsers Weges gehen, scheut sie uns nicht; hat sie doch von klein auf sich an den Anblick von Menschen gewöhnt (wo war ihr Nest?) und gelernt, daß die ihr kein Leid zufügen! Sie fliegt ja gewandt

1.   Fig. 14.   2.

1. Rauchschwalbe (Cecropis rustica), mit brauner Kehle.
2. Hausschwalbe (Chelidon urbica), Nest mit Flugloch.

Aus Brehms Tierleben.

und ohne Furcht durch Fensteröffnungen, welche die Menschen gemacht haben, damit sie zu ihrem Neste kommen könne. Aber sobald dort auf der Straße die gelb und weiße Katze sitzt, dann zeigt sie sich anders; dann ist es, als ob sie durch ihr nahes Vorbeifliegen nicht Zutrauen zu der Katze zeigen, sondern durch ihr „jieb, jieb"*) in übermütiger Laune dieselbe necken wollte. Die Schwalbe verläßt sich offenbar auf ihre Flugfertigkeit; andere Vögel wagen es nicht, so nahe an Menschen oder ihren erklärten Feinden vorbei zu fliegen. Worin ist es denn begründet, daß die Schwalbe so gewandt fliegen kann? Wir werden sehen! Sitzen sehen wir sie selten, etwa am Ufer des Teiches, an feuchten Stellen des Weges, oder mit mehreren zusammen auf Telegraphendrähten oder Dachfirsten, am häufigsten noch an oder in dem Neste, selten auf der Landstraße.

  b) Einrichtungen für die Bewegungen. 1. zum Fliegen. Da die Schwalbe fliegt, so muß sie verhältnismäßig leicht sein. In Ansehung ihrer Größe ist ihr Körper auch leicht. Die Bedeckung — ein Federkleid — wiegt wenig und in dem Rumpf, selbst in den Knochen der Glieder sind Hohlräume (vgl. Ente). Wären dieselben mit Fleisch, Eingeweide, Fett ausgefüllt, so würde der Körper um so viel schwerer und zum Fliegen untauglicher sein. — Zum Fliegen müssen ferner die nötigen Werkzeuge da sein. Sie hat Flügel. Diese sind, wie wir an einer ruhenden Schwalbe oder einem in Spiritus aufbewahrten Exemplar sehen können, sehr lang und spitz. Ihre Farbe (der Rauchschwalbe) ist oben stahlblau, unten weiß, an der Kehle braun. Sie fliegen, indem sie die Flügel auf- und abschlagen, bisweilen scheinen sie dieselben gar nicht zu bewegen. Suchen wir uns die Tätigkeit des Fliegens zu erklären. Sie schlägt mit den Flügeln offenbar gegen die Luft, wie Ente und Gelbrand mit den Füßen gegen das Wasser schlagen. Auf welcher Einrichtung beruhte es noch, daß die Ente — der Gelbrand — bei jedem Ruderschlage vorwärts kam, daß sie — er — aber bei der Vorwärtsbewegung der Füße nicht wieder ebensoviel zurückglitt? — Auch die Schwalbe kann ihre Flügel breit machen. Gezeigt! Sie bestehen aus langen und kürzern Federn. Die langen Federn sitzen am Vorderrande des Flügels; je weiter nach dem Hinterrande hin, desto kürzer werden sie. Dieselbe Anordnung finden wir bei diesem größern Flügel von (etwa) einer Gans**).

  Wir sehen, daß die Federn dachförmig übereinander liegen, aber auch, daß der Flügel nicht allein aus Federn besteht, sondern auch Knochen (und Fleisch) enthält. Der Flügel enthält dieselben Knochen, die wir an unserm Arm kennen. Gezeigt an einem ausgespannten Flügel! Auch an gerupften Hühnern, Tauben ꝛc. sind die Glieder leicht zu erkennen. An welchem Gliede sitzen nun die längsten Federn? an welchem die kürzesten? Wie macht der Vogel es nun wohl, wenn er den Flügel ausbreiten will? Welche Lage haben Oberarm, Unterarm, Hand in der Ruhe? (Wohin zeigen die Federn der Hand in der Ruhelage?) Zeigt mit eurem rechten Arm die Ruhelage! Die Richtung beim Fliegen! Schlage mit dem ausgebreiteten Vogelflügel gegen die Luft! Du fühlst deren Widerstand. So kann der Vogel sich mittelst der Flügel, wenn er sie ausgebreitet hat, in die Luft erheben — aber warum fällt er beim Aufschlag nicht wieder nieder? Bei Ente und Gelbrand wird der Fuß im ähnlichen Fall schmal —

---

  *2) = (plattdeutsch) „griep, griep" = (hochdeutsch) „greif, greif".

  **3) Zweckmäßig zu verwerten ist ein Flügel, wenn auch von einem kleineren Vogel, den man auf einem Brette ausspannt und dann am Feuer oder an der Sonne getrocknet hat. An der Unterseite sind die Glieder durch Ausrupfen der kurzen Federn bloßgelegt.

beim Fliegen der Vögel bemerken wir durchaus nicht, daß der Flügel schmäler wird. Hier müssen wir eine andere Einrichtung finden. Betrachten wir zunächst den Bau dieser großen Feder — Schwungfeder — aus der Hand der Gans. Sie besteht aus einem Stiel, dem Kiel, welcher an beiden Seiten Fasern trägt. Diese Fasern kleben (f. Ente!) zusammen. Trennen wir dieselben, so vereinigen sie sich nicht wieder so innig. Die eine Seite der Fahne ist breiter als die andere. Der Kiel wird nach oben hin immer dünner und besteht mit Ausnahme des untern (am Körper befindlichen) Endes aus einer weichen, markartigen Masse. Am untern Ende ist der Kiel hohl, die Masse aber ist hornartig hart. An derselben Stelle wird die Fahne dunenartig. Was heißt das? Wo könnte die Feder am ersten knicken? Durch welche Einrichtung ist dieser Gefahr vorgebeugt? Durch welche Einrichtung wird Leichtigkeit (wozu?) erreicht? (Hohlheit — schwammige Masse — abnehmende Stärke). — Die Federn im Flügel zeigen eine leichte Krümmung nach der Bauchseite des Vogels. Sie lassen sich biegen, nehmen aber ihre frühere Lage wieder ein: sie sind elastisch. Wenn nun der Flügel abwärts geschlagen wird, so werden die Enden der Federn sich etwas biegen — wohin? Sie werden dann also nicht mehr so stark gebogen, sondern fast gerade sein. (Wie aber würden sie werden, wenn sie ursprünglich ganz gerade wären? Die unter den Flügeln befindliche Luft würde also entweichen können.) Wenn dann aber der Flügel wieder gehoben wird, so biegen die Federn sich abwärts und der Flügel fährt um so leichter durch die Luft. (Man schlage oder streiche mit der Flügelspitze abwärts und aufwärts gegen die Hand eines Kindes — die alsdann die Luft vorstellt — und lasse erkennen, bei welcher Bewegung der Druck des Flügels am meisten gefühlt wird.) Weil die Federn am Flügel gebogen sind, muß der Körper stärker emporgeschnellt werden als er niedersinkt. Doch dann würde das Fliegen der Schwalbe ein stetes Heben und Senken (wie etwa das des Schmetterlings) sein. Wir müssen also weiter forschen und die Anordnung der Federn im Flügel näher ins Auge fassen. Zunächst bemerken wir, daß die schmale Seite der Fahne, wenn die Feder im Flügel steckt, nach vorne gerichtet ist. (Aus welchem Flügel, dem rechten oder linken, wird diese Feder und diese sein? Warum?) Die breite Seite der Fahne zeigt also nach hinten, und zwar ist ihr Rand unter der schmalen Fahnenseite der nächstfolgenden Feder verborgen, liegt oder stützt sich gegen dieselbe. Das muß seine Bedeutung haben. Allerdings wird dadurch erreicht, daß die Federn sich untereinander schieben lassen, sodaß sie in der Ruhe dachziegelartig übereinander liegen und der Regen also nicht zwischen sie eindringen kann. Aber auch fürs Fliegen ist diese Anordnung notwendig. Empfindung und Nachdenken überzeugen uns, daß der Rand der breiten Seite der Fahne biegsamer ist als der der schmalen Seite; folglich würde beim Niederschlagen der Rand sich aufwärts biegen und die Luft vorbeilassen. Nun aber stützt der Rand der Breitseite sich gegen den Kiel der folgenden Feder (den Flügel gegen durchfallendes Tageslicht gehalten!) und der Rand kann nicht umbiegen. (Man veranschauliche es, indem man in ein zusammengefaltetes Quartblatt einen Federhalter — den „Kiel" — steckt, beides mit der rechten Hand auf- und abbewegt, indem man mit der linken Hand einen andern Federhalter über dem linken Papierrande hält: beim Aufschlagen klappt das Papier abwärts — beim Nieder-

— 79 —

schlagen gegen den Federhalter der linken Hand.) Wird aber der Flügel aufwärtsgeschlagen, so biegt sich der Saum der Breitseite abwärts und die Luft kann ohne Hindernis zwischen den Federn durchstreichen (oder diese vielmehr durch die Luft). Also während des Abwärtsschlagens der Flügel bieten die Federfahnen der Luft ein Hindernis (oder umgekehrt), während des Aufwärtsschlagens aber nicht oder weniger. Ein dichterer Schluß der Federn wird durch das Überstehen der Schmalseite von der Fahne erreicht, mehr, als wenn die Breitseite sich allein gegen den Kiel lehnte.

Wo der hohle Teil des Schaftes beginnt, der ja nicht steife Fasern, sondern entweder nur weiche, unverbundene trägt oder ganz nackt ist, wird der Flügel durch kleinere Federn unterhalb und oberhalb dicht gemacht.

Zur Bewegung der Flügel und zur dadurch vermittelten Erhebung des Körpers von der Erde empor ist eine sehr große Menge Kraft erforderlich. Diese wird durch die Muskeln geliefert. Ahme die Flugbewegung nach mit dem rechten Arm und fühle mit der linken Hand, welche Muskeln und Sehnen angespannt werden! Alle Vögel haben an der Brust stark entwickelte Muskeln (vgl. Ente!) — Wenn du aber deine Beine einmal anhaltend angestrengt hast, etwa durch Laufen oder Springen (durchs Tau), so wirst du schneller atmen: du bedarfst mehr Luft. Auch die Schwalbe, die fast den ganzen Tag — nicht auf den Beinen, sondern — auf den Flügeln ist, bedarf sehr vieler frischer Luft. Sie muß auch häufig atmen; dadurch wird nicht allein in der Lunge, sondern auch in den vielen Räumen des Innern die Luft erneuert (denn diese Räume stehen mit der Lunge [am Rückgrat des Vogels] in Verbindung). So dienen diese Lufträume nicht nur dazu, den Körper verhältnismäßig leicht zu machen, sondern auch zur Erfrischung des Körpers durch die Luft. (Wie sollte sonst auch eine Lerche es aushalten können, bei fortwährendem Fliegen ihr schmetterndes Lied erschallen zu lassen!)

Bisjetzt haben wir nur erkannt, daß die Schwalbe sich emporheben kann; wie aber kommt sie zugleich vorwärts? Teils geschieht es wohl dadurch, daß sie mit den Flügeln nicht bloß abwärts, sondern auch rückwärts schlägt (wie man es am Flug der Ammern, Tauben u. a. deutlich sieht), teils kann es durch die Stellung der Flügel ermöglicht werden. Schlage mit dem ausgebreiteten Flügel, denselben ganz wagerecht haltend, flach abwärts und ebenfalls, indem du den Vorderrand des Flügels etwas niedriger hältst als den Hinterrand! Im letztern Fall wird deine Hand oder der Flügel etwas vorwärts gedrängt. Wenn also die Schwalbe mit vorne abwärtsgeneigten Flügeln gegen die Luft schlägt, so hält sie sich nicht bloß in der Luft, sondern bewegt sich auch vorwärts.*) Für schnelle Vorwärtsbewegung ist auch ihre Körperform außer-

---

*4) Obige Erklärung des Vogelfluges macht nur den Anspruch auf populäres Verständnis, nicht auf wissenschaftliche Genauigkeit oder auch nur vollständige Richtigkeit. Das Problem des Vogelfluges beschäftigt noch heutigen Tages Wissenschaftsmänner. Wer sich weiter über die Sache unterrichten will, findet eine populär-wissenschaftliche Bearbeitung u. a. in: Otto Lilienthal: „Der Vogelflug als Grundlage der Fliegekunst", Berlin, Gaertners Verlagshandlung. Der Verfasser kommt zu dem Hauptergebnis, daß das Ge-

ordentlich geeignet. Der Schnabel wird beim Fliegen vorausgestreckt (vgl. den Storch!) und somit kann der Körper, weil er vorne spitz ist, die Luft leicht durchschneiden. (Vgl. Form des Schiffes! Welche Schiffe segeln am schnellsten? Warum? — Wodurch wird dem Schiffe eine andere Richtung gegeben oder die ursprüngliche Richtung innegehalten? Womit steuert die Schwalbe?)

Zum gewandten Fliegen bedarf die Schwalbe des Schwanzes. Er besteht aus mehreren Federn, die ebenfalls untereinandergeschoben und auch fächerartig ausgebreitet werden können. Die seitlichen Federn sind länger als die mittlern; so erscheint der Schwanz ausgeschnitten: „Schwalbenschwanz". Die Schwanzfedern lassen sich nach oben und unten, nach links und rechts wenden. Denken wir uns, der Vogel hat die Schwanzfedern nach rechts gewendet, so stößt während des Fliegens die Luft auf dieser Seite gegen den Schwanz und dreht ihn nach links, während das Kopfende des Vogels nach rechts gedreht wird. Wohin wird der Vogel sich wenden, wenn die Schwanzfedern nach links, nach oben, nach unten gerichtet sind? Welche Richtung müssen sie haben, wenn er geradeaus fliegen will? **Er fliegt überhaupt in der Richtung vorwärts, wohin die Schwanzspitze zeigt. Er steuert mit dem Schwanz.** (Außerdem schlägt er übrigens mit dem einen Flügel schneller als mit dem andern, wenn er wenden will: Lenkfittich des Daumens). Die Federn desselben heißen deshalb Steuerfedern.*)

2. Die andern Bewegungswerkzeuge sind die Beine. Sie sind kurz und schwach. Welcher Beobachtung an der lebenden Schwalbe entspricht diese Wahrnehmung? Alle vier Zehen sind mit sichelförmig gebogenen, langen und sehr

---

heimnis des Vogelfluges in der Wölbung der Flügel zu erblicken sei. Beim Aufschlag ist der Hinterrand, beim Niederschlag der Vorderrand des Flügels niedriger. — Die Schnellphotographie wird vielleicht mehr Licht in die Sache bringen.

*5) Den Vorgang des Steuerns durch den Schwanz kann man in folgender Weise veranschaulichen. Man nehme zwei frisch geschnittene gerade Stäbchen von etwa 10 cm Länge und Griffeldicke. Das eine werde von dem einen Ende durch einen Schnitt durch die Mitte gespalten, das andere erhalte einen schrägen Schnitt von einer Seite nach der andern. In beide Schnitte klemme man ein Stück Schreibpapier, das ein Quadrat von 8—10 cm Breite bildet. Der Rand des Papierstückes in dem schrägen Schnitt wird mittelst eines dünnen Fadens mit dem Stäbchen verbunden, sodaß es einen Winkel zu demselben von etwa 150 resp. 30 Grad behalten muß. Nun hält man das eine und dann das andere Stäbchen in möglichst großer Höhe senkrecht und läßt es plötzlich fallen. Das eine fällt senkrecht, das andre schräge und zwar nach der Seite hin, wohin das Papier zeigt. — Einen ähnlichen Versuch, der leichter Erfolg hat, kann man anstellen, indem man einem spitz zugeschnittenen Brettchen, das am andern Ende ein schräge gestelltes Steuer trägt, auf dem Wasser einen geraden Stoß gibt. Dies erläutert allerdings mehr das Schwimmen; dann muß Fliegen und Schwimmen parallel gestellt werden. — Vor allem aber: Ausnutzung der Versuche! Welches ist der Vogel? 2c. Was zeigt der Versuch? Was wird vom Vogelflug erläutert?

scharfen Krallen versehen. Mittels derselben können sie sich an rauhen Mauern und Balken anklammern, wie wir es wahrnehmen können, wenn sie mit Nesterbau beschäftigt sind. — Wodurch unterscheiden sich ihre Füße von denen der Ente? Was kann sie deshalb nicht? Für welche Bewegungen aber paßt ihre Organisation? Inwiefern? (Wiederholung). Wenn wir die Ente einen Wasservogel nennen — welche Bezeichnung würde für die Schwalbe passend sein? Warum? Inwiefern passen Aufenthalt, Bewegung und Einrichtung zueinander?

2. Die Ernährung und entsprechende Organe.

a) Nahrung. Hat jemand von euch gesehen, wenn die Schwalbe Nahrung zu sich nimmt? Schwerlich. Auf der Erde sehen wir sie äußerst selten. Sperlinge sehen wir häufig in Wegen und bei den Häusern Brot, Kartoffeln, Körner aufpicken; die Schwalben fliegen ruhig vorüber. Von der Erde wird sie ihre Nahrung also nicht aufsammeln. Aber wovon lebt sie denn? Ja, wenn wir von einer Schwalbe den Mageninhalt untersuchen könnten (was bei Gelegenheit zu tun ist), wie bei einer geschlachteten Henne oder Ente, so würden wir die Frage nach der Nahrung der Schwalbe leicht beantworten können. Ich will euch erzählen, was ich gesehen habe, dann könnt ihr sagen, was daraus zu schließen ist (NB. Beides muß scharf geschieden werden!). An einem stürmischen Sommertage ging ich in der Nähe des Ostseestrandes spazieren. Links von dem Wege, an der Wasserseite, stand einiges Gebüsch, rechts am Wege standen Eichbäume von 20—30 cm Stärke. Gewöhnlich wird man auf diesem Wege von zahllosen Mückenschwärmen belästigt; ja manche Menschen, die sich nur eine Nacht in der Nähe des Wassers aufhalten, werden vollständig bunt von Mückenstichen. Heute war nicht eine einzige Mücke wahrzunehmen. Warum wohl nicht? Der Wind kam links von der Wasserseite und ich hatte stellenweise Mühe, mich selbst zu halten. Die Schwalben aber (— es waren wohl Uferschwalben —) schnitten glatt ihre Bahn durch die sturmbewegte Luft, aber merkwürdigerweise nicht im Wege, wie sie es sonst wohl pflegten, sondern rechts hinter den Bäumen längs, und bald verschwand hier eine, bald dort eine. Wo blieben sie? Ich trat rechts aus dem Wege und sah an allen Bäumen der Reihe, so weit ich sehen konnte, eine Anzahl Schwalben — also an der gegen den Wind geschützten Seite — die Köpfe bewegten sich bald rechts, bald links, bald suchte eine einen höhern, bald einen niedrigern Platz. Was machten sie dort? Der Sturm hinderte sie in ihrem Fluge doch nicht! Wahrnehmen konnte ich weiter nichts, denn wenn ich nahe kam, flogen sie weg. Aber an der rauhen Rinde des Baumes (an der windgeschützten Seite) entdeckte ich eine zahllose Menge Mücken. Wo „spielen" die Mücken sonst gerne? Warum hatten sie sich wohl an dieser Seite der Bäume niedergelassen? Was mag die Schwalben veranlaßt haben, sich an diese Bäume und an diese Seite derselben anzuklammern? Weshalb haben sie wohl die eben bezeichneten Bewegungen ausgeführt?*) Hiernach, und da man die Schwalbe nie Körner oder dergleichen von der Erde aufpicken sieht, nehmen wir als ausgemacht an, daß sie Mücken als Nahrung sucht, aber natürlich nicht allein Mücken, sondern auch ähnliche fliegende Kerftiere oder Insekten und andere kleine Tiere. Und wie erlangt sie dieselben? Nun, von Baumstämmen wird sie wohl nur in besonders günstigen Fällen ihre

---

*) Vgl. dagegen Brehm!

Nahrung ableſen und von der Erde ſammelt ſie dieſelbe auch nicht. Sie muß ſie alſo im Fluge erhaſchen. Nun können wir uns denken, weshalb ſie über der Teichoberfläche in raſchem Fluge hin= und herſegelt und oft plötzliche Wen= dungen macht; was findet ſie dort? Welche Beute erhaſcht ſie wohl, wenn ſie bisweilen dicht vor den Fenſtern und an der Mauer entlang flattert? Aber auf den Landwegen? Gehen wir auf einem geſchützten Landwege mit aufmerkſamer Beobach= tung des Bodens fort, ſo wird es uns nicht entgehen, daß von der Erde Schwärme kleiner Inſekten aufgejagt werden, die etwa $1/2$—1 m weiter ſich wieder niederlaſſen.

b) **Werkzeuge zur Ernährung.** Um dieſe kleinen Tierchen zu erkennen, bedarf es unſerer ganzen Aufmerkſamkeit. Die Schwalbe muß ihre Beute ſchon aus größerer Entfernung wahrnehmen, weil ſie dieſelbe im Fluge ergreift. Folg= lich muß ſie ein ſehr gutes Auge haben. Ferner muß ſie aber geſchickt im Er= greifen ſein. Die Form des Schnabels kommt ihr hierbei zu ſtatten. Er iſt wenig mehr als $1/2$ cm lang, jedoch ſehr tief eingeſchnitten. An der Spitze iſt er dünn und überhaupt ſchwach — viel zu beißen braucht er ja auch nicht — aber er verbreitet ſich ſehr ſchnell, ſodaß der Unterſchnabel faſt den Umriß eines gleichſeitigen Dreiecks zeigt. Dementſprechend iſt der Mund am Grunde faſt 1 cm weit, und ebenſo weit kann der Schnabel geöffnet werden. Das iſt für ein ſo kleines Tier ein gewaltig großer Mund. Aber die Schwalbe muß ihn ſo groß haben, weil ſie ſonſt zu häufig fehlgreifen würde und hungern oder gar verhungern müßte. Hungern muß ſie ohnehin wohl oft, denn da ſie den ganzen Tag arbeitet — was meine ich? — muß ſie auch eine entſprechende Menge Nahrung zu ſich nehmen; und wenn dann nebliges oder überhaupt ſchlechtes Wetter eintritt, ſo beginnt für ſie die Zeit der Not. Warum? Sie ſoll übrigens lange hungern können.*)

3. **Ihre Häuslichkeit.** Die Schwalben bauen ihre Neſter an und in den Häuſern der Menſchen, und zwar gerne derart, daß über den Neſtern ein Balken, ein Brett, ein Geſimſe oder dergl. eine Decke bildet. Selbſt auf den „großen räucherigen Dielen" norddeutſcher Bauerhäuſer (welche keine Schornſteine haben) baut ſie ſich unbekümmert um den Rauch an: daher der Name „Rauch= ſchwalbe". Sie ſoll auch in Schornſteinen ihr Neſt anlegen. (Vgl. Anm. im Anfang von „Schwalbe" S. 75). Dasſelbe iſt aus lauter Klümpchen von lehm= artiger Erde zuſammengeſetzt. Wo holen ſie die wohl her? Auf welche Weiſe bringen ſie dieſelbe? Die Erde wird mit dem klebrigen Speichel angefeuchtet,

---

*⁶) Wie ſchnell ein ſolches Tierchen ſich erholen kann, davon zeugt folgender Vorfall. Auf meinen Bodenraum hatte ſich eine (Turm=)Schwalbe verirrt. Sie war, als ſie gefunden wurde, ſo matt, daß ſie, auf dem Boden liegend, nur kaum noch mit den Flügeln flatterte. Im Garten tauchte ich ihren Schnabel in eine Schüſſel mit Waſſer; ſie nahm jedoch keinen Tropfen. Nun wurde ihr der Schnabel aufgeſperrt und mittelſt eines Stäbchens ein Tropfen Waſſer hineingebracht; ſie ſchluckte ihn weg; noch einige Tropfen mehr erhielt ſie, und binnen 5 Minuten hatte ſie ſich ſo weit erholt, daß ſie ſich aus der flachen Hand aufnahm und davonflog.

wodurch sie ihre Bindekraft erhält, auf dem Schnabel nach dem Bauplatz getragen und hier, indem die Schwalbe sich mit den Füßen festklammert, angeklaubt. Die Grundlage wird gewöhnlich etwas breiter gemacht, als für die Dicke des Nestes erforderlich ist, und das ist ja auch ganz richtig; denn die Nestmasse klebt doch besser an und in sich selbst als an Holz, Stein oder dergleichen. Die verschiedenen Nester haben dieselbe Größe und im ganzen auch dieselbe Form, letzteres, soweit die Örtlichkeiten für zwei Nester gleich sind. Ist das Nest soweit fortgeschritten, daß die Schwalbe sich darauf setzen kann, so wird die Wand von innen herausgemauert. Daraus können wir uns wenigstens den Umstand erklären, daß alle Nester nach außen halbkreisförmig sind; denn wenn die Schwalbe in der Mitte sitzt und von hier aus baut, so kann sie in einem Halbkreis von ihrem Mittelpunkt aus herumreichen, und da alle Schwalben (derselben Art) von gleicher Größe sind, müssen die Nester ferner gleich groß werden.*) Ist das Haus fertig, so wird es mit weichen Stoffen, mit Haaren, Federn ꝛc. ausgepolstert, und dann werden Eier hineingelegt, die 12—17 Tage bebrütet werden. (Welche Farbe haben die Eier?) Die Jungen werden von den Alten fleißig gefüttert. Sobald eine alte Schwalbe sich in der Nähe des Nestes zeigt, sperren die Kleinen ihre großen, gelben Mäuler weit auf, und die Alten packen ihnen die Nahrung bis tief hinten in den Rachen. Alle schreien und sperren die Schnäbel auf — und doch erhält nur eins Futter. Wie erkennen die Alten dasjenige, das an der Reihe ist? Am Ton? Das wäre ja das Wahrscheinlichste. Ich weiß es aber nicht und ihr könnt genau beobachten, ob ihr bestimmte Zeichen finden könnt! Wenn die Jungen größer geworden sind, stellen sie Flugübungen an (wie du, als du klein warst, Gehübungen anstelltest); die Alten füttern sie aber noch und zwar (auch) im Fliegen.

Die Jungen sind daran, daß die seitlichen Schwanzfedern noch nicht ihre volle Länge erreicht haben, leicht zu erkennen. Wenn die Alten kommen, fliegen sie etwas senkrecht empor — die Jungen ihnen entgegen und erhalten das Futter in den Schnabel. Doch auch wenn die Jungen sitzen — auf Baumzweigen, Telegraphendrähten — werden sie von den Alten, letztere fliegend, gefüttert. Was für eine Menge von Kerfen muß eine Schwalbenfamilie mit 5 Jungen verzehren! Mehrmals in einer Minute wurde den Jungen Beute gebracht. — Anfangs werden sie abends noch mit ins Nest genommen, wo dann oftmals Streit entsteht; denn nach und nach bietet dasselbe nicht mehr Raum

---

*) Jedenfalls die Hausschwalben leisten einander beim Nestbau Hilfe, mindestens insofern, als fremde Schwalben den Hausbau bewachen. Ein Schwalbenpaar baute das Nest. Das Paar flog ab und zu und brachte Baustoff, während welcher Zeit eine (oder zwei) andere einen Kreis von 12 m bis 20 m Durchmesser beschrieb, an dem Nest vorbeikam und, wenn eins von dem bauenden Paar zugegen war, hinter demselben flatternd, ein paar Töne mit ihm wechselte und dann weiterflog. Daß diese eine nicht zu dem bauenden Paare gehörte, wurde aus dem Umstand klar, daß, während die eine Schwalbe noch mit Zurechtlegen des Materials beschäftigt war, eine andere mit Baustoff ankam.

für die ganze Familie. Später suchen die Schwalben am liebsten auf Zweigen, die sich nahe über der Oberfläche des Teiches befinden, einen sichern Ruheplatz für die Nacht. Wie können sie sich im Schlafe auf diesen schwanken Zweigen halten? An einem toten Vogel können wir zeigen, wie die Krallen sich krümmen, wenn das Bein gegen den Bauch des Vogels gedrückt wird. Wenn nun die Schwalbe auf einem Zweige niederhockt, so umklammern die Zehen ohne weiteres Zutun des Vogels von selbst den Zweig und halten denselben fest, solange das Gewicht des Vogelkörpers die Beine gekrümmt erhält. Erst wenn er die Beine ausstreckt, können die Zehen den Zweig loslassen. — Die Einrichtung, welche dies ermöglicht, ist sehr einfach. Ihr habt die weiße Sehne in einem Hühnerfuß gesehen, die, wenn sie angezogen wird, die Zehen krümmt. Diese Sehne reicht nun noch über das Fersengelenk der Schwalbe hinüber bis ans folgende Glied (Schienbein — Unterschenkel). Bei der Biegung des Fußes springt die Ferse nach hinten etwas vor und spannt die Sehne an, die alsdann die Zehen anzieht.*)

Im Herbste scharen die Schwalben sich zusammen. Dann sehen wir sie in großer Menge auf der Firste eines Daches, auf dem Telegraphendraht und dgl. Gegenständen sitzen. Bald fliegt die ganze Schar mit vielstimmigem Gezwitscher auf, fliegt umher und nimmt bald den alten Platz wieder ein. „Sie halten Schule", wird vom Volksmund gesagt — richtiger ist wohl, daß sie sich hier zur Abreise sammeln und durch zeitweiliges Auffliegen den Nachzüglern ein Zeichen geben. Gegen Abend verbergen sie sich in dem Röhricht des Teiches, und bald nach Sonnenuntergang erhebt sich das ganze Heer und wandert südlichen Gegenden zu, bis ins Innere Afrikas. Dort leben sie, während bei uns Schnee und Eis die Herrschaft des Winters kennzeichnen, als Gäste, bis der freundliche Frühling ihnen die Heimkehr in die Heimat gestattet. Hier beziehen die Alten ihr altes Nest wieder und die Jungen bauen sich erst eins, meist in der Nähe von schon vorhandenen. Wo also haben sie ihre Heimat? **Die Schwalben sind Zugvögel**, die während des Winters sich einen wärmeren Aufenthaltsort suchen. Diese Winterreise ist durchaus zu ihrer Erhaltung erforderlich, ist erhaltungsgemäß; denn würden sie hier bleiben, so würden sie wahrscheinlich der Kälte und jedenfalls dem Hunger (warum?) erliegen. Daß sie im Teichschlamm sollten einen Winterschlaf halten, wird von namhaften Naturforschern bezweifelt, „und ihr würdet solchen Leuten also einen großen Dienst erweisen, wenn ihr mir zur Winterszeit einmal eine im Schlamm gefundene lebendige Schwalbe bringen könntet." Immerhin würde eine solche nur eine Ausnahme machen**), und ihre Überwinterung im Morast (auch Fledermäuse, Frösche u. a. halten ja einen

---

*8) Veranschaulicht durch eine Skizze an der Tafel. Ferner schneide man einen grünen Stock von etwa 5—8 mm Dicke durch einen Querschnitt ein und knicke ihn dann. Über die Bruchstelle werde ein Bindfaden in einer kleinen Rille entlang geführt; derselbe wird an dem einen Ende des Stocks sicher befestigt (= Sehne). Biegt man den Stock, so wird das andre Ende des Fadens verkürzt. Ein Papierstückchen macht es sichtbar.

**9) Am 23. April 1888 fand sich auf Knoop eine einzige Schwalbe (Rauchschwalbe) ein; die übrigen Schwalben erschienen viel später. Woher

Winterschlaf) würde dem denkenden Menschen kaum rätselhafter erscheinen als die Tatsache, daß, nachdem die Schwalben vom September bis März in einem viele hundert Meilen weit entfernten Lande zugebracht haben, sie doch ihr Heimatland, ihr Heimatdorf, ihr eignes Nest wiederfinden. Und wenn ihre Reise auch für das ganze Schwalbengeschlecht zu dessen Erhaltung notwendig ist, so fragt es sich doch noch, woher die einzelne Schwalbe nun weiß, wann ihre Reisezeit gekommen ist. Mangel an Nahrung vertreibt sie im September schwerlich; denn es ist alsdann durchweg mehr Beute für sie vorhanden als Anfang oder Mitte April, wo sie gewöhnlich schon heimkehren. Ebensowenig kann die Kälte sie schon verjagen. Wir wissen es bis jetzt nicht. Doch liegt die Vermutung mir nahe,*) daß, wie die sinkende Tagessonne sie mahnt, ihr Nest zu suchen und zu ruhen, bis die aufgehende Sonne, und gewiß nicht stets der Hunger, sie zu neuem fröhlichen Leben weckt: so mag die niedriger sinkende Jahressonne die Wanderlust rege machen, nachdem das Geschäft des Sommers, das Brüten, besorgt ist, und in den südlichen Breiten wird dieselbe Sonne und die „Luft" zum Brüten (eigentlich die Entwicklung — vgl. die zunehmende Röte des Kammes der Hühner, wenn sie anfangen wollen zu legen!) sie veranlassen, in ihr Jugendland zurückzukehren — neues Leben erwacht in ihnen. Und wie finden Sie ihren Weg? Wenn sie hoch oben in der Luft dahinziehen, so liegt die Erde unter ihnen wie eine Landkarte, aber ohne Ländergrenzen, und wie du dich auf einer derartigen Karte zurecht findest nach dem Lauf der Flüsse, die du kennst, so folgen die Zugvögel auch dem Laufe der größern Gewässer. Warum sollte in den ältern Schwalben das Bild der Landschaft, das sie auf ihrer Jugendreise sahen, nicht wieder aufgefrischt werden können, ganz ähnlich, wie in einem (10—16jährigen) Menschen, wenn er nach vielen Jahren den Ort seiner jüngsten Kindheit besucht, Erinnerungen aus jener Zeit auftauchen?**

diese? Sie kann den Scharen natürlich vorausgeeilt sein. Die andern Schwalben stellten sich am 2. Mai ein.

*10) Der Unterschied zwischen „wissen" und „denken" oder „meinen" ist im Unterricht sehr zu betonen.

**11) Gehören diese Erörterungen in die Schule? So mag mancher fragen. Zunächst bedenke man, daß ich diese Arbeit nicht den Kindern in die Hand gebe, sondern sie für Lehrer abfasse, und ferner, daß der Lehrer nicht etwa nach diesem Buche unterrichten soll, in dem Sinne, daß er den hier gebotenen Stoff in der Schule nur wieder von sich zu geben habe. Endlich aber, und das ist meine positive Antwort auf obige Frage — diese Erörterungen gehören erst recht in die Schule, wenn die Fassungskraft der Schüler nur den gebotenen Stoff zu bewältigen vermag; denn sie berühren Fragen, die dem Volksbewußtsein unendlich viel näher liegen als viele andere Sachen, die gelernt und — wieder vergessen werden, weil sie nicht dauerndes Interesse erwecken. — Aus ähnlichem Grunde, weil nämlich die Schwalbe dem Volke ein lieber Hausfreund ist — vgl. u. a. das Lied von Rückert: „Aus der Jugendzeit"; ein Haus, in dem die Schwalbe wohnt, ist gegen den Blitz geschützt — genießt sie auch in diesen Betrachtungen eine besondere Berücksichtigung.

5. **Die Schwalbe in ihrer Beziehung zu andern Wesen.** Die Schwalbe ist nur ein zeitweiliger Besucher des Teiches, weil sie, wie an andern Stellen, auch hier ihre Nahrung sucht. Auf das Leben im Teich übt sie verhältnismäßig wenig Einwirkung; denn wenn sie auch Tausende von Schnaken oder Stechmücken verschlingt, so bleiben immerhin deren noch genug übrig, daß man die Verringerung ihrer Zahl nicht erkennt. Sie selbst wird kaum von Raubtieren erhascht — weshalb nicht? Aber würde sie uns Menschen nicht fehlen, wenn wir gewohnt sind, sie über unsern Teich gewandten Fluges hinstreichen zu sehen und sie plötzlich vermissen müßten? Denn in fast ganz Europa, mit Ausnahme des höchsten Nordens, findet sie sich, hat dem Menschen sich angeschlossen und wird von ihm als Hausfreund behandelt; nur die Bewohner Italiens machen in dieser Beziehung eine nicht rühmenswerte Ausnahme, indem sie alles, was vogelartig ist, zu fangen suchen, um — es zu verspeisen! In Deutschland ist es gottlob anders. Wer könnte es übers Herz bringen, eine Schwalbe zu töten? Welchen deutschen Knaben empört es nicht, wenn der freche Spatz unserm Einmieter seine Wohnung geraubt hat? Nehmen doch die Bauern Fensterscheiben aus, um den Schwalben, die oft früher aufstehen, als selbst der Bauer, die Aus- und Einfahrt auch bei geschlossenen Türen zu ermöglichen. Und wie zutraulich gucken sie aus ihrem Neste herab auf den nahe vorbeigehenden Menschen! Ob es ihnen weh wird, wenn sie fortziehen, und wie sehr ihre Brust von Freude geschwellt ist, wenn sie in der Heimat wieder anlangen — das wissen wir nicht; aber wenn sie nach ihrer Wiederkunft mit fröhlichem Gezwitscher vom Dach herunter sich melden, so erfüllen sie das Herz eines jeden Freundes mit hoffnungsvoller Frühlingsahnung, und wenn in unserer Meierei, in unserm Kuhstall ein Paar sich auf der Rückreise verspätet hat, so sind Magd und Knecht in Sorge, daß ihm könnte ein Leid widerfahren sein.

Wenn nun die Schwalbe so, trotz einiger Unzuträglichkeiten, vom Menschen gehegt oder gehätschelt wird, wenn die Jungen von klein auf an das laute Treiben auf einer Kegelbahn, an den harten Knall der Peitsche, überhaupt an das Tun und Treiben der Menschen gewöhnt werden, so kann es uns nicht wundern, daß die Schwalben überhaupt sich dem Menschen anschließen*). In frühester Zeit, als die Menschen noch nicht massive Wohnungen hatten, haben die Schwalben, wie sie es noch heutzutage in unbewohnten Gegenden tun, sich an schroff abfallenden Felswänden ansiedeln müssen. Erst nach und nach konnten sie Freunde des Menschen werden. Unser geistiges Auge sieht hier ein Beispiel, wie das innere Wesen des Vogels sich ändern kann und damit zusammenhängend die Äußerungen desselben; denn die Bauplätze an menschlichen Wohnungen waren doch andere, als die, welche die Natur ihnen bot oder bietet. Die Natur des Vogels — der Schwalbe — ändert sich, wie sich die Umstände ändern, kurz, die Schwalbe bequemt sich den Verhältnissen an. (Ente S. 60.)

---

*¹²) Im Frühjahr 1884 kam dreimal ein Star in das offenstehende Fenster meines Korridors, setzte sich einmal auf eine ausgespannte Leine und sonst auf einen großen Oleander, ließ sich aber nicht durch vorübergehende Menschen beirren. Und der Star ist doch sonst recht scheu. Sollte da nicht eine Jugenderinnerung ihn geleitet haben?

Denken wir schließlich daran, daß die Schwalbe ein Vogel ist, so ist klar, daß sie viele Ähnlichkeit mit der Ente haben muß. Aber sie unterscheidet sich von derselben

1. in Rücksicht auf ihren Aufenthalt. Wie?
2. in Rücksicht auf ihre Bewegungen und die entsprechenden Organe. Welche?
3. in Rücksicht ihrer Ernährungsweise. Wovon lebt sie? Welche Organe werden benutzt?
4. in Rücksicht ihrer (Vermehrung oder) Fortpflanzung. Welcher Vogel baut am sorgfältigsten sein Nest? Welcher sorgt am meisten für seine Jungen? Welcher also nähert sich in dieser Fürsorge am meisten dem Menschen? Für welchen paßt wohl der Name Nesthocker oder der andere Nestflüchter? Kennt ihr mehr Nesthocker? mehr Nestflüchter? (Haben wir hier verschiedene Schwalben? Wodurch unterscheiden sich dieselben nach den vorhin angedeuteten Gesichtspunkten?)

In ähnlicher Weise, wie die Schwalbe, könnte man als Besucher des Teichs kurz

den Storch

behandeln, jedoch mit Rücksicht auf das veränderte Interesse der Kinder nach einer etwas andern Disposition.

1. Aufenthalt, Farbe und Körperteile. Was wißt ihr von dem Storch (aus eigener Beobachtung!)?
2. Bewegungen und Nahrung. Wie schreitet er? Warum ist das ganz richtig? Warum steht er bisweilen ganz still und schaut sich um? Wie kann er es aushalten, so lange auf einem Bein zu stehen? Wozu ist die Länge der Beine, des Halses, des Schnabels ihm dienlich? Wie verfährt er, wenn er auffliegen will? Warum? Was nimmst du wahr, wenn er vielleicht nahe über deinem Kopfe hinfliegt? Woher kommt das? Wie hält er die langen Beine im Fliegen? Was würde der Fall sein, wenn er sie gerade hinunterstreckte? Wozu dienen sie jetzt? Welches Flugwerkzeug der Schwalbe müssen sie also teilweise ersetzen? Wie ist dasselbe beim Storch?
3. Seine Häuslichkeit. Woraus baut er sein Nest? Was muß er vorfinden, wenn er ein neues Nest bauen will? Wo muß er in der Vorzeit gebaut haben? Kämpfe bei der Rückkunft gegen Nesträuber. Geklapper — wann? Ausbesserung des Nestes — wodurch? Sperlingsnester im Storchnest. Bezahlt der Storch Miete? (Im Volksmunde: ein Jahr eine Feder, dann im nächsten ein Ei — später ein Junges. Erklärung: Falsche Deutung von Tatsachen durch Lebhaftigkeit des Interesses für den Storch.) Füttern der Jungen — Flugübungen derselben zunächst auf dem Dachfirste usw. Sammeln — Abzug.
4. Der Storch als Glied in Gemeinschaften. Weshalb wird er wohl von Menschen geschont? Verdient er diese Schonung so ganz und gar (frage Jäger!*)? Volkssagen, die das Interesse des Volks für den Storch ausdrücken.

---

*¹) Das Urteil ist verschieden. Nach zuverlässigen Beobachtungen sollen neben Lurchen und Kriechtieren die Mäuse hauptsächlich seine Nahrung sein. — Ende

— 88 —

Zurückführung auf Tatsachen (wenn möglich). Welcher Zusammenhang findet statt zwischen Ausbreitung (Zunahme) der Drainage und Verminderung der Anzahl Störche in jener Gegend? Vergleich mit der Ente in Rücksicht auf die Körperteile. Womit hängt der Unterschied zwischen beiden zusammen? Ähnliche Zusammenstellung mit der Schwalbe. Was für ein Vogel ist die Ente? die Schwalbe? der Storch? Kennst du ähnliche Vögel, wie den Storch? (Woran kann man einen fliegenden Reiher von einem fliegenden Storch unterscheiden?). — Wiederholung nach dem Gesetz der Erhaltungsmäßigkeit. Wo zeigt sich das Gesetz der Anbequemung?

---

6. Der grüne Wasserfrosch (Rana esculenta).

1. **Aufenthalt und Bewegung.**

a) Wir nähern uns von der Wiese aus dem Teichufer. Da hüpft in 1—1½ m langen Sätzen ein Frosch vor uns her. Sieh, auf den Hinterbeinen hockt er nieder, indem er Ober-, Unterschenkel und Fuß nach Art des Metermaßes eines Tischlers zusammenklappt und sich auf den seitwärts gestellten Vorderbeinen stützt. Plötzlich dehnt er die Hinterbeine mit großer Kraft zu ihrer ganzen Länge aus — sie sind länger als der übrige Froschkörper — und der ganze Körper wird fortgeschnellt; beim Niederfallen dienen die Vorderbeine wieder als Stützen, sonst würde er ja auf den flachen Leib fallen und sich innerlich beschädigen. So arbeitet er fort, bis er mit einem Plumps ins Wasser

Fig. 15.
R. esculenta, hinter dem Auge als kreisrunder Fleck das Ohr sichtbar;
aus Brehms Tierleben.

Juli 1886 sah ich, wie 4—5 Störche einem Pflüger auf einem Felde folgten und auf dem gepflügten Lande offenbar etwas suchten. Sammelten sie Mäuse? Engerlinge? Würmer? Käfer? Genaues wahrzunehmen gestattete mir die Entfernung nicht. In der Kremper-Marsch suchten die Bauern den Storch zum Anbau zu veranlassen — er sollte die Mäuse wegfangen. In der Tondernschen Marsch schießt man die Störche — da sind Fasanen ausgesetzt.

gelangt*). Und wie macht er's nun hier? Fast genau so wie auf dem Lande: er legt die beiden Vorderbeine gegen den Leib (vgl. die Haltung der Beine des Storchs während des Fliegens!) und stößt kräftig mit den Hinterbeinen hinten aus — er springt im Wasser. Zunächst geht's schräg in die Tiefe (weshalb wohl?). Nach einiger Zeit kommt er wieder empor, rudert einige Augenblicke unter der Oberfläche weiter, aber abwechselnd mit den Füßen stoßend, etwa als wenn er auf dem Lande kriecht. Jetzt (bei warmem Sonnenschein) streckt er behaglich nachlässig die vier Beine von sich und hebt den Kopf aus dem Wasser. Vielleicht, wenn wir ganz ruhig bleiben, erklettert er die schwimmenden Blätter jenes Laichkrautes. Er könnte auch aus dem Wasser sich bis auf jenen Stein oder jenen Steg (20—40 cm hoch) emporschnellen — so kräftig schwimmt er**).

b) Du magst einen Frosch nicht gerne anfassen? Er beißt nicht und ist auch nicht giftig. Aber seine Haut ist schlüpfrig von Schleim und er ist so kalt anzufühlen. Gewiß. Woher kommt dies letztere? Vom Wasser? Dann müßte er wärmer sein, wenn er im Glashafen im Sonnenschein gestanden hat. Er bleibt eben so kalt wie vorhin. Die Ente wird auf dem eisigkalten Wasser nicht kalt — der Frosch wird im warmen Wasser nicht warm. Das muß in ihrer inneren Einrichtung begründet sein. Die Frösche haben, wie wir sagen, kaltes Blut. Aber ist er kalt wie Eiswasser, oder wie Eis? Wenn du diesen Frosch in der Hand nach Hause trägst, so ist es doch anders, als wenn du ein Stück Eis trägst: vom Frosch wird deine Hand nicht frieren, wie vom Eis. Der Frosch hat kaltes Blut, will nicht mehr sagen als: sein Blut ist kälter als das unserige. Tauche deine Hand einmal im Sommer und einmal im Winter in frisches Quellwasser (draußen!). Wann ist das Wasser am kältesten oder wärmsten? Und doch zeigt das Thermometer an, daß es im Winter keine Spur wärmer ist als im Sommer. Wir täuschen uns, weil unsere Hand im Winter vielleicht kälter ist, und wir meinen, das Wasser sei wärmer; oder auch beruht die Täuschung auf der Tatsache, daß im Winter das Teichwasser z. B. kälter ist als das Quellwasser. Auf ähnlicher Täuschung beruht es, wenn wir dem Frosche eiskaltes Blut zuschreiben.

Wenn wir den Frosch im Glashafen mit Muße betrachten, so erkennen wir seine Farbe als olivengrün (die zu Zeiten mehr grasgrün werden kann). Die Mitte des Rückens entlang geht ein hellgrüner (oder gelber) Strich und zu beiden Seiten ein brauner (oder braungelber). Die ganze Oberfläche, auch die weiße Unterseite, ist mit schwarzen Flecken gemustert, und von der Schulter nach dem Munde reicht ein schwarzer Strich.

---

*1) Nötigenfalls muß man einen gefangenen Frosch vor den Augen der Kinder in Freiheit setzen, damit sie diese Bewegungen beobachten können. Genauere Wahrnehmungen muß man überhaupt an einem Gefangenen machen.

**2) Zur genaueren Beobachtung nehmen wir einen Frosch mit nach der Schule und bewahren ihn in einem geräumigen Glashafen aus weißem Glase auf, den wir etwa 8—10 cm hoch mit Wasser angefüllt und auf dessen Grund wir ein aus dem Wasser hervorragendes Stück Ziegelstein gelegt haben. Damit er nicht entweiche, kann der Glashafen teilweise mit einer beschwerten Glasplatte bedeckt werden.

Betrachten wir die Beine, so ist uns augenblicklich klar, wie sie so recht fürs Schwimmen geeignet sind. Zeigt den Fuß, Unter- und Oberschenkel. Durch die außerordentliche Entwicklung der Zehen an den Hinterfüßen überragen diese an Länge den Unterschenkel. Zwischen den langen Zehen befindet sich die Schwimmhaut, deren Größe dem Wasser gestattet, mächtigen Widerstand zu leisten. Daß die Sprung- oder Schwimmbewegungen äußerst kräftig sein müssen, erhellt aus der Stärke der Unter- und besonders der Oberschenkel. Wie sollte sonst auch ein Tier von etwa 10 cm Länge 1—1$^1/_2$ m weit, also 10—15 mal seine Länge abspringen können! Wie weit müßtest du nach gleichem Verhältnis springen können? — Krallen oder Nägel sind an den Zehen nicht wahrzunehmen, auch nicht an den schwimmhautlosen Vorderfüßen; er wird dieselben also zum Festhalten (oder Ergreifen der Nahrung) nicht nötig haben. Aber die Enden der Zehen lassen knotenartige Verdickungen von durchscheinend grauer Färbung erkennen, wie wir sie ähnlich beim Laubfrosch beobachten können. Wozu benutzt dieser sie? Wozu können sie unserm Frosch dienen? Zu beobachten, wie er klettert!

2. **Nahrung und Ernährungsorgane.**

a) Wenn der Frosch sich so teils im Wasser, teils in der Nähe desselben aufhält, so wird er hier seine Nahrung finden. Worin mag dieselbe bestehen? Bei einem in der Freiheit lebenden Frosch findet man wohl selten Gelegenheit, ihn bei seiner Mahlzeit zu beobachten. Legen wir unserm Gefangenen Brot, Fleisch, kleine Tiere vor — er läßt alles ruhig liegen. Bringen wir aber lebende Mücken, Fliegen, Spinnen in seinen Behälter, so faßt er sie bald ins Auge und — im Nu hat er sie verschlungen. Seine Nahrung sind also lebende, sich bewegende Tiere. Bringen wir eine kleine graue Gartenschnecke in den Behälter! Tagelang kann sie sich am Glase aufhalten, aber der Frosch läßt sie ungeschoren. Wird dagegen eine getötete Fliege an einem Stäbchen vor ihm bewegt, so hat er sie im nächsten Augenblicke verschlungen. Also vor allen Dingen auf Bewegung seiner Beute kommt es ihm an — wahrscheinlich wird erst dadurch seine Aufmerksamkeit erregt. Auf dieselbe Weise kann man ihn auch mit Ameiseneiern füttern. Welche Ähnlichkeit in der Ernährungsweise der Schwalbe und des Frosches ist vorhanden? Welche Ähnlichkeit finden wir in der Mundeinrichtung? Auch des Frosches Mund ist sehr groß — warum ist ihm das dienlich?

b) Bei unsern Fütterungsversuchen wird es uns nicht entgangen sein, daß beim Sprung nach einer Beute sich etwas Rotes vor dem Munde zeigte. Das kann nichts andres als die Zunge gewesen sein, die der Frosch herausgeschnellt hat zur Erlangung der Beute. Öfter springt er garnicht direkt auf und bis an die Beute, und doch fällt sie ihm zu; ja Fliegen, die seitwärts, aber in der Nähe des Kopfes, auf dem Wasser krabbelten, verschlang er mit einer halben Wendung des Kopfes. Sollte er dieselben mit der Zunge (die, wenn sie etwa einen glatten Bleistift oder den Finger berührt, allerdings klebrig erscheint) heranholen — die reicht ja oft nicht so weit; er wird mittelst derselben einen Luftstrom erzeugen, welcher das Kerftier in den Mund führt. Bisweilen greift der Frosch übrigens auch mit beiden Kiefern zu; er biß mehrmals auf den Futterstock und hielt tapfer fest. — Doch an diesem Spirituspräparat können wir sehr gut den Mund und die Zunge untersuchen. Das arme Tier fand ich auf der Straße, wo es offenbar von dummen (warum?) und gefühllosen Menschen getötet war, denn aus dieser Wunde auf dem Rücken floß noch das rote Blut. Der Mund ist offen und ihr fühlt in demselben kleine Zähne. Schmerzhaft beißen kann er nicht mit ihnen, wohl aber Gegenstände festhalten. So soll er junge Fische ergreifen und verschlingen, sich an Entenküchlein machen und sie unter Wasser ertränken, obgleich er sie nicht verschlingen kann. Kerbtiere aber jagt er mittelst der Zunge. Diese hat, wie ihr seht, eine Eigentümlichkeit, die wir an andern Zungen nicht kennen. Sie ist vorne an der Spitze fest, aber der hintere Teil der Zunge ist los und kann herausgeklappt werden (zu zeigen!) Also während der Hund im Laufen uns die Zungenspitze zeigt, zeigt der Frosch beim Ergreifen der Beute uns den Teil, der am tiefsten im Munde steckt.

Fig. 16.
Herausgeklappte Zunge des Frosches.
Aus Claus, Lehrbuch der Zoologie.

So ist auch denkbar, daß er mit diesem breiten Organ einen hinlänglich starken Luftstrom, der Spinnen, Mücken, Fliegen u. dgl. selbst von der Seite in den Mund reißt, erzeugen kann.

3. Sinneswerkzeuge.

Von den Sinneswerkzeugen fallen die Augen am allermeisten auf. Sie sitzen als dicke Knoten oben nach der Seite des Kopfes. Mittels derselben nimmt er seine Beute und auch etwaige Feinde wahr. Warum ist die bezeichnete Stellung der Augen hierzu besonders passend? (Den Hals kann er nur wenig bewegen.) Das Auge ist schwarz und hat einen goldgelben (oft etwas punktierten) Augenring. Wenn nun auch die Augen durch ihre hervorragende Stellung zu verschiedenartigen Wahrnehmungen nach verschiedenen Richtungen sehr geeignet erscheinen, so können sie eben in dieser Stellung auch sehr leicht beschädigt werden. Doch gegen diese Gefahr sind Sicherheitsvorkehrungen getroffen. Wenn ihr dieselben noch nicht bemerkt habt, so könnt ihr sie jetzt beobachten, wenn ich das Auge leicht mit einer Federfahne berühre. In demselben Augenblick zieht sich das Auge mehr in den Kopf hinein, indem es zugleich durch eine von unten her über den Augapfel gezogene Haut, die Nickhaut, gegen äußere Einflüsse geschützt wird. — Die Augen achten vor allen Dingen auf bewegte Gegenstände, mögen diese als Beute oder als Feind erscheinen. Wenn in einem Teiche die Frösche recht volltönig ihren Frühlingsgesang erschallen lassen, so werden sie still, sobald wir am Teich erscheinen, tauchen vielleicht gar unter. Verhalten wir uns nun aber ganz still und unbeweglich, so taucht einer nach dem andern wieder auf. Zunächst läßt einer in Zwischenpausen ein paar Töne hören, andre fallen ein und bald ist der Gesang wieder lebhaft, bis wir uns rühren. Wir erkennen aus dieser Beobachtung erstens, daß sie uns aus größerer Ferne sehen, uns auch, wenn wir stillstehen, beobachten, aber nicht fürchten, und ferner, daß sie offenbar auch hören können. Wo liegen die Ohren? Allerdings Ohren, die wir etwa anfassen könnten, suchen wir vergeblich. Aber hinter den Augen bemerken wir einen gelbbraunen kreisförmigen Fleck. Das ist das Ohr. (Fig. 15.) Manche werden sich darüber wundern, so lange sie sich nicht klar gemacht haben, worin das Hören besteht. Ich spanne etwa über einen Gaslampenzylinder eine Tierblase (angefeuchtet) stramm aus. Singe ich, wenn die Blase trocken ist, in das offene Ende hinein, so wird einer, der die Haut mit dem Finger berührt, dieselbe zittern fühlen, vielleicht können alle, wenn ich senkrecht von unten nach oben hineinspreche, Papierstückchen auf der Haut tanzen sehen. Die Haut wird offenbar durch die Luft in dem Zylinder und diese durch mein Singen und Sprechen in Bewegung gesetzt. Die Haut am Kopfe des Frosches, denn der gelbgraue Fleck ist eine solche, ist auch über einen Hohlraum straff gespannt (vielleicht an dem toten Frosch zu zeigen!). Wenn nun ein Laut in der Luft erschallt, so wird die Luft und durch dieselbe diese Haut, das Trommelfell, in Bewegung gesetzt. Diese Bewegung fühlt der Frosch und dieses Fühlen oder Empfinden der Bewegung des Trommelfells nennen wir hören. Wir haben übrigens auch ein solches Trommelfell, aber nicht an der Oberfläche, sondern tiefer im Ohr. Was muß die Folge sein, wenn das Trommelfell zerstört wird? Wodurch können unvernünftige Menschen das ihrige zerstören? — Ob der Frosch riechen kann? Naslöcher hat er — wer hat sie gesehen? Wo? Welche Eigentümlichkeit ist an ihnen bemerkt? Ich habe ihm eine in Petroleum getauchte Feder vorgehalten — er blieb völlig ruhig. Doch dieser eine Versuch entscheidet nichts — warum nicht? — Fühlen kann er aber jedenfalls, wie schon die Berührung des Auges mit einer Feder zeigt, wenn wir nicht ohnehin von der Richtigkeit der Behauptung überzeugt wären. Vor einigen Tagen sah ich Kinder mit einer Gerte auf einen Frosch losschlagen. Was würden sie wohl gesagt haben, wenn ich gegen die Kinder gehandelt hätte, wie sie an dem Frosch? Nein, wenn die Katze mit einer gefangenen Maus spielt, so können wir ihr das nicht verdenken, denn sie weiß nicht, wie weh es der armen Maus tut; wenn aber Menschen zu ihrer Lust Tiere quälen können, so verdienen solche unsere volle Verachtung, weil sie ja nicht wie Menschen handeln.

4. Das Atmen. Zu Zeiten kann der Frosch stundenlang unter Wasser sein, nur der glatte Kopf ragt hervor, der Mund ist auch unter Wasser. Braucht er denn nicht zu atmen? Doch, er wird durch die Nase atmen, wie die Ente, wie wir es auch tun. Seine Naslöcher weiten und verschließen sich. Gleichzeitig sehen wir eine Bewegung der Seiten und auch der Kehle, die sich blasenartig erweitert. Daß die Luft durch die Naslöcher in die Mundhöhle gelangen kann, wie bei uns, könnt ihr daran sehen, daß ich bei diesem toten Frosch ein Pferdehaar durch das Nasloch in die Mundhöhle einführe. Darum sehen wir ihn den Mund nie zum Atmen, nur zum Fang öffnen. Bei uns Menschen weitet sich die Brust während des Einatmens — der Frosch kann nicht ganz so wie wir atmen; denn, wie du fühlen kannst, wenn du ihn anfaßt, ihm fehlen die Rippen. Er schluckt die Luft hinunter (wie wir etwa das Wasser verschlucken) und dann wird der Leib hinter den Vorderfüßen dicker; und wenn die Luft ihre Dienste geleistet hat, gibt er sie wieder von sich und nimmt frische Luft ein. Daher kann er bisweilen sehr dick erscheinen. Wie hat er das wohl gemacht? Welchen Zusammenhang hat dies wohl mit seinem Untertauchen? Wie wird er alsdann seine Naslöcher einrichten? Warum? (Wenn er seinen Winterschlaf hält, findet die Atmung, wie bei dem Blutegel, durch die Haut statt.) Durch die Haut wird 2,5 bis 4,4 mal so viel Kohlensäure, als durch Mund und Nase ausgeschieden.

5. Fortpflanzung und Entwicklung. Der Frosch legt eine Menge Eier, die in Klumpen zusammenhängen. Bereits Ende März können wir gallertartige Klumpen an der Oberfläche das Wassers schwimmen und am Grunde liegen sehen. Nehmen wir von letztern einen Teil mit und bewahren ihn im Wasser, so erhebt er sich auch bald, nachdem die einzelnen gallertartigen Eier größer ge-

worden sind. Wir haben die Eier des braunen Landfrosches, Grasfrosches (R. muta, fusca, temporaria) vor uns. Während die Ende April oder Anfang Mai abgelegten Eier unseres Wasserfrosches am Grunde der Teiche liegen bleiben, steigen jene aufgequellt an die Oberfläche. Wir messen die Temperatur des Wassers an tiefern Stellen und an der Oberfläche. Hier ist es wärmer. Woher? Was ist zum Ausbrüten der Eier (denkt an Schwalbe und Ente) erforderlich? Warum kann der Frosch selbst nicht brüten? Durch welche Wärme müssen die Jungen also ausgebrütet werden? Warum dürfen die Eier nicht am Grunde liegen bleiben? — Sie sind auch durch dunklere Färbung der geringeren Wärmewirkung der Märzsonne angepaßt, während der in dem bereits durchwärmten flachen Wasser abgelegte Laich des Wasserfrosches hellere Färbung zeigt. Das einzelne Ei ist etwa erbsengroß, durchsichtig gallertartig und läßt in der Mitte einen dunkleren Punkt erkennen. 5 bis 7 Tage, nachdem die Eier gelegt sind — je nach der Temperatur — sehen wir die Gallertmasse platzen, und bald windet sich ein längliches, etwa $1\frac{1}{2}$ mm langes Tierchen heraus, das aber durchaus keine Ähnlichkeit mit einem Frosch hat. (Fig. 17 a) Diese Tierchen, Kaulquappen, nähren sich anfangs von den Eihüllen, später können wir sie mit sehr feingeriebenem Brot (Zwieback) füttern.*) Auch Ameiseneier nehmen sie und schaben den grünen Algenbelag von den Glaswänden. So wie die Kaulquappe oder Froschlarve größer wird, können wir ihre Gestalt genauer erkennen. Sie hat einen breiten Kopf, zu beiden Seiten mit Anhängseln; es sind Kiemen, wie die Fische sie haben, zum Atmen. Nach hinten wird der Kopf dünner. Indem die Larven mit dem Hinterkörper oder Schwanzende rechts und links schlagen, bewegen sie sich durch das Wasser dahin. Nach ein paar Wochen (natürlich das Datum notiert!) erscheinen am Hinterkörper ein paar Fußstummel und noch

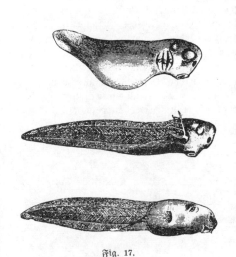

Fig. 17.
Larvenformen des Frosches.

a) Einige Zeit vor dem Ausschlüpfen.
b) Einige Zeit nach dem Ausschlüpfen.
c) Ältere Larve (mit inneren Kiemen und Hornschnabel.)

Bei a und b an der Unterseite des Kopfes Sauggruben zum Anhaften.

(nach Ecker; aus Claus, Lehrbuch der Zoologie.)

---

*3) Es darf aber nicht zu viel auf einmal hineingetan werden, auch muß man das Wasser öfter erneuern und je größer die Larven werden, desto weniger in demselben Gefäß halten — in einem Raum von 1 Liter Inhalt vielleicht 6—8 große Larven! Die ausgeschiedenen Larven, sofern sie ein verschiedenes Entwicklungsstadium veranschaulichen, werden für spätere Zeit in Spiritus aufbewahrt.

— 94 —

später die beiden Vorderfüße. Nach 4 bis 5 Wochen sind die Füße vollständig ausgebildet. Die Kiemen sind verschwunden und nach einer Häutung haben wir einen jungen Frosch vor uns, dessen Körper nicht mehr abgerundete, sondern eckige Gestalt hat und sich vom ausgewachsenen nur durch die Größe und den Schwanz unterscheidet. Dieser beginnt von der Spitze aus zusammenzufallen. Doch geht mit dieser Umwandlung noch leicht $1/4$ Jahr hin. Gegen Ende dieser Periode bringen wir ein paar Steine von solcher Größe in den Behälter, daß sie über die Wasseroberfläche emporragen. Noch wenn die Kaulquappen den Schwanz haben, klettern sie gern auf diese Inseln. Denn nach und nach sind sie den alten Fröschen ähnlicher geworden und müssen Luft atmen wie diese. In der Gefangenschaft pflegt während dieser Periode eine größere Zahl zu sterben — ob auch in der Freiheit? Der ganze Blutumlauf muß ja ein anderer werden! Schließlich verlieren sie den Schwanz, und der junge Frosch ist jetzt ganz wie der alte, natürlich nur kleiner, und er springt ebenso nach Fliegen ꝛc., als wenn er in seinem Leben keine andere Nahrung genossen hätte. Er ist jetzt aber auch ein anderes Tier (inwiefern?) und da kann es uns nicht wundern, wenn er sich anders nährt und überhaupt anders lebt, als früher. Vgl. Kolbenwasserkäfer!

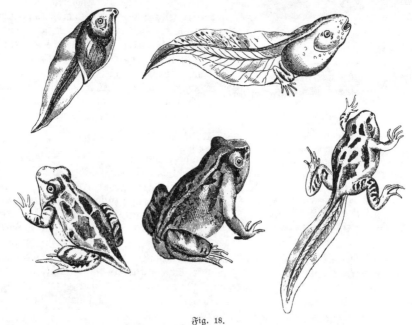

Fig. 18.
Spätere Entwicklungsstadien des Krötenfrosches (Pelobates fuscus).
Aus Claus, Lehrbuch der Zoologie.

Zusammenstellung der Entwicklung des Frosches mit der des Gelbrandes:
1. Beide entwickeln sich aus Eiern, durch Einwirkung der Sonnenwärme.
2. Aus den Eiern entwickeln sich zunächst Larven, die den Alten nicht ähnlich sind.

3. Die Larve des Käfers verwandelt sich in eine Puppe, hält als solche den sogenannten Puppenschlaf. Die fischähnliche Larve des Frosches entwickelt sich auch bald weiter und wird dem Frosche ähnlicher, hält aber nicht einen Puppenschlaf.

4. Die letzte Stufe ist in beiden Fällen das ausgebildete Tier; aber der Käfer wächst nicht mehr, während der Frosch noch mehrere Jahre wächst. Er verliert mehrmals im Jahre seine, übrigens fast spinnengewebefeine Oberhaut — der Käfer häutet sich nicht.

5. **Der Frosch als Glied der Gemeinschaft.**

a) Abhängigkeit. Unser Wasserfrosch lebt nicht nur in ganz Europa, ausgenommen den hohen Norden, sondern auch in Nordwestafrika und in Mittelasien. Für uns „gehört ihre Stimme, ihr Gesang ebensogut zur Frühlingsnacht, wie das Lied der Nachtigall" (Brehm). Wo aber kommen sie im Frühling her, oder wo sind sie während des Winters gewesen? Die Beobachtung an einem gefangenen Frosch, den wir während des Winters in einem kalten Zimmer aufbewahren, kann uns Anhaltspunkte geben. Derselbe kann nämlich lange Zeit am Boden des Wassergefäßes unter Wasser liegen. Er bedarf während dieser Zeit weder der Nahrung noch der Luft. So schlafen die Frösche draußen auch während des Winters am Grunde der Teiche und im Schlamm, wo es nicht gefriert. Dieselbe Frühlingssonne aber, welche Pflanzen aus dem Teichgrunde oder dem Erdboden hervorruft, welche Fliegen und Spinnen aus ihrer Winterstarre weckt, ruft auch den Frosch zu neuem Leben, und wenn sie seinen Tisch denn auch noch nicht sehr reichlich versorgt, so findet er doch sein Auskommen. In Nordafrika hält er gar keinen Winterschlaf — warum nicht? Auch bei uns kürzt er die Zeit seines Winterschlafes je nach der Temperatur ab. Man kann den Frosch schon Anfang März (d. 5.) und auch erst Mitte April treffen.

b) Dienstleistung. So wie er selbst Tiere jagt, so dient sein Laich und er selbst wiederum andern Tieren zur Nahrung. Seine Eier werden von Fischen, z. B. Stichlingen, verzehrt, und er selbst wird von einem großen Heer von Feinden verfolgt. Viele junge Larven fallen Fischen, den Larven der Wasserkäfer (Gelbrand, des pechschwarzen Kolbenwasserkäfers) u. a. zur Beute. Und wenn er nun diesen Fährlichkeiten glücklich entronnen und vollständig entwickelt ist, so wird er auf dem Lande von Raben, Bussarden und anderen Raubvögeln überfallen*). Sucht er im Wasser Sicherheit, so wird er am Strande von Störchen und Kranichen in Empfang genommen, sobald er nur auftaucht; und in tieferm Wasser machen Wasserratten, Fischottern, Hechte auf ihn Jagd. Im Süden, in Südrußland, Italien 2c. stellen auch Menschen ihm nach, um entweder nur die Schenkel oder den ganzen Frosch, nachdem er ausgenommen ist, als nahrhafte und schmackhafte Speise zu verzehren. Und trotz all dieser Nachstellungen werden die Frösche

---

*4) Diese Tiere lassen oft einen Teil der Eingeweide — vermutlich die Eierstöcke — liegen oder würgen dieselben wieder aus. Die Masse quellt unter dem Einfluß der Feuchtigkeit gallertartig auf, sodaß sie fast das Ansehen von Froschlaich gewährt und — das sind die niedergefallenen Sternschnuppen des Volkes.

nicht ausgerottet*)? Seht nur die Menge Eier! Würden die alle große Frösche liefern, so würden diese bald das ganze Land überschwemmen und — an Hunger zugrunde gehen müssen. So sorgt die Natur selbst dafür, daß eine Art von Geschöpfen den andern dienen muß, und diese sorgen wieder dafür, daß jene sich nicht übermäßig vermehren. In einer Gegend, wo viele Frösche sind, siedeln sich auch mehr Störche an; verschwinden die Frösche, so verringert sich auch die Zahl der Störche**).

c) **Verwandtschaft.** Ein anderer Frosch ist bei uns ebenso häufig, stellenweise viel häufiger als der Wasserfrosch. Es ist der braune Landfrosch (Rana muta). Er ist braun und trägt dunkelbraune Flecken. Die Beine sind mehr oder weniger deutlich dunkel geringelt. Er setzt seinen Laich schon Ende März oder Anfang April ab (S. 92. 5.) und hält sich später meistens auf dem Lande auf. Nach einem warmen Regen bevölkern zahllose junge Frösche das Land, sodaß man stellenweise kaum einen Fuß vorsetzen kann, ohne befürchten zu müssen, einen derselben zu zertreten.

Bekannt ist auch der Laubfrosch (Hyla arborea), der nur zur Laichzeit sich dauernd im Wasser aufhält, im übrigen auf Blättern lebt, zu welcher Lebensweise ja auch seine Farbe vortrefflich paßt, wie die braune Farbe des vorhergehenden zu seinem Landaufenthalt und die grüne des Wasserfrosches zum Aufenthalt zwischen Wasserpflanzen. Warum? Auf welche Weise kann der Laubfrosch sich auf den Blättern halten? (Beobachte sein Haften am Gläshafen!)

Mit dem Laich des braunen Landfrosches, der eben auch in Klumpen zusammengeballt ist, finden wir gewöhnlich im Teich auch perlschnurartig aneinander gereihte Laichkugeln. Es ist der Laich der Kröte, die im äußern Ansehen viele Ähnlichkeit mit dem Frosche hat. Unterschied: Körperform, warzige Oberfläche, unbeholfenes Hüpfen, meistens gehend. Ist keineswegs giftig. Muß dem Schutze ganz besonders empfohlen werden, da sie zu nächtlicher Zeit auf Fang der so sehr schädlichen kleinen Schnecken ausgeht (die z. B. die Erdbeeren anfressen — und dann soll die Kröte es getan haben, als ob die mit ihrem breiten Mund eine Erdbeere aushöhlen könnte!). In Paris sollen sie von den Gärtnern für ihre Treibhäuser angekauft und mit 40—60 Pf. und mehr bezahlt werden.

7. Der Wassersalamander (Triton cristatus), Kammmolch.

1. **Aufenthalt, Bewegungen und Bewegungsorgane.** Wer die entwickelte Kaulquappe des Frosches kennt, wird sogleich die äußere Ähnlichkeit des Wassersalamanders oder Wassermolches mit diesen Larven erkennen. Ein breitgedrückter Kopf, 4 Beine, ein seitlich zusammengedrückter Schwanz fallen sogleich in die Augen. Welche Ähnlichkeit findet sich in der Stellung der Beine? Halten wir ihn in einem tiefen Glasgefäß, so bemerken wir, daß er sich durch Hin- und Herschlagen mit dem Schwanze fortbewegt, zu Zeiten steil an die Ober-

---

*5) Ich sah sogar, wie eine Henne einen Frosch von der Größe eines ausgewachsenen Laubfrosches verschlang.

**6) Vgl. Storch (S. 88): Zu- und Abnahme seiner Zahl mit Ausbreitung der Drainage.

fläche emporschlängelt und sich alsdann wieder ebenso senkrecht hinunter an den Grund verfügt. Dasselbe können wir an Salamandern im Teich beobachten. Am Grunde gehen oder krabbeln sie (etwa in einem weißen Teller) mit den Füßen, indem sie rechtes Vorderbein und linkes Hinterbein zugleich vorwärts bewegen. Doch können sie durch ähnliche Bewegungen sich im Wasser rudernd gemächlich fortbewegen. An den Vorderfüßen sind 4, an den Hinterfüßen 5 Zehen, aber ohne Schwimmhaut. Legen wir etwa einen Stein in das Gefäß*), so wird der Salamander öfter aus dem Wasser herauskommen. Wir sehen alsdann, daß er auf dem Rücken sehr dunkel, beinahe schwarz gefärbt und

Fig. 19.
Aus Brehms Tierleben.

auf dem ganzen Körper mit warzenartigen Erhöhungen versehen ist. Diese Erhöhungen werden an den Seiten heller, sind weiter unten auf ihrer Kuppe sogar weiß. Weiter nach dem Bauch verwandelt sich die weiße Farbe in gelb, und unterm Bauch ist sie orangegelb mit schwarzen Flecken. Auf dem Rücken

---

*1) Er muß in einem Gefäß aufbewahrt werden, dessen Rand er nicht erklettern kann, sonst wandert er in der Nacht leicht aus.

hat er zu Zeiten eine häutige Erhöhung, den Kamm. Im Anfang des Frühlings ist derselbe flach auf den Rücken niedergelegt und zwar die eine Hälfte nach rechts, die andre nach links. Später richtet sich der Kamm auf, daher der Name Kammmolch. — Auch im Freien gehen die Molche bisweilen ans Land, halten sich aber stets an feuchten Orten auf. Solche Orte, unter Steinen, Baumwurzeln, in Uferlöchern, suchen sie auch beim Herannahen der kalten Jahreszeit auf, um hier den Winter zu verschlafen.

2. Nahrung und Ernährungsorgane. Bringen wir Brot oder Tierchen (kleinere Regenwürmer od. dergl.) in den Behälter des Salamanders, so läßt er die Pflanzenkost unberührt, doch die Tiere schnappt er, nachdem er sich einen Augenblick ganz ruhig verhalten hat, plötzlich weg. Ein etwa 12 cm langer Salamander verschlang kurz nacheinander zwei Regenwürmer von je 5—7 cm Länge und mindestens 2 mm Dicke. Die Tiere sind also sehr gefräßig. Der Salamander würgt den Wurm nach und nach unter verschiedenen Bewegungen des Kopfes hinunter. So verschlingt er alles, allerlei Kerfe, Schnecken, große und kleine Froschlarven, selbst Salamanderlarven, kleine Fische und überhaupt allerlei kleines Getier, wenn er dessen habhaft werden kann. Er nimmt aber auch tierische Nahrung, die sich nicht bewegt, z. B. Ameiseneier. So wird also das Auge zur Wahrnehmung der Beute wohl noch von einem andern Sinn unterstützt. Welcher kann das sein?

3. Sinneswerkzeuge. Die Augen ragen, wie beim Frosch, aus dem Kopf hervor. Sie sind ebenfalls zurückziehbar (Versuch!). Sie haben aber ein mehr trübes Aussehen als die des Frosches, haben einen nicht so intelligenten Ausdruck, sehen auch nur das Nahe (Versuch mit lebender Nahrung), können übrigens durch zwei Augenlider geschützt werden. Die Naslöcher sind auf der Spitze der Schnauze. Ohren sind nicht erkennbar. Sie liegen unter der Haut. Wozu gebrauchen die Tiere ihre Sinneswerkzeuge noch? Welches Tier, Frosch oder Salamander, ist demnach für seine Erhaltung vollkommener ausgerüstet? Suche einen Salamander im Wasser, auch auf dem Lande zu greifen! Er sieht im Wasser besser als auf dem Lande. Wo findet er hauptsächlich seine Nahrung? Frosch und Salamander leben im Wasser und auf dem Lande; deshalb nennen wir sie Amphibien. Welcher ist nach Bau und Nahrung mehr auf das Wasser angewiesen? Wie stimmt zu diesem Unterschiede ihr Seelenleben?

4. Atmung. Es wird bei Beobachtung der gefangenen und auch der im Teich freilebenden Salamander bemerkt worden sein, daß sie, an die Oberfläche kommend, eine Luftblase fahren lassen und dann wieder in die Tiefe gehen. Nach einiger Zeit geschieht dasselbe wieder. Sie haben also vorhin Luft mit sich hinuntergenommen. Das Atmen geschieht wie das des Frosches. (Rippen sind auch hier nicht zu fühlen). Vergleichung mit dem Gelbrand — mit der Ente (Luftsäcke derselben). —

5. Fortpflanzung und Entwicklung. Ein Blatt von Wasserpflanzen wird umgelegt und an dieses setzt der Molch seinen Laich ab. Warum umgelegt? Die jungen Larven erhalten zuerst Stummel der Vorderfüße, an denen sich später die Zehen ausbilden. In ähnlicher Weise entwickeln sich auch die Hinterbeine. Dann ähnelt die Larve ganz der eines Frosches, nur sind die Beine viel zarter und feiner als die der Froschlarve. Im Frühling wird man oft genug gelegent-

lich Salamanderlarven zwischen dem Kraut des Teiches fangen. Die ausgewachsenen Larven sind 7—8 cm groß, der Kopf ist breit, trägt jederseits 3 Kiemen, die kammförmig gefranst sind und von denen die obere die größte, die untere die kleinste ist. In der Nacht führen die Larven ein munteres Leben, jagen im Wasser umher in einer Art, deren man sie nach ihrem Verhalten am Tage nicht fähig hält. — Verliert die Larve ihre Kiemen, so ist sie vollständig ein Salamander. Derselbe wächst aber noch und zieht deshalb öfter sein Kleid aus, wenn es ihm zu eng geworden ist, in 14 Tagen wohl 2 mal. Am Munde spaltet die Haut, der Kopf befreit sich zuerst, dann werden die Beine nachgezogen; schließlich wird der Schwanz von der Haut befreit, wobei das Maul oft helfen muß. Nicht selten frißt der Salamander dann die abgestreifte Haut selbst auf*). — Wofür könnte ein Salamander gelten, wenn er seinen Schwanz verloren hätte? Unterschied in der Lebensweise! Er wäre also doch noch nicht ein Frosch!

6. **Der Salamander als Glied der Gemeinschaft.** Unter den Menschen erwirbt der Salamander sich nicht so viel Interesse wie der Frosch. Teils wird der Grund in dem Umstande liegen, daß er den Menschen nicht so oft begegnet, teils darin, daß er, auf dem Lande getroffen, träge und unbeholfen erscheint. Womit aber hängt das zusammen? Außerdem wird er von manchen für giftig gehalten. Natürlich haben sie keinen Beweis dafür, denn er ist in dieser Hinsicht so unschuldig wie eine Taube. Woher mag denn aber dies Vorurteil entstehen? Zunächst wegen der orangegelben Farbe. Sehen wir das Tier ferner an, wie es auf dem Lande unbeholfen fortkriecht, langgestreckten Leibes, mit seitwärts gestellten Beinen, so daß der Körper fast ganz auf der Erde längs schleppt, so können wir nicht eben behaupten, daß diese Erscheinung den Vorstellungen von Schönheit, die von andern Tiererscheinungen gewonnen haben, entspricht. Anders aber schon wird mir der Eindruck, wenn wir ihn in seinem eigentlichen Element beobachten. Wir lernen das einzelne Wesen nur dann recht kennen, wenn wir es in seinen heimischen Verhältnissen beobachten können (vgl. etwa menschliche Verhältnisse), und dann kann es viel mehr Interesse in uns erwecken, als wir geahnt haben. Wir müssen aber ohne Vorurteil beobachten**).

In der Reihe der Tiere füllt der Salamander seinen Platz aus, teils insofern er die Zahl der kleinern vermindern hilft, teils insofern er andern, namentlich Enten, Fischen, selbst seinesgleichen zur Nahrung dient; ja die Larve eines Gelbrandes machte sich an einen großen Salamander, packte ihn mit ihren Zangen,

---

*2) Man kann die Haut des Salamanders zum Aufbewahren auf ein Stück weißes Papier bringen, wenn man sie in reichlich Wasser ausbreitet (sie schwebt in demselben), dann ein Blatt Papier unter sie bringt und dieses behutsam hebt, und zwar so, daß das Wasser an einer Seite allmählich abfließt; das Papier muß also in schräger Richtung gehalten werden.

**3) Eine derartige allgemeine Reflexion ist natürlich besonders dann angebracht, wenn Kinder, die solche naturgeschichtliche Behandlung nicht kennen, anfangs, wie wahrscheinlich, den Salamander mit Widerwillen betrachten, aber während seiner Pflege und der Beobachtung seiner Lebensäußerungen anders denken lernen. (Vgl. Kröte!)

daß ein quiekender Ton aus dem Wasser deutlich zu vernehmen war, während der Salamander eine Luftblase fahren ließ. Auch Wasserjungferlarven packen ihn an (Aquariumbeobachtungen in der Schule).

Außer dem Kammmolch leben bei uns noch ein paar andre Wassermolche: der kleine Wassersalamander (T. taeniatus) und der gefleckte Wassersalamander (T. punctatus), beide heller als obiger, letzterer braun, unten orangefarben mit schwarzen, runden Flecken. Bringt man ihn aus einem dunkelfarbigen Gefäß in ein helles (etwa einen weißen Teller), so ist seine Farbe nach nicht gar langer Zeit heller geworden (eine Erscheinung, die man auch an Fischen, z. B. auffallend an jungen Forellen und Butt beobachten kann). Er bequemt sich in seiner Farbe also der seiner Umgebung an (vgl. die Art — nicht das Einzelwesen — Laubfrosch, Landfrosch, Kröte ꝛc.). Wozu kann diese Fähigkeit ihm nützlich sein? (S. Gesetz der Akkommodation! S. 10, 3.)

Rückblick.

Inwieweit sind Frosch und Salamander Wassertiere? (Aufenthalt, Nahrung, Bewegungswerkzeuge und Bewegungen, Entwicklung.) Inwiefern Landtiere? (Aufenthalt, Nahrung, Atmung ꝛc.) Welche 1. Ähnlichkeiten und 2. Unterschiede finden sich in ihrem Körperbau hinsichtlich der Bewegungswerkzeuge, der Ernährungs-, der Sinneswerkzeuge — der Atmung, der Entwicklung? Womit hängt das zusammen? (S. Gesetz der Erhaltungsmäßigkeit! S. 10.)

---

8. Der Stichling (Gasterosteus pungitius).

1. **Aufenthalt und Bewegungen.** Er lebt nur im Wasser und zwar im Seewasser wie auch im Süßwasser der ganzen nördlichen alten und neuen Welt. Er schwimmt außerordentlich gewandt, indem er mit dem Schwanze gegen das Wasser schlägt. Kommt man ihm plötzlich nahe, so geschieht diese Bewegung so schnell, daß man sie gar nicht wahrnimmt. Steht er still im Wasser, so bewegt er die Flossen gleichsam spielend hin und her. Der Mund öffnet und schließt sich fortwährend und mit dieser Bewegung stimmt die der Kiemendeckel überein, nur im entgegengesetzten Sinn, d. h. wenn der Mund sich schließt, öffnen sich die Kiemendeckel ꝛc. Er kommt, wenn wir für genügende Erfrischung des Wassers sorgen, nie an die Oberfläche um Luft zu schnappen, wozu der Salamander gezwungen ist. Bedarf er der Luft nicht? Wenn er einige Zeit auf dem Trocknen zubringen muß, so stirbt er. Sein Unbehagen auf dem Lande zeigt sich in dem kräftigen Schlagen mit dem Schwanze; offenbar möchte er sich, wie sonst im Wasser, durch diese Bewegung der gefährlichen Lage entziehen. (Vgl. Schwimmen und Hüpfen des Frosches, Rudern und Kriechen des Salamanders!) Liegt er nahe dem Wasser, so können seine Bemühungen Erfolg haben. Im Wasser angelangt, schießt er wie ein Pfeil davon. — Seine Körperform erleichtert ihm ein schnelles Durchschneiden des Wassers, und seine Körperbedeckung schützt ihn gegen schädliche Einflüsse. Er ist nämlich, wovon uns ein Betasten überzeugen kann, vom Kopf bis zum Schwanz in einen Schleimüberzug gehüllt, durch welchen hindurch das Wasser erst an den Körper gelangen könnte.

2. **Bewegungswerkzeuge.** Eigentliche Beine hat er nicht; seine Bewegungs=
organe sind die Flossen. Dieselben erscheinen als hautartige Anhängsel am Körper.
Sie sind aber, wie wir bei durchfallendem Lichte beachten, von steiferen Strahlen
durchzogen; mittels dieser kann der Stichling die ganze Flosse bewegen, denn jede
Strahlenpartie ist mit einer Muskelpartie verbunden. Die Muskeln (das Fleisch,
wenn wir's essen) haben in allen Fischen eine weiße Farbe. Vielleicht hast du

Fig. 20.
1. G. pungitius.   2. G. aculeatus;
aus Brehms Tierleben.

beim Fischessen schon einmal eine Flosse aus dem übrigen Fleisch herausgezogen;
du ziehst eine in sich geschlossene Muskelmasse, die zu der Flosse gehört, mit
hervor. Ähnlich verhält sich die Sache beim Stichling. Von da an, wo die Leibes=
höhle aufhört, besteht der Fisch hauptsächlich aus Gräten und Fleisch, oder
— aus Knochen und Muskeln. Da ist es denn begreiflich, daß der Stichling
in dem Schwanz (also nicht etwa der Schwanzflosse) eine so gewaltige
Kraft besitzt, daß er sich pfeilgeschwind fortschnellen kann. — Doch sehen wir uns
die Stellung der Flossen etwas genauer an. Nahe dem Kopfe stehen seitwärts
2 Flossen, der Schwanz trägt eine, und nahe demselben sind noch 2, eine oben,
eine unten. Die beiden vordern oder Brustflossen, gebraucht er zu schwächern*),
die Schwanzflosse zu kräftigeren Vor= und Rückwärtsbewegungen, erstere auch wohl
zum Empor= und Niedersteigen. Die beiden anderen, oben und unten, machen den

---

*1) Versuche mit dem zugespitzten Brettchen, das außer dem gerade nach
hinten eingesetzten Steuerbrettchen ein rechtwinklig nach unten eingefügtes Brett=
chen als Kiel erhalten hat. Schiffchen etwa 20 cm lang, 6—8 cm breit und
1—1½ cm dick, Steuer 5 cm lang, 2 cm breit, Kiel 1—2 mm dick und
1 cm tief. Versuch natürlich ohne und mit Steuer und Kiel.

Körper breiter und dadurch auch steuerungsfähiger. Sie entsprechen offenbar dem Kiel des Schiffes, hier einem obern und untern Kiel. Ähnlichkeit des Schiffes mit dem Stichling: Was ist Schwanzflosse, untere (— After= —) Flosse? Form des Schiffes? So haben Menschen erst spät nacherfunden, nachgedacht, was die Natur lange vorgedacht hat! Warum aber hat unser Schiff keine Rückenflosse? Warum muß das Schiff — der Fisch — seitwärts wenden, wenn das Steuer seitwärts zeigt? Nach welcher Seite lenkt es? Vergleich mit dem Steuern des Vogels! Außer den Flossen sind uns noch andere Organe aufgefallen: Stacheln. Auf dem Rücken sehen wir eine größere Zahl. Ich zähle bei diesem hier 10. Es können 7—12 sein. Die Reihe dehnt sich bis dicht vor die Rückenflosse aus. Ferner zeigen sich seitwärts, nahe hinter den beiden Brustflossen, zwei andere und weiter ist unter dem Bauche vor der untern Flosse noch ein Stachel zu erkennen.*) Zu Zeiten stehen sie vom Körper ab, was wir besonders beobachten, wenn der Stichling hinter andern Fischen herjagt; zu andern Zeiten sind sie kaum zu erkennen — sie liegen dem Körper an. Der Stichling kann sie willkürlich aufrichten und niederlegen. Die beiden seitlichen Stacheln haben noch eine besondere Eigentümlichkeit: wenn er sie aufgerichtet hat, so kann er sie feststellen und hat nicht nötig, sie durch Muskelkraft aufgespannt zu halten; er hakt nämlich im Gelenk die Wurzel des Stachels in den entsprechenden Raum eines innern Knochens ein, sodaß beide nun als ein Knochen gelten können.**) (Vgl. den Storch auf einem Bein!)

3. **Atmungswerkzeuge und das Atmen.** Von den Bewegungen hätten wir nun noch die des Mundes und der Kiemendeckel nach ihrer Bedeutung zu untersuchen. Diese Bewegungen dienen dem Atmen. Indem der Fisch den Mund öffnet, strömt Wasser hinein; schließt er ihn, so preßt er das eingesogene Wasser durch die geöffneten Kiemendeckel wieder heraus. Nun werden diese geschlossen und der Mund wird geöffnet, also muß die Mundhöhle sich wieder füllen (was gelegentlich an der Strömung des Wassers mit Teilchen in demselben zu beobachten ist). Immer nimmt das Wasser denselben Weg vom Mund durch die Kiemenöffnung, nie umgekehrt. So atmet der Fisch Wasser? Das ist freilich der gewöhnliche Ausdruck und die Sache wird bisweilen auch wohl so aufgefaßt. Doch ist diese Auffassung unrichtig. Jedermann, der Gold= oder andre Fische im Hafen gehalten hat, weiß, daß dieselben öfter frisches Wasser haben müssen. Wird das vernachlässigt, so sterben sie, um so eher, je mehr in demselben Raum gehalten

---

*2) Zunächst natürlich, soweit tunlich, am lebenden zu beobachten, dann am toten genauer zu untersuchen!

**3) Bei einem frischen (toten) Fisch kann man es zeigen. Die Stacheln liegen an; richtet man einen auf, zieht ihn leicht von der Seite weg, während man die Bauchgegend etwas drückt und die Spitze des Stachels nach dem Rücken hin biegt (— die Handgriffe sind schwierig genau anzugeben und erfordern einige Übung —), so legt der Stachel sich nicht wie sonst, wieder nieder, sondern er bleibt stehen und leistet dem zurückbiegenden Finger recht fühlbaren Widerstand. Zum Niederlegen des Stachels verfährt man gegenteils; man zieht den Stachel seitlich etwas aus und drückt ihn, während man die Spitze nach der Bauchgegend zu biegt, wieder etwas an: dann läßt er sich sehr leicht ganz an den Leib legen.

werden. Warum müssen sie frisches Wasser haben? Das Wasser kann zu Zeiten trüber, also unreiner sein, und doch befinden sie sich wohl. — Unser Schulzimmer wird freilich auch gereinigt, aber damit begnügen wir uns nicht, sondern wir öffnen zu Zeiten Fenster und Tür, um — die Luft zu erneuern. So muß der Fischbehälter nicht allein gereinigt, sondern das Wasser muß erneuert werden. Also doch Wasseratmung? Geduld! Vielleicht ist an unsern Fischen schon bemerkt, daß sie zu gewissen Zeiten an die Oberfläche gekommen sind und Luftblasen erzeugten*). Sie haben in Wahrheit Luft geschnappt. Haben wir ihnen aber frische Luft ins Wasser eingeführt, so kommen sie nicht mehr, Luft zu schnappen. Sie gebrauchen zum Atmen also die Luft, die im Wasser enthalten ist — Wasserluft. Ist die verbraucht, d. i. unbrauchbar (vergl. oben „Schulzimmer") geworden, so muß sie erneuert werden, entweder, indem wir direkt frische Luft in das vorhandene

---

*4) Ist es nicht beobachtet, so bringe der Lehrer in einem Glasgefäß eine verhältnismäßig große Zahl Stichlinge ins Zimmer. Stichlinge gebrauchen sehr viel Luft und sie werden bald an die Oberfläche kommen, Luft zu schnappen. Natürlich dürfen sie nicht vor den Augen der Kinder sterben. Zu geeigneter Zeit gießt man das Wasser ab und ersetzt es durch neues, oder, was entschieden vielmehr zu empfehlen ist: Man gießt etwa die Hälfte ab in ein anderes Gefäß, steckt ferner in die eine Öffnung eines $1/2$—1 m langen Gummischlauches ein in eine Spitze ausgezogenes Glasrohr und setzt in die andere einen Trichter. Der Trichter wird möglichst hoch gehalten, doch nicht höher, als daß die Glasrohrspitze sich 3—6 cm über dem Wasserspiegel des Gefäßes mit den Fischen befindet. Nun wird das abgegossene Wasser in den Trichter hineingefüllt und die Glasspitze in einer solchen Entfernung schräge über dem Wasser gehalten, daß die vom Wasserstrahl mitgerissene Luft in die feinsten Bläschen verteilt wird; sind die Blasen zu groß, so ist entweder die Spitzenöffnung zu weit oder das Glasrohr zu hoch über dem Wasserspiegel. — Die Fische werden den einströmenden Wasser-(Luft-)strahl suchen und nachdem der Versuch beendet ist, eine Zeitlang wiederum ganz munter sein. Dieser Versuch ist überzeugend, sicher und leicht anzustellen. Wer selbst nicht ein Glasrohr ausziehen kann, wird in jeder Apotheke ein derartiges Stück Rohr von 5—10—20 cm Länge leicht erhalten können, ohne große Kosten — wenigstens hier in Schleswig-Holstein, wenn man den Zweck angibt. In Ermangelung eines Glasrohres kann man auch eine starke Federspule nehmen, von welcher man mittels eines scharfen Messers unten die Spitze — aber sehr kurz — abschneidet; oder man durchbohrt dieselbe mit einer starken Näh- oder dünnen Stopfnadel. Ein Gummischlauch kann im Unterricht häufiger zur Verwendung kommen, kostet vielleicht 1 Mk. — Wer aber die Mühe scheut, bleibe um himmelswillen bei der hergebrachten Weise oder unterrichte gar nicht in Naturgeschichte — er würde sonst der guten Sache nur schaden. Entweder — oder!! — — In einfacherer, aber für die Fische roherer Weise erreicht man denselben Zweck einigermaßen, wenn man das Wasser aus gewisser Höhe in das Gefäß wiederholt hineingießt. Der Versuch ist auch nicht so überzeugend, denn die Zerstäubung der Luft in feine Bläschen ist nicht zu beobachten.

Wasser bringen, oder indem wir das Wasser und mit demselben die Luft wechseln. (Siehe auch: „Pflanzen"!)*) Damit den Kiemen immer frisches d. i. luftreiches Wasser zugeführt werde, halten die Fische selbst das Wasser in Bewegung, indem sie, auch in der Ruhe, mit den Brustflossen fächeln. (Vergl. den Luftstrom, der durch die Bewegung eines Fächers hervorgebracht wird!) Wird dem Wasser nun nicht frische Luft zugeführt, so werden die Stichlinge krank und sterben schließlich: sie ersticken.

Aus dem Vorhergehenden würde, wenn nicht noch anderes in Betracht käme, mit Recht gefolgert werden können, daß die Fische ebensowohl auf dem Lande müßten leben können wie im Wasser. Und die Erfahrung lehrt doch, daß alle ein dauerndes Landleben nicht aushalten, einige sterben sehr bald, andere später, kennst du solche? — unser Stichling steht in der Mitte. Liegen die Stichlinge auf dem Lande, so machen sie dieselben Atembewegungen wie im Wasser (vergl. Ortsbewegungen!). Luft haben sie, aber Wasser fehlt ihnen, und doch sollen sie durch Luft- und nicht durch Wasseratmung ihr Leben erhalten? Zur Erklärung der Tatsache müssen wir uns die Atemorgane genauer ansehen und den Atemvorgang uns vor die Seele führen. Heben wir den Kiemendeckel dieses toten Stichlings empor, so sehen wir unter demselben die roten Kiemen. Sie sind rot von dem durchschimmernden Blut, wie auch deine Lippen, die innere Fläche deiner Augenlider, überhaupt die Stellen, die mit nur dünner Haut überzogen sind, rot erscheinen. Die Kiemen solcher Fische, die schon längere Zeit tot sind, haben eine blaßrötliche oder weißliche Farbe: das Blut ist infolge des eingetretenen Todes schon anders geworden, fängt an zu verfaulen. Von den Kiemen des Stichlings schneide ich etwas (einen Kiemenbogen — mittels einer spitzen Schere) ab und lege es auf eine Glasplatte. (Mit reichlich Wasser werden die Fasern auseinander gespült und eine zweite Glasplatte wird darauf gedrückt, daß das überflüssige Wasser

---

*5) Zur Erläuterung der Wechselwirkung zwischen pflanzlichem und tierischem Leben — einer Erkenntnis, die so tief bedeutungsvoll für das Verständnis des Naturlebens überhaupt ist — kann folgender Versuch dienen: In ein Aquarium bringe man einige Pflanzen: Wasserpest, Wasserlinsen u. a. (im Frühjahr), und warte, bis sie wachsen. Dann bringe man auch eine größere Anzahl Fische hinein — im Verhältnis zur Wassermenge zu viele. (In einem Aquarium von 50 cm Länge, 30 cm Breite und 10 cm Wasserstand — es kommt mehr auf die Quadratoberfläche als die Tiefe an — sind 6 Fische von 3—8 cm Länge nicht zu viel.) Diejenigen, welche flau (matt) werden oder gar sterben, müssen rechtzeitig herausgenommen werden. Die schließlich Übrigbleibenden fühlen sich bei entsprechender Nahrung — nicht zuviel, damit sie nicht fault — wohl und man kann vielleicht noch einen Fisch hinzusetzen, wohl auch zwei; das Wachstum der Pflanzen wird lebhafter. Die Quantität des tierischen Lebens wird bedingt durch die Quantität des pflanzlichen. Ein Überwiegen des einen über das andere findet nicht statt; es folgt vielmehr eine Ausgleichung, bis das Gleichgewicht hergestellt ist. Das ist bezeichnend für das Wesen der Lebensgemeinschaft. — Die Regel gilt für alle Naturverhältnisse, auch für die Verhältnisse der Menschen. Wird ihre Erkenntnis zu teuer erkauft durch ein paar Stichlinge?

abfließt.) Wir sehen, die Kiemen haben die Form von zahllosen feinen Fransen. In diese verteilt sich das Blut und ist alsdann nur durch eine sehr feine Haut von dem Wasser und der in demselben verteilten Luft getrennt. Diese Haut hindert aber nicht, daß sich ein Teil der Luft an das Blut macht, sich mit demselben verbindet, während andere Luft, die in dem Blute enthalten ist, durch die Haut wiederum an das umspülende Wasser abgegeben wird. Durch diesen Luftwechsel verwandelt sich die bisher dunkelrote Farbe des Blutes in eine frischhellrote, und das Blut wird ferner geeignet, die Lebenstätigkeit zu unterhalten. So erfrischt strömt es in den Körper weiter; denn das Herz pumpt anderes, der Erfrischung bedürftiges Blut in die Kiemen nach. Der Stichling hat nämlich auch ein Herz, freilich ein sehr kleines; hier an der Kehle, nahe an den Kiemen sitzt es*).

Wenn nun der Fisch im Wasser atmet, so schwimmen die Kiemenfäden oder =Blättchen frei in demselben und werden von allen Seiten umspült, also die Luft kann von allen Seiten an das Blut herantreten. Wie aber gestaltet sich die Sache, wenn der Stichling auf dem Trockenen liegt? Zunächst kleben die Fäden zusammen, bieten dem Wasser mit der Luft nicht so viel Oberfläche: das Blut wird nicht vollständig erfrischt. (An einer Reihe Fransen aus Leinen= oder Seidenzeug vielleicht zu veranschaulichen.) Später gar trocknen sie zusammen, und das Blut kann nicht mehr hindurchfließen: das Tier muß sterben. Und aus welcher Ursache? Genau genommen, aus Luftmangel; es erstickt in der frischen Luft. (Woher? Wiederholung!) Natürlich stirbt der Fisch in warmer trockener Luft am ersten. Durch Einpacken in feuchtes Moos 2c. kann man das Austrocknen der Kiemen, mithin den Tod der Fische verzögern.

4. Die Sinneswerkzeuge. Die Augen sitzen zu beiden Seiten des Kopfes, haben keine Augenlider (sind aber von der allgemeinen Körperhaut, die an dieser Stelle durchsichtig ist, überzogen und durch sie geschützt). Naslöcher sind an der Spitze des Kopfes, reichen jedoch nicht bis in die Mundhöhle. Das ist auch nicht nötig — warum nicht?**)

Daß der Stichling in der Nähe gut sehen kann, ist klar aus dem Um=

---

*6) Skizze an der Tafel: Herz, Kiemenbögen — Lauf des Blutes bis in den Schwanz, Rückkehr zum Herzen. Einfaches Präparat von einem größeren Fischkopf, der hinter den Kiemendeckeln abgeschnitten ist. Der eine Kiemendeckel kann mittels eines Stäbchens hoch aufgeklappt sein, so daß die einzelnen Kiemenbögen sichtbar werden, der andere Kiemendeckel sei vollständig abgetrennt und auch das Fleisch zwischen den Kiemendeckeln (an der Kehle unten) an einer Seite weggeschnitten, damit das Herz sichtbar werde. An einem gekochten Fisch, von dem das Fleisch beiderseits des Rückgrats sich leicht ablösen läßt, kann man die Ader in der Gabelspaltung der Gräten auf der Wirbelsäule zeigen. Man kann ja den betreffenden Fisch vergleichungsweise auch behandeln.

**7) An dem gekochten Kopfe eines größeren Fisches kann auch ein im Präparieren Ungeübter die Riechnerven leicht zeigen, wenn er die Haut über die Schnauze des Fisches zurückklappt; so auch ist der Sehnerv, das Gehirn und weitergehend das Rückenmark leicht sichtbar zu machen, falls für den weitergehenden Unterricht (z. B. Anthropologie) nicht besondere Präparate zur Verfügung stehen.

stande, daß er einen sich krümmenden Wurm sehr bald wahrnimmt; ist er gewohnt, gefüttert zu werden, so kommt er schon an die Glaswand seines Behälters, wenn der Mensch sich nähert. Er sieht also auch weiter; dieses wird auch durch die Tatsache bestätigt, daß der menschenscheue Stichling im Graben (oder Teich) flieht, sobald ein Mensch sich ihm zeigt. Über die Ausbildung seiner andern Sinne lassen sich wohl nicht so leicht Beobachtungen machen. Wenn seine Schnauze von Polypenarmen berührt wird, so kümmert ihn das nicht, während der Aal empfindlich getroffen zurückschreckt. Die sogenannte Mittellinie an der Seite (bei der Karausche deutlicher zu erkennen) ist ihrem Bau nach auch ein Sinnesorgan des Fisches; doch ist noch nicht bekannt, welche Art von Eindrücken er durch sie aus dem Wasser empfängt. Man kann den (gezähmten) Stichling mit einem Stäbchen berühren und reiben — er steht still (vielleicht aus Wohlbehagen?).

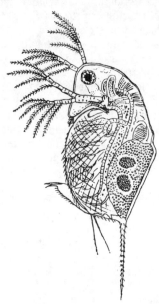

Fig. 21.
Daphnia longispina Sars, Wasserfloh; aus Lampert, Leben der Binnengewässer.
Originalzeichnung von Dr. Vosseler.

5. **Nahrung.** Im Juli und August finden sich in dem sonst klaren Wasser der Teiche, besonders der kleineren mit stillstehendem Wasser, Stellen von verschiedener Größe, die eine bräunliche Farbe zeigen. Diese rührt, wie die Nachforschung ergibt, von einer Unzahl kleiner Tierchen her. Man kann sie in einem dichtmaschigen Ketscher fangen (den man nach dem Fange umkehrt, um die bisher innere Fläche in einem Gefäß mit Wasser abspülen, d. i. die Tierchen im Wasser absetzen zu können), oder mit einem Gefäße schöpfen. Hat man nun Gelegenheit, in dasselbe Gefäß einen frisch gefangenen Stichling aus anderm Gewässer zu setzen, so wird die Gefräßigkeit, mit der er die Tierchen trotz der ungewohnten Gefangenschaft verschlingt, in Erstaunen setzen. Diese Tierchen sind **Daphniden**, Wasserflöhe (den Krebsen verwandte Tiere, die in einer zweiklappigen Schale wohnen). Im Wasser sehen wir sie zu Boden sinken, dann wieder mittels zweier nach oben gerichteter Hörner, der Fühler (vgl. Gelbrand), sich emporschnellen. Daher der Name Wasserfloh. (Sie haben nur ein Auge — mittels einer Lupe erkennbar — und nähren sich von Algen.) Der wohlgepflegte Stichling im Aquarium räumt nicht so augenfällig unter den Wasserflöhen auf. (Man tue nicht zuviel auf einmal hinein, weil durch ihr Absterben und Verwesen das Wasser verpestet wird!) Jedenfalls besteht die eigentliche Nahrung des Stichlings in tierischen Wesen. Wenn er in der Gefangenschaft auch lernt, mit Brot, selbst gekochten Kartoffeln sich zu begnügen (Akkomodation!), so zieht er dieser Speise doch Hülsenwürmer, Larven der Eintagsfliege und andere für ihn bezwingliche Larven, geschabtes Fleisch, Laich von Schnecken und Fischen, Ameiseneier und Regenwürmer vor. Er sucht letztere von einer Dicke zu verschlingen, für die seine Mundöffnung

kaum groß genug ist; bindet man einen solchen Wurm an einen Faden, so beißt der Stichling sich so fest an denselben, daß man ihn bequem aus dem Wasser ziehen kann.*) Alles zusammengenommen müssen wir ihn als einen, für seine Größe außerordentlich gefräßigen Raubfisch bezeichnen.

6. **Seine Häuslichkeit.** Es mag überraschend scheinen, daß beim Stichling, einem Fische, von Häuslichkeit soll die Rede sein können, wenn man nicht weiß, daß er ein Nest baut wie andere Tiere. Aber er tut's, wenn er in Süßwasser lebt; in Seewasser setzt er die Eier einzeln zwischen Pflanzen ab — Nester sind im Seewasser nicht gefunden.**) Im Süßwasser werden Wasserpflanzen ineinander geschlungen, sodaß sie eine Höhle bilden. In dieser werden die Eier, der „Rogen", abgesetzt und vom Männchen bewacht, bis die jungen Stichlinge selbst ihre Nahrung suchen können. (Fig. 20.) Schon vor der Zeit, da der Nestbau beginnt, ist der Stichling sehr bissig, viel streitsüchtiger noch als sonst. Und daß er nicht eben friedfertiger Natur ist, zeigt sich bald, wenn er mit andren Fischen zusammengebracht wird: von den trägen Karauschen behält wohl keine ihre Schwanzflosse unversehrt (Weißfische haben, da sie gewandter sind, nicht so zu leiden). Mögen die verschiedenen Bewohner sich auch mit der Zeit aneinander gewöhnt haben — will der Stichling sein Haus bauen, so bricht die alte, eingeschläferte Natur wieder hervor und jeder, der ihm nahe kommt, wird angefallen. Er packt ihn mit den Zähnen (Anmerkung 8) so fest an den Flossen, daß er sich mit fortziehen läßt, oder er sucht den vermeintlichen Feind mit seinen aufgespannten (besonders Seiten-)Stacheln zu verletzen. Wie energisch wird er nun erst seine Häuslichkeit verteidigen, wenn die Brut sich drinnen entwickelt.!***) Aus den Eiern entwickeln sich unter dem

---

*8) Daß er Zähne besitzt, kann man fühlen und auch hören, wenn man mit einem feinen Messer oder einer Nadel den Kiefer, besonders den Unterkiefer schabt.

**9) Doch ist in meiner Schule und im Hause beobachtet worden, wie die Stichlinge im Seewasser-Aquarium ein flach-schalenförmiges Nest bereiteten. Im Schulaquarium lagen die Eier frei auf dem Boden. Ich beförderte sie in das Nest, wo sie von dem Männchen bewacht wurden. Die jungen Stichlinge verschwanden in beiden Aquarien, als sie kaum 1 cm lang waren. Vielleicht hat der Mangel an passender Nahrung, vielleicht ja auch die Gefräßigkeit der alten Tiere sie umgebracht.

***10) Das Männchen baut das Nest. In der Schule wird nicht häufig Gelegenheit sein, die Arbeit zu beobachten. Deshalb gehe ich, gemäß meinem Grundsatz, an Anschauungen anzuknüpfen, hier kürzer über diesen interessanten Punkt hinweg. Wer mehr mitteilen will, findet reichlich Stoff in Brehms Tierleben. Hält man Stichlinge im Aquarium, so sorge man jedenfalls für reichlich Wasserlinsen, da der Stichling diese Gewächse nach meiner Beobachtung andern, ebenfalls schwimmenden, z. B. den ausländischen Azollen, zum Nestbau vorzieht. Die Frage, ob der Nesterbau der Stichlinge (auch wenn derselbe nicht beobachtet wird) in der Schule behandelt werden soll, läßt sich indes noch von einem andern pädagogischen Gesichtspunkt aus (besonders, wenn man eine gute Ausbildung hat) erörtern. — Jedenfalls in Gegenden, wo häufig Fische, namentlich geräucherte oder gesalzene Heringe als Speise zu Tische kommen, wo

Einfluß der Sonnenwärme junge Fischchen, die anfangs noch durch den Inhalt des Eis ernährt werden, danach sich selbst ihre Nahrung suchen. (Vgl. „Ente".)

7. **Der Stichling als Glied der Gemeinschaft.** Der Stichling kommt stellenweise und zu gewissen Zeiten ganz außerordentlich häufig vor, obgleich er gar nicht soviele Eier absetzt. In Kiel z. B. erscheint er (freilich eine andre Art, der gemeine Stichling, Fig. 20, 2 [G. aculeatus]) in dem „kleinen Kiel", einem Salzwasserbassin, das mit dem Hafen in Verbindung steht, bisweilen so zahlreich, daß die einzelnen sich drängen und die Kinder sie vom Strande aus mit Händen greifen. Ihre große Anzahl verlangt auch eine große Menge Nahrung, d. i. Fischlaich und kleine Wassertiere, wie Wasserflöhe, Hüpferlinge (Cyclops Fig. 22), Froschlarven, junge Fische 2c. So gibt also auch der Stichling neben Salamander u. a. eine Antwort auf die Frage, warum es gut ist, daß die Natur eine so große Menge kleiner Wesen hervorbringt. „Ich soll doch auch leben", sagt der Stichling.

Daß aber der Stichling selbst so zahlreich vorkommt — im Donaugebiet soll der gemeine oder dreistachlige Stichling (G. aculeatus) merkwürdigerweise noch

---

im Hause also Rogener und Milchner unterschieden werden, kann man, ja muß man auf die Befruchtung, in Parallele mit Pflanzenbefruchtung, näher eingehen. Solange der Fisch seine Eier noch bei sich trägt, nennen wir dieselben Rogen (vgl. „Muskel" u. „Fleisch"!). Hat der Stichling den Rogen im Neste abgesetzt, so kommt ein andrer Stichling und gibt eine milchichte Flüssigkeit von sich (Milchner). Nur wenn diese an die Eier kommt, entwickeln sich in und aus ihnen junge Stichlinge. Es ist ähnlich, wie bei den Pflanzen. Hebt die Ähnlichkeiten hervor! (Auch: Dienst des Windes = dem des Wassers. „Taube" Blüten und „taube" (?) Eier 2c.) So kann man die Sache hier vorbringen. Dann muß man es aber auch, denn man kann aufmerksamen Kindern die Augen nicht zeitweilig verbinden, damit sie gewisse Sachen nicht sehen sollen, und die spätere Entwickelung führt notwendig zum Nachdenken. Lernen nun die denkenden und **beobachtenden** Schüler schon frühzeitig die Befruchtung (und selbst die Begattung) vom naturgeschichtlichen Standpunkte aus betrachten und verallgemeinern, so verliert der Vorgang wenigstens viel, wenn nicht ganz, von anzüglicher Bedeutung: es ist ein reiner Naturakt. Ich bin auf Widerspruch von gewisser Seite her gefaßt. Darum will ich mich vor allen Dingen gegen das Mißverständnis schützen, als wollte ich den Kindern etwa einen Vortrag über Befruchtung 2c. halten. Nach Umständen erwähne ich obiges bei der Betrachtung des Stichlings und schaffe damit eine Grundlage für notwendige spätere Erörterungen, denen der Lehrer, der mit seinen Schülern umgeht und ihr Vertrauen besitzt, häufig gar nicht aus dem Weg gehen kann. **Vor allen Dingen freilich muß der Lehrer selbst ein naturwissenschaftliches Auge haben;** dann wird er von den Kindern auch nicht so leicht „durch ihre Fragen in Verlegenheit gesetzt", denn er weiß unschuldige Fragen sachgemäß zu beantworten — und doch zart — und maliziöse Frager kann er der Dummheit zeihen, sie lächerlich machen, und der Frage somit die Spitze abbrechen. Darum: Vorbauen!

nicht gefunden sein —*) hat offenbar seinen Grund in seiner Bewaffnung. Zunächst beschützt er seine Brut, während die anderer Wasserbewohner der Raubgier zahlreicher Feinde preisgegeben ist (vergleiche Frosch — Salamander). Dann schützen die scharfen Stacheln den einzelnen erwachsenen Stichling selbst. Von Fischen gehen nur der gefräßige Hecht und der Aal auf ihn los, selbst auf die Gefahr hin, daß sie ihre Raubgier mit dem Tode bezahlen müssen;**) vielleicht verzehren Möwen ihn. Rückenschwimmer greifen ihn an.

Von Menschen wird er nicht gegessen und deshalb auch nicht verfolgt, wenn man ihn nicht wegfängt, weil er Nutzfischen die Nahrung schmälert und ihre Brut verzehrt, oder ihn bei zahlreichem Erscheinen zur Tranbereitung benutzt oder als kräftiges Dungmittel auf den Acker bringt. — Als Haustier im Aquarium ist er ein munterer, aber streitsüchtiger Gesell, der besonders am Abend vielmehr Lebendigkeit zeigt als Goldfische und manche andere, und der durch seine Neckereien die ganze Gesellschaft des Aquariums in Aufregung hält. Im Winter ist er viel ruhiger und friedfertiger, bedarf auch nicht so vieler Nahrung. Er lernt seinen Wärter kennen und nimmt Nahrung vom Finger.

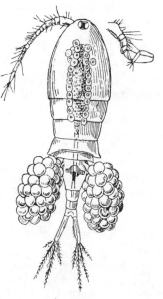

Fig. 22.
Cyclops strenuus Fisch.
Weibl. Tier. — Rechts Fühler des männl. Tieres zum Greiforgan umgebildet. Aus Lampert, Leben der Binnengewässer.
Originalzeichnung von Dr Vosseler.

9. Die Karausche (Carassius vulgaris).

1. **Aufenthalt und Bewegung.** Sie lebt nur im Wasser, doch mehr am Grunde — durch ganz Deutschland. Unterschied von der Form des Stichlings — Bedeutung für die Schnelligkeit der Bewegungen. Ähnlichkeit und Unterschied in der Bedeckung. Anordnung der Schuppen — vergl. mit der der Federn des Vogels — Schleimüberzug des Fisches und Einfettung des Entenkleides.

---

*11) Welche Beobachtungen werden die betreffenden Lehrer gemacht haben? Wir können auch der Wissenschaft dienen!

**12) Ein junger Hecht hatte am Abend oder in der Nacht einen Stichling verschlungen, dessen aufgespannte Seitenstacheln ihm aber die Bauchwand durchbohrten, infolgedessen er am andern Morgen tot im Aquarium lag. Von einem Aal wurde ein Stichling verschlungen, ein anderer getötet. Vgl. dagegen Brehm!

2. **Bewegungswerkzeuge.** Ansatz und Zahl der Flossen im Vergleich zum Stichling. Bauchflossen = unterem Stachel des Stichlings. Zusammenstellung der Brust- und Bauchflossen mit Flügeln und Füßen des Vogels. Verhältnismäßige Größe der Schwanzflosse des Stichlings — der Karausche — Bedeutung dieses Umstandes. Aufwühlen des Schlammes mittels der Brustflossen.

3. **Nahrung:** Brot und andere pflanzliche Stoffe — Schlamm (s. eben vorher!), auch tierische Stoffe. Sie saugt beim Öffnen des Mundes die Nahrung ein, der Stichling fährt auf seine Beute los. Welcher Fisch muß sich gewandter bewegen können? Welche Einrichtung befähigt ihn dazu? (Zusammenstellung: Körperform, Bewegungswerkzeuge, Nahrung.)

4. **Sinneswerkzeuge.** (Siehe Stichling?) Bedeutung des mehr entwickelten Riechorgans.

5. **Atmung** (und Kreislauf) wiederholt und die Organe gezeigt. Temperatur des Blutes (s. Frosch) (hierneben die große Schwimmblase, die dazu dient, dem Fische den Aufenthalt in gewissen [aber begrenzten] Tiefen zu ermöglichen. Drückt er sie zusammen, so macht er sich kleiner und verhältnismäßig schwer: er sinkt 2c. Vgl. Graugans S. 60. 5). Woher haben Fische keine Stimme?

6. **Fortpflanzung.** Kein Nestbau. Zahlreiche Eier im Wasser abgesetzt.

7. **Die Karausche als Glied der Gemeinschaft.** Winterruhe, wehrlos — von Menschen und Raubfischen verfolgt, von dem gemeinen Fischegel (Piscicola geometra), einem Verwandten des Blutegels, angesogen,*) auch für Edelfische als Nahrungsmittel gezüchtet. Verwandte: Karpfen — Goldfisch (wo dieselben genauer bekannt sind).

Rückblick.
(nach dem Gesetz der Erhaltungsmäßigkeit.)

1. Welche Tiere haben ihren Aufenthalt
    a) nur im Wasser?
    b) im Wasser und auf dem Lande?
    c) auf dem Wasser und in demselben?
    d) zeitweilig in der Nähe des Wassers?

2. Welche Tiere haben Werkzeuge zum Schwimmen? zum Fliegen? zum Gehen? (Beziehungen zu 1.) Ähnlichkeiten in den Bewegungen? Welche werden von den einzelnen Tieren am gewandtesten ausgeführt? Ursache!

3. Wovon nähren sie sich? Wo und wie finden sie ihre Nahrung! (Welche Werkzeuge gebrauchen sie?)

4. Wie sichern sie sich gegen die Nachstellungen ihrer Feinde? Welche Werkzeuge gebrauchen sie? Wie kommen sie durch den Winter?

5. Auf welche verschiedene Weise atmen die Tiere? Welchen Unterschied zeigen die Atmungsorgane? (Gelegentlich ist eine Lunge von einem Kalb oder einem anderen Tier zu zeigen, aufzublasen 2c.)

6. Wie wird die Tierart erhalten? Welche sorgen am wenigsten, welche

---

*) Gelegentliche Beobachtung.

— 111 —

am besten für ihre Brut? In welcher Weise ist für die Ernährung der Tiere im zartesten Alter gesorgt?

7. (Schluß.) Was also bedürfen die Tiere zu ihrer Erhaltung? Welche Organe dienen diesem Zweck? (2—5.) Wonach richtet sich deren Verschiedenheit?

8. Welche Tiere ändern ihre Lebensweise nach den verschiedenen Verhältnissen? Inwieweit?

---

10. Wasserschnecke.
(Große Schlammschnecke, Limnaeus stagnalis.)

1. **Aufenthalt und Bewegungen.** Wir sehen sie in Teichen und wohl allen stehenden Gewässern an den Wasserpflanzen, an Steinen, in dem Schlamm herumkriechen. Bisweilen kommt sie auch aus dem Wasser heraus — kann selbst

Fig. 23.
Schlammschnecke. 1. An der Wasseroberfläche kriechend. Atemrohr sichtbar.

an, nicht auf der Oberfläche des Wassers sich fortbewegen — unter allen Umständen aber sehr langsam, im sprichwörtlich gewordenen „Schneckengang". Nehmen wir sie aus dem Wasser heraus, so zieht sie sich in ihr Haus zurück. (Die Schnecke in eine weiße Schüssel mit Wasser gelegt und beobachtet!) Warum wohl? Ihr Haus ist zuckerhutförmig, besteht aber aus Windungen, die nach der Öffnung hin immer dicker oder weiter werden. Stellen wir ein (leeres) Haus aufrecht, die Spitze nach oben, und wir gehen in Gedanken wie auf einer Treppe von oben herunter, so müssen wir immer rechts um gehen. So ist jedes Schlammschneckengehäuse, mögen wir's im Süden oder Norden, im Westen oder Osten betrachten. — Das eigentliche Tier (Fig. 23), das nach und nach aus dem Gehäuse wieder hervorgekommen ist und zwar mit der Unterseite, der Sohle oder dem Fuß, zuerst, hat eine dunkle, sammetartige, stellenweise ins gelbliche spielende Farbe. Hat die Schnecke sich im Wasser ausgestreckt, so ist sie nach unten sehr breit; nach vorne, am Kopfe, hat sie zwei dreieckige Wülste oder „Hörner". Berühren wir diese, so zieht sie dieselben zurück: es sind Fühler, mit denen sie die Gegenstände vor sich betastet.

2. **Bewegungsorgane.** Von Füßen oder Flügeln, wie wir solche an anderen Tieren bemerkten, ist hier keine Spur. Wenn die Platte, auf welcher sie kriecht, eben deshalb auch Fuß genannt wird, so hat dieselbe doch nicht die entfernteste Ähnlichkeit mit dem Fuße des Frosches oder eines Käfers. — Wie die Schnecke mittels desselben sich von der Stelle bewegt, ist zu beobachten, wenn sie am gläsernen Wassergefäß dahinkriecht, oder wenn man sie auf einer Glasplatte fortkriechen läßt. Unter dem Fuß scheinen Wellen von vorne nach hinten zu verlaufen. (Denkt euch [Skizze an der Tafel], diese Teile, welche die Rille [das Wellental] bilden, setzt sie an die Glasplatte, so kann sie die nächstvordern Teile [Wellenberg] um eine Welle weiter fortschieben u. s. f.) Dieselbe Bewegung des Fußes bemerken wir, wenn sie an der Oberfläche dahinstreicht. Es ist, als ob die Oberfläche des Wassers fest wäre. (Bei dieser Bewegung ist häufig zu bemerken, wie an der rechten Seite des Fußes sich von Zeit zu Zeit eine trichterförmige Öffnung zeigt! Fig. 23.) Tauchen wir sie unter Wasser, so fällt sie zu Boden. Wie kann sie sich kriechend an der Oberfläche halten? Bringen wir mittels eines Federhalters etwa einen Tropfen Wasser auf die Sohle. Derselbe wird durch die Bewegung am hintern Ende abgeschüttelt. Einem zweiten ergeht es ähnlich. Fahren wir nun aber mit einem Stäbchen dicht hinter der Schnecke durchs Wasser, so ziehen wir das Tier an unsichtbaren Fäden mit. Beim Herausziehen des Stäbchens sitzt Schleim an demselben, derselbe Schleim, den das Tier beim Kriechen auf dem Trocknen absondert. Wenn der Schleim angefeuchtet ist, scheidet das Tier ihn ab — sollte dieser Schleim nicht die Benetzung der ganzen Fußsohle durch Wasser (er löst sich im Wasser ja nicht) und dadurch das Untersinken der Schnecke verhindern, ganz ähnlich, wie eine unbenetzte Nähnadel auf der Oberfläche des Wassers schwimmend erhalten werden kann? Wird sie naß, so geht sie unter; wird die ganze Fußsohle der Schnecke befeuchtet, so sinkt auch das Tier unter.*) Außer diesem beweglichen und sehr zusammenziehbaren Teil des Schneckenkörpers ist innerhalb des Gehäuses noch ein, den Windungen desselben entsprechender Körperteil vorhanden, der niemals aus dem Hause herauskommt; denn die ihn bekleidende Haut ist mit ihrem Rande fest, ist verwachsen mit dem Rand des Gehäuses.**) Der innere Teil nimmt an den Bewegungen also nur insofern teil, als auch er sich ausdehnt oder sich zusammenzieht, im letztern Fall, um dem außerhalb des Hauses sich befindenden Körperteil im Innern Raum zu schaffen.

---

*) An einer Tellerschnecke habe ich übrigens bemerkt, wie sie von dem gespaltenen Kopflappen her (der vorne herüberragt, sodaß zwischen ihm und dem vordern Teil des Fußes eine tiefe Furche bleibt), also wahrscheinlich aus der Furche heraus eine Luftblase zwischen den Schleimüberzug und den Fuß treibt. — Genaue, übereinstimmende Beobachtungen habe ich noch nicht angestellt.

**) Ein passendes Präparat verschafft man sich, wenn man eine Schnecke in einem trockenen Gefäß auskriechen läßt und dann, wenn sie vollständig aus dem Hause ist, sie mit „springend" kochendem Wasser übergießt, in dem man sie 10—12 Sekunden liegen läßt. Nachdem man sie aus dem Wasser genommen hat, kann man entweder das Gehäuse zertrümmern und es stückweise entfernen, oder man kann durch einige Drehungen das Tier aus dem Gehäuse herausbringen, den inneren Teil also sichtbar machen.

3. **Das Gehäuse.** (Bedeckung.) Das Gehäuse ist durchscheinend, auch nur dünn. Ein solches (leeres) werde rein gewaschen und in Salzsäure gebracht, die mit der gleichen Menge Wasser verdünnt ist. Es entwickeln sich Luftblasen von Kohlensäure (s. Pflanzen: Wasserlinsen), ähnlich, als wenn man Kreide in diese Flüssigkeit bringt. Die Schneckenschale enthält in der Tat Kalk. Es fragt sich, woher dieser stammt. Natürlich zunächst von dem Tier und das Tier muß ihn mit seiner Nahrung erhalten haben. Worin diese besteht, beobachten wir gelegentlich. — Von dem Schneckenhaus bleiben schließlich flockige Häutchen (bestehend aus einer eiweißartigen Masse) übrig. Es besteht aus Kalk und Haut. Wo ist der Kalk geblieben? Er ist in der Flüssigkeit, d. h. er wurde selbst flüssig, ähnlich wie Zucker im Wasser, während die Haut nicht aufgelöst wurde. Wie der Kalk in der Flüssigkeit enthalten ist, ohne daß wir ihn sehen, so ist er auch im Blut der Schnecke enthalten. Aus diesem wird er ausgeschieden, und so entsteht aus ihm das Haus.

Fig. 24.
Ein Stück einer Reibeplatte der Zunge einer Sumpfschnecke, aus Graber-Mit, „Leitfaden der Zoologie"

4. **Nahrung und Ernährungsorgane.** Wenn in dem Glasgefäß längere Zeit Wasser steht, so bildet sich an der Innenwand des Glases (am Tageslicht) ein grüner Überzug von kleinen Pflanzen, Algen. Kriecht die Schnecke nun an der Gefäßwand dahin, so können wir nicht nur beobachten, wie sie kriecht, sondern können auch sehen, wie sie frißt, denn hinter ihr ist ihr Weg dadurch bezeichnet, daß ein Streifen den grünen Pflanzenüberzug verloren hat und die klare Glasmasse erkennen läßt. Vorne am Körper an der Unterseite befindet sich der Mund. Derselbe öffnet sich nach beiden Seiten und dann scheint es, als ob sie den grünen Überzug mittels einer infolge jener Seitwärtsbewegung der Mundteile sichtbar werdenden Zunge ableckt. Dieses Organ ist nun freilich nicht eine Zunge wie die unsrige; es ist vielmehr hart, wie die Flügeldecken eines Maikäfers, und hat, wie ein Mikroskop zeigt, eine Menge zahnartiger Erhöhungen in bestimmter Anordnung (Skizze! Fig. 24), wodurch es mit einer Holzraspel viel Ähnlichkeit hat. In ähnlicher Weise, wie diese vom Menschen gebraucht wird, benutzt die Schnecke offenbar ihre Zunge. Am oberen Rande der Mundöffnung sieht man ein schwarzes, quergestelltes Hornplättchen, den Oberkiefer (Fig. 25). Wohl indem die Schnecke mit der rauhen Zungenplatte die Körper faßt und gegen diesen Oberkiefer drückt, schneidet derselbe von Blättern ein Stück ab, das die Zunge gleichzeitig in den Schlund befördert. So verzehrt sie Pflanzen, Brot, Ameiseneier, auch tote Fische, also auch tierische Stoffe.

Fig. 25.
Oberkiefer der Weinbergschnecke, aus Graber-Mit, „Leitfaden der Zoologie."

Da alle diese Stoffe erdige (Aschen-) Teile enthalten (s. Pflanzen), so erhält die Schnecke mit ihnen auch den Kalk zum Bau ihres Hauses.

In unserm Wasserbehälter, in welchem wir Fische halten, ist eine größere Anzahl Schnecken ganz nützlich, denn, wenn einmal zuviel Brot hineingeworfen ist, das durch Fäulnis die Luft im Wasser verderben würde, wird dasselbe von den Schnecken aufgesucht.

5. **Sinneswerkzeuge.** Die Schnecke hat offenbar feines Gefühl, denn wenn wir sie berühren, zieht sie ihren Körper zusammen. Besonders fein ist dasselbe in den kegelförmigen Fühlern. Vgl. Gelbrand. Zwischen den beiden Fühlern am Kopfe sind zwei weißliche Flecke zu bemerken. In der Mitte derselben sieht ein gesundes Auge einen schwarzen Punkt von der Größe einer Nadelspitze; das ist das Auge. Mit den beiden Augen sieht die Schnecke offenbar wenig, wie ein Versuch zeigt; wahrscheinlich unterscheidet sie nur Dunkelheit und Helligkeit. (Auf welche Weise sie ihre Nahrung wittert, ist mir nicht bekannt.) Gelegentlich: Wie zieht die Weinbergschnecke ihre Fühler ein? wie die Schlammschnecke?

6. **Atmung.** Von Zeit zu Zeit kommen die Schnecken an die Oberfläche. Dann zeigen sie am Rande des Hauses (der Mündung) eine trichterförmige Röhre (Fig. 23); diese führt in eine größere Höhle innerhalb des in dem Gehäuse eingeschlossenen Körperteils. (An einer getöteten Schnecke — s. oben — zu zeigen!) Die Wand dieser „Atemhöhle" ist von einer großen Menge der feinsten Adern durchzogen. Wenn durch diese Adern das Blut strömt, wird es durch die Luft in der Atemhöhle erfrischt. (Skizze!) (Das Blut kann nur von der einen Seite durch Vermittelung der Aderhaut erfrischt werden [vgl. dagegen Stichling], so kann auch verhältnismäßig wenig Luft verbraucht werden. Daher können die Schnecken lange untertauchen.) Würde die Luft aber fehlen, das Blut also nicht erfrischt werden können, so müßte das Tier an Luftmangel sterben, d. h. es würde ersticken (vgl. die vorhergehenden Tiere — — mit Ausnahme der Fische, und doch?!). Woher kommt es, daß wir die Atemöffnung nur zeitweilig sehen? (Warum ist die Röhre unter Wasser nicht offen? Warum würde „Wasseratmung" nicht genügen?)

7. **Die Entwickelung.** Wir finden in unserm Teich (und Aquarium) verschiedene glasartig-durchsichtige, wurmförmige Massen (am Glas und) an den Pflanzen. Diese Masse ist der Schneckenlaich (vgl. Frosch!). In demselben sind bald dunkle Punkte sichtbar, welche sich vergrößern und zu bewegen beginnen — es sind die jungen Schnecken. Dieselben sind von Anfang an von einem, ihrer Größe entsprechenden Gehäuse umgeben: die Natur zeigt ihnen gleich, was sie werden sollen. Nun wachsen die Tierchen, und wie sie wachsen, so wird auch ihr Haus größer (wir können sehen, wie sie [im Ei] herumkriechen), d. h. aber, sie selbst vergrößern ihr Haus, weil sie selbst größer werden. Das Haus für sich — es ist ein Kalkgehäuse — kann nicht größer wachsen, so wenig wie das steinerne Haus des Menschen; die Schnecke muß das Baumaterial liefern. Sie wird länger und stärker und scheidet an dem vordern Rande des Teiles, der fortwährend im Hause bleibt, den Kalk für das Gehäuse ab. So wie die Schnecke wächst, muß also auch ihr Haus zunehmen. — Woher aber die gewundene „Schnecken"-Form desselben? Nehmen wir ein Schneckenhaus — am besten von einer Weinbergschnecke — zur Hand, so bemerken wir auf demselben Streifen, von oben nach unten verlaufend. Dieselben bezeichnen ebensoviele Stücke der Schale, die, vielleicht infolge reichlicheren Futters teils breiter, in gewissen Zeitabschnitten angesetzt sind. Diese Streifen werden nach unten (der Spindel) zu stets schmäler, haben dagegen in der Mitte der Windung (an der Außenwand) die größte Breite. Es ist offenbar am Außenrande mehr Kalk angesetzt als an der Innenseite der Windung. Weil so der Außenrand schneller wächst als der Innenrand, muß jener sich um diesen herumlagern, es

muß eine gewundene Röhre entstehen. (Etwaige Nachbildung aus Kitt oder Lehm!) — Wenn die jungen Schnecken dem Ei entschlüpft sind, kriechen sie zumeist von der Unterseite der Blätter auf die Oberseite und verzehren zunächst die Oberhaut derselben, wenn diese nicht lederartig, oder wenn das Blatt nicht schon angefault ist.

8. **Die Schnecke als Glied des Ganzen.** Wie die Schnecke selbst alles mögliche, das ihr vorkommt, sei es frisch oder in Fäulnis übergegangen, frißt, so wird sie selbst und auch ihr Laich von allerlei Wassertieren verzehrt. Salamander, Stichlinge (zu beobachten!), Enten verzehren den Laich; Stichlinge holen mit ihrem spitzen Munde die Schnecken aus ihrem Hause, und Enten zermalmen Tier und Haus, selbst Krähen suchen sie am Strande. (So erhalten auch diese Tiere den zur Bildung ihrer Knochen erforderlichen Kalk.) Gegen solche Feinde schützt also das Haus nicht und besondere Waffen fehlen der Schnecke. Ferner sind ihre Sinnesorgane nicht geeignet, sie den Feind rechtzeitig wahrnehmen zu lassen und fliehen kann sie auch nicht. Daher fallen sehr viele Schnecken ihren Feinden zur Beute. Aber, wo sollten auch all die Schnecken hin, wenn aus jedem Ei ein Tier sich entwickelte! Eine Schnecke soll von Mai bis August gegen 20 Häufchen mit je 20—130 Eiern, im günstigsten Fall also in vier Monaten gegen 2600 Stück legen. Die Tiere würden die Pflanzen des Teiches verheeren, wie zu Zeiten die Maikäferscharen den Bäumen mitspielen. Und wie würde es alsdann den Fischen und andern Wasserluft atmenden Tieren ergehen? — Die Schlammschnecke hat noch verschiedene Verwandte. Häufig werden wir im Wasser die Tellerschnecke (Planorbis corneus) finden, deren Gehäuse gleichsam platt gedrückt ist, sodaß die Spitze sich ganz in der Mitte aller Windungen befindet. Wie wird dieses Haus wohl gebildet? Wie unterscheiden sich die Fühler 2c. von denen der Schlammschnecke? — Welche Landschnecken kennst du? An welchen Merkmalen? (Versteinerungen.)

---

11. Die Teichmuschel (Anodonta cygnea). (A. mutabilis.*)

1. Wir finden sie im Schlamm des Teiches.
2. Sie hat zwei Schalen, die sie öffnen und fest zusammenschließen kann. Unter welchen Umständen tut sie es? Zwischen den Schalen streckt sie ein Organ, den Fuß, heraus (Fig. 26), mittels dessen sie sich fortschieben kann.**) Sie hat 2 Muskeln, welche

---

*1) Nach Clessin unterscheidet man für Deutschland zwei Arten Teichmuscheln, A. mutabilis Clessin und A. complanata Ziegler. Der allgemeine Schalencharakter wird als eiförmig aufgeblasen und verlängert eiförmig aufgeblasen unterschieden. A. mutabilis ändert nach dem Aufenthalt ab. Unsere Form A. cygnea ist die größte Süßwassermuschel. Sie soll Teiche mit erdig schlammigem, aber nicht an Pflanzenhumus reichen Boden bewohnen.

**2) Mit einer Laubsäge werde von der Schale ein etwa 1 cm breites Stück abgesägt und die Muschel alsdann in Spiritus gelegt. Das Tier schrumpft zusammen und man sieht die Schließmuskeln deutlich. — Will man das Folgende klarmachen, so muß man Präparate haben. Mit einiger Geduld und Geschicklichkeit kann man solche selbst anfertigen. Man läßt mehrere

mit jedem Ende an jeder Schale festsitzen. Zieht sie dieselben zusammen, so schließen sich die Schalen: „Schließmuskeln". (Fig. 27.)

3. Die das Tier einhüllende Haut, deren Rand die Kalkschalen abscheidet, muß aus zwei Teilen bestehen (wie ein halber Bogen Papier, der in der Mitte zusammengelegt ist), denn es bildet sich nicht eine Schale, wie bei den Schnecken, sondern es entstehen deren zwei. Die Schalen wachsen (vom Schloß aus) an den Rändern, wie die Streifen in ihnen erkennen lassen. An der Verbindungsstelle der Schalen ist ein elastisches Band (wie elastisches Gummi), das vermöge seiner Elastizität die Schalen öffnet, wenn die Muskelzusammenziehung im Innern nachläßt. (Nachahmung durch Druck mit der Spitze des Daumens und des Zeigefingers!)

4. Ein Kopf ist nicht zu erkennen, überhaupt nicht vorhanden. Doch hat das Tier einen Mund (Fig. 27) zwischen den beiden Hälften eines breiten Lappens; Zähne ꝛc. sind nicht vorhanden.

Fig. 26.
Anodonta cygnea; mit dem Fuße im Sande verankert. Bei K tritt das Atemwasser ein und bei a tritt es aus. Vergl. Fig. 27. 3 u. 4. Aus Graber-Mik, Leitfaden der Zoologie.

Demnach muß die Nahrung in sehr kleinen (pflanzlichen und tierischen) Stoffteilchen bestehen, die als Nahrungsmittel der Zerkleinerung nicht bedürfen, und die dem Tier durch Wasserbewegung zugeführt werden (warum?). Kalkgewinnung aus dieser pflanzlichen Nahrung.

5. Von Sinneswerkzeugen ist kaum etwas wahrnehmbar. Indes kann das Tier sehr wohl fühlen, wie zu beobachten ist, wenn wir es berühren: es schließt die Schalen. Demnach wird es auch entsprechende Organe haben. Wenn eine lebende Muschel sich etwas geöffnet hat, so ragen Fransen zwischen den Schalen hervor. Das sind Tastorgane, Tastfäden. (Fig. 27 bei 4.) Dieselben sitzen an einer Haut, welche jederseits unter der Schalenhälfte liegt, an dem Mantel.

6. Unter den Mantelplatten liegen jederseits zwei Kiemen. (Fig. 27 doppelt schraffiert.) (Vergl. Stichling!) Die Muscheln atmen Wasserluft; sie können ja auch nicht an die Oberfläche kommen, um Luft zu schöpfen. Woher können sie nicht

---

große Muscheln in einer Kältemischung gefrieren und schneidet in der Kälte mit einem starken, scharfen Messer von der einen Seite so viel weg, bis das Gewünschte sichtbar wird. Gelingt ein Präparat weniger, so gelingt ein anderes besser. Es ist immer gut, wenn man ihrer mehrere hat: das eine läßt dieses Organ, das andere jenes Organ besser erkennen. — Das fertige Präparat wird, ehe es auftaut, in Spiritus gelegt.

längere Zeit auf dem Trocknen leben? (Vergl. Miesmuschel, Auster.) (Durch eigentümlich automatische, aber nur mikroskopisch wahrnehmbare Bewegungen von

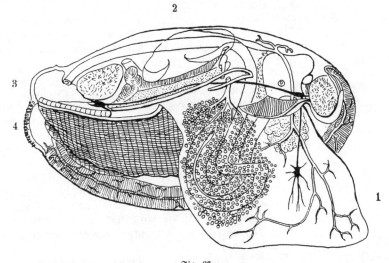

Fig. 27.
Bau der Teichmuschel; aus Hertwig, Lehrbuch der Zoologie.

Mantel und Kiemen der rechten Seite abgetragen. Eingeweide und Nervensystem etwas schematisch gezeichnet. Schwarzer Strich: Nervensystem mit Fuß-, Kopf- und hinterem (Mantel-Kiemen-Eingeweide-) Ganglion. Bei 1 Fuß. In diesem der Darm, nach oben links zu verfolgen, durchbohrt er bei 2 das Herz (schematisch) und bei 3 werden die Speisereste durch das Aftersipho ausgestoßen. Im Fuß um den Darmkanal die Geschlechtsdrüse, und oben rechts davon die linke Leber (drüsenförmig). Unter dem Herzen (gestrichelt und punktiert) die Niere. (Bojanus'sches Organ.) Links davon der hintere, entsprechend rechts im Bild, der vordere Schließmuskel. Zwischen diesem und dem Fuß liegt die Mundöffnung, die zum Magen (freies Feld links vom Muskel) führt. Bei 4 Tastfäden. Hier tritt das Atemwasser in die untere große Öffnung ein, durchfließt die Kiemen (doppelt schraffiert) und wird bei 3 durch die kleine Öffnung (Aftersipho) ausgestoßen.

härchenartigen Organen auf den Kiemenfäserchen, von Flimmerwimpern, wird das Wasser in Bewegung erhalten, so daß in sonst stillem Wasser die Kiemen doch in fortwährend strömendem Wasser sich befinden. Vergl. Flossenbewegung des Stichlings, auch wenn er still steht! S. 104.)

7. Sie erzeugen eine große Zahl von Eiern, die sie zunächst noch eine Zeit lang zwischen den Kiemen in der Schale behalten, bis sich in den Eiern Junge entwickelt haben (diese setzen sich alsdann auf dem Körper von Fischen — z. B. Karauschen — die durch den Schlamm streichen fest, werden von diesen durch das Wasser geführt, bis sie sich endlich an den Grund fallen lassen.) Fig. 28.

Fig. 28.
Glochidium von Anodonton.
Nach Balfour aus Hertwig,
Lehrbuch der Zoologie.

8. Wie die Schlammschnecke. — Welche Teile sind bei Schnecke und Muschel ähnlich?

12. Die geringelte Stechmücke (Culex annulatus).

1. **Aufenthalt und Bewegungen.** An warmen Frühlings- und Sommerabenden sieht man ganze Scharen von Mücken über dem Teich „spielen" oder fliegen. Vorbeikommende Menschen und Pferde verfolgt ein solcher Schwarm oft weite Strecken, die gleiche Schnelligkeit mit dem verfolgten Gegenstande einnehmend. Dabei schnellt die Mücke sich in die Höhe, sinkt langsam nieder, andre schnellen sich während dessen empor und so tritt die Erscheinung des „Spielens" auf. Ist es sehr windstill, so erheben sie sich höher in die Luft und die Leute sagen: „Morgen wird's Wetter gut, denn — die Schwalben fliegen hoch". Warum müßte es heißen statt „morgen wird" „heute ist" 2c.? Was haben die Schwalben mit dem Wetter zu tun? — Ist das Wetter rauher, so spielen die Mücken gern hinter einem Busch oder an einem andern windgeschützten Ort (Schwalbe S. 81). Dann ziehen sie mit der kühlen Abendluft auch wohl in ein offenstehendes Fenster unserer Schlafstube, summen uns um die Ohren und — stechen den einen so bunt, als wenn er die Masern hätte, während sie den andern ganz ungeschoren lassen. Ist das Wetter sehr windig und überhaupt sehr rauh, oder auch sehr heiß, so halten sie sich im Ried und Schilf verborgen; ein Schlag mit einem Stabe gegen dasselbe bringt sie zum Schwärmen.

2. **Bewegungswerkzeuge.** Betrachten wir eine von unseren nächtlichen Peinigerinnen, wenn sie am Morgen sich vergeblich bemüht, durch die Fensterscheiben ins Freie zu gelangen. Warum will sie nun gerade durch die Fensterscheiben und nicht durch die Wand? Sie kennt kein Glas — was soll das hier sagen?*) Wir erkennen 6 lange, seitwärts abstehende Beine, mit welchen sie aber nicht am Glase hinaufkriechen kann (denn die Krallen derselben können sich nicht in die Glasmasse festhäkeln), und zwei durchsichtige Flügel (mit braunen Punkten). Außerdem fallen uns zwei federbuschartige Fühler in die Augen. (Fig. 29. 6.) Der Körper ist dünn und lang und die Bewegungswerkzeuge finden sich an dem vordern Ende desselben. (Vgl. Gelbrand!) Mittels der Flügel schwingt sie sich an der Fensterscheibe hinauf und danach sinkt sie wieder herunter, weil sie sich am Glase nicht halten kann.

3. **Ernährung.** Sie sticht den Menschen — um ihn zu peinigen? Das ist nicht denkbar — um sich von seinem Blute zu ernähren. Aus demselben Grunde sticht sie natürlich auch Tiere. Ihr Stechorgan ist am Kopf, wie man sich überzeugen kann, wenn man eine Mücke einmal gewähren läßt.

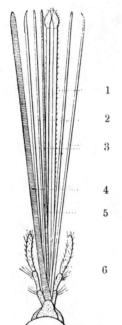

Fig. 29.
Mundteile von Culex pipiens, Gemeine Mücke.
Nach Muhr aus Hertwig, Lehrbuch der Zoologie.

---

*) Ein Sperling flog auf meinem Schulkorridor mit solcher Gewalt gegen die Fensterscheibe, daß er den Schnabel brach und (wohl infolge von Gehirnverletzung) bald starb. Ähnliche Beispiele!

(Es besteht aus der Unterlippe (1) Fig. 30, welche eine Rinne hat, in der in der Ruhelage die Stechborsten, hier fünf, liegen. Gleich einem Deckel legt sich die Oberlippe (4) über die Rinne. Die zwei Paar Stechborsten (2 und 3, Oberkiefer und Unterkiefer) sind an der Spitze gezähnt und mit Widerhaken versehen. Diese vier bilden den Stechapparat. Die fünfte Borste bildet mit der Oberlippe das Saugrohr.) Sie macht eine Wunde und saugt das Blut. (Vgl. Larve des Gelbrands!)

Doch gilt dieses nur vom Weibchen. Dabei sollen die Mücken aus dem Saugmagen (der Hefepilze enthält) einen Teil des Inhalts erbrechen und in die Wunde einführen. Hierdurch wird alsdann starker Blutzufluß nach der Wunde erzeugt und die Anschwellung veranlaßt.*)

Wenn wir indes bedenken, daß Tausende und wieder Tausende von Mücken herumschwärmen — wo stillen sie ihren Blutdurst? — so müssen wir annehmen, daß sie auch andere Nahrung zu sich nehmen — sie nähren sich auch mit Pflanzensäften.

4. Sinne. Warum sucht die Mücke, um ins Freie zu gelangen, das Fenster auf? Sie muß sehen können. Allerdings hat sie zwei Augen am Kopf, die aber natürlich sehr klein sind. Doch kann sie jedenfalls Licht und Finsternis unterscheiden. Aber wie findet sie den schlafenden Menschen im Bett, gerade wenn es dunkel ist? Warum sammelt der Schwarm sich gerade um einen Menschen und nicht etwa um eine Pumpe? Worin kann es begründet sein, daß man sie mit Tabaksrauch verjagen kann? Warum wird der eine Mensch so sehr von ihnen gepeinigt, während der andere unbehelligt bleibt? — Die Mücken müssen riechen können. Freilich, eine Nase gleich unserer haben sie nicht. Aber es ist am Ende doch auch nicht erforderlich, daß die eine Nase (d. h. das Riechwerkzeug) genau wie die andere ist. Mit welchem Organ konnte der Gelbrand sozusagen riechen, ich meine seine Nahrung wahrnehmen? Die Mücke hat auch Fühler. Sollte es erst nötig sein, daß sie dich mit ihren Fühlern betastet, um zu fühlen, daß du ein Mensch bist, von dessen Blut sie sich nähren kann? Die „Fühler" werden ihr viel mehr zum „Wittern" als zum Fühlen dienen. So schließen wir. Und es ist richtig: sie sind Tast- und Geruchsorgane zugleich.

5. Die Vermehrung. Schwalben und Störche besuchen den Teich, weil sie in seiner Nähe ihre Nahrung finden. Die Mücken aber? — Die eigene Erhaltung treibt jene dahin; sich zu erhalten, stürzt der Frosch sich in das tiefste

---

*2) Es wird einerseits Zitronensaft (Leunis), andrerseits Ammoniak (Salmiakgeist) gegen Mücken- und Bienenstich empfohlen — zwei Mittel, von welchen man entgegengesetzte Wirkungen erwarten sollte. Gegen Bienen- und Wespenstich habe ich vielfach — und mit Erfolg, noch in zwei Fällen während des Kinderfestes im verflossenen Sommer 1883 — Tabaksaft angewandt (ammoniakalisch). Ist der ausgepreßte Zigarrensaft auch nicht eben ein appetitliches Mittel, so lassen selbst Mädchen sich das Mittel sehr gerne gefallen, wenn sie erst wissen, daß es hilft gegen den Schmerz. Wird es sogleich angewandt, so schwillt die Stichwunde kaum oder gar nicht an, der Schmerz aber wird jedenfalls, fast augenblicklich, gelindert. Ausflüge geben öfter Gelegenheit, das Mittel anzuwenden, auch gegen Verletzungen durch Brennnesseln.

Waſſer. Aber der Froſch wie der Stichling, wie die Kaſtanie (u. dgl.) haben eine zweite Aufgabe: ſie ſorgen dafür, daß ihre Art nicht ausſtirbt; die Kaſtanie trägt Samen, der Froſch legt Eier. Sie ſorgen für die Erhaltung ihrer ſelbſt und für die Erhaltung ihrer Art. In den Störchen und Schwalben erkennen wir den Trieb zur Selbſterhaltung als Urſache, weshalb ſie den Teich beſuchen; in den braunen Landfröſchen und den Laubfröſchen (auch Kröten) den Trieb zur Erhaltung der Art als Grund zu ihrem zeitweiligen Beſuch des Teiches. Was mag bei den Mücken die zutreffende Urſache ſein?*) —

Sie legen die Eier (Fig. 30, 1) auf den Waſſerſpiegel. (Dieſelben ſind zylindriſch und werden ſo aneinander geklebt, daß ſie mit konvexer Grundfläche wie ein Kahn auf dem Waſſer ſchwimmen (2) und in bewegtem Waſſer wieder an die Oberfläche auftauchen und dieſelbe Lage einnehmen. Jedes Ei hat am unteren Ende einen eigentümlichen Anhang (3), den man als Schwimmorgan deutet. An dieſem Ende (4) ſchlüpft auch die Brut aus). Es entſtehen aber aus den Eiern Tierchen, die durchaus keine Ähnlichkeit mit den Mücken haben. Dieſelben haben weder Flügel noch Beine, ſind bei einer Länge von etwa 1 cm an dem einen Ende, dem Kopfe, wo ſich zwei Anhängſel (Fühler) zeigen (5 unten), dicker

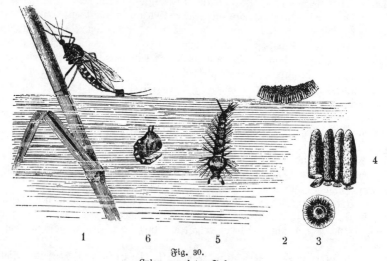

Fig. 30.
Culex annulatus Fabr.
1. Mücke, Eier legend. 2. Kahnförmiger Eihaufen ſchwimmend. 5. Larve. 6. Puppe.
(Nach Dr. Voſſeler aus Lampert, Leben der Binnengewäſſer.)

als an dem andern Ende, von welchem ſich ſeitwärts ebenfalls ein Anhängſel abzweigt. Wir finden dieſe Larven zu Zeiten tauſendfach in den ſtehenden Gewäſſern, ſelbſt in Regentonnen und ſehen, wie ſie durch Krümmung des Körpers ſich im Waſſer fortſchnellen, ſteigen und ſinken, eben wie die Mücken in der Luft. Bei ſtillem

---

*3) Könnte es vielleicht eine Erinnerung an ihr Jugendleben ſein? Vgl. Ente!

sonnigen Wetter sehen wir sie ebensozahlreich an den Oberflächen der Gewässer, den Kopf nach unten hängend, während das Anhängsel des Schwanzendes (es ist das Atemrohr, durch welches sie Luft einnehmen) über die Oberfläche emporragt. Wo haben wir Ähnliches beobachtet? — Die Larven häuten sich — wir finden auch viele Häute in den betreffenden Gewässern — und aus ihnen entwickelt sich schon im Mai eine Puppe (6), die einem karthesianischen Teufelchen nicht unähnlich erscheint, sofern sie auf einem dicken Kopfe zwei Hörner zeigt. Die Puppe braucht diese, um Luft zu schöpfen — es sind zwei Atmungsröhren. — Aus dieser Puppe entwickelt sich nun die Mücke.*)

6. **Die Mücke als Glied der Gemeinschaft.** Plagt die Mücke uns Menschen und auch die Tiere, so wird sie wiederum nicht bloß geplagt, sondern „mit Haut und Haaren" verzehrt — von verschiedenen Tieren. Sie sind die vorzüglichste Lockspeise, welche die Schwalben zum Besuch des Teiches reizt, und tausend müssen dieselben natürlich erhaschen, bis sie satt sind. Vgl. die Größe des Schwalbenkörpers (und =Magens) mit der einer Mücke. Außer den Schwalben stellen ihnen noch andere Vögel nach (z. B. Bachstelzen — kennst du mehr?) ferner, wenn sie am Grase sich ausruhen, die Frösche. Und schon die Larven und Puppen werden von Salamandern, von Stichlingen und wohl allen andern kleineren Fischen gierig verschlungen, wie „der Kampf ums Dasein" im Aquarium zeigt. So heißt es auch hier: „Denn ich bin groß und du bist klein", während die Mücken zum Menschen sprechen: Freilich bin ich nur klein ec. Viel eindringlicher sollen sie, oder vielmehr eine verwandte Art, die letztere Wahrheit den Menschen in der heißen Zone zu Gemüte führen — ich denke an die Moskitos, die manche Gegenden unbewohnbar machen sollen, besonders an den Strömen des heißen Amerika.**) Wohl ist der Mensch Herr der Erde, aber — er muß sich fügen. (Sümpfe austrocknen).

---

13. Der gemeine Rückenschwimmer (Notonecta glauca).

1. **Aufenthalt und Bewegungen.** Er hat seinen Namen von seiner Gewohnheit, auf dem Rücken zu schwimmen. Besonders an warmen, sonnigen Stellen des Teiches finden wir ihn häufig, dicht unter der Oberfläche des Wassers

---

*4) Die ausgekrochene Mücke soll sich noch eine Zeitlang auf der Puppenhülle aufhalten (vgl. später Libelle!) und dann davonfliegen. Die Tiere werden von den Fischen ec. verzehrt. — Man fängt Larven und Puppen leicht in kleinen stehenden Gewässern. Der feinmaschige (Tüll=) Ketscher muß auch in diesem Falle umgekehrt und die Tierchen müssen so in einem Gefäße mit Wasser herausgespült werden, damit sie durch Anfassen nicht leiden.

**5) Doch werden die Moskitos einen Menschen kaum ärger zurichten können als unsere Stechmücken meinen elfjährigen Sohn tätowiert hatten, der an dem bei der „Schwalbe" erwähnten Binnengewässer einige Tage wohnte. — Werden die Eingebornen in demselben Maße geplagt wie Fremde?

rastend oder lauernd. Wenn wir ihn selbst vielleicht noch nicht wahrnehmen, denn er ist von dunkler Farbe, sehen wir an der Oberfläche des Wassers drei, bisweilen fünf punktartige Vertiefungen, wie die Spiegelung des Wassers erkennen läßt. Sie rühren her von dem hintern Ende des Körpers und zwei oder vier Füßen, welche die Oberfläche berühren und in derselben eine Vertiefung verursachen, als wenn man eine Nähnadel (behutsam wagerecht aufgelegt!) auf dem Wasser schwimmen läßt. (Vgl. Gelbrand und Schnecke!) Wir müssen uns vorsichtig nähern, sonst verschwindet das Tier in die Tiefe. Haben wir den Rückenschwimmer in einem Wassergefäß, so flieht er schon,

Fig. 31.
Notonecta glauca, Rückenschwimmer.
Die Hinterbeine, zweireihig behaart, dienen zum Rudern. Aus Leunis, Handbuch der Zoologie.

wenn eine Hand über demselben erscheint. So lange er ruht, hat er die Hinterbeine rechtwinklig von sich gestreckt. Dieselben sind an ihren letzten Gliedern federartig behaart. Er benutzt sie zum Schwimmen, indem er mit ihnen kräftig gegen das Wasser schlägt, und zwar mit beiden zugleich (vgl. Gelbrand!). Dieselben Bewegungen macht er auf dem Trockenen (vgl. Stichling!) und schnellt sich dann hüpfend fort.

2. Einrichtung.*) An diesem toten Rückenschwimmer erkennen wir vor allem zunächst 4 Flügel, die im Wasser zu beachten wir nicht Gelegenheit hatten. Die vordern beiden sind mehr papier- oder pergamentartig, die hintern sind klar, mit Adern durchzogen. Wir schließen nicht mit Unrecht, daß er auch fliegen kann, wenn wir's auch nicht eben beobachtet haben. Er tuts in der Nacht. (Vgl. Gelbrand, Taumelkäfer!) Warum fliegt er aus dem (glatten) Glasgefäß nicht fort? Er hat ferner 6 Beine, von welchen die letzten am längsten sind und an ihrem hintern Rande zwei Reihen dichtstehende Haare tragen. Wozu dienen sie ihm wohl? (Vgl. Gelbrand!) Die beiden vordern Paare haben Krallen — ob er die auch wohl gebraucht? Wir bemerken seitwärts am Kopfe ein paar große dunkle Augen, von oben nach unten länglich. Und unten am Kopfe sehen wir ein tutenförmiges (kegelförmiges), spitzes Organ sich an die Brust legen; dies ist der Rüssel. Daß der Kopf vorne und also auch wohl der Rüssel recht hart sind, kann man hören, wenn die Tiere bisweilen schwimmend gegen die Gefäßwand anstoßen. — Der Nachleib endet in ein paar Spitzen und ist dicht

---

*) Ein Exemplar werde in ein trockenes Gefäß gebracht und durch kochendes Wasser getötet. Herausgenommen, werden die Flügel mittels zweier Nadeln auseinander gebogen und, falls sie wieder zusammenklappen, auf einem Brettchen mittels ein paar eingesteckter Nadeln festgehalten. Im letztern Fall lege man jedoch das Tier auf den Rücken, damit man Gelegenheit habe, auch noch die Füße und den Schnabel etwas auszulegen. Geht es nicht anders, so durchsticht man den Körper mit einer Nadel, die zugleich in die Unterlage (das Brettchen) etwas hineingetrieben wird. So läßt man das Tier trocknen.

behaart. Wie kann er sich mittels der Füße und dieses Körperendes an der Oberfläche ruhig halten?

3. **Ernährung.***) Der Rückenschwimmer ist ein arger Räuber. Er sucht unter seine Beute zu gelangen; er schwimmt meist auf dem Rücken und die Tiere sind an der Bauchseite mit weicherer, dünnerer Haut bekleidet. Wozu gebraucht er dann die beiden vordern Fußpaare? Wozu den Rüssel? Warum legt er den während des Schwimmens unter die Brust zurück? Welcher Unterschied von der Ernährungsweise des Gelbrandes ist zu bemerken? (Feste — flüssige Stoffe!) Ähnlichkeit mit der seiner Larve!

4. **Sinne.** Offenbar ist der Gesichtssinn sehr entwickelt. Woraus ist das zu erkennen? Die Augen reichen weit nach oben auf den Kopf und auch weit nach unten. So sieht er, wenn er auf dem Rücken liegt, nach oben und unten (vgl. Taumelkäfer), späht nach Beute und achtet auf Gefahr. Fühler sind nicht zu erkennen, sie sind fürs bloße Auge zu klein. Ob er sie bei seiner Ernährungsweise würde gebrauchen können? Andere Sinne?

5. **Atmung.** Was atmet er wohl und wie? Woraus zu schließen? (Taumelkäfer ꝛc.)

6. **Entwickelung.** Die Rückenschwimmer legen Eier ins Wasser, aus welchen sich ähnliche Tierchen wie die Rückenschwimmer selbst entwickeln, aber ohne Flügel. Die Larven erhalten mehrmals eine neue Haut und gehen zuletzt aus der alten mit ausgebildeten Flügeln hervor. Vgl. mit Gelbrand! Welcher Zustand fehlt ihnen? Unvollständige Verwandlung. Vgl. Wassersalamander. Den Winter über halten sie sich im Schlamm auf — sind erstarrt.

7. **Der Rückenschwimmer als Glied des Ganzen.** S. Gelbrand! In unsern Fischteichen haben wir ihn nicht gern; denn er nimmt uns unsre Nahrung. Ein Rückenschwimmer tötete an einem Tage einen Stichling, am andern deren zwei. Da er sie nicht ganz verzehren kann (warum nicht?), so sorgt er wiederum für andere Tiere, z. B. für Wasserkäfer, Schnecken ꝛc. Der eine Stichling war von der Schlammschnecke „weiß abgesogen"; sie hatte ihn, offenbar weil er noch zu frisch war, nicht verzehren können. — Er kann auch den Finger verwunden — womit? — Wie müssen solche Verwandte (Wanzen), die auf Pflanzen von kleinen Tieren leben, wohl abgeändert sein? Was müssen sie mit dem Rückenschwimmer gemeinsam haben? Prüfung durch Beobachtungen.

---

14. Der Wasserskorpion (Nepa cinerea).

1. Er hält sich lauernd im Schlamme am Rande des Teiches auf. In welcher Farbe erscheint er? Welche Bewegung führt er nicht aus? (Denke an den Gelbrand, den Rückenschwimmer!) Welche bemerkst du?

---

*2) Bringt man Rückenschwimmer mit kleinen Fischen, Froschlarven u. dgl. Tieren zusammen, so kann ihr Räuberwesen beobachtet werden. In einem permanenten Aquarium darf man sie ebensowenig wie Gelbrand und Wasserskorpion halten; sie verheeren es.

2. Welche Arten Bewegungswerkzeuge hat er? (Welche Farbe zeigt der Körper eines präparierten Exemplars?) Ähnlichkeit der Flügel mit denen des Rückenschwimmers!

Fig. 32.
aus Claus, Lehrbuch der Zoologie.

Fig. 33
Ei des Wasserskorpions.
Es wird an Pflanzenstengel oder in dieselben gelegt. Die Fäden sollen dem Ei Luft zuführen. Vergr. 7fach. Aus Lampert, Leben der Binnengewässer. Originalzeichnung v. Dr. Vosseler.

Welchen Unterschied zeigt die Vergleichung der Hinterbeine beider Tiere? Folgerung (in Übereinstimmung mit obiger Beobachtung!) Welchen die Vorderbeine? Wozu gebraucht er diese? (Das untere oder vordere Glied kann er in eine rillenartige Vertiefung des obern Gliedes legen, wie wir ein Taschenmesser in das Heft einklappen.) Ein anderes Tier, das vorne auch ähnlich aussehende Organe hat, ist der Skorpion: „Wasserskorpion". (Vgl., wenn möglich, den Bücherskorpion!) Laß nicht deinen Finger packen!

3. Wie vorhin. Inwiefern muß die Ernährungsweise eine andre sein?

4. Welcher Unterschied ist hinsichtlich des Gesichtssinnes zu bemerken? Womit hängt das zusammen?

5. Ein „Schwanz" wird aufgefallen sein, das Atmungsrohr. Wie wird es benutzt? (Mückenlarve.)

6. und 7. wie vorhin.

---

15. Wasserläufer (Hydrometra).

Fig. 34.

1. „Nicht anders, wie im Winter eine lustige Gesellschaft gewandter Schlittschuhläufer sich auf dem Eise tummelt, so laufen diese lang- und dünnbeinigen Wanzen ohne Eisbahn und ohne Eisen unter den Füßen auf dem ruhigstehenden, von der Sonne beschienenen Wasserspiegel von einem Punkte auseinander, nach einem andern zusammen, kreuz und quer sich jagend und wiederum an einer Stelle sich einigend." (Brehm.) Sie werden in der Tat in einigen Gegenden (Schleswig-Holstein) vom Volke „Schlittschuhläufer" genannt. Ihr munteres Treiben auf der Oberfläche des Wassers bildet einen freundlichen Gegensatz zu dem trägen Dahinschleichen der Wasserskorpione am Grunde und erinnert an das Treiben der Taumelkäfer. Schlage mit dem Stab zwischen ein Rudel — sie stieben auseinander, um sich sogleich nachher an demselben Orte wieder zu sammeln. Suche einen mit

der Hand zu haschen — er weicht geschickt aus und zu rechter Zeit. Wo die Füße das Wasser berühren, machen dieselben einen Eindruck in die Oberfläche (vgl. Rückenschwimmer!). Warum aber sinken sie nicht unter?

2.*) Diese Wasserläufer sind unter Wasser gekommen; sie können sich nicht auf die Oberfläche erheben, sondern bleiben ganz oder teilweise unter Wasser. Wir bringen sie im warmen Sonnenschein aufs Trockne. Bald können sie sich ebensogut wie vorhin auf dem Wasser tummeln. (Man setze sie zunächst auf ein schwimmendes Brettchen!) Wenn sie einmal naß geworden sind, können sie sich auf der Oberfläche des Wassers nicht halten. Haare an der Unterseite des Körpers = Federn am Bauch der Ente (eingeschlossene Luft). Und die Füße? (Alle Beine sind dicht borstig behaart.) Halte Wasserläufer in einer Schüssel, in deren Mitte ein Stein eine Insel bildet! Sie können auch fliegen. Womit?

3. Welches mag der Zweck ihres Umherjagens sein? Vgl. die Füße! (Starke Vorderbeine zum Anschlagen mit starker Klaue am Ende.) 2 Augen. Nahrung für Schwalben u. s. w.

16. Wasserjungfern, Libellen (Libellula depressa).
(Der gemeine Plattbauch.)**)

1. Aufenthalt und Bewegungen. In wildem Fluge wie es scheint, bald nach dieser, bald nach jener Seite hin plötzlich die Richtung verlassend, schwirren die Wasserjungfern über dem Teiche dahin; doch begegnen sie uns auch häufig auf den Landwegen. Nicht oft finden wir sie bei schönem Wetter ruhend auf Pflanzen sitzend. Sie gleichen in dieser Lebensweise den Schwalben. Und wie die Schwalben die Aufmerksamkeit der Menschen auf sich gezogen haben, so

---

*1) Einige in einem Glase gefangene Exemplare werden, scheinbar unabsichtlich (nötigenfalls stärker, wenn die Kinder es nicht sehen) mit dem Wasser geschüttelt, bis sie unter Wasser sind; aber man lasse sie nicht ertrinken! (Ertrinkt einer, so ist es ein Beleg, daß der Wasserläufer Luft atmet.)

**1) Es wird der gemeine Plattbauch für die Einzelbetrachtung hier zugrunde gelegt. Wo vielleicht Schmaljungfern (Aeschna) oder Schlankjungfern (Agrion) der Beobachtung zugänglich sind, wird man diese leicht einsetzen können. Die Larven von Libellula (u. Agrion) haben eine gewölbte Maske (Helmmaske), (Fig. 35. 2 und 36. 1), von Aeschna eine flache (Fig. 35. 3); beide Arten sind plattgedrückt, doch haben die ersteren mehr kurzen, gedrungenen, die letzteren langgestreckten Körper, sind aber sonst einander ähnlich. Die Larven von Agrion (Fig. 36. 3) sind dünn, von der Stärke eines Zündhölzchens und tragen am Schwanzende 3 dem Umrisse nach federartige Kiemen, bewegen sich schlängelnd (oder kriechend) durchs Wasser — leben mehr zwischen Wasserpflanzen, während jene sich mehr am Grunde aufhalten. — Im April oder Mai, auch noch später kann man Larven von Aeschna und Libellula fischen, wenn man mit dem Ketscher auf dem schlammigen Grund eines Grabens, einer Lache, des Teiches hinstreicht und dann den Inhalt des Fangnetzes ausschüttet,

sind auch die Wasserjungfern im ganzen deutschen Vaterland und viel weiter dem Volke bekannt, wie die verschiedenen Benennungen bestätigen. Wasserjungfer, Libelle, Goldschmied, Speckjungfer, Schillebold, Schmiedsknecht,

Fig. 35.
Aus Brehms Tierleben.
1. Libellula depressa.
2. Larve derselben.
2a. Larvenhaut nach dem Ausschlüpfen.
3. Larve von Aeschna.
3a. Larvenhaut derselben.

Teufelsnadel, Himmelspferd, Brettschneider, Augenstößer und vielleicht noch andere Namen sind für unsere Tierchen verschiedene volkstümliche Bezeichnungen, die bald mehr, bald weniger eine dem Volke in die Augen fallende Seite ihrer Lebensweise oder ihrer Körperbildung andeuten. — Bei naßkaltem Wetter sind Plattbäuche häufiger ruhend zu finden und zwar mit ausgebreiteten Flügeln (im Gegensatz zu Agrion); sie sind dann auch leichter mit den Händen zu greifen; bei sonnigem Wetter ist es kaum möglich sie zu haschen, und willst du sie mit der Mütze oder selbst einem Fangnetze fangen, so wissen sie sehr geschickt auszuweichen. (Vgl. Schwalbe.) Sie zeigen auch (wie die Schwalben) eine sehr bemerkenswerte Ausdauer im Fliegen, wie schon aus dem Umstande zu schließen ist, daß ihrer viele gemeinsam weite Wanderungen unternehmen. Am 6. Juli 1884, abends 6 Uhr, passierte ein solcher Schwarm während etwa einer Viertelstunde die Stadt Kiel in südwest=nordöstlicher Richtung. Auch in dem 30 km (4 Meilen) südwestlich gelegenen Neumünster und der noch 34 km (beinahe 5 Meilen) weiter südwestlich gelegenen Stadt Itzehoe, sowie ferner auf der etwa 65 km

---

um denselben zu untersuchen. Man kann die Larven ins Aquarium bringen (Agrion-Larven werden von den Fischen verzehrt) und mit Wasserinsekten 2c., auch kleinen Regenwürmern füttern; letzteres Futter läßt häufig die Ergreifung der Beute beobachten. — Gegenstände, an denen die Larve aus dem Wasser in die Luft zur Verpuppung kriechen kann, müssen im Aquarium vorhanden sein.

entfernten Insel Femarn waren (— aber wann? —) zahllose Libellen beobachtet. Wenn der an den vier Orten beobachtete Schwarm derselbe war, so haben die Tiere einen Weg von über 100 km zurückgelegt.*)

2. **Körperteile.** Sie haben vier große, durchsichtige, von Adern durchzogene Flügel, die nur am Grunde dunkler gefärbt sind. Im Verhältnis zu ihnen sind die sechs Beine nur schwach. Wie stimmt das zu ihrer Lebensweise?

---

*2) Neben der Frage: Was für Tiere sind das? hörte ich mehrfach aus dem Munde der zusehenden Leute: „Wo kommen sie her? Wo ziehen sie hin? Warum?" Sind diese Fragen berechtigt, wenn man Tausende und abermals Tausende von Libellen über sich hinziehen sieht? Wie erhalten diese Tiere unterwegs die in nicht geringer Quantität erforderliche Nahrung? Wie werden sie sich einig zu einem gemeinschaftlichen Zuge? Solche und andere Fragen setze ich im Stillen hinzu. Alle diese Fragen mußten unbeantwortet bleiben, so sehr diese Erscheinung auch das Volk interessiert und so sehr die Beantwortung jener Fragen entschieden geeignet wäre, aufs neue die Beziehung zwischen Ursache und Wirkung auch in der organischen Natur zu erläutern. Die Nachrichten, die aus den erwähnten Orten stammten, waren eben teils zu ungenau, teils (nach meiner Meinung) unzuverlässig, teils umfaßten sie einen zu kleinen Distrikt. Es fehlten genaue Zeitangaben, auch wohl Angabe der Richtung des Zuges, der Windrichtung rc. Von Femarn wurde geschrieben, daß der Schwarm aus Aeschna grandis bestanden habe. Waren sie dort genauer untersucht? In Neumünster meinte man einen Schwarm Heuschrecken zu sehen. Hier in Kiel flogen sie etwa 8 bis 30 m (nach Höhe der Häuser taxiert) hoch und ich hielt sie, allerdings entschieden, für eine Plattbauchart; ich konnte indes keine fangen, also auch nur eine Meinung äußern. Die Richtung Itzehoe—Neumünster ist nordöstlich, mehr nach Osten, Neumünster—Kiel nordnordöstlich, dagegen Kiel—Femarn fast rein östlich. Sollte nun der Schwarm in dieser Zickzacklinie geflogen sein? Wenn er bei Kiel, wo er die See erreicht, nach Osten ablenkt, so wäre dies erklärlich, aber für eine Richtungsänderung in Neumünster läßt sich schwerlich ein Grund finden. Vielmehr läßt sich annehmen, daß der Schwarm Neumünster nur gestreift hat, indem er in gerader Linie von Itzehoe nordöstlich flog, daß die Hauptmasse desselben westlich an Neumünster vorbeigeflogen ist. Dann aber muß der Schwarm 3—5 km breit gewesen sein — dabei eine Viertelstunde lang! Wie viele Millionen Individuen wären in demselben gewesen! Und nun: Wo kommen sie her? rc. Doch obiges ist eine vollständig unsichere Kombination, weil — genaue Daten fehlen. — Und nun ein Wort speziell an die Kollegen. Wer ist besser imstande, wer mehr dazu berufen, über derartige Erscheinungen zu berichten, als wir Lehrer? Senden wir also doch bei solchen Gelegenheiten einen kurzen genauen Bericht über beobachtete Tatsachen an öffentliche Blätter (oder machen mindestens Notizen, die gelegentlich zu verwerten sind). Das Opfer einer Postkarte ist doch nicht zu groß für einen Dienst, den man damit der Wissenschaft leistet. Dieser eine Fall zeigt, daß wir zusammen unter Umständen ebensoviel oder mehr leisten können, als gelehrte Professoren. Können wir nicht Wissenschaftler sein, so können wir doch der Wissenschaft dienen.

— 128 —

(Vgl. Schwalbe!) An den Füßen haben sie Krallen — wozu benutzen sie dieselben? — und die Beine sind mit zwei Reihen abstehender borstenartiger Haare besetzt (s. 3!). — Der eigentliche Körper besteht aus Kopf, Brust und Nachleib. Die Bewegungswerkzeuge sitzen an der Brust. Am Kopfe treten vor allem die großen, oben sich berührenden Augen hervor, die vielleicht schon einem gesunden menschlichen Auge (jedenfalls einem mit einer zweimal vergrößernden Lupe bewaffneten) im Sonnenlicht ein feinmaschiges Muster zeigen. Es sind Netzaugen (wie alle Insekten sie haben). Wozu gebrauchen sie dieselben wohl? Warum so groß? Vor den Augen erkennt man mit einiger Mühe die feinen fädlichen Fühler — wird sie wohl wenig gebraucht! — Der übrige Körper ist geringelt; in jedem Ringe befindet sich jederseits ein Atemloch. Warum heißt das Tier Plattbauch?

3. Ernährung. Die Ähnlichkeit in Aufenthalt und Bewegungen mit der Schwalbe läßt eine ähnliche Ernährungsweise vermuten. Untersuchen wir, ob auch ihre Körpereinrichtung dieser Vermutung Raum gewährt. Sie nähren sich von kleinen Tieren. Vor Jahren hatten wir in der Schule eine Wasserjungfer — es war wohl eine Schmaljungfer (Aeschna). Das Mädchen, das sie an den Flügeln zwischen den Fingern hielt, erzählte mir, daß das Tier eine Fliege verzehrt habe, und danach sah ich, daß es in derselben Lage noch acht Fliegen zu sich nahm. Wie werden die Libellen nun in der Freiheit ihre Beute erlangen? Wie die Schwalben sehen wir auch sie wenig sitzen, sondern meist ruhelos umher-

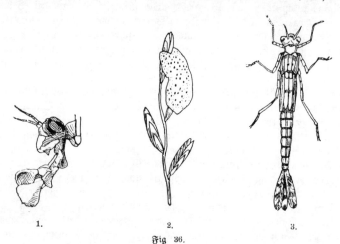

Fig 36.
Aus Lampert, Leben der Binnengewässer. Originalzeichnungen von Dr. Vosseler.
1. Helmmaske von Cordulia (Libellula, Agrion).
2. Laich von Libellula (natürl. Größe).
3. Nymphe von Agrion (kurz vor dem Ausschlüpfen). Vergrößert.

jagen. Auch ihre Flügel sind bei weitem stärker ausgebildet, als die andern Bewegungswerkzeuge, die Beine. Auch sie werden ihre Beute nicht laufend ergreifen, sondern fliegend. Ihre großen, seitwärts und nach oben stark vorspringenden Augen gestatten ein Spähen nach allen Seiten und erleichtert wird dasselbe noch durch die große Beweglichkeit des Kopfes, der nur durch einen dünnen Faden mit der Brust verbunden ist. Und erinnern wir uns der zwei Zeilen Borsten an den Beinen, so werden wir denken, daß sie auch die Beine beim Fang benutzen können — inwiefern wohl? Daß die Fühler als Tastwerkzeuge nicht von großem Nutzen sein werden und demgemäß wenig ausgebildet sind, ist nun auch erklärlich; denn die Fliege oder Mücke wird kaum so lange warten, bis die Libelle sich durch Betasten überzeugt hat, sie habe einen fetten Bissen vor sich. Nun können wir uns erklären, warum sie in raschem Fluge an denselben Örtlichkeiten wie die Schwalbe dahinschwirrt. — Wie diese ihre Füße zum Anklammern gebraucht, so hält sie sich mit ihren Krallen auf Blättern, an Baumstämmen ꝛc.

4. Atmung wie Gelbrand. Luftlöcher seitwärts.

5. Entwicklung. Sie legen ihre Eier als Gallertklumpen (Fig. 36, 2) etwa im August, auf Wasserpflanzen (Agrion in das Gewebe), wie man vermuten kann. (Betreffende Pflanzen sind zu sammeln und im Wasserbehälter lebend aufzubewahren.) Aus den Eiern entwickeln sich Larven, die im Wasser ein Räuberleben führen, wie ihre Eltern über demselben. Die Larven sind in ihrer Gestalt im ganzen den Eltern ähnlich; aber da sie im Wasser leben, muß ihre Einrichtung von der der Libellen verschieden sein, vor allem natürlich die Einrichtung zum Atmen. Die Larven kommen nur selten an die Oberfläche des Wassers, um mit dem Ende des Nachleibes Luft zu schöpfen. (Vgl. Fische, die auch zuweilen Luft schnappen.) Haben wir sie in einem weißen Teller, an dessen Grunde etwas Schlamm (nebst algenartigen Pflanzen) liegt, so ist zu erkennen, wie sie in gewissen Pausen Wasser aus dem Nachleib ausstoßen (warum), das sie offenbar vorher eingesogen haben müssen. Der Nachleib nämlich weitet und verengt sich rhythmisch und zwar in der Richtung von oben nach unten, was man natürlich am deutlichsten sieht, wenn man das Tier von der Seite betrachtet. Die Larven atmen mit dem Nachleib Wasserluft, wie Fische mit dem Munde. (Dagegen Agrion-Larve, Fig. 36, 3.) — Im Wasser können sie keine Flügel gebrauchen; sie haben auch nur vier Flügelstumpfe auf dem Rücken, die noch von einer Haut umschlossen sind, in einer „Flügelscheide" liegen. Wohl aber haben sie sechs, und zwar bekrallte Beine an dem Bruststück. Das Merkwürdigste und Abweichendste ist aber die Bildung des Mundes. Dem einen Tier dienen die Kiefer zur Ergreifung der Beute (welchem?), dem andern die Vorderbeine — welchem? usw. Womit ergriff der Frosch die Tiere? Die Natur ist eben unerschöpflich in ihren Abänderungen, obgleich sie immer dasselbe Ziel, die Erhaltung des Tieres, aber je nach seiner Eigenart, vor Augen hat. Denkt euch, die Unterlippe oder der Unterkiefer des Frosches wäre so lang vorgezogen, daß er die Verlängerung derselben unter die Brust zurückklappen könnte (durch Bezeichnung am Lehrer selbst etwa verdeutlicht!), daß hier aber noch ein Stück angesetzt sei, welches wieder armförmig nach vorne reichte und so breit wäre, daß das ganze Gesicht wie von einer Maske verdeckt wäre: dann könnt ihr euch die Fangeinrichtung einer Libellenlarve vorstellen. Diese hier scheint gar keinen Mund zu haben — die Maske bedeckt den ganzen vordern Teil des Kopfes; diese aber*) zeigt, wie die Larve die Maske

---

*) Zwei Larven sind in kochendem Wasser getötet und dann ist einer mittels einer (zwei) Nadel die Maske zurückgeschlagen (nötigenfalls festgesteckt) und die Mundteile — besonders Kiefer — sind bloßgelegt.

armartig ausstrecken kann. (Fig. 35 und 36.) Zugleich sehen wir an derselben ein paar Spitzen, die scherenförmig ineinander greifen. (Fig 35, 3.) Sieht sie nun — und ihre großen Augen ermöglichen ihr es — ein lebendes Tier in der Nähe, so schnellt sie ihre armförmig gebogene Unterlippe hervor (wie der Frosch seine Zunge), packt dasselbe mit den scherenförmigen Organen und führt es zu dem frei gewordenen Munde. (Zu beobachten, wenn Regenwürmer oder junge Fische, Larven von Fröschen oder Salamandern ergriffen werden.*) Da die Larven also vielmehr auf Beute lauern als zum Fang derselben ausgehen, so brauchen sie nicht zu schwimmen (oder umgekehrt, da sie nicht schwimmen können, denn sie haben nicht Schwimmorgane, so müssen sie ihrer Beute auflauern.**) Die Krallen an den Füßen benutzen die Larven auch dazu, um an Gegenständen des Teiches, z. B. Schachtelhalmen, Rohr u. dgl., empor an die Luft zu klettern und sich dann festzuhäkeln (sie gehen auch ans Ufer ins Gras, wie zurückbleibende Häute zeigen), damit aus ihrer Hülle die luftatmenden Libellen sich emporschwingen können. Ist nämlich die Larve reif (d. h.? — Der Same fällt zur Erde, wohin er gehört; die Larve geht an die Luft, wohin sie gehört), so setzt sie sich Ende Mai oder früher, je nach dem Grade der bisherigen Temperatur, an irgend einem Gegenstande außerhalb des Wassers fest. (Vgl. Mücke!) Nachdem das Tier hier etwa eine halbe Stunde regungslos gesessen und nur zeitweilig die Flügelstummel und das Schwanzende ein wenig gehoben hat, birst die Haut auf dem Rücken zwischen Kopf und Flügeln und der darunter liegende Teil befreit sich in buckelartiger Gestalt zuerst aus der Hülle. Danach platzt auch die Kopfdecke, und der Kopf wird nachgezogen. Der Nachleib folgt während periodischer Zuckungen nach, während das Kopfende rücklings abwärts hängt. Wenn der Nachleib vielleicht noch zu $1/4$ in der Hülle steckt, richtet das Tier den herabhängenden vordern Teil empor, krallt sich mit den Füßen an die Puppenhülle und befreit sich nun vollständig aus derselben. — Die Flügel bilden im Anfang eine zusammengeknitterte braune Masse, die indes bald einen faltig zusammengelegten braunen Saum zeigt; dies sind die Adern. Indem diese voll Luft gepumpt werden, beginnen die Flügel

*4) Man kann sie auch mit Ameiseneiern oder Fleisch füttern.

5) Für **Naturbeobachtung ist der eine Schluß nicht minder berechtigt als der andere, wenn auch nach dem heutigen Standpunkt der Naturwissenschaft nicht gleichermaßen berechtigt für die Natur**philosophie**. Wir haben hier mit der Beobachtung zu tun, und da wird es vollständig genügen, aber auch erforderlich sein, die Wechselbeziehung zwischen Organisation und Lebensweise hervorzuheben, ohne auf die philosophisch geahnten, primären ursächlichen Verhältnisse weiter einzugehen. Ob ursprüngliche Organisation die nachfolgende Lebensweise bestimmt habe, oder ob eine besondere Lebensweise in der Nacheinanderfolge der Generationen eine besondere Organisation hervorgerufen oder begünstigt habe, bleibt für die Schule vorläufig eine offene Frage. Wir halten uns an den der Anschauung zugänglichen Tatsachen, an der unverkennbaren Beziehung zwischen Organisation und Lebensweise; und bei fortgeschrittenem Unterricht ist es richtig, bald von Organisation auf Lebensweise, bald umgekehrt zu schließen, je nachdem die Anschauung diesen oder jenen Weg an die Hand gibt.

sich vom Grunde an auszubreiten; nach einer Stunde etwa sind sie vollständig entfaltet. Anfangs sind sie (die Haut) gelblich grün wie die zarten innersten Blätter einer Knospe, doch nach und nach verliert sich die grüne Färbung. Dagegen gewinnt der Körper an gelber Farbe. Wie die Flügel sich ausgebreitet haben, so ist auch der ganze Körper länger und stärker geworden, wenigstens um die Hälfte länger als die Puppe. Nach zwei Stunden ist er zylindrisch aufgeblasen; nachdem er aber ein paar Tropfen klarer Flüssigkeit von sich gegeben hat, sinkt er nach und nach von oben nach unten mehr zusammen, und da während dieser Zeit auch die bis dahin rückwärts emporstehenden Flügel sich wagerecht ausgebreitet haben, so hat das Tier nun vollständig die Gestalt des Plattbauches. Nach 5 Stunden sind die Flügel steif und trocken genug, daß die Libelle davonfliegen und die in ihrem Vorleben begonnenen Räubereien nun in der Luft fortsetzen kann.

6. **Die Wasserjungfer als Glied des Ganzen.** Wir Menschen haben ganz spezielles Interesse für die Wasserjungfern; denn sie begegnen ja jedem Kinde, das in die Natur hinausgeht und machen sich bemerkbar durch ihren Flug und ihre oft prachtvoll metallisch glänzende Färbung. Sie verdienen aber sogar, daß der Mensch sie in seinen speziellen Schutz nimmt, ähnlich wie Vögel durch das Gesetz geschützt werden. Warum? Wenn eine Fliege mich belästigt und ich schlage sie tot, ohne daß ich direkt die Absicht habe, so mache ich mir nicht besonders ein Gewissen daraus; aber ich fasse nicht so leicht den Entschluß, sie zu töten. Wenn die Zahl der Mücken und Fliegen verringert wird, so werden wir deshalb nicht bös; überlassen wir es darum den Wasserjungfern und ihren Genossen, die ähnlich leben, unsre Plagegeister zu vertilgen — die Natur selbst hat sie ja zu Polizisten angestellt (vgl. Kröte und Schnecke!), und sie verdienten daher, vielleicht mehr als manche Vögel, in dem Tierschutzgesetz namhaft gemacht zu werden.*) — Daß es verschiedene Arten von Wasserjungfern gibt, ist jedem bekannt. Einige sind nicht viel stärker als eine Stecknadel, die Schlankjungfern; andre sind stärker, bis zur Dicke eines dünnen Griffels, die Schmaljungfern; andre sind noch stärker, so wie unser Plattbauch. Alle aber führen ein ähnliches Leben und haben ähnliche Entwicklung.

---

17. Hülsenwürmer (Phryganeidae).

In fließenden sowohl, wie stehenden Gewässern, auf Kiesgrund, schlammigem Boden und zwischen Wasserpflanzen sehen wir Gebilde von zierlicher, aber auch andre von ganz abenteuerlicher Gestalt sich bewegen. Einige sind tutenförmig,

---

*6) Übrigens haben die Wasserjungfern selbst verschiedene Feinde, zunächst unter den Vögeln (woher unter diesen vorzugsweise? —), was gelegentlich, besonders wenn Libellenzüge erscheinen, beobachtet werden kann. Auch kleinere Insekten stellen ihnen nach. So habe ich beobachtet, wie ein Weichkäfer, Cantharis livida, etwa 1 cm lang, einer Wasserjungfer die Augen ausfraß (6. 6. 86).

aus kleinen Sandkörnchen zusammengesetzt; andre bestehen aus aneinander gefügten Wasserlinsen. Hier bewegt sich gar ein in das Wasser gefallenes Buchenblatt, dort eine Gesamtheit von Schnecken- oder Muschelschalen, und wiederum hier sind gleichlange Stücke von Gras- und Riedhalmen spiralig zusammengefügt, während dieses Wesen aus Steinchen, Schneckenschalen, einer der vorhin genannten tutenförmigen Röhren, einer Buchnußschale, einem größern Stückchen Holz und — einer Muschel mit lebendem Tier zusammengesetzt ist. In allen Gebilden finden wir aber eine Höhlung, die von einem Tierchen bewohnt wird. Schon aus meiner Knabenzeit her kenne ich diese Tiere, weil sie als Fischköder benutzt werden unter dem Namen „Sprock" und zwar gelten die „Steinsprock" oder „Sandsprock" für bessere Köder als die „Holzsprock". Unter irgend einem Namen, sei es als Kärder, Sprockwürmer, Hülsenwürmer, werden sie im Volke bekannt sein. Es sind die Larven der Köcherfliegen. Im Wasser kriechen sie teilweise aus ihrem Köcher, ihrer Hülse heraus, sodaß man außer dem Kopfe noch 2 oder 4 Beine gewahren kann. (Fig. 37.)

Fig. 37.
Larve in der Hülse,
aus Leunis.

So suchen sie ihre Nahrung, meist pflanzliche, doch auch tierische Stoffe. Faßt man sie an, so ziehen sie sich augenblicklich in ihre schützende Hülle zurück und man sieht nur den harten Vorderteil des Kopfes, der die Röhrenöffnung verschließt. Stichlinge und andre Fische lauern ihnen auf, packen sie und zerren sie aus ihrem Gehäuse hervor, um sie zu verzehren. — Haben wir die Hülse in der Hand, so bemerken wir bald, daß die Teile, aus welchen das Haus zusammengesetzt ist, nicht fest aneinander haften, sondern daß die Verbindung eine elastische ist: der Hülsenwurm klebt die Stücke mit Mundfeuchtigkeit unter Hilfe der Beine aneinander; meine mikroskopische Untersuchung ließ mich keine Spur von Gespinst oder Gewebe erkennen. (Vgl. dagegen Leunis.) Bringt man das herausgezogene lebende Tier für einige Zeit in ein trocknes Uhrglas, so klebt später das Glas am feuchten Finger: es ist Klebstoff abgesondert. Suchen wir das Tier aus der Hülse herauszuziehen, so kostet es einige Mühe und Geduld. Schneiden wir aber die Hülse mit einer feinen Schere auf, so können wir es leicht herausziehen. Es erscheint wie ein engerlingähnliches Wesen von grünlicher Färbung mit geringeltem Körper, der am Ende ein paar Haare und zwei seitwärts abstehende, verhältnismäßig starke, nach vorne gekrümmte Haken hat, die Nachschieber. (Fig. 38, 2.) Diese machen uns erklärlich, wie das Tier sich in

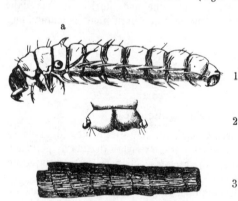

Fig. 38.
Larve (1) und Gehäuse (3) von Phryganea grandis.
Aus Lampert, Leben der Binnengewässer.
Originalzeichnung von Dr. Vosseler.

der Hülse so festhalten kann. Demselben Zweck und auch dazu, zwischen dem Körper und der Hülse Raum für das fließende Wasser zu schaffen, dienen wohl drei ein- und ausstülpbare Höcker des ersten Hinterleibsringes. (Fig. 38 bei a.) Weiße, spinnengewebeartige Massen an dem Körper sind Kiementracheen, Organe, durch welche das Tier atmet (sie erscheinen unter dem Mikroskop als von vielfach verzweigten Luftadern durchzogene Fädchen oder Blättchen. Die Luft in diesen Adern wird durch die Luft im Wasser erneuert. (S. Eintagsfliege, Fig. 40.) — Aus diesen Hülsenwürmern entwickeln sich schmetterlingsähnliche Insekten (Fig. 39), insofern dieselben ein Paar lange Fühler, 6 Beine und 4 Flügel haben; aber die hintern Flügel sind breiter als die vordern und müssen, damit sie Raum unter den Vorderflügeln finden, gefaltet werden. Die Tiere sind vielleicht unter dem Namen Wassermotten bekannt.

Fig. 39.
Phryganea grandis.
Nach Schmarda, aus Hertwig,
Lehrbuch der Zoologie.

18. Die Eintagsfliege (Ephemera vulgata).

Die Larven der Eintagsfliege sind in ihrer Lebensweise denen der Agrion-Larven ähnlich, auch äußerlich, insofern sie ebenfalls 6 Beine und drei Anhängsel am Schwanzende haben (Fig. 40). Sie sind aber im Verhältnis zu ihrer Länge nach vorn etwas dicker und lassen jederseits 6 oder 7 büschelartige Anhängsel erkennen. Diese sind die Atemorgane, Kiementracheen oder Tracheenkiemen. Kiemen sind ja Blättchen, in welchen sich Blutadern in die feinsten Gefäße spalten, damit das Blut durch Hinzutritt der Wasserluft erfrischt werden kann (Fische). Tracheen sind Röhren, die sich ähnlich verzweigen, aber statt des Blutes — Luft enthalten (Gelbrand — Adern in den Flügeln der Wasserjungfer, des Rückenschwimmers enthalten Luft). Mit Tracheenkiemen (oder?) bezeichnet man dementsprechend solche Atemorgane, die verzweigte Lufträhren enthalten, deren Inhalt (Luft) aber durch das Umspülen des lufthaltigen Wassers erfrischt oder erneuert wird; sie dienen also wie die Kiemen. — Die Larven leben von Raub. Sie entwickeln sich aus Eiern, die von der Eintagsfliege ins Wasser gelegt werden. Die Fliege hat 4 braune, netzartig gegitterte Flügel, deren vorderes Paar 3—4mal so groß ist als das hintere (Fig. 41). Über jeden Vorderflügel geht eine braune Binde. Die aus der Puppe — die Verpuppung findet außerhalb des Wassers statt (vgl. Wasserjungfer!), und die Puppenhäute sitzen noch lange an Schachtelhalmen u. a. Wasserpflanzen — sich herauswindende Eintagsfliege hat, wie die Naturforscher behaupten, wohl die Anlagen zu Kauwerkzeugen; aber dieselben sind unentwickelt, sie kann sie nicht gebrauchen, ja ihr Schlund soll zugewachsen sein, sodaß sie absolut keine Nahrung zu sich nehmen kann. So genießt sie dann einige Stunden ihr Leben als ausgebildetes Insekt, sorgt für die Erhaltung ihrer Art, indem sie Eier legt, und — stirbt. Daher der Name Eintagsfliege.*)

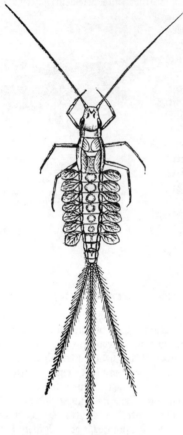

Fig. 40.
Larve einer Eintagsfliege
Von den jederseits paarigen Tracheenkiemen
ist nur ein Blättchen dargestellt.
Aus Claus, Lehrbuch der Zoologie.

Fig. 41.
Ephemera vulgata
(regne animal.)
Gemeine Eintagsfliege.
Aus Claus, Lehrbuch
der Zoologie.

---

*1) Vorstehende knappe Zusammenstellung ist Claus, Brehm und Leunis entnommen mit Ausnahme des Teils, der den Larvenzustand betrifft. Stellenweise sollen die Eintagsfliegen ja massenhaft vorkommen, daß sie als Dungmittel benutzt werden. In Schleswig-Holstein kommen sie, soweit meine Beobachtungen reichen, durchaus nicht so häufig vor. Wo die Menge der ausgebildeten Insekten

19. Der (medizinische) Blutegel.
(Hirudo medicinalis oder auch officinalis.)

1. **Aufenthalt und Bewegungen.** Die Blutegel finden wir in unserm Teiche häufig genug, sodaß wohl kein Kind, das am Teiche oder einem Graben spielt, nicht schon ihre Bekanntschaft gemacht hat. Die Farbe? (Bei verschiedenen Arten verschieden.) Mit ihrem langgestreckten, plattgedrückten Körper schlängeln sie durch das Wasser dahin, wie eine Schlange auf dem Lande sich bewegt. Doch können sie sich auch, trotzdem sie keine Spur von Füßen haben, an festen Gegenständen, an der Wand des Glasbehälters z. B., fortbewegen, indem sie bald das eine Ende festsetzen und das andere nachziehen, danach dieses letztere festsetzen und das erstere vorwärtsschieben, oder auch, indem sie wie ein Regenwurm durch Ausstrecken und Zusammenschieben vorwärtskriechen. Sie können ihren Körper überhaupt sehr lang ausstrecken, wobei er dünn wird, und ihn auch sehr kurz zusammenziehen, wobei er ebensoviel in der Dicke gewinnt. Bei dieser Bewegung sind ihnen jedenfalls die vielen Ringe, aus welchen der Körper besteht, sehr dienlich — inwiefern?

2. **Bewegungswerkzeuge.** Solche, wie wir sonst an den Tieren kennen, also Beine oder Flügel, sind nicht zu erkennen. Wohl aber finden wir am Schwanzende eine Scheibe, mit der die Egel sich festsaugen. (Fig. 43. Wie machst du es, wenn du mit dem Munde ein grünes Lindenblatt 2c. oder ein Blatt Papier festsaugst? Nicht saugst du die Luft ein, sondern deine Mundhöhle verengt sich: die Backen fallen ein u. s. w. Vielleicht kennen die Knaben ein Spiel, bei dem mittels eines feuchten, an einem Faden befestigten Stückes Leder Steine, auf die das Leder gepreßt wird, gehoben werden. Ähnlichkeit mit dem Saugen des Blutegels!)

---

sich bemerkbar macht, wird der Lehrer natürlich von dieser Erscheinungsform ausgehen müssen; wo aber zunächst die Larve den Kindern zur Beobachtung sich bietet (welche Voraussetzung der obigen Darstellung zugrunde liegt), nimmt die Unterredung mit ihr den Anfang. — Bei dieser Gelegenheit kann ich nicht umhin, bemerkbar zu machen, daß Claus in seinen „Grundzügen der Zoologie" noch 1872 auf den alten Swammerdam sich beruft, wenn von der Entwicklungsdauer (3 Jahre) der Eintagsfliege die Rede ist; während Leunis 1860 unbedingt und ohne Quellenangabe eine Zeitdauer von 2 bis 3 Jahren angibt. Was diese Bemerkung soll? Wiederum den Lehrer anspornen, aus mehrfachen Gründen selbsteigene, gewissenhafte Beobachtungen zu machen. Gar manches kann er für sich, für seine Schule, für — die Wissenschaft tun.

Nach Karl Ruß mögen noch folgende Mitteilungen Platz finden: An den Elbufern der sächsischen Schweiz und Böhmens werden die Eintagsfliegen im August massenhaft gefangen. An angezündeten Feuern verbrennen sie die Flügel und fallen auf ausgebreitete Sackleinwand. Nachdem sie an der Luft getrocknet sind, werden sie durch Schütteln von den Flügeln befreit und als „Weißwurm" in den Handel gebracht, da sie den kerbfressenden Stubentieren einen gesunden Ersatz für Ameiseneier und Mehlwürmer liefern.

3. **Ernährung.** Der Blutegel nährt sich von dem Blute der Tiere und — Menschen, wenn ihm Gelegenheit zu solcher Nahrung gegeben wird. Zu dem Zweck macht er natürlich eine Wunde in der Haut. Betrachten wir dieselbe, so scheinen von einem Punkte drei Schnitte auszugehen. Diesen Schnitten entsprechen drei Kieferplatten in seinem Kopfende (Fig. 42, 1.), die ähnliche Stellung zueinander haben, wie die Richtung der Schnittflächen. Wenn der Blutegel einem Kranken angesetzt wird, so hat derselbe kaum wirklich schmerzhafte Empfindungen — es sticht und juckt ein wenig. Die genannten 3 Platten bestehen aus Muskelfasern mit hornartigen (Chitin-) Zähnen am Rande. In ihrer Form gleichen sie einer halben Kreissäge. (Fig. 42, 2. Skizze an der Tafel oder besser ein Modell aus zwei oder drei Papierstückchen!) Nun drückt der Blutegel diese gezähnten Platten nicht in die Haut hinein, sondern er bewegt sie sägenartig hin und her und sägt somit eine dreispaltige Wunde, aus der er das ihm als Nahrung dienende Blut heraussaugt. (Vgl. Gelbrandlarven — Rückenschwimmer!) Infolge dieser Tätigkeit wird der Körper zwei- bis dreimal so dick wie vorher. — Hat man im Frühling zwischen Kraut etwa einen jungen 4—6 mm langen Egel gefangen und läßt ihn am Glase bei durchfallendem Lichte entlang kriechen, so sieht man in seinem Innern ein farnkrautähnliches Gebilde (ähnlich dem Wedel des Engelsüß, Polypodium vulgare): es ist der Magen des Egels (Fig. 43, 4) mit seinen Aussackungen, seinen Blindsäcken (Fig. 43, 5) (warum Blindsäcke?). Der Magen kann sich ungemein weiten und da auch die äußere Haut des Blutegels sehr dehnbar ist, so ist verständlich, daß er mit einer Mahlzeit Nahrungsstoff für lange Zeit, für ein ganzes Jahr zu sich nehmen kann. Ist er satt, so hört er auf zu saugen und läßt sich los oder „fällt ab". Dann ist er für sehr lange Zeit nicht wieder zum Saugen zu gebrauchen (warum nicht?). Streut man dem Blutegel Salz auf den Körper, so läßt er augenblicklich los und gibt einen Teil des

Fig. 42.
1.) Kopf mit aufgeschnittener Mundhöhle. Drei Kieferplatten sichtbar.
2.) Eine gezähnte Kieferplatte.

Aus Claus, Lehrbuch der Zoologie.

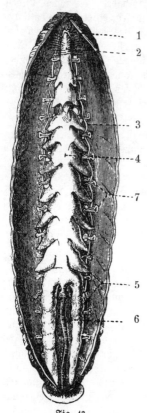

Fig. 43.
1) Oberes Schlundganglion (Gehirn).
2) Schlund.
3) Blutgefäß.
4) Magen (Darm).
5) Blindsäcke des Magens.
6) Enddarm.
7) Sekretionsorgan.

Aus Lampert, Leben der Binnengewässer.
Originalzeichnung v. Dr. Vosseler.

eingesogenen Blutes wieder von sich: er erbricht sich. Reißt man aber den Blutegel gewaltsam ab, so können von seinen Mundteilen in der Wunde stecken bleiben und eine Entzündung verursachen.

4. Von Sinnesorganen ist mit bloßem Auge nichts zu bemerken, obgleich der Blutegel 10 Augen hat; die sind aber sehr klein. Bewege den Finger oder einen Stab über seinem Kopfende: er kümmert sich nicht darum. Ausgeprägt aber ist offenbar sein Gefühlssinn. Das geht nicht bloß aus dem Experiment mit dem Salz hervor, sondern auch aus der Tatsache, daß er sich zusammenzieht, wenn du ihn mit dem Finger oder Stab berührst. Auch wittern (riechen) muß er können. Belege?! (Sein Fang durch nacktbeinige Menschen.)

5. Atmung. Da er sich gewöhnlich unter Wasser aufhält, so muß er Wasserluft atmen. Besondere Atmungswerkzeuge sind nicht zu erkennen, weil nicht vorhanden. Wir schließen mit Recht, daß das Blut durch Vermittelung der Haut erfrischt wird. (Vgl. Frosch im Winterschlaf!)

6. Entwicklung. Der Blutegel legt Eier. Er bohrt sich in die lehmigen Ufer einen Gang; hier scheidet er aus seinem Munde eine grünliche eiweißartige Flüssigkeit aus, welche später als zähe Masse den Körper ringförmig umgibt. In diesen Ring legt er seine Eier, zieht sich aus demselben heraus, und die beiden Endöffnungen des Ringes schließen sich vermöge der Elastizität des Stoffes von selbst. In solcher Weise entsteht ein Kokon, ein Behälter mit Eiern. (Fig. 44.) Aus den Eiern entwickeln sich die Jungen, die den Alten ähnlich sind.*) Doch sollen sie von kaltblütigen Wasserbewohnern, Fröschen u. a. leben, während erst die erwachsenen Egel warmblütige Tiere ansaugen.

7. Der Blutegel als Glied der Gemeinschaft. Die jungen Blutegel jedenfalls werden von Stichlingen verzehrt, größere auch wohl von größern Raubfischen; auch die Wasserspitzmaus, Wasserratte, Schwimmkäfer und ihre Larven sollen seine Feinde sein. Sie selbst saugen größere Tiere an. Von den brauchbaren Egeln werden jährlich Millionen zu medizinischem Gebrauch verschickt — natürlich in feuchter Verpackung — warum? — Besonders in den ungarischen Teichen sind sie häufig. Leute mit nackten Beinen gehen in das Wasser und machen dasselbe trübe. Infolge dessen kommen die Egel an die Oberfläche und werden mit engmaschigen Netzen gefangen, oder sie setzen sich auch an die Beine der Leute und werden alsdann abgestreift. — Die Pferdeegel, die in unsern stehenden Gewässern so häufig sind, haben wahrscheinlich eine ätzende Flüssigkeit im Munde, die sie in die gemachte Wunde einfließen lassen; wenigstens gelten sie für „giftig". — Auf Ceylon gibt es eine Art von Egeln, die unter dem Grase und selbst in Bäumen auf vorbeipassierende Menschen oder Tiere lauert, um sich an deren Blut zu sättigen, die durch ihren Blutdurst also eine ähnliche Plage werden, wie die unter dem Namen Moskitos bekannten Mücken (S. 121).

Fig. 44.
Eikokon des Blutegels.
Aus Lampert, Leben der Binnengewässer.
Originalzeichnung von Dr. Vosseler.

---

*¹) Das Letztere (4—6) nach Brehm, Claus und Leunis. Ob man den Blutegel überhaupt so eingehend behandeln will, muß natürlich nach der Möglichkeit genügender voraufgehender Beobachtungen bestimmt werden.

20. Die Bachstelze (Motacilla alba).

1. Sie ist ein häufiger Besucher des Teiches wie anderer Gewässer; aber sie fliegt nicht über denselben hin und her wie die Schwalbe, sondern sie läuft vielmehr an seinem Ufer oder selbst am Rande im Wasser, hier und dort pickend. „Bach=Stelze." Ihr Laufen geschieht immer stoßweise, aber so schnell, daß man die langen Beinchen kaum sieht. Steht sie, so schlägt sie eben so stoßweise mit dem Schwanze, weshalb sie im plattdeutschen Norden (wenigstens Schleswig=Holstein) vom Volke den Namen „Blau=Wippsteert" erhalten hat. Farbe! Aber auch „Blau=Ackermann" wird sie genannt, weil man sie häufig genug auf Feldern hinter dem pflügenden Ackersmann in den Furchen sieht. Unter welchen Namen ist sie sonst noch bekannt? Woher hat sie diese Namen erhalten? Wovon ist diese vielartige Benennung ein Zeugnis? So hat sie in nichtdeutschen Ländern — denn sie kommt in ganz Europa vor — wiederum besondere Namen, die wir aber nicht verstehen würden, ebensowenig als meine nähern Landsleute (in Schleswig=

Fig. 45

Holstein) es verständen, wenn jemand vom „Klosterfräulein" spräche und dabei an die Bachstelze dächte. Alle Naturforscher oder =kundigen, mögen dieselben in irgend einem Lande Europas oder Amerikas, in Asien oder Australien wohnen, kennen sie nur unter einem und demselben Namen, Motacilla alba, und dieser Name ist weder spanisch noch russisch, sondern lateinisch. Die lateinische Sprache ist eine Sprache, welche alle Gelehrten verstehen, während der gelehrteste Mann unmöglich alle Sprachen, und viel weniger alle Benennungen für die Bachstelze und die andern Tiere (vgl. Libelle!) kennen kann. So haben alle Naturdinge einen lateinischen Namen erhalten, unter dem sie allenthalben von Naturforschern gekannt werden.*)

---

*) Die weitere Bedeutung der lateinischen Benennung würde später, wo Systematik mehr zur Geltung kommt, zu erörtern sein. Dieses Wenige wird aber auch für diese Stufe nicht überflüssig sein; man kann es beispielsweise

Übrigens gehört die Bachstelze zu den Zugvögeln, d. h.? Bei uns im Norden kommt sie Anfang März an und muß oft noch die Strenge der Wintertage schmecken; habe ich sie doch auf dem Eis (das vom Tauwasser bedeckt war) herumlaufen und eifrig picken sehen. — Im Herbst suchen die Bachstelzen mit Schwalben und Staren sich ein Ruheplätzchen im Teichröhricht, bis sie im Oktober uns verlassen und nach Ägypten ziehen.

2. Welche Bewegungswerkzeuge hat die Bachstelze? Vergleichung mit denen der Schwalbe! Im Zusammenhang damit Vergleichung der Bewegungsformen!

3. Nicht umsonst läuft die Bachstelze am Ufer oder im Wasser hin und her; nicht umsonst folgt sie dem Landmann in den Furchen der frischaufgewühlten Erde. Kerbtiere (oder Insekten) und deren Larven sind ihre Nahrung, selbst so kleine tierische Wesen, die als solche sich erst unserm bewaffneten Auge kennzeichnen, dem bloßen Auge aber nur als grünlicher Farbstoff des Wassers oder des Eises, in dem sie eingefroren sind, erscheinen, picken sie auf. Vgl. den Schnabel mit dem der Schwalbe! Warum hält sie sich gerne bei Schafhürden auf?

4. Ihre Entwicklung. Die Bachstelze baut ein Nest in Baum- oder Mauerlöchern, in Steinhaufen und dgl. Örtlichkeiten in der Nähe von Gewässern. Es wird aus Gras, Strohhälmchen, Moos und dgl. geflochten und mit Wolle, Federn und andern weichen Stoffen ausgepolstert. Die Jungen werden, wie auch die jungen Schwalben, von den Alten im Neste gefüttert. Vgl. dagegen Ente! Welche Vögel sorgen mehr für ihre Brut.*)

5. **Die Bachstelze als Glied der Gemeinschaft.** Die Bachstelze steht dem Menschen nahe, ähnlich wie die Schwalbe. Woraus geht das schon hervor? Wodurch ist sie wohl Freund geworden? Wodurch aber auch verdient sie seine Freundschaft? Welche Rolle spielt sie für das Leben an und in dem Teiche? auf dem Acker? Kennst du die gelbe „Stelze"? Warum trägt auch diese den Namen? Oder die graue? Hast du sie singen hören? Sie gehört zu unsern Singvögeln.

---

benutzen, um dem weitverbreiteten Irrtum zu begegnen, als ob die Ärzte ꝛc. nur deshalb lateinisch schrieben, damit sie ihre Kunst nicht verrieten.

*²) Ist das Vorhandensein eines Nestes in der Nähe bekannt, so muß die Gelegenheit benutzt werden, zu zeigen, wie man beobachten kann, ohne die Vögel zu stören. Zugleich ist es angebracht, das Nest unter den Schutz der ganzen Schule zu stellen und dieselbe für jede Störung im Brutgeschäft des Vogelpaares verantwortlich zu machen: bei Androhung strengster Strafe (und bez. Ausführung natürlich) wird eine Annäherung über eine gewisse, bestimmt angegebene Grenze hinaus verboten. Unter Leitung des Lehrers wird mehrfach beobachtet. So gewinnen selbst harte Gemüter Interesse für die beobachtete Vogelfamilie, und in dem Wecken des Interesses einerseits, wie in der Anleitung, dasselbe in vernünftiger, unschädlicher Weise zu befriedigen, ist die sicherste Grundlage für den Schutz der nützlichen Tiere geschaffen. Alle „goldenen Regeln zum Schutz der nützlichen Tiere, welche (!) gute Menschen stets vor Augen und im Herzen tragen sollen", erfüllen, so gut sie von Tierschutzvereinen auch gemeint sind, ihren Zweck nicht, wenn nicht in dem angedeuteten Sinn verfahren wird, wenn die Kinder nicht nach ihrer eigensten Natur ins Interesse

21. Der braune Armpolyp (Hydra fusca), (vulgaris).*)

1. **Aufenthalt und Körperteile.** Auf diesem Stück eines Seerosenblattes seht ihr ein Klümpchen Gallert, das ihr leicht für ein Ei irgend eines Wassertieres halten möchtet; denn aus dem Wasser stammt es ja her. Bringen wir's in sein Element zurück! Wenn ich euch nun sage, daß dieser kleine Knoten nicht ein Ei, auch nicht Eierschleim von der Schnecke, sondern ein wirkliches, selbständiges Tier ist, so werdet ihr mir das schon aufs Wort glauben; denn nach der Verschiedenheit, die wir unter den Tierformen kennen lernten, ist es ja verständlich, daß es noch ganz andre Formen geben kann. Indessen, ihr überzeugt euch auch durch eure Augen. Im Wasser dehnt das Klümpchen sich in die Länge, daß es bis 1 cm und mehr lang wird. Zugleich sehen wir von dem hervorgestreckten Ende 6—8 zarte Fäden in einem Kranze ausstrahlen (Fig. 46). Ich habe dieselben wie dünne Spinnenfäden von Fingerlänge durch das Wasser gespannt gesehen. Dieses Tier ist der Polyp. Nehmen wir ihn aus dem Wasser heraus oder berühren wir ihn unsanft, so zieht er sich wieder zusammen. — Mit dem einen Ende setzt der

---

gezogen werden. Ist es andrerseits nicht ein Mangel, wenn ein Junge kein Interesse hat Vogelnester zu suchen oder die Vögel in ihrer Häuslichkeit zu belauschen? Gerade durch Fürsorge und Zärtlichkeit der Alten werden die Tiere dem Menschen menschlich nahe gebracht. Hier also sind die Hebel anzusetzen, um ein rohes Gemüt für das Tierleben zu interessieren. Aber gar manches Nest wird zerstört, nicht aus Roheit, sondern aus Ungeschicklichkeit: das Interesse ist vorhanden, aber die Fähigkeit, dasselbe in unschädlicher Weise zu befriedigen, fehlt. Wer Kinder eben als Kinder hat kennen lernen, speziell in diesem Punkte, wird mir wohl nicht widersprechen.

*¹) Man erhält ihn, wenn man in weite Gläser Wasserlinsen oder andre Wasserpflanzen dünn verteilt, also nicht mehr hineinbringt, als genügend Raum zur Ausbreitung haben. Nachdem dieselben etwa fünf Minuten gestanden haben, wird die Unterseite der schwimmenden Blätter untersucht, am besten mittels einer Lupe. Auch kann man Seerosenblätter mit der Unterseite nach oben in einen Teller mit Wasser legen und dann nach Polypen suchen. Man erkennt sie leicht an den mehr oder weniger ausgestreckten Armen. Das betreffende Blatt, resp. Stück eines solchen, an welchem ein Polyp sitzt, wird herausgenommen und in ein Glas für sich gebracht, in welchem der Polyp bequem zu beobachten ist. In der Luft erscheint der Polyp wie ein Gallertklümpchen von der Größe eines Stecknadelknopfes. Er läßt sich, indem man mit einem scharfen Messer auf der Unterlage längs streift, ablösen und für sich in ein Gläschen mit Wasser bringen. Am besten wird er im Aquarium beobachtet. — Schneller gelangt man zum Ziel (falls reichlich Polypen vorhanden sind), wenn man in einem Gefäß Wasserlinsen kräftig rührt und alsdann das Wasser in eine große, flache, weiße Schüssel abgießt. Nach einiger Zeit der Ruhe sucht man den Boden der Schüssel ab und saugt die gefundenen Polypen in ein enges Glasrohr hinein, um sie an ihren Aufenthaltsort (Aquarium ꝛc.) zu bringen. Mir hat diese Fangweise viel besser gefallen als die oben bezeichnete, welche gewöhnlich empfohlen wird.

Polyp sich an Wasserpflanzen, Schneckenhäusern, Röhren der Hülsenwürmer u. dgl. fest und läßt sich so von andern in seiner Welt herumführen. Dasselbe Ende soll er auch aus dem Wasser herausstrecken, damit es ihn an der Oberfläche halte (s. Rückenschwimmer!) und er sich vom Winde könne forttreiben lassen.(Ich habe es nicht gesehen, wohl aber beobachtet, daß der grüne Polyp sich auf den Fangarmen fortbewegte.)

2. Ernährung.

Bringen wir in sein Gefäß einige Wasserflöhe (Fig. 21, S. 106) so sehen wir, wozu er die Fäden gebraucht. Kaum ist ein Tierchen von dem Faden berührt (Fig. 46, 1) so sinkt es wie tot zu Boden, oder der Faden zieht sich zusammen, welcher Bewegung das Tierchen folgen muß, denn noch andre Fäden lagern sich um dasselbe, und schließlich wird der Wasserfloh in das Ende des Stiels, wo der Fadenkranz entspringt, hineingestopft. Hier hat der festsitzende Stiel also eine Öffnung, den Mund, und der ganze Stil ist bis auf das letzte am Blatt festsitzende weiße Viertel (der Länge) hohl, wovon wir uns überzeugen, wenn der Wasserfloh weiter verschlungen wird. (Fig.

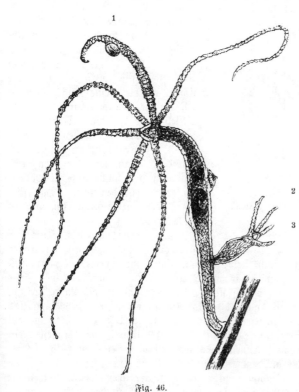

Fig. 46.
Der braune Armpolyp.
1) Muschelkrebs (Wasserfloh verwandt) gefangen.
2) Beutetiere im Innern; unteres, Larve der Mücke.
3) Junger Polyp aus dem alten hervorsprossend.
Aus Lampert, Leben der Binnengewässer.
Original von Dr. Vosseler.

46, 2.) Die Fäden sind also Fangarme. Sie werden wiederum ausgestreckt, und eine zweite Beute folgt der ersten. Nach 4 Stunden sind beide vollständig verschwunden. Wo sind sie geblieben? Durch die Röhrenwand des Polypen hindurch war wahrzunehmen, wie die Beutetiere immer kleiner und kleiner wurden — sie sind durch einen Saft in der Röhre aufgelöst, verdaut (denn jede Verdauung ist eine solche Auflösung), und jener Hohlraum in der Röhre ist die Magenhöhle. Viele andere Tiere zerkleinern ihre feste Nahrung mit den Zähnen oder diesen entsprechenden Organen, bevor die Nahrung in den Magen gelangt. Das hat der Polyp nicht nötig — er hat ja auch keine Zähne. — Auffallend bleibt noch die zauberartige Wirkung, welche die Berührung der Fangarme auf den Wasserfloh, selbst auch auf andere Tiere, z. B. auf einen Aal, wenn dessen Schnauze berührt wird, ausübt. Über diesen Vorgang gibt das Mikroskop nähern Aufschluß. Es zeigt nämlich, daß die Fangarme mit einer zahllosen Menge Spitzen besetzt sind. Berührt der Wasserfloh diese Spitzen (Fig. 48, 1), so werden Fäden, welche spiralig gewunden in den Zellen liegen (Fig. 48, 6), plötzlich fortgeschnellt und heften sich meist durch kleine Häkchen an die Beute und sollen sie durch eine ausfließende Säure betäuben.*) („Nesselorgane." Vgl. Nesseln mit ihren Haarstacheln, Quallen!)

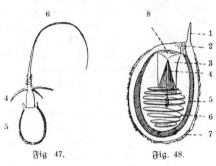

Fig. 47. Explodierte Nesselkapsel.
Fig. 48. Nesselzelle (nach Grenacher, zoolog. Anzeiger 1895.)
Aus Kükenthal, zoologisches Praktikum.

3. Sinneswerkzeuge sind nicht vorhanden, wenn wir die Fangarme nicht auch als solche ansehen wollen; er fühlt ja mit denselben. Das Gefühl ist der einzige Sinn, den wir an ihm kennen.

4. Fortpflanzung. Wie der Polyp durch den Mangel an freier Ortsbeweglichkeit den Pflanzen nahe steht, so hat auch seine Vermehrung Ähnlichkeit mit der der Pflanzen. Nachmittags um 2 Uhr bildet sich an der einen Seite der Röhre ein kleiner Knoten, der sich stets vergrößert und in die Länge wächst. Am andern Morgen 6 Uhr, also nach 16 Stunden, ist er schon 5 mm lang und es zeigen sich die ersten Anfänge der Fangarme. Um 8 Uhr zeigt sich auf der andern Seite die Anlage einer zweiten Knospe; um 10 Uhr ist an der ersten ein Fangarm von 1 mm Länge zu erkennen. So wachsen diese Knospen (Fig. 46, 3) schnell größer und jede bildet an dem Stamm des alten Polypen einen Zweig, der anfangs noch von dem alten Stamm ernährt wird, später aber, wenn seine Fangarme ausgebildet sind, als selbständiges Tier lebt, entweder an dem alten Stamme als einer Unterlage bleibend oder sich von ihm trennend und eine andre Unterlage suchend. Außer dieser Vermehrungsweise kommt noch eine andre vor, insofern sich an der Röhre Knospen bilden, die nicht Fangarme entwickeln, sondern männliche und weibliche Geschlechtsorgane darstellen. Es soll in der Zeit vom September bis Januar ein Ei gebildet werden, welches in eine stachelige Schale eingehüllt, seitlich nach außen tritt, sodaß sich vielleicht im andern Jahr ein Tier entwickelt. Ähnlichkeit mit der Fortpflanzung der Pflanzen (Winterknospen).

5. Der Polyp als Glied der Gemeinschaft. Daß der Polyp einen

---

*2) Nach Kükenthal (Fig. 47 u. 48) ist die Spitze ein protoplasmatischer Fortsatz: das Cnidocil. (1.) Infolge der Berührung dieser durch ein Tier, platzt die Zellhaut bei der radiären Streifung (2.) und der Deckel (8.) der Nesselkapsel zerreißt. An dem Hals (3.) wird der Nesselfaden (6.) herausgeschleudert und die zusammengelegten Stiletts (4.) sperren sich auseinander. (5.) Die Kapsel, (7.) Die Zellmembran.

besonders in die Augen fallenden Einfluß auf Gestaltung des Lebens im Teich üben sollte, läßt sich nicht behaupten und insoweit hat er auch für den Menschen keine Bedeutung. Aber denn überhaupt keine? Er ist doch auch ein Glied in der Reihe der Geschöpfe und hilft unsern Blick in den unerschöpflichen Formenreichtum der Natur vertiefen. Was für ein Unterschied zwischen der Organisation der Ente und der des Polypen! Wir möchten ihm bei einem solchen Vergleich kaum das Recht auf den Namen eines Tieres einräumen — so einfach ist er. Und doch können wir ihm dieses Recht nicht streitig machen, wenn er für unsere Erkenntnis auch an der äußersten Grenze des Tierreichs steht; er ist doch gewissermaßen nach demselben Plan mit den übrigen Tieren geschaffen. Denn Tier ist Tier.

Diesen einheitlichen Plan in der wesentlichen Einrichtung des Tieres und daneben die Mannigfaltigkeit in der Ausführung desselben — soweit unser Dorfteich dazu Gelegenheit bietet — näher kennen zu lernen: zu diesem Zweck lassen wir die tierischen Bewohner und Freunde des Teiches nach gemeinsamen Gesichtspunkten zusammengestellt noch einmal an unserm geistigen Auge vorübergehen.

Rückblick auf das Tierleben.

1. **Aufenthalt.** Blutegel, Stichling, Karausche u. a. leben nur im Wasser. Es sind **Wassertiere.** Andere haben nur während ihres Jugendzustandes ihren dauernden Aufenthalt im Wasser, wie Frosch, Mücke, Wasserjungfer ꝛc., während sie im Zustande vollständiger Entwicklung sich noch häufig im Wasser (welche?) oder in der Nähe desselben (welche?) aufhalten: **Wasserfreunde.** Noch andere gleichen insofern den letztern, als auch sie das Wasser aufsuchen, während sie sich auf dem Lande entwickelt haben: Storch, Ente ꝛc. Sie sind **Besucher des Wassers.**

2. **Nahrung.** Was veranlaßt diese letztern, den Teich zu besuchen? Wo die Tiere sich aufhalten, finden sie ihre Nahrung, und umgekehrt, wo die Tiere ihre Nahrung finden, da halten sie sich gerne auf. Ist es im Menschenleben anders? — Auch die Tiere, welche sich beständig im Wasser aufhalten, müssen dort ihre Nahrung finden, sonst wären sie längst gestorben. Was ihnen nun zur Nahrung dient, ist verschieden; wie könnten sonst so viele Tiere in dem Teiche leben! Die Karausche liebt Pflanzenstoffe, vornehmlich faulende (wo im Teich hält sie sich auch gerne auf?), doch nimmt sie auch tierische Stoffe; die Schlammschnecke genießt allerlei, pflanzliche und tierische, frische und faulende Stoffe, doch hat sie eine besondere Vorliebe für Froschbißblätter; des Stichlings Lieblingsnahrung ist das lebende Tier, doch nimmt er auch totes Fleisch und gewöhnt sich selbst an Brot und andre Pflanzenkost (vgl. den Hund). Ähnlich lebt die Ente; der Frosch dagegen verschmäht jegliche Pflanzennahrung, während die Gans, die nahe Verwandte der Ente, die Pflanzennahrung vorzieht. So ist also die Nahrung durchaus verschieden. Immer aber stammt sie aus dem Pflanzen- oder Tierreich. Kein Tier kann von unorganischen und mineralischen Stoffen leben. — Daß jedes Tier seine Nahrung haben muß, finden wir ganz natürlich; wir selbst wollen ja auch essen und trinken, ja wir müssen es. Aber, wenn wir nun daran denken, daß der Stichling hunderte von Wasserflöhen (Daphnia) oder Hüpferlingen (Cyclops) verzehrt, bis er selbst vielleicht einem gefräßigen Hecht zur Beute fällt; daß Stichling, wie Salamander u. a. eine große Anzahl Schnecken schon im Keim,

als Eier, verzehren; daß die Larve eines Gelbrandes die Froschlarve, während diese zuckt und sich windet, aussaugt: so könnten wir fragen: Ist das nicht eine Grausamkeit? Bevor wir auf diese Frage antworten, frage ich: Ist es nicht schrecklich grausam, wenn wir eine gute Fleischsuppe, einen saftigen Braten oder — Ostereier essen? Bewahre, wir sind ja Menschen! „Und ich bin eine Ente und du bist eine Schnecke!" hallt es uns aus der Tierwelt entgegen. Es gilt im Naturleben eben das Recht des Stärkern. Doch fällt dieses hier nicht allein in die Wage. Die Gelbrandlarve greift selbst den Finger des Menschen an, dessen kleiner Druck sie töten würde; die Mücke belästigt den „Herrn der Welt" mit ihren Stichen.*)

Hier herrscht also nicht Lust zu morden, sondern solche Tiere sind offenbar auf tierische Nahrung angewiesen; steht diese ihnen nicht zu Gebote, so verhungern sie. Zu ihrer eigenen Erhaltung also müssen sie Tiere (und Menschen) anfallen, und die Natur, die ihnen diese Nahrung bestimmt hat, sorgt auch durch Hervorbringung einer großen Zahl von Nährtieren für ihren Tisch. „Aber dann", meinst du, „bleibt die Sache wesentlich dieselbe; dann ist das Prinzip der Natur als Ganzes ein grausames, da sie Millionen von Geschöpfen (Daphnia, Cyclops u. a.) hervorbringt nur, um sie dem Untergange durch andere zu weihen". Nur? Höre an den Frühlingsabenden den fröhlichen Gesang der Frösche! Zeugt er nicht von Lebensgenuß? Solange das Tier lebt, genießt es sein Leben, und mithin kann niemand behaupten, daß es nur zur Vernichtung geschaffen sei. Freilich, schließlich fällt alles Leben, auch das Menschenleben, dem Tode zur Beute, und in diesem Sinne ist jedes Leben für den Tod geschaffen — das kann für das Einzelwesen nicht anders sein (wenn das Ganze sich verjüngen und entwickeln soll). Wenn nun das Einzelwesen, das doch sterben muß, durch seinen Tod dem Ganzen noch dient, so müssen wir das, menschlich gesprochen von der Natur, als durchaus wirtschaftlich vernünftig gehandelt bezeichnen. Sie handelt ebenso wirtschaftlich vernünftig wie jener Bauer, mein Nachbar, dessen Tun von einem klugen Großstädter allerdings nicht begriffen wurde. Der Bauer hatte nämlich Mengfutter gesät, und als es groß geworden war, mähte er es grün ab und verfütterte es an seine Pferde. Mein Besuch, der Stadtbewohner, wunderte sich ob dieser unklugen Wirtschaft, da der Bauer erst mit vieler Arbeit und Sorgfalt den Kornacker

---

*¹) Für solche, die als Ziel des naturgeschichtlichen Unterrichts die Forderung 1. Mos. 1,28 stellen: „Machet sie euch untertan!" — Nun tut es! Machet sie — auch die Mücken! — euch untertan und herrschet über sie! Aber wodurch? Durch die Kenntnis, daß sie so und so viele Fühler, Beine, Flügel haben? Daß die beißenden Mundteile anderer Insekten in der und der Weise umgewandelt sind? Machet sie euch untertan durch eure Kenntnis der Formen, wenn ihr nicht Erkenntnis des Lebens praktisch verwertet! Nur die Erkenntnis des Bundes zwischen Lebensorgan und Lebensbedürfnis ermöglicht dem Menschen die Stellung als Herrn über die Mitgeschöpfe, und kein Unterricht über Nutzen und Schaden der einzelnen Wesen, keine spezielle Anweisung, wie der eine zu fördern, der andere zu verhüten sei, kann jene klare Erkenntnis der Gesetzmäßigkeit oder des kausalen Zusammenhangs ersetzen.

bereitet habe und nachher das „Korn" nicht einmal reif werden lasse. Der Bauer jedoch hatte klug berechnet, daß ihm jetzt das Grünfutter für seine Pferde mehr wert sei, als ihm später die Körner und das Stroh nützen würden. Zeugt dein Urteil nun von mehr Verständnis für das Walten der Natur, als jener Städter Verständnis zeigte für das Tun des Bauers? Beide vernichten Leben für einen höheren Zweck. „Aber der Bauer opfert nur Pflanzen, die Natur hingegen auch Tiere!" Merke zunächst, ob Pflanze, ob Tier, der Vorwurf — wenn es einer ist — bleibt in jedem Fall: es werden **Lebwesen** gezogen und dann zur Nahrung für andere vernichtet, und er würde auch bleiben, wenn die Natur nur Pflanzen zur Nahrung bestimmt hätte. — Doch noch mehr. Jener Bauer ahmte der „grausamen" Natur noch weiter nach. Er legte sich, wie er sagte, ein paar kleine Schweine zu, um die Abfälle in seiner Wirtschaft zu verwerten. Aber er fütterte sie auch reichlich mit Milch, die er sonst hätte verkaufen können, und als eins krank wurde, schickte er zum Tierarzt. So sorgte er in jeder Weise für sie und schließlich tötete er sie, ich meine, er schlachtete sie, um sie zu verzehren, natürlich nicht er allein, sondern seine Hausgenossen mit ihm. Hat er unwirtschaftlich, hat er grausam gehandelt? Und doch hat auch er in diesem Fall nicht Pflanzen, sondern Tiere groß gezogen, damit sie zur Nahrung dienen sollten. Wenn wir nun die Handlungsweise des „vernünftigen" Menschen billigen — sollen wir dann die „unvernünftige" Natur, wenn sie dasselbe tut, verurteilen? Nein — es ist durchaus nicht widersinnig, wenn das eine Geschöpf der Natur dem andern als Nahrung dient, und es ist ebensowenig grausam, wenn selbst Tiere von andern verzehrt werden; es ist vielmehr — sparsam.*)

Noch ein sehr wichtiger Punkt kommt in Betracht. Nicht jeder Hüpferling wird von Stichlingen und Salamandern verschlungen, nicht jeder Frosch vom

---

*) Ges. 8. S. 13. Schmeil sagt in seiner Kritik des Gesetzes der Sparsamkeit: „Junge hat — wie schon oben bemerkt — wohl gemerkt, daß sich seine „Gesetze" öfter widersprechen. Er sagt darum: „Bald tritt das eine, bald das andere Gesetz mehr hervor. Der Lehrer muß seinen Stoff daher mit weiser Überlegung auswählen". — Landsberg („Einkehr oder Umkehr?" Leipzig, Verl. v. Teubner) bemerkt hierzu mit Recht: „Auswählen?! damit die Gesetze zu stimmen scheinen? Sind denn diese nicht dazu da, jede Naturerscheinung zu erklären?!"

Da erst dann „jede Naturerscheinung" erklärt werden kann, wenn alle Gesetze bekannt sind, so sind die wenigen Gesetze im Dorfteich — dazu nur eine Auswahl! — für die Schule! — selbstverständlich nicht dazu da, „jede Naturerscheinung" zu erklären. Die letzte rhetorische Frage ist also eine, von Landsberg gedankenlos hingeworfene, und von Schmeil ebenso nachgesprochene Phrase.

Der Satz: „Damit die Gesetze zu stimmen scheinen?" enthält die Unterstellung, als ob der Verfasser des Dorfteichs den Lehrern den guten Rat gebe, die Kinder durch „weise Auswahl des Stoffes" zu Gunsten von Scheingesetzen zu — betrügen. So unwürdig kann nur jemand von ihm denken, der kein Organ gehabt hat, den Hauch hoher Begeisterung für den sittlichen Wert des naturgeschichtlichen Unterrichts zu spüren, der den ganzen „Dorfteich" durchweht. Dem Verfasser

Storche aufgeschnappt. Einzelne bleiben immer. Wird den Räubern die Nahrung knapp, so verschlingen sie entweder einander, oder sie suchen sich, wie die Störche u. a., ein nahrungsreicheres Gebiet. Umgekehrt, wo die Nährtiere reichlich vorhanden sind, wächst auch die Zahl derjenigen Tiere, die von ihnen leben, teils indem sie, wie Störche (denkt an ihre Kämpfe!), sich da, wo es ihnen auf ihren Zügen am besten gefällt, ein Heim gründen, teils dadurch, daß auch die Brut durch reichlichere Nahrung besser gedeiht. Wo die Nährtiere sich vermindern, vermindert sich auch die Zahl derjenigen, die von ihnen leben; wenn aber die Zahl der Nährtiere zunimmt, so sorgt die Natur auch für eine größere Zahl ihrer Feinde. **Die Zahl der Nährtiere und die der Raubtiere steht immer in einem bestimmten Verhältnis.** Würde bei Verminderung der Zahl der Nährtiere die Anzahl der Verfolger stets gleich bleiben, so würde ja leicht eine Tierart ausgerottet werden können; würde bei Vermehrung der ersten nicht auch die Zahl der letzteren wachsen — wo sollten alle jene, die sich von Pflanzen nähren, Nahrung finden? Teich und Umgebung, ja die ganze Erde würde bald so kahl sein wie ein Kohlfeld, das von Raupen heimgesucht ist. Hoho! Ein solches Kohlfeld, einen ähnlichen Stachelbeerbusch magst du ebensowenig leiden wie eine Speisekammer, in der die Mäuse von deinen Speisen naschen. Für den letzten Fall schaffst du dir vielleicht eine Katze an, welche die lästigen Mäuse „wegfängt". Zu ähnlichem Zweck möchtest du für deinen Kohlgarten und deine Stachelbeerbüsche andre Tiere anstellen. Aber — willst du dann nicht der Natur dasselbe Recht einräumen, daß sie, wenn in ihrer Kammer die „Mäuse" gar zu arg wüten, auch mehr „Katzen" herbeiruft — daß sie überhaupt solche „Katzen" als Schutzmittel gegen Überhandnehmen der „Mäuse" hält?

---

den naheliegenden Gedanken nachzudenken, daß man für Kinder das Einfache auswählen müsse, um sie nicht durch das Zusammengesetzte von vornherein zu verwirren, — das war Schmeil und Landsberg zu schwer.

Im ersten Satz endlich behauptet Schmeil, der Verfasser des Dorfteichs sage deswegen: „Bald tritt das eine, bald das andere Gesetz mehr hervor," weil er wohl gemerkt habe, daß seine Gesetze sich widersprechen.

Hätte Schmeil etwas weniger oberflächlich gedacht, so würde er sich dessen erinnert haben, daß schon auf physikalischem Gebiet, um ein Gesetz so darzustellen, daß es nicht nur „mehr hervortritt als andere", wie es im Naturgeschehen die Regel ist, sondern in genau meßbarer Form isoliert auftritt, daß dazu komplizierte Apparate nötig sind und daß es in den Fällen, wo die Reibung oder die Schwerkraft mitwirkt, selbst in der Physik nicht gelingt, es mit den besten Apparaten weiter zu bringen, als — daß „ein Gesetz mehr hervortritt als andere."

Während das aber der Gültigkeit physikalischer Gesetze wohl auch in Schmeils und Landsbergs Augen nicht schadet, wollen sie auf dem viel verwickelteren biologischen Gebiet daraus ein Argument gegen die biologischen Gesetze herleiten!

So wenig kritisch ist diejenige Kritik der „Reformbestrebungen auf dem Gebiete des naturgeschichtlichen Unterrichts", die heute in Lehrerkreisen am meisten gelesen wird! Vgl. auch Vorwort und „Junge, Beiträge." Mann und Beyer, Langensalza 1904. — Anm. der Herausgeber.

Wir fassen jetzt das Resultat unserer Betrachtung zusammen: Nicht allein **darf** es Raubtiere geben, wir können uns also über ihr Vorhandensein nicht wundern, sondern es **müssen** solche da sein, damit die bestehende Ordnung in der Welt bleibe.*)

3. Sinneswerkzeuge. So sorgt die Natur also, daß für die verschiedensten Arten ihrer Geschöpfe Nahrung vorhanden ist. Aber das genügt noch nicht. Was würde es dem Frosche nützen, wenn es rund um ihn her von Fliegen wimmelte, er es aber nicht wüßte? Die Tiere müssen ihre Nahrung auch finden, wahrnehmen können. Dazu gebrauchen sie ihre Sinneswerkzeuge. Vergleichen wir im Gedanken an dieselben einige Tiere unsers Dorfteichs. An dem Blutegel können wir keine sehen — doch kann er fühlen (woraus ergibt sich das?); auch lassen sich bei Vergrößerung Augen erkennen. Die Schnecke hat neben den Augen auch für den Gefühlssinn besondere Organe, die Fühler. Ähnliche Werkzeuge kennen wir an dem Gelbrand. Derselbe fühlt mit ihnen zugleich, was ihm als Nahrung dienlich ist. Ist das ein Fühlen oder ein Riechen? Nennen wir es wittern. Auch der Egel wittert seine Nahrung — womit? Ein besonderes Organ für diesen Sinn ist nicht sichtbar, als solches muß die Haut dienen. Der Stichling wiederum hat sein eigenes Organ zum Riechen, die Nase. Bei welchem Tier haben wir noch einen andern Sinn gefunden? Wir erkennen: Nicht jedes Tier hat alle Sinne und ferner: Wenn auch der Sinn vorhanden ist, so finden wir nicht immer auch ein besonderes Werkzeug für ihn. Die Haut des Egels muß das Fühlen und Wittern vermitteln; die Bedeckung des Käfers ist nicht dazu geeignet: er hat besondere Organe; die Haut des Fisches, noch mehr die des Frosches übernimmt das Fühlen, die Nase das Riechen. So wird die Arbeit, die sonst von einem Organ verrichtet werden mußte, auf zwei verteilt.**) (Bei welchem Tiere wird sie am vollkommensten ausgeführt?)

Vergleichen wir ferner die entsprechenden Organe der verschiedenen Tiere miteinander, beispielsweise das Auge. Abgesehen davon, daß der Polyp gar keine Augen hat, so finden wir in der Einrichtung der übrigen eine große Mannigfaltigkeit. Während Egel, Wasserfloh und Hüpferling einfache punktförmige Augen haben, ist das Auge der Libelle gegittert oder gekammert, d. h. die Oberfläche besteht aus sechseckigen (bei andern Tieren, z. B. dem Krebs, aus rauten- oder

---

*3) Die oben erörterte Sache ist ja von ganz außerordentlicher praktischer Bedeutung für eine gesunde Naturanschauung, und von diesem Gesichtspunkt aus möge man es entschuldigen, wenn obige Erörterung in etwas über die Ufer des „Dorfteichs" hinausgeht. Wird dem Kinde doch ein Blick in den Haushalt der Natur eröffnet, der dem sinnigen Beobachter Anhaltspunkte zur befriedigenden Lösung eines scheinbaren Widerspruchs gibt; der einem voreiligen, eigenmächtigen Eingreifen in das Walten der Natur vorbeugt, dagegen Wege andeutet, der Natur gewissermaßen in ihrer eignen Weise zu Hilfe zu kommen oder sie uns dienstbar zu machen; der dem tatkräftigen Bestreben zu vernünftigem Schutz der Tiere einen festen Boden gibt. Bei richtiger Behandlung, besonders auch gebührender Berücksichtigung der lokalen Verhältnisse, fallen auch Schlaglichter auf das Zusammenleben der Menschen.

**) S. Ges. IV.

quadratförmigen) Flächen, deren jede gewissermaßen das Fenster einer ebenfalls sechseckigen, nach innen sich bis in eine Spitze verengenden Kammer ist. Das Auge des Stichlings ist wiederum einfach, nicht gekammert; aber er sieht sehr gut damit (— komme ihm nur nahe! —). In seinem Auge befindet sich eine ganz klare Kugel, die Linse (die durch Einwirkung von Spiritus oder durch Kochen undurchsichtig und weiß wird); durch sie wird deutliches Sehen vermittelt. (Ebenso beim Menschen.) Während das Auge des Fisches nur durch die durchsichtige Körperhaut geschützt wird, erhalten die Augen des Frosches, der Ente 2c. in den Augenlidern und der Nickhaut besondere Schutzmittel. Überblicken wir in Gedanken noch einmal die Unterschiede, so zeigt sich, daß einige Tiere sehr einfache Augen haben, mit denen sie wenig unterscheiden (— Licht und Dunkelheit —); andere dagegen besitzen mehr zusammengesetzte, höher entwickelte Augen, mit denen sie genauer sehen können, die dadurch zarter und leichter verletzbar, aber auch durch verschiedene Mittel mehr geschützt sind. Ähnliche Unterschiede dürften wir wohl bei genauerer Kenntnis der Organe auch in den andern Sinneswerkzeugen finden. Stellt eine Reihenfolge von den Tieren auf, beginnend mit denen, welche die wenigsten und einfachsten Sinneswerkzeuge haben und aufsteigend zu denen, welche die meisten und zusammengesetzteren Organe besitzen!

So verschiedenartig nun auch Zahl und Bau der Sinnesorgane der verschiedenen Tiere ist, so sind sie doch dem betreffenden Tier vollständig genügend. Der Blutegel weiß seine Nahrung ebensowohl zu finden wie der Storch usw. — Denn zunächst zur Wahrnehmung ihrer Nahrung gebrauchen sie ihre Sinneswerkzeuge. Indessen noch einen andern Dienst leisten sie. Das große bewegliche Auge des Frosches sagt ihm auch, wenn ein Mensch, ein Storch oder ein andres ihm feindlich scheinendes Wesen naht: er entflieht sogleich ins Wasser. Auch eine Gefahr wird dem Tiere durch die Tätigkeit der Sinneswerkzeuge angezeigt. Durch welche Sinne wird wohl besonders die Nahrung erkannt? Durch welche auch der Feind? Welche Sinneswerkzeuge sind für die Raubtiere von größerer, welche von geringerer Bedeutung? Prüfe die Richtigkeit deines Schlusses an verschiedenen Tieren! — So dienen die Sinneswerkzeuge in doppelter Hinsicht der Erhaltung des Tieres. Je mannigfaltiger und mehr ausgebildet dieselben sind, desto mehr ist die Erhaltung des Wesens gesichert.*)

4. Bewegungswerkzeuge. „Vom Riechen wird kein Mensch satt", sagt ein Sprichwort: auch das Tier nicht, soll sagen, es muß seine Nahrung nicht bloß

---

*4) S. Gef. IV. Das Gesetz der Arbeitsteilung gehörte zu den wenigen Gesetzen des Dorfteichs, die auch Schmeil gelten lassen wollte. In der neuen Auflage der Reformbestrebungen 1905 S. 63 bemerkt er aber: „Betrachten wir z. B. den Bandwurm, der bekanntlich keinen Darm besitzt, sondern die zu seiner Existenz nötigen Stoffe vermittels seiner gesamten Oberfläche aus den Nahrungssäften, in denen er gleichsam schwimmt, aufsaugt. Bei ihm wird also dieser Teil der Arbeit (die Nahrungsaufnahme) nicht von einem besonderen Organsysteme (Darm) geleistet; eine Teilung der Arbeit in dieser Hinsicht ist also nicht eingetreten (weil überflüssig). Und doch wird niemand behaupten wollen, daß bei ihm die Ernährung nicht ebenso vollkommen, ja vielleicht nicht noch nachdrücklicher geschieht als bei einem anderen Tiere mit „vollkommensten" oder

wahrnehmen, sondern sie auch erlangen können; und da auch der Schwalbe nicht „die gebratenen Tauben in den Mund fliegen", so muß sie ihre Fliegen und Mücken aufsuchen. Ebensowenig, wie das bloße Sehen der Nahrung das Tier satt macht, ebensowenig schützt die Wahrnehmung eines Feindes — das Tier würde nur in Todesfurcht versetzt — wenn es nicht zugleich Anstrengung zum Verteidigen oder Entfliehen machen könnte. Das Tier muß also aus doppeltem Grunde sich bewegen können; dazu gebraucht es seine Bewegungswerkzeuge, die mithin in zweierlei Hinsicht, eben wie die Sinneswerkzeuge, der Erhaltung dienen. Auch im Hinblick auf die Bewegungswerkzeuge zeigen die Tiere eine große Mannigfaltigkeit. Denken wir an die Bewegungswerkzeuge der Bachstelze und dann an den Polypen und Blutegel, so sind an diesen beiden kaum welche zu erkennen, wenn wir nicht gerade sehen, daß der Egel sich abwechselnd mit der Saugscheibe am Schwanzende und dann mit dem Munde festsaugt. Die Bachstelze kann also sicherer zu ihrer Nahrung gelangen als der Egel, die Muschel, die Schnecke ꝛc., kann auch leichter vor Feinden fliehen: sie kann sich leichter erhalten. — Der Blutegel kann sich übrigens noch auf andre Weise im Wasser bewegen; er schlängelt dahin, indem er den Körper in wellenförmige Bewegung setzt. Wir finden, daß nicht alle Tiere besondere Organe zu ihrer Fortbewegung haben, und ferner, daß die Zahl und auch die Art der Bewegungsorgane verschieden ist. (Vgl. Sinneswerkzeuge!). Welches Tier ist ohne Bewegungsorgane? Stelle eine Reihe von den Tieren auf, und lasse die bessere Ausbildung der Bewegungswerkzeuge die Stufenfolge bestimmen! Welche haben mehrere Arten von Bewegungsorganen? Welcher Körperteil des Blutegels, des Hüpferlings dient außer der Bewegung auch andern Zwecken? (S. Anm. Seite 55 am Schluß!)

Rufen wir uns nun die Form der verschiedenen einander entsprechenden Bewegungswerkzeuge ins Gedächtnis! Da hat die Muschel einen zungenförmigen Fuß, die Schnecke eine flache Sohle, der Gelbrand sechs Füße, von welchen zwei breit und mit Haaren besetzt sind, die Wasserjungfer sechs dünne Beine, teils mit Borsten besetzt, am Ende mit Krallen versehen, der Frosch vier Beine, von denen die

---

kompliziertesten Verdauungswerkzeugen." — Hierauf ist Schmeil von seinem Freunde Prof. Hesse in Tübingen aufmerksam gemacht worden. Dieser Herr ist also mit für die Entgleisung verantwortlich, die Schmeil hier zustößt: Ihnen ist entgangen, daß im Gesetz der Arbeitsteilung von der Arbeit die Rede ist; sonst würden sie dagegen nicht das Beispiel eines Tieres anführen, das bei seiner Ernährung überhaupt keine Arbeit leistet! Sie verfechten hier im Ernst für das schmarotzende Tier, was man, auf menschliche Verhältnisse übertragen, wohl einmal von einem schmarotzenden Menschen als Witz sagt: Der Dieb ernährt sich redlich durch seiner Hände Arbeit. — Im übrigen sollte man meinen, daß das Gesetz der Arbeitsteilung gar nicht sorgfältiger Erläuterungen bedürfe; es ist doch von vornherein (a priori) klar, daß ein Werkzeug um so vollkommener einem Zwecke angepaßt sein kann, je weniger andern es außerdem dienen muß.

Das sieht nur der nicht ein, der es aus irgend einem Grunde nicht einsehen will. (Vgl. Text 8 c.)

beiden letztern durch Stärke und Länge und durch die Schwimmhaut zwischen den Zehen sich vor dem vordern Paar auszeichnen, während seinem nahen Verwandten, dem Laubfrosch, die Schwimmhaut fehlt; der Fisch bewegt sich durch seine Flossen, die Ente hat wieder Schwimmhäute, der Storch hat nur einen Ansatz davon, und der Bachstelze und der Schwalbe fehlen sie ganz. Ferner besitzen einige neben den Beinen noch Flügel als Bewegungsorgane, die andern wieder fehlen; und auch sie sind verschieden. Die Bewegungsorgane, selbst die ähnlichen oder gleichbedeutenden, sind bei verschiedenen Tieren verschieden eingerichtet. Warum? Denken wir zunächst daran, daß Bachstelze, Libelle, Mücke Flügel haben, so wissen wir, daß sie fliegen; wir sehen die Flossen der Karausche und wissen, daß sie dieselben zum Schwimmen gebraucht. Sie würde die Flügel nicht gebrauchen können, so wenig wie der Wasserjungfer oder der Bachstelze statt der Flügel die Flossen des Fisches nützen würden. Denn die Vögel ꝛc. leben in der Luft, die Fische im Wasser. Also: da die Vögel in der Luft, die Fische im Wasser leben, so haben jene Flügel, diese Flossen. Die verschiedene Einrichtung der Bewegungsorgane hängt von dem verschiedenen Aufenthalt der Tiere ab. Oder umgekehrt: da die Vögel Flügel, die Fische aber Flossen zur Fortbewegung besitzen, so müssen jene in der Luft, diese im Wasser leben. Der Aufenthalt hängt ab von der Einrichtung der Bewegungswerkzeuge. Allgemein können wir also sagen:

Aufenthalt und Einrichtung der Bewegungswerkzeuge passen zu — entsprechen — einander, stehen in Beziehung.

Weise dieses Gesetz an allen vorhin genannten und anderen Tieren nach!

Bei dieser Betrachtung finden wir übrigens, daß nicht alle Verschiedenheiten sich nach diesem Gesetze erklären. Frosch und Salamander z. B. leben beide im Wasser und auch auf dem Lande, beide haben auch vier Beine, doch sind dieselben bei beiden Tieren recht verschieden. Der Frosch hüpft — auf dem Lande, wie im Wasser — (schwimmt stoßweise): er hat Springbeine; der Salamander kriecht — rudert — auf dem Lande, wie im Wasser. Warum hüpft der Frosch? Oder: Warum hat der Frosch Springbeine?

Art der Bewegung und Einrichtung der Bewegungswerkzeuge entsprechen einander.

Weist diese Wahrheit an den andern Tieren nach!

Doch weiter! Denken wir an die eigentümliche Einrichtung der Vorderbeine des Wasserskorpions, des Wasser=(Schlittschuh=)läufers, auch an die Borsten an den Vorderbeinen des Plattbauches ꝛc., so werden wir auf einen andern Umstand aufmerksam, nämlich den, daß diese Umwandlungen der Beine oder die Anhängsel an ihnen nicht zur leichteren Fortbewegung erforderlich, derselben vielmehr hinderlich sind. Sie dienen dem Ergreifen der Nahrung.

Auch mit der Ernährungsweise hängt die Einrichtung der Bewegungswerkzeuge zusammen.

Art der Bewegung und Art der Ernährung gehören zur Lebensweise des Tieres.

Lebensweise und Einrichtung der Bewegungsorgane entsprechen einander.

ober, da auch Aufenthalt und Nahrung zu einander in engster Beziehung stehen: **Aufenthalt, Einrichtung der Bewegungsorgane und Lebensweise entsprechen einander.**

Wir werden demnach von dem einen auf das andere schließen können. In der Tat tun wir das auch. Hier ist beispielsweise ein Vogelfuß (— etwa von einer Möve —). Die oberflächliche Betrachtung seiner Einrichtung läßt schon die Haut zwischen seinen Zehen erkennen. Folglich kann der Vogel schwimmen, folglich wird er sich (oft) auf dem Wasser aufhalten, folglich wird er dort auch seine Nahrung finden.

Plattbauch und Schwalbe halten sich gern über (oder in der Nähe von) dem Teiche auf, weil ihre Nahrung in Mücken u. dgl. besteht. Sie können fliegen, müssen beide Flügel haben — aus Federn? Ente und Gelbrand schwimmen beide, folglich müssen beide Schwimmfüße besitzen — mit Schwimmhäuten? Wohl sind die Einrichtungen, weil Aufenthalt und Lebensweise gleiche oder ähnliche sind, auch ähnlich, aber es folgt nicht, daß sie unbedingt gleich sind. Im Ernst wird auch wohl niemand eine derartige Erwartung hegen, denn Ente und Schwalbe sind ja Vögel, und Libelle und Gelbrand sind Kerfe, das will sagen, auf Grund unserer Erfahrung erwarten wir an den letzteren zunächst nicht Federn zu finden, weil diese bei keinem Kerftiere vorkommen, während wir gegenteils einen Vogel ohne Federn auch nicht kennen. Allgemeiner ausgedrückt: **Die Einrichtung der Bewegungsorgane im einzelnen richtet sich nach der Eigenart, der eigentümlichen Natur des Tieres.***) Die Schwalbe als Vogel hat vier Glieder und eine Bedeckung von Federn; durch Bekleidung der Vorderglieder, der Arme mit Federn, ist sie zum Fliegen befähigt. Die Wasserjungfer trägt kein Federkleid, sondern ist nur mit Haut überzogen; so wird diese an einigen Stellen gewissermaßen herausgeblasen und — sie hat Flügel. Dem Gelbrand als Kerftier sind Haare nicht fremd; so sind ihm auch solche an den Hinterbeinen angewachsen (oder aus der Haut hervorgewachsen) und diese sind zum Schwimmen tauglich. Die Natur schafft eben Mannigfaltigkeit aus dem vorhandenen Material, „schlägt nicht alles über denselben Leisten". — Von obigem Gesichtspunkte aus fällt auch noch Licht auf die verschiedene Einrichtung der Sehwerkzeuge.

Die außen sichtbare Bewegung der Organe muß durch innere Ursachen hervorgebracht werden. Die inneren Bewegungsorgane sind **die Muskeln oder das Fleisch.** Das Fleisch besteht, wie alle wissen, aus Fasern. Diese sind mit

---

*5) Eigentlich: Sie steht mit der übrigen Organisation des Tieres in organischem Zusammenhange. (Ges. VII.) Zu einer eingehenden Erörterung fehlen hier die notwendigen Grundlagen durch die Anschauung. Hier soll vor allen Dingen auch nur das Gesetz der Erhaltungsmäßigkeit zum klaren Verständnis gebracht werden, während andere Gesetze eine gelegentliche Andeutung finden. — Vielleicht erscheint schon das Vorstehende und Nachfolgende manchem als zu weitgehend. Das ist richtig, wenn es den Boden der Anschauung unter den Füßen verliert und die Fassungs= und Schlußfolgerungskraft der Kinder übersteigt. Das hat jeder einzelne Lehrer nach Umständen zu erwägen. Übrigens verweise ich auf den Zweck dieses Werkchens.

dem einen Ende z. B. an dem Flügel (Oberarm der Ente), mit dem andern an irgend einem Punkte des Rumpfes befestigt (Skizze an der Tafel). Ziehen sie sich nun zusammen, so werden sie dicker (vgl. Daumen- oder Armmuskel) aber auch kürzer, und der Arm muß sich bewegen.*) Natürlich ist es Bedingung, daß das eine Ende des Muskels einen festen Anheftungspunkt habe. Solche Anheftungspunkte bieten die Knochen im Rumpf der Ente, der Schwalbe 2c., des Frosches, der Karausche. Bei den andern Tieren, denen die Knochen fehlen, gibt die äußere mehr oder weniger harte Haut feste Anheftungspunkte.**) — Was läßt sich schließen, wenn für die Bewegung eines Organes sehr stark entwickelte Muskeln vorhanden sind? Beispiele!

Wie verschiedenartig nun auch die Bewegungsorgane je nach dem Aufenthalt oder der Lebensweise oder der sonstigen Einrichtung des Tieres sind, so erfüllen doch alle ihren Zweck, d. h. sie sind geeignet, ihren Besitzer zu seiner Nahrung zu führen oder ihn in Sicherheit zu bringen, sei es, daß er ein Versteck aufsuche — der kleinere Fisch zwischen Schilf und Röhricht, der Frosch im Schlamm oder Kraut des Teiches (mehr Beispiele!) — sei es, daß er sich, wie Schnecke, Hülsen=wurm, in sein Gehäuse zurückziehe oder dasselbe, wie die Muschel, schließe. Absolute Sicherheit für sein Leben hat kein Tier, denn auch für dieses gilt das Wort: Wider den Tod ist kein Kraut gewachsen! (vgl. 2. Nahrung!). Aber jedes hat doch in seinen Bewegungswerkzeugen neben den Sinneswerkzeugen einen Teil der Bedingungen zur Erhaltung seines Lebens, ist also insofern **erhaltungsgemäß eingerichtet.**

5. **Ernährungswerkzeuge.** Zur Aneignung der Nahrung gehört noch mehr als die Hinbewegung zu der Nahrung. Wer kennt nicht die Geschichte von dem Kranich oder Storch und dem Fuchs, die einander gegenseitig zu Tisch luden und die leckersten Speisen, nur für den Gast nicht erreichbar, aufsetzten?! So macht die Natur es nicht — kann es nicht so machen. Sie bereitet ihren Tisch für jeden Gast so, daß er durch die ihm zur Verfügung stehenden Mittel sich sättigen kann, oder umgekehrt, sie versorgt jeden Gast mit den Mitteln, deren er zur Aneignung seiner Nahrung bedarf. Mit anderen Worten: Jedes Tier findet solche Nahrung, die es mit den ihm eigenen Ernährungs=

---

*6) Gelegentlich zeigt man die Bewegung der Zehen eines Vogelfußes durch Ziehen an der Sehne. Ein einfaches Spirituspräparat von einem kleinen Vogel oder auch nur einem Vogelbein (mit Oberschenkel — in beiden Fällen muß die Haut mit den Federn abgezogen sein, damit die Verbindung des Muskels mit dem zu bewegenden Gliede sichtbar sei — darf nicht fehlen, wenn man obiges erörtert.

**7) Ein Präparat von einem Schwimm= oder einem Laufkäfer. Mit einer Schere sind Flügeldecken, Flügel und Rückenhaut weggenommen, auch sind die Eingeweide (etwa mittels einer Pinzette oder, in Ermangelung deren, einer spitzen Schere die nicht schneidet) herausgenommen. (S. 67, Anmerkg. 7.) Weiße Muskelpartien bleiben sitzen; auch die Vorsprünge, entsprechend den Knochenfortsätzen, sind zu zeigen. Sehr schön kann man die Muskelpartien an einem in ähnlicher Weise sehr leicht herzustellenden Präparat von einer Ligusterraupe demonstrieren.

werkzeugen sich aneignen kann, oder: Die Ernährungswerkzeuge jedes Tieres sind so eingerichtet, daß sie ihm die Aneignung der ihm passenden Nahrung ermöglichen. Allgemeiner:

Art der Nahrung und Einrichtung der Ernährungswerkzeuge passen zueinander. Das kann man nach dem Vorhergehenden vermuten. Prüfen wir an unsern Dorfteichtieren, ob diese Vermutung sich bestätigt. Die Mücke hat Mundteile, die zum Saugen eingerichtet sind; sie saugt flüssige Nahrung. Ähnlich der Blutegel. Der Gelbrand verzehrt Fleisch; seine Mundteile sind zum Beißen, zum Zerkleinern der Nahrung eingerichtet. Vergleiche die Einrichtung der Mundwerkzeuge und die Nahrung seiner Larve! Sucht mehr Beispiele! Ähnlich liegt die Sache bei Pflanzenfressern, nur wird, weil der Nahrungsstoff ein andrer ist, auch die innere Einrichtung anders sein müssen. Wir werden demnach von der Art der Nahrung auf die Einrichtung der Ernährungswerkzeuge, und umgekehrt von der Einrichtung der letzteren auf die Art der Ernährung und der Nahrung schließen können — doch nur im allgemeinen. Denken wir daran, daß die Einrichtung der Bewegungswerkzeuge nicht allein durch die Art der Bewegung oder die Eigentümlichkeit des Aufenthalts bestimmt wurde, sondern daß auch die Eigenart des Tieres in Betracht kam, so werden wir auch betreffs der Einrichtung der Ernährungsorgane annehmen dürfen, daß auch sie durch die übrige Organisation des Tieres beeinflußt wird. Schwalbe und Libelle sind in ihrer Lebensweise, soweit die Art der Ernährung und der Bewegung dieselbe bestimmen, wohl einander sehr ähnlich, aber doch dürfen wir nicht eine gleiche Einrichtung der Ernährungswerkzeuge voraussetzen. Warum nicht! Unterschied der Organe! Vergleiche Blutegel und Wasserskorpion (oder Wasserläufer, Rückenschwimmer, die von flüssiger Nahrung leben). Trotz dieser Unterschiede im Einzelnen bestätigt sich unsre Vermutung: die Einrichtung der Ernährungswerkzeuge im allgemeinen paßt zu der Art der Nahrung, wie Einrichtung der Bewegungsorgane dem Aufenthaltsort entsprechen.

Auf eins müssen wir noch kurz hinweisen, weil auch dies beim Verständnis der Einrichtung unserer Dorfteichbewohner in Betracht kommt. Schwalbe und Bachstelze nähren sich beide von Kerfen. Da die Nahrung ähnlich ist, könnte man erwarten, daß auch ihre Mundteile, d. i. ihre Schnäbel, besondere Ähnlichkeiten wahrnehmen ließen. Das ist nicht der Fall; denn die Schwalbe fängt ihre Nahrung meist im Fluge, die Bachstelze liest sie auf. Zu der Weise, wie sie ihre Nahrung zu sich nehmen, paßt die Einrichtung der Ernährungswerkzeuge. Der Frosch erhascht seine Beute nicht fliegend, sondern springend, also doch (meistens) in Bewegung. Mit wessen Mund muß der seinige also Ähnlichkeit haben? Wie die langen muskulösen Beine des Frosches und seine hüpfende Bewegung — auf dem Lande und im Wasser — übereinstimmen, so paßt der weite Mund mit der herausklappbaren Zunge zur Ergreifung der Beute — der Fliegen und Mücken. Allgemein: Einrichtung der Bewegungsorgane, Art der Bewegung und Aufenthalt entsprechen einander (s. o. 4); so auch passen Einrichtung der Ernährungswerkzeuge, Weise der Ernährung und Art der Nahrung zueinander. Also: Einrichtung der Bewegungswerkzeuge und Art der Bewegung, Einrichtung der Ernährungswerkzeuge und Art der Ernährung, kurz Einrichtung und Lebensweise entsprechen einander, und da auch die Nahrung, bestehe dieselbe aus Pflanzen oder aus Tieren, an einen bestimmten Aufenthalt gebunden ist, und die Tiere deshalb an denselben Ort hinzieht, so gehört auch dieser noch dazu. Das Gesetz lautet also allgemein:

Einrichtung, Lebensweise und Aufenthaltsort entsprechen einander. Beispiele!*)

Jedes Tier ist also derartig eingerichtet, daß es leben kann. Es kann sich bewegen, um sich zu schützen oder seine Nahrung sich zu verschaffen, wenn auch dieses so, jenes anders lebt. Es ist für sich vollkommen. Denn mehr als zu leben und sich seines Lebens zu freuen verlangt das Tier nicht. Selbst der Polyp, selbst die Eintagsfliege, die Hunger und also auch Nahrungsgenuß nicht kennt, sie entbehren nichts, sind in ihrer Weise vollkommen. Strebe auch du, was du auch wirst, in deiner Stellung vollkommen zu sein! Von dir hängt es ab; denn du selbst sollst dir die Vollkommenheit erwerben — du bist ein Mensch — dem Tiere ist sie gegeben. Darum aber mußt du als Mensch auch die Mittel, die dir zur Verfügung stehen, prüfen und wägen.**)

6. **Atmung.** Das Blut, der Ernährungssaft des Tierkörpers, muß fortwährend durch Aufnahme von Lebensluft erfrischt, sowie durch Abgabe von verbrauchten Stoffen gereinigt werden. Letztere werden, an Sauerstoff gebunden,

---

*8) Mag man mir vorwerfen, daß diese Sache hier recht breit geschlagen sei. Immerhin will ich mir diesen Vorwurf — obgleich ich ihn fühlen würde — viel lieber gefallen lassen als den, daß die Kinder eine Formel gelernt hätten, ohne daß sie fähig wären, den Gehalt derselben ermessen zu können. Hier liegt eine Gefahr, vor der nicht eindringlich genug gewarnt werden kann. Ist zu befürchten, daß das Gesetz nicht zur Klarheit entwickelt werden könne, so begnüge man sich durch Nachweis desselben im Einzelnen. Wozu gebraucht die Libelle ihre Flügel? Wo also muß sie sich aufhalten? Wozu gebraucht sie ihre großen, halbkugeligen (facettierten) Augen? Inwieweit kommt die große Beweglichkeit ihres Kopfes ihr zu statten? Warum können große Fühler ihr nicht viel nützen? Welche Fangvorrichtung ist mehr beachtenswert? (Vgl. Wasserskorpion!) Wo sucht sie ihre Nahrung? Inwiefern stimmt dies mit ihren Bewegungswerkzeugen? Solche Fragen führen auf die Erkenntnis des Gesetzes — im Einzelnen. Sie werden auch nach Herausstellung des Gesetzes bei schwierigen Objekten am Platz sein, während man leichtere den Kindern zur freien Demonstration überläßt. Dahin, daß sie dieser Forderung entsprechen können, müssen die Schüler gebracht werden. Denn nicht das **Wissen** der Gesetzesformel ist von Wert, sondern die **Anwendung, die selbständige Anwendung** derselben bei der Naturbetrachtung. Lassen wir das außer acht, so fallen wir nur aus einem Formalismus — Beschreibung der Form ohne Verständnis für ihre Bedeutung — in einen andern — Wissen der Formel ohne Verständnis des Inhalts (vgl. S. 27 u. 28).

**9) Da die Vollkommenheit hier der Hauptgedanke ist, so darf man ganz wohl, wie von einem Tier auf das andere, auch einen Blick auf den Menschen werfen. Die weitere Ausführung des hier angeregten Gedankens wird jedoch füglich dem andern Unterricht überlassen bleiben, indem man von dort aus Beispiele oder Gleichnisse aus der Natur heranzieht, z. B. Wachsen der Bedürfnisse — Unzufriedenheit als notwendige Folge, wenn dieselben nicht befriedigt werden.

(teilweise) als Kohlensäure ausgeschieden. So muß das Blut also in steter Wechselwirkung mit der Luft stehen; diese hat ihm die Zufuhr- und Abfuhrdienste zu leisten.

Nach dem Vorhergehenden läßt sich erwarten, daß der Tierkörper für diesen Austausch der Luftarten entsprechende Einrichtungen hat, Einrichtungen, die nach Aufenthalt, Lebensweise und Eigenart des Tieres verschieden sind. Prüfen wir, ob unser Gesetz auch in dieser Hinsicht seine Anwendung findet.

An den einfachsten Tieren, die wir kennen, dem Polypen und dem Blutegel, sind besondere Organe für die Atmung nicht zu erkennen. Sie haben nur die allernotwendigsten, die zur Erlangung ihrer Nahrung erforderlich sind; das Atmen wird einem andern Organ mit übertragen, der Haut, die dem Blutegel auch das einzige Gefühlsorgan ist. Mit dem Wasser tritt zugleich die Luft in demselben an die Haut heran und es erfolgt ein Austausch. Das Wasser gibt durch die Haut Lebensluft an das Blut ab und führt die ausgeschiedene Kohlensäure fort. In ähnlicher Weise atmet der Frosch während seines Winterschlafes. Würde die Haut trocken werden, so schrumpfte sie zusammen; dann könnte ein Austausch der Luftarten durch sie hindurch nicht mehr stattfinden und das Tier müßte — selbst in der Luft — ersticken, d. h. an Mangel von Erfrischung des Blutes sterben. — Bei der Muschel finden wir schon besondere Atmungswerkzeuge: es sind die Kiemen, nämlich kleine, von einer zarten Haut gebildete Röhrchen oder Adern, in denen das Blut längs fließt. Sie schweben frei (d. h. sinken nicht und steigen nicht) im Wasser. Folglich kann das Wasser jede einzelne Faser frei umspülen und das Blut in derselben erfrischen.*)

Solche Kiemen kennen wir auch an den Fischen und an den Larven der Frösche und Salamander. Bei den letztern hängen sie außen am Kopf, bei den Fischen sind sie durch den Kiemendeckel verdeckt. Sollte das nur zum Schutze sein? Die Kiemendeckel öffnen sich und schließen sich, und zwar in entgegengesetzter Reihenfolge mit dem Munde, also wenn dieser sich schließt oder sich öffnet. Natürlich wird durch diese abwechselnde Bewegung eine Strömung des Wassers erzeugt. Dieselbe wird, wenn der Fisch an einer Stelle ruht, durch Bewegung der Brustflossen befördert. Vgl. Atmen der Wasserassel, der Libellenlarve u. a. Warum muß das Wasser wechseln? — Warum muß der Fisch auf dem Lande ersticken? Welche Vorkehrungen muß man demnach treffen, wenn man Fische lebend verschicken will? Warum können Muscheln länger als Fische auf dem Trocknen leben? Welche Fische werden am längsten auf dem Trocknen leben

---

So lernt der Schüler in dem Naturleben ein objektiv gehaltenes Spiegelbild des Menschenlebens erkennen — objektiv, weil er das Walten derselben Gesetze fühlt — und die Natur liefert ihm mehr als Fabeln, sie liefert ihm Beispiele, die um so eindringlicher predigen, jemehr sie die allgemein gültigen Gesetze von Ursache und Wirkung plastisch hervorleuchten lassen.

*10) Da die Muschel nur wenig ihren Ort wechseln kann, auch nicht, wie der Polyp, durch Pflanzen oder Tiere in andre Regionen gebracht wird, — das geschieht nur im Jugendzustande — so ist für die vollkommene Atmung noch eine besondere Einrichtung vorhanden, durch welche das Wasser um die einzelnen Kiemenfäden gewechselt wird. S. Muschel.

können? — Da nun die Tiere, welche durch ihre Kiemen fortwährend Wasserluft atmen, nach und nach die Luft verbrauchen würden, in welchem Fall sie sterben müßten, so muß für stetige Zufuhr von frischer Luft und Abführung verbrauchter Luft gesorgt werden. Das geschieht teils durch die verschiedenartige Bewegung des Wassers (Wellenschlag, Strömung, Regenfall), und teils durch die Lebenstätigkeit der Pflanzen im Wasser (s. „Unorganisiertes" und „Rückblick auf die Pflanzen!"). Erzeugen dagegen verwesende pflanzliche oder tierische Stoffe schlechte Luft im Wasser — dasselbe wird dann auch übel riechen — so sind die durch ihre Kiemen die Wasserluft atmenden Tiere in Gefahr.

Natürlich müssen die Atemwerkzeuge für solche Tiere, die in der Luft leben, anders eingerichtet sein. Würden die feinen Blutadern, wie die Kiemen der Muscheln und Fische im Wasser, frei in der Luft schweben, so würden sie nicht allein durch unsanfte mechanische Berührung gar leicht verletzt werden, sondern sie würden, wie die Kiemen der Wassertiere auf dem Lande, eintrocknen und dann einen Luftaustausch, d. i. ein Atmen nicht mehr gestatten. Die Atemwerkzeuge der luftatmenden Tiere liegen im Innern des Körpers geschützt. Sie müssen natürlich auch Blutröhren enthalten, an welche in diesem Fall nur Luft (ohne Wasser) herantreten kann. Die Luft muß durch Röhren zwischen die Blutgefäße geleitet werden. So denken wir uns die Lungen, wie die Vögel, die Frösche und Salamander sie gebrauchen. Wie aber muß die Sache sich gestalten, wenn in dem Tierkörper, z. B. in Gelbrand, Wasserjungfern 2c. nicht eigentliche Blutröhren vorhanden sind? Dann müssen doch vor allen Dingen fein verzweigte Luftröhren in den Körper hineinführen. Solche finden wir als weißseidenglänzende Fäden in dem Körper des Gelbrandes (S. 66), des Kolbenwasserkäfers (Hydrophilus) u. a. Daß bei diesen Tieren die Luftröhren nicht im Munde, sondern an den Seiten des Körpers ihr Ende oder ihren Anfang haben, wird uns nicht mehr wundern, da wir bei ihnen schon manches andere abweichend gefunden haben. Daß wir aber in einem gleich nach (oder in) seinem Fluge getöteten Käfer (auch beim tauchenden Schwimmkäfer) stecknadelkopfgroße Luftbläschen als Luftreservoire finden, wird uns bei diesen Tieren, die bei ihrer Flugbewegung viel Luft gebrauchen (resp. unters Wasser mitnehmen müssen) sehr zweckmäßig erscheinen; haben doch auch die ähnlich lebenden Vögel ähnliche Reservoirs! — Diese Luftröhren der Insekten werden Tracheen genannt, d. h. — Luftröhren; aber man bezeichnet mit jenem Ausdruck gerade diese Luftröhren.

Vielleicht hat einer oder der andere schon erwartet, daß es auch in den Atemeinrichtungen eine Zwischenstufe zwischen Lungen und Kiemen geben müsse, gleich wie es unter den Tieren selbst solche gibt, die eine Zwischenstufe zwischen Land- und Wassertieren bilden. In der Tat haben wir solche Zwischenformen kennen gelernt an den Larven der Eintagsfliege und der Köcherfliege (dem Hülsenwurm). Sie haben die Tracheen der übrigen Kerftiere; aber statt daß dieselben sonst seitlich mit Öffnungen münden, verbreiten sie sich auch hier außerhalb des Körpers, in Fäden oder Blättchen, wie die Blutröhren des Fisches in den Kiemen. Diese Fäden führen natürlich nicht Blut, sondern Luft — es sind ja Tracheen; aber sie schwimmen, wie die Kiemen, frei im Wasser und besorgen den Austausch zwischen der in ihnen enthaltenen Luft und der des Wassers. Sie heißen Tracheenkiemen. Warum nun? — Die Larve von (Agrion, Fig. 36, vgl. auch 40 oder) der Schlankjungfer trägt drei blattartige Tracheenkiemen am Schwanzende; mittels einer guten Lupe erkennen wir in ihnen die dickeren Tracheenstämme.*)

Ist nach dem bisherigen die Einrichtung der Atemwerkzeuge abhängig von dem Aufenthaltsort, so wird sie ebensosehr mit der Lebensweise des einzelnen Tiers zusammenhängen. Vgl. oben Käfer und Vögel mit ihren Luft= behältern! Frosch und Salamander atmen reine Luft, aber sie tauchen unter Wasser; da könnte das Wasser durch die Nasenöffnungen in die Luftröhre dringen: sie können die Naslöcher verschließen. Auch Gelbrand, Taumelkäfer, Wasserspinne tauchen unter; wie jene innerlich, so nehmen diese äußerlich unter Flügeldecken und in den Zwischenräumen zwischen den Haaren Luft mit unter Wasser. Die luftatmende Larve des Gelbrandes lauert ihrer Beute auf: sie hängt mit dem Ende des Körpers an der Oberfläche. Ähnlich lebt ja die Mückenlarve, der Wasserskorpion.

Von der Einrichtung der Atemwerkzeuge hängt das Vorhandensein oder Nichtvorhandensein einer Stimme unserer Teichbewohner ab. „Stumm, wie ein Fisch", sagt man im Sprichwort, wenn man eine völlige Stummheit bezeichnen will. Der Fisch gibt keinen Ton von sich — der Frosch läßt seine Stimme weithin erschallen. Dabei bläst er unter der Kehle seitlich ein paar Blasen (oder eine solche) hervor. Wenn nämlich ein Tier schreit, singt ꝛc., so gebraucht es Luft dazu (vgl. wenn ein Kind schreit, du singst!). Die Luft strömt alsdann zum Munde heraus. Warum kann nun der Fisch nicht schreien? Welche Tiere können durch den Mund Töne von sich geben? Weshalb können Mücken und andere Tiere (welche?), wenn sie an uns vorbeisummen, den Ton nicht durch den Mund hervorbringen? Wodurch können sie vielleicht den Ton erzeugen?

7. Die Entwicklung: a) Des Tierlebens als Ganzes. Mit dem einkehrenden Frühling beginnt für die Tierwelt ein neues Leben. Schon im Anfang des Februars, oft mit Ende Januar, treffen als seine Vorboten die Stare ein; am Teichrande sehen wir sie ihrer Nahrung nachgehen. Bald gesellen sich ihnen einzelne und danach mehr Bachstelzen zu. Frösche und Sala= mander erwachen aus ihrer Erstarrung und sonnen sich am Ufer im wärmenden Sonnenstrahl, während der Star von der Firste des Müllerhauses herunter seinen anheimelnden Gesang unter beständiger Wendung des Kopfes nach allen Himmels= richtungen ertönen läßt. Die Fische im Teiche werden lebhafter — sie zeigen sich bei warmem Sonnenschein an der Oberfläche. Bald erscheinen auch Schwalben und Störche. Und nun — im Mai — beginnt für die Tierwelt ihr rechtes Frühlingsleben, soll sagen, ihr Leben macht sich uns so recht bemerkbar, erreicht seinen Höhepunkt (vgl. Pflanzen!). Die Frösche haben an geeigneten Stellen schon ihre Eier abgelegt und wir hören sie in deren Nähe ihr Gur — gur oder Quak — quak rufen. Und wenn die Nachtigall, die ja auch die Nähe des

---

*11) Wenn beobachtet ist, daß die Larve des Plattbauches am Hinterteil des Körpers (Mastdarm) Wasser einzieht und ausstößt, so kann auch gerne erwähnt werden, daß sie im Nachleib Tracheenkiemen besitzt und zur Erneuerung der Luft Wasser aus= und einpumpt, wie dem entsprechend die Larve der Ein= tagsfliege die äußeren Tracheenkiemen, die Muschel die Flimmerwimpern, der Stichling die Brustflossen bewegt.

Wassers liebt, aus des Müllers Garten ihr jedem deutschen Herzen verständnisvolles Lied erschallen läßt, wimmelt es am seichten, warmen Teichufer von zahllosen Froschlarven. Doch die Zeit rückt weiter, der Nachtigallen Gesang verstummt, wie auch die Stare längst stumm geworden sind; sie haben für ihre Kinder zu sorgen. Die Libellen schwirren zwischen den Mückenschwärmen umher; die Ente, die längere Zeit verschwunden war, erscheint wieder an der Spitze einer Schar gelblicher Entlein, die ebenso wie sie von Zeit zu Zeit einen Tropfen Wasser in den Schnabel nehmen. Der abendliche Gesang der Frösche ertönt nicht mehr; wohl aber können wir auf Landwegen Scharen von kleinen Fröschen begegnen, so zahlreich, daß oft für unsern Fuß nicht genügend Raum ist. Im Grase der den Teich begrenzenden Wiese finden wir noch zahlreichere Scharen von einer Zikadenart (die vor den Füßen auffliegt, als wären es Grashüpfer). Im Teiche aber sind Schwärme von kleinen Fischen. — Wenn nun erst die Nächte länger und kühler werden, weil die Sonne später auf- und früher untergeht, dann beginnen die Störche zu mehreren in der Luft zu kreisen, bis sie plötzlich (im letzten Drittel des August) verschwinden; die Schwalben „halten Schule" und suchen abends mit andern Genossen ein Nachtquartier in den Pflanzen des Teiches, bis auch sie die kalte Heimat mit einem wärmeren Winteraufenthalt vertauschen. Bachstelzen und Stare folgen ihnen. Die Mücken spielen nur noch an geschützten, sonnigen Stellen; selten nur läßt sich noch ein Frosch erblicken — Libellen sind vollständig verschwunden — die Fische ziehen sich in die Tiefe zurück. Der Winter zieht herein. — So etwa erkennen wir das Tierleben im ganzen während des Jahres.*) Welche Erscheinungen in der Pflanzenwelt lassen sich den obigen an die Seite (parallel) stellen? Wovon hängen dieselben ab? Welche Erscheinungen in der Entwicklung des ganzen Tierlebens finden in der Pflanzenwelt eine Parallele? Worin ist das begründet?

Die Gestaltung des Tierlebens im ganzen, wie es sich dem Blicke aufdrängt, wird durch die Lebensform der Tierart und des einzelnen Tieres bedingt. Das zahlreiche Erscheinen der Tiere im Beginn des Sommers erklärt sich teils aus dem Wiederauftreten von schon vorhandenen Tieren (welchen?), teils aus der Entstehung neuer Tiere. Fassen wir jetzt letzteres ins Auge.

b) **Entwicklung des einzelnen Tieres.** Der Anfang alles Tierlebens beginnt im Ei. Wohl bringt der Polyp gewissermaßen auch Ableger hervor, wie wirs an einer Pflanze kennen; doch ist diese Ausnahme nicht so außerordentlich, wenn wir uns nur vorstellen, daß in diesem Fall ein eigenartiges

---

*12) Genaue Beobachtungen, begünstigt durch Befischen des Teiches zu verschiedenen Zeiten, werden für verschiedene Gegenden verschiedene (und genauere) Resultate geben: Erscheinen der Wasserläufer, der Taumelkäfer ꝛc. und Verschwinden; Größe der Libellenlarven, der Wasserkäferlarven u. a. Hier gibt es ein reiches Feld zu Beobachtungen für jegliche Heimat. Natürlich wird neben den Beobachtungen die Zeit notiert. Geschähe das an recht vielen Orten, so würde Material gesammelt, dessen Vergleichung nicht allein für den Lehrer und die Schule, sondern auch für die Wissenschaft Wert hätte (vgl. „Libelle", Anm. 2 u. 6).

Gebilde nicht von dem Tier (dem Stamm) getrennt, sondern mit demselben verbunden sich entwickelt. Vgl. „Rückblick auf die Pflanzen": Knospe und Saat! Im übrigen legen alle, von dem kleinen Hüpferling an, der seine Eier noch in den Eiertaschen mit herumträgt, bis zur Ente und Gans hin Eier. In den Eiern der Enten bilden sich kleine Entlein; sie haben den Schnabel, die Flügel 2c. wie die Alten sie besitzen, nur sind sie noch mit Dunen allein bedeckt — eigentliche Federn fehlen ihnen. Das Federkleid vervollständigt sich nach und nach, sowie sie größer werden, und die hervorgewachsenen Schwungfedern befähigen sie zum Fliegen. So werden sie nach Einrichtung und Tätigkeit oder Lebensweise nach und nach den Alten gleich, werden so vollkommen wie diese sind. Das nennen wir ihre Entwicklung. Auch der Frosch entwickelt sich aus einem Ei. Aber das Tier, das dem Ei entschlüpft, ist anfangs einem Fische viel ähnlicher als einem Frosch. Nach und nach kommt erst das eine, danach das andere Beinpaar zum Vorschein; der Schwanz verliert sich, und aus der Kaulquappe, die Wasserluft atmet, fischähnliche Form hat und sich (meist) von Pflanzenkost nährt, ist ganz und gar ein Frosch mit dessen eigentümlichen Organen und eigentümlicher Lebensweise geworden. Hier hat das aus dem Ei geschlüpfte Tier sich ganz verändern, verwandeln müssen. Der Frosch macht eine Verwandlung durch. Welche Tiere entwickeln sich ohne — welche mit Verwandlung? Bei welchen Tieren hat die Verwandlung noch eine Stufe mehr? Wieviele Formen also haben die genannten Tiere während ihres Lebens?

Warum entwickelt sich aus einem Schneckenei eine Schnecke und nicht eine Gelbrandlarve? aus dem Ei des Salamanders eine Salamander- und nicht eine Froschlarve, die sonst einander doch sehr ähnlich sind? (Gef. VI). Es gibt noch gar vieles zu lernen!

Die Zahl der Eier, die von den einzelnen Tierarten gelegt wird, ist sehr verschieden. Der Storch legt 3—5 Eier, ähnlich die Schwalbe; die Ente doppelt so viel und mehr. Froschlaich und Schneckenlaich finden wir bekanntlich in außerordentlich großer Menge — auch die Fische (der Stichling macht verhältnismäßig eine Ausnahme) erzeugen eine große Zahl von Eiern.*) Dieser Unterschied in der Menge der erzeugten Eier ist in doppelter Hinsicht bemerkenswert. Frösche, Fische 2c. müssen eine große Menge Laich absetzen, wenn ihre Art nicht aussterben, sondern erhalten werden soll. Wie vielen Feinden fallen nicht Eier und kleinere und größere dieser Tiere zur Beute! (S. „2. Nahrung"). Wiederum ist die Natur sparsam, wenn die genannten Vögel weniger Eier legen, denn hunderte würden sie doch nicht ausbrüten (und ebensowenig so viele Junge ernähren)

---

*13) Ich habe nicht Gelegenheit gehabt, die Eier einer Karausche zu zählen. Bei einem nicht sehr großen Dorsch fand ich 496 000. Gelegentlich nimmt man derartige Zählungen in der Schule vor, indem man zunächst die ganze Eiermenge, die in dem Fisch gefunden wird, wägt, dann einen gewissen Teil derselben davon abwägt und diesen in ganz kleinen Portionen einer Anzahl Kinder zum Zählen der einzelnen Eier (auf dunkler Unterlage — mittels einer Nadel) übergibt. Die Zahl aller Eier wird dann aus dem Gesamtgewicht berechnet.

können. Je mehr Sicherheit für die Erhaltung der Art ist, desto weniger Eier werden gelegt.

Was ist denn nun erforderlich, damit in und aus den Eiern Junge gebrütet werden und dieselben sich weiter entwickeln können? In dem Entenei ist schon die allererste Anlage zu dem jungen Tiere in Gestalt des Keimfleckes vorhanden. In demselben ist aber nicht die Spur einer Ähnlichkeit mit einer Ente zu erkennen. Nun aber werden die Eier von der Ente (oder einer Henne) bebrütet: das Tier sitzt auf den Eiern und hält sie warm. Verläßt es dieselben, so entwickeln sich die Entlein nicht, oder, wenn schon kleine Tiere in dem Ei sind, so sterben sie. Zur Entwicklung der jungen Tiere in dem Ei ist zunächst Wärme erforderlich (Brutanstalten). Auch später noch, wenn rauhe Witterung eintritt, suchen die Kleinen Schutz gegen dieselbe unter den warmen Flügeln der Alten. Andre Tiere, die nicht ein Federkleid haben, können natürlich nicht brüten. Doch werden auch sie der Wärme zu ihrer Entwicklung bedürfen. In warmen Frühlingstagen kommen die Froschlarven in kürzerer Zeit aus den Eiern als bei andauernd kaltem Wetter. Ähnliche Beobachtungen macht man an Schneckeneiern im Aquarium. Aus der Larve des Plattbauches im Aquarium entwickelt sich auch früher die Wasserjungfer als aus der draußen im Teich; dem Einfluß der Zimmerwärme wird die frühzeitige Entwicklung zuzuschreiben sein. — Natürlich bedürfen die jungen Tiere zu ihrer Entwicklung auch der Luft. Schon in dem Enten- (oder Hühner-) Ei ist eine Luftblase. Die Eier der niederen Tiere im Teich werden nahe der Oberfläche abgesetzt, wo das Wasser luftreicher ist. In Wasser, dem Luft fehlt (abgekocht und in einer Flasche zugestöpselt), entwickeln sich aus ihnen keine Tiere. Später atmen die Tierchen, je nach ihrer Eigenart, gewöhnliche Luft oder Wasserluft. — Nahrung können sie ebensowenig entbehren. Das Entlein im Ei wird größer — der Inhalt des Eies verschwindet mehr und mehr. Ähnliches beobachten wir an den Schneckeneiern, während die Schnecke sich in ihnen entwickelt. Der Inhalt des Eis wird verbraucht zur Entwicklung des Tieres im Ei, ist gewissermaßen dessen erste Nahrung. Nach dem Ausschlüpfen nähren sie sich von Stoffen, wie der Aufenthalt sie ihnen anweist und die der Einrichtung ihrer Ernährungsorgane entsprechen (s. o.). Beispiele!

Aus dem Ganzen erhellt die Notwendigkeit, daß die alten Tiere ihre Brut an einem Orte absetzen müssen, der der Entwicklung günstig ist, der also außer der Nahrung auch die nötige Wärme und Luft und ferner einen gewissen Schutz gewährt. Die Vögel verfertigen Nester, die vermöge ihrer Hohlung oder Halbkugelform geeignet sind, die Eier (und später die Jungen) zusammenzuhalten und sie der Einwirkung der Wärme des mütterlichen Tieres auszusetzen. Die Eier des Frosches quellen auf und steigen an die Oberfläche empor, wo das Wasser in der Regel wärmer ist als am Grunde und wo es auch aus der Atmosphäre und durch Pflanzenatmung mehr Lebensluft enthält, oder werden erst abgelegt, wenn das Wasser auch in der Tiefe erwärmt ist. Gleiche Vorteile genießen die Schneckeneier, die an Wasserpflanzen angeklebt werden (Versuche, s. „Seerose"); sie sind zugleich gegen Feinde mehr versteckt. Zum Schutze seiner Brut baut der Stichling ein Nest und hält vor demselben Wache. Gänse, Enten, Störche verteidigen je nach ihrem Vermögen ihre Brut. Gänse und Enten führen ihre Jungen an solche Orte, wo sie Nahrung finden; Schwalben, Störche und Bachstelzen tragen ihren Jungen, die hilfloser sind, Nahrung zu, und später, wenn diese die Alten auf ihren Ausflügen begleiten können, stecken dieselben ihnen noch Nahrung in den Schnabel, bis die Jungen gelernt haben, sich selbst Nahrung zu suchen.

Inwiefern zeigt die Entwicklung der einzelnen Pflanze Ähnlichkeit mit der des einzelnen Tieres? Inwiefern Verschiedenheit? Worin ist dieselbe begründet?

Die periodische Entwicklung (und die Erhaltung) des Tierlebens im und am Teich ist also bedingt

1. durch Abzug und Rückkehr der Zugvögel;
2. durch Winterschlaf und Erwachen (oder Zurückziehen an wärmere Stellen und Wiederhervorkommen) anderer Tiere;
3. durch Absetzen von Eiern
    a) in genügender Zahl,
    b) unter Bedingungen, welche die Entwicklung ermöglichen, sofern sie dort abgesetzt werden, wo genügend Wärme und Luft vorhanden ist und sich auch passende Nahrung und ein gewisses Maß von Schutz für die Jungen findet — oder sofern die Brut durch die Alten in besonderer Weise (Nesterbau — Füttern 2c.) gepflegt wird.

Bringe die Tiere in eine aufsteigende Reihenfolge nach Maßgabe der Fürsorge für die Nachkommen! Welche Tiere stehen hiernach dem Menschen am nächsten?

8. **Das Tier als Glied des Ganzen.**

a) **Seine Abhängigkeit.** Zu ihrer Entwicklung bedürfen die Tiere, wie wir gesehen haben, der Luft, der Wärme, mehr oder weniger des Wassers, der Nahrung und des Schutzes. Auch ihre Erhaltung ist von gewissen Stoffen und Kräften abhängig und das Vorhandensein dieser in genügendem Maße bedingt ihr Wohlbefinden. Fassen wir zunächst die Stoffe ins Auge. Vollständig ohne Wasser kann kein Tier leben. Alle müssen Wasser in ihren Körper aufnehmen; denn jeder Tierkörper enthält Wasser, besonders in seinem Blute. Dieses Wasser erhalten die Tiere teils durch das Trinken (wie Schwalben 2c.), teils indirekt mit der Nahrung. Fehlt das nötige Wasser, so müssen sie sterben (denkt an die Turmschwalbe!). Ferner, wenn wir an Frösche, Fische u. a. denken, ist klar, daß sie des Wassers auch zur Anfeuchtung der Außenfläche bedürfen (um dieselbe biegsam und für Luft durchlässig zu erhalten). Manche Tiere, die nicht beständig im Wasser leben, baden sich — wie die Schwalbe? die Ente? — In noch anderem Abhängigkeitsverhältnis zum Wasser erscheinen unsere Tiere, wenn wir an ihre Nahrung denken. Sie finden ihre Nahrung im und am Wasser. Enthielte die Bodenaushöhlung (Teich) kein Wasser, so würden wir unsere Tiere vergeblich an und in derselben suchen. — Soweit ferner die Nahrung vieler Tiere in anderen Tieren oder deren Brut besteht, hängt die Existenz jener Tiere von dem Dasein dieser ab. Beispiele! Ein Tier ist auf das andere, dieses wiederum auf ein anderes usw. als Nährtier angewiesen. Die letzten aber leben von Pflanzenstoffen. Alles, woraus der Tierkörper sich aufbaut, Fleisch sowohl wie Blut, Knochen sowohl wie Schale, wird aus Stoffen, die dem Pflanzenkörper entstammen, zusammengefügt; nur können einige die Pflanzenstoffe unmittelbar verarbeiten (Schnecke), während dieselben für andere (Raubtiere) erst (in den Nährtierkörpern) vorgearbeitet sein müssen. So ist das Leben aller Tiere, einerlei, ob sie sich zunächst von Tieren oder ob sie sich von Pflanzen nähren, schließlich in jedem Fall von dem Dasein der Pflanzen abhängig. Enthält ein Wasser keine Pflanzen, so können in demselben auch keine Pflanzenfresser, mithin auch keine Tierfresser leben. Aber nicht allein als (mittelbares oder unmittelbares) Nahrungsmittel sind die Pflanzen unentbehrlich für die Tiere. (S. Entwicklung!) Das Laichkraut hat seinen Namen daher, weil Schnecken und andere Tiere häufig den Laich daran absetzen. Warum ist es dazu passend? Ähnliche Dienste leisten andere Pflanzen. Und wenn aus der Larvenhülle der Wasserjungferlarve das vollendete Insekt sich herausarbeiten will, so benutzt die Larve den Stengel einer Wasserpflanze als sichere Leiter, um an die Luft zu gelangen. Bäume und Büsche am Teich und das Röhricht im Teich geben verschiedenen Vögeln eine bergende Stätte, wo sie, gegen den Brand der Sonnenstrahlen wie gegen die Gier der Raubtiere geschützt, ihre Jungen groß ziehen können. So wissen auch die jungen Fische im Wasser zwischen den Stengeln der Wasserpflanzen, wo die größern Räuber sich nicht so frei und gewandt bewegen können, auch ihr Blick nicht so weit reicht, Schutz zu finden. — Viel mehr noch sind die Tiere von den Pflanzen abhängig, sofern diese ihnen die unentbehrliche Luft liefern und die von ihnen ausgeschiedene unbrauchbare Luft, die Kohlensäure, wieder entfernen. Besonders in kleinen stehenden Gewässern würden manche Tiere wegen Luftmangel bald untergehen, wenn die Pflanzen ihnen nicht fortwährend die Luft erneuerten. (S. Wasserlinse!) Die Tiere sind in ihrem Dasein ferner abhängig von der Luft und deren Beschaffenheit. Die Ente, wenn sie taucht, muß bald wieder emporkommen, um frische Luft zu schöpfen; auch Salamander und Frosch müssen von Zeit zu Zeit Luft schnappen, wie Gelbrand, Taumelkäfer, Wasserspinne sich ebenfalls neue Luft holen müssen. Die Wasserluft wird teils durch Pflanzen, teils aus der Atmosphäre durch Bewegung des Wassers ersetzt. Bleiben in einem Wasserbehälter ohne Pflanzen verwesende Tierstoffe, so wird das Wasser nicht nur riechen von der entwickelten faulen Luft, sondern auch die Tiere in dem Wasser, welche diese Luft atmen, werden krank und sterben sehr bald.

Außer von den genannten Stoffen sind die Tiere in ihrem Wohlbefinden und Dasein auch von Naturkräften, in außerordentlicher Weise von der Wärme abhängig. Die Wärme kann ihnen natürlich zu groß werden — kein Tier kann z. B. in kochendem Wasser leben — sie kann aber auch zu gering sein — die Tiere erfrieren. Frösche können allerdings eine Zeitlang in Eis eingefroren sein, ohne daß sie sterben; aber schwerlich werden sie sich in diesem kalten Bett wohlbefinden: sie halten ihren Winterschlaf wie sonst im Schlamm, und zu rechtem Leben werden sie erst durch die Frühlingswärme geweckt. Dann beginnt das gewöhnliche Atmen durch die Lunge wieder (das Blut kreist rascher), sie nehmen Nahrung zu sich und ihr Gesang zeugt von Lebensgenuß. Dann legen sie auch Eier, die durch die Wärme des Wassers ausgebrütet werden. Karausche und Stichling fallen bei Abnahme der Temperatur freilich nicht in einen Winterschlaf, aber doch leben sie in einem Zustand, der viele Ähnlichkeit mit demselben hat. Sie erscheinen träge, liegen mehr auf dem Grunde und nehmen auch merkbar weniger Nahrung zu sich als während der warmen Jahreszeit, nur so viel, um sich selbst zu erhalten, während sie im Frühling Stoff genug in sich aufnehmen, um durch

Erzeugung des Laiches auch für die Erhaltung der Art sorgen zu können. Wie steht es in dieser Hinsicht mit den andern Bewohnern des Teiches? — Die leichtbeschwingten Besucher des Teiches, denen ein größeres Gebiet offen steht, entgehen der Strenge der kalten Jahreszeit durch zeitweilige Auswanderung in wärmere Gegenden. Doch ruft die höher steigende Frühlingssonne alt und jung in ihre Heimat zurück, wo sie die alten Heimstätten wieder aufsuchen oder nötigenfalls eine neue sich gründen. So wirkt die Wärme in verschiedenartiger Weise, im Ei und im vollendeten Tier, lebenweckend. Wie gern die Tiere die Wärme haben, sehen wir noch an verschiedenen Beispielen. Im warmen Sonnenschein ruhen die Enten gern am Uferabhang, die Fische nahe unter der Oberfläche, der Frosch auf einem Blatt oder einem Stein 2c. — An sehr heißen Tagen kommen die Fische aber auch ganz an die Oberfläche und schnappen Luft, ein Beweis, daß es ihnen an Wasserluft fehlt. Eine erhöhte Temperatur dehnt die Luft im Wasser zu kleinen Bläschen aus, die alsdann an die Oberfläche steigen (Versuch mit einem Glas frischen Wassers im Sonnenschein). Größere Wärme kann also auch nachteilig wirken.

Wie in jedem Jahre das Tierleben einen neuen Impuls erhält durch steigende Wärme, so auch weckt der Morgen jedes Tages es zu neuer Betätigung. Hier aber ist es eine Wirkung des Lichtes. Wohl geben die Teichbewohner nicht viele Gelegenheit zu derartigen Beobachtungen. Doch entgeht es dem aufmerksamen Beobachter nicht, wie beim Scheiden des Lichts die Fische am Abend munterer sind, im Wasser plätschern und hintereinander herjagen; auch die sonst träg erscheinenden Salamander zeigen größere Beweglichkeit. Die Mücken spielen bei und nach Sonnenuntergang; die Wasserkäfer verlassen, wenn sie Ursache haben (Nahrungsmangel z. B.) das Wasser in der Nacht — Taumelkäfer scheinen das Licht zu suchen. Während diese Tiere u. a. beim Scheiden des Lichtes regeres Leben entwickeln, begeben die Besucher des Teiches sich zu gleicher Zeit zur Ruhe. Schwalbe, Storch, Bachstelze, Libelle suchen ihre Nester oder andere Ruheplätze zum Schlafen auf, Ente und Gans stecken, wenn nicht im Stall, so auf oder am Teiche den Kopf unter die Flügel. — Wie der Wechsel des Lichtes solchergestalt auf die Lebensäußerung der Tiere (und zwar der höheren mehr als der niedern) wirkt, so übt das Licht auch Einfluß auf das Aussehen, die Farbe der Tiere. Salamander und Fische können die Farbe wechseln, je nachdem die Umgebung in helleren oder dunkleren Farben erscheint. Fische und andere Tiere sind an der Unterseite heller, auf dem Rücken dunkler gefärbt. Halten wir diese Tatsache mit der soeben berührten zusammen, so werden wir wohl nicht mit Unrecht schließen, daß wir auch hierin eine Wirkung des Lichtes zu erkennen haben, die freilich nicht innerhalb einiger Minuten, sondern im Laufe vieler Jahre von Geschlecht zu Geschlecht mehr und mehr hervorgetreten ist (Akkomodation).

Als letzte Kraft, die auf den Tierkörper, wie auf jeden andern, einwirkt, müssen wir die Schwerkraft erkennen. Von ihr hängt die Art und Weise des Tierlebens in außerordentlichem Grade ab. Warum schwimmt die Ente auf, die Karausche in dem Wasser? Würden die Hohlräume in ihrem Körper statt mit Luft etwa mit Fleisch angefüllt sein, so würde der Fisch an den Grund, die Ente in das Wasser sinken und letztere würde nicht imstande sein, ihre eigene Schwere durch die Flugkraft zu überwinden. Die verhältnismäßige Schwere des Körpers paßt eben zu dem Aufenthalt und dem Leben des Tieres. Vergleiche noch weiter die Schnelligkeit der Ortsbewegung der Wassertiere im Wasser und auf dem Lande! Das Wasser trägt mehr oder weniger den ganzen Körper, so daß sie den größten Teil der Kraft auf Fortbewegung verwenden können; die Luft trägt ihn nicht: sie müssen noch viel Kraft zum Tragen verwenden.

b) Der Dienst der Tiere in dem größern Ganzen. So wie die Tiere für ihr Leben von ihrer Umgebung beeinflußt werden, so üben sie selbst Einfluß auf dieselbe aus. Dies Verhältnis von Nehmen und Geben, Leiden und Tun des Ganzen und Einzelnen findet in jeder Gemeinschaft, z. B. auch in einer Schule, statt. Welcher Art der Einfluß der Tiere ist, ergibt sich teilweise schon aus dem Vorherigen. Die kleinen Tiere wirken meist durch ihre große Anzahl. Sind die Nährtiere reichlich vorhanden, so dienen sie in erster Linie zur Nahrung, und kleine und große Raubtiere gedeihen; dann vermehret sich auch die Zahl der Räuber, denn sie können reichlich Eier erzeugen und die Jungen finden reichlich Nahrung zur Entwicklung. Ist aber die Nahrung für die Raubtiere knapp, so verzehrt der Salamander z. B. selbst junge Salamander, eine Gelbrandlarve geht die andere an, das Raubtier verschlingt überhaupt seinesgleichen. Die Räuber also vermindern dann selbst ihre Zahl. So übt die geringere oder größere Menge der vorhandenen kleinen, oft mikroskopisch kleinen Tiere einen maßgebenden Einfluß auf die Anzahl der größern Wassertiere aus. Woran kann es liegen, daß einige Gewässer fischreicher sind als andere? Und wenn bei jenen sich Menschen ansiedeln, die sich mit Fischfang beschäftigen, so hängt der Erfolg ihrer Tätigkeit indirekt zusammen mit dem Vorhandensein von Pflanzen in dem Wasser, aber auch mit dem Dasein jener kleinen Nährtiere.*) Ist das Verhältnis nicht ähnlich wie die Erscheinung, daß der zahlreichere Besuch der Störche zusammenhängt mit dem häufigen Vorkommen von Mücken ꝛc.? Inwiefern?

Kleine Wesen können auf die Entwicklung der größern Mitbewohner des Teiches aber auch einen nachteiligen Einfluß üben. Gelbrand und seine Larve, sowie auch die des Kolbenwasserkäfers, Rückenschwimmer und Wasserskorpion, besonders jedoch die erstgenannten drei, können in Fischteichen so viele kleine Fische töten, daß die Zahl der Fische merklich abnimmt und der Fischereipächter oder -Besitzer erheblichen Schaden hat. Das kommt besonders daher, weil die Larven die Tiere nur aussaugen; würden sie dieselben ganz verzehren, so würden sie eher gesättigt. Die toten Körper überlassen sie Schnecken und kleineren Wassertieren (Flohkrebs, Gammarus; Wasserassel, Asellus). (Vgl. Engerling, der die Wurzeln durchfrißt, und Regenwurm.) So übt also das Dasein der kleineren Tiere durch eine Verkettung der Lebensbedingungen Einfluß auf das Leben der größern aus, ja, ein solcher Einfluß erstreckt sich unter Umständen bis auf den Menschen.

Auch den Pflanzen leisten sie Dienste, wie sie andererseits von ihnen abhängig sind. Sie erhalten Lebensluft von den Pflanzen und scheiden durch die Tätigkeit des Atmens Kohlensäure aus. Diese ist aber wiederum Lebensluft für die Pflanzen, welche nicht ohne sie leben können (f. Pflanzen); Pflanzen liefern

---

*14) Aus diesem Grunde studiert man jetzt das Plankton des Süßwassers und der Meere und hofft mit der Zeit auf die Vermehrung desselben Einfluß zu gewinnen und so eine größere Vermehrung der Nutzfische zu erzielen.

Luft für die Tiere, Tiere liefern Luft für die Pflanzen. Beide sind aufeinander angewiesen.

c) **Die Stellung des Tieres in der Stufenleiter der Tierwelt (Systematik).***) Nach dem Vorhergehenden hat das Tier, wenn wir so sagen wollen, zwei Aufgaben zu erfüllen, einmal für sich selbst und dann für das Ganze zu sorgen. Das Letztere geschieht vornehmlich, wie wir oben gesehen haben, durch die Vermehrung, durch welche zugleich die Art erhalten wird. Vergleichen wir in bezug auf die erste Aufgabe den Polypen und den Frosch. Beide sind auf tierische Nahrung angewiesen. Aber der Polyp sitzt meist an seinem Orte fest, der Frosch kann hüpfen und schwimmen; ersterer muß warten, bis Nahrung zu ihm kommt, während der andere sie sich aufsuchen kann. Ersterer kann seine Nahrung nur fühlen, also erst wahrnehmen, wenn sie in unmittelbarer Nähe ist; letzterer kann sie schon aus größerer Ferne erkennen. So kann der Polyp auch vor Feinden nicht entfliehen, während der Frosch Schutz sucht. Es ist klar, daß dem Frosch seine Erhaltung leichter wird als dem Polypen. Worin liegt die Ursache? Der Frosch hat mehr Organe, die der Erhaltung dienen; er ist, wie wir gewöhnlich sagen, vollkommener, soll eigentlich heißen vollständiger eingerichtet; denn vollkommen ist der Polyp für sein Polypenleben auch, er bedarf z. B. nicht der Augen. Nach solchen Vervollständigungen der Art und Zahl der Organe bilden wir nun eine Stufenleiter der Tiere und denken dabei stets daran, daß den Organen auch die Lebensweise entspricht, daß mit der Vervollständigung der Organe, oder der Vervollkommnung der Organisation, den Tieren auch die Erhaltung ihres Lebens, ihre erste Aufgabe, erleichtert wird. Nur ist für uns noch eins zu berücksichtigen, nämlich, daß wir an unsern Teichtieren die innere Organisation nicht so genau kennen, und gerade von ihr hängt vor allen Dingen das Seelenleben des Wesens ab. Denken wir einen Augenblick an den Menschen als das höchststehende Geschöpf der Erde. Wodurch ist er imstande, die Erde sich untertan zu machen? Seine äußere Organisation finden wir auch bei andern irdischen Geschöpfen; seine höhere Stellung muß in seiner innern Einrichtung begründet sein; ja, wenn dieselbe leidet, so kann er hilfloser werden als ein Tier ist. Leidet das Auge des Tieres in gewissem Maße, so kann es durch dasselbe nicht sehen, obgleich es sonst die Fähigkeit zum Sehen besitzt; leidet das Gehirn des Menschen (durch Fieberhitze, Blutandrang, Fall),**) so kann er nicht klar denken, obgleich ihm die Fähigkeit dazu sonst nicht abgeht; sein Seelenleben ist dann gestört. Das Organ muß der Fähigkeit genügen. Umgekehrt, wo das Organ in gehöriger Entwicklung vorhanden ist, können wir nach dem Gesetz der Erhaltungsmäßigkeit: „Einrichtung und Tätigkeit entsprechen einander", auch eine entsprechende Fähigkeit zum Gebrauch des Organs voraussetzen. Wir werden demnach weiter schließen dürfen: Je mehr die Organisation

---

*15) Bei der Entwicklung des Systems wird der Lehrer vielleicht etwas von der Entwicklung des Pflanzensystems herüberziehen oder etwas von dem hier Gesagten bei den Pflanzen verwerten können, je nachdem, ob Pflanzen oder Tiere zuerst behandelt werden.

**16) Beispiele, wie sie in der Erfahrung der Kinder vorgekommen sind; auf die wissenschaftliche Bezeichnung ist hier nicht Wert zu legen.

eines Tieres mit der des Menschen Ähnlichkeit hat, desto ausgebildeter ist sein Seelenleben, desto höher stellen wir das Tier auf der Stufenleiter der Geschöpfe.

Wir haben demnach zwei Gesichtspunkte, nach welchen wir den Tieren ihre Stellung auf der Stufenleiter anweisen: einmal die Einrichtung und Zahl der Organe, welche ihrer Erhaltung dienen, und zweitens den Grad der Ähnlichkeit ihrer Organisation mit der des Menschen, soweit dadurch ein mehr oder weniger entwickeltes Seelenleben bedingt ist.*)

---

*17) Beide Gesichtspunkte sind nicht grundverschieden, sondern greifen teilweise einander ins Gebiet, wie die Durchführung im Einzelnen zeigt — wie auch die Existenz verschiedener Systeme bestätigt. Ich weiß ferner sehr wohl, daß hier und dort noch anderes in Betracht kommt, je nachdem Entwicklungsgeschichte und Morphologie zu Rate gezogen werden. Für die hier maßgebenden Zwecke wird Vorstehendes genügen. Hier soll vor allem gezeigt werden, welche Bedingungen vernünftigerweise erfüllt sein müssen, bevor man an die Aufbauung eines Systems denken darf. So lange die Zahl der bekannten Wesen für den Schüler noch übersichtlich ist, mithin ein Bedürfnis nach einer besonderen Ordnung sich nicht kund gibt, erscheint es am rätlichsten, mit einer Systematik sich zu begnügen, wie sie sich im Volk findet. Vögel, Fische, Frösche, Insekten, Würmer sind im Volke feststehende, wenn auch nicht scharf begrenzte Begriffe, die aus unmittelbarer Anschauung hervorgegangen sind, aus Anschauung des Seins und Lebens der Tiere. Mit solchen Begriffen kommt das Kind auch in die Schule. Da ist der Salamander vielleicht noch ein sonderbarer Fisch mit vier Beinen (wenn er im Wasser schwimmt); aber auch der Fisch hat noch Beine. „Sieh", sagte meine vierjährige Tochter bei Betrachtung des Fisches im Aquarium, „der Fisch tut mit seinen Füßen immer so", und bei diesen Worten ahmte sie mit den Händen seine Flossenbewegungen nach. Ähnliche Erfahrungen macht derjenige, der die „Naturgeschichte" des Volksbewußtseins — und das ist meine Psychologie — studiert, häufig genug. Die naturgemäße Weiterentwicklung wird nun darin bestehen, daß das Kind sieht, wie der Salamander öfter an die Oberfläche kommt, um Luft zu schöpfen, ja, auf die Grotte hinaufkriecht oder sich auf dem Lande seines Terrariums aufhält. Das könnte der Fisch nicht — er klettert nicht, er kann es nicht und auf dem Lande stirbt er. So erkennt das Kind den Unterschied zwischen den „Füßen" aus ihrer Bedeutung für das Leben des Tieres; dann sind Stichling und Karausche — Fische, aber der Salamander ist — eben ein Salamander, bis sich ihm ähnliche Genossen hinzugesellen. So muß in dem vorbereitenden naturgeschichtlichen Unterricht die Schule dem Kinde Gelegenheit geben, nach und nach seine Anschauungen zu vervollständigen, seine Begriffe zu klären. Wenn dann das Kind in reiferen Jahren durch mehrfache Beobachtungen infolge des naturgeschichtlichen Unterrichts Vorstellungen von Gruppen ähnlicher Tiere gewonnen hat, so mag man zum Aufbau eines Systems schreiten. Aber was sind ähnliche Tiere? Sind Salamander und Stichling nicht auch ähnlich? Die Kinder müssen so weit herangebildet sein, **daß sie mit der Beschreibung der Form zugleich eine Vorstellung von deren Bedeutung für das Leben verbinden können.**

Es ist schon mehrfach hervorgehoben, daß der Polyp zu den einfachsten Tieren gehört (warum?). Höher würden wir die Muschel stellen, denn sie hat Kiemen zum Atmen (außerdem ist die innere Einrichtung viel vollständiger). Ihr würden wir die Schnecke anreihen; sie hat ebenfalls eine besondere Atemvorrichtung und einen Kopf mit besonderen Sinneswerkzeugen, also der Körper beginnt sich zu gliedern. Wenn ich jetzt den Blutegel nenne, so würdet ihr vielleicht geneigt sein, denselben unter die Schnecke zu stellen. Aber hier haben wir etwas anderes zu beachten. Der Körper der Muschel und der der Schnecke bestehen aus gleichartig weicher Masse; der Körper des Blutegels dagegen besitzt eine härtere Haut, die aus Ringen besteht. Er gehört zu den Ringeltieren, während jene Weichtiere sind. Solche Ringe finden wir an einer ganzen Reihe anderer Tiere, z. B. auch bei den Käfern, und da diese ohne Frage viel höher organisiert sind als die Schnecken (dem Äußern nach), so stellen wir die ganze Reihe der geringelten Tiere, zu welcher auch der Blutegel gehört, höher als die Abteilung, der eine solche Gliederung des Körpers abgeht, selbst wenn einzelne Glieder der letztern vollständigere Werkzeuge haben als einzelne von den Ringeltieren. (Vgl. Rückblick auf die Pflanzen: Unterschied zwischen Pflanze und Tier!) Auch der Körper der Wasserjungfer besteht aus Ringen, doch teilt er sich wieder mehr ab, nämlich in drei Hauptteile: Kopf, Bruststück und Nachleib. (Hat man

Dann wissen sie, was „wesentliche" und „nichtwesentliche Merkmale" sind und warum auf diese und jene Merkmale besonderes Gewicht gelegt wird. (Vgl. S. 31. 7, u. Pensenplan 53 c.) Solange sie hierfür kein Verständnis haben — und das ist der Fall, wenn man den eigentlichen naturgeschichtlichen Unterricht nach Maßgabe und Anleitung des Systems betreibt, denn da wird nach meiner oben entwickelten Ansicht der naturgemäße Entwicklungsgang des Kindes plötzlich unterbrochen (S. 7 b) und statt dessen ein neuer auf künstlich geschaffener Basis wieder angebahnt — also solange die Kinder von dem innigen Verhältnis zwischen Form und Leben kein Verständnis haben, darf man wissenschaftliche Systematik nicht herbeiziehen, sondern man begnüge sich mit Kennzeichen, wo solches notwendig ist, mit solchen Kennzeichen, wie das Volk sie verlangt. Denn wenn jene Bedingung nicht erfüllt ist, so sind die systematischen Merkmale dem Kinde auch nichts weiter als Kennzeichen, und meistens nur solche Kennzeichen, die für das Kind keinen Wert haben.

Ein anderes Moment, wodurch die Systematik an Inhalt gewinnen kann, tritt in Kraft, wenn man beim Unterricht die Morphologie berücksichtigt, denn durch sie gewinnt die **Anschauung von der Einheit in der Natur** eine neue Stütze. Das hält freilich in den Schulen schwer; wir können kaum über die primitivsten Andeutungen hinauskommen — aus verschiedenen Gründen. Doch tun wir, was wir können! Legen wir der Aneinanderreihung der Tiere die **Idee** der Entwicklung zugrunde (aber nicht als Geschichte der Entwicklung, nicht als geschehene Tatsache!), so erreichen wir etwas Ähnliches. Ich beginne bei dieser Anordnung mit dem Einfachsten, weil ich so am meisten Übersichtlichkeit erlange und weil die Reihe mit einem Gefühl der Befriedigung abgeschlossen wird, denn ich steige auf zum Vollendeteren. (Pensenplan-Anhang S. 44.)

die Wasserassel und den Flohkrebs mit behandelt, so werden diese natürlich als Repräsentanten der Zwischenstufe genannt.) Der Kopf trägt die Sinneswerkzeuge, das Bruststück die Bewegungswerkzeuge, Flügel und Beine. Solche Teilungen zeigen auch die Wasserkäfer (— auch die Wasserspinne? —), die Eintagsfliege, Wasserskorpion, Rückenschwimmer 2c. Wir bezeichnen diese ganze Gruppe mit dem Namen Kerfe oder Insekten, weil viele zwischen Kopf und Bruststück und auch wohl zwischen diesem und dem Nachleib eingeschnitten oder gekerbt erscheinen. Welche Sinnesorgane haben sie? Welche und wieviele Bewegungswerkzeuge? Wie atmen sie? Wo halten sie sich auf? Wovon leben sie? Nach ihrer Ähnlichkeit unterscheiden wir Schnabelkerfe, Netzflügler, Zweiflügler und Käfer. Merkmale! Den Larven gehen manche Organe noch ab, aber sie sind ja auch nicht vollständig entwickelt. — Mit den Fischen beginnt eine neue Reihe von Tieren, nämlich die der Knochentiere. Wir reden bei den Fischen allerdings von Gräten, weil diese harten Teile mehr durchscheinend und biegsam sind, da sie weniger Kalk enthalten als eigentliche Knochen, aber sie sind immerhin doch schon Knochen, die den Muskeln einen festen Haltpunkt geben; bei den Ringeltieren mußten die Ringe der Haut diesen Dienst leisten. Überhaupt wird die ganze Organisation eine andere. Die Ernährungswerkzeuge werden denen des Menschen ähnlicher, denn die Fische haben Zähne im Munde und die Kiefer bewegen sich nicht seitwärts, von links nach rechts, sondern von oben nach unten. Auch die Sinneswerkzeuge verändern sich (Nase, Auge mit Linse), und das Blut ist rot und bewegt sich in besonderen Röhren, Adern, wird durch die Bewegung eines Herzens getrieben und in besondern Organen, den Kiemen, erfrischt. So ist mit der durchgreifenden Veränderung der einen Art von Organen zugleich die Veränderung der andern Organe — des ganzen Tierkörpers — bedingt. Das ist dasjenige, was wir mit „Eigenart des Tieres" bezeichnet haben. Eine Gliederung des Körpers ist übrigens auch dem Fischkörper eigen. Welche Teile unterscheiden wir? Freilich, Ringe bemerken wir nicht; die waren bei den Ringeltieren außen in der harten Körperhaut zu finden, die ja auch den Muskeln den festen Anhaftungspunkt boten. Dementsprechend werden wir die Ringelung hier nicht in der Haut suchen dürfen, sondern im Knochengerüst, im Innern. In der Tat finden wir auch beim Fisch, daß die vom Kopf bis zum Schwanz sich hinziehende Knochenmasse, die Wirbelsäule, aus einzelnen Gliedern, Wirbeln, zusammengesetzt ist. Was würde die Folge sein, wenn die ganze Säule aus einem einzigen Knochen bestände, oder wenn der Blutegel von einer ungegliederten harten Haut bedeckt wäre?

Den Fischen schließen sich zunächst die Salamander an durch ihre Körperform sowohl, wie durch ihre Lebensweise (Bewegung) im Wasser. Aber sie erhalten andre Bewegungswerkzeuge, der Art, daß sie auch kriechen können: sie haben Beine. Daß die Frösche ihnen nach Körperform und Leben sehr verwandt sind, ist schon bemerkt. In ihrem Larvenzustand führen beide nach Aufenthalt, Atmung 2c. ein Fischleben, und wenn sie sich zu dem vollendeten Tier entwickeln, macht es nicht anders den Eindruck, als ob ein Fisch in seiner Organisation auf eine andere, dem Menschen mehr ähnliche Stufe sich erhöbe; denn statt durch Kiemen Wasserluft zu atmen, beginnen beide durch die Naslöcher reine Luft in ein dementsprechendes Organ, die Lunge, zu führen. Das Atmungsorgan liegt nun auch nicht mehr so an der Oberfläche wie im Körper des Fisches oder der Larve, sondern es liegt im Innern sicherer geborgen. Daß mit der veränderten Beschaffenheit und Lage des Atmungsorgans, in dem das Blut erfrischt wird, auch eine Veränderung des Blutumlaufs (und demgemäß der Einrichtung des Herzens) verbunden sein möchte, läßt sich vermuten. — Bei dieser Übereinstimmung zwischen Körperbau und Lebensweise des Frosches und des Salamanders kann die Verschiedenheit der äußern Gestalt nicht sehr ins Gewicht fallen, das liegt auf der Hand. Würde der Salamander nur, wie der Frosch, in der Jugendzeit auch den Schwanz verlieren, so wäre er sogleich eine Art Frosch. Der Unterschied zwischen beiden erscheint kaum größer als der zwischen einem Schwan mit seinem langen und der Ente mit ihrem kürzern Hals.

Kommen wir endlich zu den Vögeln. Die Form des Körpers der einzelnen Vögel ist im ganzen noch weniger verschieden als die Form der einzelnen Fischkörper. (Welche Ähnlichkeit findet sich zwischen beiden Formen? Womit stimmt dies Verhältnis überein?) Statt der Flossen der Fische erscheinen hier Beine und Flügel als Bewegungswerkzeuge. Die Vögel scheinen demnach den Insekten näher zu stehen als den Fischen. Allein die Flossen der Fische enthalten Gräten oder Knochen, ebensowohl wie die Glieder der Vögel (abgesehen von der Bedeckung); sie gleichen also einem Auswuchse des (innern) Knochengerüstes, das mit Haut und Muskeln überkleidet ist, während die Flügel und Beine der Insekten nur aus derselben den ganzen Körper bekleidenden harten Haut, welche Muskeln einschließt, bestehen, also einem Auswuchs dieser Haut gleichen. Wenn die Einrichtung der Bewegungswerkzeuge der Fische von der der Vögel sonst verschieden ist, so erklärt sich das sehr leicht in Anbetracht des Aufenthalts.

Ähnliches gilt ja auch von den Bewegungswerkzeugen des Salamanders und des Frosches (Schwimmfüße?). Aber mit der Vogelorganisation machen wir einen andern, viel bedeutsameren Schritt vorwärts. Der Vogel ist unserm Gefühle nach warm anzufühlen, während Fisch, Salamander und Frosch kalt sind. Das hängt nicht etwa von der Bedeckung oder Nacktheit der Haut ab; dann müßte ja unser Frosch, wenn er sich stundenlang gesonnt hat, recht warm sein; aber er ist und bleibt kalt, wie — ein Frosch, während die Ente selbst auf dem eiskalten Wasser warm bleibt. Nein, seine Wärme hängt mit der Wärme seines Blutes zusammen. Der Frosch hat kälteres Blut als wir, und der Vogel sogar noch etwas wärmeres. Da dürfen wir schon wieder annehmen, daß dieser Unterschied mit einem Unterschied in den Atmungswerkzeugen und Blutbehältern übereinstimmen wird. Und so ist es. Salamander und Frosch schlucken eine Portion Luft in die Lunge, der Vogel saugt sie ein, weil er Rippen hat (vgl. Atembewegung des Menschen!); seine Brust gleicht mehr einem Blasebalg, der Luft einsaugt und ausbläst. Weil so in jedem Augenblick das Blut, dieser Lebenssaft, erfrischt wird durch Ein- und Ausatmen der Lunge, wozu auch noch der Dienst der Lufthöhlen im übrigen Körper kommt, so muß sein Leben viel lebhafter sein. (Dazu kommt noch der Umstand — NB., wenn es gezeigt werden kann — daß der Körper des Frosches, weil sein Herz nur drei Kammern hat, immer ein Gemisch aus erfrischtem und nicht erfrischtem Blut erhält, während aus dem vierkammerigen Herzen des Vogels nur erfrischtes Blut in den Körper, dagegen das aus dem Körper zurückkehrende Blut in die Lunge zur vollständigen Erfrischung getrieben wird.) — So wie die höhere Wärme für das Eigenleben des Vogels Bedeutung hat, so kommt sie auch in seinem Verhältnis zu den Jungen in Betracht. Er kann viel besser für die Seinigen sorgen als Fisch und Frosch; er kann ja den Eiern die nötige Wärme, welche die Froscheier von der Sonne erhalten müssen, selbst zuführen und daher seine Brutstelle wählen, wie es im übrigen die Rücksicht auf Schutz und Nahrung erfordert. Unter den Vögeln werden wir wieder z. B. die Schwalben höher stellen, als die Enten; denn diese zeigen den Kleinen nur, wie und wo sie Nahrung suchen können, während die Schwalben ihre Jungen zunächst im Nest und dann auch noch später, wenn dieselben schon flügge geworden sind, füttern.*)

Stelle die Tiere (schriftlich) in einer aufsteigenden Stufenfolge zusammen, je nachdem du sie rechnest zu

1. ringellosen Tieren,
2. Ringeltieren,
3. Knochentieren!

Ein Rückblick auf das Gesamtleben der tierischen Teichbewohner und -besucher lehrt uns

1. Aufenthalt, Lebensweise und Einrichtung passen zueinander, dergestalt, daß wir von dem einen auf das andre schließen können.

---

*18) Es wird zweifelsohne über vorstehenden Rückblick und vielleicht noch mehr über den botanischen ein ganz verschiedenartiges Urteil gefällt werden. Während er einerseits zu skizzenhaft erscheint, wird er andrerseits als viel zu tief gehend bezeichnet werden. Beide Urteile sind von gewissen Standpunkten aus berechtigt, nämlich je nachdem, ob der Beurteiler nicht ein weitergehendes Ziel des Unterrichts im Auge hat und annimmt, daß Vorstehendes den Schluß bilden solle; oder ob er annimmt, daß der „Dorfteich" nur ein Schritt zum Endziel sei, dem noch drei oder vier oder mehr folgen müßten; dann wäre nämlich manches vorweg genommen. Ich verweise jedoch auf den eigentlichen Zweck dieser Arbeit, zu zeigen nämlich, wie sich eine einfache Lebensgemeinde der Heimat behandeln läßt. Folgt ein weiterer Kursus, so wird man streichen; soll der Unterricht abgeschlossen werden, so wird man ergänzen müssen, aber nicht allein die allgemeine Übersicht, sondern vor allem auch das Anschauungsmaterial, eingedenk der Wahrheit, daß nur auf Grund dieses letztern eine derartige Übersicht fruchtbringend zusammengestellt werden kann. Wo in der Übersicht, auch wie sie vorstehend gegeben ist, etwas vorkommen muß, was bei der Einzelbetrachtung nicht beachtet wurde, weil es an sich bedeutungslos erschien, das aber im Zusammenhang mit andern Erscheinungen Interesse gewinnt, da muß (bei der Übersicht) ein betreffendes Exemplar oder Präparat vorgezeigt werden. Ich denke, dies ist der naturgemäße Weg; bei Betrachtung des einzelnen Tieres interessiert manches nicht, weil der Schüler der betreffenden Erscheinung oder Einrichtung noch keine Bedeutung beizulegen weiß; aber wenn er eine Reihe vor sich sieht, so werden die Übergänge und Abänderungen ihm augenfälliger und sein „Warum" findet eine Antwort in der Zusammenstellung mit gleichen oder ähnlichen (auch gegensätzlichen) Erscheinungen.

2. Jedes Tier ist ein Glied des Ganzen, sofern es von andern Gliedern oder vom Ganzen abhängt und auch Dienste leistet.
3. Die Einrichtung eines Organs hängt mit der Einrichtung anderer Organe oder dem Bau des ganzen Körpers zusammen. (Vgl. hierzu auch Spitzkeimer oder parallelrippige Pflanzen!)
4. Das Leben (und teilweise die Einrichtung) der Tiere kann sich nach den äußern Verhältnissen (etwas) ändern.
5. Jedes einzelne Tier entwickelt sich zur größern Vollkommenheit und nimmt wieder ab, wie wirs alljährlich auch an der ganzen Tierwelt beobachten.

2. Pflanzen.
1. Die Weide.

Des Winters Herrschaft neigt sich zum Ende. Die Stare verkünden aus den Spitzen der Pappeln oder von den Firsten der Häuser herunter mit fröhlichem Geplauder die baldige Ankunft des Frühlings. Auch Bienen summen dahin. Wohin wollt ihr denn schon jetzt? Der warme Sonnenschein lockt sie heraus; hat er doch auf jener Weide für sie einen Tisch bereitet: die weithin schimmernden gelben Kätzchen (Fig. 50) laden sie ein. Auch lockt sie der süße Duft, den auch wir an feuchtwarmen Tagen empfinden können. Hört nur, was für ein freudiges Gesumme in den Zweigen! Einige Kätzchen sind gelb, andere sind grau und weich, weshalb sie ja auch Kätzchen heißen. Du hast gewiß schon früher für die Geschwister solche mit nach Hause gebracht; an manchen Stellen werden sie am Palmsonntage als „Palmzweige" verwertet: sind doch auch sie Boten, daß der Frühling als König in sein Reich einkehren will. Nehmen wir Zweige mit verschiedenen Knospen und Kätzchen zur Betrachtung mit uns!*)

Hier haben wir Kätzchen, die fast noch ganz in eine glänzend braune Haut eingehüllt sind, in die Knospenhülle (Fig. 49). Nur oben und an der Zweigseite sind die grauen Haare sichtbar. An andern Knospen ist das Kätzchen schon mehr sichtbar: die Knospenhülle spaltet von der Zweigseite an, über die Spitze nach der vordern Seite hin. Sie besteht aus einem einzigen Blatt. (Wie ist dieselbe bei der Roßkastanie?). Die beiden Hälften der Knospenhülle fallen sehr leicht ab, es bleiben aber noch innere Blättchen (wie viele?) nach (Fig. 52), welche das (Blüten-)Kätzchen umgeben. Nun erst erscheint dasselbe vollständig in seinem grauen weichen Pelz. (Vergleich mit den Schutzmitteln der Kastanienknospe!) — Aber hier an diesen Knospen finden wir zwischen den grauen Haaren gelbe Knöpfe (Fig. 50). Sitzen die Haare nicht auf den Blättern, wie bei der Kastanie? Und was haben diese gelben

Fig. 49.   Fig. 50.
Männliches Kätzchen der Sahlweide.
Fig. 49 in Knospenform,
Fig. 50 blühend.

---

*¹) Von welcher Art man aus diesem Botanicorum crux et scandalum nimmt, kann für uns und die Kinder ziemlich gleichgültig sein. Es wird unter den Lehrern nicht viele geben, welche die Weiden botanisch unterscheiden können und trotz dieser Unkunde können sie in Naturkunde sonst sehr wohl bewandert sein. Vielweniger noch wird für die Kinder die Fähigkeit zur Unterscheidung

Knöpfe zu bedeuten, die noch dazu nur an einer Seite des Kätzchens (Sonnenseite!) deutlich sind? Wir schneiden mit einem Messer ein solches Kätzchen der Länge nach auf. Es zeigt sich in der Mitte ein Stiel (Spindel, Fig. 52 b), um welchen Schuppen herum sitzen, die recht deutlich sichtbar werden, wenn wir das halbe Kätzchen, mit dessen Schnittfläche unserm Auge zugekehrt, zurück=, also vom Gesichte weg= biegen. Lösen wir mit der Nadel ein paar Schuppen ab und legen dieselben auf eine dunkle Unterlage (etwa den blauen Umschlag eines Schreibheftes)! Dieselben sind am Ende braun und mit langen grauen Haaren besetzt (Fig. 51a). So also ist der Pelz zusammengesetzt! Auf jeder Schuppe stehen 2 Fäden, welche Staubbeutel, das sind die gelben Knötchen, tragen. Die Unter= suchung eines gelben Kätzchens ergibt den Unter= schied, daß die Fäden länger geworden sind und zwischen den Schuppen hervorragen und daß die Staubbeutel eine Menge gelben Staub ausschütten, welcher die Finger gelb färbt und noch leichter an der Kleidung haftet — natürlich auch an der der Hummeln und Bienen. Was meine ich damit? — Welcher Teil war nun der innerste und darum am meisten geschützt?

Von dem innern holzartigen Teil des Blütenkätzchens, der Spindel, kannst du bei einiger Behutsamkeit einen rindenartigen Teil, welcher die Schuppen trägt, ablösen. Die Innen= fläche desselben ist punktiert, ähnlich wie ein Fingerhut außen. Wo haben wir solche Tüpfel bei der Kastanie gesehen? Hier entspricht jeder Tüpfel auch einem Blättchen, und aus der An= ordnung der Tüpfel in eine Schraubenlinie erkennen wir, daß die Schuppen, die regellos durcheinander zu stehen scheinen, ihren ganz be= stimmten Platz haben.

Fgi. 51.   Fig. 51a.
Salix viminalis.
Zweig mit blühenden männlichen Kätzchen.
a) Kätzchenschuppe mit zwei Staub= fäden.
Aus Strasburger, Lehrbuch der Botanik.

Wenn die Kätzchen ihren Staub abgegeben haben, so fallen sie bald ab. Sie können also nicht zur Samenbildung bestimmt sein und wir haben auch nirgends etwas frucht= knotenartiges gefunden, das als erste Anlage der Frucht gelten könnte. Wo sind denn

---

der Arten notwendig sein; wer Weiden technisch verwertet, lernt sie in der Praxis bald besser unterscheiden, als auf Grund wissenschaftlicher Unterscheidungs= merkmale. Hier ist eine ins Auge gefaßt, deren Blüten vor den Blättern er= scheinen (wozu die noch am meisten bekannte Sahlweide gehört). — Für alle Fälle ist es zweckmäßig, wenn man Zweige mit Knospen in verschiedenen Stadien schon früher sammelt und in einem Gemisch von Tischlersprit und

die Fruchtknoten? Beobachten wir die Bienen ferner! Sie fliegen auch zu jener Weide, obgleich nicht goldschimmernde Blütenkätzchen sie anlocken. Aber grüne Kätzchen wissen sie dort zu finden (Fig. 52 u. 53 a). Eine Untersuchung der letztern (wie oben), läßt an der Schuppe statt der beiden Staubgefäße den Fruchtknoten mit dem zweigeteilten Griffel auf der Spitze desselben erkennen (Fig. 52 c).

Die Fruchtblüten der Weiden wachsen also auf andern Pflanzen als die Staubblüten. Da können wir erst verstehen, welchen Dienst die Bienen diesen Pflanzen erweisen. Aber sie haben für ihre Arbeit auch ihren Lohn. „Eine Hand wäscht die andere." Die Bienen kommen bei den Staubblüten, deren Farbe sie anlockt, zu Gast und sättigen sich an dem Blütenstaub und -saft; dann fliegen sie zu den Fruchtblüten, deren süßer Duft sie leitet, um ihren Honig zu naschen. Dafür aber bringen sie ihnen an den Haaren ihres Körpers auch Staubkörner mit, die an der Narbe fest kleben und in dieselbe hinein einen wurzelartigen Schlauch zur Befruchtung treiben. — Wie würde es werden, wenn jedes Schüppchen (einer Staubblüte) mit seinen zwei Staubbeuteln allein stände?

Von Zeit zu Zeit nehmen wir einige Früchte mit ins Zimmer und stellen die Zweige in Wasser oder lassen sie antrocknen. Die Früchte springen in zwei Klappen, entsprechend den zwei Griffeln, auf und entlassen eine Menge von weißer Wolle (Fig. 53 b), so daß man im ersten Augenblick nicht begreifen kann, wie alle diese Wolle in den kleinen Kapseln hat Platz finden können. Aber denkt an die Blätter der Kastanie, wie sie in den Knospen Platz fanden! Hier drängt die Haarmasse offenbar infolge des Trocknens auseinander. Zwischen der Wolle liegen die einzelnen Samenkörner, und eine genauere Betrachtung lehrt, daß sie an den Haaren festsitzen (Fig. 53 c). (Ähnlich wächst die Baumwolle in kastanienartigen Kapseln.) Wozu dient den Samenkörnern die Wolle? Der Wind häuft die abgefallene an einzelnen

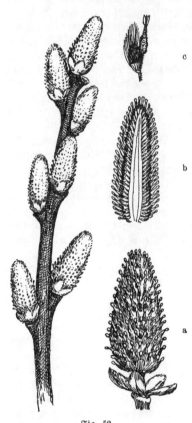

Fig. 52.
Weibliche Kätzchen der Sahlweide.

a) Einzelnes Kätzchen. b) Längsschnitt durch ein Kätzchen. Der kegelförmige Kern, Spindel, sichtbar. c) Behaarte Schuppe mit Fruchtknoten und zweiteiligem Griffel.

Wasser (etwa 10 Maß Sprit und 1 Maß Wasser) ganz untergetaucht, aufbewahrt, bis man vollständig entwickelte Blütenkätzchen haben kann. Man kann übrigens ja auch an demselben Strauche Kätzchen auf verschiedenen Entwicklungsstufen finden, wenn man danach sucht.

Stellen derartig an, daß die Wege weiß erscheinen, als ob sie beschneit wären. Wir Menschen können von dieser „Baumwolle" keinen Gebrauch machen. Aber hier habe ich ein Buchfinkennest von diesem Jahr. Dasselbe ist durch die Weidenwolle noch viel bunter geworden, als es sonst schon durch die Flechten ist. So kommt manches mehr in der Natur zunutze, was wir Menschen nicht zu verwenden wissen. Wir werden mehr Beispiele kennen lernen.

Fig. 53.
a) Weibliches Kätzchen.
b) Frucht, Samen entleerend.
c) Samenkorn mit Haarschopf.
d) Eine Hälfte der Samenkapsel bei b.
(Aus Strasburger, Lehrbuch der Botanik.)

Die Blätter unserer Weide erscheinen nach den Blüten, d. h. später als dieselben, wie auch die der Haselbüsche; an andern Weiden erscheinen Blätter und Blüten gleichzeitig. Sie werden wie die Blüten in braunen Knospen angelegt, die aber kleiner als die Blütenknospen, indes ebenso wie diese durch eine einblättrige Knospenhülle geschützt sind. Welche Form haben unsre Blätter? Welche die Nebenblätter am Grunde des Blattstiels? Welche Farbe auf Ober= und Unterseite? Die Oberseite ist niemals dem Stamm des Baumes zugekehrt. Sind sie glatt, glänzend, matt, behaart? Je nach der Art — es soll in Deutschland über 30 Arten geben — sind auch die Blätter verschieden*). In gleicher Weise sind auch Zweige, wie Wachstum überhaupt, verschieden. Sucht Unterschiede auf!

Was zunächst die Zweige betrifft, so werden viele von euch ohne Zweifel wissen, daß nicht jede Weide geeignete Zweige für (Weiden=)Flöten liefert. Die grauen mit den kurzen Trieben könnt ihr nicht gebrauchen. Die Zweige anderer sind grün, noch anderer rot und sie machen lange Triebe, die wiederum bei einigen Bäumen so dünn sind, daß sie sich selbst nicht aufrecht halten können, sondern herunterhängen; so z. B. bei der Trauerweide**). Ferner, einige Zweige kannst du leicht abbrechen; die Zweige anderer Weiden knicken wohl, aber brechen nicht, weshalb sie eben zum Anbinden von Obstbäumen und Weinreben, zu Korbflechtarbeiten ꝛc. sehr brauchbar sind. Einige wachsen baumartig, andere strauchartig. Manche baumartig wachsende (auch strauchartige) werden jährlich geköpft, d. h. es werden die Triebe des letzten Jahres dicht am Stamme abgeschnitten, um sie zu benutzen. Die Stummel der Triebe schlagen seitwärts wieder aus und verdicken sich; werden die neuen Triebe im nächsten Jahre wieder abgeschnitten und die Stummel zu frischem Ausschlag getrieben, so erhält der Stamm einen „Kopf". Da findet man dann nicht selten auf ihrem Kopfe Brennesseln, Beifuß, Weidenröschen, ja selbst Himbeersträucher wachsen, sodaß es das Ansehen gewinnen könnte, als ob der alte Weidenbaum sich zum Ersatz für das ihm Geraubte „mit fremden Federn schmücken" wollte. Natürlich fällt ihm das nicht ein: die Weide

---

*) Garcke, „Flora für Nord= und Mitteldeutschland" zählt 37 Arten auf.
**) Beachte: Die Blattknospen sehen bei dieser mit der Spitze nach unten — die Blätter müßten alle mit ihrer Glanz=(Ober=)Seite dem Zweige zugekehrt sein — dennoch ist die glänzende Seite nach außen, dem Lichte zugewandt: der Blattstiel ist gedreht: Anpassung! Warum gilt diese Weide als Trauerbaum? „Babylonische Weide". S. Anhang: „Die Trauerweide".

kann keine Brennesseln 2c. hervorbringen. Es müssen Samen auf irgend eine Weise dahin gelangt sein. Wer den Samen des Weidenröschens kennt, kann leicht erraten, wer demselben den Liebesdienst erwiesen hat, ihn auf diese luftige Höhe zu erheben; es ist der Wind. Und die Himbeere? Nun diese Beeren werden nicht allein von euch gern gegessen; auch manche Vögel suchen sie auf und — lassen die bittern Kerne, d. i. die Samenkörner zurück an der Stelle, wo sie schmausen, hier auf der Weide.

Aber wie können sie hier denn wachsen? Sie müssen doch Boden haben! Den haben sie auch; manche von diesen alten Kopfweiden sind hohl und mit einer braunen moorartigen Masse im Innern angefüllt. Aus dieser nehmen die Wurzeln der Ansiedler ihre Nahrung. Wo kommt dieselbe her? Sollte auch wieder der Wind tätig gewesen sein und Erde in den Hohlraum hineingeweht haben? Wodurch entstand aber die innere Höhlung? Suchen wir zunächst die erste Frage zu beantworten. Hat der Wind von dem Erdreich hineingeweht, so muß der Inhalt des Baumes einigermaßen der umgebenden Erde gleich sein. Die Farbe sowenig wie das Gewicht spricht dafür. Lassen wir Erde der Umgebung und Füllung des hohlen Baumes im Sonnenschein (oder bei gelinder Ofenwärme — man kann diesen Versuch ja sehr wohl im Winter anstellen —) trocknen, nehmen von beiden gleich viel (am richtigsten dem Gewichte nach) und setzen jedes in einem gepreßten, blechernen Schachteldeckel oder etwa einer Feuerschaufel unter zeitweiligem Umrühren $1/4 - 1/2$ Stunde der Glühhitze aus, d. h. wir erhitzen es, daß das Eisen rot wird. Da ist mit beiden Proben eine auffallende Veränderung vorgegangen: statt der dunklen Farbe zeigen sie nun eine hellgraue und es ist weniger Masse vorhanden; besonders ist die Probe aus der Baumhöhlung zusammengeschrumpft. Was da fehlt, muß verbrannt sein. Das Zurückgebliebene ist Asche, wie jeder verbrannte Pflanzenstoff sie hinterläßt. Aber der Rückstand aus der Erde ist gröber, wie schon das Auge erkennen läßt, und wie das Gefühl durch die Finger bestätigt, und von der Erde ist auch viel mehr übrig geblieben als von der braunen Masse aus dem Weidenstamm (wenn jene nicht eben Torferde war). Somit (aus welchen Gründen?) ist nicht anzunehmen, daß der Wind den hohlen Baum mit Ackererde gefüllt hat. Wir finden ferner Bäume, deren innere Höhlung nur eine kleine Öffnung nach außen hat, die aber doch im Innern mit braunem Pulver angefüllt sind; sollte der Wind das alles durch die kleine Öffnung eingeführt haben? Die braune Masse muß aus dem im Innern der Weide jetzt fehlenden Holze gebildet sein.

Wie aber kann das Holz sich so verändern? Wir nennen diesen Vorgang, den wir auch sonst beobachten können, Vermoderung. Wenn abgefallenes Laub im Walde Fallholz bedeckt, oder wenn Häuser unter Grundfeuchtigkeit leiden, so wird das Holz mürbe — es vermodert. Eine Vermoderung tritt immer ein, wenn Feuchtigkeit und Trockenheit abwechseln. Etwas Ähnliches muß also in unserm Weidenbaum stattgefunden haben. Denken wir uns einmal seine Lebensgeschichte. Ein solcher Weidenbaum wird gepflanzt, indem 2—3 m lange Stangen von frischgeschlagenen Weidenästen eingegraben werden. Am obern Ende wird dem Stock durch die Luft mehr Feuchtigkeit entzogen, als er von dem untern Ende her aus der Erde zuführen kann. (Wurzeln sind ja nicht vorhanden!) Das Holz wird trocken und dadurch rissig, wie wir es an frischgeschlagenem und zum

Trocknen aufgesetzten Brennholz und ebenfalls an den Aststümpfen eines Baumes erkennen, wenn der Ast nicht glatt am Stamm abgesägt ist. (Was ist später die Folge? Höhlung!) Ist aber der eingepflanzte Weidenast oben rissig geworden, so dringt heute das Regenwasser ins Innere ein, während morgen die Luft wieder freien Zutritt hat. Das Holz muß also vermodern.

Warum vermodert dann aber nicht das ganze obere Ende, sondern nur der innere Holzteil? Es gibt alte Weiden, die von unten bis oben hin hohl sind und scheinbar nur aus Rinde bestehen, und doch grünen und treiben sie alljährlich ganz munter! Wir lernen aus dieser Erscheinung erstens, daß das innere Holz nicht durchaus notwendig zum Leben des Baumes ist, daß der Nahrungssaft viel mehr in den äußern Teilen des Stammes zirkulieren muß. Dafür spricht auch die Erfahrung, daß der Saft im Frühjahr besonders unter der Rinde sich findet. Der alte Stamm besteht aber nicht allein aus Rinde, sondern er enthält immerhin Holz, wenn auch nur in verhältnismäßig dünner Schicht. Warum ist dieses Holz im Laufe der Jahre nicht vermodert? Offenbar muß der Wechsel der Witterung auf dasselbe keinen Einfluß gehabt haben, d. h. es ist nicht abwechselnd feucht und trocken geworden. Teils wird die Moderschicht im Innern die Austrocknung verhindert haben, teils aber muß es in sich feucht erhalten sein. Wodurch? Durch den Saft!*) Es nimmt offenbar an dem Leben des Baumes teil, wovon ein Schnitt mit dem Messer (an der innern Seite) überzeugt: das Holz ist frisch und saftig. Es wird nur das Holz, das bei der Saftleitung nicht tätig war, vermodert sein; dagegen hat der Baum dasjenige, das für ihn notwendig und darum selbst tätig war, erhalten (vgl. andere, einem Organismus ähnliche Verbindungen, z. B. eine Schule!). In dem hohlen Weidenbaum nimmt die ganze äußere Rinden- und Holzschicht bis obenhin an dem Leben des Baumes teil. Unter den andern Baumarten finden wir nicht so viele hohle Stämme. Das

---

*3) Schnürt man ein halbstrauchartiges Gewächs (Pelargonie, Chrysanthemum oder Winteraster 2c.) beim Beginn der Vegetation durch einen Faden um den Stamm fest ein, so verdickt sich später der Stamm oberhalb des Fadens — ein Versuch, der gelegentlich an Topfgewächsen gemacht werden kann. Holzstämme, die von den Ranken des Geißblatts eingeschnürt sind, verdicken sich ebenfalls oberhalb der Einschnürung. (Ähnlich ist das Resultat, wenn man im Frühjahr die Rinde auf Zollbreite entfernt und so einen Ring um den Stamm bloßlegt. Doch möchte ein solcher Versuch bedenklich sein, sofern er Unberufene zu Nachversuchen reizt.) Da die Pflanzen oberhalb der Einschnürung nicht absterben, so müssen sie Saft von unten her, durch die Wurzeln erhalten; da aber ferner der Saft nicht unter der Einschnürungsstelle die Rinde passieren kann und da sich der Stamm oberhalb dieser Stelle auffallend verdickt, so muß zu dieser Verdickung Saft gebraucht sein, der, von oben kommend, hier zurückgehalten wird. **Der Saft muß demnach in inneren Schichten des Stammes, nämlich in den äußern Holzschichten, empor- und in den Rindenschichten heruntersteigen.** Einigermaßen kann man sich von der Richtigkeit dieses Schlusses überzeugen durch Beobachtung der stehengebliebenen Stümpfe von frischgeschlagenen Bäumen, wenn im Frühjahr die Saftbewegung beginnt: der Saft quillt aus dem Holze hervor.

kommt einesteils daher, daß das Weidenholz zu den weichsten Hölzern gehört und daher am leichtesten fault, dann aber auch daher — und das wirft ein andres Licht auf unsre obige Frage — daß die Weide ein ganz außerordentlich **zähes Leben** hat. Andre Bäume, die hohl werden, sterben leicht ganz ab; die Weide nicht. Die bemerkenswerte Lebenskraft der Weide zeigt sich, wenn man abgeschnittene dünne oder dicke Zweige der Äste derselben in feuchte Erde steckt: sie beginnen Knospen und Zweige zu treiben und Wurzeln zu schlagen. Es kann dem Baum die ganze Krone, sein Kopf, genommen werden — er bildet im nächsten Jahre eine neue. Ja, er treibt selbst Wurzeln von seiner Innenseite in den Moder des innern Hohlraums, als wenn hier fremder Boden wäre. Bei einer solchen Lebensenergie kann es nicht wundern, wenn ein eingegrabener Pfahl (der später Stamm wird) den Saft, den er aus der Erde aufsaugt (in seinen äußern Schichten), bis ans obere Ende hinaufbefördert und dadurch die äußern Holzschichten lebendig erhält, während die innern dem Einfluß der Witterung erliegen müssen. — Welche Umstände also bewirken und befördern die innere Vermoderung? Woher lebt der Baum trotzdem noch?

Diese alten Kopfweiden werden nur zur Erzeugung von Weidenruten gebraucht, bis schließlich der alte Stamm ein nicht eben wertvolles Brennholz liefert. Bist du auch schon im Zwielicht oder im Nebel durch sie erschreckt? Gib ihnen Kopf und Haar!*) — Andre werden an Fluß= oder Teichufern zu deren Schutz gegen Strömung und Wellen angepflanzt. Wie nützen sie?**) Noch andre pflanzt man als Zierbäume in Anlagen, wo sie dann zu stattlichen Bäumen von mehreren Fuß Durchmesser erwachsen und durch ihre schmalen, ins Graue schimmernden Blätter (Sal. alba), ihre lichte Krone und ihre tiefrissige Rinde einen wohltuenden Gegensatz zu den übrigen Bäumen ausüben. Die Trauerweide, die, in Japan und China einheimisch, vor 200 Jahren nach dem westlichen Asien eingeführt sein soll und nach Europa (wie eine Sage erzählt durch einen Zweig in einem Feigenkorbe. S. Anhang!) verpflanzt wurde, wird bei uns allgemein zum Ausdruck der Trauer auf Gräbern angepflanzt. (Welche Eigentümlichkeiten haben sie wohl zum Trauerbaum gemacht?) Den vollsten Gegensatz zu diesen bilden die Zwergweiden, die in den Polarländern oder auf hohen Gebirgen ihre Heimat haben und oft nur wenige Zoll hoch werden. Worin hat das seinen Grund? Wo aber auch die Weiden ihre Heimat haben — immer lieben sie einen feuchten Standort: **sie sind Freunde des Wassers.**

---

2. Die Eller (Alnus glutinosa). Erle.

Zu den entschiedenen Wasserfreunden gehört auch die Eller. Wir finden sie nicht nur an unsern Teichen häufig, sondern selbst mitten im Wasser auf Inselchen von wenig Fuß Durchmesser! Ellernbrüche. Vom Ufer aus sendet sie eine Menge faseriger Wurzeln ins Wasser hinein.

---

*4) Die technische Verwendung der Ruten wird je nach der Örtlichkeit berücksichtigt.

5**) Kürzlich fand ich auf den Zweigen einer solchen Weide eine Menge großer braunroter Ameisen emsig hin- und herlaufen. Was wollten sie da?

— 179 —

Sie wächst als Baum und auch als Strauch. Jetzt eben, im Februar oder März, trägt sie Kätzchen von 3—4 cm Länge (Fig. 54a). Sie waren im Anfang des Jahres nur 1—1½ cm lang; sie haben sich verlängert. Welche Ähnlichkeit haben sie mit den Blütenkätzchen der Weide (Spindel — Schuppen)? Sie sind aber nicht rauh. Die (5 lappigen) Schuppen tragen jede an ihrer Unterseite (weil das Kätzchen herunterhängt) drei Blümchen mit je vier Zipfeln und vier

Fig. 54.
Alnus glutinosa.
a) Männliche Kätzchen
b) Eine Deckschuppe derselben mit 3 Blüten; eine sichtbar.
c) Fruchtzapfen vom vorigen Jahr.
d) Diesjährige Fruchtzapfen; weibliche Kätzchen.
e) Einzelnes derselben.
f) Schuppe desselben; zwei Fruchtknoten, je zwei Griffel tragend.
g) Samen.
(Aus Strasburger, Lehrbuch der Botanik.)

Staubgefäßen, unter jedem Zipfel eins (Fig. 54b). Die Staubgefäße streuen gelben Staub aus, der nicht, wie der von der Weide, klebt. Er stäubt auseinander. Wo viele Erlen stehen, sind die Gewässer oft mit einer gelben Decke von Blütenstaub belegt, was zu dem Glauben Veranlassung gab, daß es Schwefel geregnet hätte. Wodurch ließen die Leute sich zu dieser Meinung verleiten? Hätten sie

---

Die jungen Zweige beherbergten eine große Zahl Schildläuse, welche süßen Saft ausschwitzen. Dieser hatte die Ameisen angelockt. So zieht ein Tier das andre nach sich.

wirklich untersucht, so würden sie sich leicht von ihrem Irrtum überzeugt haben. Woran kann man den Schwefel doch leicht erkennen? Wie also können wir nachweisen, daß es nicht Schwefel ist? Außerdem zeigt das Vergrößerungsglas die Form der Blütenstaubkügelchen. — Auch in diesen Kätzchen sind keine Fruchtknoten zu entdecken. Sollten die Fruchtblüten, wie bei der Weide, auf andern Bäumen wachsen? Alle tragen Kätzchen mit Blütenstaub! Da finden wir an unserm Baum noch schwarze Gebilde, kleinen aufgesprungenen Kiefernzapfen ähnlich. Sie bestehen aus harten, holzartigen Schuppen, welche rund um einen gemeinschaftlichen Stiel sitzen. Das werden die Früchte sein (Fig. 54 c). Freilich, Samen sitzt nicht mehr darin; sie stammen offenbar vom vorigen Jahre her, die Schuppen haben sich auseinander getan und die Samen sind herausgefallen. Suchen wir nun nach ähnlichen kleinen Zapfen für dieses Jahr, so entdecken wir sie bald an den Spitzen der Zweige (Fig. 54 d). Sie stehen ihrer 3, 4 oder mehr auf Stielen, die von einem gemeinschaftlichen Stiele ausgehen, und haben eine braun-rote Farbe. Ihre Schuppen sind, wenn auch ziemlich dick, doch weich, krautartig; sie müssen also erst später holzartig werden, ähnlich wie ja auch die jungen Zweige der Kastanien und anderer Bäume. Zwischen den Schuppen kommen kleine Fäden zum Vorschein — es sind die Griffel (Fig. 54 e u. f). Wo suchst du die Fruchtknoten? Bei der Erle sind also Staubblüten und Fruchtblüten auf demselben Baum (die Eller ist einhäusig, die Weide zweihäusig). Wie gelangt der Blütenstaub auf den Griffel? Insekten können ihn nicht befördern — sie fliegen zur Blütezeit der Eller noch nicht. Der Wind aber führt ihn mit sich, wohin er eben fährt, auf die Erde, an feuchte Zweige, aufs Wasser und — auf die Griffel.

Mithin muß eine sehr große Menge von Blütenstaub verloren gehen. Also: da Insekten die Befruchtung nicht vermitteln können, tut der Wind es; und weil der Wind nicht nur auf die Griffel bläst, muß, damit diese Staub erhalten, eine ungeheure Menge erzeugt werden. So müssen alle Windblütler viel Staub erzeugen. Geschützt zwischen den Schuppen wird der Same im Lauf des Sommers reif, während die Schuppen verholzen. Im Oktober treten die Schuppen auseinander (wie wir es an dem vorjährigen Zapfen wahrnehmen) und lassen den reifen Samen (Fig. 54 g) hinaus in die weite Welt.*) Aber ihm ist seine Reise nicht so leicht gemacht wie dem Samen der Weide: es fehlt ihm der Schopf, die Wolle, bei welcher der Wind ihn fassen könnte. So wird er denn gar häufig dem Wasser zur Weiterbeförderung anvertraut, wenn er nicht den Vögeln zur Nahrung (z. B. dem Zeisig) dienen muß. Geht auch manches Samenkorn zugrunde, so erreichen andere wiederum ihr Ziel, den festen Boden. Dadurch, daß Wasser und Wind sich verbündet hatten, wurde der Same einer verwandten Art, der Grau- oder nordischen Erle (Alnus incana), von einem Ufer des Selenter Sees an das entgegengesetzte gegen eine Meile weit befördert; wenigstens wuchsen am letzten Ufer Grauerlen auf, die, wie mir versichert ist, von keinem Menschen gepflanzt

---

*1) Ich halte es hier nicht für richtig, vielweniger für notwendig, eine Erörterung über Fruchtstand, Frucht und Samen anzustellen. Eine solche kann erst später, wenn mehr verschiedene Einzelheiten besprochen sind, am Platze sein — wenn überhaupt der Stand der Schule derart ist, daß man solche Sachen mit Nutzen behandeln kann.

waren, während solche Bäume drüben in einem Park am Wasser standen. Untersucht, ob mein Schluß vollberechtigt ist!

Die Knospen, aus denen sich die Blätter entwickeln, können wir bei Betrachtung der Blüte sogleich mit ins Auge fassen; die Blätter der Eller entwickeln sich, wie die mancher Weiden, nach den Blüten. Diese Knospen haben im Vergleich mit den Weidenknospen und allen übrigen — etwas Eigentümliches: sie haben einen 2—3 mm langen Stiel. Ihre Hülle besteht aus zwei Knospenschuppen, von denen die eine von der andern fast ganz umschlossen wird. Im Innern sind noch zwei grünliche, dünnere Hüllblättchen, die später sehr deutlich zu erkennen sind, wie bei der Kastanie, und wie bei dieser abfallen.

Die Blätter der jungen kräftigen Triebe sind größer, auch verhältnismäßig breiter als die an ältern Ästen. Alle sind aber nach dem Blattstiel zu etwas schmäler als am Ende (verkehrt eirund, Fig. 54), am Rande wellenförmig ausgeschnitten und gezackt (doppelt sägezähnig). Das hängt mit dem Verlauf der Adern zusammen. Wie im Kastanienblättchen verzweigen sich von einer Mittelader aus seitwärts nach dem Rande des Blattes hin Seitenadern; wo diese am Rande enden, ist das Blatt weiter ausgebuchtet, ist die Spitze, der Kamm einer Welle. In dem Winkel zwischen Mittel- und Seitenader sitzt braune Wolle (vgl. Kastanie). Jung sind die Blätter klebrig und mehr hellgrün, während sie im Laufe des Sommers dunkler werden, sodaß durch diese Farbe schon aus der Ferne die Ellern sich von manchen andern Bäumen unterscheiden. Aber hier sind Blätter, die an der Unterseite zwischen den Seitenadern große weiße Flecke haben; es sind eine Art Blasen. Zerreißen wir das Blatt an dieser Stelle oder heben wir die Haut mit einer Nadel ab, so werden die Urheber sichtbar: kleine, einige mm lange Räupchen, Minierraupen, die ihre Nahrung unter der Haut des Blattes, also in der eigentlichen weichen Blattmasse finden. Wie sind sie hineingekommen, da eine Öffnung nirgends zu sehen ist? Die kleine Raupe verwandelt sich später in einen mottenartigen Schmetterling. Ein solcher Schmetterling wird seine Eierchen an die Unterseite des Blattes gelegt haben — aus den Eiern entwickeln sich sehr kleine Raupen, die sich durch die Oberhaut hindurchbohren in das Innere des Blattes, wo sie ihre Nahrung finden; die entstandene Öffnung verwächst dann wieder, weil sie sehr fein ist. (Vgl. „Würmer" in Äpfeln, Nüssen, Himbeeren ꝛc.!) — Vom Juli an bilden sich in den Blattwinkeln Knospen und Kätzchen für das nächste Jahr, beide noch ganz dicht geschlossen. Im Spätherbst, meist nach dem ersten Frost, fallen die Blätter ab, nachdem sie nicht eine gelbe, sondern schwarzgrüne Farbe erhalten haben. Dann sind die Blatt- und Blütenknospen für das folgende Jahr schon längst gebildet, aber alles an ihnen ist noch fest verschlossen, denn sie sollen ja noch erst die Herrschaft des gestrengen Herrn Winters über sich ergehen lassen.

Die jungen Zweige sind anfangs grün, später schokoladenbraun oder graubraun. Die Rinde der jungen Ellernstämme ist schwarzgrau, die der älteren rissig, und zwar gehen die Risse nicht bloß von unten nach oben, wie bei der Weide, sondern auch quer. Das Holz hat eine gelbliche, und wenn es trocken ist, hellbraun-rote Farbe, woher diese Art Eller auch Rot-Eller heißt. Wenn der Stamm abgehauen ist, so treibt der übrigbleibende Stumpf kräftige Schößlinge, die im Laufe der Zeit zu 4—10 cm dicken Stämmen erstarken und wieder geschlagen werden können. Das Holz wird nicht eben als Bauholz gebraucht, doch findet es mannigfache andre Verwertung. Die längern dünneren Stämme werden (in Schleswig-Holstein) zur Abgrenzung einzelner Teile der Felder gebraucht. Aus stärkern Blöcken werden Holzschuhe und Holzpantoffeln verfertigt, weil das Holz leicht und wegen seiner Weichheit auch unschwer zu bearbeiten ist. Die dickern Stämme werden zu Brunnenröhren und Wasserpfählen verarbeitet, weil Erlenholz im Wasser sehr viel dauerhafter ist als manches andere, das auf dem Trockenen den Vorzug verdient.

3. Die Sumpfprimel oder Wasserfeder (Hottonia pal.).

Sie gehört zu den Frühlingspflanzen, welche unsere stehenden Gewässer mit ihren Blüten schmücken. Ziehen wir sie aus dem Wasser heraus, so werden wir in den meisten Fällen einen Teil Schlamm mit heraufholen; wo sie ihre Wurzeln in morastigen Grund treiben kann, ist ihr Lieblingsaufenthalt (Sumpf-Primel). Daher finden wir sie weniger in größern tiefern Teichen mit Kiesgrund als in Pfützen und Tränken, deren Oberfläche sie oft ganz bedecken. Warum sie Wasserfeder genannt wird, ist leicht erklärlich, wenn wir ihre Blätter betrachten. Dieselben sind grün wie die Blätter anderer Pflanzen. Ihre prächtige Federform erscheint recht klar, wenn wir den obern Teil so, daß er frei schwimmt, in ein Gefäß mit Wasser legen. Wie bei einer Feder gehen von einem mittleren Stiel schmale Fäden nach beiden Seiten aus. Sie schwimmen stets, wenn sie nicht zu gedrängt wachsen, unter der Oberfläche des Wassers, so daß von der ganzen Pflanze nur die Blüte

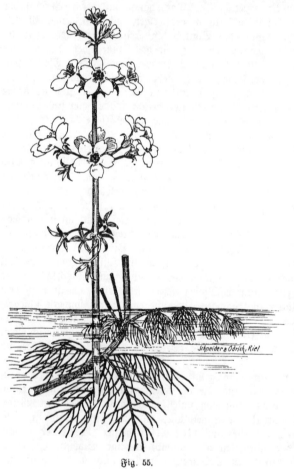

Fig. 55.

hervorragt. Bringen wir den obern Teil mit einer Blütentraube in ein Gefäß mit Wasser, so brechen die unerschlossenen Knospen von unten her auf, und in den Blattwinkeln entwickeln sich fadenähnliche weiße Wurzeln. Woher mag der Bildungsstoff kommen? Die Blätter werden Nahrung aus dem Wasser aufnehmen. (Derselbe Versuch werde wiederholt, aber nur mit dem Blütenstiel, ohne Blätter.) Übrigens wachsen sie auch auf dem Lande (wenn etwa das Wasser sich vermindert hat), nur liegen die Blätter (Quirle) dann dicht übereinander und bilden einen grünen Rasen. Daß ihnen aber ein solches Leben nicht besonders zusagt, zeigen die mehr verkümmerten Blüten.

Die Blüten stehen traubenförmig; die Stiele der Blüten entspringen in gleicher Höhe am Hauptblütenstiel: sie bilden Quirle (Vgl. den Stand der Blätter!) Sie sind rötlich-weiß, im Grunde etwas gelblich. Jede Blumenkrone scheint aus 5 Blättern zu bestehen; fassen wir jedoch eine Blumenkrone der untern, bald verblühten Blumen bei einem Blättchen an und ziehen weg, so zeigt sich, daß die Blumenkrone in Wirklichkeit nur aus einem Blatt mit 5 Zipfeln und einer Röhre besteht — wie die Blumenkrone der Primel. Daher der Name „Sumpfprimel". Hier ist der Name also nach der ähnlichen Form gegeben. Auch der Kelch ist eigentlich einblätterig, aber fünfmal tief eingeschnitten, hat also auch 5 lange Zipfel. Zahl der Staubgefäße? Die Wasserfeder liebt offenbar die Zahl 5. (Wie war es bei der Kastanie? Der Weide?) Und wenn wir sie im äußersten Norden oder Süden Deutschlands betrachten — wir finden immer die Fünfzahl wieder: das muß einmal in ihrer Natur liegen!

---

4. Der Wasser-Hahnenfuß (Ran. aquat.) oder das gemeine Froschkraut (Batrach. aqu.).

Ungefähr mit der Sumpfprimel zugleich erscheinen die Blüten des Wasser-Hahnenfußes, ebenfalls weiß, mit gelblichem Fleck im Grunde, aber nicht in Trauben zusammenstehend, sondern einzeln auf der Oberfläche des Wassers, dafür aber größer. Hier besteht die Blumenkrone tatsächlich aus 5 Blumenblättern, denn wir können jedes für sich einzeln abpflücken. Unten an der Innenseite eines jeden Blumenblattes ist ein Knötchen, die Honigschuppe. Innerhalb der Blumenblätter steht ein Kreis zahlreicher Staubgefäße mit gelben Staubbeuteln, und innerhalb dieses Kreises von Staubgefäßen ist wieder ein gelblich-grünes Köpfchen, bestehend aus vielen Fruchtknoten. Unterhalb der Blumenblätter sind 5 Kelchblätter, deren jedes muldenartig hohl ist. Auch der Hahnenfuß zeigt die Fünfzahl.

Die Blätter sind verschieden. Einige sind rundlich mit herzförmigem Ausschnitt am Grunde (nierenfg.); diese schwimmen auf dem Wasser und zwar oft so dicht, daß sie eine schwimmende Brücke bilden können. Sah ich doch im verflossenen Frühling eine große schwarze Wegeschnecke auf derselben dahinkriechen und die hübschen weißen Blüten abpflücken? — nein abfressen! — Außer diesen schwimmenden Blättern hat das Froschkraut noch andere borstenförmig feinzerschlitzte, die sich aber unter der Oberfläche des Wassers befinden. (Vgl. Sumpfprimel!)

— 184 —

Zwischen den Zipfeln dieser Blätter ist gewöhnlich eine Menge Laich abgesetzt. Wir können ihn mit der Pflanze im Zimmer aufbewahren und beobachten, was aus ihm wird. Die Pflanzen im Freien (in austrocknenden Tränken), beobachten wir daraufhin, ob sie im Herbste dasselbe Aussehen wie im Frühling zeigen, oder ob

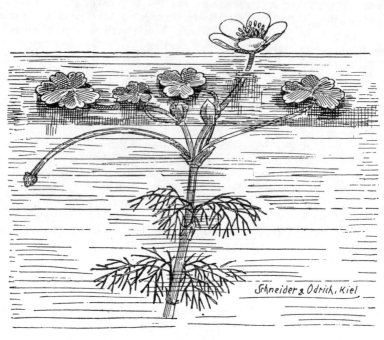

Fig. 56.

an Stelle der Frühlingszweige mit den nierenförmigen Blättern nicht solche getreten sind, die fast nur gefiederte Blätter tragen.

Ebenfalls ist zu beachten, daß das Froschkraut auch auf dem Lande wachsen kann (wenn das Wasser mehr zurückgetreten ist), und welche Veränderungen vor sich gehen. Wurzeln bildet es wie die Sumpfprimel. Welche Ähnlichkeiten findest du zwischen Sumpfprimel und Froschkraut? (Eigentlicher Aufenthalt im Wasser — schwimmen — gefiederte untergetauchte Blätter — Blüte über Wasser — Abänderung beim Wachsen außerhalb des Wassers.) — Unterschied in der Blüte!

---

5. Das gemeine Schilfrohr, Ried (Phragmites communis).

Im Wasser, nahe dem Ufer, und auch am Wasser wächst es. Wenn abends die Frösche ihren Gesang anstimmen, so spielt es, vom Luftzug bewegt, mit lispelndem Tone, ähnlich dem leisen Zirpen der kleinen braunen Grashüpfer, die

Fig 57. Schilfrohr vor der Blüte.

Geige dazu. Woher dieser besondere Ton, der verschieden ist von dem durch Aneinanderklappen anderer, schilfartiger Blätter hervorgebrachten? Und wenn zu anderer Zeit der Sturm daherbraust, so beugt es sich der gewaltigen Kraft, aber es bricht nicht. — An der Spitze treibt es grünlich violette Büschel, das sind die Blüten, die du wohl schon gepflückt hast, damit sie neben den getrockneten Strohblumen im Winterbukett eine Erinnerung an den Sommer geben. Vielleicht hast du dabei auch schon die unangenehme Erfahrung gemacht, daß man sich an den Blättern schneiden kann, oder hast du dich, wenn du dir aus dem Rohr eine Papagenoflöte oder ein anderes Musikinstrument anfertigen wolltest, vielleicht an einem gespaltenen Rohrstück verwundet? Wie ist solches möglich?

Betrachten wir zunächst die Blätter. Dieselben sind lang und schmal wie breite Grasblätter (linealisch), und ihre Adern verlaufen mehr oder minder parallel dem Rande, alle vom Grunde aus; sie sind von blaugrüner Farbe. Im Vergleich zu ihrer geringen Dicke sind sie steif. Mit ihrem untern Teil umfassen sie den Stengel und laufen um ihn herab bis zu einem Knoten; hier ist ihre Ursprungsstelle. Streichst du leicht mit dem Finger oder der Kante von einem Blatt Papier an dem Rande längs und zwar in der Richtung nach dem Stengel zu, so fühlst du, daß der Rand von kleinen Zähnen scharf ist. Wenn nun die große Anzahl der steifen Blätter in ähnlicher Weise aneinander längs streifen, so gibt es jenen eigentümlichen, melancholischen Ton. Aber daß man sich an den Blättern schneiden kann, ist damit noch nicht erklärt; denn viele andere Blätter, die nicht schneiden, sind doch auch feinzähnig gerändert. Diese Zähnchen müssen besonders hart sein und die Ursache muß also in der inneren Zusammensetzung des Blattes, nicht allein in der äußern Form liegen. — Jede Pflanze hinterläßt beim Verbrennen Asche (s. „Weide"!), die nicht weiter verbrannt werden kann. Die Asche von verschiedenen Pflanzen ist nicht gleich, wie diejenigen wissen können, welche sehen, daß die Mutter zum Bleichen des Leinens Holz-, am liebsten Buchenasche, aber nicht Torf- oder Steinkohlenasche nimmt. Die Asche enthält verschiedene Bestandteile, die von der Pflanze während ihres Lebens aufgenommen sind. Wie die Pflanzen nun verschieden sind, so haben sie auch verschiedene Stoffe und verschiedene Mengen derselben aufgenommen, wovon die Zusammensetzung der Asche Zeugnis gibt. Unser Ried enthält nun ausnahmsweise viel Kiesel oder Feuerstein, natürlich fein zerteilt, und dieser Kiesel ist wiederum ganz besonders in der Oberhaut [nicht Oberseite] angehäuft. Das Blatt hat an beiden Flächen eine Oberhaut (vgl. Minierraupe!). Beide stoßen am Rande zusammen, folglich wird der Kiesel hier doppelt gehäuft. Daher die Härte der Zähnchen, die in ihrer Gesamtheit einer Säge aus Kiesel in Blattsubstanz zu vergleichen wären. Welche andere Erscheinung an den Blättern wird sich aus dem reichen Kieselgehalt erklären? — Auch die Oberhaut des Stengels ist sehr kieselreich, weshalb sie auch schwieriger zu durchschneiden ist und ein sehr scharfes Messer bald merkbar stumpf macht. Spaltet der Stengel, so zerreißt die Oberhaut unregelmäßig, nicht glatt, und bildet somit wiederum eine Art Säge. Auch der Stengel erhält durch diese Kieseleinlage eine größere Festigkeit, daß er nicht so leicht knickt. — Notwendig ist der Kiesel indes nicht zur Festigkeit des Halms. Zieht man einen jungen Halm in einer Nährflüssigkeit*), die keine

---

*) Die Zusammensetzung einer solchen s. Naturgesch. II. Kulturpflanzen!

Kieselsäure enthält, so gedeiht er ebensogut, als wenn er im Freien Kiesel aufnehmen kann.

Wenden wir unsere Aufmerksamkeit nunmehr dem Stengel zu! Derselbe wird 2—3 m hoch. Er ist, wie alle wissen, innen hohl mit Ausnahme einiger Stellen, die sich außen durch die braune Farbe kennzeichnen, der Knoten. Er ist ein Halm. Drücke den Halm zwischen den Fingern! Wo er hohl ist, kannst

Fig. 58. Schilfrohr, Samen streuend.

du ihn leicht breit drücken — der Knoten dagegen drückt in deine Finger Vertiefungen. Wäre der ganze Halm hohl, so würde er leichter knicken: die Knoten geben ihm Festigkeit. Untersuche in ähnlicher Weise, wo — ganz unten oder weiter in der Mitte — die Glieder (Röhren zwischen den Knoten) die meiste Festigkeit zeigen! Die untern Glieder leisten mehr Widerstand; sie haben ja auch, wenn der Halm gebeugt wird, am meisten auszuhalten. — Beobachte ferner, wo die festigkeitgebenden Knoten am dichtesten stehen! (Unten, wo der Halm dünn ist — warum würde er leichter knicken, wenn er oben dick wäre?) Nehmen wir nun noch hinzu, daß die feste Umhüllung des Gliedes durch die Blätter, die unten, wo besondere Stärke erforderlich ist, von Knoten zu Knoten reicht, den Halm auch noch verstärkt, so müssen wir gestehen, daß für die Festigkeit des Halmes in ausgiebigster Weise gesorgt ist (Wiederholung: Kiesel (?) Knoten, Entfernung derselben, Festigkeit der einzelnen Glieder, Blattscheiden.)

Veranlaßten unsere gelegentlichen Erfahrungen uns, den ausgewachsenen oder reifen Rohrhalm zu betrachten, so dürfen wir, um seinen Aufbau kennen zu lernen, doch nicht eine Beobachtung, die wir im Frühling machen, außer acht lassen. Wenn nämlich das junge Ried emporschießt, so zeigt ein Querschnitt, wenigstens ein solcher durch den obern Teil des Halms, daß dieser nicht hohl ist. Erst während des weitern Wachstums wird er nach und nach hohl. Ebenfalls ist er in der Jugend in keinem Teile so hart oder fest wie später. Bei einem Teile der Eller haben wir (was letzteres betrifft) eine ähnliche Veränderung wahrgenommen: die anfangs weichen Fruchtzapfen verholzen, ebenfalls die grünen krautartigen Zweige der Eller und Weide. Hier, wie dort sind die jungen, grünen Teile saftreicher als die verholzten: der Saft wird mehr in feste Substanz verwandelt. Aber wo bleibt denn das innere Gewebe des jungen Rohrhalmes? Wie es aus Saft gebildet ist, so wird es später in Saft zurückverwandelt (siehe Wasserwegerich: wenigstens verschwindet es nach und nach) und wird dann anderweitig, teilweise wohl auch zur Verstärkung der äußern Röhrenwand, benutzt. Hast du wohl, wenn die ersten jungen Kartoffeln aufgenommen werden, einmal eine von den mit aufgegrabenen alten Pflanzkartoffeln untersucht? Die alten Kartoffeln sind hohl (oder naßfaul). Die fehlenden Stoffe sind verbraucht fürs erste Wachstum der jungen Pflanze — also auch zurückverwandelt.*) Ähnliches geschieht im Halm der Riedpflanze.

An der jungen Pflanze ist die Spitze, also die Stelle, wo sich die jungen Blätter bilden, stets von dem letzten Blatt tutenförmig umschlossen, sodaß das junge Blatt, und schließlich die junge Blüte, in dieser sichern Umhüllung erst so weit erstarken kann, bis es selbst in die Welt hinausgucken darf. Auch der junge Schößling hat eine tutenförmige Spitze. Kennst du Pflanzen, die in ähnlicher Weise tutenförmig aus dem Samenkorn sich ent-

---

*1) Wenn Umstände es wünschenswert machen, so könnte man hier näher auf die Verwendung der Reservestoffe eingehen, obgleich eine derartige Unterredung sich mit Rücksicht auf Morphologie besser an eine Behandlung der Kartoffel oder der Zwiebel knüpft. Der abgeschnittene Weidensteckling grünt, wie auch ein frischgefällter, nicht eingegrabener Baumstamm Blätter und kleine Zweige treiben kann. Der Weidensteckling bildet auch Wurzeln. Die zu all diesen Organen nötigen Stoffe kann unmöglich die Schnittfläche aus der Erde saugen — wozu bedürfte der Baum sonst für sein Wachstum so vieler Wurzeln? Es sind Stoffe in ihm vorhanden — schon fertige Stoffe — die umgewandelt werden. Entwicklung der Kastanienknospe und Zusammenschrumpfen der dicken Knospenschuppen. Auswachsen der Zwiebeln und Zusammenschrumpfen der einzelnen Blattschalen.

wickeln? Wodurch waren die jungen Blätter der Weide, der Eller, der Kastanie anfangs geschützt?

Der junge Schößling des Rohrschilfs hängt mit einer ältern Pflanze zusammen. Von dieser geht er in wagerechter Richtung seitwärts aus; das Ende strebt nach oben. Auch er hat Knoten, von welchen aber nicht Blätter, sondern Wurzeln ausgehen, die sich nach unten in den Schlamm senken (Fig. 59). Danach ist jenes wagerechte Stück eigentlich auch ein Stengel, der allerdings oftmals ganz oder teilweise im Boden, aber auch ebensowohl über demselben liegen kann: Wurzelstock. An herausgezogenen Pflanzen können wir sehen, wie der Wurzelstock aus seinen Knoten mehrere Schößlinge hervortreibt (Text Fig. 59). Was wird aus jedem? Anfangs wird er von dem alten Stock ernährt, denn die jüngsten Triebe haben noch keine eigenen Wurzeln. Nach und nach schafft er sich selbst solche an und nährt sich durch eigne Kraft. Später bildet auch er wieder wagerechte Stengel. Die Folge muß sein, daß der Riedstand sich stets vergrößert*), und die Halme dicht nebeneinander stehen, sodaß Vögel zwischen ihnen nisten können. — Diese Fähigkeit des Rieds, sich durch kriechende Wurzelstöcke zu vermehren, wird benutzt, wo man den Riedwuchs befördern will: man versenkt einzelne Glieder mit Wurzeln in den Schlamm; aus den Knoten entwickeln sich dann aufstrebende Halme. In dieser Weise werden wasserreiche Flächen, die als Acker- und

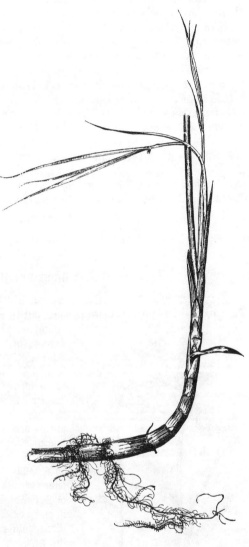

Fig. 59.
Wurzelstock vom Schilfrohr. Hohl und hat Knoten wie der Halm. An den Knoten Wurzeln. Bei jedem zweiten Knoten eine Knospe sichtbar, aus der sich ein Ausläufer bilden wird.

---

*) Vergl. Quecke!

Weideland nicht zu gebrauchen sind, nutzbar gemacht, denn die Rohrhalme finden mannigfache Verwendung.

Das Ried dient zur Bekleidung der Balken in den Häusermauern und der Bretter für Gipsdecken in Wohnzimmern, damit der Mörtel daran hafte; in den Dörfern (Norddeutschlands) werden Gebäude damit gedeckt. Ebenso dienen die Halme zur Bekleidung der Eiskeller und zur Herstellung von Schutzdecken auf den Fenstern der Treibhäuser, um Wärme und Kälte abzuhalten. Wodurch ist das Rohr dazu geeignet? (Eingeschlossene Luft als schlechter Wärmeleiter in den Halmen und zwischen denselben; vgl. doppelte Fenster mit eingeschlossener Luft!) — Wenn aber das Rohr zu solchen Zwecken jährlich geschnitten wird, so bleibt doch immerhin ein Teil des Halmes, die Stoppel, stehen. Diese, sowie die alten abgestorbenen Wurzelstöcke und abgefallenen Blätter, vermodern. So bildet sich eine Moderschicht auf der andern, der Boden wird immer höher, ragt schließlich aus dem Wasser hervor und besteht aus Moorerde, die zur Torfbereitung verwendet werden kann (vgl. den Moder im hohlen Weidenbaum!). So trägt Rohrschilf (neben anderen Pflanzen) dazu bei, unsere Teiche zu verkleinern und festen Boden zu gewinnen. (Ursprung unserer Torfmoore.)

---

6. Das Vergißmeinnicht (Myos. pal.).

Ist der Mai da, so finden wir auch sehr bald das treue Vergißmeinnicht. Da lächeln seine himmelblauen Augen mit ihrem goldgelben Stern in der Mitte freundlich aus dem grünen Rahmen des Teiches hervor, als ob sie uns direkt einladen: Nimm mich mit! Vergiß mein nicht! Und in der Tat sind nicht viele Blumen für wenig Pflege so dankbar wie diese. In einem Glas mit Wasser blüht sie noch lange fort; ja, wenn wir sie jung mit Knospen pflücken, so lohnt sie unsre geringe Pflege durch frühzeitiges und langes Blühen; sie macht es sich selbst heimisch, indem sie Wurzeln treibt.

Fig. 60.

Daß die kleine Blume so lange blüht, hat seinen Grund in der großen Zahl von Blütenknospen an der Spitze des Stengels. Dieselben stehen alle nach einer Seite und zwar so dicht, daß sie in ihrer Anlage kaum Platz finden, später während ihres Wachstums aber sich drängen, wodurch der gemeinschaftliche Blütenstiel zurückgebogen wird. Die untern Knospen brechen zuerst auf, wie schon aus ihrer mehr vorgeschrittenen Entwicklung zu schließen ist. Sie haben rötliche Farbe, ebenso die frisch aufgebrochenen Blüten.

Morgen aber werden sie blau.*) Und Blumen, die in Zimmern gezogen wurden,
werden schließlich fast weiß. Die Farbe wechselt also leicht und ist darum kein
sicheres Erkennungszeichen für Blumen, ebensowenig wie die Kleidung ein untrüg=
liches Zeichen für den Menschen ist. Mehr ist auf die Form der Blütenkrone
zu geben. Eine abgefallene Blume zeigt uns, daß die Blumenkrone aus einem
einzigen Stück besteht. Wo war es ähnlich? Sie besteht aus einer Röhre, die
sich aber in 5 Zipfeln ausbreitet. Die Röhre ist nur kurz, so daß sie an der
Pflanze wegen der sie umgebenden Kelchzipfel kaum zu erkennen ist. Der gelbe
„Stern" in der Mitte besteht aus 5 gelben, wulstartigen Erhöhungen. Vielleicht könnt
ihr von oben her in der Röhre, oder auch, wenn ihr sie, bei den Zipfeln der
Krone anfassend, behutsam zerreißt, unter den Erhöhungen Staubgefäße erkennen.
Wie viele mögen es sein? (Welche Zahl herrscht hier vor?) — Wenn die Blumen=
krone mit den Staubgefäßen auch abgefallen ist, so bleibt der Kelch, und in ihm
werden die Früchte groß. Ist etwas Besonderes zu bemerken? — Die Fruchtstiele
stehen an dem Hauptstiel (der Traube) in zwei Reihen und nach derselben Seite
hin, eben wie die Blütenknospen. Aber der Hauptstiel ist gerade, die Nebenstiele
stehen weiter auseinander. Es ist der Hauptstiel also in seiner ganzen Länge ge=
wachsen. (Vgl. die Entwicklung der Zweige aus den Knospen bei der Kastanie!)

Der Stengel ist mit abstehenden steifen Haaren bekleidet. Auch die Blätter
sind behaart, nur sind die Haare nicht so deutlich zu sehen; wohl aber sind sie
zu fühlen, wenn man mit dem Finger von der Spitze aus nach dem Blattstiel
hinstreicht; hier liegen die Haare nämlich dicht an. Manche Menschen mögen
dieses Rauhe nicht. Trotzdem bleibt das Vergißmeinnicht allen ein Liebling.
Warum? Erklären kann ich dies nicht, wenn wir die Blume auch noch genauer unter=
suchen wollten. Aber sieh sie wieder an, so wirst du es verstehen, wie sie wenigstens
dem ganzen deutschen Volke ein Liebling sein kann. Denn die Blumen reden eben
so unmittelbar zu dem verständnisvollen Herzen, wie das Auge des Menschen;
willst du aber diese Sprache verstandesgemäß begründen, so fehlen die Anhalts=
punkte zur Begründung des Ausdrucks im Blumen= wie im Menschengesicht.

---

7. Schmalblätterige Berle (Berula ang.) oder schmalblätteriger Wassermerk (Sium ang.)

Die seichten Stellen des Teiches werden häufig von einem Kraut mit ge=
fiederten Blättern, deren einzelnes nach dem Ansehen viele Ähnlichkeit mit den
Blättern der Eberesche oder Vogelbeere hat, eingenommen. Es wächst dicht zu=
sammen. Woher wohl? Vgl. Schilf! (Wurzelausläufer!) Je zwei Blättchen
sitzen an dem gemeinschaftlichen Stiel einander gegenüber, ein Endblättchen steht
an der Spitze (Fig. 61); sie sind am Rande gesägt und haben am Grunde meist
einen größern Zahn oder Lappen. Die Blätter machen nicht bloß, wie alle
ähnlichen Blätter, durch ihre Fiederteilung einen freundlichen Eindruck, sondern

---

*1) Wahrscheinlich infolge der ausgeatmeten Kohlensäure. Kohlensäure
in blauen Pflanzenfarben verwandelt diese in rote.

auch durch ihre frisch=grüne Farbe heben sie das Ansehen des Teiches und in einem Sträußchen lassen sie auch Farbe und Form der Blumen vorteilhaft hervor=

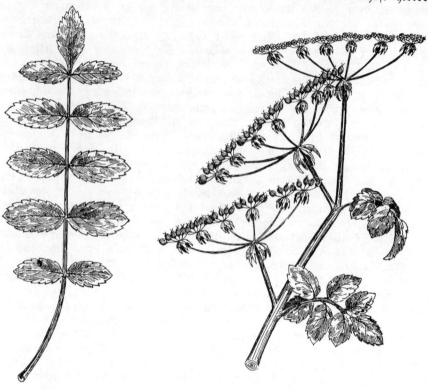

Fig. 61.   Fig. 62.

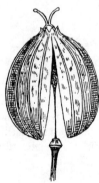

Fig. 63.

treten. Vom Juli bis in den September finden wir unter diesen Pflanzen solche, die einen feingestreiften Stengel mit weißer Blüte treiben. Jede einzelne Blüte ist nur klein, aber ihre Vielheit zusammen macht die Blumen schon aus größerer Ferne sichtbar, nicht bloß für uns Menschen, sondern auch für die Bienen. Welchen Wert hat das? Der Stengel ist ästig und jeder Ast ver= zweigt sich an seinem Ende in viele Strahlen (Fig. 62), von denen die äußeren länger, die inneren kürzer sind, so daß die Blüten, die sie tragen, eine ebene Fläche bilden: jeder Ast trägt einen Schirm (Dolde). Aber auch jeder Strahl des Schirmes teilt sich noch wieder in Schirm= strahlen, und erst auf diesen Nebenstrahlen wachsen die Blüten: Zusammengesetzter Schirm. Die Blumenkrone hat 5 Zipfel und steht auf dem Fruchtknoten. Bei der Reife spaltet sich dieser von unten nach oben; er besteht aus zwei Früchten, die sich derart trennen, daß sie nur mit ihrem obern Ende an dem bis dahin von ihnen eingeschlossenen gemeinschaftlichen Stiele festsitzen (Fig. 63).

8. Der (Schlamm=) Schachtelhalm (Equisetum limosum).

Zwischen dem Kraut der Berle, oder auch einen eigenen kleinen Bestand bildend, wächst der dunkelgrüne Schachtelhalm. Der Stengel hat anfangs keine Zweige (Fig. 64a) und gleicht insofern einem Halm; auch ist er hohl und hat Knoten. Mit welchem Halm also hat er Ähnlichkeit? Welche? Welche Teile aber hat der Halm des Schilfrohrs mehr? Wo entspringen seine Blätter? An unserm Schachtelhalm stehen um den Knoten kleine Spitzen, die unten eine zusammenhängende Haut bilden. Diese werden wir als das freilich eigentümlich geformte Blatt ansehen müssen und jene Zacken als Spitzen desselben. (Vgl. die Tuten des Knöterichs!) In jede Spitze verläuft eine Ader, die wir auch an dem Halm erkennen können. So viele Spitzen die Tute hat, so viele kleine Riefen hat der Stengel. — An den Knoten läßt der Stengel sich leicht zerreißen (Fig. 64c), und zwar wird das untere Stück immer die häutige Tute mit den Spitzen als Krone behalten, derart, daß man dasselbe wieder über das herausgezogene Stück hinüberschieben kann, wie wir es mit den Teilen einer Schachtel machen. Daher der Name Schachtelhalm. Nun zählt die Zähnchen mit der Vorsicht, daß ihr das erste entweder zurückklappt oder abreißt. Ihr findet eine größere Zahl, 20 und mehr (oder 12—16 beim Ufer=Schachtelhalm) - je nach der Art. Querschnitt durch den Stengel im Knoten!

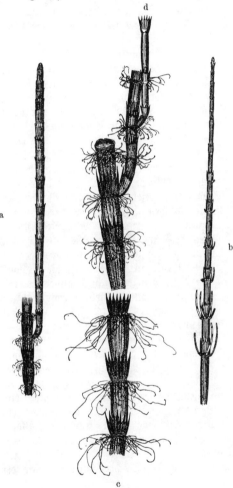

Fig. 64.
a) Halm ohne Zweige
b) Halm mit Zweiganfängen.
c) Wurzelstock des Schachtelhalms auseinander gezogen. An den Knoten sind Wurzeln. Bei d ist der Halm b abgelöst worden.

Im Laufe des Sommers erhalten einige Halme Zweige, die, in den Knoten entspringend, die Tuten durchbrechen (Fig. 64b). (Woraus werden die Zweige der Kastanie entwickelt? Wo bilden sich diese Knospen? So ist es also auch richtig, wenn wir die Tuten als Blätter betrachten? Warum müssen diese Zweige die Blätter [Tuten] durchbrechen?) Wie nun jeder Kastanienzweig einem Kastanienbaum ohne Wurzel gleicht, so gleicht auch der Schachtelhalmzweig dem Stamm. Weist es nach! — Einige Halme entwickeln an der Spitze längliche Köpfe von schwärzlicher Farbe (Fig. 65).

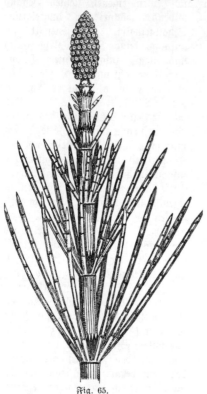

Fig. 65.
Vollständig entwickelter Halm mit Zweigen und Fruchtähre.

Sie erinnern ihrem äußern Aussehen nach an die geschlossenen Staubblütenkätzchen der Eller, so getäfelt erscheint ihre Oberfläche; doch sind die Felder nicht viereckig,*) sondern meist sechseckig. Legen wir (im Mai oder Juni) ein derartiges Köpfchen auf eine dunkle Unterlage zum Antrocknen, so ist diese nach einiger Zeit rund um das Köpfchen herum mit grünlichem Staub bestreut, selbst wenn das Ganze zum Schutz gegen Luftzug mit einem Trinkglase bedeckt war. Wie ist der Staub dahingekommen? Daß er aus dem schwärzlichen Köpfchen stammt, zeigt dessen verändertes Aussehen: Es ist, ähnlich dem Ellernkätzchen, aufgesprungen und ihr werdet denken, die grünliche Masse sei Blütenstaub. Fehlgeschossen: Es ist Samen, denn die Schachtelhalme blühen gar nicht, d. h. (denkt an die Weide, die Kastanie u. a.!) sie bringen nicht Staubgefäße und Fruchtknoten mit Griffeln hervor, sondern die Samen entwickeln sich, ohne daß eine vorherige Bestäubung nötig ist. — Doch zur genaueren Betrachtung suchen wir Exemplare, die im Freien aufgebrochen sind. Die Köpfchen, die wir Fruchtähren nennen wollen, haben im Innern, wie ein aufgeschnittenes Exemplar zeigt, eine Spindel (vgl. Igelkolbe!), an welcher sehr kurze Nebenstiele sitzen. Jeder der letztern trägt eine meist sechseckige Platte, so daß das Ganze einem sechseckigen Tischchen mit einem Bein zu vergleichen wäre (Fig. 66). An der Unterseite der Platte finden wir so viele kleine Taschen, als die Platte Ecken hat. In diesen Taschen entwickelt sich der

---

*1) Für derartige Vergleichungen und zur Auffrischung der Erinnerung ist es zweckmäßig, vor den Augen der Kinder betreffende Objekte in Spiritus zu setzen, damit man sie gelegentlich, besonders bei Zusammenfassungen, wieder vorführen kann.

— 195 —

Same. Solange derselbe noch unreif ist, liegen die Platten dicht aneinander und die Taschen sind geschlossen; weder Kälte noch Regen kann dem winzigen Samenkörnchen nahe kommen. Mit der zunehmenden Ausbildung der Samen wurde auch die Spindel länger, die Platten rückten auseinander (vgl. Vergißmeinnicht, Kätzchen der Eller!), die Taschen öffneten sich und der Same konnte herauskommen. Aber wie?*) Der Same besteht, wie das Vergrößerungsglas zeigt, aus einem erdbeerförmigen (stumpfkegelförmigen) Körnchen, das, wie es scheint, auf zwei gekreuzten Bändern an der Kreuzungsstelle befestigt ist (Fig 67). In der Fruchtähre sind die Bänder um das Samenkorn schraubenlinig herumgewickelt (Fig. 68). Ist der Same reif, die ganze Ähre also mehr trocken geworden, so lösen die Bänder sich plötzlich von dem Samen und strecken sich aus; dadurch wird der Same herausgeschleudert. Legen wir ein Häufchen Samen auf eine dunkle Unterlage und

Fig. 66.
Sechseckige Schuppe der Fruchtähre des Schachtelhalms mit Sporentaschen.

Fig. 67.
Sporen, mit zwei Spiralbändern, die der Fortbewegung dienen

Aus Strasburger, Lehrbuch der Botanik.

Fig. 68.
Spore mit Spiralbändern. Diese schraubenlinig herumgewickelt.

hauchen dagegen, aber sehr sanft, damit der Luftzug ihn nicht fortbewegen kann, so bemerken wir dennoch, daß der Haufe lockerer wird und sich ausbreitet, als wenn er aus lebendigen Wesen bestände. Woher mag das nun kommen? So finden wir hier ein neues Mittel, durch das die Natur ihre Produkte verbreitet.

---

*²) Ich kann mir nicht versagen, das Folgende aufzunehmen, obgleich es vielleicht über den Rahmen dieser Arbeit hinausgeht. Mag der Lehrer, der so urteilt, den betreffenden Passus weglassen. Die Sache ist aber so interessant, — sie erweitert den Blick in die Mannigfaltigkeit der Mittel, welche die Natur anwendet, so sehr — daß ich sie nicht weglassen mag, umsoweniger, da man sehr wohl den Kindern die Sache deutlich machen kann auch ohne Mikroskop, und Anknüpfungspunkte genügend gegeben sind. Zur Veranschaulichung kann eine Skizze an der Tafel entworfen und mit leichter Mühe ein Modell aus einer Kartoffel ꝛc. mit zwei Papierstreifen angefertigt werden.

Welche andere Mittel haben wir kennen gelernt? (Wind — wo? Wasser — Vögel — Insekten — wo?)

Bei dieser Unmasse von Samenkörnern müßte ja aber bald der ganze Teich mit seiner Umgebung dichtgedrängt voll von Schachtelhalmen stehen? Ja, wenn alle zum Wachsen kämen! Das ist jedoch nicht der Fall. Die Kastanie, die Bohne u. a. geben ihren Kindern, die ohnehin schon weiter entwickelt sind — es ist in dem Samen ein Keim vorhanden — ein reichliches Maß Vorrat mit auf den Weg ins Leben hinaus (denke an die Kastanie!); der Schachtelhalm entläßt sie, wie ihr schon aus der Winzigkeit der Samen schließen könntet, ohne jegliche Mitgabe, und von einer vorläufigen Ausbildung, einem Keim, ist auch nichts zu entdecken. Da kann es denn nicht Wunder nehmen, daß Tausende und nochmals Tausende rettungslos untergehen. Andrerseits können sie ja auch gerne verloren gehen; wenn nur ein einziges Körnchen zum Wachsen kommt, so ersetzt die entstehende Pflanze den Verlust reichlich. Es ist also immerhin durch die große Zahl der Samenkörner gesorgt, daß die Art nicht ausstirbt. (Kennt ihr Ähnliches? Blütenstaub — Schneckeneier ꝛc. Vergl. S. 159 unten.)

Übrigens hat die Natur auch hier für eine andre Vermehrung gesorgt. Der Wurzelstock des Schachtelhalms ist gleich dem Stengel gegliedert (Fig. 64 c). Wie der Stengel aus den Knoten Zweige treibt, so erzeugt er an den entsprechenden Stellen Wurzeln und Ausläufer, welche wiederum neue Pflanzen bilden. Vgl. Rohrschilf! Auch darin haben Ried und Schachtelhalm Ähnlichkeit, daß dieser, wie jenes, reich an Kiesel ist. Ein Verwandter (der Winterschachtelhalm) ist so kieselreich, daß ich mit einem getrockneten Halm ein Geldstück blank scheuern kann; die Drechsler benutzen ihn zum „Schachteln" d. h. zum Glätten ihrer Arbeitsstücke.

Bei unsern Beobachtungen werden uns an den Schachtelhalmen die Häute von kleinern Wassertieren, welche an den Halmen hafteten, nicht entgangen sein. Einige werden von den Köcherjungfern (deren Larven, Hülsenwürmer, im Wasser sich einen Panzer von Sandkörnern, oder von Holzstückchen, Muscheln ꝛc. anlegen S. 132), andere von Eintagsfliegen (eine dünne Hülle) herstammen (S. 134). Die Larven sind aus dem Wasser an dem Schachtelhalm emporgekrochen, um sich in der Luft zu verpuppen. Wie sollte auch ein schmetterling- oder wasserjungfer-ähnliches Kerbtier, das sonst in der Luft lebt (Luft atmet), sich im Wasser entwickeln können? Schachtelhalme, Ried und andere Wasserpflanzen müssen ihnen die Leitern zum Übergange bieten.*)

---

9. Ortwechselnder Knöterich (Polyg. amphibium).

Im Teiche erscheint jedes Jahr (vom Juli bis in den September hinein) ungefähr an derselben Stelle eine Pflanze, die uns durch ihre hübsch rosaroten, dichtgedrängt in Ähren stehenden Blumen auffällt. Der Stengel ist unter dem Wasser, die Blätter schwimmen auf demselben, und nur die Blütenähren erheben

---

*3) Wo örtliche Verhältnisse es gestatten oder fördern, wird auf die Bedeutung der Schachtelhalme für Steinkohlenbildung hingewiesen.

sich über dasselbe, ähnlich wie wir es beim Laichkraut und der Wasserfeder finden (Fig. 69). Dieselbe Pflanze können wir auch nahe am Ufer finden, wo sie dann neben den schwimmenden Blättern auch einzelne frei in der Luft entwickelt hat. Streifen wir diese letztern von der Spitze nach dem Blattstiel hin zwischen den Fingern, so machen sich kurze steife Haare auf ihrer Oberfläche bemerkbar, die auf den schwimmenden Blättern nicht zu fühlen sind. Auch auf dem Lande kann sie wachsen; dann sind die Haare auch schwächern Augen deutlich sichtbar (Fig. 70). Noch einen andern Unterschied finden wir zwischen den auf dem Wasser schwimmen-

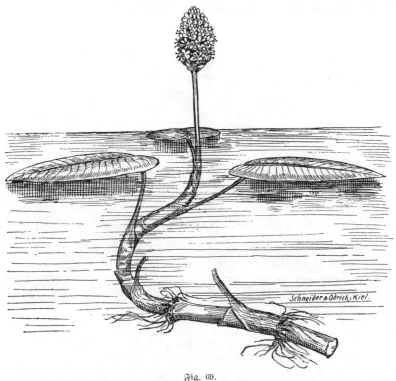

Fig. 69.
Wasserform des Knöterichs.

den Blättern und den Luftblättern. Jene sind nämlich lang gestielt, diese dagegen kurz gestielt oder gar sitzend; die erstern sind am Grunde abgerundet, bisweilen herzförmig ausgeschnitten, die letztern zugespitzt, vollständig den Weidenblättern ähnlich, weshalb das Volk unserer Pflanze, die als Unkraut zwischen Gartengewächsen vorkommen kann, auch den Namen Weidenkraut (plattdeutsch: Wichelkrut) gegeben hat. Auch die Adern (bei durchfallendem Lichte sieht man sie sehr schön durchscheinen), die in den Blättern der Wasserpflanze von der Mittelrippe aus ziemlich parallel nach dem Rande verlaufen, um sich hier zu vereinigen, verlaufen in den Blättern der Landpflanzen anders. Wir erkennen also, daß der „amphibische" (d. h.? vgl. S. 98, 3) Knöterich nicht nur seinen Standort vollständig wechseln kann, sondern auch, daß er mit diesem Wechsel sich selbst ändert.

Da, wo die Blätter am Stengel sitzen, ist dieser dicker oder hat er Knoten, weshalb die Pflanze auch Knöterich genannt wird. Der Blattstiel wird nach unten breiter, so breit, daß er den ganzen Stengel umfaßt. Er bildet eine Tute oder Scheide. Wo fanden wir eine solche auch? Lösen wir das Blatt sorgfältig vom Stengel, so läßt die Scheide bei durchfallendem Licht Adern erkennen, die sich als Fasern auch unterhalb des Knotens fortsetzten. (Vgl. Schachtelhalm. Als welches Organ der Pflanze mußten wir dessen Tuten ansehen? Aber hier sind

Fig. 70.
Landform des Knöterichs.

schon eigentliche Blätter vorhanden! Diese Tuten stehen am Grunde der Blätter, wie bei der Weide die Nebenblätter. Sie nehmen die Stelle von zwei zusammengewachsenen Nebenblättern ein.) Schneiden wir den Stengel durch, so ist er hohl, ausgenommen die Knotenstellen. Wo wars auch so? Der untere Teil des Stengels liegt wagerecht auf der Erde (dem Teichgrunde). An den Knotenstellen entwickelt er Wurzeln (Fig. 69) und auch junge Triebe. (Vgl. Ried! Schachtelhalm!) Stirbt der obere Teil zum Winter ab, so entwickelt der untere im nächsten Frühjahr neue Stengel. Jeder Knoten kann eine neue Pflanze bilden: Stengel werden seitwärts oder nach oben, Wurzeln nach unten getrieben. Versuch mit Umpflanzen aus dem Teich in den Garten! (S. 16, 2.)

Die einzelne Blüte läßt einen Kelch nicht erkennen; die Staubgefäße und der Fruchtknoten sind nur von einer Reihe Blätter umgeben, ob Kelch, ob Blumenkrone? Die Farbe entscheidet es nicht. (Siehe Vergißmeinnicht und später Seerose u. a.!) Wir nennen das Vorhandene Blütenhülle (Warum?). Sie hat 5 rote Zipfel und ebensoviele lang aus der Hülle hervorragende Staubgefäße, deren Staubbeutel bräunlich sind. Die Blume erfreut uns recht lange, denn die Blütenhülle fällt nicht ab und behält auch ihre Farbe. Ende August finden wir in ihr die reife Frucht von schwarzer Farbe und an Form einer breitgedrückten Haselnuß gleichend. —

Die Luftblätter sind nicht selten am Rande zusammengerollt. Woher? Sie schließen dann rötlichweiße Maden ein, die den Stichlingen und andern Wassertieren oft zur Beute fallen.

---

10. Der Froschlöffel oder Wasserwegerich (Alisma plantago).

Woher diese Pflanze den zuerst angeführten Namen hat, vermag ich nicht zu sagen. Den andern aber wird jeder erklären können, der den Wegerich kennt. Die Blätter von beiden entspringen unten (aus dem Wurzelstock) und haben auch Ähnlichkeit in ihrer Form, durch die hervortretenden Adern und durch den Verlauf derselben, wie es ein einziger Blick lehrt, wenn wir sie nebeneinander halten. Die Blätter des Wasserwegerichs sind sehr lang gestielt, reichlich doppelt so lang als breit, aber spitz und am Grunde schwach herzförmig (Fig. 71). Doch ändert die Form sehr leicht ab (Fig. 72). Sie haben eine sehr dicke Mittelader; die Nebenadern entspringen aus derselben ziemlich am Grunde des Blattes und erstrecken sich in einer Bogenlinie bis in die Spitze des Blattes. Wie war es bei der Eller? Vergleiche die Blätter der andern Pflanzen! — Wenn denn nun die Blätter auch Ähnlichkeit mit den Blättern des Wegerichs haben, so ist damit noch lange nicht gesagt, daß unser Froschlöffel ein Wegerich ist. Wir haben bei den Weiden gesehen, daß die Blätter sehr verschieden sein können, und doch sind sie Blätter von Weiden. Die Blätter des Knöterichs können sich ändern — wodurch noch? — und doch bleibt es derselbe Knöterich. So auch können gegenteils Blätter ähnlich sein, und doch stammen sie von verschiedenen Pflanzen. Die Lindenblätter z. B. sind den Haselnußblättern ähnlich, und doch ist die Linde kein Haselnußbaum. Warum nicht? Sie trägt keine Nüsse. „An ihren Früchten sollt ihr sie erkennen" und an den Blüten (vgl. Vergißmeinnicht!).

Die Blüten des Froschlöffels stehen auf einem blattlosen Stiel. Von ihm zweigen sich Nebenstiele ab und zwar an einer Stelle 3 stärkere und zwischen ihnen 3 schwächere; diese Stiele stehen also in einem Quirl (Fig. 73). Höher hinauf folgt ein zweiter; dritter ꝛc. ähnlicher Quirl, in dem aber die stärkern Strahlen über den schwächern des untern Quirls stehen. Die Strahlen, wenigstens die Hauptstrahlen der untern Quirle, sondern wiederum 3 stärkere und 3 schwächere Strahlen aus. Im obern Teile der ganzen Blüte ist diese Regelmäßigkeit nicht so ausgeprägt. Haha! werdet ihr vielleicht denken, jetzt wissen wir, weshalb unsere Pflanze nicht ein richtiger Wegerich ist; der letztere trägt eine rattenschwanzartige Ähre! Allein die Blütenstiele des Wasserwegerichs könnten doch auch etwas verkürzt sein, wie die obern es in der Tat sind. Gesetzt, sie wären ganz kurz, nur ¹/₂ oder 1 mm lang — wir hätten eine Ähre, und doch wäre der Froschlöffel noch nicht ein Wegerich. — Die Farbe der Blumenkrone ist weiß oder rötlich, beim gemeinen Wegerich bräunlich; auch dieser Unterschied kann nicht so sehr ins Gewicht fallen. Wie verschiedenfarbig sind nicht die Rosen- und gar Georginensorten. Denkt auch an den Farbenwechsel beim Vergißmeinnicht! Also trotzdem könnte der Froschlöffel ein Wegerich sein — Zwischen den 3 weißlichen Blumenblättern sitzen unterhalb die 3 Kelchblätter, und zwischen je einem Blumenblatt und einem Kelchblatt sitzt in der Blumenkrone ein Staubgefäß. (Skizze an der Tafel!). (Wie ist es beim Wegerich?) Hat jemand eine Blüte, in der es anders ist? Die Blüten verändern sich nicht so leicht wie die Blätter. In ihnen finden wir daher durchstehende Merkmale zur Unterscheidung der Pflanzen. — Die Blumenblätter fallen bald ab, der Kelch aber bleibt unter den Früchten, wie wir an Fruchtstielen des untern Quirls beobachten können. Wie ihr hier viele Früchte seht, so werdet ihr in der Blume auch viele Griffel finden. Die Zahl der Griffel entspricht der Zahl der Fruchtknoten. Der Wegerich aber erzeugt in jeder Blüte eine Frucht und hat in derselben einen Griffel*). Es ist also klar, daß wir aus Ähnlichkeit der Blätter noch nicht auf nähere Verwandtschaft der Pflanzen schließen dürfen, ebensowenig

Fig 71.

Junges Blatt vom Wasserwegerich, am Grunde herzförmig. Bei älteren Formen geht meistens diese regelmäßige Herzform verloren, die Blattfläche läuft alsdann an der einen Seite weiter hinunter als an der andern. Nur solche Pflanzen, die alle Zeit ganz im Wasser gestanden haben, scheinen regelmäßig herzförmige Blätter zu bilden.

Fig. 72.

Vollständig abgeänderte Form des Blattes.

---

*¹) Wer die Vergleichung so weit fortsetzen will, findet bis in den August und September hinein Gelegenheit, Blüten und Früchte beider Pflanzen nebeneinander betrachten zu lassen.

als wir aus der Ähnlichkeit der Kleidung zweier Menschen den Schluß ziehen dürfen, daß sie Geschwister sein müssen. Auch der Stand der Blüten, d. i. ihre Zusammenstellung auf der Pflanze, entscheidet nicht über die Verwandtschaft, sondern nur die Blüte selbst und die Frucht.

Der Blütenstiel ist im ganzen 3kantig. In welchen Organen fanden wir die Dreizahl auch? Bei welchen Pflanzen war die Fünfzahl vorwaltend? In welchen Organen? — Im obern Teil ist der Blütenstiel hohl, und zwar ist auch die Höhlung dreieckig; unten ist er dicht, doch wird die Mitte von lockerem Gewebe ausgefüllt, wie ein Querschnitt oder besser eine mittels eines recht scharfen Messers

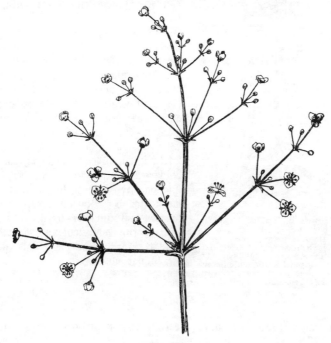

Fig. 73.
Blüten des Froschlöffels in Quirlen von je 3 Haupt- und 3 Nebenstrahlen um den Hauptstiel stehend.
(S 199.)

herausgeschnittene und gegen das Tageslicht gehaltene Scheibe zeigt. Werden von Strecke zu Strecke aufsteigend Querschnitte gemacht, so wird ersichtlich, wie von dem lockern Gewebe nach und nach einzelne Zwischenwände schwinden, wie hier und da Reste geblieben sind, wie aber, je weiter nach oben, desto mehr von denselben verschwunden ist. Die Entstehung der Lufthöhlen, die bei Betrachtung des Rieds erörtert wurde, läßt sich hier an einem und demselben Stengel verfolgen. — Der Blütenstiel entspringt aus einem rundlichen, einer Zwiebel ähnlichen Gebilde; seitwärts entspringen die Blätter, von welchen das nach links stehende immer das nach rechts stehende umfaßt, wie das Abblättern erkennen läßt (Fig. 74). Durch dies Verhältnis wird das zwiebelartige Ansehen bedingt. Die Blätter der nicht blühen-

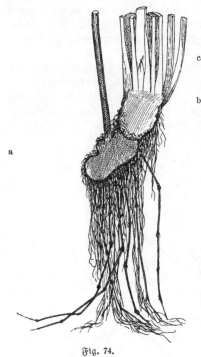

Fig. 74.

Längsschnitt durch den Wurzelstock und den unteren Teil eines Wasserwegerichs. Bei a vorjähriger Wurzelstock; bei b diesjähriger. Zwischen beiden die Trennungsfläche sichtbar. Bei c die sich zwiebelartig umschließenden Blätter — etwas auseinander gebogen. Innerster Teil eine Blütenknospe.

den Exemplare umfassen in gleicher Weise die jüngsten Blätter, derart, daß dieselben dicht eingeschlossen, gegen äußere Einflüsse geschützt, sich entwickeln können. Vgl. Ried — Knospen! Ebenso werden die Brutknospen unter dem Schutze der umschließenden Blattstiele gebildet, wie schon beim Abblättern beachtet sein wird. Nach unten erscheinen die Wurzeln. Ein Querschnitt dicht über den Wurzeln zeigt, daß das Innere ein dichter weißer Kern ist (Fig. 74 b), der nicht aus Blattstielen besteht*). (Es ist zu beachten, daß der Saft giftig ist und in einer offenen Wunde schaden könnte.) — An diesem Kern sitzen die Blattstiele, von ihm entspringen die Wurzeln und in Verbindung mit ihm (Längsschnitt!) bilden sich die Brutknospen. Die Blätter erscheinen bei allen uns bekannten Pflanzen seitwärts am Stengel, und an seinem untern Teil die Wurzeln, während sich die Knospen in den Blattwinkeln bilden. Demnach haben wir den beachteten weißen Kern als den eigentlichen Stamm, freilich einen kurzen, anzusehen, und wenn sich der Blütenstiel entwickelt, so verlängert sich nur der Kern. Dieser Stamm dauert denn auch während des Winters in der Erde fort; wenn dieser naht, sterben aber die Blätter ab.**)

11. Die Igelkolbe, der Igelkopf (Sparganium ramosum).

Am Teichrande stehen zwischen und neben den Riedhalmen verschiedene schilfartige Gewächse, d. i. solche, die lange lineale Blätter besitzen. Auf moorigem Grunde wächst vielleicht der Rohrkolben mit seinen bis 2 m langen seegrünen Blättern; ferner an andern Stellen verschiedene Arten von Süßgras oder

---

*2) Man kann dieselbe Erörterung auch an die folgende Pflanze, Igelkolbe, knüpfen.

**3) Exemplare, die man aus Torfgruben geholt hat, zeigen den Wurzelstock nicht selten verlängert; das untere Ende mit seinen Wurzeln ist dann aber vermodert. Es wird offenbar nicht mehr zur Ernährung der Pflanze gebraucht; dieselbe hat sich oberhalb der ursprünglichen Zwiebel verjüngt, indem diese preisgegeben und statt ihrer eine Brutknospe — oder deren mehrere — entwickelt ist. Da der Wurzelstock als eigentlicher Stamm nicht tief in

Schwaden (Glyceria), von welchen das hohe Süßgras (G. spectabilis) seine große Rispe auf einem ebenfalls bis 2 m hohen Halm erzeugt. Seine Blätter sowie die der Igelkolbe unterscheiden sich äußerlich von denen des Rohrkolbens leicht durch ihre grasgrüne Farbe. Außer diesen müßte noch die Schwertlilie genannt werden, die später (Nr. 13) ihre spezielle Betrachtung findet. Hier werde die Igelkolbe näher besprochen.

Die Igelkolbe fällt, wenn sie im Juni und Juli ihre Blüten und Früchte entwickelt hat, bei einigermaßen sorgfältiger Durchmusterung der schilfartigen Gewächse sehr bald in die Augen. Sie fesselt den Blick durch die eigentümlichen stacheligen Kugeln, die ihr den Namen Igelkolbe oder Igelkopf zugezogen haben (Fig. 75, 3).

Jeder Blütenstiel trägt zwei Arten von Kugeln (Fig. 75). Die untern, deren meist 1—2 an jedem Stiele sitzen, sind größer; von einem dunkel-samtartigen Grunde heben sich grüne Körnchen mit weißen Fäden auf der Spitze ab, oder letztere auch allein. Schneiden wir eine solche größere Kugel mit einem Stücke des Stiels (mit Rücksicht auf letztern) der Länge nach durch, so wird sichtbar, wie ein Teil des Stiels in die Kugel hineinragt, den innern Kern bildend. Auf diesem Kern sitzen die grünen länglichen Körner, jedes mit einem Faden gekrönt (Fig. 75, 1) und von braunen Schüppchen umgeben, die der ganzen Oberfläche der Kugel den samtartigen Grund verleihen. In andern Kugeln sind die Körnchen noch kleiner, die Fäden mehr weiß. Jedes Körnchen ist ein Fruchtknoten, jeder Faden ein Griffel auf demselben, die braunen Schuppen bilden die Blütenhülle. Der Grund, auf welchem sie dicht gedrängt stehen, hat die Form und Größe einer Erbse, ist also kugelig; mithin muß auch die ganze Blüte kugelig erscheinen. (Vgl. dagegen die Spindel des Schachtelhalms: derselbe trägt einen Kolben oder eine Ähre; auch den Rohrkolben!)

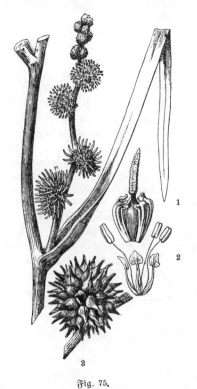

Fig. 75.
Igelkolbe.
1) Weibliche Blüte.
2) Männliche Blüte.
3) Fruchtköpfchen.
Aus Wossidlo, Lehrbuch der Botanik.

Am Ende des Blütenstiels finden wir eine größere Anzahl kleinere Kugeln, 12—20 an der Zahl, von Pfefferkorngröße (Fig 75). Sie sitzen an einigen Blütenstielen dicht gedrängt, wie Perlen an einer Schnur, an andern sind sie

---

der Erde liegen darf, so mußte er bei der allmählichen Erhöhung des Moorgrundes vergehen; die Pflanze selbst aber lebt verjüngt fort (Fig. 74 a u. b). Sie hat sich den veränderten Verhältnissen angepaßt. (Gesetz der Akkomodation).

weiter auseinander gerückt, weil der Stiel in seinen einzelnen Teilen sich verlängert hat. Diese sind weiter entwickelt. Während erstere samtartig grün mit schwärzlichem Anfluge erscheinen, haben letztere sich mit grauen Fäden dicht bedeckt, die, wenn man die abgeschnittene Pflanze in Wasser gestellt hat, bei Berührung stäuben. Die Fäden sind die Staubgefäße. Es sind offenbar viel mehr Staubgefäße als Griffel vorhanden. Warum? Der Staub könnte von den obern Blüten doch leicht auf die untern Fruchtblüten fallen. Jedoch, so einfach ist die Sache nicht. Betrachtet einmal die Fruchtkugeln der Pflanzen, von denen die Kugeln mit Staubgefäßen eben stäuben! Die Fruchtknoten sind schon recht weit entwickelt, die Griffel auf denselben vertrocknet. Sie können also keinen Staub mehr verwerten. Und wenn auf einer Pflanze die Fruchtblüten in der besten Entwickelung stehen, ist auf den Kugeln mit Staubblüten noch nicht ein einziger Staubfaden zu sehen. Auf der einzelnen Pflanze entwickeln sich die Fruchtblüten früher als die Staubblüten, weshalb jene durch Staub von einer **andern** Pflanze befruchtet werden müssen. Unter diesen Umständen ist es auch erklärlich, daß viel mehr Staubfäden als Griffel vorhanden sind. Warum nämlich? (S. Eller!) — Untersuchen wir einen Monat später eine weiter entwickelte Fruchtkugel, so sind die einzelnen Fruchtknoten größer, kantig — woher? — und einige tragen noch den Griffel, während andre — die großen — ihn verloren haben. Jene sind in der Ausbildung zurückgeblieben, weil ihr Griffel keinen Staub erhascht hat — nun warten sie gewissermaßen noch — vergebens. Ihre Genossen sind ihnen vorausgeeilt und die Zeit ihrer Ausbildung ist vorbei, denn die Staubblütenkugeln sind abgefallen. Wie im Menschenleben! Benutze du deine Jugendzeit!

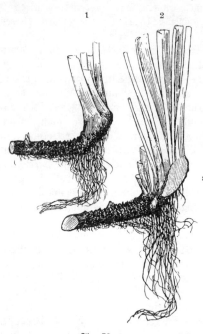

Fig. 76.

Vorjähriger Ausläufer mit dem jungen Wurzelstock der Igelkolbe.

1) Äußere Ansicht. Blätter umfassen sich zwiebelartig
2) Längsschnitt. Im Innern das jüngste Blatt sichtbar.

Bei a der junge Wurzelstock durchschnitten. Frühjahrsstadium. Bei weiterem Wachstum wird der Wurzelstock dicker und in der Form dem des Froschlöffels ähnlicher. Alte Wurzelstöcke haben die Form und Größe einer Hyazinthenzwiebel, sind fest wie eine Rübe und zeigen große Blattnarben.

Unter jedem Blütenzweig sitzt ein Blatt, ein Stützblatt. Je weiter nach unten, desto größer wird das Blatt, desto mehr umfaßt es an seinem Grunde den Stengel, den es, samt dem Blütenstiel, während der Jugendzeit eingehüllt hatte. Vom Grunde ausgehend ist das Blatt zunächst rinnenförmig mit scharfem Kiel, während es nach der Spitze hin flach wird, jedoch den Kiel auf der Rückseite noch erkennen läßt. Die Adern des Blattes erkennen wir bei durchfallendem Licht sehr schön; sie verlaufen parallel dem Rande nach der Spitze hin. Ähnliche Verhältnisse herrschen bei den Wurzel= oder Niederblättern. Die äußern umfassen die innern und alle den Stengel. Da die Blätter der nichtblühenden Pflanze keinen rundlichen Stiel, sondern nur einander umfassen, so zeigt ihre Gesamtheit auf einem niedrig geführten Querschnitt die Form eines etwas verschobenen Vierecks. Im Innersten ist das allerjüngste Blatt, das also auf diese Weise allseitig von allen Blättern sicher eingehüllt wird. Und doch ist noch mehr für die Sicherstellung getan. Untersuchen wir im Spätsommer die Igelkolbe, so ist am Grunde zwischen den Blättern Schleim (wahrscheinlich entstanden durch Auflösung der Oberhaut des Blattes). Schaben wir von demselben etwas ab und bringen die Probe in Wasser, so sinkt sie zu Boden, löst sich aber nicht auf. So ist die Neubildung mitten im Wasser gegen die Einwirkung desselben geschützt. Wer denkt hierbei nicht an den Regenrock der Kastanien= und (anderer) Knospen? Wer erkennt aber auch nicht bei jedem Schritt, den wir weiter tun, die Sorgfalt, mit der die Natur auch für ihre jüngsten Kinder sorgt, und zwar für jedes in seiner Weise!

Bei Untersuchung des untern Teils der Igelkolbe zeigen sich ähnliche Verhältnisse, wie wir sie an dem Froschlöffel kennen lernten; wie dort ist auch hier ein innerer Stamm, der seitwärts von den Blattstielen umgeben wird und nach unten Wurzeln aussendet (Fig. 76). Hier aber durchbrechen die jungen Knospen, von dem Stamm kommend, als Ausläufer die Blattstiele (vgl. Zweige des Schachtelhalms!) und bilden dann eine selbständige Pflanze, indem sie aufwärts Blätter und abwärts Wurzeln senden. So erklärt es sich, daß meistens mehrere Igelkolben zusammen an einem Orte wachsen. Was dürfen wir umgekehrt vermuten, wenn eine Pflanzenart gesellig lebt? Aber diese Vermutung ist noch nicht Gewißheit, sondern muß zu solcher erst durch die Untersuchung werden, denn —? (Vermehrung durch Samen.)

Doch hier finde ich noch etwas ganz anderes. Die Grundblätter eines blühenden Exemplars haben, soweit sie im Wasser standen, runde Löcher. Beim Zerreißen des Blattes entdeckte ich in demselben eine größere Zahl blutroter und grauer „Würmer" (vielleicht Käferlarven?) von einer Länge bis zu 2 cm. Was für Tiere sollten sich daraus wohl entwickeln? Ich stelle das Blatt mit den „Würmern" in das Aquarium. Eine Larve läßt sich kaum blicken — da hat mein Stichling, der, als ich herankam, Futter erwartend mein Tun beobachtet hatte, sie im Munde und wartet nun auf mehr dergleichen seltene Kost. Die Karauschen suchen ihm eine Larve zu entreißen, und Salamanderlarven, Rückenschwimmer und Gelbrand verzehren sie mit großer Begierde. So gereicht das alte, ausgediente Blatt zur Nahrung für die Larven und diese — fallen, wenigstens teilweise, den Wassertieren zur Nahrung, und diese — —? Wo ist das Ende! Die Natur sorgt für alle ihre Angehörigen.

---

12. Die Seerose (Nymphaea alba.)*)

In ihrer vollen landschaftlichen Bedeutung erscheint die weiße Seerose in den Seen des östlichen Teils unserer engern Heimat. Kannst du dir einen solchen

---

*) Vgl. das Gedicht von Geibel: „Die stille Wasserrose" ec.!

See vorstellen, wie er zwischen Hügeln, die mit Wald gekrönt oder von Kornfeldern umgürtet sind, eingebettet ruht, einem tiefblauen Auge gleich, das im Anschauen des die Unendlichkeit verschleiernden Himmelsgewölbes selbst Himmelsfrieden wiederstrahlt? Von dem Ufer her aus Wald und Schilf erschallen tausend Lockstimmen der nistenden Vögel; auf der fetten Weide grasen behaglich die Rinder, und aus dem Walde tritt, die angeborene Scheu vergessend, leichten Schrittes das Reh und äst von den saftigen Kräutern der Wiese. Und gleichsam als Mittelpunkt dieser friedenatmenden Einsamkeit wiegt sich auf der leicht bewegten dunklen Oberfläche des Sees die fleckenlos weiße Seerose, umgeben von ihren großen bräunlichgrünen Blättern. Jene Esche dort, deren Wurzeln teilweise durch Wellenschlag entblößt sind, neigt sich über den See, als ob sie ihr näher ins Auge schauen wollte; die Weide sendet ihre Zweige hinab auf den Wasserspiegel, und dort die hochaufgerichteten majestätischen Eichen und Buchen, hier das schlanke Rohrschilf, die strahlende Schwertlilie, das niedliche Weidenröschen legen wenigstens ihr Bild im Wasser der Seerose zu Füßen, als ob sie derselben ihre Huldigung darbringen wollten. — Und wiederum finden wir die Seerose, ihrem Heim entrissen, in dem Kranze, den die Hand der Liebe einem Dahingeschiedenen als Abschiedsgruß auf sein letztes Heim gelegt hat. „Frieden dem Herzen", spricht sie, „das so schmerzerfüllt oder unruhevoll klopfte! Frieden auch euch, die ihr noch länger in der Welt des Kampfes weilt!"

Indessen auch in unsern Mühlenteichen, deren Wasser die klappernden Mühlen in nicht ermüdender Tätigkeit erhält, und in unsern Wassergräben, welche das Feld der friedlichen Beschäftigung des Landbauers eingrenzen, blüht die weiße Seerose oder ihre Schwester, die gelbe Teichrose (N. lutea).

Fig. 77.
Weiße Seerose.

a) Der Fruchtknoten, die spiralige Anordnung der Blütenteile und den Übergang der Blätter in Staubgefäße zeigend. Der obere Kranz sind die Griffel.

Aus Strasburger, Lehrbuch der Botanik.

Aber sind sie denn wirkliche Rosen? Nun, wer die Königin unserer Gärten kennt, wird antworten: „Nein; aber die weiße Seerose kann mit Recht die Königin unserer Gewässer genannt werden." Betrachten wir die Blume nur genauer! Da ist durchaus nichts Flatterhaftes in ihrem Wesen; die rein weißen, am Grunde etwas gelblichen Blumenblätter stehen regelmäßig angeordnet in einer Schraubenlinie (Fig. 77a) immer höher gestellt (Längsdurchschnitt!); je weiter nach innen, desto schmäler werden sie. Doch was ist das? Nun werden sie oben auch gelb gefärbt? Nein, sie tragen einen gelben Winkel, dessen Spitze nach oben liegt. Immer schmäler werden sie, die Schenkel des Winkels nähern sich immer mehr und in der Mitte werden die Blätter zu — Staubfäden, denn jener gelbe Winkel erscheint als Staubbeutel. So können wir uns also vorstellen, daß Blumenblätter zu Staubgefäßen werden können, oder daß letztere umgewandelte Blumenblätter sind. Umgekehrt könnte es vielleicht auch geschehen, daß die Staubgefäße einer Blume sich ausbreiten — was wird aus ihnen entstehen? (Vergleiche die Zahl der Staubgefäße in einer einfachen und die in einer gefüllten Mohnblume miteinander — und daneben die Zahl der Blumenblätter! In ähnlicher Weise betrachte Päonien, Rosen, Mohn, und suche, ob noch Reste der Staubbeutel zu finden sind!) — Ganz in der Mitte steht der kopfförmige Fruchtknoten, aber trichterförmig vertieft. Am Rande der Vertiefung trägt er die hakenförmig gebogenen Griffel (Fig. 77a) und zeigt auf dem Querschnitt eine hübsche Zeichnung von ebensovielen Samenfächern. (Ein Längsschnitt und durch das eine Stück ein Querschnitt!) Der Kelch der weißen Seerose besteht aus vier Blättern, welche außen grün, am Rande und auf der Innenfläche weißlich sind (die Blätter der gelben Teichrose sind außen ebenfalls grünlich). Also die Farbe des Kelches an der Innenseite nähert sich der Farbe der Blumenblätter, als ob er von außen angesehen Kelch, von innen gesehen Blumenkrone wäre. Es wäre sehr wohl denkbar, daß der weiße Rand der Kelchblätter von beiden Seiten immer breiter würde, so daß das Kelchblatt auch von außen weiß erschiene; dann wäre gar kein Unterschied zwischen Kelch- und Blumenblatt zu machen. In der Tat ist doch auch ein wesentlicher Unterschied zwischen beiden nicht zu finden. Beide umschließen die innern Teile (Staubgefäße und Fruchtknoten) der Blume und schützen dieselben, so weit es nötig ist, hier, solange die Blume unter Wasser ist — die innern Teile werden nicht naß (indessen nimmt auch die aufgebrochene Blüte im Innern kein Wasser an, vgl. Ente!); weiter leisten beide und manchmal grade die Kelchblätter in hervorragender Weise der Pflanze den Dienst, daß sie durch ihre Farbe Insekten für die Befruchtung heranlocken — man denke nur an Fuchsien, auch an die Schwertlilien und Tulpen — was ist hier Kelch oder Blumenkrone?

Gewiß hat schon mancher bedauert, daß die weiße Seerose nicht im Hause neben andern Blumen uns mit ihrer Prachtblüte längere Zeit erfreut; haben wir sie gepflückt, so schließt sie ihre Krone, um sie trotz denkbar bester Pflege nie wieder zu öffnen, wenn sie nicht gewaltsam aufgesperrt wird.*) Es ist, als ob sie trauerte,

---

*) In diesem Jahr stellte ich am 24. Juli eine aufgebrochene Blume, die sich jedoch wieder geschlossen hatte, mit einem 15—20 cm langen Stiel in eine hohe Glasvase, die so tief war, daß die Blume schwamm. Am 26. Juli öffnete sie sich morgens im Sonnenschein zu voller Pracht, um sich am Abend

daß sie ihrer Heimat entrissen ist, aber wohl gemerkt: „es ist, als ob" — ich sage aber nicht, daß sie trauert. Denn die Blume kann ja nicht trauern wie ein Mensch. Wenn wir Menschen indes etwas Verwandtes im Blumenleben finden, dann übertragen wir unsere Gefühle, die wir bei dem Anblick empfinden, gerne in die Natur, als ob sie dasselbe fühlte — und das ist eben sehr schön und auch recht, wenn wir nur nicht vergessen, nach der eigentlichen Ursache zu fragen. Für unsern Fall ist doch bemerkenswert, daß nicht alle Blumen, die ihrem heimatlichen Boden entnommen sind, im Wasser welk werden — bei weitem nicht die meisten (vgl. beispielsweise Iris, Vergißmeinnicht 2c.!); da muß doch, weil die Lebensäußerung der Seerose eine andere ist, auch ihre Einrichtung anders als die solcher Blumen sein, welche abgeschnitten noch fortleben. Zu demselben Resultat führt es uns, wenn wir bedenken, daß diese Blume ganz im Wasser lebt und nur ihre Blumenblätter (und was mehr?) in der Luft entfaltet, während andere nur ihre Wurzeln, und auch diese nicht direkt im Wasser, sondern nur in feuchtem Erdreich, die übrigen Teile dagegen in der Luft entwickeln. Worin besteht nun das Verwelken? Offenbar verlieren die Blumen Wasser (ähnlich wie trocknende Wäsche): das Wasser verdunstet. Welche Teile der im Teich wachsenden Seerose können Wasser an die Luft abgeben? Warum beispielsweise der Kelch nicht? Steht aber die Seerose nur mit dem Ende des Stengels im Wasser, so kann der übrige Teil desselben sowie die Unterseite des Kelches Wasser ausdunsten, und dann verdunstet mehr als zugeführt wird. Denn der Blumenstiel, der für eine so ausgedehnte Verdunstung nicht eingerichtet ist, kann nicht schnell genug die ausgeschiedene Wassermasse ersetzen.*) Im Teich nimmt die Seerose natürlich sehr wenig Wasser in sich auf, weil ihr sehr wenig entzogen wird.

Die Blütenstiele (und auch die Blattstiele) sind von verschiedener Länge (wie man sie erhält — s. Laichkraut, Anm. 1). Sie können 2 m und selbst länger werden — wie lang, das richtet sich nach der Tiefe des Wassers.**) Jedenfalls muß die Knospe die Oberfläche des Wassers erreichen, damit sie an der Luft aufbrechen kann, oder — sie verkommt unter Wasser. Würde der Blütenstiel sich nicht verlängern bis an die Oberfläche, so würde die Pflanze (weil nicht blühen) auch keine Samen erzeugen können. Für die Erhaltung der ganzen Art ist also die entsprechende Länge des Blütenstiels notwendig. Wiederum aber ist auch die Natur in der Pflanze sparsam genug, daß der Blütenstiel nicht länger getrieben wird, als zur Erreichung der Oberfläche erforderlich ist. Dann wird der hinzugeführte Nahrungsstoff nicht mehr zur Verlängerung des Stieles, sondern allein zur Ausbildung und Entfaltung der Knospe verwendet. Daß der Stiel bei großer Länge dennoch senkrecht nach oben kommt, wird befördert durch die vielen Luftbehälter desselben (die ein Quer- und Längsschnitt zeigt).

---

wieder schließen. Am 27. Juli brach sie wieder auf. — Ein zweite Blüte war etwas getrocknet, dennoch erschloß sie sich ein wenig. Der Herausgeber.

*1) Auch das Fehlen des Wurzelstocks könnte in Betracht kommen.

**2) Wo es am Orte ist, warne man, daß Badende sich nicht zwischen sie begeben. Die langen Stengel schlingen sich leicht um die Beine des Schwimmenden, hindern ihn in seiner Tätigkeit und verursachen gar leicht seinen Untergang. („Mummel"- oder „Nixenblume" — Zauberblume.)

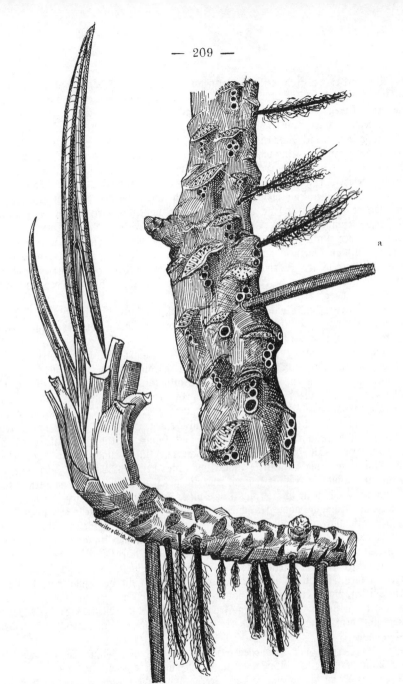

Fig. 78.

Stamm der Seerose, Blattnarben in spiraliger Anordnung zeigend, gleich einem „Kohlstrunk". Bei a die Unterseite des Stammes. An jeder Blattnarbe meist 1—3 runde Löcher sichtbar, die Ansatzstellen der Wurzeln. Beide Stämme zeigen eine Knospe.

Junge, Naturgeschichte I. 3. Aufl.

14

Die **Blätter** sind teils untergetaucht (aber auch dann nicht, wie beim Froschkraut und der Sumpfprimel, gefiedert), teils schwimmen sie auf der Oberfläche und haben oft an der Unterseite bräunliche Farbe. Die jungen Blätter sind von beiden Rändern aus nach der Mittelrippe hin zusammengerollt (Fig. 78). An der Unterseite der schwimmenden Blätter sitzt eine große Zahl kleinerer und größerer gallertartiger Klümpchen von verschiedener, rundlicher oder länglicher Gestalt, ferner allerlei kleines Getier; das kriecht und krabbelt und windet sich, was besonders bemerkbar wird, wenn man das Blatt in einen Teller mit Wasser legt. Die Gallertklümpchen sind meist Eier oder Laich von Schnecken und andern Wassertieren, welche an der Unterseite der Blätter einen passenden Ort für die Entwicklung ihrer Brut gefunden haben. Denn teils sind die Eier hier an der Oberfläche der Einwirkung der Luft, welche zur Entwicklung der jungen Tierchen unbedingt erforderlich ist, am meisten ausgesetzt,*) teils ist das zweite Haupterfordernis zur Entwicklung, genügende Wärme, an der Oberfläche in höherem Maße als in der Tiefe vorhanden, wie man es beim Baden in stehendem Wasser oder mit Hilfe eines Thermometers erfahren kann.**)

Andre kleine, nadelkopfgroße Gallertklümpchen dehnen sich im Wasser vielleicht aus, werden lang und entwickeln wohl gar dünne Fäden von der Stärke eines Spinnfadens; es sind Polypen.

Die **Seerose wurzelt** am Grunde im Schlamm. Auf dem Grunde liegt ein 2 bis 6 cm starker Teil, der nach dem Herausnehmen recht viele Ähnlichkeit mit einem langen Stamm des Grünkohls zeigt, denn er ist ebenso höckerig (knopperig) wie dieser (Fig. 78). An dem einen Ende ist er dünn, nach dem andern Ende zu wird er immer dicker und hier treibt er eine Anzahl Blattstiele (und auch Blattknospen). Reißen wir einen Blattstiel ab, so hinterbleibt eine Narbe, und es wird uns klar, woher das Ganze so knopperig ist: durch die Blattstielnarben. Sie sitzen in mehreren Schraubenlinien rund herum. In jedem Herbste lösen sich die Blattstiele natürlich (wie bei den Bäumen) ab; nur die polsterartige Erhöhung läßt erkennen, wo sie gesessen haben. Im nächsten Frühjahr entwickeln sich neue Blätter an der Spitze, und die ganze Pflanze wird größer. Wir werden demnach nicht fehlschießen, wenn wir den ganzen liegenden Teil als einen Stamm, aber als wagerecht liegenden, ansehen. (Welche Ähnlichkeiten sind vorhanden?) Mit dieser Annahme stimmt auch der Umstand, daß er nicht in dem Grunde, sondern auf demselben liegt (vgl. Ried!). Und die Wurzeln? Wie beim Ried sich Wurzeln aus den Knoten entwickeln, wo auch Halme entspringen können, so bilden sich hier Wurzeln meistens in der Zahl von 1 bis 3 an den Stellen, wo Blätter gesessen haben (Fig. 78a). Sie werden, wie der Augenschein lehrt, griffeldick und treiben feine Faserwurzeln. Mittels dieser Wurzeln ernährt sich der Stamm und wird er auch am Grunde festgehalten. Seitwärts

---

*3) Versuch mit Schneckeneiern in einem mit Wasser ganz gefüllten und dicht verstöpselten Glase und in einem flachen offenen Gefäße!

**4) Man tauche eine offene, leere, umgekehrte Flasche unter stilles, den Sonnenstrahlen ausgesetztes Wasser so tief, als man kann, kehre dieselbe um, daß sie sich füllt und messe die Temperatur! Eine andere Weise, die Wassertemperatur zu messen, s. „Das Wasser," Anm. 3.

— 211 —

kann er Knospen treiben, wie Ried (Fig. 78); dieselben wachsen in ähnlicher Weise wie der Stamm selbst, und wenn sie von ihm abgerissen werden, so bilden sie eine eigene Pflanze, wie ein Versuch lehren kann. Die Seerosen können sich also nicht bloß durch Samen, sondern auch durch Ableger vermehren.*)

13. Die Schwertlilie (Iris pseudacorus).

Während die Seerose sich mehr oder weniger vom Ufer entfernt und sich der Mitte des Teiches nähert, hält die Schwertlilie sich neben Igelkolbe, Pfeil=

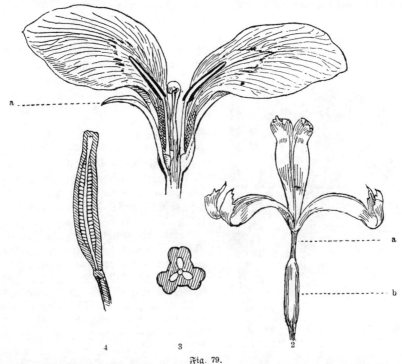

Fig. 79.

1) Von der sechsblättrigen Blütenhülle ist ein großes Blatt mit dem zugehörigen kleinen Blatt weg= geschnitten. Bei a eines der schmalen Blütenblätter; das zweite zwischen den beiden breiten sichtbar. Nach unten die Röhre der Blütenhülle, an deren Wand die Staubfäden befestigt sind.
2) Die blattartigen Narben des Griffels. Bei a der röhrenförmige Griffel auf dem Fruchtknoten b stehend.
3) Querschnitt durch den dreikantigen und dreifächerigen Fruchtknoten.
4) Durch Ablösen einer Seitenwand des Fruchtknotens zwei Samenreihen bloßgelegt.

kraut, Ried, Hahnenfuß u. a. (welchen?) in der Nähe des Ufers auf. Weder ihre Blätter, noch ihre Blüten schwimmen auf dem Wasser; beide ragen über die Oberfläche empor; ja, sie verlangt nicht einmal, daß die Wurzeln im Wasser stehen,

---

*5) Den Wurzelstock muß man mittels einer Sense oder einer haken= förmigen Stange losreißen, wenn man ihn nicht zufällig erhält.

sondern begnügt sich mit sumpfigem Boden. (Wo finden wir sie sonst noch?) Unter diesen Umständen dürfen wir erwarten, daß die abgeschnittene Blume auch im Glas Wasser fortleben wird, und ein angestellter Versuch zeigt uns, daß unsre Erwartungen nicht getäuscht werden: sie blüht munter fort und entwickelt ihre Knospen zu Blüten.

An der Blüte (Fig. 79) fallen zunächst drei zurückgeschlagene oder herabhängende Blumenblätter auf, deren Adern sich vom Grunde aus fächerförmig ausbreiten, was besonders auf der Unterseite deutlich sichtbar hervortritt. Zwischen diesen drei sehr breiten Blättern stehen drei sehr schmale (1a). Sollten das Staubfäden sein? Es sind sonst keine Staubfäden zu sehen. Aber wo sind die Staubbeutel? Sind nicht vorhanden! Also Staubgefäße sind's nicht. Diese drei schmalen Blättchen stehen mit den drei breiten Blättern auf dem Rande einer und derselben Röhre (Fig. 79, 1 u. 80), was recht deutlich an einer verblühten Blume zu erkennen ist — es sind wirkliche Blumenblätter; wenn die Blume etwa einen Tag geblüht hat, neigen sie sich mit ihrem obern Teil etwas nach innen (zusammen). Ein (grüner) Kelch ist nicht vorhanden. Die anfangs grüne Knospe, die von einem Hüllblättchen, einer Scheide, eingeschlossen ist (warum ist das gut?), wird nach und nach gelb und bricht dann auf: der Stoff, welcher die grüne Farbe gab, verwandelt sich (vgl. die Farbenänderung im Herbst — auch die Kelchblätter der Seerose!). Darum sprechen wir bei der Irisblume von einer sechsblättrigen Blütenhülle — was hüllt sie ein? Denke an die Weide, die Kastanie, den Knöterich! — und lassen unentschieden, ob wir die Blätter Kelch oder Blumenkrone nennen wollen. — Nun sind noch drei andere breitere Blätter vorhanden, welche zurückgeschlagen auf den drei ersten breiten Blumenblättern liegen (Fig. 80 u. 79, 2). Ob auch diese noch Blumenblätter sind? Sie stehen offenbar mehr nach innen, sind auch nicht auf jener Röhre befestigt, sondern reichen in sie hinein. Folgen wir, indem wir die Röhre aufschneiden! Sie vereinigen sich unten in

Fig. 80.
Die Schwertlilie, die drei blattartigen Narben a liegen auf den breiten Blumenblättern b.
Aus Wossidlo, Lehrbuch der Botanik.

einen runden Stiel (Fig. 79, 2a), welcher auf dem, wie es scheint, verdickten Blumenstiel (b) steht. Allein nach dem Aufschneiden dieses letztgenannten Teils entdecken wir in ihm Samenkörner (Fig. 79, 4). Derselbe muß also der Fruchtknoten sein; jener rundliche Stiel auf ihm ist mithin der Griffel und die drei blattartigen Gebilde oben sind die Narben, das geteilte Ende des Griffels. (Vgl. Weidenröschen! Der Fruchtknoten steht **unter der Blütenhülle**, also nicht in oder über ihr.) Auffällig ist es, daß hier der Griffel sich in breite, blattartige Narben teilt, so daß man die Narbenteile für Blätter halten könnte. Denken wir jedoch an die Bildung der Seerose: Da gleichen die Staubfäden den Blättern. Wie zwischen Blumenblättern und Staubgefäßen ein wesentlicher Unterschied nicht besteht, so sind auch Blumenblätter und Narbe, also auch Griffel, wesentlich nicht verschieden; alle diese Organe, den Kelch natürlich eingeschlossen, sind blattartig und können auch blattartig umgestaltet werden (wenn die Umstände danach sind). Da kann es uns denn nicht wundern, wenn wir in gefüllten Levkojen z. B. keine Staubgefäße und selbst keine Griffel finden; sie sind ja in Blätter umgewandelt (wodurch? Warum tragen sie keine Samen?).

Bei Verfolgung der Narben an ihre Ursprungsstätte wird es nicht entgangen sein, daß zwischen Narbenblatt und Blumenblatt (Fig. 80) das ruderförmige Staubgefäß liegt und daß der Staubfaden in der Röhre an der Wand derselben befestigt ist (Fig. 79, 1). In der Schwertlilie ist offenbar die Dreizahl vertreten. Wo zeigt sich dieselbe? Ob sie auch in der Bildung des Fruchtknotens hervortritt? Er ist — besonders deutlich erkennbar im ältern Stadium an ausgeblühten Blumen — dreikantig, und ein Querschnitt zeigt, daß er 3 Fächer enthält (Fig 79, 3, läßt sich bei jedem Fruchtknoten zeigen, wenn man eine etwa 1 mm dicke Scheibe herausschneidet und dieselbe sanft drückt). Das tritt auch deutlich hervor, wenn später der Fruchtknoten von oben nach unten in drei Klappen aufspringt, um die in den Fächern enthaltenen, breitgedrückten (woher wohl?) Samenkörner zu entlassen. (Wodurch zeigt sich die Reife? Wo beginnt dieselbe?) Die Samen haben eine derbe gelbliche Haut, die einen durchscheinend weißen Kern, der noch wieder von einer zarten gelben Haut eingehüllt ist, einschließt. Wo bleiben die Samenkörner? (Reife Samen ins Wasser geworfen! Schwimmen sie, und werden sie also von Wind und Wellen fortgetrieben, oder sinken sie sogleich zu Boden?) Wo also müssen Keimpflanzen sich ansiedeln? Wie würde es andernfalls sein? Auch ein ausgeschälter Kern werde ins Wasser geworfen. Wodurch erlangen die Samen das Schwimmvermögen?

Die Blätter, die 60—80 cm lang werden können, sind linealisch (d. h.?), oben zugespitzt. Die Adern in ihnen gehen vom Grunde aus, einigermaßen parallel dem Rande, nach der Spitze zu. In der Mitte enthalten die Blätter Lufträume, durch die sie hier dicker sind, während sie nach den Rändern hin dünner werden. So ähneln sie einem zweischneidigen Schwerte, woher der Name „Schwertlilie" sich erklären mag. Am Grunde aber erscheinen sie von dem einen Rande aus aufgeschlitzt, so daß das eine Blatt ein anderes, inneres, umschließt. Sie scheinen aufgeschlitzt; die Beobachtung der Entwicklung eines jungen (innern) Blattes lehrt aber, daß das äußere Blatt nicht sich unten teilt, sondern daß diese Spaltung ursprünglich vorhanden ist und später verwächst, so daß aus den zwei Rändern der einen Seite des Blattes (unten) ein einziger Rand wird. So müssen wir, um die Dinge richtig zu verstehen, nicht bloß sehen, wie sie augenblicklich sind, sondern wie sie werden. Welchen Wert hat es für die Pflanze, wenn das äußere Blatt das innere umfaßt, auf demselben „reitet"? uns wird die Antwort schwer, wenn sie nicht ganz ausbleibt; fragen wir aber: Welchen Wert hat es für die Pflanze, wenn das keimende Blatt sich in der reitenden Umhüllung eines ältern Blattes entwickelt, so wird der ganze Bau sogleich verständlich; zeigt sich doch auch hier die Natur als dieselbe fürsorgliche Mutter, als die wir sie bei den Blütenknospen (der Schwertlilie), bei den Knospen der Kastanie und bei vielen andern Gelegenheiten kennen lernen. Wie denn? Am Grunde, wo die Blätter sich umfassen, ist zwischen denselben auch Schleim (s. Igelkolbe). — Der untere Teil liegt wagerecht, ist höckerig gegliedert und treibt aus den einzelnen Gliedern die eigentlichen Wurzeln; er ist also ein wagerecht liegender Stamm, oder, weil er auch etwas unter der Oberfläche des Bodens liegen kann, ein „Wurzelstock". Welche Ähnlichkeiten hat er mit dem des Rieds und der Seerose? Wo entspringen Blätter? Wurzeln?

14. Der Wasserschierling (Cicuta virosa).

Der Schierling wächst ebenfalls in der Nähe des Teichufers. Die Blätter ähneln in ihrer Fiederteiligkeit einigermaßen den Blättern der Petersilie oder des Kälberkropfes; nur sind die einzelnen Blättchen länger. Werden sie zwischen den Fingern gerieben, so bemerkt man einen eigentümlichen, aber unangenehmen Geruch. Die Blüten sind weiß und stehen in Schirmen, wie die der Berle. Der Schierling gehört zu den Schirmblütern; an welchen Merkzeichen des Blütenstandes, der Blume und der Frucht ist es zu erkennen? Der Stengel ist hohl, wie der des Rieds, des Wasserwegerichs (wie bildete sich noch der Hohlraum? [S. 188]) und aus seiner Höhlung tritt uns derselbe widerliche Geruch entgegen, den wir von den Blättern kennen, nur in verstärktem Maße. Natürlich! Hier ist der Geruch oder Dunst, der aus den Blättern durch Reiben erst künstlich erzeugt oder frei gemacht wird, schon längere Zeit aufbewahrt worden. Was ist aber dieser widerliche Dunst? Da wir ihn mit der Luft in die Nase einsaugen, muß die eingesogene Luft Teile in sich enthalten, welche die innere Nase unangenehm berühren; dieselben müssen also auch luftförmig (wie etwa Wasserdampf, der aber anfangs sichtbar ist) sein. Während diese, das Riechorgan unangenehm berührenden Teile im Innern des hohlen Stengels schon ausgeschieden sind, werden sie aus den Blättern erst durch Zerreiben derselben frei. Durch den unangenehmen Geruch des Schierlings warnt unsre Natur uns schon vor dem Genuß desselben, denn alle seine Teile sind giftig. Warum frißt das Vieh den Schierling nicht? Laß dich doch ebenso von der Natur warnen: Was dir von vornherein unangenehm riecht, das genieße, wenigstens vorläufig, nicht.*)

Besonders ist die Wurzel, oder eigentlich der untere Teil des Stengels, der Wurzelstock (vgl. Seerose, Schwertlilie), giftig. Sie ist, wie bei Sellerie, Petersilie u. a. Pflanzen, knollig verdickt. Auch sie verrät ihre giftige Eigenschaft durch

---

*) Diese Regel könnte, so nackt hingestellt, mißverstanden werden; der Lehrer muß sie durch Beispiele, die er dem Leben seiner Schüler (also je der Örtlichkeit angemessen), entnimmt, zum richtigen Verständnis bringen. (Vgl. Geruch mancher Speisen vor und nach genossener Mahlzeit.

jenen widerlichen Geruch, doch soll sie im Geschmack etwas süßliches haben. Nun, wer wird denn auch alles, was süßlich schmeckt, sogleich für gesundheitszuträglich halten! Auch Schmeicheleien von Menschen schmecken, wenn man sie erst hört, ganz süßlich; aber jede gesunde Natur weist sie, weil sie einen widerlichen Beigeschmack oder Geruch haben, von sich; sie sind auch gesundheitsgefährlich. Unser falscher Freund ist übrigens an seiner „Wurzel" genau zu erkennen, wenn wir nur neben der Nase auch das Auge gebrauchen wollen. Wird nämlich der Wurzelstock von oben nach unten der Länge nach durchgeschnitten, so zeigt er sich hohl, aber nicht vollständig, sondern der innere Raum ist durch Querwände von links nach rechts in verschiedene Fächer geteilt, wie der Hohlraum im Riedhalm durch die Knoten (Fig. 81). An dieser Bildung ist der Wasserschierling unbedingt zu erkennen, und es ist fast unbegreiflich, wie doch noch, trotz allem (welchen Zeichen?) Vergiftungsfälle durch ihn vorkommen können. Das kann nur geschehen, wenn der Mensch seine gesunden Sinne nicht gebraucht.

Aber, könnte man fragen, warum bringt die Natur denn solche giftige Pflanzen, deren Genuß dem Menschen schaden kann, hervor? Für die Beantwortung dieser Frage mache dir vorerst einmal klar: Was ist denn Gift? Gift kann alles, was der Mensch genießt, werden, Kochsalz, das er täglich in fast allen Speisen zu sich nimmt, ebensowohl wie Schierlingssaft; es kommt eben auf die Menge des Stoffes an. Und ferner, wer einmal krank gewesen ist, hat wahrscheinlich schon auf Anordnung des Arztes „Gift" eingenommen. Denn auch das, was im gewöhnlichen Leben Gift genannt wird, wirkt nicht absolut

Fig 81.
Wasserschierling, rechts der durchschnittene Wurzelstock.
Aus Strasburger, Lehrbuch der Botanik.

tödlich, wenn nur, wie der Arzt es tut, mit weiser Berechnung die Menge des zu verabreichenden Stoffes bestimmt wird und zwar nach dessen eigentümlicher Wirkung. Opium z. B., das bekanntlich aus den Mohnköpfen gewonnen wird, kann schmerz= (krampf=) stillend und einschläfernd, aber auch aufregend und tödlich wirken. Ein anderes Beispiel. Es bereitet sich in deiner Brust vielleicht eine Entzündung vor. Dein Herz schlägt gewaltig und jagt das Blut in Fieberhitze durch den Körper, wodurch die Entzündung befördert wird. Da gibt der Arzt dir ein Mittel, durch das der Herzschlag verlangsamt wird, die kranke Brust erlangt Ruhe und — die Entzündung kommt vielleicht gar nicht zum Ausbruch. Hat er dir Gift gegeben? Du nennst es Arznei. Nun nimm auch einmal in gesunden Tagen, wo das Herz seinen regelmäßigen Schlag vollführt, dasselbe Mittel! Natürlich wird auch jetzt der Herzschlag verlangsamt, mehr als mit deinem Wohlbefinden verträglich ist — du wirst krank, wenn du nicht gar stirbst. Jetzt ist dasselbe Mittel, das vorher als heilsame Arznei dir Gesundheit brachte, ein Gift, das deine Gesundheit zerstört. So sind sehr viele Stoffe, die für gewöhnlich als Gifte bezeichnet werden müssen, in der Hand des geschickten Arztes die unschätzbarsten Heilmittel, weil er ihre Wirkung auf die einzelnen Organe und auch die Menge, welche der menschliche Körper im gegebenen Fall vertragen kann, kennt.

Wozu würden sonst auch so manche giftige Pflanzen gesammelt oder gar angebaut? Und der Apotheker bezahlt noch Geld dafür! Er will doch gewiß nicht die Menschen vergiften. — Wie für den einen Menschen Gift sein kann, was dem andern durchaus dienlich ist, so können auch giftige Pflanzen für gewisse Tiere Nahrung liefern. Das Kraut der giftigen Wolfsmilch z. B. ernährt die Raupe des Wolfsmilchschwärmers, und schwarze Wegeschnecken sieht man an den giftigen Pilzen sich pflegen. Wie ferner gewisse Pflanzen dem einen Haustier schädlich sind, während sie einem andern ein Lieblingsfutter liefern, magst du dir im Hause erzählen lassen. — Wir werden hiernach also sagen müssen, daß die Natur nicht unbedingtes „Gift" geschaffen hat.

Ich halte dir aber noch eine andere Frage entgegen: Sollst du denn alles, was da ist, essen? Du könntest doch durch den Umstand, daß viele Dinge nicht zum Essen, überhaupt nicht zur Förderung deines materiellen Wohls geeignet sind, daran erinnert werden, daß nicht alles direkt für dich geschaffen ist, wenn du auch bestrebt bist, es in deinen Dienst zu zwingen. Ein Wesen dient dem andern überhaupt und jedes hat seinen Platz in der Natur auszufüllen. Denke dir doch einmal alle Pflanzen, die du nicht essen oder sonst verwenden kannst, aus unserm Teiche und seiner Umgebung fort! Was bleibt übrig? Frei= lich, für das Vieh kommt in erster Linie in Betracht, was genießbar und wohl= schmeckend ist; aber der Mensch lebt doch nicht allein von Essen und Trinken, er will auch für seinen Geist Nahrung haben: er verlangt auch Befriedigung seines Schönheitssinnes. Und daher pflanzt er selbst manche giftige Gewächse, wie z. B. Goldregen, Fingerhut usw. (mehr und andere Beispiele je nach den verschiedenen Örtlichkeiten!) an, ohne darauf zu rechnen, ob sie genießbar, ungenieß= bar oder gar giftig sind. — Und wenn du denn durchaus Nutzen auch von dem Wasserschierling haben willst, so denke daran, daß doch auch er geeignet ist, deinen Verstand zum Nachdenken anzuregen. Gehört er nicht in die Abteilung der Schirmblüter? Vergleiche ihn mit Verwandten und untersuche, welche Stellung er in dieser Gemeinschaft einnimmt! Durchschneide den Stengel der Länge nach, ebenso wie die sogenannte Wurzel und erkenne, daß beide nach demselben Plan gebaut, daß durch dieses Einzelgebilde, wie durch die ganze Schöpfung, ein einheitlicher Gedanke maßgebend ist! Dann wirst du auch erkennen, daß das Gift eben ein Produkt der Lebenstätigkeit des Schierlings ist, gerade wie das Harz der Tanne, das Gummi des Kirschbaums. Hast du von diesen Nutzen? ißt du sie? und doch sind sie nicht giftig. Vielleicht aber hast du schon beachtet, daß beide gewissermaßen das erste Pflaster sind, das die Bäume auf ihre Wunden legen. Sie selbst können also doch noch Nutzen davon haben. Vielleicht beachtest du nun auch, daß das Gift dem Schierling Schutz gewährt; denn warum fressen die Weidetiere ihn nicht? So wird dir bei aufmerksamer Betrachtung vielleicht Verständnis erwachsen für manche Lebensäußerung der Pflanze und deren Bedeutung für diese. Dann nimmst du keinen Anstoß an den „giftigen" Eigenschaften des Schierlings und anderer Pflanzen, denn du handelst eben wie ein Mensch.

Und wenn du auch weitergehend als Mensch handeln willst, so merke dir die Regel: **Was du an Beeren u. dgl. nicht genau kennst, das genieße nicht.** Die Befolgung dieser Regel bedingt allerdings die Anwendung der dir gewordenen Erkenntnis, und daß du dich nicht durch äußern Schein und äußere Ähnlichkeit verlocken läßt. Da wächst am Teichufer z. B. ein kletternder Strauch, der sich nämlich auf eigenen Füßen, weil die Zweige so lang und dünn sind, nicht halten kann. Im Sommer und Herbst trägt er schön rote, längliche Beeren, etwa von der doppelten Größe der Weizenkörner. Die könnten vielleicht schmecken!? Wenn du aber seine lila Blüten mit den gelben zusammengeneigten Staubbeuteln gesehen hast, so wird dir sofort die Ähnlichkeit mit der Kartoffelblüte ins Auge gesprungen sein, und die nähere Untersuchung hat die Vermutung bestätigt (wodurch?), daß du hier ein Glied aus der Familie der meist giftigen Nachtschattengewächse, zu welchen ja allerdings auch die Kartoffel gehört, vor dir hast. Es ist der **bittersüße Nachtschatten.** Sein Genuß ist für gesunde Menschen schädlich, doch liefert er dem Arzte für Kranke eine heilsame Arznei. Ähnlich etwa Tollkirsche 2c. je nach der Örtlichkeit.

Ferner wachsen an oder in unserm Teiche einige **Hahnenfußarten** (Ranunculus sceleratus, R. flammula und R. lingua), die ebenfalls giftig sind, teilweise aber (die beiden letzten) das Auge durch ihre schön gelbe Farbe inmitten ihrer Umgebung erfreuen.*)

---

15. Die dreiblätterige Zottenblume (Menyanthes trifoliata).

In Gegenden, wo die Zottenblume im oder am Teich wächst, kann sie nicht übergangen werden, denn ihre wunderlieblichen Blütentrauben drängen sich der Beachtung auf. Die noch geschlossenen Blütenknospen zeigen nach oben das zarteste Rosa, während nach unten hin ein ebenso zartes Weiß sich angenehm von dem

---

*2) Der Lehrer möge nach Bedürfnis diese Hahnenfußarten eingehend besprechen und sie mit dem Wasser-Hahnenfuß (Froschkraut) zusammenstellen.

Grün des Kelches abhebt. Sind einige Blüten der Traube aufgebrochen, so gewähren dieselben mit ihren 5 zurückgeschlagenen, mit zarten weißen Fäden besetzten Zipfeln und über ihnen die rosafarbenen Knospen einen ungemein lieblichen Anblick, so daß wir diese „Zottenblume" zu den schönsten unserer wild wachsenden Blumen zählen müssen. Sie übertrifft an Schönheit offenbar manche Gartenpflanze; und doch wird sie nicht so wie diese geschätzt. Warum nicht? So geht es nur gar

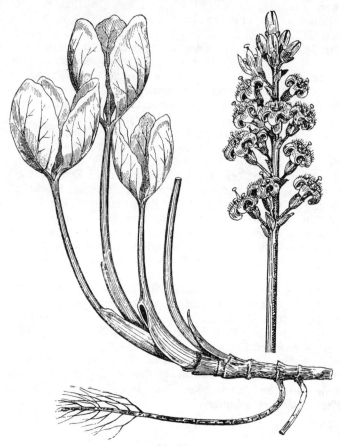

Fig. 82.
Zottenblume, das Blatt teils nach Reichenbach.

zu häufig; das Schöne und Gute, an das wir uns gewöhnt haben, sehen und erkennen wir meist gar nicht, bis — wir es verloren haben — dagegen die Neuheit des Fremden reizt uns.*)

---

*) Um den Kindern zum Bewußtsein zu bringen, was für prächtige Sträuße sich aus Feldblumen binden lassen, möchte ich für kleinere Orte, über-

Im Grunde des Teiches oder im feuchten Grunde des umgebenden Ufers liegt wagerecht der gegliederte Stamm (Wurzelstock), von dem feine Wurzeln sich in die Tiefe senken, und die langgestielten (dreiteiligen oder dreizähligen, d. h.?), aus drei Blättchen bestehenden Blätter (welche Blätter sind fünf- und siebenteilig?) aufwärts steigen. Warum heißt die Pflanze auch wohl Bitterklee? (Du darfst sie gerne einmal schmecken.) Die Blätter werden als Volksmittel gegen Magenverderbnis gebraucht. Es ist indes bei allen solchen Mitteln zu bedenken, daß bei häufigem Gebrauch derselben sich der Magen an sie gewöhnt, so daß der Mensch schließlich ohne dieselben sich nicht mehr wohl befindet und bei eintretendem Unwohlsein stärkere Mittel gebrauchen muß, bis auch diese nicht mehr helfen. Nur wenn zweckmäßige Nahrung mit Mäßigkeit genossen wird und daneben reichliche Bewegung in frischer Luft stattfindet, kann ein derartiges Volksmittel helfen und auch nur dann, wenn nicht ein tieferes Leiden (z. B. Geschwür im Magen) zugrunde liegt.

---

16. Das zottige oder großblumige Weidenröschen (Epilobium hirsutum oder E. grandiflorum).

Vom Juli an steht es von etwa Meterhöhe am Ufer des Teiches. Es fällt schon von weitem durch seine großen, schön roten Blumen auf. Diese bestehen aus vier Blumenblättern und vier Kelchblättern. Je eins der letztern sitzt unter der Lücke, welche zwischen zwei Blumenblättern ist. Wenn die vier Kelchblätter den untersten, die vier Blumenblätter den oberen (oder in der Knospe den innern) Kreis von Organen bilden, so finden wir als höchsten (innersten) Kreis 8 Staubgefäße, 4 längere und 4 kürzere, die alle zusammen einen Griffel mit einer vierteiligen Narbe als ihren Mittelpunkt umgeben. Welche Zahl herrscht hier vor? Alles, Kelch, Blumenkrone, Staubgefäße und Griffel, steht auf einem vierkantigen Stiel. Wo aber ist das letzte wesentliche Organ, der Fruchtknoten? Sonst pflegt der Griffel auf dem Fruchtknoten zu stehen (warum?). Wenn das auch hier der Fall wäre, so müßte jener vierkantige Stiel der Fruchtknoten sein. Aber unter der Blumenkrone? Doch, wir haben schon ein Beispiel gehabt, wo die Blumenkrone auch über dem Fruchtknoten — einem dreikantigen — stand (oder zu stehen schien): an der Schwertlilie. Woran wird denn der Fruchtknoten am sichersten erkannt?

---

haupt für dort, wo es angebracht ist, raten, daß von den Schülerinnen nacheinander etwa jeden Montag ein Bukett aus Feldblumen in die Klasse gebracht werde. Wie die Sache sich praktisch machen würde, kann ich allerdings aus Erfahrung nicht beurteilen. Es würde aber Gelegenheit sein, auf richtige und falsche Zusammenstellungen aufmerksam zu machen, auch das Verhalten der Blumen im Zimmer zu beobachten, jedenfalls aber, wo dergleichen nicht bekannt ist, die Genugtuung zu genießen, daß die Kinder sich über die ungeahnte Schönheit mancher Sträuße wundern. Ich habe dergleichen Sträuße wohl auf Ausflügen pflücken lassen und mich gefreut, welcher Wetteifer sich unter den Mädchen geltend machte.

Untersuchen wir jenen vierkantigen Stiel (am besten von einer verblühten Blume), und rollen ihn unter sanftem Druck, oben anfangend, zwischen den Fingern, so teilt er sich, und wir bemerken, daß er eine Menge Samenkörner in sich birgt, die mit einem Haarschopf versehen sind. Er ist also in der Tat der Fruchtknoten, und Kelch, Blumenblätter, Staubgefäße und Griffel nebst Narbe stehen auf ihm. Später (auch wenn wir einige bald reife Fruchtknoten zum Trocknen hinlegen) springen die Fruchtknoten in vier Klappen auf, die sich von oben her von einem Mittelsäulchen trennen (Fig. 84); und wenn die Klappen sich zurückbiegen,

Fig. 83.

quillt eine Menge von länglichen Samenkörnern hervor, jedes mit einem Büschel Haare gekrönt. Ist der Gedanke richtig? Drängen sie wirklich hervor oder werden sie gedrängt? Fasse einmal die Klappen mit den Fingern beider Hände und ziehe sie behutsam auseinander, wie die Natur (durch Austrocknen der äußern Haut) es tut! Du siehst, die Haare haften mit ihrem obern Ende an der Innenwand der Klappen, und indem du diese zurückkrümmst, werden die Samenkörner an den Haaren hervorgezogen, bis sie von den Klappen losreißen. Und die Samenkörner? Nun, der Wind nimmt sie an ihrem Haarschopf auf und trägt sie von dannen, läßt hier und dort ein Sämlein fallen, und wenn der Ort demselben zusagt, so beginnt es ein eigenes Leben zu führen, zu keimen und zu wachsen. So geschieht es auch mit andern Arten von Weidenröschen (bei welchen andern Pflanzen leistet der Wind ähnliche Dienste?) und da können wir uns denn nicht wundern, wenn wir Weidenröschen auf dem feuchten Strohdach eines Bauernhauses oder in dem Moder des alten Weidenbaumes wurzelnd finden. („Aber wenn wir auf der alten Weide dann auch Himbeersträucher finden, so kann deren erster Keim, der Same, doch nicht durch den Wind dahingetragen sein!" Nein, die Natur hat auch andere Diener, um die Pflanzen zu verbreiten. Nicht du allein findest Wohlgeschmack an den Himbeeren — auch Vögel mögen das saftige Fleisch, während sie die bittern Kerne verschmähen. Auf welche

Weise ist nun wohl der Himbeerstrauch auf den Weidenbaum gepflanzt. S. Weide! Ähnliches nach Umständen!)

Unser Weidenröschen hat länglichlanzettliche Blätter, daher „Weidenröschen", die aber keinen Stiel haben, sondern sich unmittelbar an den Stengel ansetzen, denselben teilweise umfassen und sich noch an demselben abwärts verlängern, an ihm herablaufen. Der Stengel ist rund, rauhaarig — daher der Name „zottiges" Weidenröschen — und wenn man ihn anfaßt, werden die Finger etwas klebrig; kleine Kügelchen an den Enden der Haare, Drüsen, enthalten einen klebrigen Saft. Der Stengel trägt eine förmliche Rute von Blütenzweigen, und mehrfach habe ich, wo die Weidenröschen dicht standen, ein Vogelnest in den Blütenzweigen gefunden. Warum kann ein Vogel gerade in diesen Zweigen gut bauen? Was für ein Vogel mag da (am Wasser) gebaut haben? Warum? Auch große schöne grüne Raupen mit einem Horn auf dem Schwanzende (vom großen Weinschwärmer), die sich sonst auch von Weinblättern ernähren, habe ich auf den Blättern gefunden. — Gegen den Herbst entwickelt die Pflanze aus ihrem Wurzelstock wagerecht fortwachsende Stengel (vgl. Ried) oder Ausläufer, aus denen im nächsten Jahre sich neue Pflanzen bilden. Gruppen von Weidenröschen. Vgl. Igelkolbe, — Sie wächst gerne auf moorigem Grunde.

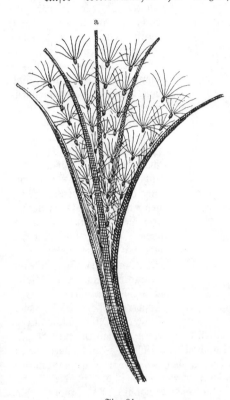

Fig. 84.
Der Fruchtknoten des Weidenröschens in vier Klappen aufspringend; a die Mittelsäule.

17. Das Laichkraut (Potamogeton gramineus).

Neben den Blättern der Seerose, oder wo diese fehlen, in ihrer Vertretung, finden wir wohl auf jeder Teichoberfläche die Blätter des Laichkrautes. Die Blätter schwimmen auf der Oberfläche des Wassers, sind lederartig und von Form oval und etwas zugespitzt. Die Adern verlaufen wie bei den Blättern des Froschlöffels, mehr oder weniger parallel dem Rande, je nachdem sie sich demselben mehr oder weniger nähern, immer aber vom Grunde aus nach der Spitze hin. In welchen Blättern verlaufen sie anders? Außer diesen Blättern hat die Pflanze noch andre.*) Dieselben sind grasartig oder linealisch. Sie sind immer unter Wasser (vgl. Wasser=Hahnenfuß!?). — In jedem Blattwinkel ist eine dünne Haut; an der Spitze der untergetauchten Zweige sehen wir, daß diese Haut das folgende Blatt mit der Stengelspitze einhüllt; die letztere ist noch durch ein anderes Blatt schützend eingehüllt. Die eingehüllten Blätter, welche sich zu schwimmenden ausbilden, sind von beiden Seiten zusammengerollt. Die Wurzel ist immer im Grunde des Teiches; die Länge des Stengels richtet sich also nach der Tiefe des Wassers. Die Blüten fallen nicht besonders ins Auge, wie etwa die des Knöterichs. Wohl stehen auch sie in dichten Ähren, aber sie sind nur unscheinbar grün. Die einzelne Blüte hat vier mit einem Stielchen versehene, in gleicher Höhe stehende Blättchen (Fig. 86). Kelch oder Blumenkrone? Vgl. Schwertlilie! Diese vier Blätter der Blütenhülle bilden

Fig. 85.
P. natans, hat zur Blütezeit meistens nur Schwimmblätter. Die untergetauchten Blätter sind verfault.
Aus Strasburger, Lehrbuch der Botanik.

ein regelrechtes Kreuz. Unter den vier Stielen derselben gewahren eure Augen kleine Knoten; es sind Staubbeutel — Staubfäden fehlen — und über diesen breitet sich ein vierteiliger Stern aus, dergestalt, daß seine Strahlen zwischen die Strahlen der Blütenhüllblätter fallen: das ist die Narbe. Es herrscht hier also die Vierzahl. Wo auch? Wo war Dreizahl, wo Fünfzahl vorherrschend? Warum ist es notwendig, daß die Blütenähren sich über das Wasser erheben?**) Woher hat unsre Pflanze denn den Namen Laichkraut? Nun, Fische, Schnecken und andre Wassertiere laichen, d. h. sie setzen ihre Eier an derselben ab. Es wird niemandem entgehen, daß die Blätter des Laichkrauts, ebenso wie die der Seerose, an ihrer Unterseite mit Schleim=

Fig. 86.
Einzelne Blüte des Laichkrauts.
Aus Leunis, Synopsis.

---

*1) Um die ganze Pflanze zu·erhalten, suche man an einer·Stelle, wo die Pflanze häufig wächst, einen oder mehrere Stengel zwischen die Zinken einer gabelförmig geteilten Stange zu bringen, um die man alsdann durch Herumdrehen die Stengel festwickelt, bis man sie herausziehen kann. So kann man auch Seerosen c. heranholen.

**2) Das Aussehen der Pflanze ist sehr verschieden, je nach ihrem Standort. An tiefern Stellen sind die unter Wasser bleibenden Blätter ver=

klümpchen besetzt sind; diese sind aber eben der Laich verschiedener Wassertiere. Wir überzeugen uns, wenn wir sie in einer flachen Schüssel (einem Aquarium) ausbrüten lassen. Was also für die Vögel ihre Nester bedeuten, das sind für die Wassertiere die Laichkräuter (inwiefern?) — Laichkräuter, denn es gibt verschiedene Arten, bei uns z. B. auch sehr häufig das krause Laichkraut (P. crispus) mit meist untergetauchten, seifenartig anzufühlenden, wellig gekräuselten Blättern. Alle verschiedenen Arten — es mögen in Deutschland mehr als zwanzig sein, von welchen viele auch auf der uns entgegengesetzten Erdhälfte, auf der südlichen Halbkugel, aber unter ähnlichen Verhältnissen vorkommen — alle dienen den Wassertieren (wodurch?) und alle erzeugen ihre Blüten über der Oberfläche des Wassers (inwiefern sorgen sie also für die Erhaltung der Art?).

18. Wasserfäden — Algen.

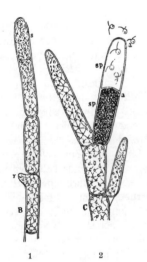

Fig. 87.
Cladophora longissima,
aus Leunis „Synopsis".

Fadenalgen, von der jede einzelne Zelle lebensfähig ist, also weiter wächst, wenn der Faden auch zerreißt. 1) Wächst an der Spitze s und bildet durch Querteilung neue Zellen. Bei r wird ein Zweig gebildet. 2) Eine verzweigte Alge, die durch eine Öffnung in der Zellenwand bei a Schwärmsporen entläßt, durch welche die Algen sich vermehren.

Häufig genug ziehen wir mit dem Laichkraut, der Wasserfeder und anderen Pflanzen oder mit dem Fangnetze eine grasgrüne, schleimige Masse aus dem Wasser, die, wenn wir einen Teil derselben in ein Gefäß mit Wasser bringen, sich als aus einer Menge grüner, spinnengewebefeiner Fäden zusammengesetzt zeigt. Es sind Wasserfäden, auch Pflanzen, die teils an Wasserpflanzen, Steinen, Pfählen oder dergl. sitzen, teils auch frei im Wasser schwimmen. Daß es pflanzliche Gebilde sind, läßt schon ihre grüne Farbe vermuten; lassen wir sie außerhalb des Wassers trocknen, so nehmen sie, wie Froschlöffel, Laichkraut u. a. Wasserpflanzen, eine graue Farbe an. Bringen wir aber einige in ein Wassergefäß, in welchem Wassertiere leben, so vermehren sie sich bisweilen derart, daß wir bald ihre Menge verringern müssen. Auch auf den Häusern der herumkriechenden Schnecken wuchern sie. Trotz der augenscheinlich massenhaften Vermehrung suchen wir vergeblich nach Blüten, die eine solche Vermehrung einleiten könnten. Auch Blätter und Wurzeln sind in keiner Weise, selbst nicht durch Vergrößerungsgläser, zu erkennen. Jeder einzelne Faden, so gleichartig er auch erscheint, stellt die ganze Pflanze da, ist Wurzel, Stamm, Blatt und Frucht, alles in allem (Fig. 77). — Wie aber ernähren sie sich denn, wenn sie nicht einmal Wurzeln haben? Nun, andere

schwunden, nur die Blattstiele (und die jüngern Blätter) bleiben (vgl. Fig. 85). Der Gedanke liegt nahe, daß die Blätter, welche die Oberfläche nicht erreichen, also weder ihren Zweck erfüllen noch selbst die Bedingungen ihres Lebens

— 224 —

abgeschnittene Pflanzen können sich ja auch eine Zeitlang (ohne Wurzeln) im Wasser ernähren. So nehmen diese genügsamen Pflanzen alle ihre Nahrung aus dem Wasser, indem jedes einzelne Stück des Fadens Wasser mit den notwendigen Stoffen einsaugt. Man kann daher die Fäden zerschneiden, und doch wächst jedes einzelne Stück weiter, verlängert sich. Warum dürfen wir Ähnliches nicht bei allen übrigen Pflanzen erwarten?

Es gehören die Wasserfäden somit zu den einfachsten Pflanzen, die auch in einfachster Weise leben. Sind sie darum unvollkommen zu nennen? (Ein Mensch, der sein eigener Herr und Knecht ist, der das selbst besorgt, wofür ein anderer sich Dienerschaft hält, ist doch nicht ein unvollkommener Mensch.) Der Wasserfaden hat alles, was er braucht zum Leben: er ernährt sich und zwar reichlich, und mehr bedarf er nicht: er ist in sich vollkommen.

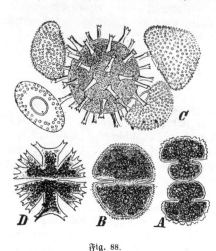

Fig. 88.
Desmidiaceen,
aus Strasburger, „Lehrbuch der Botanik".

Bandalgen, einzellige Pflanzen, durch Chlorophyll grün gefärbt. Sie reihen sich oft band- oder kettenartig aneinander. Die einzelne Alge hat meistens durch eine Einschnürung zwei symmetrische Hälften = B u. D. Die Zelle A in Teilung begriffen (Vermehrung). C = Vermehrung einer Alge B durch Verschmelzung zweier Zellinhalte.

Aber noch mehr: Der Wasserfaden hat für das Leben des Teiches eine tiefgreifende Bedeutung. Vielleicht haben wir zwischen diesen Wasserfäden, wenn sie im Teiche schwimmen, schon größere und kleinere Luftblasen bemerkt. Woher kommen dieselben? Bringen wir Wasserfäden in ein Glas mit Wasser, so sinken sie unter. Stellen wir sie aber an das Fenster (am besten in Sonnenlicht), so sind auch gar bald (innerhalb einer Stunde) Luftbläschen zwischen ihnen, welche sie an die Oberfläche heben. Woher diese Luftbläschen? Können sie nicht aus dem Wasser, dem Glase kommen? Aus letzterem entschieden nicht (warum nicht?) — aus dem Wasser? Setzen wir ein Glas mit frischem kühlem Wasser den Sonnenstrahlen (oder der Wärme) aus, so bilden sich bald am Glase, am Grunde und an den Seiten Luftbläschen. Dieselben müssen aus dem Wasser kommen, müssen vorhin

---

finden, vergehen, verfaulen und den Wassertieren zur Nahrung dienen, während die jungen Blätter (die auch langgestielt sind) als Zeichen von dem Streben der ganzen Pflanze gelten können, Lebensorgane an die Luft zu senden, wenn auch mehrfach ohne Erfolg. Eigene genaue Beobachtungen fehlen mir indes betreffs dieser Sache, und in der mir zugängigen Literatur finde ich auch nichts Positives, wie denn überhaupt die pflanzenkundliche Literatur recht arm ist an Biologien. Hier, wie bei vielen andern Gelegenheiten, findet der gewissenhaft und systematisch beobachtende Lehrer ein reiches Feld zu lohnender Tätigkeit auf dem Gebiet der Naturkunde.

unsichtbar in demselben vorhanden gewesen sein. Haben wir etwa einen Stock in das Wasser gestellt, so ist auch dieser mit Luftbläschen bedeckt. Also das Wasser kann Luft enthalten, die durch die Wärme herausgetrieben wird; sie setzt sich in Gestalt kleiner Bläschen an die Glaswand und andere Körper an. „So, dann wissen wir auch, woher die Bläschen zwischen den Wasserfäden kommen". So? Wir rühren mit dem Stäbchen die Luftbläschen los. Sie steigen natürlich (warum?) an die Oberfläche, und später bilden sich keine Luftbläschen mehr: das Wasser ist „abgestanden", d. h. die Luft aus demselben ist (bei gewöhnlicher Temperatur) entwichen. Nun bringen wir die Wasserfäden in dieses Wasser. Und sieh! Gar bald haben sich auch hierin zwischen den Fäden, aber nicht am Glase, Luftbläschen gebildet. Dieselben können nicht mehr im Wasser gewesen sein (warum nicht?); sie sind erst gebildet worden und zwar durch die Wasserfäden. Wenn diese wachsen, so erzeugen sie Luft, die sich dann im Wasser verteilt, die aber ebenso-

Fig. 89.   Fig. 90.   Fig. 91.
Tabellaria fenestrata Kg.   Synhedra Ulna Ehrb.   Pleurosigma attenuatum Sm.

Aus Kirchner und Blochmann „Die mikroskopische Pflanzenwelt des Süßwassers".

Diatomaceen, Hartstäbchen, einzellige Pflanzen, die den bräunlichen Überzug der Steine und des Grundes bilden oder durch die von ihnen entwickelte Luft an die Oberfläche gehoben worden sind und auf ihr als schleimige Haut oder dicke schleimige Klumpen liegen. Sie haben einen Kieselpanzer. Fig. 89 u. 90 von zwei verschiedenen Seiten gesehen.

wenig von außen zu sehen ist (wenn nicht eben Bläschen sich bilden), wie der Zucker, der im Wasser aufgelöst ist. Ein Versuch lehrt, daß im hellen Sonnenlicht mehr Luft erzeugt wird als im zerstreuten Tageslicht.

Fassen wir die Resultate unserer Beobachtungen zusammen, so können wir behaupten:

1. Das Wasser kann (zwischen seinen Teilen) Luft enthalten, die wir

aber für gewöhnlich nicht sehen. (Vgl. auch Brausewasser in der Flasche und im Glase!).
2. Die Luft wird durch Wärme aus dem Wasser herausgetrieben.
3. Die Wasserfäden versehen das Wasser mit neuer Luft.

Und welche Bedeutung haben nun diese Untersuchungen? Alle Wassertiere bedürfen der Luft zu ihrem Leben ebensowohl wie die Landtiere — wir sehen das bei andrer Gelegenheit — und auch die unscheinbaren Wasserfäden versorgen die Tiere des Teiches mit der ihnen nötigen Luft. Das tun freilich nicht sie allein, sondern alle Wasserpflanzen, solange sie wachsen. Besonders deutlich ist die Luftentwicklung an der „Wasserpest", einer jetzt wohl allgemein verbreiteten Pflanze, zu sehen, wenn dieselbe lebend, zufällig oder absichtlich verwundet, in einem Gefäß mit Wasser dem direkten Sonnenlichte ausgesetzt wird: es steigt alsdann aus der verwundeten Stelle ein förmlicher Strom von Luftbläschen auf: im zerstreuten Licht ist er minder kräftig.

Aber da hier eigentlich von Wasserfäden, von sehr einfachen Pflanzen die Rede ist, so dürfen wir hier die einfachsten Pflanzen, eben weil auch sie für das Leben des Teiches ähnliche Bedeutung haben, nicht übergehen. Suchen wir vom Grunde des Teiches ein paar grünliche oder bräunliche Steine und legen sie in abgestandenes Wasser, so scheinen sich aus den Steinen Luftbläschen zu entwickeln. Das ist aber natürlich ebenso unmöglich, als daß aus dem Glase Luft sollte hervortreten. Die Steine sehen an ihrer Unterseite, mit der sie auf dem Grunde lagen, auch anders aus als an ihrer Oberseite, wo sie gefärbt erscheinen. Bürsten wir ein paar Steine ganz rein ab, so daß sie allenthalben ihre natürliche Farbe zeigen, so erzeugen sie im Wasser keine Luft mehr. Der Überzug (grünlich oder bräunlich) muß also der Lufterzeuger gewesen sein. Du wirst dich nun nicht wundern, wenn ich dir sage, daß auch dieser Überzug aus Pflanzen bestand, aber aus ganz, ganz kleinen, deren Länge nur etwa den 150. Teil eines Millimeters beträgt. Sie heißen Stäbchenpflanzen (Fig. 88—91) und bestehen nur aus einem einzigen Bläschen, nur aus einer Zelle, während ein Wasserfaden deren mehrere aneinander gereiht hat; aber auch sie leben, wachsen, vermehren sich — oft unglaublich schnell — und sorgen für die Gesamtheit — wodurch? —

Wofür haben wir nun zu sorgen, wenn wir Wassertiere im Zimmer erhalten wollen?

---

19. Vielwurzelige Wasserlinse (Lemna polyrhiza).

Auf der Oberfläche unserer Teiche schwimmen im Frühjahr und Sommer in zahlloser Menge kleine rundliche Blättchen, die oft den ganzen Teich bedecken, zu andrer Zeit vom Winde an einer Seite zusammengeweht sind. Aus dieser Beweglichkeit ergibt sich, daß sie nicht im Grunde festgewurzelt sein können. Schöpfen wir einige Pflänzchen in ein möglichst weites Glasgefäß und andere in eine weite Schüssel, so werden wir diese Wasserlinsen, wie sie heißen, genauer beobachten können. Ihr Name erklärt sich leicht aus ihrer Form. Sie bestehen aus einem, aus zwei oder mehreren ovalen Blättchen, die nach unten etwas gewölbt erscheinen, während sie oben flach sind. An der Unterseite hat jedes Blättchen 4—6 Würzelchen von 2—3 cm Länge, deren jedes am Ende mit einem 2—3 mm langen Häutchen überzogen ist. Diese kleinen Wurzeln dienen natürlich der Ernährung; heben wir aber eine Wasserlinse heraus, doch derart, daß die Wurzeln noch im Wasser bleiben (sie kann beispielsweise auf das Blatt einer andern Wasserpflanze oder auf ein schwimmendes Stückchen Kork gelegt werden), so vertrocknet sie. Daraus folgt, daß sie **hauptsächlich durch die Unterseite der Blätter aufsaugen** (Vgl. Wasserfäden, Seerosen!). — Doch betrachten wir die Blätter genauer! (Ein paar Blättchen werden auf eine Glasplatte gelegt). Sie sind grün, unten oft bräunlich-rot. Ein Blatt gegen helles Tageslicht gehalten, zeigt näher dem einen Rande einen dunklern Punkt, von welchem dunklere Strahlen ausgehen — das sind die Adern. Von demselben Punkte gehen auch Stielchen aus, welche in anderen Blättchen enden. Nicht alle Blättchen sind gleich groß — die größern sind 4—5 mm breit, die kleinen kaum 2 mm; auch sind nicht alle in gleichem Maße durchscheinend — die größern mehr als viel kleinere. Das ist doch auffällig. Nach Blüten werden wir vergeblich suchen — sie blühen äußerst selten, so daß mancher Pflanzenforscher in seinem Leben niemals eine Blüte zu sehen bekommt. Aber wie vermehren sie sich denn? Im Frühjahr vom April oder Mai an haben sie bald das Wasser bedeckt! Nun, denken können wir uns, woher sie bald so zahlreich auftreten, wenn wir uns erinnern, daß auch andre Pflanzen der Samen zu ihrer Vermehrung nicht unbedingt bedürfen. Wie vermehrt sich z. B. Ried? Nenne andre mehr, die sich durch Stammknospen vermehren! Im Mai oder Juni geht das Wachstum der Wasserlinsen am kräftigsten von statten. Beobachten wir alsdann ihre Entwicklung an 2 oder 3 Exemplaren (um jedes einzelne genau zu kennen) in einem Glas mit Wasser, so zeigt sich, daß von dem uns bekannten dunklen Punkt, von welchem auch die Adern des einzelnen Blattes ausgehen, sich ein anderes Blättchen abzweigt, das bald aus seinem Kernpunkte Wurzeln entwickelt und somit ein selbständiges Leben beginnt. Bald kann auch dieses einen neuen Sprößling, denn so müssen wir das Blatt doch nennen, aussenden und so geht's fort. Durch Reiben an andern Pflanzen, durch Tiere werden sie voneinander getrennt, aber jedes kann auch für sich leben. Daher also finden wir sie einzeln oder in Gruppen von 2 bis 5 zusammen. Vergleiche diese Art der Vermehrung mit der obengenannter Pflanzen (Ried ꝛc.), ferner mit der des Polypen! Demnach müssen die jungen Knospen als Ableger gelten, und jedes einzelne Blättchen ist nicht bloß Blattorgan, sondern zugleich Stamm. Welche Organe haben diese Wasserlinsen mehr als die Wasserfäden? Worin gleichen sie diesen? (Denke auch an den Dienst der Wurzeln!)

Doch wenn wir nun auch die Frage nach der Vermehrung genügend beantwortet haben, so bleibt noch bei einigem Nachdenken eine andere zu lösen übrig. Nämlich **wie kommen sie durch den Winter?** Der Stamm von Seerosen u. a. Wasserpflanzen liegt am oder im Grunde des Teiches, wo es nicht friert; da aber jede Wasserlinse Blatt und Stamm zugleich ist und sich an der Oberfläche aufhält, so muß sie im Winter ja verfrieren, abgesehen davon, daß bei weitem die Mehrzahl schon im Laufe des Sommers abstirbt, wie ihre braungelbe Farbe zeigt!

Ein Versuch wird zeigen, ob die in Eis eingefrorenen Wasserlinsen nach dem Schmelzen des Eises lebensfähig sind. Die Natur hat hier übrigens eine besondere Einrichtung getroffen, wodurch die Überwinterung von Keimpflanzen für das nächste Jahr ermöglicht wird. Vom Juni an (mehr im Juli) können wir die Bildung jener kleineren fast nierenförmigen Sprossen von etwa 2 mm Größe, die in der Durchsicht dunkler erscheinen, beobachten.*) Sie sind von ihrem Stiel schärfer abgegrenzt als andere, entwickeln nur 2—3 Wurzeln, die auch kürzer als andere sind. Wenn diese sich nun ablösen von der alten Pflanze, so sinken sie zu Grunde, denn einmal enthalten sie sehr viel Stärkemehl, wodurch sie eben auch mehr undurchsichtig erscheinen (Stärkemehl sinkt im Wasser zu Boden — Versuch!), und ferner enthalten sie nicht, wie doch die andern Blätter (und andere Wasserpflanzen — welche?) Lufträume in sich. So überwintern diese „Winterknospen" am Grunde des Teiches.**) Im nächsten Frühjahr, wenn die Sonne wieder mehr Licht und Wärme spendet, entwickeln sie am Grunde „Sommersprossen", die in ihrem Innern Lufträume bilden. Woher nehmen sie wohl den Bildungsstoff? Vergleiche die Entwicklung der Blätter in der Knospe (der Roßkastanie)! Wenn nun die Sommersprossen sich mehr entwickelt haben, so steigen sie an die Oberfläche (woher haben sie das Vermögen?) und ziehen die Winterknospe mit empor. (Noch im Mai oder Juni findet man (alte) Wintersprossen). Nun verlängern sich auch die Wurzeln der Winterknospe etwas und ihre eigene Länge wächst von $1\frac{1}{2}$ mm auf $2\frac{1}{2}$ und mehr mm, während ihre Breite bis zu $3\frac{1}{2}$ mm zunimmt.***)

Es gibt noch andere Arten von Wasserlinsen. In Schleswig-Holstein kommt z. B. die spitzblätterige Wasserlinse (Lemna triscula) recht häufig vor. Sie schwimmt nicht auf der Oberfläche, sondern lebt unter derselben, und stellenweise kann man sie als lockere Masse weitere Strecken des Grundes bedeckend finden. Die Blättchen sind lanzettlich, sitzen durch Stiele, welche oft länger sind als sie selbst, an der alten Pflanze fest. Finden sich überhaupt Wurzeln, so hat jede Pflanze nur eine. — Außer dieser gibt es noch andere mit einer Wurzel, deren Laub wieder auf der Oberfläche schwimmt und ovale Gestalt hat, dabei aber kleiner als die vielwurzelige (bei uns die größte) Wasserlinse ist. Es ist die kleine W. (L. minor).****)

---

*1) Wem die Darstellung zu eingehend erscheint, der möge die Unterredung vereinfachen. Ich konnte mir nicht versagen, diesen interessanten Vorgang, der sonst im Pflanzenleben sich so selten, in dieser Form wohl niemals, wiederholt (man vergleiche das Steigen und Sinken des Wasserschlauchs — Utricularia), eingehender zu erörtern; zeigt er doch recht augenscheinlich, daß die Natur reich ist an Mitteln zur Erreichung ihrer Zwecke, und — wir können die Belehrung an Anschauungen anknüpfen.

**2) Mit geschlossenen Spaltöffnungen — der Lebensprozeß ist auf ein Minimum beschränkt, wie in der übrigen Pflanzenwelt. Vergleiche auch weiter zum Folgenden die Reservestoffe nach ihrer Bedeutung!

***3) Die Zellen vermehren sich nicht, sondern die vorhandenen dehnen sich aus.

****4) Mit den Wasserlinsen darf nicht eine kleine Lebermoosart, Riccia fluitans, verwechselt werden, die ähnlich wie Lemna triscula lebt (unter der

Alle Wasserlinsen haben, obgleich das einzelne Pflänzchen für sich recht unbedeutend ist, in ihrer Gesamtheit eine tiefgreifende Bedeutung für das Leben des Teiches und zwar in mehrfacher Beziehung. Es kann nicht unbeachtet geblieben sein, daß mit den Wasserlinsen eine Menge kleines Getier erhalten wurde. Schöpfen wir Pflänzchen teils in ein weites Gefäß, teils in eine flache, weite Schüssel, so ist in den Gefäßen bald ein reges Leben zu beobachten. Hier schlängelt ein kleines aalartiges Würmchen, dort schwimmt die Larve der Eintagsfliege, indem sie ihre seitlichen Atmungsorgane zugleich zur Fortbewegung benutzt. Weiter sehen wir eine Anzahl kaum nadelkopfgroßer Tierchen im Wasser umherhüpfen, indem sie mit ihren langen Fühlern gegen das Wasser schlagen (Hüpferlinge, Cyclops, Fig. 22). Dazu kommen die Schnecken, welche sich die Wurzeln der Wasserlinse schmecken lassen, vielleicht auch Polypen u. a. — Was wollen diese Tierchen unter und zwischen den Wasserlinsen? Für die kleinsten Tierchen ist die Gesamtheit unserer Pflanzen offenbar ein Wald im Wasser, in welchem sie Nahrung, Schatten gegen die grellen Sonnenstrahlen und doch auch Wärme genug in den obern Schichten des Wassers (s. Rückblick: Tiere!), sowie anderweitigen Schutz für sich und ihre Brut finden. Freilich, die Wasservögel, besonders Enten (Wasserlinsen = „Entenflott"), verzehren viele Pflanzen mit den daran haftenden Tieren, aber es bleiben immerhin von beiden genug übrig.

Indessen reicht die Bedeutung der Wasserlinsen noch viel weiter; sie erstreckt sich unmittelbar auf das Gesamttierleben des Teiches. Denn — und hierbei ist wieder ihre große Zahl, die den Mangel ihrer Größe im einzelnen ersetzt, in Betracht zu ziehen — sie versorgen das Wasser, wie alle andern Wasserpflanzen es tun, mit der für die Tiere nötigen frischen Luft und nehmen die von den Tieren verbrauchte oder als unbrauchbar ausgeschiedene Luft aus dem Wasser hinweg, indem sie dieselbe als Nahrung für sich gebrauchen (Versuch 8, S. 235). Kurz, was die Tiere nicht gebrauchen können, ist für die Pflanze Nahrung, und was die Pflanzen wiederum ausscheiden, ist den Tieren notwendiges Lebensbedürfnis. Um diese Wechselbeziehung uns klar zu machen, müssen wir eine etwas eingehendere Untersuchung anstellen.*)

Es handelt sich hier zunächst um die Nahrung der Pflanzen. Die Wasserlinsen, wie andere Pflanzen, nehmen Nahrung zu sich, um ihren Körper zu erhalten und weiter auf= und auszubauen. Folglich werden die Teile, die wir in ihrem Körper finden, von ihnen in irgend einer Form als Nahrung aufgenommen

---

Oberfläche). Im äußern Habitus hat sie Ähnlichkeit mit letzterer: das Laub aber entwickelt sich gabelteilig und ohne Stiele. Botanisch sind beide Pflanzen natürlich sehr verschieden. Für das Leben im Wasser aber haben sie gleiche Bedeutung, sofern auch Riccia ungemein lebhaft vegetiert, mithin eine große Menge Kohlensäure zersetzt und dementsprechend Sauerstoff entwickelt. Für eine Demonstration der Zersetzung der Kohlensäure und Produzierung von Sauerstoff durch die Pflanzen habe ich diese am geeignetsten gefunden.

*5) Wem die folgende Erörterung zu weit geht, der wird sich mit dem bei den Wasserfäden Gegebenen begnügen müssen. Andernteils kann man das Folgende auch bei Gelegenheit der Betrachtung der Wasserfäden demonstrieren (S. 224).

sein. Eine Hand voll Wasserlinsen (oder Wasserfäden oder Riccia) breiten wir im Sonnenschein aus: sie verändern ihre Farbe, werden dünner, leichter, trocknen überhaupt, weil sie Wasser verlieren.*) Die trockenen Pflanzen bringen wir in einer Feuerschaufel über Feuer. Sie dampfen. Eine Glasplatte über der — solange vom Feuer genommenen Schaufel — beschlägt feucht. Die trockenen Pflanzen enthalten noch Wasser. Bei längerem Erhitzen werden die Pflanzen schwarz. Sie enthalten Kohle. Weitere Erhitzung macht die Kohle glühen, immer weniger wird die Masse und schließlich bleibt nichts weiter nach als Asche. Wir würden hiernach sagen müssen, die Wasserlinsen (Wasserfäden ꝛc.) bestehen aus Wasser, das nicht bloß in dem Saft, sondern auch in der trockenen Substanz enthalten war, aus Kohle und aus Aschenteilen. Das klingt nun etwas sonderbar. Besonders wird es unbegreiflich erscheinen, daß die grüne Wasserlinse auch schwarze Kohle enthalten soll. Fragen wir uns jedoch noch einmal, wo ist die schwarze Kohle hergekommen, so wissen wir keine andere Antwort als: „aus den Wasserlinsen." Aber sie ist schwarz! Wohl! Wir haben hier einen Versuch angestellt, durch den wir einen zusammengesetzten Körper, die Pflanze, in ihre Bestandteile zerlegten; ich erinnere an einen anderen Vorgang, wo aus verschiedenen Bestandteilen ein neuer Körper gebildet wird — ans Brotbacken. Brot wird bekanntlich aus Mehl und Wasser (und Sauerteig) bereitet. Wenn Mehl und Wasser zusammengerührt sind, so hast du eben nichts weiter als Teig; d. h. das Wasser ist zwischen dem Mehl und wenn man es durch Pressen oder Verdunsten entfernt, so bleibt wiederum Mehl nach. Nun aber wird der Teig im Ofen gebacken. Jetzt presse oder trockne es — du erhältst kein Mehl wieder, sondern immer bleibt Brot nach. Durch den Einfluß der Ofenhitze hat das Wasser sich mit den Mehlteilen innig zu einem einzigen Körper, zu Brot, vereinigt; es ist also nichts mehr zwischen dem Mehl.**) Daß auch in dem trockenen

---

*) Es wird gewöhnlich gesagt, sie verlieren ihren Saft. Aber getrocknete Pflaumen, Äpfel u. dgl. haben doch ihren eigentümlichen Geschmack; also kann doch nicht der eigentliche Saft verdunsten! — Man kann natürlich ganz zweckmäßig die Pflanzen im Sommer sammeln und trocknen, den folgenden Versuch oder die Versuche mit den trockenen Pflanzen aber im Winter anstellen.

**6) Angesichts der Schwierigkeit, ungeübten Kindern einen Begriff von einer chemischen Verbindung zu geben, kann man vielleicht noch den folgenden Versuch anstellen. Stärkemehl wird mit vielem kalten Wasser gerührt. Das Wasser erhält von demselben eine weiße Farbe. Nach einiger Zeit der Ruhe hat sich das Mehl am Boden gesammelt und über demselben steht das klare Wasser. Wir haben hier zwei Körper, Stärke und Wasser, die nicht miteinander verbunden sind. Das Wasser wird größtenteils abgegossen, der Bodensatz mit dem Rest Wasser zu einem gleichmäßigen Brei aufgerührt und nun wird unter stetem Umrühren kochendes Wasser hinzugesetzt. Man erhält bekanntlich Kleister. Man hat mehr Masse als vorhin Stärkemehl; die Masse hat ein anderes Ansehen; läßt man sie ruhig abkühlen, so sondert sich kein Wasser ab. Aus den beiden Körpern Stärke und Wasser ist ein einziger neuer Körper, Kleister, entstanden.

Brot Wasser vorhanden sein muß, wird den Kindern auf dem Lande auch aus der Tatsache verständlich sein, daß man mehr Brot (an Gewicht) erhält, als Mehl verbacken ist. — Wie hier also aus zwei Körpern ein einziger gebildet ist, so haben wir durch unsere Untersuchung gegenteils die Wasserlinse in 3 Körper, in Wasser, Kohle und Aschenteile zerlegt. Deren innige Verbindung also bildet den Pflanzenkörper. Wie Mehl und Wasser im Ofen zu einem Körper vereinigt werden, so müssen diese drei durch die Lebenstätigkeit in der Pflanze vereinigt worden sein. Sobald aber ein Teil — in unserem Versuch zuerst das Wasser — genommen wird, wird natürlich die Verbindung gestört und wir können nicht mehr „Wasserlinsen" haben, sondern behalten scheinbar nur Kohle. Aber zwischen den Teilen der Kohle sind, wie die Fortsetzung des Versuchs lehrt, noch die Aschenteile.*)

Wir haben weiter zu fragen: Woher nehmen Wasserlinsen diese Bestandteile? Das Wasser erhalten sie natürlich durch Einsaugung. Aber die Aschenbestandteile? Auch sie müssen aus dem Wasser stammen. Untersuchen wir das Wasser daraufhin! Ein (dünnes) Trinkglas, das absolut rein (blank) ist, wird mit Wasser (am besten hartem, Brunnenwasser) ausgespült, das Wasser ausgegossen und das Glas mit den daran haftenden Tropfen der Sonnen= oder Ofenwärme ausgesetzt. (Oder auch, man besprengt das Glas mit Wasser oder bringt auf eine dünne Glasplatte einen hochstehenden Tropfen.) Ist das Wasser verdunstet, so hat jeder Tropfen Spuren hinterlassen, die man abwischen kann. Wird eine solche Stelle erhitzt, so schwindet der Fleck nicht, ebensowenig wie die Asche beim Erhitzen verschwindet. Das Wasser muß also ähnliche Stoffe wie die, woraus die Asche besteht, in sich aufgenommen haben; es hat die Stoffe aufgelöst. Man kann ja auch Salz, Alaun 2c. im Wasser auflösen,**) indem man diese Stoffe mit Wasser schüttelt oder auch nur Wasser über ihnen stehen läßt. Sollte nun das Wasser des Teiches, wenn es dem Teiche zufließt oder in demselben steht, nicht auch Teile auflösen? Gewiß. Diese Teile stammen aus dem Erdboden; sie

---

*) Für jeden Versuch kommen vier Fragen in Betracht, deren Beantwortung strenge auseinander gehalten werden muß. Die Fragen sind:
1. was haben wir hier?
2. was machen wir damit?
3. was (welche Veränderungen) beobachten wir?
4. was schließen wir daraus?

**) Es kann hier auch das später zu verwendende Kalkwasser gebraucht werden. Gebrannten Kalk besprengt oder begießt man mit wenig Wasser, bis der Kalk zu Staub zerfällt (Kalk und Wasser bilden einen einzigen Körper. Vgl. oben „Brot"!). Dieses Pulver (oder auch Kalk aus Kalkgruben) wird in eine Flasche gebracht, so daß es etwa $1/8$ oder $1/10$ derselben ausfüllt. Dann wird die Flasche durch Wasser ganz gefüllt, gut verstöpselt, der Inhalt umgeschüttelt und so überläßt man das Ganze $1/2$ bis 1 Tag der Ruhe. Dann kann man die klare Flüssigkeit zum Teil in eine andere, gut verschließbare Flasche abgießen und die Flasche von neuem füllen und umschütteln 2c. Das klare Wasser ist nun Kalkwasser. — Das alles geschieht natürlich vor den Augen der Kinder; sie müssen mit Worten darstellen, was der Lehrer tut.

werden von den Wasserlinsen mit dem Wasser eingesogen und bleiben beim Verbrennen als Asche zurück. Nach ihrem Ursprung können wir sie auch erdige oder mineralische Bestandteile der Pflanzen nennen.

Es erübrigt uns nun noch, zu untersuchen, woher die Pflanze ihre Kohle nimmt. Es liegt die Vermutung nahe, daß auch dieser Körper, wie die mineralischen Teile, im Wasser aufgelöst wäre. Allein wir können Kohle noch so lange mit Wasser schütteln, es wird nicht das geringste Quantum davon aufgelöst. Und doch kann sie nicht als fester Körper in die Pflanze hineingelangen. — Die Pflanze hat keinen Mund zum Zerkleinern. Die Kohle muß noch in irgend einer andern Gestalt auftreten können. Diese müssen wir zunächst kennen lernen. — Als wir die Wasserlinsen verbrannten, verschwand das Wasser aus ihnen — in die Luft. Aber auch die Kohle verschwand bei stärkerem Erhitzen. Wo kann sie geblieben sein? Sie konnte nur in die Luft entweichen. Wiederholen wir unsern Versuch, ob wir vielleicht einen Teil der von der Luft fortgeführten Kohle einfangen könnten. Wie aber ist das anzufangen? Ein Glas kann scheinbar leer sein, und doch ist Luft darin. Folglich kann die von der Schaufel entweichende Kohle keinen Platz in dem Glase finden. Wir füllen ein Glas mit Wasser; gießen wir das Wasser im Zimmer aus, so tritt für das ausfließende Wasser Luft hinein, Luft des Zimmers; gießen wir das Wasser über den glühenden Kohlen aus, so muß das Glas statt des Wassers mit den Produkten der verglühenden Kohlen, soweit dieselben luftförmig sind, gefüllt werden.*) Aus unsern Versuchen lernen wir die Kohlen-

---

Man kann ja auch für 5 oder 10 Pfg. Kalkwasser aus jeder Apotheke beziehen. Aber Selbstbereiten ist besser und nochmal besser! — Das Kalkwasser müssen die Schüler schmecken — tropfenweise. Einzelne Tropfen werden auf eine blanke Glasplatte gebracht 2c.

*[9]) Mein primitivster Versuch ist folgender: Die Pflanzenreste werden auf einer glühenden Feuerschaufel durch Anblasen, etwa mittels eines Blasebalgs möglichst in Glut gehalten. Während dieser Zeit gieße ich möglichst dicht über der glimmenden Kohle und nicht zu schnell aus einem mit Wasser gefüllten Glase das Wasser in ein schräge unter demselben gehaltenes weithalsiges Glas. Bei einiger Gewandtheit im Experimentieren gelingt der Versuch: man hat in dem entleerten Glase einen Teil Kohlensäure. — Leichter schon gelingt der Versuch, wenn man ein Kohlen-Platteisen (ein Plätteisen, das mit glühenden Holzkohlen angefüllt ist) benutzt und vor dessen Schornstein, während die Kohlen angefacht werden, das Glas ausgießt. — Schließlich habe ich mir folgenden kleinen Apparat konstruiert, der freilich einige Groschen Ausgabe verlangt, dafür aber auch um so sicherer zum Resultat führt. Der Kork eines weithalsigen Medizinglases von 200 oder mehr Kubikzentimeter Inhalt wird doppelt durchbohrt, dergestalt, daß man durch die Bohrlöcher Glasröhren luftdicht schließend einführen kann. Man denke sich nun die Flasche auf die Seite gelegt, ein Bohrloch ist oben, eins unten. Durch das obere ist eine Glasröhre geschoben, die bis nahe an den Boden der Flasche reicht, sich hier aber soviel aufwärts krümmt, daß sie die Wand der Flasche fast berührt. Nach außen ragt sie 3—6 cm hervor und steckt luftdicht in einem Gummischlauch von ca. $\frac{1}{2}$ m oder mehr Länge. Durch die untere Bohröffnung wird eben-

säure (und den Sauerstoff) kennen (Vers. 1 u. 2). Dieselbe wird gebildet beim Verbrennen und beim Atmen (Versuch 1 u. 3—5). Denken wir daran, daß Kohle nur bei Zutritt von

falls ein Glasrohr geschoben, jedoch nach innen nur so weit, als der Kork reicht, nach außen ragt es weniger als die obere Röhre hervor. Denken wir uns die Flasche mit Wasser angefüllt in der angegebenen Lage oder lieber den Boden noch etwas höher, so wird das Wasser durch die untere kürzere Röhre abfließen, während durch den Gummischlauch (der zweckmäßig am Ende eine zugespitzte Glasröhre trägt) ein entsprechendes Luftquantum in die Flasche eintritt. Sollte in die lange (obere) Röhre etwas Wasser geraten sein, so läßt man dasselbe vor Beginn des Versuches abfließen. Der Versuch selbst ist nun sehr einfach. In einer kleinen Pfanne, wie sie wohl in Kinderküchen sich finden, in einer eisernen Schale oder auch nur auf einem Stück Eisenblech werden getrocknete Wasserlinsen, Wasserfäden oder Riccia über einer starken Spiritusflamme erhitzt. Wenn die Kohlen lebhaft glühen, führe ich die Glasrohrspitze des Gummischlauchs über dieselben hin, während eines von den größern Kindern bei oben angegebener Haltung der Flasche durch das untere Glasrohr das Wasser abfließen läßt. Statt des Wassers enthält die Flasche nach beendetem Versuch ein Gemenge von Luft und Kohlensäure. Es muß aber zu diesen Versuchen abgekochtes Wasser verwendet werden, damit man unter allen Umständen sicher ist, daß das gebrauchte Wasser nicht schon in sich freie Kohlensäure enthält.

Etwa folgende Versuche werden nun angestellt:

1. In die Versuchsflasche wird Kalkwasser (etwa 2—4 Fingerhut voll) gegossen und der ganze Inhalt der Flasche geschüttelt. Die klare Flüssigkeit wird weiß. Bei ruhigem Stehen bildet sich ein Bodensatz. So verhalten sich „Kohlenluft" und Kalkwasser.

2. In eine reine Flasche wird soviel Kalkwasser wie in Versuch 1 angegeben ist, gegossen und der Inhalt geschüttelt. Es zeigt sich allerhöchstens eine schwache Trübung, aber keine weiße Farbe des Wassers, und es bildet sich kein bemerkbarer Bodensatz.

    Die Luft von der verglimmenden Kohle — wir nennen sie Kohlensäure — macht das Kalkwasser weiß (der aufgelöste Kalk wird ausgeschieden), die gewöhnliche Luft nicht.

3. Die bei Versuch 1 benutzte Flasche wird wieder gebraucht — damit möglichst wenig Veränderung stattfinde — aber man blase durch den Gummischlauch hindurch die Flasche von Wasser leer. Die Flasche ist angefüllt mit Atemluft. Wird der Inhalt mit Kalkwasser geschüttelt, so gibt dasselbe den bekannten Niederschlag.

    Auch die Atemluft gibt weiße Färbung; sie ist anders, als die gewöhnliche Luft, wird Kohlensäure enthalten. Jeder Mensch jedes Tier atmet Kohlensäure aus.

4. In ein Glas, das etwa zur Hälfte mit möglichst kühlem Wasser gefüllt ist (man kann ja die Versuchsflasche benutzen), wird 1—2 Minuten lang Atemluft durch das Wasser geblasen und letzteres alsdann mit Kalkwasser geprüft.

— 234 —

Luft verbrennt (— sie glüht lebhafter, wenn sie angefacht wird, gegenteils erlischt das Feuer im Ofen, wenn man denselben fest zuschraubt, daß keine Luft ein=

Kohlensäure wird von dem Wasser aufgenommen — wie Zucker, Kalk ɔc. Vgl. auch „Wasserfäden"!

5. Versuch 3 wird wiederholt mit der Abänderung, daß man in die luft= gefüllte Flasche hineinbläst, alsdann den Boden der Flasche 1—2 cm hoch mit Wasser bedeckt und dasselbe mit der Atemluft schüttelt.

Durch Bewegung nimmt das Wasser Kohlensäure auf.

6. Es wird in bekannter Weise aus Kreide und Salzsäure Kohlensäure entwickelt und aufgefangen. Nachweis durch Kalkwasser.

   a) Die Kohlensäure ist eine farblose Luft. Wir haben in diesem Glase nur Kohlensäure aus der Kreide.

   b) Wir haben Kohlensäure erzeugt aus der verbrennenden Kohle — in unserer Lunge — aus der Kreide durch Salzsäure.

   c) In ein mit Kohlensäure gefülltes Glas, das mit einer Papp=, Holz=, Glas= oder Schieferplatte verdeckt ist, wird, indem man die Platte seitwärts wegschiebt (nicht aufhebt), ein flammendes Zündholz gehalten — es erlischt, ohne nachzuglimmen, während es in einem Glase mit gewöhnlicher Luft fortbrennt.

   Die Kohlensäure löscht, genau wie Wasser, das Feuer.

   d) Hat man die Platte sogleich wieder hinübergeschoben, so kann man den folgenden Versuch anstellen, der bei anderer Gelegenheit zu verwerten ist: Man neigt das mit Kohlensäure gefüllte Trink= glas über das mit gewöhnlicher Luft gefüllte, als wenn man Wasser ausgießen wollte, zieht den Schieber empor und wartet ein paar Sekunden — dann hält man ein flammendes Zündholz in das erste leergewordene — es brennt fort — in dem letztern wird es verlöscht.

   Die Kohlensäure läßt sich wie Wasser gießen. (Sie ist schwerer als die Luft.)

   e) Man lasse das letzte, nunmehr mit Kohlensäure gefüllte Glas einige Minuten hindurch offen stehen. Jetzt wird ein Zündholz darin brennen. Die Kohlensäure steigt allmählich in die gewöhnliche Luft, vermischt sich mit ihr; das flüssige Wasser tut es nicht.

7. Es wird in einer Flasche wiederum aus Kreide und Salzsäure Kohlen= säure entwickelt. Aus dieser Entwicklungsflasche geht ein doppelt (recht= winkelig) gebogenes Glasrohr durch einen luftdicht schließenden Kork in ein zweites möglichst hohes und enges Glas bis nahe auf den Boden des letzteren; durch den Kork des letztern führt ein zweites Glasrohr (vgl. oben die „Versuchsflasche"), das kaum durch den Kork reicht, mit zwei rechtwinkeligen Biegungen bis auf den Boden einer kleinen Wein= flasche (ohne Kork). In der Entwicklungsflasche wird Kohlensäure ent= wickelt. Die zweite Flasche, „Waschflasche", wird mit einer ziemlich kon= zentrierten Lösung von Soda gefüllt, die letzte, die Weinflasche, mit reinem Wasser. Die Kohlensäure in Nr. 1 steigt durch die Sodalösung

treten kann —), so wird es begreiflich erscheinen, wenn ich erkläre, daß die Luft oder genauer ein Teil derselben, der Sauerstoff, sich mit der Kohle zu einem neuen

in Nr. 2 empor und wird von mitgerissenem salzsaurem Dampf befreit. Durch das kurze Rohr im Kork von Nr. 2 gelangt sie bis auf den Boden von Nr. 3 und muß nun die ganze Wassersäule passieren. Es wird beobachtet, wie in Nr. 1 es „kocht", braust, wie in Nr. 2 viel mehr Luftblasen an die Oberfläche gelangen als in Nr. 3.

Das Wasser in Nr. 3 löst Kohlensäure auf. (Vgl. Versuch 4).

Wenn die Entwicklung schwächer wird, so steigt das Wasser in die Glasröhre von Nr. 3 (die Kohlensäure in derselben wird aufgesogen). Man gießt nötigenfalls Salzsäure (in die Entwicklungsflasche) nach, so lange, als noch Kohlensäure von dem Wasser in der Weinflasche aufgenommen wird. Nachweis der Kohlensäure durch Kalkwasser. Erwärmung einer Probe von kohlensaurem Wasser (Luftbläschen!). Man bewahrt es auf, indem man die gut verstöpselte Flasche umgekehrt in einem Glas 2c. mit Wasser an einen kühlen Ort stellt.

Durch Wärme wird Kohlensäure und Luft überhaupt aus dem Wasser ausgetrieben (Luftschnappen der Fische im heißen Sommer). Vgl. „Wasserfäden" S. 224.

8. In ein nach oben verjüngt zulaufendes Gefäß aus weißem Glase bringe man Wasserfäden oder Wasserlinsen, Wasserpest oder Riccia (mit letzterer ist mir der Versuch am besten gelungen, am schwierigsten mit Wasserlinsen —), immerhin jedoch derart, daß die Pflanzen nicht beschädigt werden, auch nicht zu dicht sich berühren, soll heißen, daß noch genügend Raum für Wasser zwischen den Organen bleibt. Dies untersucht man, indem man zur Probe gewöhnliches Wasser hineingießt. Sind demnach so viele Pflanzen als möglich, aber auch nicht zu viele, in dem Glase, so gießt man das gewöhnliche Wasser ab und füllt das Glas mit kohlensaurem Wasser so, daß das Wasser gehäuft erscheint. Nun wird eine kleine, aber doch die Mündung des Gefäßes verschließende Glasplatte, die vorher im Wasser angefeuchtet ist, von der Seite her über die Mündung geschoben: es soll keine Luft unter der Glasplatte sein. Dann wird das Gefäß mit der Glasplatte rasch umgekehrt und mit der Mündung nach unten in einen Teller, eine Untertasse 2c. mit (kohlensaurem) Wasser gestellt. Endlich saugt man mittels eines Glasrohrs das überflüssige Wasser aus dem Teller ab, so weit, daß nur der Rand des Glasgefäßes unter Wasser steht — das muß aber auch für die Dauer des Versuchs fortwährend der Fall sein — und setzt nun die so eingeschlossenen Pflanzen 3—4 Stunden (oder mehr) der Einwirkung des Sonnenlichtes aus. Ehe man das Glasgefäß mit den Pflanzen und der Glasplatte wieder heraushebt, werde das untere Gefäß mit gewöhnlichem Wasser gefüllt, damit man den Finger oder die Hand unter die Glasplatte bringen kann, ohne der Luft den Zutritt zu gestatten. Beobachtet ist, wie schon ein paar Minuten, nachdem die Pflanzen dem Sonnenlicht ausgesetzt sind, sich Luftbläschen an ihnen

Körper, der Kohlensäure (vgl. Brot!), verbindet und daß der luftige Gesell Sauerstoff die Kohle mit sich fortreißt und auch sie mit ihm vereint als Kohlensäure in die Luft geht.*) Die Kohlensäure, obgleich teilweise aus der schwarzen Kohle gebildet, ist farblos, wird aber vom Wasser aufgenommen (Versuch 4, 5, 6, 7).

Da die Wasserlinsen ihre Nahrung aus dem Wasser nehmen, da die Kohle selbst im Wasser nicht löslich ist, für jene also nicht als Nahrung dienen kann, so können sie die ihnen nötige Kohle nur aus der Kohlensäure, die im Wasser verteilt ist, ziehen. Nehmen wir die Wahrnehmung hinzu, daß sie Sauerstoff ausscheiden (Versuch 8), so kommen wir zu der Erkenntnis, daß die Wasserlinsen — wie alle Pflanzen — aus der Kohlensäure die Kohle für sich behalten, um ihren Körper aufzubauen, den Sauerstoff dagegen von sich geben. Wie durch die Erhitzung Kohle und Sauerstoff vereinigt werden, so werden durch die Lebenstätigkeit der Pflanze beide getrennt. Die Luftbläschen, die wir bei „Wasserfäden" beobachten (S. 225), werden auch Sauerstoff gewesen sein. Woher kann es kommen, daß sich bei Versuch 8 mehr Sauerstoff zeigte? Und wo bleibt der Sauerstoff, den die Wasserlinsen ausatmen? Er kommt den Wassertieren und deren Brut zugute. Jedes tierische Wesen, mag es Fisch, mag es Ei sein, bedarf des Sauerstoffs zum Leben und zur Entwicklung, und soweit jede einzelne Wasserlinse für sich strebt, danach trachtet, sich Kohle für ihre Existenz anzueignen, genau so weit dient sie auch dem tierischen Mitbewohner des Teiches, sie bereitet ihm Sauerstoff — Lebensluft für ihn. Da haben wir die große Bedeutung der Pflanzen, die, wenn an sich nur unbedeutend, durch ihre Zahl wirken.

Wir wenden uns nun noch der Frage zu: Woher stammt die Kohlensäure? Eine Quelle haben wir durch unsere Versuche kennen gelernt: durch Atmen der Menschen und Tiere wird Kohlensäure gebildet (Versuch 3). (Aus welchen zwei Körpern bildet sich die Kohlensäure? Woher nehmen sie den Sauerstoff? Woher muß die Kohle kommen? Nachweis aus Beobachtungen, daß auch der tierische

entwickeln (wo?), viel früher und schneller als bei dem entsprechenden Versuch mit Wasserfäden; wie sie sich vergrößern, bis sie nach oben steigen — sanftes Klopfen an der Seite des Glases befördert letzteres — und wie sich oben (am Boden des Glases) eine Quantität Luft gesammelt hat. Es liegt nahe, diese Luft für ausgetriebene Kohlensäure (Versuch 7, Schluß) zu halten. Aber ein glimmendes Zündholz entflammt, wenn man — die Glasplatte wird seitwärts geschoben — es in diese Luft hält, und das abgegossene Wasser zeigt keine Spur einer Trübung, wenn Kalkwasser hinzugetan wird.

Die Luft ist nicht Kohlensäure, sondern Sauerstoff und das Wasser ist nicht mehr kohlensaures oder kohlensäurehaltiges, sondern reines, gewöhnliches Wasser.

*[10]) Vergleich: Das flüssige Wasser macht auch den festen Zucker oder Kalk flüssig. Hier herrscht freilich nur eine äußere Ähnlichkeit. Und doch scheue ich mich nicht, sie heranzuziehen, um dem Schüler das recht schwierige Verständnis einer chemischen Verbindung anzubahnen: ist für die Kleinen der Blitz nicht auch ein „Feuer"?

Körper Kohle enthält!) Da nun im Teiche viele Tiere leben, so wird durch sie viele Kohlensäure erzeugt, die vom Wasser aufgenommen wird. — Eine andre Quelle der Kohlensäure bildeten die Pflanzen, als wir dieselben verbrannten, d. i. in ihre Bestandteile zerlegten (S. 232 u. Versuch 1). Auch die Natur löst Pflanzen in ihre Bestandteile auf und bildet dadurch Kohlensäure zur Nahrung für nachfolgende. Wer hat nicht schon abgefallene Blätter gesehen, die nur noch aus Adergeflecht bestanden? Die Blattmasse zwischen den Adern war verschwunden — war verwest, d. h. in ihre Bestandteile: Mineralien, Kohle und Wasser zer= fallen. Auch bei der Verwesung entsteht Kohlensäure.*) Aus gefallenen Blättern, abgestorbenen Pflanzenteilen bildet sich im Wasser und in der Luft Kohlensäure. Durch den Regen gelangt ein Teil Kohlensäure der Luft schließlich in den Teich.

Da die Tiere die Kohlensäure ausatmen, so ist dieselbe für sie zum ferneren Atmen untauglich, wie der ausgeatmete Sauerstoff der Pflanze dieser nicht als Nahrung dienen kann. Die Wasserlinsen u. a. Wasserpflanzen dienen den Wassertieren also in doppelter Weise: sie nehmen die Kohlensäure, die die Tiere nicht mehr gebrauchen können, die ihrem Wohlbefinden hinderlich ist, aus dem Wasser hinweg, und dafür sättigen sie das Wasser mit dem Sauerstoff, der Lebensluft für die Tiere. Ähnlich dienen die Tiere den Pflanzen. So schließen wir diese unsere Betrachtung mit der Erkenntnis der wunderbaren Tatsache: Im vorliegenden Fall sorgt die Wasserlinse für sich, und in gleichem Grade für das Wassertier; dieses sorgt für sich und zugleich für die Wasserlinse und andre Pflanzen.

Rückblick auf das Pflanzenleben.

1. **Aufenthalt.** Seerosen, Wasserlinsen, Wasserpest u. a. Pflanzen ge= deihen nur im Wasser. Es sind echte Wasserpflanzen. Ein Teil der Pflanze bleibt beständig unter der Oberfläche des Wassers, jedenfalls die Wurzeln, gewöhn= lich der Stengel auch; andere Teile, wie Blüten und meist auch Blätter schwimmen auf der Oberfläche. Welche Pflanzen wachsen an seichteren, welche auch an tieferen

---

*[11]) Folgender Versuch kann überzeugen, daß sich am Grunde der Pfützen Kohlensäure bildet. Auf eine mit Wasser gefüllte Flasche wird ein möglichst großer Trichter gesetzt, beides unter Wasser getaucht und dann umgekehrt, so daß der Hals der Flasche und die Mündung (Weite) des Trichters nach unten zeigen. Indem man den Trichter hält, wird mit demselben die Flasche so weit aus dem Wasser gehoben, daß ihre Mündung noch unter Wasser bleibt, oder man hat den Trichter in der Flasche festgeklemmt und hebt nun die Flasche mit dem Trichter empor. Das Wasser kann nicht herausfließen, da keine Luft eintreten kann. Rührt man aber an einer Stelle, wo der Grund viel Gas entwickelt, denselben mit einem Stock auf, so lassen sich die Luftblasen durch den Trichter in die Flasche leiten, die alsdann um eine entsprechende Menge Wasser entleert wird. Die aufgefangene Luft (die auch vielleicht Sumpfgas enthält) wird durch Kalkwasser auf Kohlensäure geprüft.

Stellen des Teiches? (Inwiefern bequemen letztere, z. B. Seerosen, sich der Tiefe des Wassers an? S. später!) — Andere Pflanzen haben wir kennen gelernt, die nur auf dem festen Lande wachsen, z. B. Vergißmeinnicht (Schaumkraut, Dotterblume), Weide, Eller, Weidenröschen ꝛc. Sie können auch eine Zeitlang im Wasser wachsen (Bsp., wenn Einzelfälle beobachtet sind!), aber in größerer Menge finden wir sie nur auf dem Lande, jedoch immer in der Nähe des Wassers: sie lieben das Wasser, es sind Wasserfreunde. Endlich kennen wir eine dritte Klasse, diejenigen nämlich, die auf dem Lande und im Wasser leben können. Solche sind z. B. der Knöterich, Wasserhahnenfuß, die Schwertlilie, das Ried, die Zottenblume (Dreiblatt). Welche von diesen Pflanzen gedeihen besser im Wasser? welche besser auf dem Lande? Welche Tiere können wir mit der ersten, der zweiten, der dritten Abteilung vergleichen? —

Angesichts dieser Tatsachen drängt sich dem denkenden Naturbeobachter die Frage auf, wie es kommt, daß wir die verschiedenen Pflanzen an so verschiedenen Örtlichkeiten antreffen. Ja, wenn wir hier ein Feld mit Hafer, dort eins mit Weizen sehen, so fragen wir nicht lange, woher? denn wir wissen, daß der Mensch sie gesäet hat; aber inbezug auf unsre betrachteten oder beobachteten Pflanzen werden wir nicht annehmen, daß ihr Wachsen an verschiedenen Standorten auf Menschentätigkeit zurückzuführen sei. Im Gegenteil, wir sagen, sie wachsen hier oder dort „von selbst" oder „wild". Aber das erklärt noch nicht, warum sie denn nicht allenthalben vorkommen. Denn der Same z. B. des zottigen Weidenröschens wird vom Wind jedenfalls auch auf Felder getragen und doch finden wir's dort nicht; und die Samen der Seerosen, des Laichkrauts werden auch ans Ufer gespült und doch wachsen beide nur im Teich. Wir merken also, daß **die Pflanzen, die im und am Teich wachsen, hier von selbst sich zusammen gefunden haben, daß aber gewisse Bedingungen vorhanden sein müssen, die ihr Wachstum hier begünstigen, deren Fehlen an andern Orten es aber hindert. Welche Bedingungen können das sein?**

2. **Nahrung.** Wenn Tiere sich an einem Orte zusammenfinden, so ist das Suchen nach Nahrung meistens der Grund. „Wo ein Aas ist, da" ꝛc. Auch die Pflanzen bedürfen zu ihrer Erhaltung und ihrem Wachstum der Nahrung. An ihren Standorten werden sie also die nötige Nahrung dauernd finden, denn sie können nicht, wie die Tiere, sich Nahrung suchen: **es fehlen ihnen die Organe zu freier Bewegung.** Sie müssen — mit Ausnahme der Wasserlinsen und des Froschbiß — an dem Orte bleiben, an dem sie einmal sind, und finden sie hier nicht ihre Nahrung, so müssen sie verhungern, vergehen. Worin besteht nun dieselbe? Aus unsern Untersuchungen der Wasserlinsen oder Wasserfäden wissen wir, daß dieselben aus Wasser, Kohle und erdigen Teilen bestanden, daß sie diese Bestandteile also während ihres Lebens als Nahrung müssen zu sich genommen haben, und zwar die Kohle aus der Kohlensäure, wobei sie Sauerstoff ausschieden. Wir erinnern uns ferner, daß die Ausscheidung von Sauerstoff in gewöhnlichem Wasser bei weitem nicht so schnell und so massenhaft von statten ging wie in kohlensaurem Wasser (Versuch 8), folglich muß die Pflanze in letzterm sich auch schneller und mehr Kohle angeeignet haben, folglich auch schneller und mehr gewachsen sein. Ähnlich wird es mit jeder andern Pflanze, da jede Kohle bedarf, sich verhalten. Je reichlicher Kohlensäure vorhanden ist, desto

schneller wächst die Pflanze. Wie aber, wenn vielleicht — abgesehen von der Möglichkeit — gar keine Kohlensäure, oder wenn im Verhältnis zu der Menge der hungrigen Pflanzen sehr wenig vorhanden wäre? — Außer der Kohle bedürfen die Pflanzen der mineralischen Nahrung. Denken wir an die Ursachen, wodurch Riedblätter und -halme eine solche Härte erlangen, daß wir uns mit diesen Pflanzenteilen in die Finger schneiden können, während die Schwertlilie trotz ihres Namens niemand wehe tun kann, so werden wir erkennen, daß, wenn auch alle Pflanzen mineralische Stoffe aufnehmen, dieselben doch nicht in jeder Pflanze in gleicher Weise vorkommen. Das Ried verdankt seine steife Form der Menge Kiesel, die es aufgenommen hat, die aber der Schwertlilie fehlt, wenn sie auch in Gesellschaft des Rieds wächst. Das Ried wird demnach nur an solchen Stellen seine ganze Stärke erhalten, wo ihm kieselreiche Nahrung zugeführt wird. Das zottige Weidenröschen zieht moorigen Grund vor — wir schließen, daß die ihm nötige Nahrung in besonderer Fülle ihm hier geboten wird. Wasserpest liebt lehmigen Boden. Überhaupt merken wir: Wenn auch alle Pflanzen der mineralischen Nahrung bedürfen, so braucht eine Pflanzenart von diesem, die andere von einem andern Mineral mehr*), und wo ihr dieser Stoff in genügender Menge geboten wird, da gedeiht sie, da hat sie ihren Aufenthalt; wo er fehlt, finden wir auch die betreffende Pflanze nicht.

Als dritten Nahrungsstoff haben wir das Wasser erkannt. Daß alle Pflanzen des Wassers bedürfen, lernen wir zur Genüge schon aus der Kultur unserer Topfgewächse kennen, und ebenfalls, daß die verschiedenen Pflanzen ein verschiedenes Maß bedürfen. Es verhält sich hier offenbar ähnlich, wie mit der mineralischen Nahrung. Wo den Pflanzen das ihnen zusagende Maß Wasser geboten wird, gedeihen sie; fehlt dasselbe, so vergehen sie (Wasserfäden c., wo das Teichwasser infolge Verdunstung zurückgetreten ist). Also:
    die Pflanzen leben im und am Teich, weil sie hier die ihnen zusagende Nahrung finden.

3. Ernährungsorgane und Ernährung. Da die Pflanzen Nahrung aufnehmen, so müssen sie auch die zu dieser Tätigkeit erforderlichen Werkzeuge haben. Bewegungswerkzeuge brauchen sie nicht, da sie am oder im Boden haften; ebensowenig haben sie zum etwaigen Aufsuchen der Nahrung Sinneswerkzeuge nötig. Wohl aber sind eigentliche Ernährungswerkzeuge für sie erforderlich und deren Gestaltung wird zu der Beschaffenheit ihrer Nahrung passen müssen. Als solche sehen wir

a) die Wurzeln an. Wir würden jedoch vergeblich nach Mundöffnungen suchen, selbst mit dem besten Vergrößerungsglase. Sie können mithin keine Nahrung zerkleinern, zu welcher Arbeit ihnen ohnedies die Muskelkraft, welche die Bewegung erzeugt, fehlt. Folglich kann die Nahrung, die sie aufnehmen, nur flüssig sein. Welche Tiere nehmen flüssige Nahrung zu sich? Doch muß deren

---

*1) Steht eine gute Wage zur Verfügung, so kann man von verschiedenen in gleichem Grade lufttrockenen Pflanzen (Ried, Süßgras — Wasserlinsen, Wasserfäden c.) gleiche Teile abwägen und nach dem Verbrennen derselben das Gewicht der Aschenrückstände vergleichen.

Nahrungsaufnahme immerhin noch anders sein, da sie einen Mund zum Saugen haben. Allerdings sagen wir auch von den Pflanzen, daß sie Nahrung einsaugen. Bringen wir Erbsen oder Bohnen in Wasser, so sind dieselben am andern Tage aufgequellt; sie sind größer und schwerer geworden, weil sie Wasser in sich aufgenommen — eingesogen haben. Sie müssen also, trotzdem wir keine Öffnungen an ihrer Oberfläche entdecken können, doch solche besitzen, durch welche das Wasser eindringen kann. In ähnlicher Weise werden wir uns die Aufnahme von flüssiger Nahrung durch die Wurzeln denken müssen, also uns ganz unendlich feine Öffnungen vorstellen, durch welche nicht feste, wohl aber flüssige Stoffe eindringen können. So beruht der Wert des Wassers für die Pflanze nicht allein darauf, daß Wasser einen Bestandteil des Pflanzenkörpers bildet, sondern auch besonders darin, daß die Pflanzen mit dem Wasser auch andre Nährstoffe aufnehmen, die in demselben aufgelöst oder auch flüssig geworden sind. Daß solche Stoffe in dem klaren Wasser enthalten sind, wissen wir aus früheren Versuchen (S. 231). — Übrigens wissen wir ja auch daß manche Pflanzen längere Zeit ohne Wurzeln leben können — denkt nur an die abgeschnittenen Blumen — ja daß einige in ihrem ganzen Leben keine Wurzeln erhalten, — welche? — Der durch die Wurzeln aufgenommene Nährsaft wird im Stamm oder Stiel weitergeführt bis in die Blätter hinein, deren Adern oder Rippen in einem Teil besonders zur Weiterbeförderung dienen. So wird dann Stamm und Blatt und Blumenkrone (und verschiedener Stoff) gebildet, und wir können uns erklären, woher dort, wo eine Ader oder Rippe besonders lang ist in einem Blatt, auch eine Hervorragung, eine Spitze vorhanden sein muß. Vgl. das Adergefüge und den Umriß verschiedener Blätter.

Aber manches ist hierbei noch unerklärt. Ried und Schierling u. a. nehmen dasselbe Wasser mit den in ihm gelösten Stoffen auf, dennoch hat die eine Pflanze von diesem Stoff mehr, die andre von jenem. Wie findet jede Pflanze gerade die für ihr Leben notwendigen Bestandteile heraus? Zunächst geben wir dieselbe Antwort, wie auf frühere verwandte Fragen, z. B. warum wird aus dem Hühnerei keine Ente und umgekehrt, trotzdem die Eier äußerlich und nach ihrem Inhalt fürs Auge einander so sehr ähnlich sind? Es liegt in der Eigenart! So auch bei den Pflanzen; es liegt in ihrer Eigenart, daß die eine diese, die andre jene Stoffe aus derselben Lösung wählt, und beide nehmen sie durch die Wurzeln auf, die äußerlich nur in dem gleichen Maß verschieden sind wie Hühner- und Entenei. Allein die Pflanzen müssen doch die brauchbaren und unbrauchbaren Stoffe unterscheiden können, sie müssen Empfindung haben für das, was ihnen zuträglich ist. Daß ihnen die Empfindung nicht abgeht, zeigt schon die Wendung der Zimmerpflanzen zum Licht. Auch die Wurzeln haben Empfindung, einige weichen z. B. gewissen Säuren aus, während andre unbekümmert ihre Wachstumsrichtung beibehalten. Als den Träger dieser Empfindung müssen wir den Zellinhalt, das Protoplasma, das Lebensrätsel aller Lebewesen, betrachten. Dasselbe wählt mit seiner äußern Schicht und in andern besonderen Teilen die für seinen Organismus notwendigen Stoffe aus und verweigert den unbrauchbaren oder gar schädlichen Lösungen den Zutritt ins Innere.*) Es ist aber undenkbar, daß in der Erde

---

*) Wieviel man von der Bedeutung des Protoplasmas sagen will, entscheiden Stand der Schule und die Mittel derselben. Man wird wohl in keiner

oder dem Waſſer Riedſaft, aus welchem die Riedpflanze, oder giftiger Schierlings=
ſaft, aus welchem die Schierlingspflanze gebildet wurde, enthalten ſei. Vielmehr
müſſen wir annehmen, daß die Pflanzen nicht Pflanzenſaft, wie wir ihn in den
verſchiedenen Pflanzen verſchieden finden, aus der Erde aufnehmen, ſondern nur
Auflöſungen von mineraliſchen Stoffen, die in der betreffenden Pflanze erſt in
die ihr eigentümlichen Säfte und Gewebe verarbeitet werden. In welchen
Organen mag dies geſchehen? — Mineraliſche Stoffe und Waſſer allein
bauen den Pflanzenkörper nicht auf; Kohle zu nicht geringem Teile gehört als
drittes Glied dazu, kann aber nur als Kohlenſäure, alſo in Verbindung mit
Sauerſtoff, in die Pflanze gelangen. Wenn die Kohle ſich mit mineraliſchen
Stoffen und Waſſer zu organiſchem Stoff verbindet, muß Sauerſtoff ausgeſchieden
werden. Die Ausſcheidung von Sauerſtoff haben wir beobachtet (vgl. „Waſſer-
linſe", Verſuch 8). Obgleich der Sauerſtoff von der Kohle getrennt und ausgeſchieden wurde, die Kohle alſo zurückblieb, wurde doch die Pflanze von derſelben
nicht ſchwarz, ſondern blieb ſchön friſch grün. Es muß alſo die Kohle nicht als
ſchwarze Kohle abgelagert ſein, ſondern, ſo wie ſie mit dem Sauerſtoff die farbloſe
Kohlenſäure bildete, muß ſie jetzt in eine andre Verbindung eingetreten ſein, in der
ſie ebenfalls ihre Farbe verlor. Wir müſſen annehmen, daß die Kohle in dem-
ſelben Augenblick, da ſie die Verbindung mit dem Sauerſtoff aufgab,
eine neue Verbindung mit Waſſer und mineraliſchen Stoffen einging,
eine Verbindung zu organiſcher, zu Pflanzenſubſtanz. — Wir haben ferner beobachtet,
daß die Ausſcheidung von Sauerſtoff, mithin die Bildung von Pflanzenſtoff, im direkten
Sonnenlicht (Waſſerpeſt — Waſſerfaden, S. 224 u. 234) ſchneller von ſtatten ging als
bei weniger Licht. Wir werden danach weiter ſchließen, daß die Vereinigung
von mineraliſchen Stoffen, Waſſer und Kohle durch Einwirkung des
Sonnenlichtes befördert wird. Soll nun eine derartige Vereinigung der
verſchiedenen Stoffe ſtattfinden — und ſie iſt ja für das Leben der Pflanze
unerläßlich — ſo muß alſo dem Sonnenlicht möglichſt viel Einfluß geſtattet ſein
(vgl. Topfpflanzen!). Welcher Pflanzenteil aber ermöglicht das mehr, als die
Blätter?

b) Die Blätter ſind auch Ernährungsorgane. Sie ſind breit und dünn,
ſetzen alſo den in ihnen befindlichen Saft einer verhältnismäßig ausgedehnten Einwirkung des Sonnenlichtes aus; ſomit iſt ihre Form geeignet, die Vereinigung der Pflanzenbeſtandteile durch Einwirkung des Sonnenlichtes
zu fördern. Sie ſind gleichſam die Küche, in welcher der durch die Wurzeln
aufgenommene und ihnen zugeführte rohe Nährſaft bereitet wird und zwar mit
Hilfe der Sonne. Dann erſt, nachdem er in den Blättern bereitet iſt, haben wir
wirklichen Schierlingsſaft ꝛc. — Nun werden aber auch Organe, die unterhalb der

---

Schule mehr umhin können, vom Zellaufbau zu reden und wird wenigſtens
darauf hinweiſen müſſen, daß die Lebensſubſtanz das Protoplasma iſt. Mit
einem Mikroſkop zeigt man dieſes in einem kurzen abſtehenden, nicht langen,
herabhängenden Wurzelhaar von der (lebensfriſchen) Waſſerpflanze Froſchbiß
(Hydrocharis morsus ranae) — am beſten ohne das Haar abzuſchneiden,
da hierdurch das Protoplasma eine Zeitlang betäubt werden würde. (Über das
Protoplasma vgl. Junge „Die Urweſen", Kiel 1905.)

Blätter liegen, z. B. Knospen in den Blattwinkeln (vgl. Kastanie 2c.) oder junge Triebe und Blüten (Schwertlilie 2c.) ernährt, d. h. sie werden mit zubereitetem organischen Saft versorgt; so müssen sie also auch von dem Saft, der in den Blättern bereitet ist, erhalten werden, mithin muß der Saft aus den Blättern wieder abwärts steigen. (S. 177, Anmkg. 3.) Und wenn dann der Saft nicht zur Bildung notwendiger Organe gebraucht wird, so wird er in Gestalt von Stärkemehl und andern Stoffen verdichtet, die als Reservestoffe zur Bildung von spätern Organen in der Pflanze abgelagert sind. (Vgl. Knospen — Weidenabschnitt!)

Indessen bilden die Blätter nicht allein den Ort zur Verarbeitung der aufgenommenen Stoffe, sondern sie selbst nehmen Kohlensäure auf und geben, nachdem Kohle und Sauerstoff getrennt sind, den Sauerstoff wieder von sich, ähnlich wie unsere Versuche (S. 233, 8) mit Wasserfäden und Wasserlinsen*) gezeigt haben. Die Blätter nehmen also wie die Wurzeln Stoff auf. Dazu aber haben sie ganz feine Öffnungen, bei den Luftblättern an der Unterseite am meisten, bei den schwimmenden Blättern nur auf der Oberseite (warum?). Welche Veränderung muß demnach mit den Blättern des Knöterichs vor sich gehen, wenn er vom Lande ins Wasser versetzt wird oder umgekehrt? Was muß mit Pflanzen geschehen, die einer solchen Veränderung nicht fähig sind? Diese kleinen Öffnungen in Blättern der Wasserpflanzen stehen mit den Lufträumen im Innern der Blatt- und Blütenstiele in Verbindung; mithin steht die Luft in diesen Organen, die im übrigen von der atmosphärischen Luft abgeschlossen sind, doch mit der gewöhnlichen Luft in Verbindung (vgl. Hohlräume im Körper des Vogels!) und der Luftaustausch (vgl. Versuch 6e bei „Wasserlinsen") nimmt größern Umfang an, als wenn er nur auf die Blätter beschränkt wäre.

Noch eine fernere Aufgabe haben die Blätter zu erfüllen. An unsern Topfgewächsen können wir beobachten, daß sie, besonders im heißen Sommer, viel mehr Wasser bedürfen als sie zu Pflanzenstoff verarbeiten. Werden sie nicht mit Wasser versorgt, so welken sie ähnlich wie abgeschnittene Blumen. Das Wasser verdunstet durch die Blätter. Je mehr Wasser durch die Blätter verdunstet, desto mehr Wasser und mit demselben anderer Nährstoff kann von den Wurzeln wieder aufgenommen werden, desto mehr Pflanzenstoff wird gebildet. Dazu hilft mithin die Wärme.

Die Einnahme von Kohlensäure und Ausscheidung von Sauerstoff und Wasser wird auch bisweilen mit dem Ausdruck „Atmung" bezeichnet, obgleich das Atmen auch der Pflanzen im eigentlichen Sinn das Einnehmen von Sauerstoff und Ausgeben von Kohlensäure bezeichnet.

Außer der notwendigen Nahrung müssen die Pflanzen auch ein zureichendes Maß von Licht und Wärme an ihrem Standorte haben, damit sie die Nahrung sich aneignen können. (Die Antwort auf die Frage am Schluß von 1.)

Welche Pflanzen wachsen, trotzdem sie keine Wurzeln haben? Wie ernähren sie sich? Welche Bedeutung hat es für den Wasser-Hahnenfuß und die Wasserfeder, daß die untergetauchten Blätter fein zerschlitzt sind? (Vgl. Kiemen der Tiere.)

---

*3) Der Versuch mit den Wasserlinsen kann ja wiederholt, aber derartig abgeändert werden, daß man alle Wurzeln abschneidet.

4. **Entwickelung.** In jedem Frühling sehen wir die Pflanzenwelt zu neuem Leben erwachen. Sobald die Sonne nur etwas höher steigt und wärmer zu scheinen beginnt, schwellen die Knospen der Weiden (der Kastanien), der Erlen und anderer Bäume; bald brechen die Kätzchen hervor, und nicht lange, so steht der bis dahin nackte Baum im Schmuck des frischen Frühlingsgrüns. Wie die Weiden am Teich, so erwachen auch Seerose, Rohr, Iris u. a. am Grunde desselben zu neuem Leben. Aus ihrem wagerechten Stamm (Wurzelstock) treiben sie neue Schößlinge hervor, die sich entweder schon unter der Oberfläche oder oberhalb derselben zu Blättern, teilweise im eigentlichen Sinne des Wortes entwickeln, auseinander wickeln, sich vergrößern. So entwickelt die ganze Pflanzenwelt am und im Teich vor unsern Augen ein immer reicher sich gestaltendes Leben, indem sie mehr einzelne Glieder erzeugt und ausbildet. Wo ein Individuum abgegangen ist, nimmt bald ein anderes seine Stelle ein. So wird der Teich wiederum mit einer grünen Einfassung geschmückt, an seichteren Stellen wird das Wasser durch hervorgesproßene Gräser und andere Pflanzen verdeckt, und selbst an freieren Stellen, wo Laichkraut, Wasserlinsen u. a. noch Raum lassen, erscheint das Wasser von Wasserfäden und einer Menge mikroskopisch kleiner Pflänzchen grün — „es blüht". Bald tauchen im Rahmen des Teiches das zarte Vergißmeinnicht, der himmelblaue Günsel, das Wiesenschaumkraut, der Hahnenfuß, die reizende Zottenblume auf, die gelbe Krone der Schwertlilie strahlt weithin, und Igelkolbe und Laichkraut und Wasserstern u. a. bezeugen, wenn auch minder auffallend, wie die Pflanzenwelt des Teiches im Mai und Juni den Glanz- oder Höhepunkt ihres Lebens erreicht hat. Allgemach verliert sich der Blumenschmuck. „Die Blume verblüht, die Frucht muß treiben." Das Pflanzenleben geht für das Auge des Beschauers bergunter; die frische grüne Farbe verliert sich mehr und mehr in gelb, die Blätter hängen mehr herunter. — Von den Bäumen raubt der Wind dieselben zunächst nur einzeln, dann zahlreicher, und wenn der Herbst dergestalt die Pflanzen vorbereitet hat, überliefert er sie dem Winter, der sie in kalter Umarmung fest einschläfert oder unter kristallener Decke schützt (Temperaturmessung! S. 258 u. 259).

So in großen Zügen gezeichnet, gestaltet sich das Pflanzenleben des Teiches im ganzen: es beginnt, entfaltet sich, erreicht einen Höhepunkt und sinkt wieder herunter zur Ausgangsstufe. *Wie wird nun diese jährliche Verjüngung* **der ganzen Pflanzenwelt** *erreicht?* Natürlich ist sie begründet in der *Entwicklung des* **Individuums.** Denken wir an die Knospe. Sie ist ebensowenig wie die ganze Pflanzenwelt eine Neuschöpfung des Frühlings; sie ist schon im Vorjahre angelegt (s. Kastanie, Weide), und die Lebenskraft im Baume hat die Blätter selbst während des Winters im Innern mehr und mehr aus den im Sommer abgelagerten Reservestoffen ausgebildet, so daß der Frühling nur nötig hatte, sie aus ihrer Knospenhülle hervorzurufen und im Sonnenlicht zu entfalten und zu vergrößern. Die Knospendecken werden bald abgeworfen, und wenn dann die Blätter dem Baume ihre Dienste geleistet (s. oben 3b) und im Blattwinkel eine Knospe groß gezogen haben, fallen auch sie ab. — Wie steht es in dieser Beziehung mit der Entwicklung des Rieds, der Igelkolbe, des Weidenröschens, der Wasserlinse 2c.?

Die bisher ins Auge gefaßte Entwicklung findet indes nur Anwendung auf die mehrjährigen Pflanzen, welche Knospen in irgend einer Gestalt als wirkliche

Blatt- oder Zweigknospen, als Wurzelausläufer oder dergl. entwickeln. Aus Knospen, wenn wir so sagen wollen, in ganz anderer Form, entwickeln sich jedenfalls alle einjährigen, auch manche mehrjährigen Pflanzenindividuen, nämlich aus **Samen**. Wie die Blätter, welche scheinbar der Frühling erst geschaffen hat, schon in der Knospe fertig ruhten, so ist die junge Pflanze, welche aus dem Samenkorn erwächst, **schon in demselben vorgebildet**.*) Die Knospe mit ihrer Anlage zu einem jungen Zweig wurde von und an dem vorjährigen Zweige und das Samenkorn mit seiner Anlage zu einer neuen Pflanze wurde von und auf der vorjährigen Pflanze gebildet. (Natürlich stets Beispiele!) In beiden Fällen haben wir also den Beginn der Entwicklung oder die erste Anlage der Neubildung im Vorjahre auf der alten Pflanze zu suchen; die junge Pflanze bildet sich nicht erst beim Keimen des Samenkorns. **Wann geschieht denn ihre erste Anlage?**

Die Pflanzen unseres Dorfteichs geben uns wenig Anhalt zur Beantwortung dieser Frage. Doch vgl. Samen der Igelkolbe (S. 204). Anderweitige Beobachtungen kommen zu Hilfe. Nach der Blütezeit der Kastanie liegen unter dem Baum eine Menge kleiner Früchte, die alle bei genauerer Untersuchung nur verkümmerte Samenkörner zeigen. Ähnlich finden wir unter den Apfel-, Birn-, Kirsch- und Pflaumenbäumen eine Unzahl von „abgeworfenen Blüten". Bei Vergleichung mit den an den Bäumen gebliebenen kann uns ein Unterschied nicht entgehen. — Soll sich nämlich in dem Samenkorn des Fruchtknotens ein Pflänzchen bilden, so muß der Staub auf die Narbe gelangen, in ihrem Honigsaft gleichsam keimen und einen Schlauch entwickeln, der durch den Griffel bis in das Samenkorn hineinwächst. Erst dann beginnt in dem Samenkorn die Anlage einer Pflanze und wird für dieselbe Nahrungsstoff (s. Reservestoffe) niedergelegt. (Wo die Anlage einer jungen Pflanze nicht gelingt, wird auch kein Nahrungsstoff abgesetzt, es wird vielmehr das ganze Gebilde als verfehlt oder nutzlos abgestoßen — die „tauben" Blüten fallen ab.) Wenn die junge Pflanze so von der alten ausgebildet und mit Nährstoff für ihre nächste Zukunft versehen ist (vgl. oben Knospe), kann sie eine Zeitlang ruhen, bis sie in günstige Verhältnisse gebracht wird. Dann wird die bis dahin zurückgehaltene (sistierte) Entwicklung fortgesetzt, die Samenhülle wird von der Wurzel durchbrochen, es entwickelt sich ein tutenförmig aufgerolltes Blatt (Ried — Korn), das ein anderes einschließt; oder aber es bilden sich zugleich zwei Blätter, die allerdings zunächst mit den später erscheinenden Blättern oft gar keine Ähnlichkeit haben: es sind die **Keimblätter**. Zwischen diesen bildet sich ein

---

*5) Wer nur ein Jahr oder höchstens zwei Jahre auf den naturgeschichtlichen Kursus verwenden darf, wird sich kaum mit Keimversuchen von Dorfteichpflanzen befassen, sondern vielmehr zu diesem Zweck Kulturpflanzen und zwar solche mit größeren Samen benutzen. In aufgequellten weißen Bohnen, die man ja leicht (vorsichtig) spalten kann, ist die vollständige junge Pflanze mit zusammengeklappten und gefalteten Blättern zu erkennen; in Kastaniensamen, Korn, Apfelkernen 2c die Wurzel. In Irissamen, der einige Tage zum Quellen in Wasser gelegt ist, sieht man beim Spalten den strichartigen weißen Keim recht deutlich: „Blattkeimer — Spitzkeimer". Auf dieser Voraussetzung, daß nämlich auch in der ungünstig gestellten Schule derartige Sachen beobachtet werden, beruht die weitere obige Ausführung.

Stamm (Stengel), der die eigentlichen Blätter erzeugt und nach gehörigem Wachstum auch Blüten und Früchte hervorbringt.

Mit der Anlage der jungen Pflanze in dem Fruchtknoten der Blüte schwindet der äußere Glanz des Pflanzenlebens. Blumenblätter, Staubgefäße, teilweise der Kelch, fallen ab oder vertrocknen, das Leben der Pflanze wird viel mehr ein inneres, das vor allem auf Reifen der Frucht abzielt. Ist letzteres erreicht, so stirbt die (einjährige) Pflanze nach und nach vollständig ab. Wir werden es also als die Lebensaufgabe der (einjährigen) Pflanze anzusehen haben, die Frucht zu reifen. Durch die Fruchtbildung wird die Pflanzenart erhalten, daß dieselbe nicht ausstirbt. Von diesem Gesichtspunkt aus wird uns noch manches andere begreiflich. Die Pflanze kann, weil sie an einen bestimmten Ort gebunden ist, den Staub nicht selbst auf die Narbe einer andern Pflanze bringen.*)

Es mag scheinen, als ob nichts leichter wäre als Bestäubung, da sehr häufig Staubgefäße und Stempel fast unmittelbar nebeneinander stehen. Allein bei vielen Pflanzen sind sie doch auch getrennt, entweder auf derselben Pflanze oder gar auf verschiedenen Individuen (Weide). Wenn nun aber noch hinzukommt, daß, wie es die Regel zu sein scheint, Staubgefäße und Stempel auf einer bestimmten Pflanze sich nicht gleichzeitig entwickeln (vgl. Igelkolbe) oder die Staubgefäße nicht gerade dann, wenn die Narbe Honig entwickelt hat, ihre Staubbeutel zur Entleerung des Staubes öffnen, so muß schon der Staub von einer Blüte in die andere gelangen, wenn Frucht erzeugt werden, wenn die Pflanze ihre Lebensaufgabe erfüllen soll. Und ferner kann dieser Staub nur durch fremde Kräfte an seinen Ort gebracht werden. Solche dienstbare Kräfte finden sich im Wind und in den Insekten (NB. Ameisen eingeschlossen! Beobachtungen!). Erreicht der durch Insekten oder der durch den Wind fortgeführte Staub sicherer sein Ziel? Welche Pflanzen — Wind- oder Insektenblütler müssen also mehr Staub hervorbringen? Inwiefern würde dichte Belaubung der Befruchtung der Windblütler hinderlich sein? Warum ist es gut, daß mancher Staub klebrig, anderer wiederum trocken ist? Wodurch werden die Insekten angelockt — bei kleinen Einzelblüten (Berle) — bei größeren (Iris) — bei unscheinbaren? So ist also in mannigfaltiger Weise dafür gesorgt, daß eine Befruchtung stattfinden, eine Frucht gebildet werden kann; ja dem oberflächlichen Blick könnte es scheinen, als ob die Natur verschwenderisch mit Erzeugung des Blütenstaubes vorgegangen wäre, und doch wird auf solche Weise ein ferner liegendes höheres Ziel erreicht. Warum dürfen wir die große Anzahl Samen auf dem Schachtelhalm nicht als Verschwendung ansehen? Wodurch werden die Samen verbreitet? Wodurch sind sie in ihrer Jugend (wodurch später) geschützt? (Kastanie — Iris). Auf welche Weise wird die Art derjenigen Pflanzen (Wasserlinsen) erhalten, die (bei uns) selten oder nie zum Blühen und Fruchttragen kommen?

So ist die jährliche Entwickelung (Verjüngung) der Pflanzenwelt ermöglicht

1) durch die Anlage der Knospen,
2) durch die Ausbildung der Samen

---

*) Vgl. dagegen Stichling, wenn „Befruchtung" behandelt ist

a) es ist genug Staub vorhanden,
b) derselbe wird genügend verbreitet,
3) Knospe und Samen haben besondere Schutzmittel für die zartern Gebilde in ihrem Innern,
4) für beide wird (meistens) Nahrungsstoff niedergelegt,
5) für Verbreitung der Samen wird in verschiedenartiger Weise gesorgt.

Als Resultat unserer bisherigen Betrachtung stellen wir heraus:

Zu dem Aufenthalt der Pflanze paßt ihre Einrichtung und mit dieser stimmt auch ihre Lebensweise (Ernährung — Entwickelung) überein.

5. Die Pflanze als Glied in dem Ganzen.

a) Ihre Abhängigkeit. Wie das Leben der Tiere, so ist auch die Existenz der Pflanzen von Stoffen und Kräften abhängig. Zu den in Betracht kommenden Stoffen gehört in erster Linie der Boden in seiner verschiedenartigen Zusammensetzung. Der Boden liefert den Pflanzen die nötige mineralische Nahrung. Tut er das nicht mehr, so können sie nicht mehr leben: die Art stirbt an dieser Stelle nach und nach aus (vgl. S. 237). Solange er ihnen dieselben reichlich gewährt, gedeiht das Einzelexemplar üppig (wenn andre Bedingungen auch nicht fehlen), treibt kräftige Ausläufer und erzeugt viel Samen, und bald kann ein einzelner Ort von einer bestimmten Pflanzenart überwuchert sein (Verbreitung der Wasserpest). Das Verhältnis ist genau so, wie wir's bei den Tieren kennen lernen. Von der Menge der passenden Nahrung hängt das Wohlbefinden und die Zahl der Einzelwesen ab. — Die Pflanzen bedürfen weiter des Wassers und hängen somit von dessen Vorhandensein ab. Das Wasser bildet, wie wir gesehen haben, einen Bestandteil des Pflanzenkörpers — ohne Wasser können die Pflanzen ihren Körper nicht aufbauen, können nicht flüssigen Saft haben. Das Wasser muß die Teile, aus welchen die Pflanzenorgane gebildet werden, in Auflösung erhalten, denn sonst können sie in der Pflanze nicht bewegt werden, also nicht an den Ort gelangen, wo sie verbraucht werden sollen. Daher ist das Wasser schon zum Keimen der Pflanzen unbedingt notwendig. Was würde der abgelagerte Nahrungsstoff nützen, wenn er dem Keim nicht zugute käme? Weiter kommt auch noch die Menge des Wassers in Betracht (Wasser- und Uferpflanzen) und ferner die Tiefe. Wohl streben die eigentlichen Wasserpflanzen an die Oberfläche; an tiefen Stellen sind die Stengel des Knöterichs, des Laichkrauts, der Seerose länger als an seichteren Stellen: die Pflanzen also bequemen sich in ihrem Wachstum einigermaßen der Tiefe des Wassers an. Aber diese Anbequemung hat ihre Grenzen. Recht tiefe Stellen des Teiches machen sich durch Fehlen von Pflanzen äußerlich kenntlich. Natürlich hängen die Pflanzen ferner von der Beschaffenheit des Wassers ab, oder eigentlich von den Beimengungen, die das Wasser aufgelöst mit sich führt. (Mooriges, kalkhaltiges, salziges Wasser; dem entsprechende Pflanzen — aber nur, wo die Anschauung einen Vergleich ermöglicht). — Nebst mineralischer Teile und des Wassers bedarf die Pflanze zum Aufbau ihres Körpers der Kohle, die sie aus der Kohlensäure erhält. Die Kohlensäure ist eine Luftart. Schon aus diesem Grunde würden wir sagen können, daß die Pflanzen auch von der Luft abhängen. Dies gilt jedoch noch in einem tieferen Sinn. Erinnern wir uns nur, auf welche Weise (nach unsern Beobachtungen) Kohlensäure erzeugt wird; es geschieht beim Verwesen (Verbrennen) und beim Atmen. Die Kohlensäure als Luftart entweicht in die Luft und wird mit derselben sogleich fortgeführt. Demnach wird sie den Pflanzen auch durch die Luft zugeführt. Und weiter. Wie die Luft ihnen Kohlensäure als Nahrungsmittel zuführt, so muß sie ihnen, die sich nicht von der Stelle bewegen, sich nicht mit frischer Luft umgeben können (vgl. die Flossenbewegung der Fische), auch die verbrauchten oder ausgeschiedenen Stoffe, den Sauerstoff, das Wasser, abnehmen. Da die Pflanzen den Sauerstoff, als unbrauchbar für sie, ausatmen, so müssen sie in einer Atmosphäre, die mit Sauerstoff angefüllt ist, verhungern oder ersticken, wie ein Mensch in solcher Luft, die mit der für ihn unbrauchbaren Kohlensäure gesättigt ist. Die Pflanzen sind demnach von den Beimengungen der Luft und ihrer Bewegung abhängig.

Boden, Wasser und Luft haben die Pflanzen zu allen Zeiten, und doch erreichen sie den Höhepunkt ihres Lebens nur in der warmen Jahreszeit. Sie hängen auch von Kräften, von welchen wir als am augenscheinlichsten die Wärme erkennen, ab. Wie Wasser, so ist auch Wärme schon zum Keimen und überhaupt zur Entwickelung der angelegten Organe notwendig. Ein paar warme Frühlingstage bewirken das Aufbrechen der Knospen und die Entfaltung der Blätter. Später folgen an den meisten Pflanzen die Blüten, an der einen in diesem, an der andern in jenem Monat (Beispiele!), im Süden Deutschlands früher als im Norden, in kalten Jahren später als in warmen. Die Blüten bedürfen zu ihrer Entwickelung einer gewissen Summe von Wärme; erhöhte Wärme bringt sie schneller zum Vorschein. Dasselbe gilt von dem Reifen der Früchte. Welche Wirkung mag die Wärme denn haben? Werden Trauben oder Obst in einem ungünstigen Sommer nicht gehörig reif, so sind die Früchte sauer, und zwar die der Sonne abgewandten mehr, als die der Sonnenwirkung ausgesetzten. Es hat sich aus den vorhandenen Pflanzenstoffen zu wenig Zucker gebildet, sie sind nicht in hinreichendem Maße chemisch verwandelt. Die Wärme befördert die chemische Umwandlung der Stoffe, weshalb wir unsre Nahrung ja auch in der Küche über dem Feuer bereiten lassen. — Eine andere Wirkung der Wärme besteht darin, daß sie die Auflösung der Nahrungsstoffe befördert, und erinnern wir uns ferner dessen, daß ein höheres Maß derselben die Ursache der stärkeren Verdunstung durch die Blätter und infolgedessen einer vermehrten Nahrungsaufnahme durch die Wurzeln ist, so wird erklärlich, daß die Pflanzen unter dem Einfluß erhöhter Wärme kräftiger wachsen. (Verkümmerungen in kalten Regionen.) So sind die Pflanzen also in Entwickelung und Wachstum durchaus von der Wärme abhängig. Wo und wann sie fehlt, stockt die Lebenstätigkeit. Wie der Frosch beim Eintritt der kalten Jahreszeit sich in den frostfreien Schlamm begibt, um hier ohne augenfällige Lebensäußerung des Auferweckungsrufes durch die Frühlingswärme zu harren, so schließen bei uns die mehrjährigen Pflanzen auch im Herbste ihr Jahresleben ab, soweit es nach außen sich zeigt und bereiten sich im Innern auf das Wiedererwachen im Frühling. Wie? (Vgl. auch den Puppenschlaf des Gelbrandes: Ausbildung der spezifischen Organe des Käfers aus Reservestoffen!)

Weniger bemerkbar als der Einfluß der Wärme ist der des Lichtes. Doch hängt das Gesamtleben der Pflanze nicht minder vom Dasein des Lichtes ab.

Erinnern wir uns nur, daß das Sonnenlicht erforderlich ist, damit in der Pflanze die unorganisierten Stoffe zu organisierten Verbindungen zusammentreten können. (Vielleicht hat sich Gelegenheit geboten, zu beobachten, wie eine Pflanze in einer Nacht bedeutend gewachsen ist. Ausbildung der Organe geschieht in der Dunkelheit — Assimilation unter dem Einfluß des Lichtes. Assimilation und Aufspeicherung der Reservestoffe während des Sommers mit größern Tageslängen — Verbrauch derselben zur Anlage und Entwickelung neuer Organe während lichtärmerer Zeit.) — Eine andere Wirkung des Lichtes zeigen die Seerosen, die sich am Abend schließen und dem Lichte wieder öffnen (wie Löwenzahn und viele andre Blumen). Und wenn wir die Farbe des Wurzelstocks der Seerose mit der der Blätter vergleichen (zum mindesten den aus größerer Tiefe), so erscheint er nur schwach grün gefärbt (wie auch die Kartoffelkeime im Keller, wo das Tageslicht fehlt, farblos sind), eine Folge von Mangel an reichlichem Sonnenlicht. Die Farbe der Pflanze ist abhängig von der Einwirkung des Sonnenlichtes. In wiefern hängt diese Wirkung des Lichtes wohl mit der zuerst erörterten zusammen?

Eine fernere Kraft, die für das Leben der Pflanze von Bedeutung ist, ist die Schwerkraft. Der Same wird durch die Schwerkraft zu Boden gezogen, der eine schneller, der andere langsamer, je nachdem ihm Anhängsel fehlen oder er mit solchen als Flugvorrichtung versehen ist (Erle, Iris, Weide, Laichkraut). Beim Keimen beeinflußt die Schwerkraft die Richtung der Wurzel: sie zieht dieselbe in die Erde.*)

---

*6) Diese Tatsache weise ich in folgender einfachen Weise nach. Die Abzugsöffnung in einem etwa 10—12 cm weiten Blumentopf erhält eine längliche Form, indem man nach den Seiten ein spitzes Eisen, etwa eine Feile, aufsetzt (von außen) und mit einem Hammer einen kurzen kräftigen Schlag auf dasselbe führt. Läßt man den Blumentopf von jemand halten, so ist durchaus nicht zu besorgen, daß er zertrümmert werde. Auf solche Weise entstehen, von dem Loche ausgehend, zwei Reihen von feineren Löchern und man kann durch Herausdrücken des von denselben begrenzten Stückes der runden Abzugsöffnung die verlangte längliche Form geben. Nun werden längliche weiße Bohnen quer über die Öffnung gelegt, jedoch in verschiedenen Lagen, so, daß von der einen der Keim nach unten, von der andern seitwärts, von einer dritten nach oben herauskommen muß. Das Keimen kann durch eintägiges Einweichen der Bohnen schon eingeleitet sein. Dann wird Erde auf die Bohnen gebracht und sanft angedrückt. Danach überzeugt man sich, ob die Bohnen noch die gewünschte Lage haben; sonst werden sie (von unten) mit einer Pinzette oder in Ermanglung deren mit einem Zirkel (am besten, wenn seine Spitzen etwas einwärts gebogen sind) in die richtige Lage gebracht. Der Blumentopf wird in einen seiner Größe entsprechenden Glashafen, der etwas Wasser enthält, eingeklemmt, doch so, daß er das Wasser nicht berührt. Die Erde wird angefeuchtet, dann kann der Topf mit einer undurchsichtigen Platte bedeckt werden, damit das Licht abgehalten, die Feuchtigkeit aber festgehalten wird. So stellt man ihn vor das Fenster. Je nach der Temperatur treiben die Bohnen ihre Wurzeln früher oder später nach unten. Zum Vergleich kann man auch auf der Erde einige

Doch dürfen wir uns hier die Einwirkung nicht einfach als Massenanziehung denken, wie beim Herabfallen der Samen; denn warum geht die Wurzel abwärts, steigt aber der Stengel aufwärts? einerlei welche Lage das Samenkorn im Boden bekommen hat. Es muß in der Eigenart der Wurzel, des Stengels begründet sein. Beide müssen eine Empfindung für die Wirkung der Schwerkraft haben; doch während die Wurzel dem Zuge derselben folgt, stellt sich der Stengel in entgegengesetzte Richtung ein. Beide Teile sind so empfindlich gegenüber der Wirkung der Schwerkraft, daß sie, gewaltsam aus der lotrechten Lage gedrängt, sich wieder in dieselbe einstellen. Der Stengel, der durch schweren Regen, Hagel oder dgl. Einflüsse gefallen ist, richtet sich auf durch einseitig beschleunigtes Wachstum an der untern Seite, wodurch diese gleichzeitig an dem Knie eine Verdickung erfährt, also gestärkt wird, die verschobene Last zu tragen.

So ist die Wirkung der Schwerkraft auf die Pflanze eben nicht ausschließlich in physikalischem Sinne zu verstehen, sondern gleichzeitig eine Reizwirkung, die die Pflanze empfindet und nach der sie sich in ihrem Wachstum einrichtet.

Als den Träger der Empfindung müssen wir auch hier den Zellinhalt, das Protoplasma ansehen.*)

Welche Folgen würde es haben, wenn die Wurzel nicht in die Erde gezogen würde, sondern in der Richtung fortwüchse, welche sie durch die Lage des Samenkorns hat? (Denkt an den säenden Landmann!)

Als Wirkungen der Wärme und der Schwerkraft nennen wir noch die Strömungen von Luft und Wasser. Inwieweit üben dieselben auf Befruchtung und Wanderung der Pflanzen einen Einfluß aus? (Vgl. auch oben: Eller, S. 181.)

Endlich haben wir noch der Tiere und Pflanzen, der organischen Wesen, zu erwähnen als einflußübend. Dienen einzelne Pflanzen auch nicht andern als Nahrung, wie wir ähnliche Verhältnisse unter den Tieren kennen, so hängen sie doch insoweit voneinander ab, als die einzelne in der Gemeinschaft mit

---

Bohnen in gleicher Lage halb in die Erde drücken. Die Wurzeln dieser Samen senken sich alle und gelangen in die Erde. — Um überzeugend darzutun, daß nicht das Licht wirkt, kann man durch einen schräge gestellten Spiegel den Blumentopf von unten beleuchten. Es folgt: Nicht eine unbekannte Kraft der Erde oder der Wurzeln noch Abneigung gegen das Sonnenlicht gibt der Wurzel ihre Richtung. Einen anderen Versuch zur Nachweisung von der Wirkung der Schwerkraft auf die Wurzel s. Naturgesch. II. Kulturpflanzen!

*7) Nach Haberlandt enthalten die Zellen junger Pflanzenteile bewegliche Stärkekörner, die der Schwerkraft folgen und bei veränderter Lage der Organe auf das Protoplasma an den Zellwänden einen Druck ausüben, den das Protoplasma empfindet und welcher Empfindung alsbald die entsprechenden Wachstumsbewegungen der Organe folgen. — Die Richtigkeit dieses Ergebnisses seiner Untersuchungen wird freilich von Noll angefochten, aber die indirekten Schlüsse die dieser aus seinen Kontrollversuchen zieht, enthalten manche bestreitbare Annahmen, so daß sie nicht genügen, die positiven Resultate Haberlandts und Nemecs zu erschüttern. — Daß die Organe aber in ihrem Wachstum der Schwerkraft unterworfen sind, läßt sich experimentell nachweisen, indem man durch Rotation die Wirkung der Schwerkraft aufhebt.

andern Schutz findet. Der einzelne Riedhalm wird vom Sturm viel leichter geknickt, als wenn er sich inmitten einer größeren Gesellschaft von seinesgleichen befindet, wo dann einer den andern stützt und jeder einen Teil des Windstoßes auffängt. Ist es anders im Menschenleben? — Von den Tieren hängen die Pflanzen ab, soweit ihre Befruchtung von den Insekten vermittelt werden muß und ferner, weil der tierische Körper durch sein Atmen ihnen die zu ihrem Leben notwendige Kohlensäure liefert. Und wenn auch hauptsächlich Strömungen in Wasser und Luft die Beförderung der Pflanzen nach verschiedenen Orten besorgen, so helfen doch auch Tiere mit. Wie kommt sonst jener Himbeerstrauch auf den alten Weidenbaum? (Einzelne Beispiele nach den Örtlichkeiten!) — Wie sehr Menschen ihren Einfluß auf das Leben der Weiden, Ellern, des Riedes, überhaupt der Pflanzen am und im Wasser ausüben, kann jeder leicht ermessen.

b) **Der Dienst der Pflanzen.** Wenn ich nach dem Dienst der Pflanzen frage, so wird gewiß in erster Linie ihrer Dienstleistung im Hinblick auf die Tiere gedacht. Versorgen sie dieselben doch mit Sauerstoff zum Atmen und ferner mit Nahrung, und zwar die Pflanzenfresser unmittelbar und durch diese die Tierfresser mittelbar: sie verwandeln die unorganische Materie in organische, die allein den Tieren als Nahrung dienen kann; kein Tier lebt von mineralischen Stoffen. Ferner gewähren die Pflanzen den kleineren Tieren und deren Brut Schutz gegen Verfolgungen und den übergroßen Brand der Sonnenstrahlen, der teils den Tieren direkt lästig werden, teils das Wasser zu sehr erwärmen würde. Auch den Menschen gewähren die Pflanzen Nutzen, einige durch ihre Blätter, die vom Vieh gefressen werden, die Bäume durch ihr Holz, ganz abgesehen davon, daß der gemütvolle Mensch durch die Betrachtung des Landschaftsbildes — wie viele Menschen reisen allein zu diesem Zweck! — und durch Beobachtungen der Eigentümlichkeiten im Pflanzenleben sich eine Quelle des reinsten Genusses erschließen kann. — Der Dienst, den die Pflanzen einander erweisen, ist schon geringfügiger (worin besteht derselbe? S. a!), und wie sie der unorganischen Natur dienen, ist an unsern Teichpflanzen wohl kaum zu erkennen. (Es ist somit klar, daß sie den höheren Wesen mehr Dienste leisten als den niederen oder gleichstehenden. Umgekehrt sind die höherstehenden mehr von den niederen abhängig als von ihresgleichen. Wenn der Mensch, der sich so gern mit Stolz den Herrn der Schöpfung nennt, dies doch richtig beachtete! Wie sollte dieser Herr leben können, wenn die Pflanzen nicht auch für ihn den unorganischen Stoff in organische Gebilde verwandelten und in seiner Atmosphäre den Sauerstoff erneuerten! Und welchen empfindlichen Nachteil können ihm selbst die kleinsten pflanzlichen Organismen zufügen!*)

c) **Die Stellung der Pflanzen in der Stufenleiter der Geschöpfe.** Jede einzelne Pflanze hat (wie das Tier) eine zwiefache Aufgabe, nämlich die Sorge um die Selbsterhaltung und für die Erhaltung der Art. Dieser doppelten Aufgabe kann sie genügen, sofern sie die erforderlichen Organe besitzt. Da die letztern keiner Pflanze fehlen (— alle, die wir kennen, wachsen und vermehren sich —) so ist jede Pflanze an sich vollkommen; es fehlt ihr nichts. Doch

---

*3) Andeutungen zu etwaiger Benutzung für den Unterricht in der Gesundheitslehre.

spricht man in einem andern Sinn wohl von vollkommneren und unvollkommneren Pflanzen. Welche Pflanze wird, so gemeint, die höherstehende sein, die Wasserlinse oder der Schierling? die Alge oder die Weide? Wir finden nicht bei allen Pflanzen dieselben Organe in gleicher Ausbildung, auch nicht dieselbe Zahl von Organen für die Erhaltung und die Vermehrung. Je weniger Organe eine Pflanze im Vergleich zu einer andern hat, desto unvollkommener — aber nur im Vergleich mit der andern, oder besser — desto **einfacher** erscheint sie; je mehr Organe sie zur Erfüllung ihrer Doppelaufgabe hat, desto zusammengesetzter ist sie, desto **höher** stellen wir sie. So können wir unsre Pflanzen also in eine Reihenfolge bringen, die mit den einfachst organisierten beginnt und zu den höchst organisierten aufsteigt, also gewissermaßen in eine Stufenleiter.

Doch ehe wir uns an diese Aufgabe begeben, machen wir uns klar, **welche Stellung die Pflanze überhaupt unter den übrigen Geschöpfen einnimmt.**

Es wird einleuchten, daß wir die Pflanze, und wenn sie noch so unscheinbar ist, höher stellen müssen als z. B. das Sandkorn, als überhaupt den unorganisierten Stoff, denn die Pflanze hat doch irgendwie Organe; **sie gehört zu den organisierten Körpern.** — Daß sie **unter dem Menschen** steht, ist ebenfalls klar; aber welche Stellung nimmt sie im Vergleich zum Tiere ein? Ihr werdet in eurer Antwort nicht zweifelhaft sein, wenn es sich fragt, ob das Schilf oder der Storch höher zu stellen sei. Allein warum? Stellst du auch den Polypen höher als die Schwertlilie oder die Weide? Ich frage wieder: Warum? Nach der Zahl der Organe müßte der Polyp unter den andern beiden stehen. Aber der Polyp ist immerhin schon ein Tier. Was will das sagen? Die Aufgabe der Iris, wie des Polypen ist dieselbe; aber die Mittel zur Erfüllung dieser Aufgabe sind verschieden. **Die Organe der Tiere sind andere als die der Pflanzen**, und mag der Polyp noch so einfach sein, so kann er sich doch bewegen, um seine Nahrung zu ergreifen — eine Fähigkeit, die unsern Pflanzen abgeht. Schon wegen dieses einen Vorzugs, den das Tier vor den Pflanzen hat, stellen wir den Polypen höher als die höchste Pflanze. Das könnte sonderbar erscheinen. Doch suchen wir uns die Sache zunächst auf einem andern Gebiete durch Vergleichung klar zu machen! Denken wir uns einen großen, kräftigen, klugen Hund und ein etwa zweijähriges Kind, das eben das Gehen gelernt hat. Der Hund kann das Kind gar leicht umstoßen; wenn das Kind ihn am Schwanze zupft oder an den Ohren reißt und kneift, so tut es ihm weh; und doch, wenn es sein Händchen zwischen des Hundes gewaltigen Zähne steckt, so verursacht der Hund ihm nicht den geringsten Schmerz. Wen von beiden stellst du höher? (— Die Antworten fallen wahrscheinlich verschieden, natürlich, je nachdem das augenblickliche oder das künftige Entwickelungsstadium ins Auge gefaßt wird. —) Was sagt der Fuchs in dem Märchen (von Gebr. Grimm), als der Wolf einen Menschen will kennen lernen? In anbetracht dessen, daß selbst das hilflose Kind ein Mensch, freilich ein noch nicht vollkommener, ist, steht es viel höher als der klügste und stärkste Hund. (vgl. S. 166). — Und nun fragen wir wieder: Warum stellen wir selbst das einfachste Tier höher als jede Pflanze? Das geschieht nicht allein wegen des einen Unterschiedes, der freien Bewegung, sondern weil das Tierwesen

in seiner Vollendung, seiner Aufgabe leichter genügen kann, also noch vollkommener ist als das Pflanzenwesen auf gleicher Stufe. Worin besteht denn nun der Vorzug, den das vollkommene Tier als solches vor den Pflanzen voraus hat?
1. Wegen der Fähigkeit zur freien Bewegung und
2. der besseren Fähigkeit zu empfinden, d. h. Eindrücke der Außenwelt wahrzunehmen und diesen entsprechend zu handeln,
   kann das Tier sich besser nähren, besser schützen und besser für seine Brut sorgen — kann nur beim Tier von Lebensgenuß die Rede sein.
3. Das Tier nährt sich von Pflanzen oder Tieren, also von organischen Stoffen, während die Pflanze von unorganischen Stoffen lebt. Die Nahrung des erstern steht in unserer Stufenleiter höher und die Pflanze muß dem Tier in ausgesprochenster Weise dienen.
4. Das Tier hat eine Mundöffnung.*)

Nachdem wir so der Pflanze überhaupt ihre Stelle unter dem Tier und über dem Unorganischen angewiesen haben, versuchen wir auch eine Stufenfolge der uns bekannten Pflanzenarten herzustellen. Bei dieser Einordnung kann natürlich eine größere oder geringere Ähnlichkeit mit dem Menschen (die bei der Aufstellung einer Stufenleiter für die Tiere in Betracht kommen könnte S. 166) nicht als Gesichtspunkt gelten (warum nicht?), sondern nur die Rücksicht auf Einrichtung und Zahl der Organe, die der Erhaltung des Einzelwesens und der Art dienen. Am einfachsten organisiert sind offenbar die Algen, weil wir an ihnen einzelne Organe, wie Wurzel, Stengel ꝛc. nicht unterscheiden können. Ihnen nahe stehen (unserer Auffassung nach**) die Wasserlinsen, denn sie besitzen nur 2 Teile, Wurzel und

---

*9) Es ist dies freilich nicht durchaus zutreffend; allein wir urteilen hier zunächst nach dem Umfange unsrer Anschauung und bleiben dabei, bis unser Wissen die Grenzen unsers Urteils weiter zieht.

**10) Mancher wird mich hier entschieden verurteilen, wenn ich die Wasserlinse vor dem Schachtelhalm nenne, sie mithin niedriger stelle. Allein ich schreibe ja nicht für Kinder, sondern für Lehrer, und welcher von den letztern nicht mit mir einverstanden ist, möge anders anordnen. Solange das Kind aber den tiefern Unterschied zwischen Phanerogamen und Kryptogamen nicht gefaßt hat — und dazu gehört umfassendere Kenntnis und tieferes Wissen — bleibt eine derartige Unterscheidung leerer Wortschwall; denn das Kind wird nicht von der Berechtigung, geschweige denn der Notwendigkeit einer solchen Einteilung überzeugt werden können, wird mithin reine Willkür erblicken. Und warum soll ich der auf freilich beschränkter Anschauung begründeten Überzeugung des Kindes nicht Rechnung tragen, bis tiefere Einsicht eine Berichtigung fordert? Schämt der wissenschaftliche Naturforscher sich doch nicht, sein System zu ändern, sobald neuere Forschungen ihn dazu auffordern! Und sollte er in seinem Naturforscher-Bewußtsein sich beengt und zu Berichtigungen gedrängt fühlen, wenn sein minderjähriges (noch nicht schulpflichtiges) Kind die Pflanzen in Bäume, Büsche, Blumen und Gras einteilt?

Laub (wenn auch andere, die sie blühen sehen, ihnen eine andre Stelle anweisen werden). Das Laub der Wasserlinsen muß für die Ernährung der Pflanze, durch Knospenbildung aber zugleich für ihre Vermehrung und Durchwinterung sorgen. Der Schachtelhalm verteilt diese Arbeit schon auf mehr Organe, insofern wir an ihm außer der Wurzel noch Stamm und Nebenstämme (Zweige), in den tutenförmigen Scheiden mit ihren Spitzen den ersten Anfang von Blättern und außerdem Samen erkennen können. Das Laichkraut hat dieselben Teile, aber auch ordentliche Blätter, und trägt erst Blüten und dann Samen. Welche Bedeutung haben noch die Blüten? So auch Ried, Weide, Erle, Igelkolbe, Schwertlilie, Vergißmeinnicht ꝛc. Sind wir denn nun am Ende unserer Reihe? Noch sind die einzelnen Teile oder Organe einer Entwickelung fähig. Wenn wir an die Blätter denken, so fallen ihre verschiedenen Formen uns ins Auge. Wodurch kann die Verschiedenheit hervorgerufen sein? Natürlich denken wir auch hier, daß die Form des Blattes mit der Eigenart der Pflanze zusammenhängt, wie wir ähnliches beim Tier erkennen, denn wo auch die Pflanze wächst, im Norden oder Süden, ist die Form im ganzen dieselbe, wenn man wiederum auch wohl kaum zwei Blätter selbst an derselben Pflanze findet, die einander durchaus gleich sind. Neben dieser Freiheit im einzelnen erkennen wir also für jede Pflanze einen gewissen Bauplan, wenn wir so sagen wollen. Wie nun bei einem Gebäude die Form des Daches durch die Zusammensetzung des demselben als Stütze dienenden Balkengerüstes bedingt ist (— wie in unkultivierten Ländern von der Verzweigung des Flußnetzes die Ausbreitung der Kultur abhängt —), so hängt die Form des Blattes mit dem Verlauf der Adern in demselben, welche die Leiter des Nahrungssaftes sind, zusammen. (An frischen oder getrockneten Blättern gezeigt!) Die einfachste Äderung haben die schilfartigen Blätter, die des Rieds, der Iris, der Igelkolbe. Die Adern gehen vom Grunde des Blattes aus, entfernen sich ein wenig voneinander, um sich nach der Spitze zu wieder bogenförmig zu nähern. Dieser Verlauf der Adern entspricht der Form des linealischen Blattes. Die Adern des Froschlöffels, des Laichkrautes verlaufen stärker bogenförmig, entsprechend der mehr ovalen Blattform. Vergleichen wir hiermit das Blatt der Eller, so zeigt sich, daß die Adern hier sich ganz anders verzweigen. Sie gehen von einer Hauptader aus und verästeln sich vielfach, indem sie nach dem Rand verlaufen und in den Zähnen oder Lappen enden. Während sie also in den Blättern der Schwertlilie u. a. eine mehr oder weniger parallele Richtung haben (wenigstens in schmalen Querschnitten), bilden sie in andern Blättern ein förmliches Adernetz, wie wir es sehr schön im Frühling unter Pappelbäumen z. B. finden können, wenn nämlich die weichere Blatt(Zellen-)masse zwischen den widerstandsfähigeren Adern herausgefault ist. Wir unterscheiden demnach parallelrippige und netzrippige Blätter. Warum haben die letztern meist eine breitere Form? Da in den netzrippigen Blättern die Verzweigung der Adern weiter ausgeführt ist als in den parallelrippigen, so nehmen wir jene als höher organisiert an. Welche Pflanzen gehören zu der einen, welche zu der andern Abteilung? Unter welchen Schutzvorrichtungen geschieht die Anlage junger Blätter?

Wie das Blatt, so kann auch die Blüte in verschiedenartiger Weise entwickelt sein. Das Blatt steht in nächster Beziehung zu dem Eigenleben der Pflanze, die Blüte zur Arterhaltung. Abgesehen von den Pflanzen, welche Früchte ohne vorgängige

Blüten erzeugen, finden wir die einfachste Form der Blüten an solchen Pflanzen, welche nur die notwendigsten Organe zur Befruchtung, also nur Staubgefäße und Stempel erzeugen, z. B. Wasserstern, Weide, Eller. Doch haben wir in den Kätzchen der beiden Bäume noch Schuppen oder Blättchen gesehen, welche die Befruchtungswerkzeuge während deren Entwickelung bedeckten und sie gegen schädliche Witterungseinflüsse schützten. Bei der Iris, wie auch beim Knöterich u. a. werden die Befruchtungsorgane während ihrer Entwickelung von den Blumenblättern eingehüllt (Blütenhülle); wir werden wohl nicht fehlschließen, wenn wir annehmen, daß auch diese den Staubgefäßen 2c. in ihrem Jugendzustand Schutz gewähren. Kommt nun, wie beim Vergißmeinnicht, Hahnenfuß u. a. eine zweite Reihe von Blättern zur Einhüllung der Blütenteile hinzu — die Kelchblätter — so ist für die ungestörte Entwickelung der betreffenden Organe noch mehr gesorgt. Wir werden demnach die Blüten mit einer doppelten Blütenhülle höher stellen als die mit einer einfachen. Vergleichen wir nun noch Münze, Vergißmeinnicht einerseits, und Weidenröschen, Hahnenfuß andrerseits miteinander, so finden wir, daß auch die Blütenhülle, wie die andern Blätter, sich gliedern, also aus einem Blatt oder mehreren Blättern bestehen kann.

Demnach können wir in der Reihe unserer Bekannten folgende Stufen der Entwickelung unterscheiden:

A. Nichtblühende Pflanzen:
   1. solche, die nur aus einem Teil bestehen,
   2. solche, an denen wir verschiedene Organe erkennen;

B. Blühende Pflanzen
   1. mit parallelrippigen, 2. mit netzrippigen Blättern,
     a) mit einfacher Blütenhülle,
       1. mit Schuppen,
       2. mit Blumenkrone;
     b) mit doppelter Blütenhülle,
       1. mit einblättriger,
       2. mit mehrblättriger Blütenhülle.

Ordnet die Pflanzen in dieser Stufenfolge!

Überblicken wir nun noch einmal die Reihe! Was für ein Unterschied ist zwischen Alge und Hahnenfuß!

Zwischen der einfachsten und der höchstorganisierten Pflanze ist äußerlich offenbar ein größerer Unterschied, als zwischen der einfachsten Pflanze und dem einfachsten Tier. Wir dürfen nur etwa den Polypen vergleichen mit der Wasserlinse. Der Polyp sitzt meist an irgend einem Gegenstande fest oder läßt sich von der Strömung forttreiben. Er hat nur zwei Hauptteile, bringt Knospen hervor, die entweder an ihm fortwachsen oder sich abtrennen, in jedem Fall aber als selbständige Wesen erscheinen. Sind die Lebensverhältnisse der Wasserlinse nun sehr verschieden von denen des Polypen? Aber — dieser ist ein Tier, jene eine Pflanze. Je höher wir nun in beiden Reihen (der Tiere und der Pflanzen) aufsteigen, desto mehr weichen dieselben auseinander, so daß zwischen den höchstorganisierten Pflanzen und Tieren der größte Unterschied stattfindet. (Schematische Zeichnung von zwei nach oben divergierenden Skalen!)

Werfen wir schließlich noch einen Blick auf das Gesamtleben der Pflanze zurück, so haben wir erkannt
1. Aufenthalt, Lebensweise und Einrichtung passen zueinander.
2. Jede Pflanze ist ein Glied des Ganzen, das von diesem und den einzelnen übrigen Gliedern abhängt, das auch seine Dienste leistet.
3. Das Leben und die Einrichtung der Pflanzen können sich etwas ändern (Sommer- und Winterleben — Land- und Wasserleben), wenn die äußern Verhältnisse anders werden.
4. Jede Pflanze entwickelt sich aus dem Einfachen zur Stufe der Vollkommenheit (an sich).

3. Das Nichtorganisierte.
1. Das Wasser.

Wenn wir uns einen Teich vorstellen, so denken wir zunächst an Wasser; ein Teich ohne Wasser ist nicht denkbar. Dieses ist in einer Vertiefung des Bodens wie in einem Gefäße enthalten. Das Wasser hat an verschiedenen Stellen eine verschiedene Tiefe. Wovon hängt dieselbe ab? Welches ist die größte Tiefe und wo ist sie? Im Sommer pflegt der Teich weniger Wasser zu enthalten, aber im Herbst und Frühling wird er wieder mehr gefüllt; denn Quellen, Gräben, Straßenrinnen führen ihm aufs neue Wasser zu: sie ernähren ihn. Wie der Teich ernährt wird, so hat er auch seine Bewegung. Freilich besitzt das Wasser nicht, wie Pflanzen, besondere Ernährungs- oder, wie Tiere, besondere Bewegungsorgane: es ist ein unorganisches Wesen; das Wasser wird bewegt. Die zunächst zu beachtende Bewegung ist die Wellenbewegung. In einem Gefäß mit Wasser können wir durch Blasen auf die Oberfläche Wellen erzeugen. So bläst der Wind auf die Wasseroberfläche des Teiches. Auch ein hineingeworfener Stein verursacht Wellen. Er drängt an der Stelle, wo er das Wasser berührt, Teile desselben an die Seiten, so daß sie hier aufgetürmt werden, einen Wellenberg um den Stein bilden. Dieser ringförmige Wellenberg scheint sich nun von der Stelle weg ans Ufer zu bewegen. Wir wollen untersuchen, ob das Wasser in der Tat nach dem Ufer hinfließt. Wenn das der Fall ist, so wird es Körper, die es tragen kann, mit sich führen. Und gewiß, wir können ja auch beobachten, wie Holz, Korken, Binsen ꝛc. ans Ufer getragen werden. Aber könnte nicht auch eine andere Strömung, die der Luft, die Ursache dieser Bewegung sein? Wir befestigen an einem Kork (oder Rinden- oder Holzstückchen) ein Stück Blei oder Eisen, das gerade schwer genug ist, den schwimmenden Körper bis an die Oberfläche des Wassers, aber nicht bis an den Grund, hinunter zu ziehen. Diesen und einen ähnlichen Körper, aber ohne Gewichtsbeschwerung, übergeben wir, wenn der Wind Wellen verursacht, dem Wasser. (Der Versuch läßt sich ja auch im Zimmer mit einer Schüssel voll Wasser wiederholen.) Nun hängt die Bewegung des einen Körpers allein von den Wellen, die Bewegung des andern aber auch von dem Winde ab. Beide werden von den Wellen gehoben und gesenkt, aber nur der leichtere Körper wird vorwärts getrieben. Die Wellenbewegung ist also nur ein Auf- und Niedersteigen der Wasserteile an der bestimmten Stelle, und nur, weil der Wellenberg die neben ihm befindlichen Wasserteile herausdrückt (wie es anfänglich ein hineingeworfener Stein tut), scheint es, daß eine Welle sich von der Stelle bewegt.*) (Vers.: Wirf einen Stein in plastischen Schlamm!)

An den Stellen, wo der Teich Zuflüsse oder einen Abfluß hat, ist noch eine andere Bewegung des Wassers zu erkennen, nähmlich das Fließen. Das fließende Wasser bewegt sich wirklich von einem Ort zum andern und teilweise mit solcher

---

*1) Eine nähere Erörterung der Wellenbewegung gehört nicht in den naturgeschichtlichen, sondern in den physikalischen Unterricht. Hier soll nur Boden gewonnen werden für ein Verständnis der Wirkung der Wasserwellen im Gesamtleben des Teiches.

Gewalt, daß es Hindernisse bei Seite schiebt oder mit sich fortreißt. Könnt ihr Beispiele anführen! (Mühlen!)

Eine dritte Bewegung des Wassers ist unsichtbar — wir müssen sie erschließen. Wenn wir wahrnehmen, daß das Wasser im hohen Sommer vermindert ist, selbst in Teichen, die keinen Abfluß haben, so fragen wir uns, wo ist es geblieben? Der eine oder andere mag denken, es sei in die Erde gesunken; gegen diese Meinung spricht jedoch der Umstand, daß um den Teich herum und auch an entfernteren Stellen die Erde im Grunde zu jeder Zeit Wasser genug enthält; denn wenn dort zu irgend einer Zeit ein hinreichend tiefes Loch gegraben wird, so sammelt sich in demselben bald Wasser an; außerdem müßte die Umgebung doch endlich auch genug Wasser eingesogen haben. Also weder seitwärts noch in die Tiefe kann das fehlende Wasser entkommen sein: es ist in die Höhe gestiegen, es ist verdunstet. (Vergl. Nebel über dem Teich im Herbst.)*) Als Dunst oder Wasserdampf wird es unsichtbar in der Luft fortgeführt, anderes wird wieder hergebracht und fällt als Regen, Hagel, Schnee wieder.

Wodurch werden nun diese verschiedenen Bewegungen des Wassers hervorgebracht, oder wovon hängen sie ab?

Die Wellenbewegung wird größtenteils durch den Wind verursacht. Doch neben dieser körperlichen Ursache wirkt auch noch eine Kraft mit — die Schwerkraft. Beweis! — Die Größe der Wellen hängt ab von der Stärke des Windes, dann aber auch von der Größe der Seeoberfläche; denn je größer dieselbe ist, desto anhaltender kann der Wind auf sie wirken, und endlich kommen Höhe und Bekleidung des Ufers, Wald, Gebäude ꝛc. in Betracht.

Das Fließen des Wassers und das Fallen von Regen ꝛc. hat eine und dieselbe Ursache; in beiden Fällen wirkt nämlich ebenfalls die Schwerkraft. Die

---

*2) Will man auf diese und die ähnliche Erscheinung des „Fuchsbrauens" bei einer Gelegenheit näher eingehen, so könnte vielleicht folgendes benutzt werden: Wir beobachten, wie das Wasser mit leichtem, vielleicht bewegtem Nebel bedeckt ist; jedoch unmittelbar über der Oberfläche ist es nebelfrei oder der Nebel ist sehr dünn und durchsichtig. Ähnlich ist das „Fuchsbrauen" in den Niederungen. Die Erscheinung bietet sich aber nur an stillen Abenden und nach recht warmen Tagen dar. Ferner bemerken wir (ein Thermometer mag es bestätigen), daß es am niedrigen Ufer des Teiches (oder in den Niederungen) recht kühl ist. Eine Untersuchung der Wärme des Wassers mit der Hand (oder dem Thermometer), bezw. der Wärme zwischen den Grashalmen in der Niederung, ergibt, daß dieselbe hier größer ist als 20—30 cm über dem Wasser oder dem Grase. Die obere Luft ist abgekühlt, und Wasserdünste, die in sie gelangen, werden ebenfalls abgekühlt und dadurch sichtbar, während sie vorhin bei höherer Temperatur unsichtbar waren. (Vgl. „Wald" im II. Teil, Kulturwesen der Heimat.) Zur Erläuterung durch einen Versuch wird in einem Kochfläschchen Wasser erhitzt. Der Dampf ist im Glase unsichtbar. Wird er in der Luft oder durch Hineinblasen von kalter Luft abgekühlt, so wird er sichtbar. Vgl. auch: Der Atem ist im geheizten Zimmer nicht zu sehen, in der Kälte erscheint er nebelartig.

Regentropfen fallen vermöge ihrer Schwere aus der Höhe herab nach unten, und das Wasser begibt sich von einem höhern Orte nach dem niedriger gelegenen, es fließt.

Eine andere Kraft verursacht und befördert die Verdunstung, die Wärme. — Dieselbe Kraft, je nachdem sie mehr fehlt oder in größerem Maße vorhanden ist, bewirkt auch die Veränderungen, die in den verschiedenen Jahreszeiten mit dem Wasser vor sich gehen. Im Winter, da es an Wärme mangelt, belegt der Teich sich mit einer Eisdecke, die bei zunehmender Temperatur wiederum schwindet. Um den hier stattfindenden Vorgang, sowie auch die Temperatur des Wassers während der verschiedenen Jahreszeiten, die für das Pflanzen- und Tierleben bekanntlich von ganz außerordentlicher Bedeutung ist, näher kennen zu lernen, stellen wir Messungen mit dem Thermometer an.*) Wir untersuchen die Temperatur des Wassers

1. am Ufer, wo es sehr seicht ist,
2. an der Oberfläche, wo es tief ist,

---

*³) Zu Messungen der Wassertemperatur in größeren Tiefen kann man sich eine einfache Vorrichtung leicht herstellen. Um die Mitte einer Weinflasche wird eine starke Schnur mit zwei diametral gegenüberstehenden Enden geschnürt. Ferner verschaffe man sich eine hinreichend lange Stange, die an einem Ende gabelförmig gespalten ist. Die Flasche wird mit je einem Schnurende an je eine Zinke der Gabel gebunden, so daß sie sich in der Gabel bequem umkehren (nicht drehen) läßt. Die Zinken müssen also entsprechend lang sein und weit auseinander stehen. Jetzt wird die Flasche, ob man die Gabel lotrecht oder wagerecht hält, stets mit dem Boden nach unten hängen. Ferner werde eine dünne Schnur (Bindfaden) um den untern Teil der Flasche gelegt, und ebenfalls werde eine stärkere, die imstande ist, die Flasche voll Wasser zu tragen, um die Mündung befestigt, beide mit Enden von der Länge der Stange. Damit die Schnüre sicherer festsitzen, kann man sie mit Siegellack oder besser mit Guttapercha, das man warm auf die erwärmte Stelle aufträgt, befestigen, wenn man nicht vorzieht, die Flasche bis zur Verjüngung hin in einen Mantel von dünnem Leinen zu nähen, auf dem die Schnüre nicht so gleiten. Gebraucht wird die Vorrichtung in folgender Weise: Die dünne Schnur (vom Boden) wird derart angezogen, daß die offene, mit Luft gefüllte Flasche in der Gabel mit der Mündung nach unten hängt. So bringt man sie in die an der Stange abzulesende Tiefe, deren Wassertemperatur gemessen werden soll, und hält sie einige Minuten in dieser Lage, damit das Glas die Tiefentemperatur annehme. Bis jetzt ist sie noch mit Luft gefüllt (bis auf einen kleinen Raum). Läßt man nun den Bindfaden gleiten und zieht zugleich die stärkere Schnur (um die Mündung) an, so wird die Flasche umgekehrt, die Luft entweicht in Blasen und Tiefenwasser dringt in die Flasche. Alsdann wird sie an der straffgezogenen stärkern Schnur herausgezogen. Läßt sich das Thermometer nun nicht in die Flasche hineinstecken, so muß man von dem Wasser in ein dünnwandiges Glas gießen, darin umschwenken, damit auch diese Glasmasse die Temperatur des Wassers annehme, das Umschwenken mit neuem Wasser vielleicht noch einmal wiederholen, und dann so viel Wasser, wie möglich, hineingießen, um die Temperatur zu messen.

3. in verschiedenen Abständen unter der Oberfläche,
4. wo etwa Zu- und Abflüsse oder Quellen sind;

ferner
    a) bei anhaltendem Sonnenschein und bei bedeckter Luft,
    b) bei wellenbewegter und bei spiegelnder Oberfläche,
    c) zu verschiedenen Jahreszeiten
    d) und wo sich ein besonderes Tier- oder Pflanzenleben zeigt*).

    Wir finden das Wasser (bei Sonnenschein und Windstille) an seichten Orten wärmer als an tiefen (woher?), auch an der Oberfläche wärmer als in der Tiefe. Dies letzte Verhältnis kehrt sich jedoch im Winter um; da, wenn (bei Windstille) das Wasser zu gefrieren beginnt, die Oberfläche kälter ist als die Tiefe. (Unterschied der Sommer und Wintertemperatur des Tiefenwassers. Senkrechte Bewegung der Wasserteilchen.) Welche Folgen würde es haben, wenn auch im Winter am Grunde die größte Kälte wäre?**)

---

    *4) Wo und wann zu messen ist, hängt offenbar sehr viel von der Eigentümlichkeit des Teiches ab. Jedenfalls werde öfter gemessen, besonders zu den Zeiten, wo Tiere oder Pflanzen in bestimmte Entwickelungsstadien treten oder eben getreten sind. Z. B. der erste Froschlaich ist bemerkt — die Larven sind ausgekrochen — sie haben das erste, das zweite Beinpaar 2c.; der Froschbiß beginnt zu blühen; das erste Blatt vom Laichkraut erscheint an der Oberfläche, die Pflanze beginnt zu blühen u. s. w. Manche von solchen Erscheinungen fallen ja in gleiche Zeit; auf einen Tag früher oder später kommt's nicht an. Notwendig aber ist, wenn die ganze Arbeit einen Nutzen haben soll, daß notiert werde: **Datum, Ort, Tiefe, Grad und Entwickelungsstadium des Tier- und Pflanzenlebens.** Erst aus der Übersicht der wiederholten Beobachtungen läßt sich der Zusammenhang der verschiedenen Erscheinungen erkennen, und in dieser Erkenntnis liegt der hohe Wert, den jene Arbeit haben kann. — Kann man nicht öfter Messungen vornehmen, so läßt sich doch jedenfalls etwa die Entwicklung des Frosches mit dem Thermometer verfolgen und können daneben Notizen über andere Erscheinungen gemacht werden. Unbedingt notwendig ist es, die Oberflächen- und Tiefentemperatur im Winter zu messen.

    **5) Im Winter werde ferner die Bildung des jungen Eises aus Nadeln, die sich wagerecht verflechten, beobachtet (besonders auch in solchen Wassergräben, in denen das Wasser schwindet). Aus diesem Geflecht von Nadeln erklärt sich die Zähigkeit des jungen Eises. Ist infolge des Tauwetters das Eis brüchig geworden, so versuche man, es in verschiedenen Richtungen mit der Spitze eines Taschenmessers zu spalten. Man wird es sehr leicht in der Richtung von oben nach unten spalten, wird auch beim Durchbrechen senkrecht verlaufende Fasern gewahren können. Mithin muß in dem festen Eise eine andere Lagerung der Teile vor sich gegangen sein. Ob die Sache in den natureschichtlichen Unterricht hineingehört, ließe sich vielleicht bestreiten; ich glaube es allerdings. Allein, daß die Kinder das Eis benutzen, spricht dafür, und jedenfalls geben die oben skizzierten Beobachtungen eine Warnung, dem tauenden Eise, auch wenn es noch eine gewisse Stärke hat, nicht in dem Maße wie jungem Eise zu trauen.

Welche Bedeutung haben nun die Veränderungen des Wassers für das Gesamtleben des Teiches? Daß das Wasser als Glied des Ganzen diesem notwendig ist, ist klar. Aber auch seine Bewegungen leisten ihre Dienste. Schon das Ansehen einer bewegten Teichoberfläche ist ein ganz anderes, als das der spiegelblanken; die Wellen geben dem Ganzen mehr Leben, die Bilder der Gegenstände am Ufer scheinen sich im Wasser zu bewegen. — Schlagen aber die Wellen eines etwas größern Teiches gegen ein steiles Ufer, so spülen sie die Erde los und nehmen sie mit sich; Steine, welche in ihr eingeschlossen waren, folgen von selbst, wenn sie ihren Halt verloren haben. Der Teich wird an dieser Stelle seichter. — Schlagen die Wellen gegen Schilf, Steine od. dgl., so bildet sich an dieser Stelle Schaum. Woraus besteht derselbe? Auf diese Weise schon wird durch die Wellenbewegung Luft ins Wasser hineingebracht. Und das ist besonders nötig zu Zeiten, wo das Wachstum der Pflanzen in Stillstand geraten, wo diese Luftquelle für die Tiere also versiegt ist. Vergleicht ferner die Größe der Wasseroberfläche, wenn dieselbe eben ist und wenn sie von Wellen bewegt wird (— eine gerade Linie und eine Wellenlinie werden an die Tafel gezeichnet —)! In welchem Zustande also kommt das Wasser mehr mit der Luft in Berührung, kann es also mehr Luft in sich nehmen? (Warum nehmen wir zur Aufbewahrung von Wassertieren lieber ein breites als ein tiefes Gefäß? Warum werden auf Fischteichen Löcher ins Eis gehauen?) Durch das Auf- und Absteigen der Wasserteile wird luftgesättigtes Wasser mit luftarmem vermischt.

Diese Mischung wird in erhöhtem Maße durch das Fließen des Wassers verursacht, weil diese Bewegung tiefer geht. Besonders wird natürlich durch hinzuströmendes Regen- und Schneewasser dem Teiche Luft zugeführt. Woher?

Noch ein anderes Geschenk bringt das zuströmende Wasser dem Teiche. So wie das Regenwasser, das durch die Luft reist, von dieser Teile aufnimmt, so nimmt das Wasser, das in Rinnen, Gräben, Bächen fließt, auch von seiner mineralischen Umgebung Teile in sich auf und bringt somit aufgelöste mineralische Stoffe in das Teichwasser, die dann zunächst den Pflanzen und durch sie den Tieren zugute kommen.

Was nun das eigentümliche Verhalten des Wassers im Winter betrifft, so ist das für das Leben aller Bewohner des Teiches von der größten Bedeutung. Angenommen, das Eis würde am Grunde sich bilden, so würden, da auch der Schlamm, überhaupt der Grund von dem kältesten Wasser durchdrungen wäre, die Lebewesen, welche am Grunde des Teiches überwintern, wie Käfer, Larven, Fische, manche Pflanzen ꝛc. bald in eine Eishülle eingeschlossen werden, und damit würde dem Leben der meisten ein Ende gemacht sein; denn dauernd würde keins der höhern Wesen es aushalten können, da die Lebenstätigkeit auch im Winter, wenn auch mit verminderter Energie, vor sich geht.

2. Der Grund des Teiches.

a) Die Bewegung desselben. Schon die oberflächliche Betrachtung ergibt, daß der Grund nicht überall die gleiche Beschaffenheit hat. Hier finden wir ihn mit größern und kleinen Steinen bedeckt, dort ist er sandig, aber fest, hier ist er dunkel und morastig, so daß man mit einer Stange mehr oder weniger tief hineinstoßen kann. An der Stelle, wo eine Straßenrinne (oder ein Siel) in den Teich mündet, ist eine Sandbank. Vom Ufer aus wird sie in den Teich hinein breiter und flacher*). Diese Sandbank ist offenbar ein Produkt des Wassers, das ihre Bestandteile hergespült hat. Auch die Mineralien werden bewegt. Beobachten wir nun, wie kurz nach einem Gewitterregen das gelbgefärbte Wasser in den Teich hineinströmt und dem Wasser desselben auf eine größere oder geringere Strecke eine ähnliche Färbung mitteilt. Wie ferner durch das Wasser Erde und nachfolgend eingebettete Steine durch ihre eigene Schwere bewegt werden, hat uns schon die Betrachtung des unter- oder ausgehöhlten Ufers gelehrt. Aber auch das Wasser kann Steine bewegen. Das können wir an einem flachen Ufer bei stärkstem Wellenschlag beobachten, wenn größere und kleinere Stücke von Ziegelsteinen nahe dem Ufer ins Wasser (oder nach einem Sturzregen in eine starkströmende Rinne) geworfen werden. Am Ufer sehen wir ebenfalls, wie auch der Sand durch die Wellen aufgewühlt wird. Zu Zeiten liegen die rundlichen Steine bloß, zu anderer Zeit ist Sand zwischen ihnen. Jenes ist dann der Fall, wenn die Wellen auf das flache Ufer hinaufschlagen, d. i. wenn der Druck der letzten Welle (und ihr Überstürzen) das Wasser hinauf aufs Land treibt; dann spült es bei seinem Zurückfließen den Sand zwischen den Steinen aus und nimmt ihn mit sich, wir finden ihn tiefer im Teich. Der ruhige Wellenschlag spült ihn wieder mehr hinauf.

Auffällig muß es sein, daß alle Steine, die im Teich liegen, abgerundet sind. Wenn sonst Steine für den Chausseebau geschlagen werden, so sind sie scharfkantig; unter den (alten) Steinen im Teich finden wir nicht einen einzigen mit scharfen Kanten, und selbst Ziegelsteinstücke haben dieselben verloren. Das kann nur durch die Bewegung des Wassers gekommen sein; entweder sind die Steine selbst bewegt und durch Reibung aneinander sind die Kanten abgeschliffen, oder, wenn sie größer sind, daß sie der bewegenden Kraft des Wassers widerstehen, so sind die Kanten durch die Bewegung des Sandes abgestumpft. Schon David wußte, daß er in dem Bache, also in bewegtem Wasser, glatte Steine finden konnte

---

*1) Bei niedrigem Wasserstande heben wir nahe dem Wasser einen Spaten tief von dem Grunde heraus. Ergeben sich auch in senkrechter Richtung Unterschiede an Färbung oder Feinheit der Masse, so wird von jeder Schicht eine Probe, etwa eine Kaffeetasse voll mitgenommen und aufbewahrt, bis zur Zeit der genauern Untersuchung. Um die Reihenfolge der Schichtproben festzuhalten, bekommt jede ihren bestimmten Platz, oder wird jedes Gefäß entsprechend bezeichnet. Proben, wenn auch nicht aus verschiedenen Tiefen, müssen auch von andern Stellen des Teichgrundes genommen werden. Ihre Untersuchung wird vielleicht am besten im Winter vorgenommen. Um die Lagerung der Schichten festzuhalten, wird eine Schachtel, wie man sie beim Kauf von Stahlfedern erhält od. ä., in die Schichten hineingedrückt. Die Füllung der Schachtel gibt ein genaues Bild der Schichten. Nachdem die Oberfläche glatt gestrichen ist, wird die Füllung mit dünnem Leim durchtränkt und kann sie für die Veranschaulichung dauernd aufbewahrt werden.

(1. Sam. 17, 40). — Die abgeschliffenen Teile werden natürlich vom Wasser fortgeführt und sinken, wenn ihre Schwere die Bewegungskraft des Wassers überwiegt, zu Grunde, bilden Sand oder feinen Schlick.

Ein andrer Teil des Teichgrundes wird durch Zuflüsse hineingeführt. Das Wasser der zuführenden Gräben bringt aus seinem Bette und dessen Ufer manches mit; unser Zufluß von der Straße hat seine Gabe auf dieser aufgenommen. Auf der Oberfläche der Sandbank liegt zunächst dem Ufer grobkörniger Sand; weiter in den Teich hinein werden die Körner feiner und schließlich so fein, daß wir sie zwischen den Fingern kaum als solche empfinden. Ähnliche Wahrnehmungen werden wir an Proben von andern Stellen des Teichgrundes machen, und werden auch eine derartige Verschiedenheit in der senkrechten Schichtung der Sandbank bei Untersuchung des Spatenstichs, wenn auch nicht in derselben Reihenfolge erkennen. Somit stellen wir fest, daß alle diese Teile des Teichgrundes durch strömendes Regenwasser hineingebracht sind. Das Wasser teilt seine Bewegung dem Sande, wie dem Mühlrade, mit. Je größeren Fall sein Bett hat, desto größer ist seine Geschwindigkeit, also auch seine Kraft zur Fortbewegung. Nun hört, sobald es in das Teichbecken tritt, der Fall auf; es strömt nur noch, weil es eben in Bewegung ist, aber die Bewegung und somit die Bewegungskraft muß immer schwächer werden, bis sie zuletzt ganz aufhört. So wie aber die Bewegungskraft schwächer wird, muß das Wasser die schweren Körnchen, die es bisher mit sich geführt hat, ihrer Schwerkraft überlassen und kann es nur die leichteren fortführen, bis auch ihre Schwere sie zum Grunde zieht. So werden wir also die gröbern Körner am Rande des Teiches, die feinern weiter in der Mitte finden müssen. Daß aber die Sandbank weiter in den Teich hinein sich verbreitert, erklärt sich daraus, daß der Wasserstrom, sobald er in den Teich eintritt, nicht mehr von seinen bisherigen Grenzen eingeengt wird, sondern sich weiter ausbreitet, wobei er allerdings an Kraft verliert. — Die Verschiedenheit in den Bestandteilen der übereinander lagernden Schichten erklärt sich aus einer ähnlichen Ursache. Wir haben unter einer feinkörnigen Schicht eine grobkörnige gefunden. Diese herzuschaffen, erforderte eine größere Kraft, also eine stärkere Bewegung des Wassers, als die Herbeischaffung jener. Sie muß also während eines stärkern Wasserzuflusses (nach einem stärkern Regen ꝛc.) abgesetzt sein; in der obern Schicht finden wir die entsprechende grobkörnige Partie näher dem Lande zu.

Dieses nacheinander folgende Absetzen der Körner von verschiedenem Gewicht können wir übrigens auch bei einem Versuch beobachten. Zwei Kräfte wirken, die Kraft des in Bewegung gesetzten Wassers und die Schwere der Körper. Beide wirken auch, wenn eine Probe von dem Teichgrunde in einem Glashafen mit Wasser übergossen und beides durch Rühren mit einem Stab in kreisende Bewegung gebracht wird. Eine Zeitlang hält die Bewegung des Wassers noch der Schwerkraft das Gegengewicht. Nach und nach, so wie die kreisende Bewegung an Stärke verliert, sinken mehr und mehr Körner zuboden. Bei völliger Ruhe des Gefäßinhaltes ist die Lagerung der Teile zu erkennen, die gröbern Körner liegen unten und die Masse erscheint nach oben hin immer feinkörniger. Wir bringen den Sand, nachdem das Wasser abgegossen ist (— sollten Lehmteile dazwischen sein, so müssen diese in weiter unten angegebener Weise abgeschlämmt werden —) auf ein über ein Gefäß (Blumentopf, Glas ꝛc.) schlaffgespanntes Tuch zum Abtropfen. Eine andere Probe feineren Sandes wird ebenso behandelt. Eine dritte stark lehmhaltige desgleichen. Es wird jedoch bemerkt, daß das Wasser sich sehr viel länger trübe erhält. Es wird noch einmal aufgerührt und das Wasser mit den darin schwebenden Teilen, bevor es ganz zur Ruhe gekommen ist, in ein andres Gefäß gegossen, das man ruhig stehen läßt, bis sich alles abgesetzt hat. Dann wird das Wasser abgegossen und der Bodensatz entweder in dem Gefäße oder auf einem Filtrum wie oben getrocknet. Diese Proben lassen uns

b) **die Teile (die Gliederung) des Grundes erkennen.**

1. **Der Sand** der ersten beiden Proben besteht aus größern und kleinern Körnern von verschiedener, von roter, bläulicher, weißer Färbung, manche sind auch klar. Sucht von jeder Farbe einige aus. Wir legen jede Portion für sich auf ein Brettchen (etwa von einer Zigarrenkiste) und reiben unter mäßigem Druck ein Glasscheibchen darauf hin und her. Einige Körner geben Schrammen auf der Glasfläche, andere nicht; jene, die weißen und klaren Körner, sind härter als das Glas. Es sind Kiesel= oder Quarzkörner. Viele feine Quarzkörner erzeugen auf dem Glas viele feine Schrammen, das Glas wird dann undurchsichtig. So kann der Quarzsand zum Mattschleifen des Glases gebraucht werden, wie er im Hause zum Messerputzen dient.

Beide Portionen Sand werden auf ein größeres, in der Mitte tiefliegendes Filtrum aus grobem Leinen (das um den Rand des Gefäßes festgebunden ist) geschüttet und Wasser darüber gegossen. Das Wasser fließt sogleich hindurch. (In solcher Weise werde der Sand rein gewaschen oder, wenn noch viele Lehmteile darin sind, zu andrer Zeit rein geschlämmt.) Der Sand läßt das Wasser zwischen seinen Körnern hindurchfließen. Deshalb werden mit ihm Wege ausgebessert. Sandwege sind immer trocken. Aus ähnlichem Grunde mischt der Gärtner seiner Blumenerde für Topfgewächse Sand bei, damit die Erde „durchlässig" werde und vor Säuerung bewahrt bleibe. Bringen wir den ausgewaschenen Sand in ein weites Glasrohr (Lampenzylinder), das unten mit Leinen überspannt ist, und tröpfeln von oben her ein trübes schmutziges Wasser auf den Sand, so fließt es unten geklärt wieder heraus; der Sand hat die unreinen Teile des Wassers zurückbehalten. In solcher Weise wird der Sand zu kleinen Filtrationsapparaten, in welchen das trübe Wasser gereinigt wird, in unsern Marschen gebraucht (Holzkohle benimmt üblen Geschmack und Geruch). Die Wasserleitung, welche von Blankenese aus die Stadt Altona mit Wasser versorgt, enthält Elbwasser, das gelb wie Lehmwasser aussieht, aber, nachdem es mehrmals in großen Bassins durch Sand filtriert ist, klar wird. So wird auch unser Leitungswasser gereinigt und in ähnlicher Weise wird in der Natur das Quellwasser durch Sandschichten filtriert.

2. **Der Lehm.** Gehen wir nun an die Untersuchung der letzten Probe, des Lehms. Derselbe ist trocken geworden und bildet eine mehr oder weniger zusammenhängende Masse, welche Risse an der Oberfläche zeigt. (Woher?) (Ist er im Gefäß getrocknet, so wird er stückweise herausgenommen und der unten etwa befindliche Sand durch Wasser entfernt.) Bringen wir einen Tropfen Wasser auf ihn, so wird das Wasser sehr schnell eingesogen; halten wir ihn an die Zunge, so klebt er an derselben, weil er ihr an dieser Stelle die Feuchtigkeit entzieht.

Seine Teile also halten zusammen und ziehen Feuchtigkeit ein — das tun die
Sandteile nicht. Bringen wir nach und nach mehr Wasser hinzu, so wird die
Masse weich und läßt sich kneten (wie Brotteig) und formen; ich forme z. B.
eine kleine Tasse daraus. In dieselbe gieße ich Wasser; es fließt nicht hindurch,
sondern bleibt darin stehen. Lehm läßt das Wasser nicht hindurch. Er saugt
also begierig Wasser ein und hält es dann fest. Lehmwege sind daher länger feucht
und schmutzig als Sandwege. Ein Acker mit lehmigem Boden ist feuchter, schwerer
als ein sandiger Acker. Aber die größte Bedeutung erhält das Verhalten des
Lehms zum Wasser in der Quellenbildung. In den Sandgruben sehen wir, wie
Sand und Lehm in der Erde geschichtet liegen. Auch beim Brunnengraben wird
die Beobachtung gemacht. Wenn nun Regen= und Schneewasser in die Erde ein=
dringt, so durchsickert es die durchlässigen sandigen Schichten leicht, auf der nächsten
Lehmschicht dagegen wird es aufgehalten. Es fließt in der Sandschicht auf der
Lehmschicht nach der niedrigst gelegenen Stelle dieser letztern, und wo es zutage
tritt, ist eine Quelle. Daher muß der Brunnengräber oder =bohrer, wenn er eine
Lehmschicht erreicht hat, immer erst durch diese hindurch bis in eine Sandschicht,
und in dieser meist bis wieder nahe auf Lehm, ehe er auf Wasser hoffen darf.

Trocknen wir unsere kleine Tasse, wägen sie und bringen sie, „damit sie
gehörig austrockne", ins Feuer; verbrennen wird sie nicht. Nachdem sie zwei
Stunden geglüht hat, holen wir sie wieder heraus und bemerken, daß sie ihre
Farbe gewechselt hat; sie ist rot und hat an Gewicht (hat Wasser) verloren.
Bringen wir Wasser hinein — der Lehm wird nicht mehr weich. Zerstampfen
wir die ganze Masse zu Pulver und feuchten es an; es klebt nicht mehr zusammen.
Durch das Brennen haben die Lehmteile ihre Neigung, Wasser festzuhalten,
verloren. Von dieser Eigenschaft des Lehms machen Ziegler und Töpfer aus=
giebigen Gebrauch. Wodurch unterscheiden sich Sand und Lehm (Ton)?

3. Der Schlamm. Es erübrigt uns noch, den schwarzen Schlamm zu
untersuchen. Auch er werde abgeschlämmt. Die Masse muß viel länger stehen,
bis das Wasser geklärt ist. Daraus ergibt sich, daß die schwarze Masse am
leichtesten von allem ist; sie wird am längsten vom Wasser getragen. (Das Ge=
fäß mit der Schlammmasse wird nach und nach, etwa von Stunde zu Stunde,
aus der senkrechten mehr und mehr in eine schräge Stellung gebracht, damit man
möglichst viel klares Wasser abgießen kann. Das zurückbleibende wird in einem
flachen Gefäße der Wärme ausgesetzt.) Der trockene Schlamm ist durch Wasser=
verlust und innere Zusammenziehung der Teile ebenfalls rissig geworden; ja er
blättert von dem Gefäße ab. Auch er nimmt Wasser an, aber das gekrümmte
Blättchen wird gerade und zerfällt in breiigen Schlamm. Wir würden also eine
Tasse nicht aus ihm formen können. Wir wägen den trockenen Schlamm und
bringen ihn (auf einer Schaufel) ins Feuer. Nachdem er etwa eine Viertelstunde
geglüht hat, hat er auch seine Farbe gewechselt, aus schwarz ist grau geworden.
Und schon der Augenschein zeigt, das wir viel an Masse verloren haben, genauer
gibt die Wage den Verlust an. Der Schlamm besteht größtenteils aus
Pflanzenstoffen, die nun verbrannt sind. Eine Prüfung auf Kohlensäure
während des Verbrennens kann diese Behauptung bestätigen.

c) Ursprung (Entwickelung) der Teile (Glieder) des Teichgrundes. Die Entstehung des moorigen Schlammes können wir uns nun leicht erklären; er setzt sich zusammen aus pflanzlichen Stoffen, die dem Teiche von auswärts zugeführt werden, und aus abgestorbenen Teilen der pflanzlichen Bewohner und Anwohner des Teiches. (Vgl. Ried.) In ähnlicher Weise werden Sand und Lehm teils außerhalb des Teiches, teils im Teiche selbst gebildet. Wir haben schon gesehen, daß die Steine im Teiche abgeschliffen werden und daß aus ihnen sich, wie wir sagten, Sand bilden mußte. Jetzt, wo wir den Unterschied zwischen Sand und Lehm kennen, wo wir wissen, daß beide sich nicht allein durch Körnung, sondern durch inneres Wesen unterscheiden, dürfen wir das Produkt der Zerkleinerung der Steine nicht mehr schlechtweg Sand nennen, sondern wir werden es in Sand und Lehm unterscheiden müssen. Untersuchen wir die Steine des Teiches und zerschlagen mittels eines Hammers oder eines größeren Steines einen Stein oder mehrere. Einige lassen sich leichter zerkleinern als andere. Häufig finden wir Feuersteine von verschiedener Farbe. Die Ecken ihrer Bruchstücke ritzen das Glas; sie bestehen aus Kiesel oder Quarz, den wir auch im Sande als harte Körner gefunden haben. (Vgl. Ried.) Am häufigsten ist der Granit vorhanden, der deutlich aus drei verschiedenen Steinarten zusammengesetzt ist, von denen allerdings bald die eine, bald die andere mehr hervortritt. Wir erkennen in ihm den hell- oder dunkelroten, weißen oder grauen Feldspat mit großen glänzenden ebenen Flächen, den weißlichen oder klaren Quarz und den dunkeln, blättrigen Glimmer. Von diesen Bestandteilen des Granits wird bei seiner Zerkleinerung, der Quarz, wie wir schon wissen, zu Sand zerrieben; aus dem Feldspat und Glimmer aber wird der Ton gebildet. Natürlich finden sich zwischen dem Quarzsande auch Glimmerteile und Körner von Feldspat, und zwischen den feinsten Teilen des Feldspats sind auch fein zerriebene Quarzteile und Stoffe aus anderen Gesteinen z. B. Kalk. Diese Feldspatreste mit ihren Beimengungen bezeichnen wir als Ton oder Lehm.

Ein Teil des Sandes und Lehms wird dem Teich durch seine Zuflüsse zugeführt. Woher erhalten dieselben diese Stoffe? Das Wasser der Straßenrinne erhält sie offenbar von der Straße. Der eine Weg ist mit Kopfsteinen — meist Granit — gepflastert. Vergleichen wir einmal die Strecke einer Straße, welche mit neuen Steinen gepflastert ist, mit dem älteren Teil des Pflasters, oder auch nicht gebrauchte, noch nicht gepflasterte Steine mit solchen, die jahrelang gelegen haben. Die neuen Steine sind rauh und scharfkantig — sie sind ja behauen — das alte Pflaster zeigt Steine, die an ihrer Oberfläche abgerundet und glatt sind. Woher dieses Aussehen? Natürlich durch die Benutzung. Jeder Wagen, der hinüberfährt, zermalmt mit jedem Rade, jedes Pferd mit jedem Hufe etwas von dem Stein; die vorspringenden Ecken werden zuerst angegriffen. Die so zermalmte Masse ist dann der Einwirkung von Licht und Wärme und Luft und Feuchtigkeit in wechselnden Graden ausgesetzt, wodurch sie teilweise in sich verändert und aufgelöst wird. So entsteht aus den feinsten Feldspat- und Glimmerteilen der Lehm. — Auf einer Chaussee aus „Steinschlag" machen wir ähnliche Beobachtungen; die Produkte der Zerkleinerung werden den Augen des Wanderers oft genug als „Staub" lästig. Und wenn wir auf gewöhnlichen Sandwegen gehen und hören das Knirschen des Sandes unter unsern Füßen — wodurch anders entsteht das

Geräusch, als durch das Reiben der Körner aneinander? Und was ist die Folge dieser Reibung? Abschleifen der Quarz- und Feldspatkörner, Zerkleinerung.

Wenn dann ein stärkerer Regen fällt, so werden die Straßen „rein gespült", das ist nichts anderes, als die Zerkleinerungsprodukte werden zunächst in die seitlichen Straßenrinnen geschwemmt; durch die Strömung des Wassers in diesen werden sie, je nach Stärke des Gefälles, in größerer oder geringerer Menge und auch in gröberen oder nur feineren Körnern fortgerissen und dem Teich zugeführt, dessen Grund dadurch erhöht wird. So vereinigt sich die Wirksamkeit von gar manchen Wesen und Kräften (welcher?), um die Teichmulde auszufüllen, und wenn das Produkt der Tätigkeit jedes einzelnen für den Augenblick auch verschwindend klein ist: Tag auf Tag, Jahr auf Jahr, Jahrzehnt auf Jahrzehnt und Jahrhundert auf Jahrhundert geschieht ununterbrochen dasselbe. Und was ist das Ende? Auch der Teich erleidet seinen Tod, wenn nicht Menschenhand eingreift: er wird Moor, wird fester Boden! (Vgl. Ried!)

Rückblick auf das Nichtorganisierte.

Auch die unorganische Natur ist nicht starr, sich ewig gleichbleibend; auch sie zeigt Veränderungen. Diese erfolgen durch gegenseitige Einwirkung der einzelnen Glieder aufeinander, durch Einwirkung der Luft auf Mineralien und Wasser und dieser beiden aufeinander, und ferner durch Einwirkung der Kräfte, der Schwerkraft und der Wärme; auch Pflanzen, Tiere und Menschen tun das ihrige zur Veränderung der unorganisierten Natur. Während die Wassermasse des Teiches fortwährend sich verjüngt durch Verdunstung und Zufluß, wie Pflanze und Tier durch den Stoffwechsel, so wächst der Grund des Teiches durch Stoff von außen her, während nur ein ganz kleiner Teil von ihm aufgelöst und in der Pflanze in organische Substanz verwandelt wird.

Schluß.

Allgemeiner Rückblick auf das Ganze.

Betrachten wir endlich den Teich als Ganzes. Wie das Tier aus einzelnen Organen besteht, die in ihrer Gesamtheit das ganze Wesen darstellen, wie in ähnlicher Weise die Pflanze in einzelne Organe gegliedert ist: so hat auch der Teich seine Glieder. Diese sind die Tiere, die Pflanzen und das Unorganisierte. Letzteres, die Bodenvertiefung mit dem Wasser darin, müssen wir als das ursprünglich Gegebene ansehen. Danach werden sich Pflanzen angesiedelt haben — von Menschen sind sie nicht gepflanzt, wie sind sie dahin gekommen? — und schließlich haben sich auch Tiere eingestellt — vielleicht (in Fischteichen) teils durch Tätigkeit der Menschen, oder durch Wasserläufe aus andern Gewässern, oder als Laich am

Schnabel, an den Füßen von Wasservögeln ꝛc. Freiwillig leben alle im und am Teich. Eine derartige Entwickelung des Teichlebens müssen wir annehmen; denn die Tiere sind abhängig von den Pflanzen, von Luft und Wasser mit ihren Beimengungen, also von den andern Gliedern des Teichs. Die Pflanzen sind abhängig teilweise von den Tieren, viel mehr aber von den unorganisierten Gliedern des Teiches, und durch die Erscheinungsform dieser letztern ist ihr Dasein teilweise bedingt. So ist das höhere Wesen in seiner Existenz wesentlich abhängig von dem niedern, das ihm dienen muß, ja das höchste Wesen des Dorfteichs, das Tier, hängt schließlich von den unorganisierten Stoffen ab, die den Pflanzen ihr Dasein ermöglichen; denn diese sind die Apparate, die den unorganischen Stoff in organisierten verwandeln, von dem die Tiere leben. — Außer diesen stofflichen Einflüssen kommen noch Einwirkungen der Kräfte in Betracht. Auf das Leben des Tiers und der Pflanze üben Licht, Wärme und Schwerkraft ihren Einfluß aus: Wärme und Schwerkraft wirken auch ersichtlich auf das Unorganisierte. So steht also das eine Glied als nehmend oder gebend mit dem andern in engster Beziehung und alle hängen von (meist) denselben Kräften ab. Insofern bilden alle eine Einheit. Diese Einheit ist eine äußere, die durch das Verhältnis der Abhängigkeit von äußern Bedingungen, im übrigen aber freiwillig entstanden ist. Die organischen Glieder des Teiches bilden aber auch insofern eine Einheit, als in ihrem Innern dieselben organischen Gesetze walten, unter welchen vor allen das der Erhaltungsmäßigkeit hervortritt: Jedes Wesen hat das Streben, sich und seine Art zu erhalten, und seine Einrichtung ist dem entsprechend. (S. Rückblick auf Pflanzen und auf Tiere!)

Diese Einheit, unser Dorfteich, ist nun wie jede andre nicht bloß abhängig, sondern leistet auch ihre Dienste. Unser Teich gehört dem Dorfe, d. i. einer Gemeinschaft von Menschen. Sie benutzen einen Teil seiner Bewohner vielleicht zu ihrer Nahrung, oder lassen zu demselben Zweck andere, die sie hineinbringen, von ihm und seinen Gliedern großziehen. Mit seinem Wasser tränken sie ihr Vieh, erquicken sie ihre Pflanzen im Garten, reinigen sie sich und ihre Wäsche. Sein Wasser muß für sie arbeiten, indem es ihre Mühlen treibt, und wenn der Blitzstrahl ihre Wohnung entzündet, muß es das feindliche Element bekämpfen. So macht der Mensch sich den Teich dienstbar; es wiederholt sich das Verhältnis, das wir unter den einzelnen Gliedern des Teiches kennen lernten. — Wie aber, wenn der Teich bei Feuersgefahr sein Wasser verloren hat? „Müßig sieht er seine Werke und bewundernd untergehn." Wie ferner, wenn der Landwirt, weil der Teich seinen Dienst versagt (und die Tränken auf den Weiden leer stehen) sein Vieh, den Grundstock für seinen landwirtschaftlichen Betrieb, verkaufen oder schlachten muß, damit dasselbe nur nicht verschmachte? Oder wenn Unvernunft den Teich „gründlich von all dem Unkraut gereinigt" hat und das Wasser infolge dieser „Reinigung" für Fische und Vieh schädlich wird? Oder wenn der Fischereipächter, der sich und die Seinigen durch Fischzucht zu nähren hofft, infolge irgend welcher schädlicher Zuflüsse (Fabrikwasser) oder Einflüsse seine Hoffnung sterben sieht?*)

*1) Vor Jahren starben in der Trave sehr viel, große und kleine Fische, weil das in Segeberg aus dem Salzwerk herausgepumpte Salzwasser in diesen Fluß geleitet worden war.

Wahrlich, das Wohl und Wehe des Dorfbewohners hängt mehr oder weniger mit seinem Dorfteich zusammen.

Und würden wir eine andere Lebensgemeinschaft betrachten, sei es Wald, oder Moor, oder Feld ⁊c., so würden wir wiederum dasselbe finden, wenn auch scheinbar die Verhältnisse ganz andre wären. Es leuchtet uns immer entgegen:

Gesetzmäßigkeit trotz aller Mannigfaltigkeit im Einzelnen;

gesetzmäßiges Ineinandergreifen der Glieder;

Dienst und Herrschaft, aber auch

Leistung einerseits und Abhängigkeit andrerseits — bei aller individuellen Freiheit.

Für uns selbst aber würden wir die Anwendung machen, daß der Mensch, je mehr er die Natur in seinen Dienst zieht, um so abhängiger von ihr wird; daß er deshalb, um sich vor Schaden zu hüten, streben muß, ihre Eigenart zu erforschen, denn **nur nach Maßgabe der ihr innewohnenden Gesetze läßt sie sich leiten und beherrschen.**

Anhang.

I.

Das Urteil über die nachfolgenden kleinen Erzählungen wird gewiß sehr verschiedenartig ausfallen, je nach dem Standpunkt, von dem aus sie beurteilt werden. Man beachte übrigens, daß sie in keiner Hinsicht mustergültig sein sollen; sie sollen nur als Beispiele gelten. Wie der Dorfteich ein Beispiel von der Behandlung einer Lebensgemeinschaft bieten soll, das aber nicht jeder unmittelbar in der Schule verwerten kann, so sollen sie zeigen, daß ich bei Gelegenheit die Natur auch von einem andern als dem rein naturkundlichen Gesichtspunkt aus auffassen kann; denn diese und andre kleine Erzählungen sind größtenteils auf Ausflügen mit Kindern, oft auf Anregung dieser entstanden. Ferner ist zu beachten, daß dergleichen Darstellungen, wenn sie vom Lehrer aus, sich selbst geschöpft werden und zwar im unmittelbaren Anschauen der Natur seitens des Lehrers und der Kinder, bei diesen eine andre Aufnahme finden als bei einem Kritiker, der sie in einer Studierstube vom Papier liest. — Endlich kommt Alter und Geschlecht der Kinder in Betracht. Vgl. auch Seite 31 Anmerkg. 15.

1. Das Vergißmeinnicht.
(Nach einer Volkssage.)

Ein Geschwisterpaar, Bruder und Schwester, lebte in herzinniger Eintracht miteinander. Sie lebten einander zu Gefallen, wie es in ihren Kräften stand. Die Schwester war eine große Freundin von Blumen, und der Bruder brachte ihr deshalb oft eine große Menge mit nach Hause. Wenn sie dann so zwischen den Blumen saß und Kränze wand, dachte der Bruder oft: Die Blumen im Kranze sind schön, aber ein liebes Menschenangesicht ist doch die schönste Blume. — Trotzdem konnte er mitunter hart erscheinen. Bat die Schwester ihn um etwas, so sagte er wohl: „Ach was! Tu das selbst!" Aber wenn sie nur in sein Auge sah, so blau und rein wie der Himmel — dann sah sie darin einen Stern glänzen und der strahlte: „Gewiß meine liebe Schwester, wie könnte ich dir eine Bitte abschlagen!" Und ihr Wunsch wurde erfüllt.

Einmal gingen sie zusammen am Ufer eines rauschenden Flusses. Da sah sie an einer Biegung desselben ein rötliches Blümchen stehen und rief: „O sieh doch! Eine solche Blume hast du mir noch nicht gebracht; was mag das sein?" —

„„Was weiß ich's,"" antwortete er; aber sogleich sprang er hin, es zu pflücken. Doch wehe, das Ufer war durch die Strömung des Flusses unterhöhlt, die Rasendecke bröckelte weg und er stürzte in die Flut. Ängstlich suchten ihre Augen den Lieben, jammernd rief ihre Stimme seinen Namen — vergebens, sie sah ihn nicht, sie hörte ihn nicht. Da, in weiter Ferne taucht er noch einmal aus den Fluten auf — hoch hält er das liebe Blümchen und ruft: „Vergiß mein nicht!" und ihre Augen sahen ihn nie wieder. Wohl aber fand sie weiter stromabwärts das Blümchen — es war blau. „Ach", sprach sie, „es hat die Farbe seines treuen Auges angenommen. „Vergiß mein nicht" war sein letztes Wort. Hast du, liebes Blümchen, auch rauhe Blätter, so ist es mir doch, wenn ich dich anschaue, stets, als wenn ich in sein liebes Auge blickte. Darum will ich dich künftig nennen nach seinem letzten Wort:

„Vergißmeinnicht."

2. Die Trauerweide.

Ein Kaufmann erhielt einst von einem Freunde in Kleinasien einen Korb mit Feigen zum Geschenk. Der Korb war geflochten aus Weidenzweigen, unter welchen einer noch ganz grün war. „Warte, du kleines Ding", sagte der Kaufmann, „wenn noch Leben in dir ist, so sollst du nicht vergehen". Er steckte den Zweig in die Erde. Derselbe hatte zwei Augen, die aber noch fest geschlossen waren. Da der Mann das Zweiglein sorgsam pflegte, so regte sich bald neues Leben in ihm; es öffnete die Augen und sprach: „Wo bin ich? Als die Menschen mich abschnitten, meinte ich nicht anders, als daß ich sterben müßte und daß es ganz mit mir vorbei wäre — und doch ich lebe?! Aber wo lebe ich? Ist jenes graue Zelt über mir der Himmel? Wo ist die tiefe Bläue, die ich an ihm kenne? Wo sind die Ölbäume, die Feigen- und Apfelsinenbäume? Nein, das Land ist nicht meine Heimat!" Und traurig stand es da und mochte den Himmel nicht ansehen; denn es war ihm, als ob derselbe unmittelbar auf ihm lastete; auch mochte es sich nicht umsehen, denn nirgends bot sich ihm ein befreundeter Anblick. Traurig senkte es deshalb die Zweiglein, die es trieb, zur Erde; war sie doch das einzige Heimatliche, das es hier wiederfand!

Der Kaufmann hatte eine kleine Tochter von 5 Jahren, die wurde krank und starb, und die Eltern weinten sehr, als die schwarzen Leute kamen, um sie nach dem Friedhof zu bringen und dort zu bestatten. Da grub der Mann die kleine Weide aus und pflanzte sie auf das Grab seines Kindes, indem er sagte: „Du bist ja immer so traurig, daß du deine Heimat und deine Freunde verloren hast; du kannst mit uns trauern, denn wir haben unser liebes Kind verloren; es liegt zu deinen Füßen in der Erde, wohin deine Zweige zeigen". —

„Nein", sprach das Bäumchen, „das Trauern überlaßt mir allein. Freilich fühlt auch ihr euch gebeugt, eben wie ich, und der leiseste Anhauch von außen erregt in unserm tiefsten Innern das Gefühl unseres Verlustes, so daß ihr sehr wohl meine leisen Klagen versteht, wie ich dabei eure Tränen zu deuten weiß. Aber ich werde mein Auge nie losreißen können von dem Fleckchen Erde unter meinen Füßen, dem Einzigen, das mir heimatlich erscheint; ihr dagegen werdet von dem Fleckchen Erde, welches nur die äußere Hülle birgt, euren Blick erheben zu eurer eigenen und eures Kindes wahren Heimat. Denn ich habe meine Heimat und meine Freunde für immer verloren; ihr dagegen werdet euren Liebling in eurer Heimat wiederfinden".

Dieses und noch manches andere redete das Bäumchen. Der Vater und die Mutter hörten es und sie wurden nach und nach über ihren Verlust getröstet. Das Bäumchen aber war unterdessen immer größer geworden; denn Tränen und Kummer waren seine beste Pflege gewesen. Bald bedeckte es mit seinen niederhängenden Zweigen — den eigenen Gram pflegend, den fremden Kummer in sich verschließend — das ganze Grab, und den bleichen Leichenstein mit der geknickten Lilie verhüllte das Blätterdach der Trauerweide aus deutungsvollem Grün.

3. Die Schwalben.

Wir standen vor der Gartenpforte des Gärtners P. und beobachteten eine Schwalbenfamilie, die auf dem Telegraphendraht saß. Der Gärtner gesellte sich zu uns mit den Worten: „Das sind meine Schwalben; dort in dem Vorraum des Kalthauses haben sie ihr Nest. Sie sind außerordentlich zutraulich, so daß ich sie fast mit der Hand greifen könnte".

„Du", sagte die junge Schwalbe zu der andern, „Herr P. ist doch ein sehr freundlicher Mann." — „Gewiß", erwiderte die andere; er hat uns ja nie etwas zuleide getan und ließ uns ganz ungestört in seinem Hause wohnen." — „Ach daran dachte ich eben nicht", sagte die erste weiter; „ich meinte, es ist doch freundlich von ihm, daß er uns diesen Draht hier ausgespannt hat." — Während dieses Gesprächs war die Mutter herzugeflogen und hatte der einen jungen Schwalbe ein mottenähnliches Insekt in den Schnabel gegeben; doch das Tierchen wurde wieder frei und flog davon. „Sieh, du kleiner Taps", sagte die Mutter, „nun hast du wieder nichts. Wie oft habe ich dir gesagt, du solltest ordentlich anfassen, wenn ich dir etwas gebe,*) und sollst das Plappern lassen, wenn du essen willst; nun kannst du dir den Schnabel wischen. — Du aber," — sie wandte den Kopf nach der ersten Schwalbe hin — „du bist im Irrtum, wenn du meinst, dieser Draht sei für uns gemacht." — „Aber wir können doch so schön darauf sitzen — er paßt gerade für uns", fiel die junge Schwalbe ein. — „Wohl! war die Antwort. „Anderswo sind, wie du auf der Reise sehen wirst, viele Drähte über- und nebeneinander, und manche Schwalbe hat sich an ihnen — sei es aus Unvorsichtigkeit, sei es, weil sie wegen dichten Nebels nicht voraussehen konnte — den Kopf oder die Brust eingerannt und fiel tot nieder." — Wollen die Menschen uns durch die Drähte denn töten? Das kann ich von Herrn P. gar nicht glauben." — „Nein," sagte die Alte, „das glaube ich auch nicht." — „Aber wozu haben sie denn die Drähte ausgespannt?" — „Nun das kann ich dir nicht eben sagen, das verstehen wir Schwalben überhaupt wohl nicht. — Ja, piep, piep! sagst du nun," wandte die Alte sich an die andere; nun bist du hungrig, nicht wahr? Und du hast nichts." Nun, diesmal will ich dir noch etwas wieder geben. Aber

---

*) Dies wurde mit besonderer Beziehung gesagt!

ihr alle, ihr seht doch, wie es euch geht, wenn ihr meiner Mahnung nicht folgt. Darum merkt euch nun: Dieser Draht ist freilich nicht für euch hierher gebracht, aber wir können und dürfen ihn benutzen; dagegen kann er uns auch zum Schaden gereichen, wenn wir unvorsichtig sind. Darum nehmt euch in acht, und wenn ein Unglück geschieht, so gebt nicht dem Draht, auch nicht den Menschen, die uns doch so freundlich aufnehmen, die Schuld, sondern fragt bei euch selbst vor, wer schuldig ist. Nach diesen Worten flog die alte Schwalbe fort, und bald brachte sie dem hungrigen Kinde neues Futter. *)

II.

Als Vorbereitung auf den botanischen Teil des „Dorfteichs" wird es zweckmäßig sein, wenn in einem Vorkursus, mag man ihn als Heimatskunde, Anschauungs- oder vorbereitenden naturkundlichen Unterricht bezeichnen, an einigen leicht zu behandelnden Objekten aus dem Pflanzenreich die notwendigsten terminologischen Bezeichnungen gelehrt werden. Als solche schlage ich vor die Tulpe und die Kastanie, doch nicht als die einzigen, sondern als jedenfalls zu behandelnde Objekte.

1. Die Tulpe.

Im Herbste werden einige Tulpenzwiebeln in den Garten oder in Blumentöpfe gepflanzt, letztere werden an einem kühlen Orte aufbewahrt. Wenn die Pflanzen aus der Erde kommen, wird beobachtet — sie sind spitz, ein Blatt hüllt ein anderes ein (Querschnitt!) — Entfalten (Entrollen) der Blätter, wenn das innere Blatt größer geworden ist — Form ɾc. der Blätter — die Knospe — Wachstum — Veränderung der grünen Farbe in rot, oder gelb ɾc. — Form der Blume — Tag- und Nachtleben — Zahl der Blumenblätter — Staubgefäße und Staub — Fruchtknoten (Querschnitt!) (und Narbe?) — die Zwiebel (Längs- und Querschnitt) mit den Wurzeln — der Tulpenstengel ist Verlängerung des innern Kerns (Vergleichung mit der Kastanienknospe) — Schuppen — Brutknospen — Verschiedenheit der Tulpen nach Farbe ɾc. — ev. gefüllte Tulpen — Absterben (Reifen) — abermalige Betrachtung des Fruchtknotens — Aufnehmen der Zwiebeln (Wurzeln?) — Aufbewahrung (Vergl. mit Kartoffeln) — Abnormitäten, z. B. Blätter am Schaft, oder gefärbte Blätter unter der Krone werden nach Vorkommen unter allen Umständen berücksichtigt, nach Kraft sogleich oder später verwertet.

---

*2) Diese Skizze möge hier noch Raum finden, weil ich die Anregung dazu noch genau erinnere und man darnach den Wert und Unwert von dergleichen Darstellungen am besten ermessen kann. — Ich beobachtete mit den Meinigen die Schwalbenfamilie und während der Beobachtung, oder vielmehr zwischen den Beobachtungen deutete ich die Vogelsprache in vorstehender Weise — um die Lücken auszufüllen.

2. Die Kastanie.

a) **Im Vorfrühling.** Knospenzweige, an welchen die Knospen noch fest geschlossen, aber doch schon stark mit Harz überzogen sind, werden gesammelt (in einer Baumschule, wenn die jungen Bäume beschnitten werden); einige stellt man in Wasser und bewahrt sie in dem (geheizten) Schulzimmer auf; andere steckt man etwa in den feuchten Sand oder legt sie einfach auf die Steine eines kühlen Kellers, um auch von diesen in Zeiträumen von einer Woche ins Wasserglas zu bringen. Man wird auf diese Weise zur Zeit der Unterrichtsstunden Knospen in verschiedenen Entwickelungsstadien bereit haben, wie man ihrer bedarf. Wenn möglich, werden auch Zweige von den Spitzen größerer Äste genommen (die zu bezeichnen sind), damit es sicher ist, daß man auch Blütenknospen hat. Sonst müssen solche später betrachtet werden.

An den festgeschlossenen Knospen wird betrachtet: die Stellung (paarig) der Knospen — Form — der kleberige Überzug (löst sich nicht in Wasser, wie Kirschgummi) ist harzig (wie Harz der Tannen). —

An der aufbrechenden Knospe werden betrachtet: die Knospenschuppen oder Knospendecken — Stellung — Zahl — Unterschied derselben — das Innere der Knospe: zwei Paar wollige „Hände" — Zahl der „Finger". —

Die geschlossene und die aufbrechende Knospe werden verglichen: Lage der Schuppen und Größe der Teile. Ferner: Nachweis, daß die Finger zusammengefaltete Blättchen sind — (Raumersparnis — Schutz der Blätter — wodurch? Vgl. ein Kind in der Wiege) — Einschluß der Blüte zwischen den Blättern (Längsschnitt) — Entwickelung des Zweiges aus der Knospe — Verholzung) (Knospenringe) — Blattnarben (Gefäßspuren — abgefallene Blattstiele) — Sitz der Knospen im Verhältnis zu den Blattstielnarben. —

Nähere Betrachtung des Zweiges (mit nicht aufgebrochenen Knospen): Oberhaut mit Korkwarzen (trocken — schützt gegen Verdunstung) — grüne Rinde — weißer Bast — Saft — Holz — Mark — Vergleichung von Knospe und Zwiebeln.

b) **Im Frühling.** Die blühende Kastanie nach ihrem Eindruck auf den Menschen (Weihnachtsbaum des Frühlings — Dichtigkeit der Krone) — Weiterentwickelung der bekannten Teile (Blätter — grüne Zweige — Knospenschuppen?) — Nähere Betrachtung der Blätter — der Blüten: Blütenstand, Farbe, welche brechen zuerst auf? Zahl der Blumenblätter, Kelch, Spitzen desselben, Staubgefäße (Blütenstaub), Fruchtknoten mit Griffel verschieden, Samen, Abwerfen der Fruchtknoten (der jungen Früchte), der Staubgefäße und Blumenblätter.

c) **Im Herbst**: Absterben der Blätter („der Finger"?) (Vergl. mit der Tulpe). Ursachen? Mangel an Wärme nicht, Überfluß an Wärme auch nicht, ebensowenig Wassermangel! Was denn?? (S. später!) — Knospen (Größe im Vergleich zu den Frühlingsknospen — Winterleben im Baum — Reservestoffe?) — Fruchtreife — die Frucht und der Samen — Bedeutung der abgefallenen Blätter (für die Keimung des Samens 2c.) *)

---

*) Ausführungen dieser Andeutungen finden sich in: Junge: „Beiträge" Langensalza, Beyer und Mann 4. Aufl. 1904.

Für einen Vorkursus würde ich weiter empfehlen zur Beobachtung und Besprechung):

1. Die Gartenbalsamine (Imp. bals.) — in Blumentöpfe gesät — Pflege (reichlich Wasser — welken bei weniger Wasser). Samen.
2. Kaktus: Zucht aus Ablegern — mehrere Pflanzen mit viel, mit wenig Wasser versorgt. („Welkwerden" bei viel Wasser).
3. Liebesapfel (Sol. lycop.): Topfkultur — Blüten — Früchte — Blätter.
4. Kartoffel.
5. Korn. Keimversuche — Bedingungen des Keimens.
6. Weiße Bohnen — ebenfalls — Keimling.
7. Kanarienvogel.
8. Grüner Grashüpfer.
9. Regenwurm im Blumentopf ohne Pflanzen, aber Fütterung mit Blättern 2c.
10. (Vielleicht) Engerling (im Blumentopf mit Pflanzen).

4.

Für eine mehrklassige Schule einer Flußstadt könnte folgender Plan im 4. Schuljahr gelten.

Der Fluß X.

1. Weide.
2. Erle.
3. Wasserhahnenfuß und flutender H.
4. Laichkraut.
5. Schilf.
6. Froschlöffel.
7. Vergißmeinnicht.
8. Igelkolbe.
9. Schierling oder Rebendolde oder bittersüßer Nachtschatten.
10. Algen.

---

11. Barsch.
12. Aal.
13. Ente (Gans, Schwan).
14. Krähe (oder Eisvogel, Schwalbe, Star).
15. Bachstelze.
16. Libelle.
17. Mücke.
18. Krebs.
19. Frosch.
20. Süßwasserschwamm.

Ferner, wenn möglich,*)　　　　der Teich.
21. Blutegel.
22. Wasserkäfer (Taumelkäfer od. dgl.).
23. Salamander.
24. Wasserskorpion (Rückenschwimmer, Wasserläufer, Wasserassel, Wasserspinne).
25. Schlammschnecke (Tellerschnecke).
26. Stichling.
27. Wasserlinse.
28. Wasserfeder.
29. Welche Tiere des Flusses finden wir auch im „Teich"? Wie kommen sie dahin? Welche aber nicht? usw. (Ursachen??)
30. Das Wasser: Bewegungen zc.

Schluß:

Der Fluß X als Ganzes in seiner Bedeutung für die Stadt N.

Hierzu u. a.: Zuflüsse (Gräben) — Anschwellen — Überschwemmungen — Farbe des Wassers — War der Fluß oder die Stadt früher? — Was für Gewerbetreibende wohnen in unmittelbarer Nähe des Wassers? Warum? (Vgl. mit Bachstelze, Igelkolbe!) — Beziehung der Kaufleute, der Bäcker, der Schlachter 2c. zu diesen. Versuch, Fäden zu finden, von welchen die Existenz der Menschen in N. abhängt.

Natürlich können die Einzelwesen nicht so tief behandelt werden, wie im Dorfteich geschehen ist; schwierigere Erörterungen von allgemeinerer Bedeutung bleiben den späteren Kursen vorbehalten. Doch wird in der Behandlung dieselbe Tendenz wie im „Dorfteich" vorwalten müssen.

III. Das Aquarium.
1. Anfertigung eines Aquariums.

Zimmeraquarien werden bekanntlich in verschiedener Gestalt und Größe und auf verschiedene Weise angefertigt. Hier handelt es sich um die Herstellung eines nicht eben eleganten, wohl aber brauchbaren und billigen Schulaquariums. Man bedarf nicht eines Gestelles aus Blech oder dergleichen, sondern nur zweier Glastafeln und ein paar Schieferplatten, das Ganze wird für $1—1^{1}/_{2}$ Mk. zu haben sein, und wenn man die Arbeiten sauber ausführt, vielleicht für das Aussehen noch dies oder das tut, so wird es ein gewöhnliches Wohnzimmer nicht eben verunzieren. Gefahr, die Tiere durch den Kitt zu vergiften, ist absolut ausgeschlossen. — Ein paar kleinere Aquarien sind einem einzigen größern vorzuziehen: man kann die Tiere nach ihrer Lebensweise, z. B. Räuber von andern, trennen.

---

*) sei es auch nur aus einer Pfütze.

Zunächst verschaffe man sich eine Schieferplatte, die als Boden des Aquariums ungefähr die Länge und Breite desselben, wie es in Aussicht genommen ist, hat, also ungefähr 40 cm lang und 25 cm breit ist; für diese Maße genügt die Stärke des gewöhnlichen Dachschiefers. Das Aquarium muß aus verschiedenen Gründen auf Füßen stehen. Sie lassen sich in mannigfaltiger Weise anbringen. Jedenfalls muß der Schieferdecker, wenn man selbst sich nicht damit befassen will, $1^1/_2$ cm von den Längsrändern und $2^1/_2$ cm von den kurzen Seiten der Schieferplatte entfernt, 4 Löcher in dieselbe schlagen. Will oder muß man die Arbeit selbst vornehmen, so wird der Schiefer auf eine ebene Unterlage gelegt, doch so, daß die für ein Loch bezeichnete Stelle hohl liegt; auf diesen Punkt setzt man irgend eine Stahlspitze, z. B. eine abgebrochene Stopfnadel, und führt auf letztere einen kurzen, aber kräftigen und sichern Schlag. Sind die Löcher zu klein, so müssen sie durch leichtes drehendes, nicht drückendes Bohren erweitert werden. Durch diese Löcher kann man nun von oben her mittels Holzschrauben die Schieferplatte auf ein Paar Holzleisten, welche die Stelle der Füße vertreten, festschrauben, oder man kann von unten her durch ein Brett, das ringsum 1 cm kleiner als die Schieferplatte ist, Füße in Gestalt von gelben Schraubknöpfen, wie sie zu Schubladen u. dgl. gebraucht werden, einschrauben. Ich nehme den ersten Fall. Ein Paar Leisten von der Länge der Schieferplatte (oder 2 cm kürzer) und einer Dicke von $2^1/_2$ cm, aus gutem Föhrenholz, werden geölt, damit sie sich nicht werfen; sie sollen der Schieferplatte in ihrer ganzen Länge zur Stütze dienen, wenn man das Aquarium einmal aufhebt. Durch die Löcher des Schiefers schraubt man denselben auf die Leisten mit Holzschrauben von $2^1/_2$ cm Länge und der Stärke eines dicken Strohhalms, doch so, daß die Schrauben noch $^1/_2$ cm über die Schieferplatte hervorragen; denn dann haben an ihnen später die Glasplatten sichern Halt gegen den Seitendruck des Wassers. Als Endstücke dienen 2 Schieferplatten, deren Länge gleich der Breite des Grundschiefers ist, und deren Höhe der des anzufertigenden Aquariums, also ca. 18 cm, entspricht. Endlich bedarf man zweier Glastafeln aus starkem Glase von gleicher Breite (Höhe) mit dem Endschiefer (18 cm) und einer Länge, die 4 cm geringer ist als die Länge des Grundschiefers. (Vielleicht ist es für den Ungeübten zweckmäßig, wenn er sich zuerst ein Modell in verjüngtem Maßstabe aus Pappe anfertigt. Er erkennt dann ja auch, ob die Form ihm zusagt. Große T i e f e dürfen die Aquarien nicht haben.) Die Glastafeln werden sauber von allem Fett rc. gereinigt. Wer ein Übriges tun will, kann sie an den drei Rändern, an welchen sie mit den andern Teilen zusammengefügt werden sollen, mit Schmirgelpapier $1^1/_2$ cm breit matt schleifen; indes ist diese Arbeit ziemlich mühselig und nicht unbedingt notwendig. Nun werden die zwei Endschiefer auf dem Grundschiefer aufgestellt und die Glastafeln als Seitenstücke zwischen sie gepreßt. In dieser Gestalt werden die vier Wände von jemandem gehalten, bis oben und unten je eine starke Schnur herumgelegt ist. Wenn diese nicht straff genug angezogen ist, so keilt man zwischen sie und dem Endschiefer Korken ein, bis die Glastafeln unbeweglich sicher zwischen den Endschieferplatten eingeklemmt stehen. Unten müssen die Glasplatten gegen die hervorragenden Schrauben stoßen. Nun kann man noch ein paar Schnüre über die Schieferwände hinweg und unter dem Boden durch legen, wodurch dieser und die ganze Wandung verbunden werden. Jetzt wird danach gesehen, ob der Endschiefer allenthalben

2 cm über die Seitenwand hervorragt, die Glastafeln also lotrecht stehen, und ferner, ob der Grundschiefer rund herum mit einem in gleichem Maße breiten Streifen übersteht, endlich, ob Glas und Schiefer möglichst genau auf der Grundplatte feststehen (das kann freilich nur dann der Fall sein, wenn die Glasplatten ganz genau rechtwinklig geschnitten sind).

Jetzt heißt es, die einzelnen Teile dauernd wasserdicht zu verbinden. Als Bindemittel wird Zement verwandt. Derselbe muß aber gute Bindekraft besitzen, wird daher am besten einer frisch angebrochenen Tonne entnommen. Am zweckmäßigsten wird es sein, zunächst nur die Vorbereitungen zu treffen, das Zusammenfügen der Teile aber aufzuschieben, bis man Gelegenheit findet, guten Zement zu erhalten. Für den Ungeübten ist ein langsam erhärtender Zement am besten. Es sind etwa 3 Liter nötig, (dann hat man reichlich).*) In ein Trinkglas oder derartiges Gefäß wird Wasser gegossen; dann wird Zement hinzugetan und schnell durchgerührt, daß ein gleichmäßiger Teig von genügendem Zusammenhang entsteht.

Der erste Versuch gelte als Probe. Zu einem bestimmten Maß Wasser, vielleicht das Gefäß zur Hälfte oder zum vierten Teil gefüllt, werden 2, 3, 4 Löffel voll Zement getan. So erlangt man für die folgenden Male ein bestimmtes Verhältnis. Der Brei muß sehr schnell gemischt und aufgetragen werden, weil er an Bindekraft verliert, sobald er im Gefäß zu erstarren beginnt. Darum werde die erste Probe, weil ihre Herstellung wohl etwas mehr Zeit in Anspruch nehmen wird, lieber weggeschüttet. Jedesmal werden das Gefäß und der Löffel von den Resten des Zements sogleich mit Wasser gereinigt. Damit man von allen Seiten bequem arbeiten kann, wird das Aquarium auf einen freistehenden Tisch gestellt. Um das Angießen bequemer ausführen zu können, legt man unter die eine Seitenleiste, beispielsweise die rechte, einen Klotz, ein Stück Ziegelstein od. dgl., wodurch der Boden eine schräge Lage erhält; dann kann die innere linke und die äußere rechte Fuge bequem angegossen werden. Für einen ersten Anguß sei der Brei so dünn, daß er beim Schrägehalten des Gefäßes wie dicker Sirup von selbst herausfließt; er dringt dann vollständig in die kleinen Zwischenräume hinein. Beim Ausgießen hilft man mit dem Löffel nach, damit die Fuge am Glase wie am Schiefer ca. 1 cm hoch hinauf reiche; nötigenfalls wird durch Streichen mit dem Löffel eine gleichmäßige Verteilung erzielt. Solchergestalt werden nun die eben bezeichneten Fugen ausgegossen. Ist der Zement so weit erhärtet, daß er wie Mörtel sich streichen läßt, etwa mit dem Löffelstiel oder einem Messer, so schreitet man zu einem zweiten Anguß. Dieser Brei werde so „steif" angerührt, daß er kaum aus dem Gefäß ausfließt, sondern nur mit Hülfe des Löffels langsam fließt. Durch diesen Guß wird die Fuge ca. 2 cm hoch sowohl am Glase, wie am Bodenschiefer. (Die äußere, rechte, reicht bis an den Rand des Grundschiefers.) Mit Löffel oder Messer wird sie glatt gestrichen; je besser dies gelingt, desto besser ist später das Aussehen. Besondere Vorsicht ist bei dem Anstreichen der oberen Fuge zu verwenden, damit die Glasplatte durch den Druck nicht verschoben werde. Verfährt man schnell, so ist bei solchem zweimaligen Angießen ein besonderer Druck beim An-

---

*) Man hüte sich, mit angerührtem Zement Kleider oder polierte Sachen zu beflecken; er ätzt wie Kalk, zerstört die Farbe ꝛc.

streichen nicht erforderlich. — Ist der Brei an einigen Stellen zu hoch gekommen, so wird durch gleichmäßiges Streichen mit dem Messer die Fuge nach oben hin am Glase in gleicher Höhe eingeschnitten und werden die abgeschnittenen Partien mittels eines Tuches, das man um die Fingerspitze scharf herumgewickelt hat, abgewischt und das Glas mit einer trockenen Stelle des Tuches nachgeputzt.

Das Aquarium bleibt in seiner Lage, bis der Zement so weit erhärtet ist, daß er nicht mehr fließt oder ausquillt (treibt). Dann wird vorsichtig die linke Seite hochgestellt. Dabei ist darauf zu achten, daß die Leisten nicht im geringsten bewegt werden, besonders die rechte Leiste, deren Schrauben schon durch den Zement festgehalten werden. Nachdem die linke äußere und die rechte innere Fuge ausgegossen und angestrichen sind, werden auch die Endfugen in ähnlicher Weise hergestellt, indem zuerst das eine, danach das andere Ende hochgestellt wird. Zugleich können die Eckfugen ausgefüllt werden, wenn sehr vorsichtig vermieden wird, die Glaswände auch nur im geringsten zu bewegen; geschieht dies, wenn die untern Fugen schon erhärtet sind, so bindet der Zement nicht mehr und das Aquarium wird undicht werden. Ein anderer Weg ist der, daß die Grundfugen erst vollständig erhärten — in 2 bis 4 Tagen — dann dieselben gehörig angefeuchtet und nun die Eckfugen hergestellt werden. Trockener Zement und Zementbrei vereinigen sich nicht wasserdicht. Die äußern Eckfugen lassen sich am bequemsten bei seitlicher Neigung des Aquariums machen. Um das Aussehen des Aquariums dann noch zu heben, können die Endkanten mit Säulen versehen werden, indem von der äußern Fuge aus um die scharfe Kante des Endschiefers herum mit etwa 2 cm Radius (gleich der Breite der äußern Fuge) an denselben hinauf gleichmäßig Zement angeklebt wird. Hierzu muß der Brei den Zusammenhang eines guten Mörtels (zum Ausfugen) haben und er braucht nicht mit solcher Eile wie früher verwandt zu werden. Ist der Zement bis zu einem gewissen Grade erhärtet (nach $1/2$ bis 1 Stunde), so werden mit einem Messer, unter Zuhülfenahme eines Lineals, zunächst zwei Flächen, die der Glas- resp. Schieferwand parallel sind, glatt- und danach die noch stehenden drei Ecken abgeschnitten, wobei zwei an den Schiefer und die Glasplatte sich unter spitzem Winkel anschließende Flächen entstehen. Die Säulen haben einen Durchmesser von 3—4 cm und sind sechseckig. Zweckmäßiger lassen sich die Säulen folgendermaßen bauen. Vor Zusammenstellung der Wände des Aquariums werden vier Streifen Weißblech (oder Schwarzblech) etwa 2 cm breit und 5—8 cm lang, der Länge nach rechtwinklig gebogen und in diese Ecken die Schiefer- und Glasränder scharf aneinander gesetzt, indem um den Kasten ein Bindfaden straff gebunden wird. (In diesem Fall steht also der Endschiefer nicht über die Glaswand vor.) Dann wird unten, etwa 1 cm hoch, ein Draht, am besten ausgeglühter (weicher) Kupferdraht, straff herum gezogen. Derselbe bleibt sitzen und wird später durch den Zement verdeckt. — Schiefer und Glas lassen sich auch sehr zweckmäßig mittels eines steifen Breies aus Ölfirnis und Mennige (für 10 Pfg.) zunächst in die Blechecken kitten. Alsdann muß der Brei vielleicht 8 Tage erhärten, die Blechecken dürfen aber auch bis an den obern Rand des Aquariums reichen. Nun werden die innern Fugen zuerst ausgegossen. —

Nachdem der Zement des Aquariums vollständig erhärtet ist — man warte eine Woche oder länger — wird das Aquarium auf eine ebene Unterlage gestellt (wo erforderlich ist, wird ein Holzspan untergeschoben) und dann wird es nach und nach mit Wasser gefüllt, bis dieses etwa 4—5 cm vom obern Rand entfernt ist. Nachdem das Wasser einige Tage darin gestanden hat, wird es herausgeschöpft oder mit einem Heber abgezogen, nur der Rest darf ausgegossen werden, die Wände werden mit Bürste und Tuch (wenn man vorsichtig verfährt, auch mit feinem Schmirgelpapier) gereinigt, nachdem die gröbern Flecke zunächst mit einem Messer abgekratzt worden sind. Dann ist es zweckmäßig, daß das Aquarium noch ein paar Tage auswässert, bevor es besetzt wird. — Es sei schließlich noch bemerkt, daß der Zementvorrat festgedrückt und verschlossen aufbewahrt werden muß, sonst zieht er Kohlensäure und Wasser aus der Luft an und verliert von seiner Bindekraft.

Man kann die Aquarien aber auch fertig kaufen; billig und bequem sind solche ganz aus Glas gegossen. Sie sind in den verschiedensten Größen und Preislagen käuflich. In Kiel*) hat die gangbarste Größe etwa 27 cm Lg., 18 cm Breite und 17 cm Höhe und der Preis beträgt 2,50 Mk. In jeder größeren Stadt sind solche jetzt käuflich und sie werden überall hin verschickt. Diese Glasaquarien haben mancherlei Vorzüge. Zunächst kann man sich mehrere Behälter kaufen, um die Tiere leichter ihrer Natur und Lebensweise nach zu trennen. Ferner sind alle Wände (kein Schiefer) durchsichtig, also eine allseitige Beobachtung ist leichter. Ein Mangel besteht darin, daß die Glaskästen leicht springen infolge kleiner Unebenheiten der Unterlage oder starker Erschütterung, z. B. an Straßen mit lebhaftem Lastwagenverkehr. Diesem Übel vorzubeugen, wird gewöhnlich eine Filzplatte unter das Aquarium gelegt. Weil die Scheiben nicht geschliffen sind, verzerren sie auch wohl das Bild; doch scheinen die Kästen jetzt schon bedeutend besser hergestellt zu werden als in der ersten Zeit.

Es kann geschehen, daß ohne erkennbare Ursachen eine Glaswand plötzlich einen Riß bekommt. Dem läßt sich in manchen Fällen vorläufig folgendermaßen abhelfen: Nachdem das Aquarium geleert ist, wird es mit einem Tuch ausgetrocknet, die Rißstelle aber besonders trocken gerieben. Dann wird über sie auf den Rand ein in der Hitze gebogenes Stückchen Uhrfeder von 1—1½ cm Breite als Klammer gesetzt (in dieser Form 1 cm lang), damit die Glasteile nicht ausweichen können. In einem Porzellanschälchen werden gleiche Gewichtteile Talg und sehr fein geschnittenes Kautschuk unter stetem Umrühren zusammengeschmolzen. Ein für den Riß passender Glasstreifen wird erwärmt, mit der Masse dick bestrichen und noch möglichst heiß von innen gegen den Riß gedrückt. Die an den Rändern herausgepreßte Klebmasse wird mit einem Messer weggenommen. Nach dem Erkalten ist das Aquarium brauchbar.**)

Als Ruheplatz und Versteck für die Tiere ist eine Grotte in passender Form zweckmäßig. Sie muß der Größe des Aquariums angepaßt werden, doch

---

*) Simons: Glaswarengeschäft, Holstenstraße.

**) Es sei hier auf die „Bibliothek für Aquarien- und Terrarienkunde", Verlag: Wenzel u. Sohn, Braunschweig, hingewiesen. Das erste Heft: „Das Süßwasseraquarium, seine Einrichtung und Bepflanzung", Preis 40 Pfg., gibt jedem Anfänger praktischen und allem Anschein nach erprobten Rat. Bezugsquellen für Aquarien, Tiere und Pflanzen findet man dort angegeben.

stets so gebaut sein, daß sie den Tieren Schutz gewährt und sie dabei dem Blick des Beobachters nicht mehr entzieht als nötig. In einfachster Form bilden, etwa drei aufeinandergelegte Steine eine Höhle. Dem Schönheitssinn und in mehrfacher Hinsicht auch dem Zweck des Aquariums entspricht es vollkommener, wenn eine Grotte aus Tuffstein oder derartigem andern Gestein zusammengesetzt wird. Das Gestein wird in Stücke von 1—4 oder 5 cm Länge zerschlagen und diese werden durch Zement zu der zweckentsprechenden Form verbunden. Angenommen, die Grotte solle auf 3—5 Säulen ruhen, daß man seitwärts hineinsehen kann. Damit die Gesteinstücke durchfeuchten, werden sie ein paar Minuten in Wasser gelegt, doch müssen sie einige Zeit vor dem Aneinanderfügen herausgenommen werden, weil sie alsdann nicht direkt naß sein dürfen. Es wird nur wenig Zement angerührt ($1/2$ Löffel voll) und durch diesen werden je zwei Stücke miteinander verbunden und hingelegt, daß der Zement erstarre. Etwa am andern Tage werden von den so zusammengesetzten Stücken wiederum je 2 zusammengefügt, doch derart, daß scharfe Zacken und Winkel entstehen, also nicht, daß die 4 Steinchen eine gerade Säule bilden. Jetzt muß der Zement vielleicht 2 Tage erhärten, bis er eine mehr weißliche Farbe angenommen hat. Die jetzigen Stücke werden zu scharfwinkligen Bögen ꝛc. vereinigt — die Verbindungsstellen erhalten, wo nötig, sogleich durch angeklebte Steinchen, Zacken, größere Haltbarkeit. So wird nach und nach eine lockere Grotte von 23—24 cm Höhe (also 5—6 cm mehr als die Tiefe des Aquariums) gebildet. Sie kann oben offen bleiben und auch so eingerichtet werden, daß ein kleiner Blumentopf mit „hängendem Gras", auch wohl Frauenhaar genannt (Isolepis pygmaea), oder einer andern wasserliebenden Pflanze hineingesetzt werden kann. Zur Anfertigung der Grotte wird zweckmäßig schnell erhärtender Zement verwandt. Die Grotte muß ebenfalls ausgewässert werden.

2. Besetzung und Instandhaltung des Aquariums.

Mag man immerhin urteilen, daß die Herstellung eines Aquariums recht mühsam ist, so darf auch nicht vergessen werden, daß die Instandhaltung wenig Mühe verursacht, während es für Familie oder Schule vielfach Gelegenheit zu interessanten Beobachtungen bietet. — Zunächst muß eine genügende Anzahl von Wasserpflanzen: Wasserlinsen, Froschbiß, Wasserpest, zu Zeiten Wasserstern, Riccia und dergl. hineingetan werden. Da diese schwimmenden Pflanzen, besonders die Wasserpest, die ausgibigsten Sauerstoffquellen sind, so erhält sich ein solches Aquarium bei geringer Achtsamkeit von selbst. Es lebt gewissermaßen nach seinen eigenen Gesetzen weiter, zumal Daphnien, Cyclops und andere Tiere sich fortlaufend im Kraut entwickeln und besonders anderer Brut zur Nahrung dienen und wenn nicht eine Epidemie ausbricht z. B. unter den Schnecken, so werden die toten Körper von den Tieren verzehrt und der Rest verwest, ohne daß das Aquarium darunter leidet. Die Wasserlinse allein genügt schon, um ein mäßig besetztes Aquarium ohne große Schwierigkeit durch den Winter zu bringen. Außerdem hat ein Aquarium mit schwimmenden Pflanzen vor allen andern den Vorzug, daß unter der Pflanzendecke ein großer freier Wasserraum bleibt, in dem die Tiere beobachtet werden können. Ein Erwachsener kann ja auch von oben ins Aquarium schauen; für Kinder aber ist die Beobachtnng durch die Seitenwand gegeben und da hemmen die Grundpflanzen doch den Blick sehr.

Für einen Anfänger wird jedenfalls ein Aquarium mit schwimmenden Pflanzen zunächst zu empfehlen sein, denn das Interesse soll erst geweckt werden und nur Leben weckt wahres Interesse, und das Leben der Tiere ist in solchem Aquarium entschieden am einfachsten zu beobachten. Außerdem erfordert es von allen die wenigste Pflege und Arbeit. Wenn so die Freude am Aquarium erwacht ist, wird der Anfänger nicht durch die Mühe, die die Einrichtung eines solchen mit Grundpflanzen fordert, ermüden.

Als Boden für dieses benutzt man je nach der Art der Pflanzen die auf Wiesen von Maulwürfen aufgeworfene Erde oder Moorerde, diese mit Sand gemischt. Das ganze wird der Sauberkeit halber mit einer Schicht von reinge= waschenem Seesand (Flußsand oder gelbem Bausand) überdeckt. Der Sand wird in einem Gefäß mit Wasser gerührt und letzteres so oft abgegossen und erneuert, bis keine Trübung desselben mehr eintritt. Die Bodenschicht wird an einer Seite erhöht, so daß sie nach der andern Seite Gefälle hat. Dadurch wird der Schmutz mehr oder weniger nach einer Ecke gespült. Hier wird er herausgehoben. Oft wird auch eine sogenannte Schlammkiste in diese Ecke gestellt, ein offenes oder mit einem siebartig durchlöcherten Blechdeckel verdecktes Glasgefäß, in dem sich dann der Schmutz sammelt. Besondern Wert hat das Aquarium mit Grundpflanzen darum, weil alle Wasserpflanzen der Beobachtung zugänglich gemacht werden können. Doch hat es mir für die Beobachtung der Tiere nicht gefallen: Das Wasser ist nie so klar, ja die Tiere sind mir gestorben, und die Grundpflanzen zeigten auch nie ein solches Gedeihen wie die schwimmenden. Ich verwende darum nur eine dünne Bodenschicht, soweit sie erforderlich ist, um das Leben der Tiere am Grunde unter den natürlichsten Verhältnissen zu beobachten. (Wasserskorpion.) Sind die Pflanzen einige Tage im Wasser gewesen, daß sie eine natürliche Lage ange= nommen haben und zu wachsen beginnen, so können Tiere hineingesetzt werden, bei obigen Ausdehnungen des Aquariums vielleicht aber höchstens 4—5 kleine Fische, eine größere Anzahl verschiedener Schnecken, 3—4 Wasserjungfernlarven (Schmaljungfer oder Plattbauch) und eine ähnliche Anzahl anderer kleiner Wasser= tiere (Asseln, Flohkrebs c.). Die Zahl der größern Wassertiere darf — mit Aus= nahme der luftatmenden Schnecken — natürlich nur sehr gering sein. Zu bedenken ist ferner, daß nicht jede Fischart (z. B. nicht Forellen — mir wenigstens sind sie trotz aller Mühewaltung stets gestorben) sich als Aquarium= bewohner eignet (am besten natürlich halten sich solche, die Bewohner stehender Gewässer sind); und ferner, daß man nicht schädliche Tiere hineinbringt, wie beispielsweise Larven der Wasserkäfer. Gut tut man, jeden toten Stoff sogleich zu entfernen, sei er tierischer oder pflanzlicher Natur. Hat durch irgend ein Versehen das Wasser üblen Geruch angenommen, so kann das Wasser durch einen Saug= heber abgezogen und erneuert werden; doch wird es bisweilen zweckmäßig sein, die Tiere und Pflanzen sogleich heraus und in frisches Wasser zu bringen und das Aquarium, resp. die Grotte, gründlich zu reinigen. Dieser Fall wird bei einiger

Aufmerksamkeit aber äußerst selten eintreten.*) Man halte eine Stelle frei von Pflanzen, damit hier die Fütterung geschehen und man sich überzeugen kann, ob nach einigen Stunden alles verzehrt ist. Das Überflüssige wird mittels einer breiten Holzpinzette (die man sich leicht aus 2 Stäbchen Holz, welche durch einen Bügel aus Blech verbunden sind, anfertigt) entfernt. Auch das wird später selten erforderlich sein, wenn man strenge darauf hält, daß nur eine bestimmte Person füttert oder die Fütterung unter deren Aufsicht geschieht. — Welcher Art das Futter sein muß, hängt ja von der Lebensweise der Tierart ab.**) Viele Tiere fressen gerne Ameiseneier, aber die Hüllen der Puppen erteilen dem Wasser leicht einen fauligen Geruch. Geschabtes Fleisch in ganz kleinen Portionen wird sehr gerne genommen, kleine Stücke von Muscheln ꝛc., kleine Regenwürmer, gewisse Wassertiere (Wasserfloh ꝛc., doch ja nicht zu viele, daß einige sterben!), Krümchen von Weizenbrot; **stets wenig zur Zeit** — die Tiere gewöhnen sich um so leichter an regelmäßige Fütterung und kommen an, wenn der Mensch sich blicken läßt, nehmen die Nahrung von der Pinzette, vom Finger ꝛc. Kleine Reste werden von den Schnecken verzehrt. — Wird nun noch dafür gesorgt, daß das Wasser im Sommer nicht zu warm werde, so wird der Naturfreund sein Aquarium leicht erhalten können. Er schütze es im Sommer gegen die brennenden Sonnenstrahlen, wenn möglich durch den Standort (ganz gerne vor einem Fenster, aber nicht eben nach Süden); sonst stellt man während des hellen Sonnenscheins eine Jalousie aus **weißem** Papier oder zieht eine Gardine davor; eine dichte Decke von Wasserlinsen und Froschbiß hält auch kühl. Ist das Wasser warm geworden, so daß die Fische sich ungemütlich fühlen (an die Oberfläche kommen, um Luft zu schnappen od. dergl.), so muß mit Gummischlauch und Glasrohr (als Heber) etwas Wasser abgezogen und durch kühleres ersetzt werden.

Im Winter muß natürlich dafür gesorgt werden, daß das Wasser nicht gefriert. Dann bedürfen die Tiere auch nicht so häufig und so viel Nahrung. Das Aquarium gleicht dann dem Teiche in dem unter der kalten Hand des Winters alles Leben zu ersterben scheint. Dies ist bedingt durch die Natur unseres einheimischen Tier- und besonders Pflanzenlebens. Der Liebhaber besetzt daher gerne sein Aquarium mit ausländischen, immer grünen Pflanzen und auch mit fremden Tieren. Wenn sich diese Liebhaberei aber in die Schule überträgt, so liegt darin entschieden die Gefahr, daß das Aquarium ausschließlich zum **Zimmerschmuck** wird. Der erziehliche und bildende Wert liegt aber besonders in der Beobachtung des Zusammenlebens der Pflanzen und der großen und kleinen Tiere, ihrer Abhängigkeit voneinander und beides zeigt entschieden das **heimische Aquarium** am besten, zumal bei ausländischen Tieren oft nur eine auffallende Eigenart für die Wahl derselben maßgebend ist. — Im übrigen ist es am besten, daß das Leben im Aquarium sich selbst reguliert. Sterben häufig Tiere, so werden wahrscheinlich zu viele zusammengebracht sein, wenn das Wasser nicht faul geworden ist; dann muß dieser Umstand ein Fingerzeig sein, daß nicht so viele wieder hineingebracht werden; auch kann der Pflanzenwuchs mehr gefördert werden oder endlich, man

---

*) Durchlüftung s. Stichling. Anmkg. 4.
**) Bequem ist die Verwendung von künstlichem Fischfutter. Jedes Geschäft mit Aquarientieren hat solches vorrätig.

muß für künstliche Luftzufuhr (durch Hereinsprudeln von Wasser, das Luft mit fortreißt, oder durch eine andere Vorrichtung) sorgen.

Salamander und entwickelte Frösche können in dem oben beschriebenen Aquarium nicht gehalten werden; sie wandern aus, indem sie an der Grotte oder den Eckfugen emporklimmen; diese Tiere müssen ohne Grotte in dem mit einem Drahtnetz verdeckten Aquarium oder in einem Glashafen, in dessen Mitte ein Stein aus dem Wasser hervorragt, aufbewahrt werden. Pflanzen bedürfen sie nicht, da sie Luft atmen. Der Glashafen muß zugedeckt werden. Diese Amphibien lassen sich auch zweckmäßig in einem Kasten oder nicht mehr wasserdichten Aquarium halten. Eine Hälfte wird bis etwa zur halben Höhe mit Erde gefüllt und diese mit Moos oder dgl. bepflanzt. Vielleicht läßt sich die andere Hälfte noch wasserdicht abkleiden oder es wird ein mehr oder weniger großes Gefäß mit Wasser hineingesetzt. Ein solches Terrarium muß mit einem Drahtnetz zugedeckt werden. Auch Laubfrösche und andere Tiere kann es aufnehmen. Nahrung s. „Dorfteich".

Sollen verschiedene Räuber beobachtet werden, so müssen sie in verschiedenen Glasgefäßen untergebracht und muß auch für passende Nahrung (Froschlarven — Regenwürmer) gesorgt werden. Manche verzehren ja ihresgleichen.

Kann man es überhaupt nicht bis zu einem ordentlichen Aquarium bringen, so lassen sich die Wasserluft atmenden Tiere in einer breiten Schüssel halten, das Wasser hat eine große Oberfläche, sodaß der Gasaustausch direkt mit der Luft ohne Vermittlung von Kraut stattfinden kann. Doch wird ein derartiges Aquarium immerhin nur ein Notbehelf bleiben, denn ein solcher Behälter weicht doch zu weit von der Natur ab, und man kann dann dieselben Tiere nur eine kurze Zeit und auch dann nur unvollkommen beobachten.

---

3. Fang der Tiere.

Es erübrigt noch ein kurzes Wort über den Fang der Tiere. Ich benutze dazu ein Fangnetz (Kätscher) von ca. 30 cm Durchmesser und 40 cm Tiefe. Es besteht aus dünnem feinmaschigem Stoff (Mull), der zu einem Beutel zusammengenäht und an seiner Öffnung um einen dicken Messingdraht befestigt ist — man kann auch Eisendraht, wie er zu Einfriedigungen verwandt wird, benutzen, doch dieser rostet zu leicht. Die Enden des Drahtes sind an einem Holzstück befestigt, das durchbohrt ist, so daß in die Bohröffnung mein Handstock oder eine Stange hineingesteckt werden kann. Durch eine Holzschraube in dem Holz wird der Kätscher an der Stange festgehalten. Man fischt nun teils, indem man das Kraut mit dem Kätscher abstreift, teils indem man mit möglichst raschem Zuge zwischen dem Kraut hindurchfährt, oder in gleicher Weise freie Stellen zwischen dem Kraut durchzieht; man fischt an der Oberfläche und in geringern oder größern Tiefen, oder am Grund — kurz an ganz verschiedenen Orten. Am besten hat man zwei größere Gefäße zur Aufnahme der Gefangenen bei sich, um gleich trennen zu können. Hat man in klarem Wasser gefischt, so werden die größeren, derberen Tiere herausgesammelt und dann der Kätscherbeutel in dem Aufnahmegefäß (das Wasser enthält) umgekehrt, so daß die Innenseite nach außen kommt; so wird der Kätscher gleichsam ab= oder ausgespült und man bekommt die zarteren und kleineren Tiere unversehrt ins Gefäß. Das Kraut wird nachgesehen. Hat man Schlamm im Kätscher, so muß man letzteren nach und nach vorsichtig aus dem Wasser herausheben, damit das Gewebe durch das Gewicht der ganzen Wassermasse nicht zerreiße. Der Schlamm wird, nachdem das Wasser einigermaßen abgelaufen ist, auf dem Lande ausgeschüttet (der Kätscher umgekehrt) und untersucht. Immer bringe man etwas Kraut in die Aufnahmegefäße und erneuere das Wasser, wo man kann (Brunnenwasser ist ja meist unbrauchbar). Ferner eilt man möglichst schnell nach Hause. Hier wird der Inhalt der Gefäße portionenweise in weiße Teller, Glasgefäße und dgl. getan und weiter untersucht. Kleine Tiere, die man einzeln haben will, werden mit Wasser in ein Glasrohr gesogen oder in dasselbe eingefangen, indem man das Rohr in der Luft an einem Ende mit dem Finger luftdicht verschließt, das andere Ende nahe über das Tierchen bringt und durch Wegnehmen des Fingers die eingeschlossene Luft schnell wieder entweichen läßt (Heber!); das in die Röhre dringende Wasser reißt das Tierchen mit hinein. Jetzt wird die Röhre wieder geschlossen und das Wasser mit dem Tierchen wird in ein Gefäß entleert; größere Tiere kann man nötigenfalls mit einer Tasse fangen, wenn sie sich sonst nicht greifen lassen.

Alphabetisches Sachverzeichnis.

A.

Abänderung (der Pflanzen) 184, 191, 199, 197.
Abhängigkeit
— der Pflanzen 237, 246.
— 183, 184, 197 vom Wasser.
— der Tiere 143, 161.
Ableger 227, 211, 158b.
Aeschna 125.
Agrion 125.
— Larve 128.
Akkommodation (s. unter Gesetz).
— Gesetz 10.
— der Farbe 100, 123.
Algen 223.
— Bedeutung für das Leben des Teiches 224.
— als Lufterzeuger 225.
Alisma plantago 199.
Alnus glutinosa 178.
— incana 180.
Anas boschas 50.
Anhang
— zum Pensenplan 44.
— zum „Dorfteich" 269.
Anodonton cygnea 115.
— Präparat 115, Anmkg. 2.
Anpassungsgesetz (s. unter Gesetz).
Amphibium 98.
Aquarium
— Anfertigung 275.
— Besetzung u. Instandhaltung 280.
— Fang der Tiere 283.
Armpolyp, grüner 140.
Arzenei 216.
Asche 230.
Atmung
— der Tiere 154.
— der Pflanzen 242.
Atmen
— des Blutegels 137.
— der Eintagsfliegen = Larve 133.

Atmen
— der Fische 102.
— des Frosches 92.
— des Käfers 65.
— seiner Larve 67.
— der Libelle 129, ihrer Larven 125 Anmkg. u. Fig. 36.
— der Schnecke 114.
— des Wasserskorpions 124.
Atemrohr
— der Mücke 121.
— des Wasserskorpions 124.
Aufenthalt
— der Tiere 143.
— der Pflanzen 237.
Ausläufer 189, 196, 198, 205.

B.

Bachstelze 138.
Batrachium aquatilis 183.
Befruchtung 107 Anmkg. 10, 174, 204.
Beobachtung 16.
Berle 191.
Berula angustifolia 191.
Bestandteile des Pflanzenkörpers 230.
— des Teichgrundes 263.
Bestäubung 245.
Besucher des Teiches 75, 87. 143.
Bewegungswerkzeuge der Tiere 148.
Bewegung des Teichgrundes 260.
Bitterklee 219.
Blau-Ackermann 138.
Blätter
— Abänderung 184, 197, 199.
— als Ernährungsorgane 241.
— Form bedingt durch Adern 253.
Blut, kaltes 89.
Blutegel 135.
Blütenhülle 199, 212, 254.
Brutpflege 161.

C.

Carassius vulgaris 109.

Chemische Vorgänge
— in den Pflanzen 241.
— Schwierigkeit des Verständnisses 230 Anmerkung 6, 236, 10.
Cicuta virosa 214.
Cecropis rustica 75.
Culex annulatus 118.
Cyclops strenuus 108, 229.

D.

Daphniden 106.
Dienst
— der Tiere 164.
— der Pflanzen 250.
Dolde 192, 214.
Doldenblüter 192, 214, 216.
Drüsen der Pflanzen 220.
Dyticus marginalis 62.
— dimidiatus 64.

E.

Eigenart
  des Tieres 168.
  der Pflanze 240.
Einhäusig 180.
Eintagsfliege 133.
  Larve derselben 134.
Einzelwesen, Behandlung im Unterricht 19.
Eller 178.
Empfindung
  der Pflanzen 240.
Ente 50.
Entwicklung
— der Tiere aus dem Ei 58—60.
— des einzelnen Tieres 158.
— periodische des Tierlebens 157, 161.
— Idee der 166, Anmkg. 17.
— des Frosches und des Gelbrands verglichen 94.
— der Pflanzenwelt 243.
— der einzelnen Pflanze 243.
Ephemera vulgata 133.
Epilobium hirsutum 219.
Equisetum limosum 193.
Erle 178.
Ernährung
  der Tiere 152.
  der Pflanzen 239.

F.

Farbe, Veränderung
— bei Blüten 191.
  Abhängigkeit vom Licht 248.

Federn
— Arten 51.
— Bau 51.
— Lagerung 51.
Fliegen
— des Käfers 66.
— der Schwalbe 77.
— der Ente 56.
Flügel des Vogels 77, 110.
Flossen 101, 110.
Fortpflanzung 58, Anmkg. 7.
Fremdbestäubung 204.
Frosch
— grüner Wasserfrosch 88.
— brauner Landfrosch 96.
— Laubfrosch 96.
Froschkraut 183.
Froschlöffel 199.

G.

Gasterosteus pungitius 100.
— aculeatus 108.
Gehäuse
— der Schnecke 113.
— der Muschel 116.
Gelbrand 62.
Gesetze 10, 26 Anmerkung 8 S. 154, vglch. Pensenplan.
— im Leben d. Pflanzen 255.
— u. Schmeil f. Vorwort und Anmerkung S. 145, 148.
Gesetz
— der Erhaltungsmäßigkeit. Ente 55, 58, 71.
  Rückblick 110, Schwalbe 84, Libelle 127 2, 128 3, 129 5, 130 Anmerkung 5.
  Rückblick Tierleben 143 2, 150—154, 157, Rückblick Pflanzen 246.
— der organischen Harmonie.
  Frosch 95 5, Stichling 104 Anmkg. 5. Schnecke 115 8.
  Rückblick Tierleben 143 2, 160, 164, Rückblick Pflanzen 246, 5.
— der Anpassung (Akkommodation).
  Ente 60, Schwalbe 86 und Anmerkung 12, Salamander 100, Wasserskorpion 123, Wasserfeder 183, Wasserhahnenfuß 184, Knöterich 197, 202 (3). Rückblick Pflanzen 242, 246, 255, 3.
— der Arbeitsteilung 147—149.
  S. 148 Anmkg. 4.
— der Entwicklung.
  Frosch, Salamander, Gelbrand,

Ente. Rückblick Tiere 157 7, 165 c
u. 166 Anmerkung 17, Rückblick
Pflanzen 243, 4, 253, 255, 4.
Gesetz
— der Gestaltenbildung.
Ente 59, Schnecke 114 7. Rückblick
Tiere 159.
— Zusammenhangsgesetz.
151 u. Anmerkung 5 daf.
— der Sparsamkeit. Rückblick Tiere 145
und Anmerkung daf. — 159, See-
rose 208. Rückblick Pflanzen
245 (Blütenstaub).
Gift 215.
— Bedeutung für die Pflanzen 217.
Granit 265.
Griffel, blattförmig 213.
Grotte 279.
Grund, des Teiches 260.
— Bewegung desselben 260.
Grundpflanzen 281.
Gyrinus mergus 73.

H.

Halm, Festigkeit 187.
— Entstehung seiner Höhlung 188.
Hirudo medicinalis 135.
Hohlheit des Stengels 188, 201.
Hohlwerden der Bäume 176.
Hottonia palustris 182.
Hülsenwürmer 131.
Hüpferling 108, 229.
Hydra fusca 140.
— sein Fang 140 Anmerkung 1.
Hydrometra 124.
Hydrophilus piceus 71.
Hyla arborea 96.

J.

Igelkolbe (-kopf) 202.
Insektenblüter 173, 250, 245.
Iris pseudacorus 211.
Isolepis pygmea 280.

K.

Kammmolch 98.
Kaltblütige Tiere 89.
Karausche 109.
Kätzchen 172, 179.
Kaulquappe 93.
Kastanie 273.
Keimblätter 244.
Kiemen 93, 99, 102, 116, 6.
Kiementracheen (s. Tracheenkiemen).
Kiesel 186.
Kieselpflanzen 186.
Knöterich 196.

Kohle 230.
Kohlensäure
— Herkunft 162, 237 und Anmerkung 11 daf.
— Zusammensetzung 236.
— als Produkt der Atmung 162,
233 Versuch 3 u. 4, 237.
der Verbrennung 232 und
Anmerkung 9 daf.
der Verwesung 237 und An-
merkung 11 daf.
— Zersetzung 235 Versuch 8.
— Versuche mit 233.
— Aufnahme durch Wasser 233
(3, 4, 5, 7).
— als Nahrung der Pflanzen 235
(8.) 241, 236, 237, 247, 5,
238, 2.
Köcherfliege 132 u. Fig. 39.
Kolbenwasserkäfer 71.
Kriechen
der Wasserschnecke 112.
des Salamanders 97.
des Blutegels 135.
Kröte 96.

L.

Laichkraut 221, 162.
Landfrosch 96.
Larven
der Mücke 120.
des Rückenschwimmers 123, 6.
der Wasserjungfer 129, 5.
des Gelbrands 66, 5, Fig. 7.
des Kolbenwasserkäfers 72.
der Köcherfliege 132.
der Eintagsfliege 134.
Lateinische Namen 138.
Laubfrosch 96.
Lebensgemeinschaft 32 u. **Vorwort.**
Lehm 263.
Lemna polyrhiza 226.
— triscula 228.
— minor 228.
Libelle (Libellula) 125.
— Laich von 128.
— Züge 127 (2).
— Larve, Präparat 129 (3).
Licht
— Bedürfnis der Pflanzen 241, 247
235 Versuch 8.
— Wirkung auf Tiere 163.
Pensenplan S. 43b 2.
Limnaeus stagnalis 111.
Luft
— ihr Dienst 247.
— im Wasser 224.

Luft
— in den Pflanzen 242 u. 228.
— (Sauerstoff) Erzeugung 225, 229.
— als Bedingung fürs Leben 160.
Luftröhren
  des Käfers 66 u. Anmkg. 4 das.
  der Libelle 129, 4.
  der Larve 67, 129, 133.
Lufthöhlen bei
— Vögeln 53.
— Käfern 66.
— Wasserlinse 228.
— Pflanzen 242.
— Ried 188.
— Froschlöffel 201.

M.

Maske 125 (1), 126, 128.
Menyanthes trifoliata 217.
Minierraupe 181.
Moder 176.
Motacilla alba 138.
Muschel 115.
  Präparat 115 Anmerkung 2 u. 117.
Muskeln
  Ente 55, Käfer 74 (1), Schwalbe 79, Stichling 101.
Mummelblume 208 (2).
Mücke 118.
Mückenstich 119.
Mückenlarve 120.
Myosotis palustris 190.

N.

Nachtschatten 217.
Nahrung
  der Tiere 143.
  der Pflanzen 238.
Namen, Zweck der lateinischen 138.
Naturbeobachtung 16.
Naturbeobachtung und =Philosophie 130 Anmerkung 5.
Nepa cinerea 123.
Nesselorgane des Polypen 142.
Nestbau
  der Schwalbe 83.
  des Stichlings 107.
  Beobachtung 139 Anmerkung 2.
Netzaugen 128.
Nichtorganisiertes 256.
Notonecta glauca 121.
Nymphea alba 205.
— lutea 206.

P.

Parallele Reihen 55 Anmerkung 5 und Pensenplan Nr. 140, 143.

Pflanze und Tier verglichen 251.
Pflanze
— Abhängigkeit: Boden 246, 239. Luft 247. Licht 241, 247. Schwerkraft 248. Tieren 245, 250. Wasser 237, 240, 246. Wärme 242, 247, von einander 249. Wind 245, 174, 180, 220.
— Anlage erste 244.
— Atmen 242.
— Aufenthalt 237.
  Bedingung desselben 238.
— Bedeutung für die Tiere 236, 237, 250 229.
— Bestandteile 230, erdige 232, 239. Wasser 230. Kohle 230. Herkunft ders. 231.
— Blätter; Bau 253. Aufgabe 213, 241 b.
— Bestäubung 245.
— Dienst 250.
— Eigenart 240.
— Empfindung 240.
— Ernährung 229, 236.
— Entwicklung 243, 245.
— einfachsten 224.
— Lebensaufgabe der 245 250 c.
— Lufthöhlen 242, 228 und ihre Bildung 188, 201.
— Organe 238, blattartige 207, 212.
— Reservestoffe 228, 242, 243, 244.
— Samen 244.
— Saftstrom 177 Anmerkg. 3, 242.
— Spaltöffnungen 242.
— Stellung
  unter den Geschöpfen 251, im System 252—254.
— Vollkommenheit 224, 250 c.
— Wurzeln 239.
— Zusammenleben
  Bedingungen dess. 238 u. 242.
Pflanzen im Aquarium 280.
Pflanzenleben, Rückblick 237.
Pflanzensubstanz 241.
Pflanzenwelt, jährliche Entwicklung 243.
Phragmites communis 184.
Phryganea 131.
Piscicola geometra 110.
Plan
— Pensen 36.
— für einen Vorkursus 274.
— für eine Unterstufe 274.
Planorbis corneus 115.
Plattbauch 125.
Polygonum amphibium 196.

Polyp 140.
    sein Fang 140 Anmerkung 2.
Potamogeton gramineus 221.
—   natans 222.
—   crispus 223.
Präparate (s. Anmerkungen).
    Inneres des Vogels 52, 74.
    Fuß des Vogels 54.
    eines Käfers 64, 74, u. Fig. 10.
    Tracheen beim Käfer 66, einer Larve 67.
    Vogelflügel 77.
    Salamanderhaut 99.
    Stacheln des Stichlings 102.
    Blutlauf und Nerven des Fisches 105.
    Schnecke 112.
    Muschel 115, 117 (Fig. 27).
    Rückenschwimmer 122.
    Larvenkiefer 129.
    Vorzeigen derselben 74, Schluß der Anmerkung.
Protoplasma 240, 249.
Puppe 68, 121 u. Fig. 30.

Q.

Quirl 199.

R.

Rana esculenta 88.
    (temporaria) muta 96.
Ranunculus aquatilis 183.
Riccia 228 (4), 230, 233, u. Versuch 8.
Ried 184.
Reservestoffe
    bei Tieren 68.
    bei Pflanzen 228, 242, 243, 244, 188 Anmkg. 1.
Reisen der Zugvögel 84.
Rückenschwimmer 121.
— Präparat 122.
Rückblick
    auf Ente 60, Gelbrand 69, Salamander 100.
    nach dem Gesetz der Erhaltungsmäßigkeit 110.
    auf das Tierleben 143, 170.
    auf das Pflanzenleben 237, 255.
    auf die unorganische Natur 266.
    im Pensenplan Nr. 163, 164, 183.
    auf die Lebensgemeinschaft 266.

S.

Salamander 96.
Saftbewegung 177 und Anmkg. 3 das. 240, 242.
Sahlweide 172 u. 174 (Fig.).

Samen 244.
— Verbreitung (s. daselbst).
Sand 262, 263.
— Bildung desselben 265.
Sauerstoff, Entwicklung durch Pflanzen 235 Versuch 8, 236, 225.
Salix 172.
— viminalis 173.
— alba 178.
Schachtelhalm 193.
Schilfrohr 184.
Schirm 192.
Schirmblüter 214, 216.
Schlamm des Teiches 264.
Schlämmen 262, 263b 1, 264, 3.
Schlammschnecke 111.
Schlankjungfer 125 Anmerkung 2, 128 Fig 36 3, 131.
Schlußbetrachtung 266.
Schmaljungfer 125 Anmerkung 2, 131.
Schmeil
    Einwendungen gegen Gesetze: Vorwort u. 145 Anmerkung, 148 Anmerkung 4
    und die Lebensgemeinschaften, Vorwort.
Schnabel 56, 82, 139.
Schnecke 111.
    Präparat 112 Anmkg. 2.
Schneckenhaus 113.
Schutz durch
    Farbe: Salamander 100, Skorpion 123.
    Schleim: Stichling 100, Igelkolbe 205.
    Blätter: Weide 172, Ried 188, Igelkolbe 204, Schwertlilie 213.
    Gift: 217.
    Stacheln: 102, 107 6.
Schutz der Brut 107, 160, 223, 250 b.
— der Vögel 139 Anmerkung 2.
Schwalbe 75.
— als Zugvogel 84.
    Erzählung von 271.
Schwanz des Vogels 80.
    des Stichlings 101.
Schwerkraft, Wirkung auf Tiere 163.
    Pflanzen 248
Schwertlilie 211.
Schwimmen
    des Blutegels 135.
    der Ente 53.
    des Gelbrandes 63.
    des Taumelkäfers 73.
    des Frosches 89.

Schwimmen
        des Salamanders 96.
        des Stichlings 100.
        des Rückenschwimmers 122.
Seerose 205.
Seelenleben 165.
Sinne 147.
Sium angustifolium 191.
Sommersprossen
        der Wasserlinsen 228.
Spaltöffnungen 228 Anmerkung 2, 242.
Sparganium ramosum 202.
Spindel 173, 194, 203.
Sprockwurm 132.
Stäbchenpflanzen 226.
Stärkemehl 228.
Staubfäden
        als Blattgebilde 207, 213.
Stechmücke 118.
Stichling 100.
        Stacheln desselben 102.
Storch 87.
Strömungen von Luft u. Wasser 249, 256.
Sumpfprimel 182.
Systematik 3—8 u. Pensenplan Nr. 53,
        55, 58, 85, 86 u. Anhang.
        des Pflanzenreichs 250—255.
        des Tierreichs 165—170.
        Ente und Gelbrand 71.
        im Unterricht in der Schule.
        165 Anmkg. 15, 166 Anmkg. 17,
        252 Anmkg. 9 u. 10.

T.

Taumelkäfer 73.
Teichgrund 260.
        Bewegung 260.
        Bestandteile 263.
        Ursprung derselben 265.
Teichmuschel 115.
Tellerschnecke 115.
Terrarium 283.
Tier
— Abhängigkeit von Pflanzen 104 (5),
    162, andern Tieren 146, 164b,
    Wasser 161 Luft 162, Wärme 162,
    Licht 163, Schwerkraft 163.
— Atmen (s. Atmen).
— Aufenthalt 143.
— Bedingungen desf. 143.
— Dienst 164, 173, 220, 245, 250.
— Eigenart 168.
— Ernährung 143.
— Entwicklung 58—60, des einzelnen
    Tieres 158, periodische des Tier-
    lebens 157, 161.

Tier
— Fang 283.
— Lufthöhlen (s. daselbst).
— Stellung im System 165.
— schutz 139 Anmkg. 2.
— und Pflanze verglichen 251.
Torfmoore, ihr Ursprung 190.
Tracheen 156, 66 Anmerkung 4, 67 (7).
Tracheenkiemen 125 (1. Agrion), 133
    (Hülsenwürmer und Eintags-
    fliege), 157 Anmerkung 11, 156.
Trauerweide 175, 270.
Triton
    cristatus 96.
    taeniatus 100.
    punctatus 100.
Tulpe 272.

U.

Unterständiger Fruchtknoten 219.
Unvollkommen 224 (vgl. Vollkommenheit).
Ursprung der Teile des Teichgrundes 265.

V.

Verbreitung der Samen 245
        durch Wasser 213.
        durch Wind 220, 174, 176.
        durch Wasser u. Wind 180.
        durch Vögel 220.
Verbindung, chemische 230 Anmkg. 6,
    236 (10).
Verdunstung durch Blätter 242.
Vergißmeinnicht 190.
        Erzählung vom, 269.
Vergleichung
        Gelbrand u. Ente 70.
        Entwicklung Frosch u. Gelb-
        rand 94.
        im Unterricht 23 u. 24 u.
        Pensenplan Nr. 54—60 u.
        143.
Verjüngung der Pflanzenwelt 243.
Vermoderung 176.
Verwandlung
        der Eintagsfliege 133.
        des Frosches 93, 159.
        des Gelbrands 68.
        des Salamanders 98.
        der Libelle 130.
        der Mücke 120.
        des Rückenschwimmers 123.
        der Wassermotte 133.
        vollständige 159, 68, 120.
        unvollständige 94, 123, 6, 130.

Vogel
— Inneres 52 Anmerkung 2, 74.
— schutz 139 Anmerkung 2.
— Wandern 84.
— Flug 77—80.
Vollkommenheit 154 u. Anmkg. 9, 147, 148
 der Pflanzen 224, 250c.
 der Tiere 165.

W.

Wärme, ihre Notwendigkeit für die Tiere
 93, 160, 162, 210.
 für die Pflanzen 242, 247.
 vgl. Pensenplan S. 43b 3.
Wasser
 als nichtorganisierter Stoff 256.
 Bewegungen 256.
 Erscheinungsformen 257, 259 Anmerkung 5, ihre Bedeutung für das Teichleben 260.
 in Pflanzen 230.
 dient der Ernährung der Pflanzen 246.
 Temperaturmessung 258, 257 Anmerkung 2.
Wasser
— fäden 223.
 ihre Bedeutung für das Leben im Teich 224.
— feder 182.
— floh 106.
— freunde 178 (Eller) 238.
— frosch 88.
— hahnenfuß 183.
— läufer 124.
— linse 226. Arten 228.
— jungfer 125.

Wasser
— motten 133.
— merk 191.
— pest 226, 235 (8), 239.
— pflanzen 237, 281.
— salamander 96.
 der kleine 100, der gefleckte 100.
— schierling 214.
— schnecken 111.
— skorpion 124.
— tiere 143.
— Wegerich 199.
Wechselwirkung von Pflanzen- und Tierleben 104 Anmerkung 5.
Weide (Salix) 172.
— Kopf- 175.
— Trauer- 175, 270.
— Zwerg- 178.
Wind
— Dienst desselben 174, 176, 180, 220.
Windblüter 180, 245.
Winterknospen 228.
Winterschlaf 95, 228 Anmerkung 2.
Wittern 119, 4. 137, 4.
Wurzeln 239.
Wurzelausläufer 189, 198, 205.
Wurzelstock 189, 193, 202, 204, 209.

Z.

Zahl der Lebewesen in der Lebensgemeinschaft 104 Anmerkung 5. — 146. — 115, 246a. Storch 88, 164.
Zehen, ihre Einrichtung 84.
Zottenblume 217.
Zugvögel 84, 139.
Zunge (des Frosches) 91.
Zweihäusig 180.

Im Verlag von Lipsius & Tischer, Kiel und Leipzig ist ferner erschienen:

Naturgeschichte

von

Friedrich Junge,

weiland Rektor in Kiel.

Band II.

Die Kulturwesen der deutschen Heimat.

Eine Lebensgemeinschaft um den Menschen.
Erster Teil: Die Pflanzenwelt.
378 S. gr. 8°. Geheftet M. 3.—, gut gebunden M. 3.80.

Im zweiten Teile der Naturgeschichte zeigt der Verfasser, wie zunächst die Pflanzen als eine Lebensgemeinschaft um den Menschen behandelt werden können. Die Pflanze soll nicht bloß in einem Lebenszustande, sondern in ihren verschiedenen Entwicklungsstadien beobachtet werden.

Die Auswahl des Lehrstoffes und die Reihenfolge, wie er zu behandeln ist, sind aber Dinge, worüber der Lehrer sein eigenes Urteil aus der Erfahrung schöpfen muß; m. a. Worten: für jede Gegend ist eine besondere Auswahl zu treffen, wobei zunächst das praktische Leben der Heimat zu berücksichtigen ist. Der Lehrer soll sich seine Lebensgemeinschaft selbst wählen und ausarbeiten, die betreffenden Objekte, wie sie sich zu gewissen Zeitpunkten darbieten, behandeln und miteinander in Beziehungen bringen, soweit das angängig ist, sei es systematisch oder auf Grund waltender Gesetze.

Auch dieser Teil des Junge'schen Reformwerkes hat wesentlich dazu beigetragen, den naturgeschichtlichen Unterricht aus den alten Gleisen zu heben und eine rationale Ausgestaltung desselben anzubahnen.

Band III.

Die Urwesen.

Eine Einführung in das Leben auf kleinstem Raum.

Mit 26 Abbildungen im Text und einem Porträt.

70. S. gr. 8°. Geheftet M. 1.20, gut gebunden M. 2.—.

Die im dritten Teil gebrachte Auswahl ist natürlich beschränkt, aber in seiner Beschränkung vielseitig. Die dargebotenen Tatsachen dürften vielfach schon bekannt sein; doch der Schwerpunkt der Arbeit liegt, wie bei allen Arbeiten des Verfassers, im Rückblick und in zahlreichen, der Veranschaulichung dienenden Vergleichen mit Tatsachen aus dem Reiche des Sichtbaren. Wir zweifeln nicht daran, daß auch dieser Schlußteil des Werkes günstige Aufnahme finden wird, wozu die wohlgelungenen Illustrationen erheblich beitragen dürften.

Als Seitenstück zu Junge's Naturgeschichte sei empfohlen:

Lehrbuch der Mineralogie und Geologie

von

H. Peters,

Rektor in Kiel.

2. vermehrte und verbesserte Auflage der 1898 erschienenen Bilder aus der Mineralogie und Geologie. Mit Illustr.

Preis geheftet Mk. 3.—, gebunden Mk. 4.—.

Die Vorzüge dieses praktischen Buches vor anderen sind der verehrten Lehrerschaft hinreichend bekannt. Auch heute gibt es kein ähnliches Werk, das hinsichtlich seiner Stoffauswahl in knapper und doch erschöpfender Weise aus diesem interessanten Gebiete alles das zusammenfaßt, was für Seminar und Schule verwertbar ist. In vorliegendem Buche werden die Fehler anderer Werke, wie übergroße Stoffülle und unfruchtbare Methode sorgfältig vermieden. Der Verfasser ist vielmehr bemüht gewesen, die neueren, namentlich die Junge'schen Grundsätze auch für die Mineralogie anzuwenden.